Using Russian Vocabulary

Using Russian Vocabulary provides the student of Russian with an in-depth,
structured approach to the learning of vocabulary. Containing over 5,000
words, it can be used for intermediate and advanced undergraduate courses, or
as a supplementary manual to the study of Russian vocabulary at all levels –
including elementary level. It is made up of eighteen units covering topics such
as the physical world, the human body, leisure and industry – each unit
consisting of words and phrases that are organized thematically and according
to levels. Each unit contains approximately sixty graded exercises, encouraging
students to practise using the vocabulary in context, and providing a lively and
engaging set of self-study tasks. Helping students to acquire a comprehensive
control of both concrete and abstract vocabulary, this book will be welcomed by
all learners of Russian wishing to improve their competence in essential
communicative tasks, and will function as an invaluable teaching resource.

- A practical, topic-based textbook that can be used as a supplement to all types
  of course
- Provides exercises and activities for classroom and self-study
- Contains over 5,000 words and over 1,000 exercises

TERENCE WADE (1930–2005) was Professor of Russian and Chairman of the
Department of Modern Languages at the University of Strathclyde, Glasgow.
He published a total of twelve books on the Russian language which continue
to be used by students of Russian across the world.

Other titles in this series

Using French (third edition)
A guide to contemporary usage
R. E. BATCHELOR and M. H. OFFORD
(ISBN 0 521 64177 2 hardback)
(ISBN 0 521 64593 X paperback)

Using Spanish (second edition)
A guide to contemporary usage
R. E. BATCHELOR and C. J. POUNTAIN
(ISBN 0 521 00481 0 paperback)

Using German (second edition)
A guide to contemporary usage
MARTIN DURRELL
(ISBN 0 521 53000 8 paperback)

Using Russian (second edition)
A guide to contemporary usage
DEREK OFFORD and
NATALIA GOGLITSYNA
(ISBN 0 521 54761 X paperback)

Using Italian
A guide to contemporary usage
J. J. KINDER and V. M. SAVINI
(ISBN 0 521 48556 8 paperback)

Using Japanese
A guide to contemporary usage
WILLIAM MCCLURE
(ISBN 0 521 64155 1 hardback)
(ISBN 0 521 64614 6 paperback)

Using Portuguese
A guide to contemporary usage
ANA SOFIA GANHO and
TIMOTHY MCGOVERN
(ISBN 0 521 79663 6 paperback)

Using Arabic
A guide to contemporary usage
MAHDI ALOSH
(ISBN 0 521 64832 7 paperback)

Using Spanish Synonyms
R. E. BATCHELOR
(ISBN 0 521 44160 9 hardback)
(ISBN 0 521 44694 5 paperback)

Using German Synonyms
MARTIN DURRELL
(ISBN 0 521 46552 4 hardback)
(ISBN 0 521 46954 6 paperback)

Using Italian Synonyms
HOWARD MOSS and VANNA MOTTA
(ISBN 0 521 47506 6 hardback)
(ISBN 0 521 47573 2 paperback)

Using French Synonyms
R. E. BATCHELOR and M. H. OFFORD
(ISBN 0 521 37277 1 hardback)
(ISBN 0 521 37878 8 paperback)

Using Russian Synonyms
TERENCE WADE and NIJOLE WHITE
(ISBN 0 521 79405 6 paperback)

Using French Vocabulary
JEAN H. DUFFY
(ISBN 0 521 57040 9 hardback)
(ISBN 0 521 57851 5 paperback)

Using German Vocabulary
SARAH FAGAN
(ISBN 0 521 79700 4 paperback)

Using Italian Vocabulary
MARCEL DANESI
(ISBN 0 521 52425 3 paperback)

Using Spanish Vocabulary
R. E. BATCHELOR and
MIGUEL A. SAN JOSÉ
(ISBN 0 521 00862 X paperback)

Using Arabic Synonyms
DILWORTH PARKINSON
(ISBN 0 521 00176 5)

Using Russian Vocabulary

TERENCE WADE

Formerly of the University of Strathclyde, Glasgow

CAMBRIDGE
UNIVERSITY PRESS

CAMBRIDGE UNIVERSITY PRESS
Cambridge, New York, Melbourne, Madrid, Cape Town, Singapore,
São Paulo, Delhi

Cambridge University Press
The Edinburgh Building, Cambridge CB2 8RU, UK

Published in the United States of America by Cambridge University Press,
New York

www.cambridge.org
Information on this title: www.cambridge.org/9780521612364

First published 2009

Printed in the United Kingdom at the University Press, Cambridge

A catalogue record for this publication is available from the British Library

Library of Congress Cataloguing in Publication data
Wade, Terence Leslie Brian.
Using Russian vocabulary / Terence Wade.
    p.   cm.
ISBN 978-0-521-61236-4
1. Russian language–Dictionaries–English.   2. Russian
language–Vocabulary–Study and teaching.   3. Russian language–Study and
teaching–Foreign speakers.   4. Russian language–Textbooks for foreign
speakers–English.   I. Title.
PG2640.W33   2009
491.73′21 – dc22   2009021761

ISBN 978-0-521-61236-4 paperback

Contents

A tribute to Terence Wade

Terence Wade, the author of this book, died on 22 November 2005. He is sadly missed by colleagues and family alike. Throughout his academic career, Terence's great gift and also his passion was to teach the Russian language to students. His intense love of the language drove him to promote Russian language and cultural studies in Britain and internationally. As a young graduate he trained interpreters at the Joint Services School for Linguists. This grounding led to a long and successful career at the University of Strathclyde, Glasgow, during which he was made Professor of Russian and Chairman of the Department of Modern Languages. Terence was respected by Slavonic Studies Departments all over Britain as an external examiner and research assessor, and was also involved in and became chairman of the Scottish Institute of Linguists.

An enthusiastic member of the ATR, Association of Teachers of Russian (later ALL, Association of Language Learning), he first served as editor of the Journal of Russian Studies, and then Chairman of the ATR in 1986–89 and finally President in 1989–90. For many years Terence represented Great Britain on the presidium of MAPRYAL (the International Association of Teachers of Russian Language and Literature) and received the accolade of the Pushkin medal for his services to Russian teaching presented by the Russian government.

Terence has left an impressive range of publications on the Russian language and culture. He wrote numerous articles on a wide range of subjects and completed twelve books, most notably his grammar, which is now used by students of Russian across the world. His most recent books on synonyms, etymology, and the contemporary Russian language displayed a deepening interest in Russian vocabulary.

The present book, which reflects this interest, is dedicated to the many students who have benefited from his teaching and his writing. While Terence's life has come to an end, his work in the field of Russian teaching continues, and the present publication bears testimony to this.

On a personal level, Terence will be remembered by his colleagues, friends, and family as a scholar and a gentleman. His outstanding personal characteristics were modesty and courtesy, kindness and fairness, but also great dynamism and a keen sense of humour.

One of Terence's last wishes was that this, his final book, should reach publication, and on Terence's behalf, we should like to thank everyone who has helped to make this possible: Helen Barton, his editor, who has been very helpful throughout, Larissa Ryazanova-Clarke, who has copy-edited the Russian text, Nijole White, and many others who advised on various aspects of the book.

Mary, Dorothy, and Caroline Wade
27 November 2006

Introduction

Aims

Using Russian Vocabulary is intended to provide the student of Russian with a comprehensive and structured approach to the learning of vocabulary. It can be used right from the outset in intermediate and advanced undergraduate courses, or as a supplementary manual at all levels – including the elementary one – to supplement the study of vocabulary. It is designed to provide the learner with a broad treatment of those vocabulary topics that are not covered as designated areas of study in typical language courses, and thus can be used to 'fill in the vocabulary gaps' that such courses invariably leave. Additionally, this book can be easily adapted for profitable use in 'Language for Special Purposes' courses.

The guiding principle behind the plan of this book is the idea that students need to acquire a comprehensive control of concrete and abstract vocabulary to carry out essential communicative and interactional tasks – an area of learning that is often neglected by other types of textbooks for the simple reason that they are more focused on presenting other aspects of the language.

Using Russian Vocabulary, therefore, is designed to:
- provide a vocabulary-training tool that can be used throughout the undergraduate programme in Russian as the student progresses through it;
- provide a practical topic-based textbook that can be inserted into all kinds of course syllabi to impart a sense of how the language can be used in specific ways;
- promote self-instruction in the language;
- facilitate the acquisition of vocabulary items to which the student would not ordinarily be exposed;
- present organised units of vocabulary that can be used in tandem with other manuals and/or course materials;
- provide exercises and activities for all kinds of classroom and self-study purposes.

Stucture and organisation

The layout of this textbook has been guided by its principal objective – to impart high-frequency vocabulary to intermediate and advanced classroom learners of Russian. The user of this book should thus have had some training in, or exposure to the language beforehand. But it

1

has also been designed in such a way as to be useful to those wishing to expand their knowledge of Russian vocabulary on their own.

The book is divided into eighteen units. In each one, words and phrases have been organised thematically and according to levels, so as to facilitate their acquisition. It is much more likely that vocabulary relating to specific real-world situations and issues will be remembered than will a simple listing of items. Needless to say, the selection of specific vocabulary items according to thematic categories invariably involves arbitrary decisions. Nevertheless, this book makes every effort to ensure that most of the high-frequency items needed to carry out speaking or writing tasks on specific topics have been included. Teachers and students may, of course, deem it necessary and appropriate to supplement and complement the listings on their own.

Levels

Each listing is divided into three levels, determined on the basis of 'usefulness' and 'likely frequency', e.g. those listed in level 1 are likely to be more frequent in actual usage than those in level 3. This provides a 'frequency framework' to the organisation of the unit that encourages students to perceive vocabulary as a 'systematic process', and as a means of specialising and refining their knowledge of Russian.

Selection criteria

The items in each unit are those that students will need to know in order to express themselves appropriately in all kinds of common discourse situations. Units on the arts, media, science, religion and law, for instance, are designed to expose students to vocabulary that they are likely to encounter in the press, on television, in literary texts, and the like. Nevertheless, this book does not exclude more basic vocabulary, given that students may wish to revise some of the more common words.

Exercises

The exercises allow the learner to work with the new vocabulary in various ways, by focusing on meaning, by matching meanings, by translating, etc. The exercises are divided into three levels which correspond to the three levels of vocabulary in each unit.

Unit 1

Towns and buildings. The household. Gardens

Level 1

Towns

Townscapes

го́род (pl. города́)	town, city
доро́га	road
окра́ина (на окра́ине)	outskirts
переу́лок (gen. переу́лка) (в переу́лке)	lane, side street
пло́щадь (f.) (gen. pl. площаде́й)	square
при́город	suburb
столи́ца	capital
тротуа́р	pavement
у́лица (на у́лице)	street
це́нтр	centre

Word formation: (1) note го́род, при́город and the names of ancient towns such as Но́вгород and cf. гра́д, found mainly in verse and the names of modern cities such as Ленингра́д (2) при- in при́город means 'close to, attached to'.

Cognates: cf. окра́ина and кра́й 'edge, border'.

Origins: (1) тротуа́р is from French trottoir, id. (2) столи́ца means literally 'seat of the throne' (Old Russian сто́лъ 'throne').

Generic words: Like most generic words, пло́щадь usually appears with an initial lower-case letter: Кра́сная пло́щадь (cf. Не́вский проспе́кт, Каза́нская у́лица etc.).

Buildings and parks

ба́нк	bank
библиоте́ка	library
больни́ца	hospital
вокза́л (на вокза́ле)	station (terminus)
гости́ница	hotel
заво́д (на заво́де)	factory

3

зоопа́рк	zoo
кино́/кинотеа́тр	cinema
музе́й	museum
па́рк	park
рестора́н	restaurant
ста́нция (на ста́нции)	station
теа́тр	theatre

це́рковь (f.) (gen./dat./prep.
   це́ркви, instr. це́рковью, pl.
   це́ркви церкве́й церква́м
   церква́ми церква́х)
	church

шко́ла	school

Word origins: вокза́л (from English Vauxhall) began as a pleasure garden, subsequently (1830s/1840s), with the advent of railways, combining the functions of concert hall and passenger hall, eventually only 'railway station' as the pleasure gardens declined in popularity.

Cognates: (1) cf. больни́ца and бо́ль 'pain', больно́й 'sick, painful, a patient' (-ница denotes 'place, container') (2) cf. also го́сть 'guest' and гости́ница.

Phraseology: note смотре́ть фи́льм/пье́су 'to see a film, play'.

Shops

апте́ка	chemist
бу́лочная	baker
кни́жный магази́н	bookshop
магази́н «О́вощи и фру́кты»	greengrocer
магази́н «Оде́жда»	clothes shop
мясна́я ла́вка	butcher
парикма́херская (adj. noun)	hairdresser (парикма́хер 'hairdresser')
пека́рня	bakery
покупа́ть/купи́ть (куплю́ ку́пишь)	to buy (де́лать поку́пки 'to shop')
продма́г	food store, grocery
ры́нок (gen. ры́нка) (на ры́нке)	market

Word origins: (1) апте́ка comes ultimately from Greek *apotheke* 'storehouse', cf. German *Apotheke* 'chemist's' (2) cf. парикма́хер and German *Perückenmacher*, lit. 'wigmaker' (3) ры́нок is cognate with German *Ring* 'ring, association of dealers' (4) cf. купи́ть and German cognate *kaufen*, id.

Cognates: cf. пека́рня and пе́карь 'baker', пе́чь 'to bake' (-ня means 'place').

Word formation: продма́г is a blend of продово́льственный магази́н.

Domestic accommodation

Housing

гости́ная (adj. noun)	living room, drawing room
дверь (f.) (на двери́, gen. pl. двере́й)	door
дива́н	sofa, divan
до́м (pl. дома́)	house, block of flats
кварти́ра	flat, apartment
квартпла́та	rent
ковёр (gen. ковра́)	carpet
ку́хня (gen. pl. ку́хонь)	kitchen
ле́стница	stairs, ladder
лифт	lift
по́л (на полу́)	floor
потоло́к (gen. потолка́)	ceiling
спа́льня (gen. pl. спа́лен)	bed-room
стена́ (acc. сте́ну, pl. сте́ны)	wall
столо́вая (adj. noun)	dining room
телеви́зор	television (also TV), television set
эта́ж (gen. этажа́)	floor, storey
(пе́рвый эта́ж)	(ground floor)
(второ́й эта́ж)	(first floor)

Word formation: (1) гости́ная lit. means 'guest room' (ко́мната understood) (2) квартпла́та is a blend of кварти́рная пла́та.

Cognates: (1) cf. до́м, Latin *domus* id., English 'domestic' (2) ле́стница, cf. ле́зть 'to climb'.

Word origins: (1) ковёр is possibly from Turkic (2) ку́хня probably comes ultimately from German *Küche* id. (3) стена́ is cognate with German *Stein* 'stone' (4) cf. телеви́зор and French *téléviseur* 'TV set' (смотре́ть телеви́зор 'to watch TV') (5) эта́ж is from French *étage* id.

Furniture

кни́жный шка́ф (в кни́жном шкафу́)	bookcase
кре́сло	armchair, easy chair
крова́ть (f.)	bed
ме́бель (f.)	furniture
сту́л (pl. сту́лья сту́льев)	chair
шкаф (в шкафу́)	cupboard

Word origins: (1) крова́ть is from Byzantine Greek *krabattos* id. (2) ме́бель is from French *meuble* 'piece of furniture' (3) шка́ф is from South German *Schaff* 'open vessel, tub, cupboard'.

Linen

посте́ль (f.)	bed, bedding
простыня́ (pl. про́стыни про́стынь простыня́м)	sheet
ска́терть (f.)	tablecloth

Word origins: (1) посте́ль is from an earlier form of постла́ть 'to spread', cf. постелю́ 'I will spread' (2) простыня́ is possibly from просто́й 'simple', thus 'simple, unsewn linen' (3) ска́терть may be from older forms of доска́ 'board' and тере́ть 'to rub'.

Domestic appliances

гла́дить (гла́жу гла́дишь)/вы́-	to iron (гла́дить/вы́- бельё 'to do the ironing')
плита́ (pl. пли́ты)	cooker
пылесо́с	vacuum cleaner (убира́ть/убра́ть [уберу́ уберёшь] пылесо́сом 'to vacuum')
стира́льная маши́на	washing machine
стира́ть/вы́- (бельё)	to wash (clothes)
утю́г (gen. утюга́)	iron
холоди́льник	refrigerator

Cognates: cf. гла́дить and гла́дкий 'smooth'.

Word formation: (1) холоди́льник is from холоди́ть 'to cool' (nouns in -льник derive from verbs and take penultimate stress) (2) пылесо́с is a calque of German *Staubsauger* id. (*Staub*/пыль 'dust', *saugen*/соса́ть 'to suck').

Word origins: утю́г is of Turkic origin, cf. Turkish *utu* 'flat-iron'.

Lighting

включа́ть/включи́ть	to switch on
выключа́ть/вы́ключить	to switch off
ла́мпа	lamp

Kitchenware

ви́лка	fork
горшо́к (gen. горшка́)	pot
кастрю́ля	saucepan
ло́жка	spoon
мы́ть (мо́ю мо́ешь)/вы́- (посу́ду)	to wash (the dishes)
но́ж (gen. ножа́)	knife
сковорода́ (pl. ско́вороды сковоро́д ско́вородам)	frying pan
таре́лка	plate
ча́шка	cup

Cognates: (1) cf. кастрюля and Dutch *kastrol* 'casserole' (2) таре́лка is cognate with Polish *talerz* id. and German *Teller*, with metathesis of l-r to r-l (таре́лка).

Plumbing, bathroom

ва́нна	bath
ва́нная (adj. noun)	bathroom
ду́ш	shower
закрыва́ть/закры́ть (закро́ю закро́ешь) (во́ду)	to close, to turn off (water)
кра́н	tap
открыва́ть/откры́ть (откро́ю откро́ешь) (кра́н)	to open, to turn on (the tap)
мы́ло	soap
туале́т	toilet
умыва́льник	hand basin, wash basin

Word origins: (1) ва́нна comes from German *Wanne* 'winnow fan, bath' (2) ду́ш is from French *douche* id. (3) кра́н is from (Low) German *Kran* id.

Word formation: (1) -ло in мы́ло is an agent suffix, thus мы́ло lit. means 'what you wash with' (2) умыва́льник: cf. умыва́ть 'to wash' (for -льник cf. холоди́льник above).

Decor

кра́сить (кра́шу кра́сишь)/по-	to paint
кра́ска	paint, paintwork

Garden

General

клу́мба	flower-bed
ку́ст (gen. куста́)	bush
ли́ст (gen. листа́, pl. ли́стья ли́стьев)	leaf
са́д (в саду́)	garden

Word origins: клу́мба is from English 'clump', -а possibly by analogy with гря́дка 'drill, bed'.

Cognates: са́д, perhaps lit. 'what has been planted', is cognate with сажа́ть/посади́ть 'to plant'.

Literary reference: са́д also means 'orchard', hence the name of Chekhov's last play «Вишнёвый сад».

Tools

| копа́ть/вы́– | to dig |
| лопа́та | spade |

Word origins: лопа́та is from a root meaning 'flat', thus lit. 'with a flat blade' (suffix -ат- 'endowed with').

Plants

| расти́ (растёт; рос росла́)/вы́– | to grow (intransitive) |
| трава́ | grass |

Cognates: cf. расти́, derivative расте́ние 'plant' and cognates in по- such as рост 'growth'.

Fruit and vegetables

ви́шня	cherry
капу́ста	cabbage
карто́фель (m.) (карто́шка 'potatoes, a potato')	potatoes
помидо́р	tomato
я́блоко (pl. я́блоки)	apple

Cognate words: (1) ви́шня may be cognate with висе́ть 'to hang', thus 'fruit that hangs' (2) я́блоко is cognate with English 'apple', German *Apfel*, id.

Word origins: (1) капу́ста is probably from a contamination of Medieval Latin *caputium* 'white cabbage' lit. 'small head' and feminine participle *composita* 'compound(ed)' (2) карто́фель is from German *Kartoffel* id. (3) помидо́р is from Italian *pomi d'oro* 'tomatoes', lit. 'golden apples'.

Exercises

Level 1

1. Semantics. Which of the following nouns is the odd one out, from a semantic point of view?

Noun	Meaning	Noun	Meaning
1. ви́шня	cherry	4. лопа́та	
2. куст		5. помидо́р	
3. лист		6. трава́	

2. Gender. Which of the following soft-sign nouns has a different gender from the rest?

две́рь	карто́фель	крова́ть	ме́бель	пло́щадь	ска́терть

3. Unusual plurals. Give the nominative plurals of the following nouns:

1. го́род	2. до́м	3. ли́ст	4. сту́л	5. я́блоко

Group the nouns in pairs. Which of the five has no equivalent among the other four?

4. Mobile vowel in declension.
(1) Give the genitive singular of the following nouns:

Noun	Gen. sing.	Meaning	Noun	Gen. sing.	Meaning
горшо́к	горшка́	pot	ковёр		
переу́лок			потоло́к		
ры́нок			це́рковь		

In what ways is the declension of це́рковь distinctive?

(2) Zero genitive plural.
(a) Which of the following three nouns has a mobile vowel in the genitive plural?

Noun	Gen. pl.	Noun	Gen. pl.	Noun	Gen. pl.
1. клу́мба		2. ла́мпа		3. кра́ска	

(b) Which of the following nouns has a different mobile vowel in the genitive plural from the other two?

Noun	Gen. pl.	Noun	Gen. pl.	Noun	Gen. pl.
1. ло́жка		2. таре́лка		3. ча́шка	

(c) Which of the following nouns in -ня has a soft sign in the genitive plural?

Noun	Gen. plural	Noun	Gen. plural
1. ви́шня		3. пека́рня	
2. ку́хня		4. спа́льня	

5. Adjectival nouns. Form adjectival nouns based on the nouns in the left-hand columns. Which is the odd one out, from the point of view of its suffix *and* its meaning?

Noun	Adjectival noun	Noun	Adjectival noun
1. ва́нна	ва́нная	3. парикма́хер	
2. го́сть		4. сто́л	

6. В or на + prepositional case. Which is the odd one out in:

I	в or на			в or на
1. ба́нк	в ба́нке	3. больни́ца		
2. библиоте́ка		4. ста́нция		

II	на or в			на or в
1. вокза́л	на вокза́ле	3. переу́лок		
2. заво́д		4. ры́нок		

7. Give the nominative/accusative plural of the following nouns (NB: almost all nouns ending in stressed -á have stem stress in the plural):

Noun	Meaning	Nom. pl.	Noun	Meaning	Nom. pl.
1. плита́		пли́ты	2. сковорода́		
3. стена́			4. трава́		

8. End stress in the declension of masculine nouns. Mark stresses in the genitive singular of the following nouns. Which is the odd one out?

Noun	Meaning	Gen. sing.	Noun	Meaning	Gen. sing.
1. ду́ш	shower	нет душа	4. ку́ст		два куста
2. ли́ст		два листа	5. но́ж		нет ножа
3. утю́г		нет утюга	6. эта́ж		два этажа

9. Locative in -у́. Which is the odd one out (has a locative in -e)?

1. ба́нк	в	2. по́л	на	3. са́д	в	4. шка́ф	в . . . .

10. Nouns in -ня. Which, semantically, is the odd one out?

Noun	Meaning	Noun	Meaning	Noun	Meaning	Noun	Meaning
ви́шня		ку́хня		пека́рня		спа́льня	

What underlying meaning (expressed by the ending -ня) links the other three nouns?

11. Similes. Translate into English and find equivalents where possible.
1. Ка́к в апте́ке (meaning very accurately, as on an apothecary's scales, of measurement or calculation).
2. Входи́ть/приходи́ть куда́-ли́бо ка́к в родно́й до́м (of entering somewhere without ceremony, sure of a warm welcome).

3. Ро́вный ка́к ска́терть (of a level road, field etc.).
4. Расстила́ться ка́к ковёр (of a soft, even layer of snow or grass).

Note how Pushkin uses the 'carpet' simile in his poem «Зи́мнее у́тро»:

> По́д голубы́ми небеса́ми
> Великоле́пными коврами,
> Блестя́ на со́лнце, сне́г лежи́т . . .

> Under blue skies
> Like magnificent carpets
> Lies snow, gleaming in the sun . . .

12. Match the Russian words to their English equivalents (in I) and the English words to their Russian equivalents (in II):

I (a)		I (b)	
1. апте́ка	a. library	1. гости́ница	a. flower-bed
2. библиоте́ка	b. living room	2. ду́ш	b. leaf
3. больни́ца	c. hospital	3. клу́мба	c. shower
4. гости́ная	d. chemist	4. ли́ст	d. hotel

II (a)		II (b)	
1. bakery	a. посте́ль	1. bedroom	a. столи́ца
2. bed	b. музе́й	2. capital city	b. ча́шка
3. museum	c. окра́ина	3. cup	c. рестора́н
4. outskirts	d. пека́рня	4. restaurant	d. спа́льня

13. Polysemy. Find other meanings of the following words:

	Other meaning(s)
1. ви́лка	
2. включа́ть	
3. гла́дить	
4. до́м	
5. кра́н	
6. ли́ст	
7. плита́	
8. пло́щадь	
9. по́л	
10. таре́лка	

14. Find out the meanings of the following sayings and, where possible, give English equivalents:

(a) Сиде́ть ме́жду дву́х сту́льев.
(b) Рука́ ру́ку мо́ет.
(c) Он не в свое́й таре́лке.
(d) Ска́тертью ему́ доро́га!
(e) Мы с ним на ножа́х.
(f) Не ме́сто кра́сит челове́ка, а челове́к – ме́сто.

15. Что́ де́лают . . . . ?

1. кра́ской?	кра́сят сте́ны
2. мы́лом?	
3. лопа́той?	
4. пылесо́сом?	
5. стира́льной маши́ной?	
6. утюго́м?	

(гла́дят (бельё), копа́ют (клу́мбы), мо́ют (ру́ки), стира́ют (бельё), убира́ют (ко́мнату))

16. Say where these activities take place, using в + locative case (note: они́ мо́гут 'they can', мо́жно 'one may'):

Где?	
(a) де́ти мо́гут игра́ть?	де́ти мо́гут игра́ть в па́рке
(b) де́ти у́чатся?	
(c) мо́жно де́лать пермане́нт?	
(d) мо́жно смотре́ть пингви́нов?	
(e) мо́жно смотре́ть пье́сы?	
(f) мо́жно смотре́ть фи́льмы?	
(g) мо́жно смотре́ть экспона́ты?	
(h) мо́жно у́жинать?	

(зоопа́рк, кино́, музе́й, па́рк, парикма́херская, пра́чечная, рестора́н, теа́тр, шко́ла)

17. О́чередь за че́м? Say what she was queuing for:

	Noun in instrumental singular or plural
1. в кни́жном магази́не она́ стоя́ла в о́череди за	. . . . кни́гой/за кни́гами
2. в магази́не «О́вощи и фру́кты» она́ стоя́ла в о́череди за	
3. в мясно́й ла́вке она́ стоя́ла в о́череди за	
4. в пека́рне она́ стоя́ла в о́череди за	
5. в ры́бном магази́не она́ стоя́ла в о́череди за	
6. в теа́тре она́ стоя́ла в о́череди за	

(биле́том/биле́тами, овоща́ми и фру́ктами/я́блоками и помидо́рами, ры́бой, хле́бом, мя́сом)

18. Verb conjugation. Put the verbs in the correct form of the present tense (1–4) or perfective future (5–7):

1. Я [гла́дить] бельё.
2. Я [кра́сить] сте́ны.
3. Она́ [мыть] ру́ки.
4. В саду́ [расти́] помидо́ры и я́блоки.
5. Он [закры́ть] две́рь.
6. Я [купи́ть] два биле́та в теа́тр.
7. Она́ [откры́ть] окно́.

19. Word origins. Which of the following nouns does *not* have a French connection (i.e. is not of French origin/does not have French cognates)?

	Meaning		Meaning		Meaning		Meaning
душ		стена́		тротуа́р		эта́ж	

What is the possible origin of the noun *not* derived from French?

Ditto words with German connections. Which is the odd one out, and what is its origin?

	Meaning		Meaning
1. карто́фель		2. клу́мба	
3. ку́хня		4. парикма́хер	

20. Word formation.

1. Which words are 'embedded' in the following?

1. больни́ца		2. окра́ина		3. простыня́	

(a) What is the meaning of -ница in больни́ца?
(b) Which locative preposition is used with окра́ина?
2. What features do умыва́льник and холоди́льник have in common?
3. What kind of suffix is -ло in мы́ло and одея́ло?
4. Пылесо́с is a calque. What does that mean?
5. What do the blends квартпла́та and продма́г stand for?

21. Fill the gaps with appropriate words:

1. Она́ всегда́ мо́ет ру́ки францу́зским . . . .
2. Их кварти́ра на пя́том . . . 10-эта́жного до́ма.
3. Она́ гла́дит бельё электри́ческим . . .
4. Она́ . . . телеви́зор по́сле после́дней програ́ммы.
5. Он . . . сте́ны и потоло́к в бе́лый цвет.
6. По́сле револю́ции 1917 го́да бы́ло закры́то мно́го . . .
7. 9 ма́я на Кра́сной . . . был большо́й пара́д.
8. В их столо́вой ма́ло . . . : сто́л, три сту́ла, пя́ть кре́сел и шка́ф.
9. Ра́ньше он поднима́лся на 3-й эта́ж на ли́фте, а сейча́с поднима́ется по . . . .
10. Е́сли в до́ме не́т . . . , ну́жно де́лать поку́пки ка́ждый де́нь.
11. Он живёт, не в це́нтре го́рода, а в . . . , на у́лице Шевче́нко.

22. Translate into Russian:

1. I am going to the market to buy fruit and vegetables.
2. He is washing the crockery, the frying pan, the saucepan, spoons, knives and forks in the dishwasher.
3. In the garden grew cabbages, potatoes, apples and tomatoes.
4. The children were playing on the floor in the living room.
5. The sick guest was lying on the divan in our bedroom.
6. There are many new books on the shelf.
7. She was washing the tablecloth and the sheets in the washing machine.
8. In their bathroom they have a bath, not a shower.
9. She buys apples in the fruit and vegetable shop, and meat at the butcher's.
10. In spring he digs the flower-beds with a spade.
11. There is no hand basin in the toilet.

23. Associations. Pair associated words:

Noun: noun

I		II	
1. ва́нна	a. спа́льня	1. простыня́	a. клу́мба
2. крова́ть	b. ви́лка	2. са́д	b. пека́рня
3. но́ж	c. ду́ш	3. хле́б	c. посте́ль

Verb: noun

I		II	
1. включа́ть	a. утю́г	1. мыть	a. телеви́зор
2. гла́дить	b. лопа́та	2. смотре́ть	b. пылесо́с
3. копа́ть	c. ла́мпа	3. убира́ть	c. умыва́льник

Level 2

Towns

Townscape

авто́бусная остано́вка	bus stop
автовокза́л (на автовокза́ле)	bus station
движе́ние	traffic
метроста́нция	Underground station
отделе́ние мили́ции	police station
светофо́р	traffic lights
собо́р	cathedral
тюрьма́ (pl. тю́рьмы тю́рем)	prison
у́личный фона́рь (m.) (gen. у́личного фонаря́)	street lamp
университе́т	university
шоссе́ (n. indecl.)	highway

Word formation: светофо́р comprises свет 'light' and фор (Greek -*phoros* 'bearing').

Word origins: (1) собо́р, originally 'a gathering', was calqued from Greek *synagoge* id. (2) cf. тюрьма́ and German *Turm* 'tower' (pl. *Türme*) (3) фона́рь is from Byzantine Greek *phonarion* 'lamp' (4) шоссе́ is from French *chaussée* id.

Shops

газе́тный кио́ск	newspaper stand, kiosk
конди́терская (adj. noun)	confectioner (конди́тер 'confectioner')
магази́н «Игру́шки»	toy shop
магази́н канцеля́рских това́ров (канцтова́ров)	stationer
моло́чный магази́н	dairy
обувно́й магази́н	shoe shop (о́бувь 'footwear')
о́чередь (f., gen. pl. очереде́й) (за + instr.)	queue (for)
пра́чечная (adj. noun)	launderette

прила́вок (gen. прила́вка)	counter
ры́бный магази́н	fishmonger
универма́г	department store
универса́м	supermarket
цвето́чный магази́н	florist (pl. цветы́ цвето́в 'flowers')
химчи́стка	dry cleaner

Word origins: (1) газе́та is from Italian *gazzetta* (the first newspaper came out in Venice and was sold for a *gazeta*, a low-denomination coin) (2) конди́тер is from German *Konditor* id. (3) канцеля́рия is from Medieval Latin *cancelleria* 'chancery' (the scribes (*cancellarii*) worked at the bars (Latin *cancelli*) of the court of justice) (4) пра́чечная is from obsolete пра́ть 'to squeeze, beat' (damp was beaten out of washed clothes at the village stream).

Blends: универма́г stands for универса́льный магази́н 'universal store', универса́м for универса́льный магази́н самообслу́живания 'universal self-service store' and химчи́стка for хими́ческая чи́стка 'chemical cleaning'.

Accommodation

General

обставля́ть/обста́вить (обста́влю обста́вишь)	to furnish
сдава́ть (сдаю́ сдаёшь)/сда́ть (сда́м сда́шь) ко́мнату	to let out a room
снима́ть/сня́ть (сниму́ сни́мешь) ко́мнату	to rent, take a room
электри́чество	electricity

Word origins: ко́мната is ultimately from Middle Latin *camera caminata* 'heated room', whence also French *cheminée* 'chimney'.

Parts of buildings

кры́ша	roof
пери́ла (gen. пери́л)	railing, handrail
подва́л	cellar, basement
прихо́жая (adj. noun)	entrance hall

Word origins: подва́л may come from под 'under' and ва́л 'rampart' from German *Wall*, Latin *vallum* id.

Cognates: 1) кры́ша is cognate with кры́ть 'to cover' (2) пери́ла is cognate with опере́ться (на) 'to lean (on)'.

Kitchenware and food preparation

ба́нка (жестяна́я ба́нка 'tin can')	jar
блю́до	dish
вари́ть/с- (яйцо́)	to boil (an egg)
гото́вить (гото́влю гото́вишь)/при-	to prepare, cook
жа́рить/за- (котле́ты)	to fry (chops)
кипяти́ть (кипячу́ кипяти́шь)/вс- (во́ду, молоко́)	to boil (water, milk)
консе́рвный но́ж (gen. консе́рвного ножа́)	tin-opener
кры́шка	lid
кувши́н	jug
ми́ска	bowl
му́сорное ведро́	rubbish bin
открыва́лка	bottle-opener
по́лка	shelf, rack
посудомо́ечная маши́на	dishwasher
са́харница	sugar bowl
ча́йник	kettle; teapot

Word origins: ми́ска (dim. of archaic ми́са) is ultimately from Vulgar Latin *mesa*, Latin *mensa* 'table, dish'.

Word formation: (1) открыва́лка is from открыва́ть 'to open', one of a series of nouns in -лка derived from impf. verbs (2) -ница in са́харница denotes 'container', cf. пе́речница 'pepper pot'.

Tools

вви́нчивать/ввинти́ть (ввинчу́ ввинти́шь) (в + acc.)	to screw in(to)
ви́нт (gen. винта́)	screw
гво́здь (m., gen. гвоздя́, pl. гво́зди гвозде́й)	nail
молото́к (gen. молотка́)	hammer
напи́льник	file
отвёртка	screwdriver
щипцы́ (gen. щипцо́в)	tongs, pliers (for holding, gripping)

Word origins: ви́нт represents a reshaping of German *Gewinde* 'worm of a screw' (*winden* 'to twist').

Cognates: щипцы́ is a plural-only form cognate with щипа́ть 'to pinch'.

Household objects

абажу́р	lampshade
зе́ркало (pl. зеркала́ зерка́л)	mirror
звоно́к (gen. звонка́)	doorbell
комо́д	chest of drawers
ла́мпочка	light bulb
одея́ло	blanket

око́нное стекло́ (pl. око́нные стёкла око́нных стёкол)	window pane
пле́чики (gen. пле́чиков)	coat-hanger
поду́шка	cushion, pillow
полови́к (gen. половика́)	doormat
посте́льное бельё	bedclothes
про́бка	cork, fuse
ру́чка	handle
суши́лка	dryer
фона́рик	torch
я́щик	drawer

Word origins: (1) абажу́р is from French *abat-jour* id. (2) комо́д is from French *commode* id. (3) одея́ло is from an old frequentative of оде́ть 'to dress, clothe', with agent suffix -ло (4) поду́шка: derivation from под у́шко 'under the ear' may be a false etymology, but cf. French *oreiller* id., French *oreille* 'ear' (5) про́бка 'cork' is probably from Low German *propp(en)* id.

Cognates: зе́ркало is cognate with obsolete зре́ть 'to see', with agent suffix -ло, thus 'what you look at yourself in'.

Plumbing and heat engineering

батаре́я	radiator
водопрово́дная труба́ (pl. водопрово́дные тру́бы)	water-pipe
канализа́ция	plumbing, waste pipes, sewerage system
ра́ковина	sink
туале́тная бума́га	toilet paper
унита́з	toilet bowl
центра́льное отопле́ние	central heating

Word origins: (1) труба́ may be from Old High German *trumba* 'drum, trumpet' (2) унита́з is from the brand name Unitas, final з under the infuence of таз 'bowl'.

Word formation: отопле́ние is the verbal noun from отопи́ть 'to heat', cf. тёплый 'warm'.

Decor

занаве́ска	curtain
маля́р (gen. маляра́)	painter
обо́и (gen. обо́ев)	wallpaper (окле́ивать/окле́ить обо́ями 'to wallpaper')

Cognates: занаве́ска is cognate with занаве́сить 'to curtain', пове́сить 'to hang', etc.

Word origins: (1) маля́р is from German *Maler* 'domestic *and* artistic painter' (2) обо́и is from оби́ть 'to upholster, cover' (earlier wall-fabrics were tacked, not pasted).

Gardens and gardening

General

огоро́д	kitchen garden, market garden
садо́вая скаме́йка	garden seat, bench
сара́й	shed
тепли́ца	greenhouse

Word origins: (1) огоро́д is deaffixed from an earlier form of огороди́ть 'to fence in' (2) скамья́ (dim. скаме́йка) is from Byzantine Greek neuter plural *skamnia*, reinterpreted as a Russian fem. sing. (3) сара́й is from Turkic, ultimately Persian *sarai* 'palace, harem'. In some Turkic dialects the word also meant 'byre, stable'. (The town of Sarai was the capital of the Golden Horde on the left bank of the Lower Volga, destroyed in 1460 by the Russians.)

Cognates: тепли́ца is cognate with тёплый etc., see отопле́ние above.

Plants

выра́щивать / вы́растить (вы́ращу вы́растишь)	to grow (trans.)
гвозди́ка	carnation
колоко́льчик	bluebell
ма́к	poppy
маргари́тка	daisy
незабу́дка	forget-me-not
па́хнуть (past па́х or па́хнул па́хла) (+ instr.)	to smell (of)
подсне́жник	snowdrop
сире́нь (f.)	lilac
фиа́лка	violet

Word origins: (1) гвозди́ка is named for the similarity of its leaves or plant-heads to nails (cf. гвоздь 'nail') (2) ма́к has been linked to Germanic *mehan-* 'poppy' (German *Mohn*, id.), Doric Greek *makon* id. (3) маргари́тка is ultimately from Greek *margarites* 'pearl', from the flower's resemblance to a pearl (5) незабу́дка is based on не забу́дь 'don't forget', perhaps calqued from German *Vergissmeinnicht* id., cf. also French *ne m'oublie pas* id. (6) фиа́лка comes ultimately from Latin *viola* id.

Word formation: подсне́жник comprises под 'under' + сне́г 'snow' + -ник, with сне́г > снеж before suffix -ник.

Cognates: сире́нь cf. English 'syringa' id.

Fruit and vegetables

гру́ша	pear
ды́ня	melon
земляни́ка	strawberries
лу́к (лу́ковица 'an onion')	onions
морко́вь (f.) (морко́вка 'a carrot')	carrots

огуре́ц (gen. огурца́)	cucumber
пе́рсик	peach
сли́ва	plum

Word origins: (1) земляни́ка is so called because the plant's berries are found lying on the ground (земля́) (2) лу́к is ultimately of Germanic origin, cf. German *Lauch* 'leek' (3) морко́вь may be ultimately from Germanic, cf. German *Möhre* id. (4) огуре́ц is from Byzantine Greek, cf. Greek *aoros* 'unripe' (unripe cucumbers were prized for their taste) (5) пе́рсик comes ultimately from Latin *Persicum malum*, lit. 'Persian apple' (6) сли́ва is so called perhaps for its colour, cf. Latin *lividus* 'blue, bluish', English 'sloe', German *Schlehe* 'sloe, wild plum'.

Homonyms: лу́к (a) 'onions' (b) 'bow' is a homonym (a word identical in form with another word but from a completely different root).

Garden tools and gardening

ви́лы (gen. ви́л)	garden fork
гра́бли (gen. гра́бель)	rake
ле́йка	watering can
полива́ть/поли́ть (полью́ польёшь)	to water
сажа́ть/посади́ть (посажу́ поса́дишь)	to plant, pot
се́ять (се́ю се́ешь)/по-	to sow
шла́нг	hose-pipe

Cognates: (1) гра́бли is cognate with грести́ (гребу́ гребёшь) 'to rake' (2) се́ять is cognate with се́мя 'seed'.

Word origins: шла́нг is named for its snake-like appearance and comes from German *Schlange* 'snake'.

Exercises

Level 2

1. Stress in declension. Which of the following masculine nouns has a different stress pattern in declension (here, *stem* stress) from the others?

I	Genitive singular		Genitive singular
1. ви́нт	винта́	2. гво́здь	
3. ма́к		4. маля́р	

II			
1. но́ж	ножа́	2. полови́к	
3. фона́рь		4. шла́нг	

2. Gender. Which of the following soft-sign nouns has a different gender from the other two in groups I and II?

I	Gender		Gender		Gender
1. гво́здь		2. морко́вь		3. сире́нь	

II					
1. о́бувь		2. о́чередь		3. фона́рь	

3. Which of the following differs semantically from the rest of the group?

	Meaning		Meaning		Meaning
1. ви́нт		2. молото́к		3. напи́льник	
4. отвёртка		5. ча́йник		6. щипцы́	

4. Special category of nouns. Give the Russian for the following. What, from a grammatical point of view, do the three nouns have in common?

English	Russian	English	Russian	English	Russian
1. confec- tioner's		2. entrance hall		3. laundry	

Common grammatical feature: . . . .

5. Plural-only nouns. Which of these is the odd one out (is *not* a plural-only noun)?

	Meaning		Meaning		Meaning
1. ви́лы	garden fork	2. гра́бли		3. обо́и	
4. пери́ла		5. пле́чики		6. шла́нги	
7. щипцы́					

6. Adjective/noun phrases. Match the adjectives to the nouns:
Feminine adjective + noun

I		II	
1. авто́бусная	a. труба́	1. посудомо́ечная	a. скаме́йка
2. водопрово́дная	b. ба́нка	2. садо́вая	b. бума́га
3. жестяна́я	c. остано́вка	3. туале́тная	c. маши́на

Neuter adjective + noun

1. му́сорное		3. посте́льное	
2. око́нное		4. центра́льное	

(бельё, ведро́, отопле́ние, стекло́)

Masculine adjective + noun

1. газе́тный		2. консе́рв-ный		3. обувно́й	

(кио́ск, магази́н, но́ж)

7. The names of fruits, vegetables and flowers. Allocate each word to the correct column:

Fruits	Meaning	Vegetables	Meaning	Flowers	Meaning
1.		1.		1.	
2.		2.		2.	
3.		3.		3.	
4.				4.	
5.				5.	
				6.	
				7.	

(гвозди́ка, гру́ша, ды́ня, земляни́ка, колоко́льчик, лу́к, ма́к, маргари́тка, морко́вь, незабу́дка, огуре́ц, пе́рсик, сире́нь, сли́ва, фиа́лка)

8. Идти́ за + instrumental case 'to go for/to fetch':

1. иду́ в магази́н «Игру́шки»	за игру́шками
2. иду́ в магази́н канцтова́ров	за . . . .
3. иду́ в обувно́й магази́н	за . . . .
4. иду́ в отделе́ние мили́ции	за . . . .
5. иду́ в ры́бный магази́н	за . . . .
6. иду́ в цвето́чный магази́н	за . . . .
7. иду́ на автовокза́л	за . . . .
8. иду́ на метроста́нцию	за . . . .

(биле́т, жето́н (metro token), канцтова́ры, о́бувь, па́спорт, ры́ба, цветы́)

9. Word associations. Pair each word with another word associated with it:

I		II	
1. батаре́я	a. молото́к	1. отвёртка	a. буты́лка
2. гвоздь	b. абажу́р	2. открыва́лка	b. унита́з
3. канализа́ция	c. центра́льное отопле́ние	3. одея́ло	c. движе́ние
4. ле́йка	d. шланг	4. светофо́р	d. винт
5. ла́мпочка	e. водопрово́доная труба́	5. туале́т	e. посте́льное бельё

10. Phraseology. Find out the meanings of the following phrases:

1. Вари́ться в со́бственном соку́.
2. У него́ ви́нтика не хвата́ет.
3. Хо́чешь ми́ра, гото́вься к войне́.

No. 1 is a 'false friend'. What does this mean?

11. Definitions. Match the nouns on the left to the definitions on the right:

I	
1. абажу́р	a. ве́рхняя часть до́ма
2. кры́ша	b. колпа́к для ла́мпы
3. о́чередь	c. лесно́й цвето́к
4. подсне́жник	d. пере́дняя
5. прихо́жая	e. лю́ди, стоя́щие оди́н за други́м

II	
1. собо́р	a. помеще́ние для выра́щивания расте́ний
2. суши́лка	b. небольшо́й фона́рь
3. тепли́ца	c. ме́сто заключе́ния
4. тюрьма́	d. больша́я це́рковь
5. фона́рик	e. аппара́т для су́шки чего́-нибудь

12. Similes. Translate the similes and find English equivalents, where possible:

1. Вы́лететь как про́бка (used ironically of someone rushing from somewhere with undue haste, often under compulsion, 'like a cork from a bottle').
2. Звене́ть как колоко́льчик (of a child's or girl's melodious, bell-like voice or laughter).
3. Кра́сный, покрасне́ть как мак (of an adolescent's red-faced shame or embarrassment).
4. Па́хнуть (a) как духи́ (of a pleasant but sharp smell) (b) ка́к ту́хлое яйцо́ (of an unpleasant smell).
5. Сиде́ть как в тюрьме́ (to seclude oneself in one's room).

6. Хороша́, как ма́ков цве́т (of a rosy-cheeked girl at the peak of her physical growth and beauty).

13. Polysemy. Find in the dictionary other meanings of the following words:

Words	Other meanings
1. гво́здь	
2. движе́ние	
3. ле́йка	
4. о́чередь	
5. ра́ковина	
6. ру́чка	
7. сажа́ть	
8. сдава́ть	
9. снима́ть	
10. ча́йник	
11. я́щик	

14. First-person singular of the verb. Put the verbs in brackets in the correct form of the first-person singular present tense (1–2) or future perfective (3–9):

1. Я [кипяти́ть] во́ду.
2. Я [се́ять] рожь.
3. Я [обста́вить] кварти́ру фи́нской ме́белью.
4. Я [снять] кварти́ру на тре́тьем этаже́.
5. Я [ввинти́ть] винт в ра́му.
6. Я [вы́растить] берёзу та́м, где́ он поги́б.
7. Я [поли́ть] ро́зы в тепли́це.
8. Я [посади́ть] ку́ст сморо́дины.
9. Я [сда́ть] кварти́ру молодожёнам.

15. Fill the gaps with appropriate words in the correct cases:

1. Он отсиде́л де́сять ле́т в . . . за уби́йство.
2. Он прочита́л назва́ние у́лицы при све́те у́личного . . .
3. Что́бы пи́ть во́ду из кра́на, на́до её зара́нее . . .
4. Он сня́л буты́лку пи́ва с по́лки и откры́л её . . .
5. Она́ вби́ла . . . в сте́ну молотко́м.
6. Он свинти́л га́йку . . .
7. При зву́ке . . . боксёры сошли́сь на середи́не ри́нга.
8. Она́ пове́сила блу́зку на . . .
9. . . . цветы́ ка́ждый де́нь, пока́ я бу́ду в о́тпуске.
10. Све́т пога́с. Ну́жно смени́ть . . .

(вскипяти́ть, гво́здь, звоно́к, отвёртка, открыва́лка, пле́чики, полива́ть, про́бка, тюрьма́, фона́рь)

16. Translate into English:

1. Она́ су́шит сти́раное бельё в суши́лке.
2. Де́ти чита́ли в посте́ли при све́те фона́рика.
3. Маля́р покра́сил сте́ны прихо́жей в ра́зные цвета́.
4. В садо́вый инвента́рь вхо́дят скаме́йка, сара́й и тепли́ца.
5. Ро́жь се́ют о́сенью; она́ зиму́ет под сне́гом.
6. Пе́рсик зна́чит буква́льно «перси́дское я́блоко».
7. Он окле́ил спа́льню обо́ями в кра́пинку.

17. Translate into Russian:

1. Every day I buy a newspaper at the newspaper kiosk.
2. She went to the dairy for a litre of milk.
3. There was a long queue to the cash desk in the confectioner's.
4. I don't want to let my flat out to students, but who will rent it?
5. For breakfast she boiled two eggs and fried some bacon.
6. She looked at herself in the mirror for a long time, though her husband was waiting in the taxi.
7. The plumbing needs to be repaired.
8. In the vegetable garden they grow onions, carrots and cucumbers.
9. There was a smell of violets and lilac in the garden.
10. One of the characters in a Chekhov play plants, not flowers, but forests!
11. Melons and other fruit grow in Uzbekistan.
12. He went into the shed for the rake, the fork and the watering can.

18. Word origins. Which of the following has no connection with (does not derive from or have cognates with) French?

	Origin		Origin
1. абажу́р	French	3. комо́д	
2. конди́тер		4. шоссе́	

Ditto German/Germanic (what is the origin of the odd one out?)

1. винт	2. газе́та	3. маля́р	4. морко́вь	5. шла́нг

Ditto Greek?

1. маргари́тка	2. огуре́ц	3. сара́й	4. скамья́	5. фона́рь

Level 3

Towns

Townscape

доро́жный зна́к	road sign
зелёный по́яс	green belt
кольцева́я доро́га	ring road
населённый пу́нкт	inhabited area, locality
перекрёсток	crossroads
пешехо́д	pedestrian
пешехо́дная зо́на	pedestrian precinct
пешехо́дный перехо́д	pedestrian crossing
регули́ровать (регули́рую регули́руешь)	to regulate, control, direct
су́д	court
телефо́н-автома́т	public telephone
тунне́ль (m.)	underpass
тупи́к (gen. тупика́) (зайти́ в тупи́к 'to reach a deadlock')	dead end, blind alley

Word origins: (1) кольцево́й is the adjective to кольцо́ 'ring', cognate with колесо́ 'wheel' (2) пешехо́д is cognate with пешко́м 'on foot', пехо́та 'infantry' and with ходи́ть 'to go'. Пеш- is cognate with English 'pedal', Latin *pes* 'foot', gen. *pedis* (3) тупи́к derives from тупо́й 'blunt'.

Cognates: cognates of су́д include судья́ 'judge, referee', суде́бный 'judicial', суди́ть 'to judge'.

Literary reference: «А су́дьи кто?», from Griboedov's play «Го́ре от ума́», is used to cast doubt on the competence of critics.

Shops and businesses

бути́к	boutique
галантере́я	haberdasher
обме́нное бюро́ (n. indecl.)	bureau de change
сапо́жная мастерска́я (adj. noun)	cobbler
суперма́ркет	supermarket
торго́вый це́нтр	shopping centre

Word origins: (1) галантере́я is from German *Galanterie* (*Galanterieware* 'clothing accessory'), French *galanterie* 'gallantry' (2) cf. торго́вый, торго́вля 'trade', торг 'market-place, trade, market'.

Housing

General

жили́щное строи́тельство	house building
жило́й масси́в	(large) housing estate
особня́к (gen. особняка́)	detached house

Word origins: особня́к is from осо́бый 'special, separate'.

Features of buildings

балко́н	balcony
ба́шня	tower
благоустро́енный	well-appointed
двойны́е ра́мы	double-glazing
домофо́н	entryphone
изоля́ция	insulation
кондициони́рование во́здуха	air-conditioning
ле́стничная площа́дка	landing
мусоропрово́д	waste disposal unit
пожа́рная ле́стница	fire escape
розе́тка	power point
ступе́нька	step
шпиль (m.)	spire; capstan
штепсель (m.)	electric plug
электри́ческая се́ть	electrical circuit

Word origins: (1) ба́шня is ultimately from Italian *bastia* 'fortress, rampart', with the locational suffix -ня (2) ра́ма is of Germanic origin, cf. German *Rahmen* 'frame' (3) розе́тка is from French *rosette* or German *Rosette* 'rosette' (rose-shaped ornament, lit. 'small rose', from its resemblance to a rose (4) шпиль is from Dutch *spil* or German *Spille* 'spindle', German *Spill* 'capstan'. (5) штепсель is from German *Stöpsel* id.

Word formation: (1) домофо́н comprises дом 'house' and the Greek root фон 'sound' (2) мусоропрово́д is based on the pattern 'item to be conveyed' + прово́д, cf. нефтепрово́д 'oil pipeline'.

Household items

анте́нна	aerial
буфе́т	sideboard, buffet
вентиля́тор	fan
ве́шалка	rack, hatstand, coatstand
гарниту́р	suite
духо́вка	oven
линоле́ум	linoleum
пли́тка	floor tile
подно́с	tray

покрыва́ло	bedspread
посте́льные принадле́жности	bedding
таре́лка	satellite dish
туале́тный сто́лик	dressing table
фо́рточка	dormer window
што́ра	blind

Word origins: (1) анте́нна is from Latin *antenna / antemna* 'sail-yard' (a tapering spar slung across the mast to support the sail) (2) буфе́т is from French *buffet* id. (3) гарниту́р is from German *Garnitur* 'set of matching objects', French *garniture* id., *garnir* 'to supply' (4) лино́леум is from English 'linoleum': Latin *lin(um)* 'flax' + *-oleum* 'oil' (linoleum is coated with linseed oil) (5) фо́рточка comes via Polish *forta / fortka* 'wicket, little gate' from Latin *porta* 'gate' (6) што́ра is from German *Store* 'net curtain', French *store* 'blind'.

Word formation: (1) ве́шалка is from ве́шать 'to hang' (2) покрыва́ло is from покрыва́ть 'to cover', with agent-suffix -ло.

Tools

ки́сть (f.)	paintbrush
кле́щи (gen. клеще́й)	pincers (for extracting)

Actions and processes

втыка́ть/воткну́ть (в + асс.)	to stick into
вытира́ть/вы́тереть (вы́тру вы́трешь; вы́тер вы́терла)	to mop up, dry
задёргивать/задёрнуть	to draw, close (curtains)
отдёргивать/отдёрнуть	to draw back, open (curtains)
перегора́ть/перегоре́ть (перегори́т)	to fuse (intrans.)
подключа́ть/подключи́ть (к)	to plumb in, wire up (to)
ре́зать (ре́жу ре́жешь)/раз-	to chop, slice (наре́зать + gen. 'to cut a quantity')
ремо́нт	repair, refurbishment
суши́ть/вы́-	to dry
убо́рка	cleaning, tidying
чи́стить (чи́щу чи́стишь)/по- or o-	to clean, peel

Word formation: пере- in перегора́ть/перегоре́ть denotes excess.

Word origins: ремо́нт is from French *remonte* 'supply of horses to the regiments', later generalised.

Cognates: суши́ть/вы́- is cognate with сухо́й 'dry' etc.

Kitchenware and processes

Containers

горчи́чница	mustard-pot
пе́речница	pepper-pot

| соло́нка | salt-cellar |
| та́з (в тазу́, pl. тазы́) | washing-up bowl |

Word formation: cf. горчи́ца 'mustard', пе́рец 'pepper' and горчи́чница, пе́речница, with ц/ч mutation and ending -ница 'container'.

Word origins: та́з is ultimately from Persian *tasht* 'bowl', cf. French *tasse* 'cup' from Arabic *tassa*.

Food preparation, laundering

гри́ль (m.)	grill
ку́хонная у́тварь	kitchen utensils
ку́хонный комба́йн	food processor
микрово́лновая пе́чь	microwave
ми́ксер	blender, mixer
морози́льник	freezer
мясору́бка	mincer
скорова́рка	pressure cooker
смеси́тель (m.)	blender
соковыжима́лка	juice extractor
стира́льный порошо́к (gen. стира́льного порошка́)	washing powder
сти́рка	(act of) washing, laundering
суши́ть/вы́- or выжима́ть/вы́жать (вы́жму вы́жмешь) до́суха в центрифу́ге	to spin-dry
центрифу́га-суши́лка	spin-drier

Cognates: (1) морози́льник is cognate with моро́з 'frost', моро́зить 'to freeze' etc.

Word formation: (1) мясору́бка is based on мя́со 'meat' and ру́бка 'chopping' (руби́ть 'to chop') (2) скорова́рка is based on ско́р(ый) 'quick' and ва́рка 'cooking' вари́ть 'to cook' (3) смеси́тель is cognate with сме́шивать/смеша́ть 'to mix', смесь 'mixture' (4) соковыжима́лка is based on со́к 'juice' and выжима́ть 'to squeeze out'.

Word origins: порошо́к is the dim. of по́рох 'gunpowder'.

Bathroom

ве́шалка для полоте́нец	towel rail
кипяти́льник	water heater
мы́льница	soap dish

Word formation: (1) cf. deverbal кипяти́льник, холоди́льник and морози́льник (2) -ница in мы́льница denotes container (cf. горчи́чница, пе́речница).

Buying, selling, renting property

закла́дывать/заложи́ть (за + acc.)	to mortgage (for a particular sum)
ипоте́чная ссу́да	mortgage
ссу́да на поку́пку до́ма	mortgage

Word origins: cf. ипоте́ка and German *Hypothek* id. from Greek *hypotheke* 'security', *hypotithemai* 'to mortgage', cf. French *hypothèque* 'mortgage'.

Garden

General

бесе́дка	summerhouse
газо́н	lawn
гря́дка	bed, drill (in vegetable garden)
жива́я и́згородь (f.)	hedge

Word origins: (1) бесе́дка is from бесе́да 'chat', lit. 'sitting outside' (2) газо́н is from French *gazon* id. (3) и́згородь is a deaffixed feminine form from obsolete infinitive изгороди́ть 'to partition off'.

Plants

василёк (gen. василька́)	cornflower
колю́чка	thorn
коси́ть (кошу́ ко́сишь)/с–	to mow
ла́ндыш	lily-of-the-valley
ни́кнуть (past ник or ни́кнул ни́кла)/по–	to wilt
подсо́лнечник	sunflower
поло́ть (полю́ по́лешь)/вы–	to weed
по́чка	bud (of flower or leaf)
се́мя (n.) (gen./dat./prep. се́мени instr. се́менем pl. семена́ семя́н семена́м)	seed
сорня́к (gen. сорняка́)	weed
сте́бель (m., gen. сте́бля)	stem
удобре́ния	fertilisers

Word origins: (1) василёк is a reshaping of базили́к 'basil', from Greek *basilikon*, id. (2) ла́ндыш may be from Old Polish *lanie uszko*, lit. 'doe's ear', from the plant's ear-shaped leaves.

Cognates: (1) колю́чка is cognate with колю́чий 'prickly' (2) се́мя is cognate with 'semen' etc. Final -я in nouns in -мя evolved from a nasal vowel, hence neuter gender (3) сорня́к is cognate with сор 'rubbish', adjective со́рный.

Word formation: подсо́лнечник comprises под + root noun + -ник, with ц > ч before -ник.

Tools

совóк (gen. совкá)	trowel
моты́га	hoe

Exercises

Level 3

1. Which noun is the odd one out in:

(a) gender?

I	Gender		Gender		Gender
1. гриль		2. кисть		3. стébель	

II	Gender			Gender
1. сеть		2. туннéль		
3. шпиль		4. штéпсель		

(b) stress in declension (end stress or stem stress)?

	Gen. sing.		Gen. sing.		
1. особня́к		2. сорня́к		3. суд	
4. таз		5. тупи́к			

(c) number (standard plural or plural-only)?

	Translation		Translation		Translation
1. бáшни		2. кисти		3. клéщи	
4. лáндыши		5. стéбли		6. ступéньки	

(d) word formation (-н- or -в- in the formation of adjectives from nouns)?

Noun	Adjective	Qualified noun	Noun	Adjective	Qualified noun
1. дорóга	дорóжный	знак	4. пожáр		
2. кольцó			5. постéль		
3. пешехóд			6. туалéт		

(e) meaning?

1. горчи́чница	2. кувши́н	3. пéречница	4. солóнка

2. Polysemy. Find in the dictionary additional meanings of the following:

	Additional meaning(s)
1. кисть	
2. косить	
3. плитка	
4. пояс	
5. почка	
6. совок	
7. таз	
8. тупик	

3. Similes. Translate, finding English equivalents where possible:

1. Все платья висят на тебе как на вешалке (of very loose-fitting clothing).
2. Коля как клещами сжал мне руку (of squeezing someone/something very tightly)
3. Костёр горит как порох (of materials that flare up and burn easily).
4. Он судит об этом как слепой о красках (archaic and ironic phrase about an incompetent, unprofessional judgement)
5. Колючий как дикобраз (ironically or jocularly of a man who has not shaved).

4. Match the words on the left to the definitions on the right:

I Nouns	Definitions
1. галантерея	a. орудие для рыхления
2. домофон	b. инструмент для захвата, зажима
3. клещи	c. мелкие принадлежности туалета
4. мотыга	d. канал для сбрасывания мусора
5. мусоропровод	e. устройство для переговоров между входом в дом и квартирами

II Nouns	Definitions
1. пешеход	a. починка, устранение неисправностей
2. ремонт	b. человек, идущий пешком
3. солонка	c. сорное растение
4. беседка	d. небольшой сосуд для столовой соли
5. сорняк	e. крытая постройка для отдыха в саду

5. Word associations. Select from among the brackets words which match the words in left-hand columns I and II:

I	Associated word	II	Associated word
1. анте́нна		1. поло́ть	
2. газо́н		2. регули́ровать	
3. двойны́е ра́мы		3. розе́тка	
4. населённый пу́нкт		4. сапо́жная мастерска́я	
(жило́й масси́в, коси́ть, таре́лка, фо́рточка)		(гря́дки, движе́ние, о́бувь, штéпсель)	

6. Verb conjugation. Replace:

(a) the past perfective of the verb by the future perfective (in I)
(b) the past imperfective by the present tense (in II):

I Past perfective	Future perfective	Meaning
1. Он вы́жал сóк из лимóна.		
2. Он вы́тер посу́ду.		
3. Ла́мпочка перегорéла.		

II Past imperfective	Present tense	Meaning
1. Я коси́л газóн.		
2. Она́ поло́ла гря́дки.		
3. Он регули́ровал движéние.		
4. Она́ рéзала хлéб.		
5. Я чи́стил я́блоко.		

7. Pair appropriate nouns from the brackets with suitable adjectives in the left-hand column:

Masculine nouns			
1. зелёный		3. стира́льный	
2. ку́хонный		4. торгóвый	

(комбáйн, порошóк, пóяс, цéнтр)

This time qualifiy the nouns with appropriate adjectives:

Feminine nouns			
	1. печь		3. сеть
	2. площа́дка		4. у́тварь

(ку́хонная, ле́стничная, микроволно́вая, электри́ческая)

8. Pair the definitions in the left-hand column with appropriate nouns from the brackets:

1. о́рган для разреше́ния гражда́нских спо́ров	
2. у́лица, не име́ющая прохо́да и прое́зда	
3. стекля́нная две́рца в окне́ для прове́тривания	
4. ча́сть расте́ния, несу́щая ли́стья и цветки́	
5. око́нная занаве́ска	
6. аппара́т для су́шки	
7. вещество́, кото́рым удобря́ют по́чву	

(сте́бель, су́д, суши́лка, тупи́к, удобре́ние, фо́рточка, што́ра)

9. Fill each gap with an appropriate word, and translate into English:

1. На регули́руемом перекрёстке стоя́л милиционе́р и регули́ровал у́личное . . . .
2. Она́ подала́ в . . . на сосе́да за то́, что то́т постро́ил гара́ж без разреше́ния городско́го сове́та.
3. Суши́лка не рабо́тала, так как я забы́л воткну́ть што́псельную ви́лку в . . . .
4. Ла́мпочка . . . , и све́т пога́с. Пришло́сь смени́ть про́бку.
5. Она́ . . . хле́ба и нама́зала его́ ма́слом и варе́ньем.
6. Весно́й ка́ждого го́да мы прово́дим генера́льную . . . кварти́ры.
7. . . . на поку́пку кварти́ры составля́ет до пяти́ минима́льных зарпла́т.
8. По́сле второ́й мирово́й войны́ . . . развива́лось вглу́бь и вши́рь.
9. Нельзя́ е́сть фру́кты, не . . . их зара́нее.
10. Е́сли не́т вре́мени, еду́ мо́жно гото́вить, не в духо́вке, а в . . .
11. Благоустро́енная кварти́ра должна́ располага́ть вентиля́тором, надёжной изоля́цией и . . .
12. Официа́нтка принесла́ еду́ на дву́х . . .

10. Translate into Russian:

1. I was walking across the pedestrian crossing, and began walking faster when the red light came on.
2. Double glazing and dormer windows are convenient because they allow one to regulate the room temperature.
3. She plugged the juicer in and began to squeeze juice out of the oranges.

4. Mum drew the curtains, but the children continued to read by the light of a torch.
5. She dried the washing in the spin-drier.
6. If you wire your computer up to the Internet you will be able to use a lot of very valuable information.
7. Before entering the house he wiped his feet on the mat.
8. He forgot to water the plants while his wife was on holiday, and they wilted.
9. I went to the exchange bureau several times to change money.
10. She cut the melon into four equal pieces.
11. In Soviet times there were no boutiques or supermarkets in shopping centres.
12. The bed-cover is drying on the towel rail.

11. Cognates, origins, word formation.

(1) Cognates. Give one cognate of each of the following:

	Cognate		Cognate
1. колю́чка		3. пешехо́д	
2. морози́льник		4. сорня́к	

(2) Word formation. Which of the following differs most fundamentally in word formation from the rest?

1. домофо́н	2. мусоро- прово́д	3. мясору́бка	4. подсо́л- нечник	5. скоро- ва́рка	6. соковы- жима́лка

(3) Word origins. Which of the following has *no* German connection, and what is its origin?

1. галантере́я	2. гарниту́р	3. ра́ма	4. ремо́нт	5. ште́псель	6. што́ра

Additional vocabulary

Towns

алле́я	avenue
велосипе́дная доро́жка	cycle track
вхо́д в метро́	entrance to the Underground
звони́ть + dat. of person, в/на + acc. of place	to ring (someone, somewhere)
направле́ние	direction
объе́зд	bypass
посёлок (gen. посёлка)	village, settlement
прое́зд	thoroughfare (for vehicles)
прохо́д	thoroughfare (for pedestrians)
скве́р	small public garden
сто́чная кана́ва	gutter
тураге́нтство	tourist agency
у́лица с односторо́нним движе́нием	one-way street

достопримеча́тельности	sights	шóп	shop (usually selling high-class Western goods)
объезжа́ть/объе́хать (объе́ду объе́дешь)	to bypass	а́кция	share
райо́н	district	гарнизо́н	garrison
мече́ть (f.)	mosque	застро́енный райо́н	built-up area
монасты́рь (m., gen. монастыря́)	monastery; convent (же́нский монасты́рь)	при́городный посёлок	dormitory suburb
моли́ться	to pray	развя́зка	roundabout
обме́нивать/обменя́ть (acc. + на + acc.)	to exchange (something for something else)	ра́туша	town hall
		служе́бная маши́на	service vehicle
		сооруже́ние	construction
отéль (m.)	hotel	фóндовая би́ржа	stock exchange
лека́рство	medicine	часо́вня	chapel
магази́н «Автомоби́ли»	car sales firm	барахо́лка	flea market
		магази́н здоро́вого пита́ния	health food shop
сли́вки (gen. сли́вок)	cream		
таба́к (gen. табака́)	tobacco	вы́веска	sign
таба́чная ла́вка	tobacconist	ларёк (gen. ларька́)	stall
тележка	trolley		

Housing

водопрово́дно-канализацио́нная се́ть (f.)	plumbing	деревя́нная обши́вка	panelling
		карни́з	cornice
		ко́врик	mat, rug
жили́щный ко́мплекс	housing estate	колоко́льня	belfry
жильё	housing	коло́нна	column
надво́рная постро́йка	outbuilding	крючо́к (gen. крючка́)	hook
пристро́йка	extension		
сбо́рный до́м	pre-fab	сво́д	vault
сме́жный	adjacent	фронто́н	gable
спа́ренный до́м	semi-detached house	балюстра́да	balustrade
дива́н-крова́ть	sofa bed, bed-settee	вера́нда	veranda
му́сор	rubbish	жалюзи́ (n. indecl.)	Venetian blind
почи́нка	repair	запа́сный вы́ход	emergency exit
превраща́ть/ преврати́ть (превращу́ преврати́шь) (в + acc.)	to convert (into)	кладова́я (adj. noun)	pantry
		кося́к (gen. косяка́)	jamb
		ле́стничная кле́тка	stairwell
		лю́к	trapdoor
		матра́с	mattress
помеще́ние	room, premises	око́нная ра́ма	window frame
спуска́ть/спусти́ть (спущу́ спу́стишь) во́ду в туале́те	to flush the toilet	пе́тля	hinge
		печь (f.) (в печи́, gen. pl. пече́й)	stove
хла́м	junk	спу́тниковая анте́нна	satellite dish
электропрово́дка	wiring		

ста́вень (m., gen. ста́вня)	shutter
цвето́чный горшо́к (gen. цвето́чного горшка́)	flowerpot
черда́к (на чердаке́)	loft
электромонтёр	electrician
водосто́чная труба́	drainpipe
вытяжно́е устро́йство	extractor-fan
весы́ (gen. весо́в)	scales
взве́шивать/взве́сить (взве́шу взве́сишь)	to weigh (transitive)
графи́н	carafe, decanter
кастрю́ля для туше́ния	casserole
конфо́рка	oven ring
сосу́д	vessel
то́стер	toaster
утю́жить/от-	to press
бак	toilet cistern
биде́ (n. indecl.)	bidet
ножна́я ва́нна	foot-bath
ковро́вое покры́тие	fitted carpet
шку́рка	sandpaper
шлифова́ть (шлифу́ю шлифу́ешь)	to polish
шуру́п	screw
двуспа́льная крова́ть (f.)	double bed
односпа́льная крова́ть (f.)	single bed
на́волочка	pillowslip
одея́ло-гре́лка	electric blanket
стоя́чая ла́мпа	standard lamp
арендо́ванная со́бственность	leasehold
владе́ние (+ instr.)	possession (of)
закладна́я (adj. noun)	mortgage deed
по́лное пра́во на владе́ние	freehold
получа́ть/получи́ть заём под закладну́ю	to raise a mortgage
производи́ть/ произвести́ (произведу́ произведёшь) осмо́тр (+ gen.)	to carry out a survey (of)
устано́вка	installation
чула́н	junk-room
компле́кт сто́ликов	nest of tables
раздвижно́й стол	extending table, leaf table
воздухоочисти́тель (m.)	extractor-fan
ку́хонная рукави́чка	oven glove
маслёнка	butter dish
мука́	flour
подлива́ть/подли́ть (подолью́ подольёшь)	to add (pouring)
подста́вка	table mat
поло́вник	ladle
прихва́тки (gen. прихва́ток)	oven gloves
просе́ивать/просе́ять (просе́ю просе́ешь) (муку́)	to sieve, sift (flour)
про́тивень (gen. про́тивня)	baking tray
сала́тник, сала́тница	salad bowl
си́то	sieve
сок	juice
соло́минка	drinking-straw
со́усник/со́усница	gravy boat
сы́пать (сы́плю сы́плешь/сы́пнуть	to pour (flour etc.)
стелла́ж (gen. стеллажа́)	rack
су́пница	soup-tureen
та́ймер	timer, egg-timer
тёрка	grater
фольга́	tin foil
што́пор	corkscrew
щипцы́ для оре́хов (gen. щипцо́в для оре́хов)	nutcrackers
лак	furniture polish
масти́ка	floor polish
освежи́тель (m.) во́здуха	air freshener
отбе́ливатель (m.)	bleach
полова́я тря́пка	floor cloth
пятновыводи́тель (m.)	stain remover

автофурго́н для перево́зки ме́бели	furniture van	приви́нчивать/ привинти́ть (привинчу́ привинти́шь) (к)	to screw (to)
замо́к (gen. замка́)	lock		
звуконепроница́емый	soundproof		
натира́ть/натере́ть (натру́ натрёшь; натёр натёрла) (+ gen.)	to grate (a quantity of)	ба́лка	beam, girder
		бо́лт (gen. болта́)	bolt
		бру́с (pl. бру́сья бру́сьев)	beam
обива́ть/оби́ть (обобью́ обобьёшь)	to upholster	ва́лик	roller
		верёвка	rope
по́ртиться/ис-	to get spoilt	колоту́шка	mallet
прище́пка	clothes peg	ла́к	gloss paint
сливна́я труба́	overflow pipe	нажда́чная бума́га	sandpaper
спа́льные принадле́жности	bedding	пая́льник	soldering iron
		пая́ть	to solder
теплоизоля́ция	lagging	пло́тник	carpenter
прожке́ктор	spotlight	руба́нок (gen. руба́нка)	plane
га́ечный клю́ч (gen. га́ечного ключа́)	spanner	се́ть (f.)	electric circuit
		скрепля́ть/скрепи́ть (скреплю́ скрепи́шь)	to bolt together
га́йка	nut		
долото́	chisel	щети́на	bristle
зави́нчивать/ зави́нтить (завинчу́ завинти́шь)	to tighten	отде́лка	decorating
		отде́лывать/отде́лать	to do up
		стро́йка	building site
полива́ть/поли́ть (полью́ польёшь) из шла́нга	to hose down		

Garden

буто́н	bud (of flower)	гладио́лус	gladiolus
гра́вий	gravel	магно́лия	magnolia
доро́жное покры́тие	paving	георги́н	dahlia
нару́жный я́щик для цвето́в	window box	орхиде́я	orchid
		расса́да	seedlings
побе́г	shoot	буке́т	bouquet
подреза́ть/подре́зать (подре́жу подре́жешь)	to prune	гиаци́нт	hyacinth
		души́стый горо́шек (gen. души́стого горо́шка)	sweet pea
доро́жка	path		
плита́ (pl. пли́ты)	(stone) slab	жёлтый нарци́сс	daffodil
рыхли́ть/раз-	to loosen, rake	лю́тик	buttercup
садо́вник	gardener	мости́ть (мощу́ мости́шь/вы́-	to pave
садо́вые но́жницы	shears		
были́нка	blade of grass	насту́рция	nasturtium
вью́щееся расте́ние	climbing plant	ноготки́ (gen. ноготко́в)	marigold
льви́ный зе́в	snapdragon		

первоцве́т	primrose	моты́жить	to hoe
пио́н	peony	компо́ст	compost
рома́шка	camomile	наво́з	manure
чертополо́х	thistle	подра́внивать/	to level
аню́тины гла́зки	pansies	подровня́ть	
росто́к (gen. ростка́)	shoot	разбры́згиватель (m.)	sprinkler
ши́п (gen. шипа́)	thorn	подстрига́ть/	to clip
варе́нье	jam	подстри́чь	
сала́т	lettuce	подстригу́	
чере́шня	cherry-tree	подстрижёшь;	
газонокоси́лка	lawnmower	подстри́г	
пито́мник	nursery	подстри́гла)	
со́лнечные часы́ (gen. со́лнечных часо́в)	sundial	привива́ть/приви́ть (привью́ привьёшь)	to graft

Unit 2

The physical world

Level 1

Natural features

Sea, rivers

бе́рег (на берегу́) (pl. берега́)	bank, shore
вода́ (acc. во́ду) (pl. во́ды)	water
волна́ (pl. во́лны во́лн)	wave
впада́ть (в + acc.)	to empty (into)
мо́ре (pl. моря́ море́й)	sea
о́зеро (pl. озёра озёр)	lake
океа́н	ocean
о́стров (pl. острова́)	island
побере́жье	coast
река́ (acc. ре́ку) (pl. ре́ки рек ре́кам)	river
тече́ние	current

Cognates: (1) мо́ре is cognate with Latin *mare* id., German *Meer* id. French *mer* id. (2) тече́ние is cognate with течь 'to flow' (течёт теку́т).

Word origins: побере́жье is a derivative of бе́рег, with г/ж mutation before -ье.

Generic terms: Generic terms are spelt with a lower-case initial letter: Чёрное мо́ре 'the Black Sea', Инди́йский океа́н 'the Indian Ocean', о́зеро Байка́л 'Lake Baikal'.

Mountains, hills, rocks

верши́на	peak
гора́ (acc. го́ру) (pl. го́ры гор гора́м)	mountain
доли́на	valley
равни́на	plain
скала́ (pl. ска́лы)	rock
хо́лм (gen. холма́)	hill

Cognates: хо́лм is possibly cognate with Old Saxon *holm*, id.

Woodland, vegetation

берёза	birch
бу́к	beech
де́рево (pl. дере́вья дере́вьев)	tree
ду́б (pl. дубы́ дубо́в)	oak
е́ль (f.)	fir
лес (в лесу́) (pl. леса́)	forest
по́ле (pl. поля́ поле́й)	field
сосна́ (pl. со́сны со́сен)	pine

Cognates: (1) берёза is cognate with English 'birch' and German *Birke* id. (2) бу́к is cognate with бу́ква 'letter' (ancient runes were inscribed on beech bark, cf. German *Buch* 'book', *Buchstabe* 'letter' and *Buche* 'beech tree').

The animal world

Insects

ба́бочка	butterfly
жу́к (gen. жука́)	beetle
му́ха	fly
пау́к (gen. паука́)	spider
пчела́ (pl. пчёлы)	bee

Word origins: (1) ба́бочка is from ба́ба/ба́бка 'grandmother' (the butterfly was believed to be the incarnation of the soul of the ancestor of a house's owners) (2) пау́к is from two roots meaning 'similar to' and 'hook', of a spider's curved legs or the hooks on its feet (3) пчела́, earlier with initial б, is onomatopoeic.

Cognates: му́ха is cognate with Latin *musca* id., French *mouche* id.

Mammals

бы́к (gen. быка́)	bull
во́лк, волчи́ца	wolf (волчо́нок 'wolf cub')
детёныш	young of an animal
козёл (gen. козла́), коза́ (pl. ко́зы)	goat (козлёнок 'kid')
коро́ва	cow (телёнок 'calf')
ко́т (gen. кота́), ко́шка	cat (котёнок 'kitten')
ло́шадь (f.) (pl. ло́шади лошаде́й)	horse (жеребёнок 'foal')
медве́дь, медве́дица	bear (медвежо́нок 'bear cub')
овца́ (pl. о́вцы ове́ц о́вцам)	sheep (ягнёнок 'lamb')

свинья́ (pl. сви́ньи свине́й сви́ньям)	pig (поросёнок 'piglet')
соба́ка	dog (щено́к 'puppy')

Word origins: (1) бы́к is thought to be onomatopoeic (2) ло́шадь is from Turkic, replacing конь (2) медве́дь lit. means 'honey eater' (мёд + едя́щий) (3) соба́ка is probably from Median (an Iranian language) *spaka.*

Cognates: (1) волк may be cognate with волочи́ть 'to drag' (i.e. sheep and cattle) (2) овца́ is cognate with Spanish *oveja* id., English 'ewe' (3) свинья́ is cognate with German *Schwein*, English 'swine'.

Young of animals and birds: these end in -ёнок (-онок after ж, ч, ш), with plural -я́та/-а́та -я́т/-а́т. Щено́к has plural щенки́ or щеня́та.

Birds

воробе́й (gen. воробья́)	sparrow
гусь (m.) (pl. гу́си гусе́й)	goose (гусёнок 'gosling')
ку́рица (pl. ку́ры)	chicken (цыплёнок 'chick')
ле́бедь (m.) (pl. ле́беди лебеде́й)	swan
орёл (gen. орла́)	eagle (орлёнок 'eaglet')
пету́х (gen. петуха́)	cockerel
пти́ца (dim. пти́чка) bird	(птене́ц 'fledgeling')
у́тка	duck (утёнок 'duckling')

Cognates: ле́бедь may be cognate with Latin *albus* 'white', with vowel + l/l + vowel metathesis.

Word origins: (1) ку́рица may be onomatopoeic; цыплёнок is from цы́п-цы́п! in calling chickens (2) пету́х is from the root of петь 'to sing'.

Fish

аку́ла	shark
лосо́сь (m.)	salmon
ры́ба	fish
селёдка	herring

Cognates: (1) лосо́сь is cognate with German *Lachs*, id. (2) селёдка/ се́льдь is cognate with Norwegian *sild*, id.

Reptiles, molluscs, crustaceans, and amphibians

змея́ (pl. зме́и)	snake
краб	crab

Cognates: змея́ is cognate with земля́ 'earth', thus lit. 'of the earth'.

Behaviour/sounds

вы́ть (во́ет)	to howl
ла́ять (ла́ет)/про-	to bark
лета́ть/лете́ть (лети́т)	to fly
мурлы́кать (мурлы́чет)	to purr
пе́ть (поёт)/с-	to sing
пла́вать/плы́ть (плыву́ плывёшь)	to swim, float
по́лзать/ползти́ (ползёт) (полз ползла́)	to crawl

Word origins: мурлы́кать is onomatopoeic, cf. also Му́рка (common name for a cat).

Verbs of motion: лета́ть/пла́вать/по́лзать mean to fly/swim/crawl around, back and forth, in different directions, also to like flying/swimming etc., to fly etc. habitually. Лете́ть/плы́ть/ползти́ mean to be flying/swimming/crawling along in one direction.

The weather

General

Це́льсий	Celsius

Storms, rain, wind

бу́ря	storm
ве́тер (gen. ве́тра)	wind (на ветру́ 'in the wind')
гро́м	thunder
до́ждь (m.) (gen. дождя́)	rain (под дождём 'in the rain')
ду́ть (ду́ет)/по-	to blow
мо́крый	wet (мо́кро 'it is wet')
мо́лния	lightning
не́бо	sky
сыро́й	damp (сы́ро 'it is damp')
тума́н	mist

Word origins: бу́ря may be onomatopoeic, likewise гро́м.

Cognates: (1) ве́тер is cognate with ве́ять 'to blow', German *wehen* id. (3) не́бо is cognate with Latin *nebula* 'mist', German *Nebel* id., Greek *nephos* 'cloud'.

Ice and snow, clouds, sunshine

жара́	heat
лёд (gen. льда́)	ice (на льду́ 'on the ice')
моро́з	frost
о́блако (pl. облака́ облако́в)	cloud
сне́г (pl. снега́)	snow

со́лнце	sun (на со́лнце 'in the sun')
хо́лод	cold

Cognates: (1) жара́ is cognate with жа́ркий 'hot' (2) моро́з is cognate with моро́женое 'ice-cream' (3) хо́лод may be cognate with English 'cold'.

Word origins: (1) сне́г has initial sn- typical of Balto-Slavonic/Germanic, cf. n- in French *neige* (2) со́лнце displays both l-theme (cf. Greek *helios* id., French *soleil* id.) and n-theme (cf. German *Sonne* id.). Medial л is not pronounced.

Exercises

Level 1

(1) Grammar and stress

1. Which is the odd one out:

(a) in gender?

1. гу́сь	2. до́ждь	3. е́ль	4. ле́бедь	5. лосо́сь

(b) in masculine nominative plural ending (which one does *not* have a plural in stressed -а́)?

1. бе́рег	2. ле́с	3. о́стров	4. сне́г	5. хо́лм

(c) in the masculine singular locative case (which one does *not* have a locative singular in stressed -у́)?

1. бе́рег	2. ле́с	3. лёд	4. хо́лм

(d) in the genitive plural (which feminine noun does *not* have a mobile vowel in the genitive plural)?

	Genitive plural		Genitive plural
1. ба́бочка		3. овца́	
2. волна́		4. сосна́	

(e) in meaning. Which of the following belongs to a different semantic field?

1. козёл	2. кот	3. осёл	4. паук	5. собака

2. Verb conjugation. Replace the past-tense forms by present-tense forms:

Past tense	Present tense	Meaning
1. Ветер дул.	Ветер дует.	The wind is blowing.
2. Волк выл.		
3. Змея ползла.		
4. Кошка мурлыкала.		
5. Орёл летел.		
6. Птица пела.		
7. Собака лаяла.		

(2) Recognition and differentiation

3. What distinguishes the pair: жара/холод from other words in the vocabulary?

4. Animal families.
(a) Add the female forms and young of the following:

1. бык	корова	телёнок	4. кот		
2. волк			5. медведь		
3. козёл			6. петух		

(b) Add the young of the following (use plural number):

1. овца	ягнята	3. свинья	
2. птица		4. собака	

5. Association. Pair words with associated forms:

I		II	
1. берег	a. сосна	1. гусь	a. снег
2. ель	b. долина	2. лёд	b. паук
3. гора	c. молния	3. муха	c. жара
4. гром	d. побережье	4. солнце	d. утка

6. Distribute the words to appropriate columns:

Fish	Meanings	Insects	Meanings	Birds	Meanings
1. акула	shark	1. бабочка	butterfly	1. воробей	sparrow
2.		2.		2.	
3.		3.		3.	
4.		4.		4.	

(акула, бабочка, воробей, гусь, лебедь, лосось, муха, орёл, паук, пчела, рыба, селёдка)

Trees	Meanings	Hills, rocks	Meanings	Water	Meanings
1. берёза	birch	1. вершина	peak	1. море	sea
2.		2.		2.	
3.		3.		3.	
4.		4.		4.	

(берёза, бук, вершина, гора, ель, море, озеро, океан, река, скала, сосна, холм)

7. Find in the dictionary other meanings of the following words:

	Other meaning(s)
1. дуб	
2. козёл	
3. птичка	
4. снег	
5. сырой	
6. утка	

8. Similes.

(a) Complete each simile by adding a noun (in some cases English will use different similes):

    1. Белый как снег.   As white as . . . .

    2. Голодный как волк.   As hungry as . . . .

    3. Свободный как птица. As free as . . . .

    4. Сильный как медведь   As strong as . . . .

    5. Толстый как свинья.   As fat as . . . .

    6. Холодный как лёд.   As cold as . . . .

(b) Do the same with verb/noun similes:

    1. Плавать как утка.   To swim like a . . . .

    2. Работать как лошадь. To work like a . . . .

(c) Find idiomatic English equivalents for the following:

    1. С меня́ как с гу́ся вода́ (of someone completely unaffected by criticism).

    . . . .

    2. Мы с ним как не́бо и земля́ (of people who are complete opposites).

    . . . .

9. Definitions and translations.

I Match Russian words to English definitions:

1. акýла	a. a small brownish-grey bird
2. вóлк	b. a large voracious sea-fish
3. воробе́й	c. an immature animal
4. детёныш	d. a carnivorous dog-like mammal

II Match definitions to Russian words:

1. large area covered with trees	a. доли́на
2. low area surrounded by hills	b. коро́ва
3. bovine animal	c. кра́б
4. ten-footed crustacean	d. ле́с

III Match English–Russian equivalents:

1. field	a. тума́н	3. mist	c. равни́на
2. lake	b. по́ле	4. plain	d. о́зеро

10. Say which in each pair is bigger or more intense:

Bigger, more intense		Bigger, more intense	
бе́рег / побере́жье	побере́жье	гу́сь / у́тка	
вóлк / собáка		мо́крый / сыро́й	
мо́ре / океáн		хо́лм / горá	

(3) Translation

11. Insert the missing word and translate into English:

    1. «Мы с тобо́й два́ . . . у одно́й реки́» (из ру́сского рома́нса).

    2. Сиби́рское о́зеро Байка́л – са́мое большо́е . . . в ми́ре.

    3. «С . . . жи́ть – по-во́лчьи вы́ть!»

    4. Все зна́ют и лю́бят берёзу, са́мое типи́чное ру́сское . . .

    5. Во́лга . . . в Каспи́йское мо́ре, Днепр в Чёрное, а До́н в Азо́вское мо́ре.

6. На у́лице . . . : всё у́тро шёл до́ждь.
7. Ве́тер . . . с се́вера, и нет со́лнца. Наве́рно, бу́дет снег.
8. В ма́е в Санкт-Петербу́рге сре́дняя температу́ра де́вять-де́сять гра́дусов . . . .
9. По на́шему се́верному не́бу плыву́т . . . . – бу́дет до́ждь.
10. Лосо́сь плы́л вверх по . . . шотла́ндской реки́ Спей.

(берега́, волка́ми, впада́ет, де́рево, ду́ет, облака́, о́зеро, сы́ро, тече́нию, по Це́льсию)

12. Translate into Russian:

1. The river Volga flows over plains and through valleys.
2. Between America and Great Britain is the Atlantic Ocean.
3. Mountaineers were climbing the Kazbek, a high mountain in the Caucasus.
4. Many trees grow in the forest – firs, pines and beeches.
5. Sparrows were flying about over the field.
6. Swans, ducks and geese live on the lake.
7. Sharks swim in warm seas and oceans, and herring in the cold waters of our northern seas.
8. Ducks, geese and swans swim well. Fish also swim well.
9. I do not like flying or climbing to the top of high hills.
10. The aircraft was flying over the mountains and forests, the seas and oceans.
11. In the valley I saw a snake crawling across a rock.

(4) Origins

13. Onomatopoeia. Which noun in each group is *not* considered to be onomatopoeic?

I

1. бык	2. ку́рица	3. му́рка	4. пету́х	5. пчела́

II

1. бу́ря	2. гром	3. жук	4. пау́к

14. Cognates. Find an English or Russian cognate for each of the following:

	Meaning	Cognate		Meaning	Cognate
1. змея́	snake	земля́	3. пету́х		
2. овца́			4. свинья́		

15. Word origins.

(a) What do the components of пау́к and медве́дь mean literally?
(b) What is a suggested origin of ба́бочка?

Level 2

Natural features

Sea, rivers

боло́то	bog
бу́хта	bay
дно́	bottom
зали́в	gulf
пру́д (gen. пруда́) (в/на пруду́)	pond
су́ша	dry land
у́стье	mouth (of river)

Word origins: бу́хта is from German *Bucht* id.

Cognates: (1) су́ша is cognate with сухо́й 'dry' (2) у́стье is cognate with уста́ 'mouth', у́стный 'oral'.

Literary note: «На дне́» (*The Lower Depths*, 1902), a play by M. Gorky, is set among down-and-outs.

Mountains, hills, rocks

вулка́н	volcano
круто́й	steep
лави́на	avalanche
пеще́ра	cave
хребе́т	range

Word origins: лави́на is from Italian *lavina*, id. cf. German *Lawine*, id.

Woodland, vegetation, terrain

ве́тка/ве́твь (f.)	branch
верху́шка	tree-top
гри́б (gen. гриба́)	mushroom
и́ва (dim. и́вушка)	willow
ку́ст (gen. куста́)	bush
лу́г (на лугу́) (pl. луга́)	meadow
оре́х	nut
ство́л (gen. ствола́)	trunk
я́года	berry

Word formation: верху́шка, cf. ве́рх 'top, summit'.

Literary note: «Круто́й маршру́т» (published in English as *Into the Whirlwind*, 1967) is Evgenia Ginzburg's account of eighteen years spent in Stalin's Gulag.

«И́вушка» is the name of a popular love-song: «И́вушка зелёная, над реко́й склонённая,/Ты скажи́, скажи́, не тая́, где любо́вь моя́!»

Animal world

Insects

гу́сеница	caterpillar
мураве́й (gen. муравья́)	ant
насеко́мое (adj. noun)	insect
оса́ (pl. о́сы)	wasp
стрекоза́ (pl. стреко́зы)	dragonfly

Word origins: (1) гу́сеница is probably based on у́с 'whisker', thus lit. 'hairy creature' (2) насеко́мое is a calque (lit. 'cut up', cf. насека́ть 'to make incisions in') of Latin *insectum* (from *inseco* 'I cut up'), Greek *entomos* 'cut in pieces' (cf. entomology 'the science of insects'), referring to the segmented nature of insects' bodies (3) оса́: original -ps- has simplified to -s- (cf. -sp- in 'wasp', German *Wespe* id.).

Mammals

бе́лка	squirrel
верблю́д	camel
ёж (gen. ежа́)	hedgehog
за́яц (gen. за́йца)	hare
зве́рь (m.) (pl. зве́ри звере́й)	wild animal
каба́н (gen. кабана́)	wild boar
кро́лик	rabbit
кро́т (gen. крота́)	mole
кры́са	rat
ле́в (gen. льва́), льви́ца	lion(ess) (львёнок 'lion cub')
мы́шь (f.)	mouse
осёл, осли́ца	donkey (ослёнок 'donkey foal')
сло́н (gen. слона́), слони́ха	elephant (слонёнок 'elephant calf')
тигр, тигри́ца	tiger(-gress) (тигрёнок 'tiger cub')
хво́ст (gen. хвоста́)	tail
шку́ра	skin, pelt, hide

Word origins: (1) бе́лка is from бе́лый 'white', from the animal's white inner hide (2) верблю́д is from Gothic *ulbandus* id., Latin *elephantus* 'elephant' (a case of mistaken identity) (3) Latin *cuniculus* 'rabbit' became Middle High German *kuniclin* 'little king, rabbit', calqued into Polish as *królik* '(little king), rabbit', thence Russian кро́лик (4) ле́в is from Latin *leo* id., Greek *leon* id. (5) сло́н is probably a reshaped Turkic word, cf. Turkish *aslan* 'lion' (people were prone to confuse the names of exotic animals).

Cognates: (1) мы́шь is cognate with мы́шца 'muscle', from the resemblance of rippling muscle to a running mouse (2) осёл is cognate with German *Esel* id., English 'ass'.

Birds

воро́на	crow
го́лубь (m.) (pl. го́луби голубе́й)	pigeon, dove
гра́ч (gen. грача́)	rook
крыло́ (pl. кры́лья кры́льев)	wing
ла́сточка	swallow
попуга́й	parrot
скворе́ц (gen. скворца́)	starling
сова́ (pl. со́вы)	owl
солове́й (gen. соловья́)	nightingale
ча́йка	seagull

Cognates: (1) воро́на is cognate with вороно́й 'black' (of animals) (2) го́лубь is cognate with Latin *columba* id., cf. голубо́й 'blue' (from the colour of the bird's neck) (3) попуга́й is cognate with German *Papagei* and Spanish *papagayo*, ultimately from Arabic.

Word origins: гра́ч is onomatopoeic, likewise ча́йка.

«Грачи́ прилете́ли» (1871) is the name of a sombre and emotional painting by Alexei Savrasov. It is in the Ру́сский музе́й, St. Petersburg.

Literary reference: Chekhov's play «Ча́йка» (1896), a study of jealousy, failure, self-destruction and endurance, was first successfully staged at the Moscow Arts Theatre, which retains a seagull as its emblem.

Fish

треска́	cod
форе́ль (f.)	trout
щу́ка	pike

Word origins: форе́ль is from German *Forelle*, id.

Reptiles, amphibians, molluscs and crustaceans

жа́ба	toad
крокоди́л	crocodile
лягу́шка	frog
ра́к	crayfish
ули́тка	snail
черепа́ха	tortoise
я́щерица	lizard

Meanings: ра́к also means 'cancer', cf. German *Krebs* 'crayfish, cancer'.

Word origins and cognates: (1) лягу́шка is named for its long back legs, cf. ляга́ть 'to kick' (2) черепа́ха is a derivative of че́реп 'skull' (3) я́щерица may be cognate with ско́рый 'fast'.

Скорогово́рка (Tongue-twister): Éхал Гре́ка че́рез ре́ку. Ви́дит Гре́ка, в реке́ ра́к. Су́нул Гре́ка ру́ку в ре́ку, ра́к за ру́ку Гре́ку цап!»

Homes and dens

гнездо́ (pl. гнёзда)	nest
конура́	kennel
нора́ (pl. но́ры)	burrow
у́лей (gen. у́лья)	hive

Поведе́ние живо́тных — *Animal behaviour*

ви́ть (вьёт)/с- (гнездо́)	to make, build (a nest)
ворча́ть (ворчи́т)	to growl
жа́лить/у-	to sting
ка́ркать	to caw
клева́ть (клюёт)/клю́нуть	to peck
лиза́ть (ли́жет)/лизну́ть	to lick
шипе́ть (шипи́т)	to hiss

Word origins: ворча́ть, лиза́ть and шипе́ть are onomatopoeic.

Weather

General

прогно́з пого́ды	weather forecast
термо́метр	thermometer
тропи́ческий	tropical

Rain, wind, hail, ice, snow

гра́д	hail
гроза́	thunderstorm
замерза́ть/замёрзнуть (past замёрз замёрзла)	to freeze (замёрзший 'frozen')
лу́жа	puddle
мете́ль (f.)	snowstorm
отта́ивать/отта́ять (отта́ет)	to thaw
сугро́б	snowdrift
уме́ренный	moderate

Cognates: (1) мете́ль is cognate with мести́ (мету́ метёшь) 'to sweep' (2) сугро́б may be cognate with сгрести́ (сгребу́ сгребёшь) 'to rake together'.

Lirerary reference: Pushkin's «Мете́ль» (1830) is the tale of an elopement foiled by a snowstorm: «На дворе́ была́ мете́ль; ве́тер вы́л, ста́вни трясли́сь и стуча́ли . . .»

Clouds, sunshine

лу́ч (gen. луча́)	ray
ра́дуга	rainbow
температу́ра повыша́ется	the temperature goes up
температу́ра понижа́ется	the temperature goes down

Word origins: ра́дуга is based on ра́д 'glad' + дуга́ 'arc'.

Exercises

Level 2

(1) Grammar and stress

1. Gender of soft-sign nouns. Which of the following nouns differs in gender from the rest?

Soft-sign noun	Meaning	Gender
1. ве́твь		
2. го́лубь		
3. мете́ль		
4. мы́шь		
5. форе́ль		

2. Declension.

(a) Which of the following is declined differently from the rest?

Noun	Genitive sing.	Noun	Genitive sing.
1. музе́й		3. солове́й	
2. мураве́й		4. у́лей	

(b) Which of these has *no* mobile vowel in the genitive plural?

	Gen. pl.		Gen. pl.		Gen. pl.
1. бе́лка		2. бу́хта		3. ве́тка	

(c) Which of these has a different mobile vowel in the genitive plural from the rest?

	Genitive plural		Genitive plural
1. верху́шка		3. ули́тка	
2. ла́сточка		4. ча́йка	

(d) Masculine locative in -ý. Insert suitable nouns:

Де́ти купа́ются в . . . .

Коро́вы пасу́тся на . . . .

(e) Stress in declension of monosyllables. Mark in stress in the genitive singular:

1. На де́реве сиде́ли два́ грача.	5. В саду́ два́ ро́зовых куста.
2. В корзи́не оста́лось два́ гриба.	6. Ря́дом с по́лем – два́ луга.
3. В норе́ жи́ли два́ ежа.	7. В зоопа́рке два́ слона.
4. По са́ду бе́гали два́ крота.	8. В заповедни́ке два́ тигра.

3. Verb conjugation. Replace past-tense with present-tense forms:

Past tense	Present tense
1. Змея́ шипе́ла.	Змея́ шипи́т.
2. Ко́шка лиза́ла таре́лку.	
3. Ку́ры клева́ли зёрна.	
4. Ла́сточка вила́ гнездо́.	
5. Соба́ка ворча́ла.	

(2) Recognition and differentiation

4. Animal families. Add the missing members (female and young of the species):

Male	Female	Young (sing.)	Young (pl.)
1. ле́в	льви́ца	львёнок	львя́та
2. осёл			
3. сло́н			
4. ти́гр			

5. Animal/bird homes. Allocate the animals to their homes:

Animal/bird	Home	Animal/bird	Home
1. крот живёт в	норе́	3. пчёлы живу́т в	
2. пти́ца живёт в		4. соба́ка живёт в	

(гнездо́, конура́, нора́, у́лей)

6. Кто? (Complete the animal/bird column):

Кто?	Animal/bird	Кто?	Animal/bird
1. ворчи́т?		5. клюёт?	
2. вьёт гнездо́?		6. ла́ет?	
3. жа́лит?		7. мурлы́чет?	
4. ка́ркаст?		8. шипи́т?	

7. Find in the dictionary other meanings of the following:

	Other meaning(s)
1. гу́сеница	
2. за́яц	
3. круто́й	
4. мы́шь	
5. ра́к	
6. ство́л	

8. Definitions.

(a) Match Russian words to English definitions:

Russian word	English definition
1. боло́то	a. quadruped with 1 or 2 humps
2. верблю́д	b. mass of snow descending a mountain
3. лави́на	c. line of mountains
4. сло́н	d. piece of wet spongy ground
5. хребе́т	e. large tusked quadruped

(b) Fill in the right-hand column:

English definition	Russian word
1. shelter for a dog	конура́
2. tropical bird with bright plumage	
3. instrument for measuring temperature	
4. habitation for bees	
5. voracious freshwater fish	
6. small body of still water	

(c) Match Russian words and definitions:

Russian word	Russian definition
1. вулка́н	a. ме́сто, где река́ впада́ет в мо́ре
2. луч	b. гора́ с кра́тером на верши́не
3. оса́	c. у́зкая поло́ска све́та
4. ули́тка	d. жа́лящее лета́ющее насеко́мое
5. у́стье	e. ме́дленно передвига́ющийся моллю́ск

(d) Fill in the right-hand column:

Russian definition	Russian word
1. ме́сто жилья́ у птиц	гнездо́
2. живо́тное с и́глами на те́ле	
3. живо́тное, живу́щее в но́рах	
4. разноцве́тная дуга́ на не́бе	

9. Similes.

(a) Complete the English simile:

    1. Ви́деть как сова́ (of night vision).   To see like . . . .

    2. Расти́ как грибы́ (по́сле дождя́).   To grow like . . . . (after rain)

    3. Трудолюби́вый как мураве́й.   As industrious as . . . .

    4. Хра́брый как лев.   As brave as . . . .

(*Note:* расти́ как грибы́ is used of buildings and organisations.)

(b) Complete the Russian similes:

    1. Пе́ть как . . . .   To sing like a nightingale.

    2. Повторя́ть как . . . .   To repeat like a parrot.

    3. Ползти́ как . . . .   To crawl like a tortoise.

(*Note:* No. 2 is used of often unthinking repetition, No. 3 of people and transport.)

10. Associations.

(a) Match associated words (e.g. горá/хребéт):

1. горá	а. крóлик	3. лучِ	с. воробéй
2. зáяц	b. сóлнце	4. скворéц	d. хребéт

(b) Match associated words, drawing on words in brackets:

1. кабáн	2. лéв	3. термóметр	4. чáйка

(мóре, свинья́, температýра, ти́гр)

(c) What do the following words have in common?

крыֺлья, хвóст, шкýра

11. Size/intensity. Say which is the larger/more intensive in each of the following pairs:

	Larger/more intensive		Larger/more intense
1. бýря/грозá	грозá	5. лéв/кóшка	
2. жáба/лягýшка		6. осá/пчелá	
3. крыֺса/мышь		7. прýд/óзеро	
4. кýст/дéрево		8. щýка/форéль	

12. Distribution. Distribute the words in brackets to the appropriate categories:

I Mammals, birds, insects:

Mammals	Meanings	Birds	Meanings	Insects	Meanings
1. бéлка	squirrel	1. гóлубь	pigeon	1. гýсеница	caterpillar
2.		2.		2.	
3.		3.		3.	
4.		4.		4.	

(бéлка, гóлубь, грáч, гýсеница, ёж, крóт, лáсточка, муравéй, осá, стрекозá, слóн, совá)

II **Fish, reptiles:**

Fish	Meanings	Reptiles	Meanings
1. треска́	cod	1. крокоди́л	crocodile
2.		2.	
3.		3.	

(крокоди́л, треска́, форе́ль, черепа́ха, щу́ка, я́щерица)

(3) Translation

13.

(1) **Translate into English:**
1. Первобы́тные лю́ди жи́ли в пеще́рах.
2. Соба́ка виля́ла хвосто́м.
3. Война́ шла́ и на су́ше, и на мо́ре.
4. Вы́пал не снег, предска́занный в прогно́зе пого́ды, а град.

(2) **Fill the gaps with suitable words and translate the sentences into English:**
1. Всё знако́мы с изображе́нием . . . . как си́мвола ми́ра, по изве́стной карти́не Па́бло Пика́ссо.
2. Выраже́ние «пе́рвая . . . .» (то́ есть, пе́рвый при́знак чего́-нибудь хоро́шего) употребля́ется как в прямо́м, так и в перено́сном смы́сле.
3. Брита́нский кли́мат – уме́ренный: температу́ра ре́дко повыша́ется вы́ше двадцати́ пяти́ гра́дусов по Це́льсию и ре́дко . . . . ни́же нуля́.
4. Лёд на . . . . сли́шком то́нкий, что́бы ката́ться на конька́х. Пойдём на като́к.
5. Мы до́лго поднима́лись по . . . ., но не дошли́ до кра́тера.
6. В А́фрике оста́лось то́лько 17,000 . . . . В А́зии ти́гров оста́лось ещё ме́ньше.
7. Говоря́т, что . . . . боя́тся мыше́й, но не зна́ю, пра́вда ли э́то.
8. О́чень высоко́ це́нят . . . . ти́гра. Она́ употребля́ется кита́йскими врача́ми.
9. Черепа́ха идёт ме́дленно, а . . . . ещё ме́дленнее.
10. Кроты́, ежи́ и кро́лики живу́т в . . . ., а грачи́ и ла́сточки в гнёздах.
11. Никто́ никогда́ не ви́дит детёнышей го́лубя, так как они́ остаю́тся в . . . ., пока́ не нау́чатся лета́ть.
12. По́сле дождя́ на не́бе появи́лась . . . .

(вулка́н, гнездо́, го́лубь, ла́сточка, лев, понижа́ться, нора́, пруд, ра́дуга, слон, ули́тка, шку́ра)

14. Translate into Russian:
1. The mouth of a river is the place where it empties into the sea, ocean, lake or other river.
2. In the winter the temperature goes down, the lakes and rivers freeze over and there are often snowstorms in Siberia.
3. Ants are known for their industry. They are the most industrious insects.
4. She was stung by a wasp and had to go to the out-patients' department of the local hospital.
5. The camel is sometimes called 'the ship of the desert' and the lion 'the king of beasts'.

6. She has bought a parrot, which has learnt to repeat everything she says.
7. Rooks usually build their nests in the tops of tall trees.
8. Our dog always growls at guests, so that we had to put it in its kennel.
9. In March the earth thaws out, the temperature rises and normal life begins.
10. The children have gone to the forest for mushrooms and berries.
11. The river Neva empties into the Gulf of Finland. Until the 18th century this was Swedish territory.
12. The ocean liner went to the bottom together with the captain, the crew and all the passengers.

(4) Origins

15. Word origins.

1. From which bird-name does голубо́й 'blue' derive?
2. Give the names of two exotic animals that result from 'mistaken identity'.
3. Which word can you find within верху́шка?
4. Which two words can you find within ра́дуга?
5. Explain the origin of лягу́шка and насеко́мое.
6. What have бу́хта, лави́на and форе́ль in common?
7. What does кро́лик mean literally?
8. What is the connection between уста́ and у́стье?

16. Which of the following verbs is *not* regarded as onomatopoeic?

1. ворча́ть	2. жа́лить	3. лиза́ть	4. шипе́ть

Level 3

Natural features

Sea, rivers

исто́к	source
ледни́к (gen. ледника́)	glacier
матери́к (gen. материка́)	mainland
мыс	cape
полуо́стров	peninsula
пото́к	stream
прито́к	tributary
ру́сло	river bed

Word origins: (1) матери́к is based on матёрый 'strong', cf. матёрая земля́ 'terra firma' (2) полуо́стров is calqued from German *Halbinsel* id., lit. 'half island', cf. more accurate French *presqu'île* id., lit. 'almost an island', Latin *paeninsula* id.

Word formation: пото́к is cognate with исто́к, прито́к and те́чь.

Mountains, hills, rocks

овра́г	ravine, gully
плоскогóрье	plateau
поднóжие	foot of hill
прóпасть (f.)	precipice
склóн	slope

Woodland, vegetation, terrain

вяз	elm
жёлудь (m.) (pl. жёлуди желудéй	acorn
иглá (pl. и́глы и́гл)	needle
каштáн	chestnut tree
клён	maple
корá	bark
ли́ственный	deciduous
плю́щ (gen. плющá)	ivy
поля́на	glade
пусты́ня	desert
ряби́на	rowan tree
сте́пь (f.) (в степи́)	steppe
тайгá	taiga
тóполь (m.) (pl. тополя́)	poplar
тýндра	tundra
хвóйный	coniferous
ши́шка	cone

Word origins: (1) каштáн is from German *Kastanie* id., perhaps ultimately Castanaea in Asia Minor (2) плю́щ, originally блю́щ, is cognate with блевáть (блюю́ блюёшь) 'to vomit', from the berries' expectorant effect (3) поля́на is a derivative of пóле 'field' (4) ряби́на may be cognate with рябóй 'speckled', from the colour of its berries (5) тайгá is from a Turkic or Yakut source (6) тóполь may be from Latin *populus* id., with dissimilation of plosives (p-p > t-p).

The animal world

Insects and worms

клóп (gen. клопá)	bedbug
кузне́чик	grasshopper
таракáн	cockroach
че́рвь (m.) (gen. червя́) (pl. че́рви черве́й)	worm

Word origins: кузне́чик may be from кузне́ц 'smith', from the resemblance of the whirring of its wings to hammering.

Literary note: V. Mayakovsky's play «Клоп» (1928) castigates Soviet philistinism and bureaucracy.

Word origins: тарака́н is of Turkic origin, with characteristic vowel harmony.

Mammals

барсу́к (gen. барсука́)	badger
бо́бр (gen. бобра́)	beaver
бе́лый медве́дь	polar bear
вы́дра	otter
гри́ва	mane
ки́т (gen. кита́)	whale
копы́то	hoof
ла́па	paw
лиса́ / лиси́ца	fox
ло́сь (m.)	elk, moose
ме́х (pl. меха́)	fur
мо́рж (gen. моржа́)	walrus
носоро́г	rhinoceros
обезья́на	monkey
оле́нь (m.)	deer
ро́г (pl. рога́)	horn
со́боль (m.)	sable
ста́до	flock, herd
ста́я	pack, flock
тюле́нь (m.)	seal
усы́ (gen. усо́в)	whiskers
ше́рсть (f.)	wool

Word origins: (1) барсу́к is from Turkic (2) ки́т is from Greek *ketos* 'sea monster, whale', Lat. *cetos* 'sea monster' (3) ла́па is from a root meaning 'something flat', cognate with лопа́та 'spade' (4) мо́рж is from Finnic, cf. Finnish *mursu* id., also French *morse* (5) носоро́г is calqued from Greek *rinokeros* (*ris* 'nose', *keras* 'horn'), cf. German *Nashorn* (also from Greek) id.

Cognates: вы́дра is related to вода́ 'water', the animal's favourite element.

Literary note: «Воро́на и лиси́ца» is I. A. Krylov's (c. 1769–1844) best-known fable: «Воро́не где́-то Бо́г посла́л кусо́чек сы́ру . . .»

Birds

а́ист	stork
га́лка	jackdaw
глуха́рь (gen. глухаря́)	capercailie
дро́зд (gen. дрозда́)	thrush
дя́тел (gen. дя́тла)	woodpecker
жура́вль (m.) (gen. журавля́)	crane
клю́в	beak

пе́репел (pl. перепела́)	quail
перо́ (pl. пе́рья)	feather
снеги́рь (gen. снегиря́)	bullfinch
соро́ка	magpie
стра́ус	ostrich
ца́пля	heron
я́стреб	hawk

Cognates: (1) глуха́рь is cognate with глухо́й (the bird purportedly goes deaf in the mating season) (2) клю́в is cognate with клева́ть (клюю́ клюёшь) 'to peck' (3) ца́пля is cognate with ца́пать 'to seize' (i.e. frogs, fish).

Word origins: (1) снеги́рь is so called because it arrives in Russia from the north with the first snow (2) стра́ус is from German *Strauss* id., Greek *megas strouthos* lit. 'large bird'.

Fish

дельфи́н	dolphin
осётр (gen. осетра́)	sturgeon
плавни́к (gen. плавника́)	fin
чешуя́	scales

Cognates: плавни́к is cognate with пла́вать 'to swim'.

Word origins: дельфи́н is from Greek *delfis/delfin*, id., Latin *delphinus* id.

Molluscs and crustaceans

креве́тка	shrimp, prawn
ома́р	lobster
осьмино́г	octopus
у́стрица	oyster

Word origins: (1) cf. креве́тка and French *crevette* id. (2) ома́р is from French *homard* id. (3) осьмино́г lit. means 'of (with) eight legs', cf. с восьмью́ щу́пальцами 'with eight tentacles'. For prosthetic в- cf. во́тчина 'patrimony' (from о́тчий 'father's') (4) у́стрица may be from Italian *ostrica* id.

Homes and dens

ло́гово/ло́говище	lair, den

Поведе́ние живо́тных	***Animal behaviour***
гры́зть (грызёт) (гры́з гры́зла)	to gnaw
жужжа́ть (жужжи́т)	to buzz
кукаре́кать/про-	to crow
мыча́ть (мычи́т/) про-	to low
рыча́ть (рычи́т)	to roar

фы́ркать/фы́ркнуть	to snort
чу́ять (чу́ет)	to scent
щебета́ть (щебе́чет)	to twitter

Onomatopoeia: жужжа́ть, кукаре́кать, мыча́ть, рыча́ть, фы́ркать and щебета́ть are all onomatopoeic.

Miscellaneous

заповедник	reserve, sanctuary
мо́рда	snout, muzzle
охра́на окружа́ющей среды́	protection of the environment
па́нцирь (m.)	carapace, shell
поло́ска	stripe

Word origins: cf. па́нцирь and German *Panzer* 'armour-plating' (lit. 'protecting the belly' – Latin *pantex* 'paunch').

The weather

General

глоба́льное потепле́ние	global warming
метеослу́жба	weather service
сино́птик	weather forecaster

Cognates: сино́птик, cf. English adj. 'synoptic' 'giving a general view of weather conditions'.

Storms, rain, wind

бу́рный	stormy
зати́шье	lull
и́ней	hoar frost
оса́дки (gen. оса́дков)	precipitation
роса́	dew
утиха́ть/ути́хнуть (past ути́х ути́хла)	to abate

Cognates: (1) зати́шье (with х/ш consonant mutation) is cognate with утиха́ть (2) роса́ is cognate with Latin *ros* id., whence French *rosée* id. Note the saying: «Коси́, коса́, пока́ роса́» 'Make hay while the sun shines'.

Ice, snow, frost, clouds, sun

зно́й	stifling heat
сту́жа	severe cold
та́ять (та́ет)/рас-	to thaw, melt
ту́ча	storm cloud

Cognates: сту́жа is cognate with просту́да 'a cold'.

Exercises

Level 3

(1) Grammar and stress

1. Conjugation. Replace past-tense by present-tense forms:

1. Обезья́на гры́зла оре́хи.	Обезья́на грызёт оре́хи.
2. Жу́к жужжа́л.	
3. Коро́вы мыча́ли.	
4. Ле́в рыча́л.	
5. Сне́г та́ял.	
6. Соба́ка чу́яла ди́чь.	
7. Воробьи́ щебета́ли.	

2. What gender do the following five nouns have in common?

1. ло́сь	2. оле́нь	3. со́боль	4. тюле́нь	че́рвь

Which is the odd one out semantically?

3. Which soft-sign noun in each group of three has a different gender from the other two?

	Gender		Gender		Gender
1. глуха́рь		2. снеги́рь		3. сте́пь	
1. па́нцирь		2. то́поль		3. ше́рсть	

4. Which of the following neuter nouns has an irregular plural?

1. копы́то	2. перо́	3. ста́до

Name two other nouns that have the same irregular plural ending.

5. Stress. In each of the four series of four nouns tick the noun that does *not* have end stress in the genitive singular:

1. барсу́к	2. бо́бр	3. вя́з	4. дро́зд
1. ки́т	2. клён	3. кло́п	4. плавни́к
1. матери́к	2. осётр	3. плавни́к	4. пото́к
1. глуха́рь	2. па́нцирь	3. снеги́рь	4. че́рвь

and in this group tick the one noun that *does* have end stress in the genitive singular:

1. клю́в	2. ома́р	3. плю́щ

(2) Recognition and exploitation

6. Similes.

(1) **Translate, finding English idiomatic equivalents where possible:**
1. Взгля́д как у я́стреба.
2. Долби́ть одно́ и то́ же как дя́тел.
3. Усы́ как у моржа́.
4. Ходи́ть как жура́вль (= дли́нными шага́ми).

(2) **Complete with appropriate similes from the brackets:**
1. Во́лосы как . . . .
2. Длинноно́гий как . . . .
3. Мра́чный как . . . .
4. Стро́йный как . . . .

(лошади́ная гри́ва, то́поль, ту́ча, ца́пля)

(3) **Add appropriate similes:**
1. Хи́трый как . . . .
2. Пря́тать го́лову как . . . .
3. Ла́зить как . . . .

7. Which animals/insects/birds do the following?

Кто?			
1. грызёт?	кры́са / мы́шь	4. мычи́т?	
2. жужжи́т?		5. рычи́т?	
3. кукаре́кает?		6. щебе́чет?	

8. Give other meanings of the following words:

	Other meaning(s)
1. мо́рж	
2. па́нцирь	
3. перо́	
4. про́пасть	
5. ста́я	
6. ши́шка	

9. Tick the noun in each pair that is larger/more intense:

1. зно́й/жара́	2. креве́тка/ома́р	3. ки́т/дельфи́н
4. пото́к/река́	5. сту́жа/хо́лод	6. тюле́нь/мо́рж

10. Match up associated words in I and II (e.g. жёлудь/ду́б):

I		II	
1. жёлудь	a. хво́йный	1. черепа́ха	a. ры́ба
2. игла́	b. ме́х	2. чешуя́	b. овца́
3. со́боль	c. ду́б	3. ше́рсть	c. па́нцирь

11. Antonyms. Match up the opposites (e.g. зати́шье/бу́ря):

1. зати́шье	a. хво́йный	3. исто́к	c. сту́жа
2. зно́й	b. бу́ря	4. ли́ственный	d. у́стье

12. Parts of animals/birds/reptiles/fish. Which is the odd one out semantically in each of the three sequences (e.g. клю́в 'a bird's beak')? Tick your choices:

1. клю́в	2. копы́то	3. ла́па
1. па́нцирь	2. плавни́к	3. чешуя́
1. гри́ва	2. ме́х	3. перо́

13. Distribute the nouns in brackets to appropriate columns:

Trees	Insects	Aquatic mammals	Birds
1.	1.	1.	1.
2.	2.	2.	2.
3.	3.	3.	3.
4.	4.	4.	4.
5.			5.

(а́ист, бо́бр, вы́дра, вя́з, га́лка, дро́зд, кашта́н, клён, кло́п, кузне́чик, мо́рж, пе́репел, ряби́на, соро́ка, тарака́н, то́поль, тюле́нь, че́рвь)

14. Definitions. Clues are on the left (the number of letters is given in brackets) and answers are on the right (the first letter in each word is given):

Clues	Solution
1. кру́пное морско́е млекопита́ющее (3)	ки́т
2. большо́е тёмное о́блако (4)	т . . . .
3. си́льный хо́лод (5)	с . . . . .
4. о́н прогнози́рует пого́ду (8)	с . . . .
5. твёрдый покро́в черепа́хи (7)	п . . . . . .
6. си́льная жара́ (4)	з . . . .
7. ме́лкие ка́пли вла́ги (4)	р . . . .
8. ди́кий хво́йный ле́с (5)	т . . . . .
9. гру́ппа живо́тных одного́ ви́да (5)	с . . . . .
10. не ли́ственный (7)	х . . . . . .
11. пло́д ду́ба (6)	ж . . . . .
12. атмосфе́рная вла́га (6)	о . . . . .
13. лесна́я пти́ца с си́льным клю́вом (5)	д . . . .
14. уча́сток су́ши, с трёх сторо́н омыва́емый водо́й (10)	п . . . .
15. простра́нство со ску́дной расти́тельностью (6)	т . . . . .
16. ме́стность, лежа́щая высоко́ над у́ровнем мо́ря (11)	п . . . .
17. ме́сто, где сохраня́ются ре́дкие расте́ния, живо́тные (10)	з . . . .

(3) Translation

15. Fill the gaps and translate into English:

1. . . . . двух могу́чих ре́к – Днепра́ и Во́лги – располо́жен на Валда́йской возвы́шенности.
2. . . . . До́брой Наде́жды изве́стен всем моряка́м свои́ми стра́шными бу́рями.
3. Кры́мский полуо́стров . . . . Чёрным и Азо́вским моря́ми.
4. На . . . . реки́ архео́логи-подво́дники нашли́ обло́мки затону́вшего корабля́.
5. К ли́ственным дере́вьям отно́сятся вя́з, то́поль и кашта́н, а к . . . . – е́ль и сосна́.
6. . . . . охо́тничьих соба́к погнала́сь за лиси́цей, но не догна́ли её.
7. Одного́ охо́тника оштрафова́ли на 1.000 рубле́й за то́, что о́н уби́л ло́ся в . . . .
8. «. . . . .-воро́вка» – э́то расска́з о крестья́нке, кото́рую обвиня́ют в кра́же.
9. . . . . с молниено́сной ско́ростью бро́сился на ста́ю воробьёв.
10. . . . . доставля́ют удово́льствие де́тям свои́м акробати́змом.
11. . . . . окружа́ющей среды́ – де́ло ка́ждого, а не то́лько прави́тельства.
12. Повыше́нием температу́ры воды́ в се́верных порта́х мы обя́заны не Гольфстри́му, а глоба́льному . . . .
13. Разыгра́лась бу́ря, но к утру́ она́ . . . ., и наста́ло зати́шье.
14. Занима́ется заря́, а в дере́вне . . . . кукаре́кают, коро́вы мыча́т и воробьи́ щебе́чут.

16. Translate into Russian:

1. The River Volga flows as far as Kazan and empties into the Caspian Sea, forming an extensive delta.
2. The Volga receives about 200 tributaries, including the Oka and the Kama.
3. Anyone who has read Ivan Turgenev's *A Huntsman's Notes* knows that Orel Province is intersected by gullies.
4. We walked along the road above the precipice, all the time fearing to fall to our death.
5. The rowan is a romantic tree with red berries, about which many songs have been composed.
6. It is said there are 8 million sables in the Barguzin Forest near Lake Baikal.
7. Polar bears winter under the snow, and in the spring the cubs crawl out onto the frozen ground.
8. Swimmers who swim in the river in the winter are called 'walruses'.
9. There are fewer and fewer sturgeon in the Caspian Sea.
10. An octopus – a sea mollusc with 8 tentacles – can in case of need eject a stream of ink.
11. Is it worth listening to weather forecasters if their forecasts are not one hundred per cent accurate?

12. When I was in Central Asia I could hardly breathe from the unbearable heat – over 40 degrees Celsius.

> Тучки небесные, вечные странники!
> Степью лазурною, цепью жемчужною
> Мчитесь вы, будто, как я же, изгнанники,
> С милого севера в сторону южную.
>
> M. Lermontov, «Тучи» (1840)

Learn the stanza by heart. What does it tell us about the poet?

(4) Word origins and word formation

17. Which of these words

(1) does *not* have a German connection:

1. каштан	2. морж	3. панцирь

(2) does *not* have a Turkic connection:

1. барсук	2. роса	3. таракан

(3) does *not* have a Greek connection:

1. дельфин	2. кит	3. омар

18. Transparent vocabulary. Which component root or roots underlie the following words?

	Underlying root(s)
1. исток	ис- 'out of' + ток 'flow'
2. носорог	
3. осьминог	
4. плоскогорье	
5. подножие	
6. полуостров	

Which of these can be regarded as calques?
Which word can you find in лиственный?

19. Find a cognate for each of the following:

1. вы́дра	вода́	5. плавни́к	
2. глуха́рь		6. плющ	
3. клюв		7. ряби́на	
4. ла́па		8. ца́пля	

Additional vocabulary

Natural features

гле́тчер	glacier	рассе́лина	crevasse
на́бережная	embankment	тис	yew
наводне́ние	flood	опу́шка	edge (of forest)
отли́в	ebb tide	па́дуб	holly
прили́в	flood tide	па́льма	palm tree
бе́здна	abyss	пень (gen. пня)	stump
отве́сная скала́	cliff	прут (gen.	twig
изверже́ние	eruption	прута́) (pl.	
ла́ва	lava	пру́тья	
обва́л	landslide	пру́тьев)	
предго́рья (gen. предго́рий)	foothills	ил	silt
ро́вный	level, flat	пе́на	foam
джу́нгли (gen. джу́нглей)	jungle	прибо́й	surf
мох (gen. мха; во мху́)	moss	буго́р (gen.	hillock
хво́рост	undergrowth	бугра́)/взго́рье	
ли́ственница	larch	пик	peak
я́сень (m.)	ash-tree	слой (pl. сло́и)	layer, stratum
брод	ford	уще́лье	gorge
залива́ть/зали́ть (зальёт)	to flood, deluge	ве́чная мерзлота́	permafrost
топь (f.)/тряси́на	swamp, quagmire	вечнозелёный	evergreen
сок	sap	па́поротник	fern
водопа́д	waterfall	риф	reef
пре́сный	fresh	споко́йный	calm
солёный	salt, salty	ча́ща	thicket
склон	slope	водоворо́т	whirlpool
бры́зги	spray	вы́ступ	ledge
гря́зный	muddy	приго́рок	hillock
цуна́ми	tidal wave	низкоро́слый	stunted
перева́л	pass		

Animal world

бизо́н	bison	гие́на	hyena
блоха́	flea	го́рб (gen. горба́)	hump
вид	species	добы́ча	prey
гиппопота́м	hippopotamus	ище́йка	bloodhound
дичь (f.)	game	кенгуру́ (m. indecl.)	kangaroo
морско́й лев (gen. морско́го льва́)	sealion	клык (gen. клыка́)	tusk (of walrus, wild boar)
орангута́н	orang-utan	ла́ска	weasel
пёс	hound	овча́рка	Alsatian, shepherd dog
поро́дистый	pedigree		
саме́ц (gen. самца́)	male	берло́га	bear's winter den
са́мка	female	хо́бот	trunk
хомя́к (gen. хомяка́)	hamster	хи́щник	predator
шимпанзе́ (m. indecl.)	chimpanzee	шака́л	jackal
		жа́воронок (gen. жа́воронка)	lark
во́рон	raven		
ко́готь (m.) (gen. ко́гтя)	claw	канаре́йка	canary
куку́шка	cuckoo	перелётная пти́ца	migratory bird
куропа́тка	partridge	со́кол	falcon
опере́ние	plumage	чёрный дро́зд (gen. чёрного дрозда́)	blackbird
сини́ца	tit		
гадю́ка	viper	ласт	flipper
ко́бра	cobra	макре́ль (f.)	mackerel
ра́ковина	shell	голова́стик	tadpole
ядови́тый	poisonous	меду́за	jellyfish
жа́бры (gen. жабр)	gills	крото́вина	molehill
бле́ять (бле́ет)	to bleat	свина́рник	pigsty
вымира́ть/вы́мереть (вы́мрет; вы́мер вы́мерла)	to die out	скворе́чник	nesting-box (for starlings)
кря́кать	to quack	взма́хивать/взмахну́ть кры́льями	to flap one's wings
охо́та (на + acc.)	hunt, hunting	воркова́ть (ворку́ет)	to coo
охо́титься (охо́чусь охо́тится) (на + acc.)	to hunt	вы́мерший	extinct
прируча́ть/приручи́ть	to tame	лака́ть/вы-	to lap
разводи́ть (развожу́ разво́дит)/развести́ (разведу́ разведёт; развёл развела́)	to breed	лупи́ться/вы-	to hatch
		обню́хивать/обню́хать	to sniff at
		пита́ться + instr.	to feed on
		плести́ (плетёт; плёл плела́)/с- паути́ну	to spin a web
ржать (ржёт)	to neigh	ро́иться	to swarm
хрю́кать	to grunt	чири́кать/чири́кнуть	to chirrup
мо́шка	midge	ку́колка	chrysalis
би́вень (gen. би́вня)	tusk (of elephant, walrus)	личи́нка	maggot, larva, grub

мураве́йник	anthill
ро́й	swarm
ше́ршень (m.) (gen. ше́ршня)	hornet
шме́ль (m.) (gen. шмеля́)	bumble bee
англи́йская борза́я (adj. noun)	greyhound
ба́рс	snow leopard
бездо́мный	homeless, stray
воню́чка/скунс	skunk
го́нчая (adj. noun)	hound
грызу́н (gen. грызуна́)	rodent
далмати́н	Dalmatian
дворня́га/дворня́жка	mongrel
дикобра́з	porcupine
ко́жа	skin
мангу́ста	mongoose
но́рка	mink
плотоя́дный	carnivorous
сторожева́я соба́ка	guard dog
та́кса	dachshund
хо́рь (gen. хоря́, хорёк gen. хорька́)	ferret
водопла́вающая пти́ца	water bird
и́волга	oriole
пу́х	down
стервя́тник	vulture
стри́ж (gen. стрижа́)	swift
флами́нго (m. indecl.)	flamingo
ле́щ (gen. леща́)	bream
моски́т	mosquito
пи́кша	haddock
соле́я	sole
куса́ть/укуси́ть	to bite
нести́ (несёт) (несла́)/с- яйцо́	to lay (an egg)
морско́й конёк (gen. морско́го конька́)	seahorse
спру́т	squid
трито́н	newt
слизня́к	slug
бода́ть/боднду́ть	to butt
втя́гивать/втяну́ть ко́гти	to draw in the claws
выпуска́ть/вы́пустить ко́гти	to put out the claws
ква́кать/про-	to croak
куса́ть/укуси́ть	to bite
линя́ть/вы-	to moult
на гра́ни исчезнове́ния	endangered
прогиба́ть/прогну́ть спи́ну	to arch the back
ска́лить/о- зу́бы	to bare the teeth
уку́с	bite
у́хать/у́хнуть	to hoot
чутьё	sense of smell
ветви́стые рога́	antlers
дресси́ровать (дресси́рует)/вы-	to train
китобо́йный про́мысел	whaling
кле́тка	cage
намо́рдник	muzzle (protective device)
отбо́р	cull
порха́ть	to flutter
вы́мя (gen. вы́мени)	udder
о́бщество охра́ны живо́тных	society for the prevention of cruelty to animals
оше́йник	collar
при́вязь (f.)	lead
бо́жья коро́вка	ladybird
саранча́	locust
уховёртка	earwig
горноста́й	stoat
леопа́рд	leopard
морска́я сви́нка	guinea pig
панте́ра	panther
зиморо́док	kingfisher
мали́новка	robin
пе́вчая пти́ца	songbird
хи́щная пти́ца	bird of prey
золота́я ры́бка	goldfish
бо́а	boa
у́ж	grass-snake
поло́ска	stripe
долгоно́жка	daddy-long-legs
светля́к	glow-worm
лени́вец	sloth
охо́тничья соба́ка	hunting dog

полоса́тая ко́шка	tabby cat	полевая мы́шь	field mouse
ру́сская борза́я	Russian wolfhound	крапи́вник	wren
		морска́я пти́ца	sea bird
соба́ка-поводы́рь	guide dog	шотла́ндская куропа́тка	grouse
спание́ль	spaniel	ска́т	skate
суро́к	marmot	ми́дия	mussel
ма́йна	mynah bird	ловушка	trap, snare
ра́йская пти́ца	bird of paradise	мышело́вка	mousetrap
ржа́нка	plover	ко́кон	cocoon
ки́лька	sprat	шелкови́чный че́рвь	silkworm
песка́рь	minnow	мо́пс	pug
гребешо́к	scallop	пу́дель	poodle
те́чка	heat	со́ня	dormouse
движе́ние за права́ живо́тных	animal rights movement	камы́шница	moorhen
		помёт	brood
перепо́нчатый	webbed	си́няя сини́ца	bluetit
собаково́д	dog breeder	кефа́ль	mullet
сверчо́к	cricket	меч-ры́ба	swordfish
антило́па	antelope	со́м, со́мик	catfish
землеро́йка	vole	морска́я ули́тка	winkle
лету́чая мы́шь	bat	у на́шей соба́ки те́чка	our dog is on heat
па́нда	panda		

The weather

бу́рный	stormy	лы́жи (gen. лы́ж)	skis
гра́дусник	thermometer	о́ттепель (f.)	thaw
изме́нчивый	changeable	пери́од си́льной жары́	heatwave
климати́ческий	climatic	покры́т облака́ми	overcast
пого́дные усло́вия	weather conditions	снежи́нка	snowflake
		ви́хрь (m.)	whirlwind
прогно́з пого́ды	weather forecast	вьюга	snowstorm
то́чка замерза́ния	freezing point	грязь (f.) (в грязи́)	mud, dirt
Фаренге́йт (10 гра́дусов по Фаренге́йту)	Fahrenheit (10 degrees Fahrenheit)	льди́на	ice floe
		метеоста́нция	weather station
		надвига́ться/надви́нуться	to approach (of a storm)
ве́треный	windy		
греме́ть (греми́т)/про-разража́ться/разрази́ться	to thunder to break (of a storm)	пери́од плохо́й пого́ды	period of bad weather
		ледяно́й	icy, biting (of wind)
сверка́ть/сверкну́ть	to flash		
сля́коть (f.)	slush	оса́дки	precipitation
споко́йный	calm	торна́до	tornado
урага́н	hurricane	ду́шно	it is close
безо́блачный	cloudless	непреры́вный	incessant

рассе́иваться/ рассе́яться	to disperse (of fog)	разгу́ливаться/ разгуля́ться	to clear up
расстила́ться/ разостла́ться	to spread (of fog)	раска́ты гро́ма	claps of thunder
		си́ла ве́тра	wind force
мороси́ть	to drizzle	тайфу́н	typhoon
проливно́й	torrential	штилева́я полоса́	doldrums
снежо́к (gen. снежка́)	snowball	похолода́ние	cold spell
фро́нт	front	со́лнечные очки́ (gen. со́лнечных очко́в)	sun glasses
шква́л	squall		
загора́ть/загоре́ть (загорю́ загори́т)	to get tanned	гряда́ облако́в	bank of clouds
		зно́йный де́нь	scorcher
проясня́ться/ проясни́ться	to clear up	сне́жная ба́ба	snowman
		поры́в ве́тра	gust of wind
антицикло́н	anticyclone	ду́шный	close
метеосво́дка	weather report	паля́щий	scorching
метеослу́жба	weather service	гололе́дица	black ice
встре́чный ве́тер	headwind	мо́крый сне́г	sleet
давле́ние	pressure	са́мые жа́ркие дни́	dog days
и́зморось (f.)	drizzle	снегосту́пы	snowshoes
муссо́н	monsoon	де́нь вы́дался хоро́шим	it turned out fine
пасса́т	trade wind	покры́т сне́гом	snowcapped
попу́тный ве́тер	following wind	снегоочисти́тель	snowplough
про́блеск мо́лнии	flash of lightning		

Text work

Переведите текст, запишите новые слова, ответьте на вопросы:

Три́ климати́ческих по́яса охва́тывают Сиби́рь: аркти́ческий, субаркти́ческий и уме́ренный. И во все́х зо́нах: аркти́ческой, пусты́не, ту́ндре, тайге́ и степи́ кипи́т своя́ жи́знь. Бу́рый медве́дь и ло́сь, во́лк и лиси́ца, бе́лка и мара́л встреча́ются почти́ повсю́ду. Во мно́гих водоёмах обита́ют онда́тра и но́рка. В изоби́лии и ди́кая пти́ца – глуха́рь, ря́бчик, водопла́вающие – гу́сь, у́тка. В ре́ках и озёрах жиру́ют таки́е це́нные поро́ды ры́б, ка́к таиме́нь и да́же осётр.

В осо́бенности уника́льно «населе́ние» Байка́ла, насчи́тывающее о́коло дву́х ты́сяч ви́дов живо́тных, ры́б и расти́тельных органи́змов, две́ тре́ти кото́рых нигде́ в ми́ре бо́льше не встреча́ются. К ни́м отно́сятся не́рпа (байка́льский тюле́нь) и о́муль, прише́льцы из Ледови́того океа́на, преодоле́вшие в леднико́вую эпо́ху по сиби́рским ре́кам пу́ть в три́ ты́сячи киломе́тров.

Среди́ други́х у́никумов Сиби́ри нельзя́ не упомяну́ть и со́боля. Ле́т 60 наза́д э́тот зверёк находи́лся на гра́ни исчезнове́ния. Прави́тельство запрети́ло добы́чу со́боля, несмотря́ на то́, что меха́ обеспе́чивали тогда́ госуда́рству че́тверть все́х валю́тных поступле́ний. Одновреме́нно ста́ли создава́ться зверово́дческие фе́рмы. Со́боль ста́л размножа́ться в нево́ле.

Когда́ пито́мцы окре́пнут, их выпуска́ют в тайгу́. Скре́щиваясь с ди́кими о́собями, они́ интенси́вно увели́чивают своё поголо́вье.

Russia Today, 2: 119

(a) Назовите все климатические пояса и зоны, упомянутые в тексте.

1.	3.	5.	7.
2.	4.	6.	

Найдите их на карте. Что такое тундра, тайга, степь?

(б) Расставьте по таблицам млекопитающих, птиц и рыб, упомянутых в первом абзаце текста.

Млекопитающие	Млекопитающие	Птицы	Рыбы
1.	5.	1.	1.
2.	6.	2.	2.
3.	7.	3.	
4.	8.	4.	

(в) В каком смысле фауна озера Байкал «уникальна»?
(г) Какие меры приняты для спасения соболя, и с каким успехом?

Сравните климат в сентябре и в январе на основании следующих прогнозов погоды

(Сентя́брь)
На Европе́йской террито́рии Росси́и холо́дный атмосфе́рный фро́нт. Над центра́льными областя́ми и Чернозе́мьем атмосфе́рное давле́ние оста́нется повы́шенным. Мину́вшей но́чью в Центра́льном райо́не отмеча́лись за́морозки до́ ми́нус 3. Они́ ожида́ются почти́ на всёй Европе́йской террито́рии, за исключе́нием Ни́жнего Пово́лжья. В Москве́ плюс 15, переме́нная о́блачность. В Пи́тере плюс 14, о́блачно, до́ждь.

«Изве́стия» 14.09.02

(Янва́рь)
На се́веро-за́паде сне́жный покро́в подмо́чен дождём и температу́ра до́ плюс 2. Та́ же беда́ в Центра́льном райо́не: здесь ми́нус 2 – плюс 3. Сто́лько же в Чернозе́мье, чу́ть холодне́е в Пово́лжье и по-пре́жнему нена́стно и лавиноопа́сно на ю́ге. И то́лько на се́веро-восто́ке Европе́йской Росси́и до ми́нус 30. В Санкт-Петербу́рге и Москве́ о́коло нуля́ и снег с дождём.

«Изве́стия» 12.01.02

Unit 3

The human body and health

Level 1

General

боле́знь (f.)	illness
бо́лен, больна́, больны́	(is, are) sick
больно́й	ill, sore; patient (adj. noun)
здоро́вый	healthy, sound
здоро́вье	health
ко́жа	skin
ко́сть (f.) (pl. ко́сти косте́й)	bone
кро́вь (f.) (в крови́)	blood (covered in blood)
му́скул/мы́шца	muscle

Cognates: (1) боле́знь is cognate with бо́лен, больно́й, бо́ль, больни́ца etc. (all nouns in -знь are feminine) (2) здоро́вый is cognate with здра́вствуй(те) 'how are you'.

Спа́с на крови́ (The Saviour on the Blood) is the name of the church in St Petersburg built on the spot where Alexander II was assassinated in 1881.

Head

во́лос (pl. во́лосы воло́с воло́сам)	hair
гла́з (pl. глаза́ гла́з)	eye
голова́ (асс. го́лову)	head
го́рло	throat
губа́ (pl. гу́бы гу́б губа́м)	lip
зу́б (pl. зу́бы зубо́в)	tooth
лицо́ (pl. ли́ца)	face
ло́б (на лбу́)	forehead (on the forehead)
но́с (на носу́)	nose (on the nose)
ро́т (во рту́)	mouth (in the mouth)
у́хо (pl. у́ши уше́й)	ear
ше́я	neck

щека́ (асс. щёку, pl. щёки	cheek
щёк щека́м)	
язы́к (gen. языка́)	tongue

Word origins: (1) гла́з replaced о́ко id., which is cognate with очки́ 'glasses', Italian *occhio* id. etc. (2) ше́я is cognate with ши́ть 'to sew', lit. 'that which connects (the head to the torso)'.

Body

гру́дь (f.) (gen. груди́)	chest, breast (на груди́ 'on the chest')
(pl. гру́ди груде́й)	
живо́т (gen. живота́)/	stomach
желу́док (gen. желу́дка)	
плечо́ (pl. пле́чи)	shoulder
спина́ (асс. спи́ну)	back
та́лия	waist
те́ло (pl. тела́)	body

'False friend': спина́ 'back' (cf. позвоно́чник 'spine').
Word origins: та́лия is from French *taille*, id.

Limb

большо́й па́лец (gen.	thumb
большо́го па́льца)	
коле́но (pl. коле́ни коле́ней)	knee
нога́ (асс. но́гу, pl. но́ги но́г	foot, leg
нога́м)	
па́лец (gen. па́льца)	finger
рука́ (асс. ру́ку, pl. ру́ки ру́к	hand, arm (в рука́х 'in the hands',
рука́м)	на рука́х 'in the arms')

Па́лец: cf. obsolete/poetic пе́рст id., the root of перча́тка 'glove'.

Internal organs

лёгкое (gen. лёгкого) (adj.	lung
noun)	
се́рдце (pl. сердца́ серде́ц)	heart

Word origins: (1) лёгкое 'lung', lit. 'light' (the lung is lighter than water and does not sink, cf. English 'lights' (lungs of sheep etc.) (2) се́рдце is cognate with середи́на 'middle' (the heart plays a central role in the organism). The song «Се́рдце» begins: «Как мно́го де́вушек хоро́ших,/Как мно́го ла́сковых имён,/Но лишь одно́ из них трево́жит,/Унося́ поко́й и со́н, – когда́ влюблён.»

Symptoms, illnesses

бо́ль (f.)	pain
боле́ть (боле́ю) (+ instr.)	to be ill (with)
боле́ть (боли́т)	to hurt
гри́пп	influenza
заболева́ть/заболе́ть (заболе́ю заболе́ешь) (+ instr.)	to contract (an illness)
ка́шлять/ка́шлянуть	to cough
просту́да	a cold
просту́живаться/ простуди́ться (простужу́сь просту́дишься)	to catch a cold
ра́к	cancer
ра́на	wound
страда́ть (+ instr. of something persistent) (от + gen. of something temporary)	to suffer
температу́ра (у него́ температу́ра)	temperature (he is running a temperature)
эпиде́мия	epidemic

Word origins: (1) Cf. гри́пп and French *grippe* id. (2) ка́шлять is based on the onomatopoeic ка́хи-ка́хи.

Staff

апте́карь (m.)	chemist
вра́ч-консульта́нт	consultant
вызыва́ть/вы́звать (вы́зову вы́зовешь)	to call out
медсестра́ (pl. медсёстры медсестёр)	nurse
ско́рая по́мощь/маши́на ско́рой по́мощи	ambulance
хиру́рг	surgeon (хирурги́я 'surgery')

Word origins: (1) вра́ч is from вра́ть, originally 'to speak' (now 'to lie'), thus lit. 'he who speaks [spells]' (2) хирурги́я is from Greek *cheirourgia* 'working by hand' (*cheir* 'hand', *ergon* 'work')

Blends: медсестра́ is a blend of медици́нская сестра́, cf. медбра́т 'male nurse'.

Diagnosis and treatment

выздора́вливать/ выз́дороветь (вы́здоровею вы́здоровеешь)	to recover
вылéчивать/вы́лечить (от)	to cure (of)
дéлать/с- укóл (+ dat.)	to give an injection (to someone)
диáгноз	diagnosis
диагности́ровать (диагности́рую диагности́руешь) (impf./pf.)	to diagnose
зажива́ть/зажи́ть (заживёт)	to heal (intrans.)
измеря́ть/измéрить температу́ру	to take someone's temperature
ку́рс лечéния	course of treatment
лска́рство	medicine
лечи́ть (от)	to treat (for)
опера́ция	operation
осма́тривать/осмотрéть	to examine
приёмные часы́	consultation hours
принима́ть/приня́ть (приму́ при́мешь) (лека́рство, наркóтики)	to take (medicine, drugs)
пропи́сывать/прописа́ть (пропишу́ пропи́шешь)	to prescribe
рецéпт (на + acc.)	prescription (for)
сажа́ть/посади́ть (посажу́ поса́дишь) на диéту	to put on a diet
скóрая пóмощь (f.)	first aid
термóметр	thermometer
щу́пать/по- пу́льс	to take the pulse

Cognates: выздора́вливать is cognate with здорóвый.

Word origins: рецéпт is from German *Recept*, id., Latin *receptum* (participle from *recipere*), thus lit. 'that which is received'.

### Стоматолóгия	### Dentistry
зубнóй вра́ч (earlier also данти́ст)	dentist
зубоврачéбный кабинéт	dental surgery
плóмба	filling
пломби́ровать (пломби́рую пломби́руешь)/за-	to fill
удаля́ть/удали́ть зу́б	to extract a tooth

Word origins: плóмба is from German *Plombe* 'lead seal, filling' (also *plombieren* 'to fill'), ultimately Latin *plumbum* 'lead'.

Exercises

Level 1

(1) Grammar and stress

1. Locative case in -ý or -и́. Put the bracketed nouns in the locative singular, using the preposition в or на, as appropriate:

(1) in -и́:

    1. Всё его́ лицо́ [кровь].   His whole face is covered in blood.

    2. У неё на [грудь] пять меда́лей.   She has five medals on her breast.

(2) in -ý:

    1. [Лоб] у него́ ши́шка.   He has a bump on his forehead.

    2. [Нос] у неё пры́щик.   She has a pimple on her nose.

    3. [Рот] у него́ есть конфе́та.   He has a sweet in his mouth.

2. Gender of soft-sign nouns. Which noun differs in gender from the other five? What is its gender?

апте́карь	боле́знь	бо́ль	ко́сть	кро́вь	по́мощь

3. Give the nominative plural of the following nouns. Which has a plural in -а́?

	Nom. pl.		Nom. pl.		Nom. pl.		Nom. pl.
вра́ч		гла́з		зу́б		но́с	

4. Stress.

(1) **Initial stress in the accusative singular of голова́, рука́, нога́. Insert stresses as appropriate:**

    1. Я поверну́л <u>голову</u>.   I turned my head

    2. Она́ пожа́ла мне <u>руку</u>.   She shook my hand.

    3. Она́ шла <u>нога</u> в <u>ногу</u> с му́жем. She was walking in step with her husband.

    4. Она́ поцелова́ла ребёнка в <u>щеку</u>. She kissed the child on the cheek.

(2) **Initial stress in the nominative and accusative plural of губа́, нога́, рука́, щека́ and медсестра́. Insert stresses as appropriate:**

    1. Он мы́л <u>руки</u>, <u>ноги</u> и <u>щеки</u>.   He was washing his hands, feet and cheeks.

    2. Он поцелова́л её в <u>губы</u>.   He kissed her on the lips.

    3. <u>Медсестры</u> рабо́тают в больни́це. Nurses work in the hospital.

(3) **Stress in plural oblique cases:**

    1. Больни́ца не мо́жет рабо́тать без   The hospital cannot function without
       <u>медсестер</u>.   nurses.

    2. Его́ связа́ли по <u>рукам</u> и <u>ногам</u>.   He was tied hand and foot.

    3. Он держа́л кни́гу в <u>руках</u>.   He was holding a book in his hands.

    4. Она́ держа́ла ребёнка на <u>руках</u>.   She was holding a child in her arms.

5. Conjugation.

(1) Replace past forms by present-tense forms:

1. Оте́ц боле́л всю о́сень.	Оте́ц боле́ет всю о́сень.
2. У меня́ боле́ла голова́.	
3. Вра́ч диагности́ровал боле́знь.	
4. Больно́й си́льно ка́шлял.	
5. Данти́ст пломби́ровал зу́б.	

(2) Insert suitable perfective-future forms derived from the infinitives in the brackets:

1. Больна́я вы́зовет врача́.	4. Я́ . . . . . диабе́тика на дие́ту.
2. Ребёнок ско́ро	5. О́н . . . . лека́рство от ка́шля.
3. Ра́на наве́рно	6. Вра́ч . . . . пеницилли́н.

(вы́звать, вы́здороветь, зажи́ть, посади́ть, приня́ть, прописа́ть)

6. Non-prepositional and prepositional government.

(1) choose appropriate non-prepositional case forms from the brackets:

1. боле́ть гри́ппом	2. опера́ция	3. страда́ть

(головны́ми бо́лями, гри́ппом, желу́дка)

(2) Put the nouns in square brackets in the correct case after the preposition на + accusative or the preposition от + genitive:

1. бо́ль от уко́ла	2. вы́лечить [ра́к]	3. лека́рство [просту́да]
4. лечи́ть [гри́пп]	5. реце́пт [табле́тки]	6. сажа́ть [дие́та]

(2) Recognition and differentiation

7. Use the dictionary to find other meanings of the following words:

	Other meaning(s)
1. вызыва́ть/вы́звать	to evoke
2. зу́б	
3. коле́но	
4. лицо́	
5. но́с	
6. реце́пт	
7. щу́пать	
8. язы́к	

8. Choose opposites from the words in brackets:

	Opposite		Opposite
1. бо́лен	здоро́в	3. медбра́т	
2. заболе́ть		4. нога́	

(здоро́в, медсестра́, вы́здороветь, рука́)

9. Choose synonyms from the words in brackets:

	Synonym		Synonym	
глаз	о́ко	желу́док		па́лец
данти́ст		му́скул		

(живо́т, зубно́й вра́ч, мы́шца, о́ко, пе́рст)

10. Complete the Biblical saying 'an eye for an eye and a tooth for a tooth':

О́ко за о́ко, ...

11. Constructions of the type: у него́/неё боли́т голова́ 'He/she has a headache'

(1) Что́ у неё боли́т?

1. Больна́я ука́зывает на гла́з.   У неё боли́т гла́з.
2. Она́ ука́зывает на го́лову.   . . . .
3. Она́ ука́зывает на го́рло.   . . . .
4. Она́ ука́зывает на зу́б/зу́бы.   . . . .

Note: ука́зывать на 'to point to'

(2) Что́ он потира́ет?

У него́ боли́т живо́т.   Он потира́ет живо́т.
У него́ боли́т нога́.   . . . .
У него́ боли́т рука́.   . . . .
У него́ боли́т спина́.   . . . .

Note: потира́ть 'to rub'

12. Similes

(1) Supply the English simile:

1. То́нкий как во́лос.   As thin as. . . . .
2. Твёрдый как ко́сть.   As hard as. . . . .
3. Кра́сный как кро́вь.   As red as. . . . .

Note: No. 1 is used of elongated objects.

(2) Find English equivalents:

1. Не слы́шать как глухо́й (to pay no attention whatsoever, as if deaf).
2. Э́то для меня́ как ко́сть в го́рле (of a hindrance – a person, object or event).

3. Э́то ну́жно как соба́ке пя́тая нога́ (of an unnecessary person or object, a 'fifth leg').
4. Зна́ть как свои́ пя́ть па́льцев (to know something in minute detail).
5. Оди́н как пе́рст (absolutely alone, without relatives or friends).

13. Associations. Select associated words from the brackets:

голова́	ше́я	коле́но		термо́метр	
губа́		лека́рство		хиру́рг	

(нога́, опера́ция, ро́т, реце́пт, температу́ра, ше́я)

14. Definitions.

(1) Match Russian words to English definitions:

I Russian words	English definitions
1. гла́з	a. organ of breathing and smelling
2. зу́б	b. organ of sight
3. коле́но	c. red liquid in veins and arteries
4. кро́вь	d. for biting and chewing
5. но́с	e. back surface of body
6. спина́	f. joint between thigh and lower leg

II Russian words	English definitions
1. апте́карь	a. organ that circulates blood
2. гри́пп	b. prevalent disease
3. пло́мба	c. dispenses medicines
4. ра́к	d. material used to fill tooth
5. се́рдце	e. influenza
6. эпиде́мия	f. malignant disease

(2) Match English–Russian equivalents:

1. diagnosis	a. лека́рство	1. prescription	a. хиру́рг
2. medicine	b. медсестра́	2. surgeon	b. термо́метр
3. nurse	c. диа́гноз	3. thermometer	c. реце́пт

15. Intensity. Tick the word that is more intensive, senior, more advanced etc.:

1. боле́знь/эпиде́мия	4. гри́пп/просту́да
2. боле́ть/страда́ть	5. диагности́ровать/пропи́сывать
3. вра́ч/хиру́рг	6. удаля́ть/пломби́ровать

16. Who does what? Tick as appropriate:

Кто?	Врач	Медсестра́	Зубно́й врач
1. диагности́рует боле́зни?			
2. измеря́ет температу́ру?			
3. осма́тривает больны́х?			
4. пропи́сывает лека́рство?			
5. сажа́ет больны́х на дие́ту?			
6. ста́вит пло́мбы?			
7. удаля́ет зу́бы?			
8. щу́пает пу́льс?			

(3) Translation

17. Translate into English:

(1) Она́ приняла́ слова́ врача́ к се́рдцу и се́ла на дие́ту.
(2) «Держи́те язы́к за зуба́ми», зна́чит молча́ть.
(3) Он стоя́л спино́й ко мне, так что я не мог ви́деть его́ лица́.
(4) На́ши стра́ны стоя́т плечо́м к плечу́ в войне́ про́тив агре́ссора.
(5) Приёмные часы́ в кли́нике – с десяти́ до трина́дцати.
(6) Норма́льная температу́ра челове́ческого те́ла три́дцать шесть и ше́сть.

18. Restore the omitted words and translate into English:

(1) У меня́ . . . го́рло. Мо́жет бы́ть, я простуди́лся.
(2) Она́ ко́рмит . . . гру́дью. Говоря́т, что э́то лу́чше и для ма́тери, и для ребёнка.
(3) Врач зна́ет исто́рию мое́й боле́зни как свои́ пять . . .
(4) У него́ ко́жная. . . . Его́ ле́чит дермато́лог.
(5) Он . . . маши́ну ско́рой по́мощи на́ дом, и, уже́ в больни́це, хиру́рг сде́лал его́ жене́ опера́цию се́рдца.
(6) Левша́ всё де́лает . . . руко́й.
(7) Ра́на. . ., но он ещё не мо́жет игра́ть в футбо́л.
(8) Ему́ сде́лали . . . от гри́ппа, и сейча́с он здоро́в.

19. Translate into Russian:

(1) I have toothache and am going to the dentist. He will remove my sore tooth.
(2) She has had flu for three weeks and has not been to work all that time.
(3) The doctor has been treating him for cancer but he is again suffering from bad headaches.
(4) The GP examined the patient and prescribed penicillin.
(5) Doctor Ivanov felt the patient's pulse and put him on a diet.

(6) A sound mind in a sound body is the ideal of every sportsman.
(7) After a course of treatment she recovered from cancer.
(8) He is taking tablets for a headache.
(9) The doctor wrote her out a prescription for pyramidon.
(10) The consultant thought he had cured her of cancer, but she is ill again.

(4) Word origins.

20. Cognates. Give one cognate of each of the following words:

	Cognate		Cognate		Cognate
бóль	бóлен	здорóвье		лекáрство	
плóмба		сéрдце		шéя	

21. Give an example of:
(1) a 'false friend' (the word for 'back') . . . .
(2) a blend (the word for 'nurse') . . . .

22. Word origins.
(1) **Indigenous sources. What is the origin of:**
    (a) глáз
    (b) кáшлять
    (c) лёгкое
    (d) шéя?

(2) **Which of the following does *not* have a German connection?**

	Source language		Source language		Source language
1. плóмба		2. рецéпт		3. тáлия	

(3) **What is the source language of:**
    (a) плóмба
    (b) хирýрг?

Level 2

Body

бóк (на бокý) (pl. бокá)	side
дыхáние	breathing
зáд (на задý)	bottom, posterior
ключи́ца	shoulder blade
нéрв	nerve
óрган	organ

| ребро́ (pl. рёбра рёбер) | rib |
| скеле́т | skeleton |

Word origins: (1) за́д derives from за 'behind', with suffix -д (2) ключи́ца is so called from the key-shaped appearance of the bone (клю́ч 'key'), perhaps calqued from Latin *clavicula* id. (*clavis* 'key') (3) скеле́т is from French *squelette* id.

Homographs: о́рган is a homograph of орга́н 'organ' (musical instrument).

Senses

вку́с	taste
глухо́й (на + acc.)	deaf (in)
немо́й	dumb
слепо́й (на + acc.)	blind (in)
слу́х	hearing

Cognates: (1) глухо́й is cognate with глу́пый 'stupid', cf. similar confusion in American 'dumb', German *dumm* 'stupid' (2) слу́х is cognate with слу́шать 'to listen'.

Word origins: немо́й, originally 'dumb, speaking incomprehensibly', is cognate with не́мец 'German', originally 'foreigner, someone not speaking Russian'.

Head

бро́вь (f.)	brow
ве́ко (pl. ве́ки)	eyelid
мо́зг (в мозгу́) (pl. мозги́)	brain
подборо́док (gen. подборо́дка)	chin
ресни́ца	eyelash
скула́	cheekbone
че́люсть (f.) (pl. че́люсти челюсте́й)	jaw
че́реп (pl. черепа́)	skull

Word origins: (1) подборо́док, cf. под 'under', борода́ 'beard' (2) ресни́ца lit. means 'eye-fringe' (3) че́люсть is possibly a blend of чело́ 'forehead' and уста́ 'mouth' (4) че́реп has derivative черепа́ха 'tortoise' (from the hardness of bone/shell).

Extremities

бедро́ (pl. бёдра бёдер)	hip
безымя́нный па́лец (gen. безымя́нного па́льца)	ring finger
запя́стье	wrist

икра́ (pl. и́кры икр)	calf of leg
кула́к (gen. кулака́)	fist
ладо́нь (f.)	palm of the hand
ло́коть (m.) (gen. ло́ктя) (pl. ло́кти локте́й)	elbow
мизи́нец (gen. мизи́нца)	little finger
но́готь (gen. но́гтя) (pl. но́гти ногте́й)	fingernail
подо́шва	sole (of foot or shoe)
пя́тка	heel (of foot)
сре́дний па́лец (gen. сре́днего па́льца)	middle finger
указа́тельный па́лец (gen. указа́тельного па́льца)	forefinger
щи́колотка	ankle

Word origins: (1) безымя́нный lit. means 'nameless', cf. без- 'without' and и́мя 'name' (2) кула́к is possibly of Turkic origin (3) подо́шва is based on под 'under' and the root 'to sew', cf. шов 'seam'.

Internal organs

пе́чень (f.)	liver
по́чка	kidney
пузы́рь (gen. пузыря́)	bladder

Symptoms

дрожа́ть (дрожу́ дрожи́шь) (от)	to shiver (with)
кровообраще́ние	circulation of the blood
кровяно́е давле́ние	blood pressure
лихора́дка	fever
оправля́ться/опра́виться (опра́влюсь опра́вишься) (от)	to recover (from)
о́пухоль (f.) (доброка́чественная/ злока́чественная)	swelling, tumour (benign/malignant)
поте́ть (поте́ю поте́ешь)/вс-	to sweat

Illnesses

а́стма	asthma
бессо́нница	insomnia
ВИЧ (ви́рус иммунодефици́та челове́ка)	HIV (human immunodeficiency virus)
диабе́т	diabetes

желту́ха (= ви́русный гепати́т)	jaundice
зара́зный	infectious, contagious
инсу́льт	stroke
ко́рь (f.)	measles
о́спа	smallpox
пневмони́я	pneumonia
припа́док (gen. припа́дка)	fit
сви́нка	mumps
серде́чный при́ступ	heart attack
СПИД (синдро́м приобретённого иммунодефици́та)	AIDS (acquired immunodeficiency syndrome)
туберкулёз	tuberculosis
уда́р	stroke
шо́к	shock

Word origins: (1) бессо́нница is based on бес- 'without' and со́н 'sleep' (2) желту́ха derives from жёлтый 'yellow', from the colour of the sufferer's skin, cf. jaundice and French *jaune* 'yellow' (3) инсу́льт is from German *Insult* 'attack, damage' (4) ко́рь is probably cognate with кора́ 'tree-bark', from the rash that forms, then peels from the skin (5) поте́ть derives from по́т 'sweat' (6) сви́нка is named after the pig-like appearance of the sufferer's neck, seemingly a calque of late Latin *scrofulae*, dim. of *scrofa* 'breeding-sow' (supposed to be subject to the disease).

Cognates: (1) о́пухоль is cognate with пу́хнуть 'to swell', etc. (2) о́спа is cognate with сы́пь 'rash' and обсы́пать 'to sprinkle', from the spread of pustules over the body.

Staff and premises

операцио́нная (adj. noun)	operating theatre
пала́та	ward
психиа́тр	psychiatrist

Word origins: пала́та originally 'house, palace, marquee' is from Greek *palation*, Latin *palatium* 'the Palatine Hill, palace'.

Treatment

антибио́тик	antibiotic
болеутоля́ющее (adj. noun)	painkiller
витами́н	vitamin
запи́сан на приём к врачу́	with an appointment to see the doctor
ложи́ться/ле́чь (ля́гу ля́жешь) (лёг легла́) в больни́цу	to go to hospital
ма́зь (f.)	ointment

наркóз (под óбщим/мéстным наркóзом)	anaesthetic (under general/local anaesthetic)
облегчáть/облегчúть	to alleviate
оперúровать (оперúрую оперúруешь) impf./pf. or про- or с- (+ acc. of patient/tumour) (по пóводу + gen. of ailment)	to operate (on someone, a tumour) (for something)
пенициллúн	penicillin
переливáние крóви	blood transfusion
пересáдка	transplant
предупреждéние берéменности	birth control
презервати́в	condom
прививáть/привúть (привью́ привьёшь) (óспу)	to vaccinate (against smallpox)
снотвóрное (adj. noun)	sleeping pill
таблéтка	tablet
транквилизáтор	tranquilliser

Word origins: (1) болеутоля́ющее is from бóль 'pain' and утоля́ть 'to alleviate' (2) in переливáние and пересáдка пере- denotes 'transfer' (3) мáзь cf. мáзать 'to smear' (like all nouns deaffixed from verbs, мáзь is feminine) (3) снотвóрное, cf. творúть 'to create' and сóн 'sleep'.

Cognates: (1) берéменность is cognate with брéмя 'burden' (2) дыхáние is cognate with дышáть 'to breathe'.

Exercises

Level 2

(1) Grammar and stress

1. Give the nominative plural of the following neuter nouns:

	Nom. pl.		Nom. pl.		Nom. pl.
1. вéко		2. бедрó		3. ребрó	

2. Masculine plural in -á. Which is the odd one out?

	Nom. pl.		Nom. pl.		Nom. pl.
1. бóк		2. мóзг		3. чéреп	

3. Gender of soft-sign nouns. Which in each group is the odd one out (i.e. the masculine)?

I

1. бро́вь	2. ко́рь	3. ло́коть	4. ма́зь

II

1. ладо́нь	2. о́пухоль	3. пе́чень	4. пузы́рь	5. че́люсть

4. Combine the words in brackets in the correct case with the appropriate preposition selected from the list below:

1. глу́х на ле́вое у́хо	3. запи́сан [приём]	5. опра́виться [боле́знь]
2. дрожа́ть [хо́лод]	4. опера́ция [о́бщий нарко́з]	6. слеп [пра́вый гла́з]

Prepositions
на + accusative   от + genitive   под + instrumental

5. Conjugation

(1) Convert the past-tense forms to the present:

Past	Present
1. Она́ дрожа́ла от хо́лода.	Она́ дрожи́т от хо́лода.
2. Он поте́л от жары́.	Он . . . . от жары́.
3. Хиру́рг опери́ровал о́пухоль.	Хиру́рг . . . . о́пухоль

(2) Convert the past forms to the perfective future:

Past	Perfective future
1. Она́ легла́ в больни́цу.	Она́ ля́жет в больни́цу.
2. Я опра́вился от боле́зни.	Я . . . . от боле́зни.
3. Вра́ч привила́ ребёнку о́спу.	Вра́ч . . . . ребёнку о́спу.

(2) Recognition and differentiation

6. Match the adjectives to the nouns:

Adjective		Adjective		Adjective	
	нарко́з		па́лец		при́ступ

1. безымя́нный
2. ме́стный
3. серде́чный

7. Name the five fingers.

8. Find other meanings of the following words, using the dictionary:

	Other meaning(s)
1. глухо́й	
2. икра́	
3. кула́к	
4. по́чка	
5. пузы́рь	
6. слух	
7. уда́р	

9. Чем он боле́ет? Use the construction боле́ть + instrumental case:

1. а́стма	он боле́ет а́стмой	2. бессо́нница	он боле́ет . . . .
3. диабе́т	он боле́ет	4. желту́ха	он боле́ет . . . .
5. ко́рь	он боле́ет	6. о́спа	он боле́ет . . . .
7. сви́нка	он боле́ет	8. туберкулёз	он боле́ет . . . .

10. Associations. Match words in the grid with associated words from those listed below:

	Associated word		Associated word
1. бессо́нница	снотво́рное	2. ве́ко	
3. нарко́з		4. опера́ция	
5. о́пухоль		6. пеницилли́н	
7. пневмони́я		8. подо́шва	
9. презервати́в		10. че́люсть	

(a анестезио́лог, b антибио́тик, c лёгкие, d предупрежде́ние бере́менности, e пя́тка, f ра́к, g ресни́ца, h скула́, i снотво́рное, j хиру́рг)

11. Similes.

(1) **Translate, using English equivalents, where possible:**
    1. Ви́деть как на ладо́ни.   (= see something well or from a height)
    2. Ви́деть как слепо́й.   (= to see dimly because short-sighted or in the fog/dark, or, used figuratively, through inattention, ignorance, ineptitude)
    3. Дрожа́ть как в лихора́дке.   (= shiver from shock, cold, anxiety)

(2) **Fill the gaps with appropriate similes:**
    1. Ло́пнуть как мы́льный . . . .   (of a fiasco, failure, groundless hopes)
    2. Молча́ть как . . . .   (= remain completely silent)
    3. Худо́й как . . . .   (= very thin)

    Similes
    немо́й, пузы́рь, скеле́т

12. Crosswords.

(1) **English–Russian. Clues are on the left (number of words in brackets), solutions on the right (the first letter in each word is given):**

Clue	Solution
1. respiratory disease (5)	а́стма
2. anaesthetic (6)	н . . . . .
3. transfer of blood (11 + 5)	п . . . . к . . . .
4. drug used to tranquilise (13)	т . . . .
5. swelling (7)	о . . . . .
6. organ containing urine, bile (4)	п . . . .
7. disease with swelling of neck glands (6)	с . . . .
8. fibre connecting brain with parts of body (4)	н . . .

(2) **Russian–Russian. Clues on left, solutions on right:**

1. специали́ст по психи́ческим боле́зням	психиа́тр (8)
2. ча́сть органи́зма	о . . . . (5)
3. лишённый зре́ния	с . . . . . (6)
4. лишённый слу́ха	г . . . . . (6)
5. лишённый спосо́бности говори́ть	н . . . . (5)
6. центра́льный о́рган не́рвной систе́мы	м . . . (4)
7. ча́сть руки́	з . . . . . . (8)
8. отсу́тствие сна́	б . . . . (10)

(3) Translation

13. With the help of a dictionary, translate, finding English equivalents where possible:

	English equivalent
1. О вку́сах не спо́рят.	
2. О нём ни слу́ху ни ду́ху.	
3. Он попа́л не в бро́вь, а (пря́мо) в гла́з.	
4. Он и бро́вью не повёл.	
5. Она́ показа́ла пя́тки.	
6. Он па́лец о па́лец не уда́рил.	
7. На́до шевели́ть мозга́ми.	
8. Она́ дрожа́ла как оси́новый ли́ст.	

(The following probably has no English equivalent: Когда́ я е́м, я глу́х и не́м!)

14. Fill the gaps and translate into English with the aid of a dictionary:

1. Я был весь в поту́. При температу́ре в 40 гра́дусов тру́дно не. . . .
2. Вра́ч одновреме́нно . . . ребёнку ко́рь и о́спу.
3. Психиа́тр – вра́ч-консульта́нт, специализи́рующийся по . . . боле́зням.
4. Дежу́рная спроси́ла больну́ю, запи́сана ли она́ на. . . . к врачу́.
5. Болеутоля́ющее, пропи́санное врачо́м, облегчи́ло . . . от ра́ны.
6. За откры́тие . . . учёные-ме́дики получи́ли Но́белевскую пре́мию.
7. Пе́рвая . . . се́рдца была́ проведена́ в Ю́жной А́фрике.
8. Для предупрежде́ния СПИ́Да врачи́ рекоменду́ют ли́цам, находя́щимся в гру́ппе повы́шенного ри́ска, по́льзоваться. . . .
9. Медсестра́ сде́лала же́ртве несча́стного слу́чая . . . кро́ви.
10. Пе́ред опера́цией больно́му да́ли. . ., что́бы он успоко́ился.
11. Больно́й лежа́л на ле́вом. . ., спино́й к окну́.

Read and learn Pushkin's prediction of his lasting fame (from «Exegi monumentum», 1836):

«Слу́х обо мне́ пройдёт по все́й Руси́ вели́кой,/И назовёт меня́ всяк су́щий в ней язы́к,/И го́рдый вну́к славя́н, и фи́нн, и ны́не ди́кой/Тунгу́с, и дру́г степе́й калмы́к.»
(My fame will resound throughout great Russia,/And each nation in her will call my name,/The proud scion of the Slavs, the Finn, and now the wild/Tungus, and the Kalmyk, friend of the steppes.)

Note: Ру́сь is the old name for Russia. The Tungus, now called the Evenki, live in Eastern Siberia. The Kalmyks occupy the Western part of the Caspian Lowlands.
Comment on the meaning here of the word язы́к. Ди́кой is now spelt ди́кий, вся́к is вся́кий.

15. Translate into Russian, with the aid of a dictionary:

1. The lungs, liver, kidneys, heart and bladder are internal organs of the body.
2. The veteran of the Great Patriotic War is deaf in the left ear and blind in the right eye.
3. The chairman banged on the table with his fist in order to attract the attention of the delegates.
4. In his youth he had diabetes, but he recovered long ago.
5. The old woman had a heart attack and went to hospital.
6. She told the doctor she was not sleeping at night, he diagnosed insomnia and prescribed a sedative.
7. Finding traces of blood on her handkerchief she realised she had contracted tuberculosis.
8. The doctor took the patient's blood pressure and advised him to stop smoking.
9. The orderlies wheeled the patient from the ward to the operating theatre, where the surgeon was waiting with his assistants.
10. The surgeon operated on the patient under a general anaesthetic.
11. From the Kremlin towers the whole city is visible as on the palm of the hand.
12. When she was suffering from jaundice her friends did not visit her, it is such an infectious disease.

(4) Word origins

16. Give cognates for the following:

	Cognate		Cognate
1. бере́менность	бре́мя 'burden'	2. дыха́ние	
3. желту́ха		4. ко́рь	

17. Give suggested sources for the following:

1. за́д	за 'behind' + suffix –д	2. ключи́ца	
3. кула́к		4. не́мец	
5. о́спа		6. сви́нка	

18. Identify the lexical items on which the following are based:

1. безымя́нный	без- + имя	2. бессо́нница	
3. болеутоля́ющее		4. кровообраще́ние	
5. подборо́док		6. подо́шва	
7. снотво́рное			

Acronyms: СПИД – коне́чная ста́дия разви́тия ВИЧ-инфе́кции.
What do the letters in the two acronyms stand for?

Level 3

Body

дыха́тельное го́рло	windpipe
железа́ (pl. же́лезы желёз железа́м)	gland
жёлчный пузы́рь (m.) (gen. жёлчного пузыря́)	gall bladder
ко́стный мо́зг	bone marrow
кровено́сный сосу́д	blood vessel
позвоно́чник	spinal column
минда́лины (gen. минда́лин)	tonsils
моча́	urine
невоспри́имчивый (к)	immune (to)
пищевари́тельный тра́кт	digestive tract
спе́рма	sperm
спинно́й хребе́т (gen. спинно́го хребта́)	spine
та́з (в тазу́)	pelvis

Word origins: (1) жёлчный is from жёлчь 'bile' and is cognate with жёлтый 'yellow', from its green-yellow colour (2) позвоно́чник is from позвоно́к 'vertebra' and cognate with звено́ 'link' (from the linked vertebrae that form the spinal column) (3) the connection between минда́лины and минда́ль 'almond(s)' (минда́лина 'an almond') from Greek *amygdale* / Late Latin *amandula*, is paralleled by German *Mandel* 'almond, tonsil', French *amande* 'almond', *amygdale* 'tonsil'.

Cognates: моча́ is cognate with мо́крый 'wet'.

Head, extremities

вставны́е зу́бы	false teeth
костя́шка	knuckle
ля́жка	thigh

Cognates: ля́жка is cognate with лягу́шка 'frog', from the amphibian's powerful leg movements.

Senses

близору́кий	short-sighted
дальнозо́ркий	long-sighted
глухота́	deafness
зре́ние	sight
конта́ктная ли́нза	contact lens
немота́	dumbness
обоня́ние	sense of smell
осяза́ние	sense of touch
слепота́	blindness
слухово́й аппара́т	hearing aid

Word origins: (1) близору́кий, originally близозо́ркий (cf. близ 'close', зо́ркий 'sharp-sighted'), later близору́кий by false analogy with adjectives in -ру́кий '-handed' (2) зре́ние cf. obsolete зре́ть 'to see', cognate with зе́ркало 'mirror' etc.

Note: то́чка зре́ния 'point of view', с мое́й то́чки зре́ния 'from my point of view'.

Digestion

пищеваре́ние	digestion
расстро́йство желу́дка	indigestion

Word origins: пищеваре́ние cf. пи́ща 'food' and варе́ние, verbal noun from вари́ть 'to digest'.

Internal organs

кише́чник	bowels

Breathing

дыша́ть (дышу́ ды́шишь)	to breathe
задыха́ться/задохну́ться	to suffocate, choke (to death)

Illnesses

боле́знь Альцге́ймера	Alzheimer's disease
боле́знь Паркинсо́на	Parkinson's disease
геморро́й	haemorrhoids
запо́р	constipation
зараже́ние кро́ви	blood poisoning
излия́ние кро́ви в мо́зг	brain haemorrhage
инфа́ркт	heart attack
инфекцио́нная венери́ческая боле́знь (f.)	sexually transmitted disease
коклю́ш	whooping cough
красну́ха	German measles
малокро́вие	anaemia
парали́ч (gen. паралича́)	paralysis
подцепля́ть/подцепи́ть	to pick up (an infection)
поно́с	diarrhoea
радикули́т	back pain
рециди́в	relapse
скарлати́на	scarlet fever
(рассе́янный) склеро́з	(multiple) sclerosis
сотрясе́ние мо́зга	concussion
столбня́к (gen. столбняка́)	tetanus
эпиле́псия	epilepsy

Word origins: (1) инфа́ркт cf. German (*Herz-*)*Infarkt* 'coronary' (2) коклю́ш is from French *coqueluche* (3) красну́ха is from кра́сный 'red', a reference to the disease's red rash (4) малокро́вие may be calqued from Greek *anaimia* id. (*an-* negation + *haima* 'blood'), cf. ма́лый 'little', кро́вь 'blood' (5) радикули́т cf. French *radiculite* id., Latin *radicula*, from Latin *radix* 'root' (since the ailment affects the roots of the spinal column) (6) рециди́в is from German *Rezidiv* id., Latin *recidivus* 'relapsed' (recido 'I fall back').

Note: some ailments are represented by international and indigenous equivalents, including (i) акупункту́ра/иглоука́лывание (ii) анеми́я/малокро́вие (iii) гепати́т/желту́ха (iv) пневмони́я/воспале́ние лёгких (v) туберкулёз/чахо́тка (vi) эпиле́псия/паду́чая боле́знь.

Other conditions and symptoms

бере́менность (f.)	pregnancy
варико́зная ве́на	varicose vein
выви́хивать/вы́вихнуть	to dislocate

вы́кидыш	miscarriage
голова́ кру́жится	(someone) feels dizzy
жёлчный ка́мень (m.) (gen. жёлчного ка́мня)	gall stone
мозо́ль (f.)	corn, callus
нары́в	boil
(ему́) нездоро́вится	(he) feels off colour
перело́м	fracture
пры́щ (gen. прыща́)	pimple, spot
ране́ние	serious injury, wounding
родовы́е схва́тки (gen. родовы́х схва́ток)	labour pains
свора́чиваться/сверну́ться	to coagulate
стре́сс	stress
сы́пь (f.)	rash
чеса́ться (че́шется)	to itch
чиха́ть/чихну́ть	to sneeze
шра́м	scar

Cognates: бере́менная lit. 'with a burden', cf. cognate non-pleophonic бре́мя 'burden'.

Word origins: (1) вы́кидыш is from выки́дывать 'to throw out' (2) перело́м cf. переломи́ть 'to break in two' (3) сы́пь is cognate with сы́пать 'to sprinkle', from the distribution of the pustules on the body (4) чиха́ть is from onomatopoeic чих 'atishoo' (5) шрам is from German *Schramme* 'scratch'.

Literary note: for the effect that a sneeze can have, read Chekhov's story «Сме́рть чино́вника».

Medical personnel

врач-акуше́р	obstetrician
гинеко́лог	gynaecologist
глазно́й вра́ч	oculist
дермато́лог	dermatologist
логопе́д	speech therapist
массажи́ст/-ка	masseur/masseuse
носи́лки (gen. носи́лок)	stretcher
онко́лог	oncologist
педиа́тр	paediatrician
пласти́ческая хирурги́я	plastic surgery

Word origins: акуше́р is from French *accoucheur*, id.

Equipment

инвали́дная коля́ска	wheelchair
ска́льпель (m.)	scalpel
шприц	syringe

Word origins: (1) коля́ска is Slavonic, whence English 'calash', and cognate with колесо́ 'wheel' (2) шприц is from German *Spritze* id.

Premises

до́нор	blood donor
интенси́вная терапи́я	intensive care
кабине́т врача́	doctor's surgery

Treatment

ампути́ровать (ампути́рую ампути́руешь) impf./pf.	to amputate
возвраща́ть/возврати́ть (возвращу́ возврати́шь) к жи́зни	to resuscitate
гормона́льная терапи́я	hormone replacement treatment
диа́лиз	dialysis
медици́нская спра́вка	medical certificate
находи́ться под воздействием успокои́тельных сре́дств	to be under sedation
откры́тая опера́ция на се́рдце	open-heart surgery
пе́ревязь (f.) (на пе́ревязи)	sling (in a sling)
пла́стырь (m.)	sticking plaster
препара́т от беспло́дия	fertility drug
противозача́точное сре́дство	contraceptive pill
рво́тное (adj. noun)	emetic
ритмиза́тор се́рдца	pacemaker
свеча́ (pl. све́чи свече́й)	suppository
серде́чно-сосу́дистый	cardiovascular
систе́ма жизнеобеспе́чения	life support system
слаби́тельное (adj. noun)	laxative
удале́ние ма́тки	hysterectomy
химотерапи́я	chemotherapy
шо́в (наложи́ть/сня́ть)	stitch (to put in/to remove)

Word origins: (1) пе́ревязь cf. перевяза́ть 'to bandage' (2) рво́тное (сре́дство understood), from рво́та 'vomit, vomiting' (3) слаби́тельное is from сла́бить 'to purge'.

Word formation: беспло́дие is based on бес- 'without' and пло́д 'fruit'.

Alternative medicine

акупункту́ра/иглоука́лывание	acupuncture
гомеопа́тия	homoeopathy
нетрадицио́нная медици́на	alternative medicine

Dentistry

зубно́й проте́з   dentures

Word origins: проте́з cf. French *prothèse dentaire*, German *Zahnprothese*
    id. ultimately Greek *prosthesis* 'an addition' (*pros-* 'in addition' + *thesis*
    'a placing').

Exercises

Level 3

(1) Grammar and stress

1. Which noun in each group (I and II) differs in gender from the other two? What *is* its gender?

I

1. бере́менность	2. мозо́ль	3. пла́стырь

II

1. пе́ревязь	2. ска́льпель	3. сыпь

What do пе́ревязь and сыпь have in common from the point of view of word formation?

2. Stress in declension. Give the genitive singular of the following nouns. Which does *not* change stress in declension?

	Genitive sing.		Genitive sing.
1. парали́ч		2. перело́м	
3. прыщ		4. столбня́к	

3. Conjugation.

I Replace the past-tense by present-tense forms:

1. ему́ ампути́ровали ле́вую но́гу	ему́ . . . . ле́вую но́гу
2. она́ дыша́ла не рто́м, а но́сом	она́ . . . . не рто́м, а но́сом
3. ру́ки чеса́лись от крапи́вы	ру́ки . . . . от крапи́вы

II Replace the past-tense by future perfective forms:

1. я возврати́л больно́го к жи́зни	я . . . . больно́го к жи́зни
2. о́н задохну́лся в дыму́	о́н . . . . в дыму́
3. я подцепи́л зара́зную боле́знь	я . . . . зара́зную боле́знь
4. кро́вь сверну́лась	кро́вь . . . .
5. она́ сняла́ швы́ на тре́тий де́нь	она́ . . . . швы́ на тре́тий де́нь

Дыша́ть: Learn this verse of a song popular in Soviet times: «Широка́ страна́ моя́ родна́я,/Мно́го в не́й лесо́в, поле́й и ре́к;/Я друго́й тако́й страны́ не зна́ю,/Где́ та́к во́льно ды́шит челове́к.»

(2) Recognition and differentiation

4. Crossword.

(1) Words of 3–6 letters (number of letters in brackets on the left, initial letters of solutions on the right):

Clues	Solutions
1. ча́сть скеле́та (3)	та́з
2. выделя́емая по́чками жи́дкость (4)	м. . .
3. состоя́ние не́рвного напряже́ния (6)	с . . . . .
4. сле́д на те́ле от зажи́вшей ра́ны (4)	ш . . .
5. челове́к, даю́щий свою́ кро́вь (5)	д . . . .
6. ме́дленное де́йствие кише́чника (5)	з . . . .

(2) (Words of 7–10 letters):

Clues	Solutions
1. утра́та дви́гательных фу́нкций (7)	парали́ч
2. возвра́т боле́зни (7)	р . . . . . .
3. специали́ст по масса́жу (9)	м . . . .
4. приспособле́ние для перено́ски люде́й (7)	н . . . . . .
5. небольшо́й хирурги́ческий но́ж (9)	с . . . .
6. реме́нь/ле́нта че́рез плечо́ (8)	п . . . .
7. спосо́бность различа́ть за́пахи (8)	о . . . .
8. отсу́тствие зре́ния (7)	с . . . . . .

5. Кто специалист . . .

1. по глазны́м боле́зням?	окули́ст / глазно́й вра́ч
2. по де́тским боле́зням?	
3. по же́нским боле́зням?	
4. по лече́нию о́пухолей?	
5. по недоста́ткам ре́чи?	
6. по пробле́мам бере́менности?	
7. по боле́зням ко́жи?	

6. Name the five senses:

1.	2	3	4	5

7. Что ну́жно больно́му, е́сли . . .?

1. он глу́х	ему́ ну́жен	слухово́й аппара́т
2. он близору́к	ему́ нужны́	
3. у него́ геморро́й	ему́ нужны́	
4. у него́ запо́р	ему́ ну́жно	
5. он парализо́ван	ему́ нужна́	
6. у него́ ра́к	ему́ нужна́	
7. у него́ больна́я рука́	ему́ нужна́	
8. он поре́зал па́лец	ему́ ну́жен	
9. Он стои́т одно́й ного́й в моги́ле	ему́ нужна́	

(инвали́дная коля́ска, интенси́вная терапи́я, очки́ / конта́ктные ли́нзы, пе́ревязь, пла́стырь, све́чи, слаби́тельное, слухово́й аппара́т, химотерапи́я)

8. Use the dictionary to find other meanings of the following:

1. рециди́в		2. свеча́	
3. свора́чиваться		4. та́з	

9. Some medical terms are international. Give the English equivalents:

(1) of these Russian nouns in -ия:

1. аноре́ксия	2. вазекто́мия	3. маляри́я

(2) of these homographs:

1. остеопа́т	2. си́филис	3. спа́зм	4. стеро́ид

(3) of these nouns in -a:

1. баци́лла	2. диафра́гма	3. катара́кта

(4) of these nouns in -и́т (English –itis):

Russian	English	Russian	English
1. артри́т	arthritis	2. гастри́т	
3. гепати́т		4. ларинги́т	
5. менинги́т		6. тонзилли́т	

10. Match adjectives to the nouns:

  I masculine:

1. слухово́й	аппара́т	2.	мозг
3.	пузы́рь	4.	сосу́д
5.	тракт	6.	хребе́т

(жёлчный, ко́стный, кровено́сный, пищевари́тельный, слухово́й, спинно́й)

  II feminine:

1. инвали́дная	коля́ска	2.	ве́на
3.	ли́нза	4.	терапи́я

(варико́зная, инвали́дная, интенси́вная, конта́ктная)

Supply

(a) **the missing neuter nouns:**

	Missing noun	Meaning
1. дыха́тельное		wind-pipe
2. противозача́точное		contraceptive pill

(b) **the missing plural adjectives:**

1.	зу́бы	false teeth
2.	схва́тки	labour pains

(3) Translation

11. Translate into English:

1. То́лько ше́сть проце́нтов брита́нского населе́ния записа́лись в до́норы.
2. Подозрева́я нали́чие катара́кты в ле́вом глазу́ больно́го, вра́ч записа́л его́ на приём к окули́сту-консульта́нту.
3. Абсентеи́зм – это нея́вка на рабо́ту, но без медици́нской спра́вки.
4. Дисквалифици́ровали изве́стного бегуна́ за то́, что обнару́жили следы́ стеро́идов при прове́рке его́ мочи́.
5. Ша́йба вы́била пере́дние зу́бы у вратаря́, и ему́ вста́вили зубно́й проте́з.
6. Сто́я на ве́рхнем этаже́ высо́тного до́ма, он чу́вствовал, что у него́ голова́ кру́жится.
7. Он споткну́лся о табуре́тку и вы́вихнул щи́колотку.
8. И́щут подходя́щего до́нора, наде́ясь пересади́ть больно́му ко́стный мо́зг.
9. Сознаю́т ли же́ртвы боле́зни Альцге́ймера, что они́ лиши́лись рассу́дка?
10. Всё бо́льше и бо́льше больны́х разочарова́лись в Национа́льной слу́жбе здравоохране́ния и прибега́ют к нетрадицио́нной медици́не.
11. Он вы́учил язы́к глухонемы́х и смири́лся со свое́й немото́й.
12. Согла́сно газе́тному сообще́нию, одна́ же́нщина заморо́зила спе́рму своего́ больно́го му́жа и получи́ла разреше́ние воспо́льзоваться е́ю по́сле его́ сме́рти.
13. Он подцепи́л инфекцио́нную венери́ческую боле́знь во вре́мя о́тпуска.
14. Мно́гие же́нщины сре́дних ле́т прибега́ют к гормона́льной терапи́и.
15. Систе́ма жизнеобеспе́чения спасла́ жи́знь же́ртвы несча́стного слу́чая.
16. Проведя́ мно́го ле́т в А́фрике, о́н невоспри́имчив к тропи́ческим боле́зням.

12. Translate into Russian, using a dictionary:

1. He contracted mumps, as a result of which his glands swelled up, causing him unbearable pain.
2. Short-sightedness can be cured by laser surgery, which involves some risk.
3. On the upper slopes of the mountain the climbers breathe oxygen.
4. The day after an operation for varicose veins they made the patient walk along the corridors of the hospital.
5. One of our most brilliant physicists is confined to a wheelchair.
6. A fertility drug was prescribed for the childless couple, and six months later the woman became pregnant.
7. Acupuncture is an ancient Chinese remedy for a whole series of ailments.
8. He was born blind, but that did not prevent him from becoming a minister.
9. From the point of view of the local authorities it would be sensible to concentrate all specialists in one hospital.
10. He fractured his collarbone and had to go about with one arm in a sling.
11. It is surprising that even after amputation his leg did not stop itching.
12. Earlier, children who had a sore throat would have their tonsils removed, but now it is recognised that tonsils fulfil an important protective function.

(4) Word origins

13. Give one cognate for each of the following:

1. бере́менная	бре́мя	2. жёлчный	
3. зре́ние		4. коля́ска	
5. ля́жка		6. минда́лины	
7. моча́		8. сыпь	

14. Which of the following words has *no* German connection?

1. инфа́ркт	2. коклю́ш	3. рециди́в	4. шра́м	5. шпри́ц

Of the other four, which two come directly from German?
What is the ultimate source of the remaining two?

15. What are the sources of the following:

I Russian sources (give one-word answers):

	Source word		Source word
1. вы́кидыш	выки́дывать	2. жёлчный	
3. красну́ха			

II Non-Russian sources (name a language):

1. акуше́р	French	2. проте́з	
3. радикули́т			

16. Word formation.

(1) Which underlying words can you see in the following?

1. беспло́дие	бес– and плод	2. дальнозо́ркий	
3. пищеваре́ние		4. рво́тное	

(2) Name three disabilities ending in -ота́.

Additional vocabulary I

Face

борода́ (асс. бо́роду, pl. бо́роды боро́д борода́м)	beard
усы́ (gen. усо́в)	moustache
цве́т лица́	complexion
весну́шка	freckle
вдыха́ть/вдохну́ть	to inhale
выдыха́ть/вы́дохнуть	to exhale
дави́ться (давлю́сь да́вишься)/по- (+ instr.)	to choke (on)

Body

то́рс/ту́ловище	torso
предпле́чье	forearm
пупо́к (gen. пупка́)	navel
сосо́к (gen. соска́)	nipple
сухожи́лие	tendon
суста́в	joint
гры́жа	hernia
имму́нная систе́ма	immune system
иммуните́т (к)	immunity (to)
серде́чно-сосу́дистая систе́ма	cardiovascular system
сердцебие́ние	heart beat
спинно́й мо́зг	spinal cord
сфи́нктер	sphincter
ше́йка ма́тки	cervix

Extremities

подъём	instep
го́лень (f.)	shin
ки́сть (f.)	hand
костя́шка	knuckle
стопа́	foot

Head

голосова́я свя́зка	vocal cord
зрачо́к (gen. зрачка́)	pupil
нёбо	palate
перено́сица	bridge of the nose
рогова́я оболо́чка	cornea

слюна́	saliva
я́мочка	dimple

Internal organs

селезёнка	spleen

Sexual organs

влага́лище	vagina
мужско́й полово́й чле́н	penis
яи́чко	testicle

Symptoms and illnesses

без созна́ния	unconscious
ви́русный	viral
ВИЧ-инфици́рованный	HIV-positive
воспале́ние лёгких	pneumonia
воспалённый	inflamed
дро́жь (f.)	shiver
зараже́ние кро́ви	blood poisoning
зу́д	itch
инфе́кция	infection
канцероге́нный	carcinogenic
ка́шель (m.) (gen. ка́шля)	cough
кровотече́ние/ кровоизлия́ние (internal)	haemorrhage
лома́ть/с-	to break
находи́ться в состоя́нии шо́ка	to be in shock
неду́г (= боле́знь)	ailment
неме́ть (неме́ет)/за-	to grow numb
носи́тель (m.)	carrier
ра́к кро́ви	leukaemia
рва́ть/вы́- (больно́го рвёт)	to vomit (the patient vomits)
ро́ды (gen. ро́дов)	labour
рубе́ц (gen. рубца́)	scar
синдро́м Да́уна	Down's syndrome
со́лнечный уда́р	sunstroke
(ста́рческое) слабоу́мие	(senile) dementia
страда́ющий параличо́м ни́жней ча́сти те́ла/парализо́ванный	paraplegic

угнетённый (быть в угнетённом состоянии)	depressed (to be depressed)	медрабо́тник	paramedic
		рентгено́лог	radiologist
		фармаце́вт	pharmacist
чрезме́рное напряже́ние глаз	eye-strain	дежу́рный вра́ч	duty doctor
		невро́лог	neurologist
шизофрени́я	schizophrenia	ортопе́дия	orthopaedics
я́зва	ulcer	психиатри́ческая больни́ца/ психбольни́ца	psychiatric hospital
волды́рь (m.) (gen. волдыря́)	blister		
вы́вих	dislocation	психиатри́я	psychiatry
за́ячья губа́	cleft palate	психо́лог	psychologist
киста́	cyst	специали́ст по лече́нию заболева́ний стопы́/ мозо́льный опера́тор	chiropodist
коси́ть (кошу́ коси́т) (на + acc.)	to squint (in)		
		гериатро́лог	geriatrician
оды́шка	shortage of breath	санита́рка	auxiliary nurse
		санита́р-носи́льщик	stretcher bearer
остано́вка се́рдца	heart failure	трудотерапи́я	occupational therapy
подби́тый гла́з	black eye		
пока́лывает в боку́	I have a stitch	уро́лог	urologist
после́дствия	after-effects		
прико́ванный к посте́ли	bedridden	*Consultation*	
при́ступ (ка́шля) (гри́ппа)	fit (of coughing), bout (of flu)	запи́сан на приём к врачу́	have an appointment with the doctor
прока́за	leprosy		
послеродово́й	post-natal		
рахи́т	rickets		
реми́ссия	remission	санато́рий для выздора́вливающих	convalescent home
сгу́сток кро́ви (gen. сгу́стка кро́ви)	blood clot		
се́псис	septicaemia	*Premises*	
синя́к (gen. синяка́)	bruise	до́нор	blood donor
смещённый позвоно́к	slipped disc	до́норский пу́нкт	blood bank
сса́дина	abrasion	отделе́ние интенси́вной терапи́и	intensive care unit
стёжка	stitch		
(у меня́) свело́ ше́ю	(I have) a stiff neck	храни́лище до́норской спе́рмы	sperm bank
теря́ть/по- созна́ние	to pass out	храни́лище кро́ви	blood bank
тромбо́з	thrombosis	часы́ посеще́ния	visiting hours
у́горь (gen. угря́)	blackhead		
удушье	asphyxiation	*Equipment*	
цинга́	scurvy	анестези́ровать (анестези́рую анестези́руешь) (impf./pf.)	to anaesthetise
Personnel			
врач-терапе́вт	GP	анестезио́лог	anaesthetist
медбра́т	male nurse	анестези́я	anaesthesia

аппара́т «иску́сственная по́чка»	kidney (dialysis) machine	удале́ние ма́тки	hysterectomy
аппара́т иску́сственного дыха́ния/прибо́р для дли́тельного иску́сственного дыха́ния	respirator	чрезме́рная до́за	overdose
		выслу́шивать/вы́слушать се́рдце, лёгкие	to sound out the heart, lungs
		гра́дусник	thermometer
		миксту́ра от ка́шля	cough medicine
		повто́рная приви́вка	booster
рези́новые перча́тки	rubber gloves	приви́вка	vaccination
жгу́т (gen. жгута́)	tourniquet	профилакти́ческий	preventive
желу́дочный зо́нд	stomach pump	пу́льс	pulse
зо́нд	probe	стерилиза́ция	sterilisation
инкуба́тор	incubator	стетоско́п	stethoscope
ка́пельница (с кровезамени́телем)	drip	ана́лиз кро́ви	blood count
		вытрезвля́ть/вы́трезвить (вы́трезвлю вы́трезвишь)	to sober up (trans.)
лубо́к (наложи́ть лубо́к) (рука́ в лубка́х)	splint (to apply a splint) (arm in splints)	инсули́н	insulin
		ка́пли (gen. ка́пель)	drops
ши́на	splint	кате́тер	catheter
		ко́жный транспланта́т	skin graft
		коро́нка	crown

Treatment

		обхо́дное шунти́рование/байпасс (корона́рное шунти́рование)	bypass (coronary bypass)
ги́пс (в ги́псе) (наложи́ть ги́пс)	plaster (to put in plaster)		
до́за	dose		
кре́м	cream		
мазо́к (gen. мазка́) с ше́йки ма́тки	cervical smear	паллиати́вное сре́дство/ паллиати́в	palliative
отха́ркивающее (adj. noun)	expectorant	пересáдка (ему́ сде́лали пересáдку се́рдца)	transplant (he had a heart transplant)
пе́ревязь (f.) (на пе́ревязи)	sling (in a sling)		
передозиро́вка	overdose	полоска́ть (полощу́ поло́щешь)	to gargle
повя́зка (наложи́ть повя́зку на ра́ну)	dressing (to dress a wound)	проверя́ть/прове́рить (на + acc.)	to screen (for)
подкладно́е су́дно	bedpan	противозача́точная табле́тка	morning-after pill
полостна́я опера́ция с минима́льным вскры́тием	keyhole surgery	серде́чный	heart (adj.)
		стимули́ровать (стимули́рую стимули́руешь) (ро́ды)	to induce (labour)
приводи́ть (привожу́ приво́дишь)/привести́ (приведу́ приведёшь) в созна́ние	to revive, bring round		
		температу́рный гра́фик	temperature chart
рентгеногра́фия	radiography	ультразву́к	ultrasound
скля́нка	phial	эпидура́льная инъе́кция	epidural
сосудосу́живающее сре́дство	decongestant		

| плóть (f.) | flesh |
| грудна́я кле́тка | thorax |

Alternative medicine
ароматерапи́я   aromatherapy

Dentistry

| мóст | bridge |
| пласти́нка (съёмный зубно́й проте́з) | brace |

Additional exercises

Level 1

1. Выделите слово, которое не относится к приведенному ряду:

(a) **по смыслу:**

| 1. бро́вь | 2. ве́ко | 3. гла́з | 4. кише́чник | 5. ресни́ца |

(b) **по грамматическим характеристикам:**

   (i) **существительные с предложным падежом единственного числа на -у́:**

| 1. лоб | 2. мо́зг | 3. нóс | 4. ра́к | 5. рóт |

   (ii) **род существительных на –ь:**

     I

| 1. боле́знь | 2. кóсть | 3. крóвь | 4. ладóнь | 5. лóкоть | 6. плóть |

     II

| 1. бóль | 2. гóлень | 3. грýдь | 4. ки́сть | 5. пе́чень | 6. пузы́рь |

2. Укажите множественное число следующих существительных:

	Мн. число		Мн. число
1. бедро́		5. коле́но	
2. бóк		6. плечо́	
3. ве́ко		7. ребро́	
4. гла́з		8. у́хо	

3. Замените формы настоящего времени глаголов формами будущего времени совершенного вида:

1. я вызыва́ю врача́	1. я . . . .
2. о́н ка́шляет	2. он . . . .
3. вра́ч пропи́сывает миксту́ру от ка́шля	3. врач . . . .
4. я́ просве́чиваю грудну́ю кле́тку	4. я . . . .
5. я просту́живаюсь	5. я . . . .
6. она́ чиха́ет	6. она́ . . . .

4. Кто . . .

1. выдаёт лека́рства в апте́ке?	1.
2. де́лает опера́ции?	2.
3. диагности́рует боле́зни?	3.
4. измеря́ет температу́ру больны́х?	4.
5. пломби́рует / удаля́ет зу́бы?	5.
6. пропи́сывает лека́рство?	6.
7. просве́чивает больны́х?	7.
8. уха́живает за больны́ми?	8.

(апте́карь, зубно́й вра́ч, медбра́т / медсестра́, рентгено́лог, участко́вый вра́ч / вра́ч-терапе́вт (x 2), хиру́рг)

5. Чем (какими органами, частями тела, какой аппаратурой) . . . ?

1. ви́дят?		4. измеря́ют температу́ру?	
2. выслу́шивают лёгкие?		5. куса́ют?	
3. ды́шат?		6. слы́шат?	

(глаза́ми, гра́дусником / термо́метром, зуба́ми, но́сом, стетоско́пом, уша́ми)

6. Найдите в словаре другие значения следующих слов:

	Other meaning		Other meaning
1. икра́		5. по́чка	
2. ки́сть		6. по́яс	
3. кула́к		7. слу́х	
4. но́с		8. яи́чко	

7. Синонимы. Найдите близкие по смыслу слова:

	1-я группа слов		2-я группа слов
1. дантист	a. желудок	1. пневмония	a. туловище
2. живот	b. мышца	2. талия	b. воспаление лёгких
3. мускул	c. выздороветь	3. торс	c. лодыжка
4. оправиться	d. зубной врач	4. щиколотка	d. пояс

8. Найдите соответствия. Подберите определения (Dict.).
(Match the nouns on the left to the definitions on the right.)

1. больница	a. способность воспринимать звуки
2. диагностировать	b. внутренняя сторона кисти руки
3. зрение	c. центральный орган тела
4. кожа	d. способность видеть
5. ладонь	e. степень теплоты тела
6. лёгкие	f. медицинское учреждение
7. сердце	g. органы дыхания
8. слух	h. боковая часть лица
9. температура	i. наружный покров тела
10. щека	j. ставить/поставить диагноз

9. Распределите нижеупомянутые слова по столбцам:

Части ноги	Части тела	Части руки	Части головы
1.	1.	1.	1.
2.	2.	2.	2.
3.	3.	3.	3.
4.	4.	4.	4.
5.	5.	5.	5.

(бедро, грудь, запястье, икра, кисть, колено, ладонь, лицо, лоб, локоть, ляжка, мизинец, ноготь, нос, подбородок, пятка, рот, спина, талия, торс)

Болезни	Внутренние органы	Диагноз и лечение
1.	1.	1.
2.	2.	2.
3.	3.	3.
4.	4.	4.
5.	5.	5.

(воспаление лёгких, диабет, кишечник, лёгкие, переливание крови, почка, печень, порок сердца, прививка, рак крови, рецепт, сердце, СПИД, стерилизация, укол)

10. Что ассоциируется с чем?

I		II	
1. ВИЧ	a. инсули́н	1. но́готь	a. реце́пт
2. диабе́т	b. дыха́ние	2. прописывать	b. рентгено́лог
3. зуб	c. скеле́т	3. просве́чивать	c. термо́метр
4. кость	d. СПИД	4. температу́ра	d. опера́ция
5. лёгкие	e. зубно́й вра́ч	5. хиру́рг	e. па́лец

11. Найдите названия 18 болезней, по горизонтали и по вертикали:

а	и	б	в	н	т	у	г	г	р	л	б
а	н	о	р	е	к	с	и	я	е	а	е
р	ф	ч	а	д	ж	ш	ю	з	в	п	с
т	е	к	к	у	п	м	й	п	м	р	с
р	к	т	м	г	о	ч	к	ш	а	о	о
и	ц	з	а	о	л	ы	п	б	т	с	н
т	и	х	л	а	н	г	и	р	и	т	н
х	я	х	о	с	о	р	л	м	з	у	и
р	у	к	к	т	м	и	р	у	м	д	ц
т	х	т	р	м	и	п	с	и	п	а	а
ц	и	л	о	а	е	п	е	р	х	к	в
т	я	я	в	у	л	к	а	ш	е	л	ь
ц	ы	ш	и	н	и	т	р	а	в	м	а
а	з	у	е	с	т	р	с	с	с	ц	я
ш	л	ш	и	з	о	ф	р	е	н	и	я
л	р	ш	е	р	и	д	и	а	б	е	т

(аноре́ксия, артри́т, а́стма, бессо́нница, гри́пп, диабе́т, инфе́кция, ка́шель, малокро́вие, неду́г, полиомиели́т, просту́да, ра́к, ревмати́зм, стре́сс, тра́вма, шизофрени́я)

12. Вставьте пропущенное слово:

1. Я . . . на приём к врачу́.
2. Ей . . . о́спу.
3. Она́ . . . сви́нкой.
4. Мне . . . уко́л.
5. Вра́ч . . . пу́льс больно́го.
6. Зубно́й вра́ч пломби́рует . . .

13. Переведите на русский (Dict.):

1. The dentist pulled out one of my back teeth.
2. He died of a heart attack.
3. They cured her of tuberculosis.
4. The doctor prescribed cough medicine.
5. I have a terrible headache.
6. His GP put him on a diet.
7. I suffer from insomnia.
8. I took the pills prescribed by the doctor.

14. Пословицы, поговорки. Переведите или найдите английские эквиваленты:

1. Лицо́м к лицу́.
2. Плечо́м к плечу́.
3. Па́лец о па́лец не уда́рить.
4. Показа́ть пя́тки.
5. Жи́ть на широ́кую но́гу.
6. Приня́ть к се́рдцу.
7. Притя́нуто за́ волосы.
8. Шевели́ть мозга́ми.
9. На безры́бье и ра́к ры́ба.
10. Набра́ть воды́ в ро́т.
11. Здоро́в как бы́к.
12. Ка́к на ладо́ни.
13. Не в бро́вь, а (пря́мо) в гла́з.
14. Губа́ не ду́ра.
15. Са́ми с уса́ми.
16. Э́то я зна́ю как свои́ пя́ть па́льцев.
17. Рука́ ру́ку мо́ет.

Additional exercises

Level 2

1. Выделите слово, которое не относится к приведенному ряду:

(a) **по грамматическим характеристикам (род существительных на -ь):**

1. дро́жь	2. ко́рь	3. ма́зь	4. носи́тель	5. пе́ревязь	6. че́люсть

(b) **по смыслу (специалисты по физическим и психическим заболеваниям):**

1. гинеко́лог	2. дерматóлог	3. ортопéд	4. педиáтр	5. психóлог

(c) **по месту ударения (-и́я/-ия):**

1. анестезия	2. вазектомия	3. ортопедия	4. химотерапия

2. Найдите в словаре другие значения следующих слов (Dict.):

1. глухо́й		5. переса́дка	
2. ле́чь		6. рва́ть	
3. немо́й		7. скля́нка	
4. о́рган		8. уда́р	
		9. я́зва	

3. Синонимы. Найдите близкие по смыслу слова:

I		II	
1. акупункту́ра	a. тонзилли́т	1. нездоро́вится	a. тошни́т
2. анги́на	b. зубно́й проте́з	2. нетрадицио́нная медици́на	b. чахо́тка
3. вставны́е зу́бы	c. кровоизлия́ние	3. рвёт	c. альтернати́вная медици́на
4. кровотече́ние	d. чрезме́рная до́за	4. туберкулёз	d. бо́лен/больна́
5. передозиро́вка	e. иглоука́лывание		

4. Антонимы. Найдите слова, противоположные по значению:

	Антоним		Антоним
1. близору́кий		2. злока́чественный	

5. Врачи-консультанты. Кто специализируется . . . ?

1. по боле́зням ко́жи?	
2. по глазны́м боле́зням?	
3. по де́тским боле́зням?	
4. по же́нским боле́зням?	
5. по не́рвным боле́зням?	
6. по психи́ческим боле́зням?	

(гинеко́лог, глазно́й вра́ч, дермато́лог, невро́лог, педиа́тр, психо́лог/психиа́тр)

6. Кто автор(ы)?

1. «Головокруже́ние от успе́ха».
2. «Пала́та но́мер шесть».
3. «Слепо́й музыка́нт».

(Короле́нко, Ста́лин, Че́хов)

7. Пословицы и поговорки. Переведите или найдите английские эквиваленты:

1. Когда́ я е́м, я глу́х и не́м.
2. Не́м как ры́ба.
3. Зре́ние у него́ как у слепо́го.
4. Ле́чь костьми́.

8.

(a) **Что общего имеют следующие слова?**

болеутоля́ющее
операцио́нная
отха́ркивающее
рво́тное
снотво́рное

(b) **Выделите слово, которое отличается от других _и смыслом и грамматическими характеристиками._**

9. Распределите следующие слова по столбцам:

Части тела	Части головы	Части глаза	Болезни	Средства лечения
1.	1.	1.	1.	1.
2.	2.	2.	2.	2.
3.	3.		3.	3.
4.	4.		4.	4.
5.			5.	5.
6.			6.	6.

(весну́шки, витами́н, гастри́т, желту́ха, зрачо́к, инфа́ркт, ключи́ца, ко́рь, ма́зь, парали́ч, пеницилли́н, перено́сица, позвоно́чник, предпле́чье, рогова́я оболо́чка, ритмиза́тор се́рдца, сви́нка, скула́, спинно́й хребе́т, стеро́ид, сухожи́лие, суста́в, транквилиза́тор, че́люсть)

10. Вставьте пропущенные предлоги:

1. Миксту́ра . . . ка́шля.
2. . . . о́бщим нарко́зом.
3. . . . возде́йствием успокои́тельных сре́дств.
4. О́н глу́х . . . ле́вое у́хо.
5. Она́ слепа́ . . . пра́вый гла́з.
6. О́н дрожи́т . . . стра́ха.
7. О́н у́мер . . . СПИДа.
8. Она́ упа́ла . . . о́бморок.
9. О́н . . . угнетённом состоя́нии.
10. Она́ нахо́дится . . . состоя́нии шо́ка.

11. Вставьте пропущенные прилагательные:

I

1.	давле́ние	5.	при́ступ
2.	зу́бы	6.	свя́зки
3.	мо́зг	7.	сосу́д
4.	оболо́чка	8.	хребе́т

(вставны́е, голосовы́е, ко́стный, кровено́сный, кровяно́е, рогова́я, серде́чный, спинно́й)

II

1.	напряже́ние гла́з	3.	терапи́я
2.	пу́нкт	4.	уда́р

(до́норский, интенси́вная, со́лнечный, чрезме́рное)

12. Что ассоциируется с чем?

1. до́нор	a. анестезио́лог
2. нарко́з	b. венери́ческая боле́знь
3. презервати́в	c. кро́вь
4. си́филис	d. предупрежде́ние бере́менности

13. Подберите определения:

1. близору́кий	a. движе́ние кро́ви в органи́зме
2. весну́шки	b. пло́хо ви́дящий на далёкое расстоя́ние
3. дальнозо́ркий	c. лишённый спосо́бности говори́ть
4. до́нор	d. рыжева́тые пя́тнышки на ко́же
5. желту́ха	e. ча́сть руки́
6. кровообраще́ние	f. ви́дящий удалённые предме́ты
7. наркома́н	g. пожелте́ние ко́жи
8. немо́й	h. челове́к, даю́щий свою́ кро́вь
9. предпле́чье	i. проце́сс появле́ния на све́т младе́нца
10. ро́ды	j. челове́к, страда́ющий наркома́нией

14. Найдите 14 предметов и средств лечения (по горизонтали и по вертикали):

х	а	н	т	и	б	и	о	т	и	к	м
х	п	е	н	и	ц	и	л	л	и	н	и
с	т	е	р	о	и	д	х	х	х	р	к
х	е	п	е	р	е	в	я	з	ь	в	с
х	ч	х	х	х	в	х	х	х	х	о	т
х	к	х	х	г	и	п	с	п	х	т	у
т	а	б	л	е	т	к	а	о	х	н	р
х	х	х	х	х	а	р	х	в	х	о	а
х	х	х	х	х	м	е	х	я	х	е	х
х	х	х	х	х	и	м	а	з	ь	х	х
х	х	х	х	х	н	х	х	к	х	х	х
п	л	а	с	т	ы	р	ь	а	х	х	х

(антибио́тик, апте́чка, витами́н, ги́пс, кре́м, ма́зь, микстура́, пеницилли́н, пе́ревязь, пла́стырь, повя́зка, рво́тное, стеро́ид, табле́тка)

15. Переведите на русский (Dict.):

1. Organs of the body include the heart, liver, kidneys and lungs.
2. I am feeling so dizzy I am afraid I will fall over.
3. Her hands are trembling with the cold. She forgot to put on her winter coat.
4. I am feeling off colour: I have a headache and a sore stomach.
5. She has lost her gloves and her fingers are stiff with the cold.
6. He took the tablets prescribed by the doctor and soon recovered from his cold.
7. He has suffered from senile dementia for several years.
8. He has gone to hospital and is being treated in a psychiatric ward.
9. The nurses are wheeling the patient into the operating theatre.
10. He has his arm in a sling. He broke it when he fell from a ladder.
11. The surgeon put on his rubber gloves and began to operate on the tumour.
12. The male nurse dressed the patient's wound.
13. Her leg will be in plaster for two months.
14. Visiting hours have been changed as the result of a complaint from patients.
15. The dentist removed one of her front teeth under local anaesthetic.
16. The duty doctor brought the patient round.

Additional exercises

Level 3

1. Назовите все пять чувств.
2. Назовите все пять пальцев.

3. Выделите слово, не относящееся к приведенному ряду:

(a) **по ударению в косвенных падежах:**

I

1. жгу́т	2. зо́нд	3. мо́ст	4. пры́щ	5. синя́к	6. столбня́к

II

1. волды́рь	2. ка́мень	3. пузы́рь	4. у́горь

(b) **по грамматическим характеристикам (род существительных на -ь):**

1. ка́мень	2. пузы́рь	3. ска́льпель	4. сы́пь	5. у́горь

(c) **по словообразовательной модели (существительные на -ота, восходящие к прилагательным на -ой или -(н)ый):**

1. беднота́	2. глухота́	3. немота́	4. слепота́	5. хромота́

(d) **по смыслу:**

I

1. гры́жа	2. катара́кта	3. киста́	4. мозо́ль	5. сфи́нктер

II

1. нары́в	2. при́ступ	3. радикули́т	4. сса́дина	5. ше́йка ма́тки

4. Найдите в словаре другие значения следующих слов:

1. дави́ться		7. прока́за	
2. коси́ть		8. рециди́в	
3. лубо́к		9. свеча́	
4. мо́ст		10. стёжка	
5. па́лец		11. та́з	
6. пласти́нка		12. ши́на	

5. Спряжение глагола (первое лицо множественного числа):

1. дави́ться ко́стью	я . . . .
2. дыша́ть но́сом	я . . . .
3. коси́ть на о́ба гла́за	я . . . .
4. полоска́ть го́рло	я . . . .
5. стимули́ровать ро́ды	я . . . .
6. чеса́ться от крапи́вы	я . . . .

6. Вставьте пропущенные прилагательные:

I

Прилагательные		Прилагательные	
1.	аппара́т	4.	позвоно́к
2.	гра́фик	5.	пузы́рь
3.	мо́зг	6.	тра́кт

(жёлчный, пищевари́тельный, слухово́й, смещённый, спинно́й, температу́рный)

II

Прилагательные		Прилагательные	
1.	ве́на	4.	ли́нза
2.	губа́	5.	систе́ма
3.	коля́ска	6.	хирурги́я

(варико́зная, за́ячья, инвали́дная, конта́ктная, пласти́ческая, серде́чно-сосу́дистая)

III

Прилагательные		Прилагательные	
1.	го́рло	3.	сре́дство
2.	систе́ма	4.	схва́тки

(дыха́тельное, имму́нная, паллиати́вное, родовы́е)

7. Синонимы. Найдите слова, близкие по значению:

1. байпасс	a. невосприи́мчивый
2. зубно́й проте́з	b. рубе́ц
3. облада́ющий иммуните́том	c. обходно́е шунти́рование
4. шра́м	d. вставны́е зу́бы

8. Кто специализируется по . . .

1. боле́зням мочево́й систе́мы?	a. виро́лог
2. исправле́нию недоста́тков ре́чи?	b. врач-акуше́р
3. лече́нию и профила́ктике о́пухолей?	c. гериатрио́лог
4. нау́ке о ви́русах?	d. логопе́д
5. проблемам бере́менности и ро́дов?	e. онко́лог
6. проблемам ста́рости?	f. уро́лог

9. Подберите определения (Dict.):

1. баци́лла	a. возвра́т боле́зни
2. канцероге́н	b. небольшо́й хирурги́ческий нож
3. кате́тер	c. бакте́рия, обы́чно болезнетво́рная
4. моча́	d. вещество́, спосо́бствующее возникнове́нию злока́чественных о́пухолей
5. паллиати́в	e. семенна́я жи́дкость
6. поно́с	f. медици́нский инструме́нт
7. прока́за	g. во́лны, не слы́шимые челове́ком
8. рециди́в	h. жи́дкость, выделя́емая по́чками
9. ска́льпель	i. хрони́ческая инфекцио́нная боле́знь
10. спе́рма	j. сре́дство, даю́щее вре́менное облегче́ние
11. ультразву́к	k. расстро́йство кише́чника

10. Найдите названия 17 частей тела/конечностей/оборудования (по горизонтали и по вертикали):

а	ж	е	л	е	з	ы	б	в	п
н	о	г	а	т	т	о	р	с	о
м	и	н	д	а	л	и	н	ы	д
к	г	д	е	з	и	к	р	а	ъ
о	ж	з	л	у	б	о	к	з	е
л	п	о	д	м	ы	ш	к	а	м
я	а	н	з	а	д	п	ж	к	л
с	л	д	м	н	о	р	г	а	н
к	е	н	е	р	в	и	у	о	п
а	ц	ш	и	н	а	ц	т	р	с

(жгут, же́лезы, зо́нд, икра́, коля́ска, лубо́к, минда́лины, не́рв, нога́, о́рган, па́лец, подмы́шка, подъём, та́з, то́рс, ши́на, шпри́ц)

11. Симптомы и болезни. Найдите соответствия:

Болезни	Симптомы
1. зуд	a. затрудне́ние дыха́ния
2. коклю́ш	b. зараже́ние кро́ви микро́бами
3. красну́ха	c. воспале́ние минда́лин, сыпь
4. оды́шка	d. раздраже́ние ко́жи
5. рахи́т	e. пятни́стая сыпь
6. се́псис	f. при́ступы су́дорожного ка́шля
7. скарлати́на	g. образова́ние тро́мбов
8. тромбо́з	h. наруше́ние разви́тия косте́й

12. Ассоциация. Что ассоциируется с чем?

1. диа́лиз	a. диабе́т
2. зуд	b. геморро́й
3. инсули́н	c. аппара́т «иску́сственная по́чка»
4. презервати́в	d. подби́тый глаз
5. свеча́	e. чеса́ние
6. синя́к	f. инъе́кция
7. шприц	g. предупрежде́ние бере́менности

13. Переведите на русский:

1. The surgeon put stitches in, and the auxiliary nurse removed them a week later.
2. She sat in a draught and next day had a stiff neck.
3. The doctor asked the patient to breathe in, and put his stethoscope to her chest.
4. After the match my arm was in splints for a month.
5. The president had a bypass operation, and felt much better afterwards.
6. After the race, the athletes' urine was tested for the presence of steroids.
7. I had two crowns put in, which was rather expensive.
8. She lost consciousness during the demonstration, but a paramedic revived her.
9. On the upper slopes of the mountain we breathed oxygen.
10. The suitcase was too heavy, and he dislocated his shoulder.
11. She spent many years in the Far East and is immune to most diseases.
12. He has picked up some ailment or other and is confined to a wheelchair.
13. The blood did not congeal and so the wound has not healed.
14. He choked on a bone while eating fish.
15. Infertility can be treated by taking a fertility drug.
16. The patient rinses his mouth at the request of the dentist.
17. He choked with anger on learning that his operation had been postponed.
18. The stretcher-bearers laid the patient on the stretcher.
19. She survived thanks to the life-support system.
20. An epidural injection relieved the pain.

Additional vocabulary II

Body

по́ра	pore	предменструа́льный	premenstrual
кли́тор	clitoris	синдро́м	tension
растя́гивать/растяну́ть	to strain, pull	псориа́з	psoriasis
сде́рживать/сдержа́ть	to contain	(у меня́) свело́ ше́ю	(I have) a stiff neck
ко́ма	coma	ву́льва	vulva
о́стов	frame	гемофили́я	haemophilia
поджелу́дочная железа́	pancreas	растяже́ние	sprain
бараба́нная перепо́нка	ear drum	ката́р	catarrh
аути́зм	autism	трево́га	anxiety
дермати́т	dermatitis	пах (в паху́)	groin
злока́чественный	malignant	вызыва́ющий	addictive
опу́хший	swollen	привыка́ние	
психосомати́ческий	psychosomatic	доброка́чественный	benign
адено́иды	adenoids	обезво́женный	dehydrated
подколе́нное сухожи́лие	hamstring	переутомлённый	over-tired
изжо́га	heartburn	ишиа́с	sciatica
астигмати́зм	astigmatism	седа́лищный	sciatic
выкара́бкиваться/	to pull through	скальп	scalp
вы́карабкаться из		метеори́зм	flatulence
боле́зни		безе́дова боле́знь	goitre
грибко́вое заболева́ние	athlete's foot	изуро́дованная ступня́	club foot
грудна́я жа́ба	angina pectoris	опоя́сывающий лиша́й	shingles
лиша́й	herpes	сальмоне́лла	salmonella
осложнённый перело́м	compound fracture	у́тренняя тошнота́	morning sickness
пощи́пывает	tingles, tickles (e.g. in the throat)		

Health care

быть нагото́ве	to be on call	гомеопа́тия	homeopathy
зажи́м	clamp	желу́дочный зонд	stomach pump
мочего́нное сре́дство	diuretic	тонизи́рующее	tonic
мозо́льный опера́тор	chiropodist	сре́дство	
ска́нер	scanner	жи́дкость для	mouthwash
параме́дик	paramedic	полоска́ния рта́	
барбитура́т	barbiturate	на пусто́й желу́док/	on an empty
электрокардиогра́мма	electrocardiogram	натоща́к	stomach
офтальмо́лог	ophthalmologist	зубно́й налёт	plaque
тампо́н	tampon		
шприц для подко́жных инъе́кций	hypodermic syringe		

Unit 4

Appearance and movement

Level 1

Build

ве́с (ве́сом)	weight (in weight)
ве́сить (ве́шу ве́сишь) (70 кг.)	to weigh (70 kilograms)
кре́пкий	well-built, sturdy; strong (of a drink)
мускули́стый	muscular
ро́ст	height
высо́кого ро́ста	tall
небольшо́го ро́ста	short
сре́днего ро́ста	of average height
стро́йный	slender
то́лстый	fat
худо́й	thin

Note: the suffix + ending -истый denotes 'abounding in', thus мускули́стый.

Лицо́   *Face*

бледне́ть (бледне́ю бледне́ешь)/по- (от я́рости)	to turn pale (with rage)
бле́дный	pale
весёлый	jolly
ви́д	appearance
гру́стный	sad
кача́ть/качну́ть голово́й	to shake one's head
кива́ть/кивну́ть голово́й	to nod one's head
красне́ть (красне́ю красне́ешь)/по- (от стыда́)	to blush (with shame)
похо́жий (на + acc.)	similar (to)
све́жий	fresh
споко́йный	serene
счастли́вый	happy

Note: verbs in -еть that derive from adjectives (e.g. бледне́ть and красне́ть) belong to the first conjugation.

Hair

густо́й	thick
кашта́новый	chestnut
кра́сить (кра́шу кра́сишь)/по- (во́лосы) (в како́й-нибудь цве́т)	to dye (hair) (a particular colour)
кудря́вый	curly
мы́ть (мо́ю мо́ешь)/по- (го́лову)	to wash (one's hair)
прямо́й	straight
ры́жий	ginger, red
стри́чься (стригу́сь стрижёшься) (стри́гся стри́глась)/по-	to have one's hair cut
све́тлый	fair
тёмный	dark

Note: most names of trees have adjectives in -овый, thus кашта́новый from кашта́н 'chestnut'.

Attractiveness, unattractiveness

краси́вый	beautiful, handsome
неинтере́сный	plain (usually of a woman)
привлека́тельный	attractive
симпати́чный	nice, pleasant, attractive
фигу́ра	figure
хоро́шенький	pretty

Note: симпати́чный is a 'false friend' (ло́жный дру́г), since it means 'pleasant, attractive' *not* 'sympathetic'.

Gesticulation and movement

беспоко́йный	restless
дви́гать/дви́нуть (+ acc. of object moved or + instr. of part of body moved)	to move (trans.)
дви́гаться/дви́нуться	to move (intrans.)
движе́ние	movement, traffic
отправля́ться/ отпра́виться (отпра́влюсь отпра́вишься)	to set out
пожима́ть/пожа́ть (пожму́ пожмёшь) плеча́ми	to shrug one's shoulders
путеше́ствовать (путеше́ствую путеше́ствуешь) impf.	to travel
сле́довать (сле́дую сле́дуешь)/по- (за + instr.)	to follow

Compounds of -ходить/-йти

обходи́ть (обхожу́ обхо́дишь)/ обойти́ (обойду́ обойдёшь) (past обошёл обошла́)	to go round (avoiding or covering whole area)
отходи́ть/отойти́ (от + gen.)	to move away from
переходи́ть/перейти́ (+ acc. or че́рез + acc.)	to cross, go across
подходи́ть/подойти́ (к + dat.)	to approach
проходи́ть/пройти́ (ми́мо + gen.)	to go past, pass by

Note: (1) other verbs in the series (e.g. отходи́ть/отойти́, подходи́ть/ подойти́) conjugate like обходи́ть/обойти́, but buffer vowel -o- does not appear when the prefix ends in a vowel, thus перейти́: перейду́ перейдёшь, перешёл перешла́, similarly пройти́ (2) обходи́ть/ обойти́ takes a direct object, the rest combine with prepositions: отходи́ть/отойти́ от + gen., переходи́ть/перейти́ + acc. or че́рез + acc., подходи́ть/подойти́ к + dat., проходи́ть/пройти́ ми́мо + gen.

Verbs of turning

повора́чивать напра́во/ нале́во/наза́д/обра́тно	to turn right/ left/back, etc.
развора́чиваться/разверну́ться	to turn (around) (of a vehicle)

Movement forwards and backwards

вза́д и вперёд	backwards and forwards
доходи́ть/дойти́ (до)	to reach
толка́ть/толкну́ть	to push
тяну́ть/по-	to pull

Movement upwards or downwards

встава́ть (встаю́ встаёшь)/встать (вста́ну вста́нешь)	to get up, stand up
ле́зть (ле́зу ле́зешь) (лез ле́зла) (на́ гору)	to climb (a hill)
ложи́ться/лечь (ля́гу ля́жешь) (лёг легла́)	to lie down
па́дать/упа́сть (упаду́ упадёшь)	to fall
пры́гать/пры́гнуть	to jump
сади́ться (сажу́сь сади́шься)/се́сть (ся́ду ся́дешь) (на авто́бус)	to sit down, board (a bus, etc.)
спуска́ться/спусти́ться (спущу́сь спу́стишься)	to descend, go down

Verbs of putting

ве́шать/пове́сить (пове́шу пове́сишь)	to hang, put hanging (trans.)
класть (кладу́ кладёшь)/ положи́ть	to put (lying), place, lay
сажа́ть/посади́ть (посажу́ поса́дишь)	to seat, put sitting
ста́вить (ста́влю ста́вишь)/по-	to stand, put standing (trans.)

Swiftness

гна́ться (гоню́сь го́нишься)/по- (за + instr.)	to chase (after)
мча́ться (мчусь мчи́шься)/по-	to rush, race
спеши́ть/по-	to hurry
торопи́ться (тороплю́сь торо́пишься)/по-	to hasten

Slowness

броди́ть (брожу́ бро́дишь) impf.	to wander

Exercises

Level 1

(1) Grammar

1. Conjugation.

(1) Replace the following past-tense forms by present-tense forms (verbs in -еть/-овать/-ыть):

Past-tense forms	Present-tense forms
1. она́ бледне́ла от стра́ха	она́ бледне́ет от стра́ха
2. он красне́л от стыда́	о́н . . . . от стыда́
3. она́ мы́ла ру́ки	она́ . . . . ру́ки
4. он путеше́ствовал по Евро́пе	о́н . . . . по Евро́пе
5. она́ сле́довала за мно́й	она́ . . . . за мно́й

(2) Replace perfective past forms by perfective future forms (verbs in -зть/-сть/-чть):

Perfective past forms	Perfective future forms
1. она́ легла́ в больни́цу	она́ ля́жет в больни́цу
2. он поле́з на де́рево	о́н . . . . на де́рево
3. она́ постри́глась у э́того ма́стера	она́ . . . . у э́того ма́стера
4. он упа́л с балко́на	о́н . . . . с балко́на

(3) Replace third-person singular forms by first-person singular forms
(a) (compounds of -ходи́ть, with д/ж mutation):

Third-person singular	First-person singular
1. она́ дохо́дит до угла́ у́лицы	я дохожу́ до угла́ у́лицы
2. генера́л обхо́дит ла́герь	я . . . . ла́герь
3. медсестра́ отхо́дит от окна́	я . . . . от окна́
4. пешехо́д перехо́дит че́рез у́лицу	я . . . . че́рез у́лицу
5. милиционе́р подхо́дит к кио́ску	я . . . . к кио́ску
6. она́ прохо́дит ми́мо ба́нка	я . . . . ми́мо ба́нка

(b) other verbs
(i) (imperfective, with д/ж с/ш п/пл mutation):

Third-person singular	First-person singular
1. он бро́дит по го́роду	я брожу́ по го́роду
2. он ве́сит 75 килогра́ммов	я . . . . 75 килогра́ммов
3. он кра́сит потоло́к в си́ний цве́т	я . . . . потоло́к в си́ний цве́т
4. он торо́пится на после́дний по́езд	я . . . . на после́дний по́езд

(ii) (perfective, with ст/щ mutation):

Perfective past	Perfective future
она́ спу́стится по ле́стнице	я . . . . по ле́стнице

2. Replace the nouns in square brackets with prepositional or non-prepositional phrases (*one* of the verbs verb takes a direct object, the others require a preposition):

1. он дошёл [коне́ц у́лицы] до конца́ у́лицы	4. она́ перешла́ [мо́ст]
2. вра́ч обошёл [пала́ты]	5. о́н подошёл [окно́]
3. о́н отошёл [окно́]	6. она́ прошла́ [по́чта]

(до + gen., к + dat., ми́мо + gen., от + gen., че́рез + acc.)

3. Replace the nouns in square brackets by an appropriate prepositional phrase (в + acc., за + instr., на + acc. *or* от + gen.):

1. о́н побледне́л [я́рость] от я́рости	4. она́ покрасне́ла [сты́д]
2. о́н погна́лся [во́р]	5. о́н похо́ж [оте́ц]
3. о́н покра́сил маши́ну [бе́лый цве́т]	6. тури́сты сле́довали [ги́д]

4. Accusative or instrumental?

1. она́ дви́нула [па́льцы] па́льцами	4. она́ кивну́ла [голова́]
2. она́ дви́нула [телеви́зор]	5. о́н пожа́л [пле́чи]
3. она́ качну́ла [голова́]	

5. Second-conjugation verbs in -ать. Replace past imperfective forms by present imperfective forms:

Past imperfective	Present imperfective
1. футболи́ст гна́лся за мячо́м	футболи́ст . . . . за мячо́м
2. автомоби́ль мча́лся по доро́ге	автомоби́ль . . . . по доро́ге

(2) Recognition and differentiation

6. Similes. The following do not translate literally into English. Translate them literally, then find idiomatic English equivalents:

1. Бле́дный как ме́л   As white as . . . .
2. Весёлый как ма́рш   As merry as a . . . .
3. Кре́пкий как ду́б   As tough as . . . .
4. Прямо́й как лине́йка   As straight as . . . .
5. Све́жий как огуре́ц   As fresh as a . . . .
6. Худо́й как Коще́й   As thin as . . . .

Note: (1) results from fear or surprise (3) refers to someone strong, with staying power (6) is derogatory and demotic. Кащей (or Коще́й) is the wicked old man of Russian folklore, also used of a tall thin old man or a miser. He appears in the Prologue to Pushkin's «Русла́н и Людми́ла»: «Та́м ца́рь Кащей на́д зла́том ча́хнет» 'There Tsar Kashchey wastes away over his gold'.

7. Use the dictionary to find additional meanings of the following words:

1. ви́д	
2. густо́й	
3. движе́ние	
4. кре́пкий	
5. подходи́ть	
6. ро́ст	
7. сажа́ть	
8. стро́йный	
9. то́лстый	
10. худо́й	

8. Match Russian words to the English definitions (e.g. беспокойный – finding or affording no rest):

1. беспокойный	a. not stale
2. мускулистый	b. daintily or gracefully attractive
3. свежий	c. finding or affording no rest
4. стройный	d. with well-developed muscles
5. счастливый	e. well-proportioned
6. фигура	f. contented with one's lot
7. хорошенькая	g. external form, shape

9. Match up the opposites (e.g. весёлый – грустный):

1. весёлый	a. красивая
2. неинтересная	b. светлый
3. спокойный	c. худой
4. тёмный	d. грустный
5. толстый	e. беспокойный

10. Give synonyms of the following two words:

1. привлекательный . . . .
2. спешить . . . .

11. Hair.
Use appropriate verbs in the past tense:

Она . . . . голову.
Она всегда . . . . у этого парикмахера.
Она . . . . волосы и стала блондинкой!

(покрасила, помыла, стриглась)

12. Perfective past of verbs of putting (повесить, положить, посадить, поставить):

1. она положила паспорт на стол	3. она . . . . пальто в шкаф
2. она . . . . лампу на стол	4. она . . . . гостя рядом с мужем

13. Associations. Match up the associated words (e.g. кивать and голова):

1. кивать	a. стыд	1. пожимать	a. лифт
2. краснеть	b. гора	2. спускаться	b. парикмахер
3. лезть	c. голова	3. стричься	c. плечи

14. Како́го он ро́ста? (Высо́кого ро́ста/небольшо́го ро́ста/сре́днего ро́ста)?

Его́ ро́ст ме́тр девяно́сто. О́н . . . .
Ро́ст его́ бра́та ме́тр се́мьдесят пя́ть. О́н . . . .
Ро́ст его́ отца́ ме́тр пятьдеся́т. О́н . . . .

15. Give the opposite of the verbs тяну́ть/по-: . . . .

16. Ве́сить 'to weigh', ве́сом 'in weight':

Э́тот чемода́н *ве́сит* де́сять кг. Э́то чемода́н *ве́сом в* де́сять кг.

1. Э́ти я́блоки ве́сят три́ килогра́мма
   Э́то я́блоки . . . .
2. Э́та кни́га ве́сит полкило́.
   Э́то кни́га . . . .
3. Э́тот паке́т ве́сит оди́н килогра́мм.
   Э́то паке́т . . . .

(3) Translation

17. The verb повора́чивать/поверну́ть means 'to change the position of something by turning, to change the direction of movement'. Note the following uses and translate

(a) into English:
   1. Она́ поверну́ла клю́ч в замке́ и вошла́ в до́м.
   2. Капита́н поверну́л ру́ль на 30 гра́дусов.
   3. О́н поверну́л ло́дку наза́д.
   4. Экспеди́ция поверну́ла на восто́к.
   5. Она́ поверну́ла ко мне́ спино́й.

(b) into Russian:
   1. She turned towards her father.
   2. The male nurse turned the patient onto his other side.
   3. The soldiers turned left.
   4. Go straight on, then turn right.

18. Fill the gaps with appropriate words and translate the sentences into English:
1. Мужчи́ны небольшо́го . . . иногда́ быва́ют агресси́вными, бу́дто для того́ чтобы компенси́ровать сво́й ни́зкий ро́ст.
2. Нельзя́ пи́ть . . . ко́фе пе́ред сно́м.
3. Милиционе́р регули́рует . . . на перекрёстке.
4. Демонстра́нты . . . до пло́щади, а пото́м поверну́ли наза́д.
5. Грузови́к . . . и помча́лся в обра́тную сто́рону.
6. По́езд . . . от платфо́рмы и отпра́вился на ю́г.
7. Солда́ты ходи́ли . . . . пе́ред резиде́нцией Президе́нта.
8. Она́ . . . меня́ за рука́в и, когда́ я не реаги́ровал, толкну́ла меня́ ло́ктем.

9. Ру́сская спортсме́нка . . . в высоту́ на два́ ме́тра и получи́ла золоту́ю меда́ль.
10. Не . . . , а не то упадёшь.
11. Сотру́дница авиали́нии взве́сила чемода́н: . . . он был в 16 килогра́ммов.
12. Сего́дня я ля́гу ра́ньше обыкнове́нного, так как за́втра я до́лжен . . . с петуха́ми.

19. Translate into Russian:

1. She is neither fat nor thin, but as slender as a poplar.
2. She looks sad: her children have caught flu.
3. He blushed with shame when he realised he had boarded the wrong train.
4. She is like her father, except that he has ginger hair and she has chestnut hair.
5. Before the party she washed her hair and had it cut at Peter Pavlovich's.
6. The doctor decided the patient was dead, but she suddenly moved her foot.
7. He crossed the street, so as not to meet his former wife.
8. The barges moved silently along the river Neva.
9. I went up to a policeman and asked him what the time was.
10. Every day I walk past the main post office on my way to work.
11. Go down to the ground floor and board a No. 6 bus.

Level 2

Build

груда́стый	busty
по́лный	plump
плечи́стый	broad-shouldered
следи́ть (слежу́ следи́шь) за своей фигу́рой	to watch one's figure
суту́лый	round-shouldered
то́щий	skinny
ту́чный	obese
хи́лый	puny
худе́ть (худе́ю худе́ешь)/по-	to lose weight, slim

Word formation: suffix + ending -астый (e.g. груда́стый) denotes posses-sion of a prominent physical feature, -истый (e.g. плечи́стый) abun-dance of the feature denoted by the root noun (e.g. плечи́стый).

Face

бле́дный	pale
гла́дко вы́бритый	clean-shaven
курно́сый	snub-nosed
загоре́лый	sun-tanned
морщи́нистый	wrinkled
румя́ный	ruddy
све́тлый	fair (of skin)
скула́стый	high-cheekboned

Word origins: курно́сый originally корно́сый lit. 'short-nosed' from корноно́сый as the result of haplology (-ноно- > -но-). Initial vowel -у- possibly from dialectal variations in the pronunciation of unstressed vowels.

Word formation: for скула́стый and морщи́нистый see груда́стый and плечи́стый above.

Hair

взъеро́шенный	tousled
волни́стый	wavy
волоса́тый	hairy
завя́зывать/завяза́ть (завяжу́ завя́жешь) (во́лосы сза́ди)	to tie (one's hair back)
коса́	plait
ку́дри (gen. кудре́й)	curls
лысе́ть (лысе́ю лысе́ешь)/об-	to go bald
лы́сый	bald
неопря́тный	untidy
причёска	hairdo, hair style
причёсываться/причеса́ться (причешу́сь приче́шешься)	to do one's hair, have one's hair done
пробо́р	parting
реде́ть (реде́ет)/по-	to thin
седо́й	grey, silvery (of hair)
стри́чься (стригу́сь стрижёшься) под ёжик	to have a crew cut

Word formation: suffix + ending -атый (e.g. волоса́тый) denotes possession of the object denoted by the root noun.

Prefixes: вз-/вс- (e.g. взъеро́шенный) denotes upward movement.

The preposition под can denote similarity, thus стри́чься под ёжик (cf. ёж/ёжик 'hedgehog').

Limbs

левша́	left-handed person
суту́лый	round-shouldered

Literary note: «Левша́» is the title of an allegory by N. S. Leskov about a left-handed smith who emulates English craftsmen, creators of a tiny dancing flea, by fitting miniature shoes on the flea, only to find that the flea can no longer dance.

Gesticulation and movement

лови́ть (ловлю́ ло́вишь)/пойма́ть	to catch
передвига́ть/передви́нуть	to move, change the position of
повора́чиваться/поверну́ться	to turn (intrans.)
сморка́ться/вы-	to blow one's nose

Word formation: пере- can denote 'change of place, transfer' (e.g. передвигáть/передви́нуть).

Word origins: сморкáться/ьы́- may be onomatopoeic.

Movement upwards and downwards

нагибáться/нагнýться	to stoop, bend down
облокáчиваться/ облокоти́ться (на + acc.)	to lean (on) (with one's elbow, elbows)
рýшиться/рýхнуть	to collapse, crumble (e.g. of a roof)
склоня́ться/склони́ться (над + instr.)	to lean (over)
скрéщивать/скрести́ть (скрещý скрести́шь) (нóги/рýки)	to cross (one's legs, arms)
сохраня́ть/сохрани́ть равновéсие	to keep one's balance
поднимáть/подня́ть (подснимý подни́мешь)	to pick up, lift
поднимáться/подня́ться (нá гору) (на ли́фте, по лéстнице)	to go up, climb (a hill) (in a lift, a staircase)
поскользнýться pf.	to slip
прислоня́ться/прислони́ться (к + dat.)	to lean (against)
скóльзкий	slippery
станови́ться (становлю́сь станóвишься)/стáть (стáну стáнешь) на колéни	to kneel down

Movement forwards and sideways

направля́ться/напрáвиться (напрáвлюсь напрáвишься)	to make for, set out for
свóрачивать/свернýть (с глáвной дорóги)	to turn off (the main road)
шагáть/шагнýть	to stride

Swiftness

кишéть (киши́т) (+ instr.)	to teem, swarm (with)
набирáть/набрáть (наберý наберёшь) скóрость	to pick up speed
толпи́ться impf.	to crowd around
ускоря́ться/ускóриться	to accelerate
бросáться/брóситься	to dash

Limbs and gesture

бараба́нить impf. (па́льцами)	to drum (one's fingers)
обнима́ть/обня́ть (обниму́ обни́мешь)	to embrace
обнима́ться/обня́ться (обниму́сь обни́мешься)	to embrace (each other)
обраща́ться impf. (с + instr.)	to handle, deal with (something or someone)
сжима́ть/сжа́ть (сожму́ сожмёшь) (кула́к/кулаки́)	to clench (a fist, the fists)
стуча́ть/ (стучу́ стучи́шь) по- (в + acc.)	to tap, knock (сту́кнуть once)
хвата́ть/схвати́ть (схвачу́ схва́тишь) (за́ руку)	to grip, seize (by the arm/hand)
тро́гать/тро́нуть	to feel, touch; to move (fig.)
чу́вствовать (чу́вствую чу́вствуешь) себя́	to feel
щёлкать/щёлкнуть (па́льцами) (языко́м)	to snap (one's fingers), click (one's tongue)
щипа́ть (щиплю́ щи́плешь)/ущипну́ть	to pinch

Balance

ласка́ть impf.	to caress
оступа́ться/оступи́ться (оступлю́сь осту́пишься)	to miss one's footing
спотыка́ться/споткну́ться (о + acc.)	to stumble, trip (over)
хрома́ть impf. (на ле́вую но́гу)	to limp (on the left leg)

Collision

натыка́ться/наткну́ться (на + acc.)	to knock into, bump (into)
опроки́дываться/опроки́нуться	to overturn, capsize (intrans.)
ста́лкиваться/столкну́ться (с + instr.)	to collide (with)
столкнове́ние	collision, impact

Miscellaneous

меня́ться/по- места́ми	to change places
мо́рщиться/на-	to knit one's brow
на цы́почках	on tiptoe
на четвере́ньках	on all fours
по́лзать/ползти́ (ползу́ ползёшь; полз ползла́)	to crawl
сади́ться/се́сть на ко́рточки	to squat down
хму́риться/на-	to frown

Cognates and origins: цы́почки derives from onomatopoeic цып, четверёньки is cognate with че́тверо 'four'.
Verb of motion: по́лзать denotes crawling in general, in various directions, etc., ползти́ crawling along in one direction.

Exercises

Level 2

(1) Grammar

1. Verbs in -еть.
(a) Which of the following four verbs is the odd one out (is *second* conjugation)? Give the third-person singular of each verb:

Infinitive	3rd-person sing.	Infinitive	3rd-person sing.
1. кише́ть		3. реде́ть	
2. лысе́ть		4. худе́ть	

(b) What do the three first-conjugation verbs have in common?

2. Verbs in -ать/-ять Which of the verbs in the following seven phrases is the odd one out (is a *second*-conjugation verb)?

Infinitive	1st-person singular	3rd-person singular
1. завяза́ть га́лстук	завяжу́ га́лстук	завя́жет га́лстук
2. набра́ть ско́рость		
3. обня́ть дру́га		
4. подня́ть чемода́н		
5. причеса́ться		
6. ста́ть на коле́ни		
7. стуча́ть в две́рь		
8. щипа́ть кого́-то		

3. Second-conjugation verbs in -ить with consonant change in the first-person singular (в/вл д/ж п/пл ст/щ). Replace the past-tense forms by present-tense forms (1. and 2.) or future perfectives (3., 4. and 5.):

1. я лови́л ры́бу	я ловлю́ ры́бу
2. я следи́л за свое́й фигу́рой	я..
3. я напра́вился к ле́су	я..
4. я оступи́лся у вхо́да в зда́ние	я..
5. я скрести́л ру́ки	я..

4. Prepositions that take the accusative. Insert suitable prepositions in the gaps:

1. маши́на наткну́лась на столб	4. она́ схвати́ла меня́. . . . . . . руку
2. оте́ц споткну́лся . . . . . . полови́к	5. солда́т хрома́ет . . . . . . ле́вую но́гу
3. меня́ подстри́гли . . . . . . ёжик	

(в + асс., за + асс., на + асс., под + асс.)

5. Miscellaneous prepositions. Replace the forms in square brackets with appropriate prepositional phrases (preposition + noun):

1. она́ уме́ло обраща́ется с ученика́ми	3. грузови́к сверну́л [гла́вная доро́га]
2. он прислони́лся [стена́]	4. по́езд столкну́лся [маши́на]

(к + dat., с + gen., с + instr.)

6. Uses of the instrumental case. Insert the correct verbs:

1. меня́ться	места́ми	3.	па́льцами
2.	наро́дом	4.	языко́м

(бараба́нить, кише́ть, меня́ться, щёлкать)

(2) Recognition and differentiation

7. Words relating to the human figure, face and hair. Distribute the words to the correct columns:

Human figure	Face	Hair
1.		
2.		
3.		
4.		
5.		
6.		

(волоса́тый, взъеро́шенный, волни́стый, гла́дко вы́бритый, груда́стый, загоре́лый, коса́, курно́сый, лы́сый, морщи́нистый, по́лный, румя́ный, седо́й, скула́стый, суту́лый, то́щий, ту́чный, хи́лый)

8. Use the dictionary to find other meanings of the following words:

1. коса́	
2. по́лный	
3. обраща́ться	
4. све́тлый	
5. тро́гать	
6. хвата́ть	
7. чу́вствовать	
8. щёлкать	

9. Similes.

(1) Translate, with the help of a dictionary, using idiomatic English equivalents:

1. Лы́сый как коле́но.   As bald as a . . . .
2. По́лный как колобо́к.   As plump as a . . . .
3. Седо́й как лунь.   As grey as a . . . .

Note: (2) is used of a small, chubby but lively person. Колобо́к is the Russian equivalent of the Gingerbread Man. His famous last words before being gobbled up by the fox are: «Я от де́душки ушёл, / Я от ба́бушки ушёл, / Я от за́йца ушёл, / Я от во́лка ушёл, / От медве́дя ушёл, / От тебя́, лиса́, / Не хи́тро уйти́.» But the fox lures him nearer . . . and eats him: «А лиса́ его́ – га́м – и съе́ла».

(2) Fill the gaps with appropriate similes:

1. Кише́ть как . . . .   (of people swarming around in a limited space)
2. Скользну́ть как . . . .   (of someone who always manages to insinuate
                                                  himself somewhere)
3. То́щая как . . . .   (contemptuous, of a painfully thin, abject woman)

(мураве́йник, обле́злая ко́шка, я́щерица)

10. Crosswords

(1) English–Russian (clues on the left, solutions on the right):

Clues	Solutions
1. with a large bust (9 letters)	груда́стая
2. tanned by exposure to the sun (9)	з . . . .
3. to congregate in large numbers (6)	к . . . . .
4. coiled locks of hair (5)	к . . . .
5. to bestow caresses on (7)	л . . . . . .
6. person whose left hand is more serviceable than the right (5)	л . . . .
7. with a wholly/partly hairless scalp (5)	л . . . .
8. result of cutting, waving, setting (8)	п . . . .
9. shape and visible effect of face (5 + 4)	ч . . . . л. . .

(2) **Russian–Russian:**

Clues	Solutions
1. слабо окра́шенный (7)	бле́дный
2. ли́ния, разделя́ющая во́лосы (6)	п . . . . .
3. гла́дкий, неусто́йчивый (10)	с . . . .
4. очища́ть но́с (10)	с . . . .
5. ста́ть бо́лее ско́рым (10)	у . . . .
6. сла́бый, боле́зненный (5)	х . . . .
7. ходи́ть, ковыля́я (7)	х . . . . . .
8. идти́ ша́гом (6)	ш . . . . .

11. Intensity. Say which is the more intensive/the more drastic in each of the following pairs:

Pairs of words	More intensive/more drastic
1. броса́ться/спеши́ть	броса́ться
2. кише́ть/толпи́ться	
3. мо́рщиться/хму́риться	
4. оступи́ться/споткну́ться	
5. по́лный/ту́чный	
6. то́щий/худо́й	

(3) Translation

12. Rearrange in the correct order of words and translate into English:
1. Та́ня похуде́ть что́бы помеша́лась на том.
2. Петра́ Па́вловича у в раз она́ неде́лю причёсывается.
3. На че́реп и ко́сти фла́ге изображены́ скрещённые пира́тском.
4. Роди́тели своего́ сы́на о жи́зни на́чали моли́ться на коле́ни ста́ли.
5. Маши́на гла́вной с доро́ги сверну́ла, же но сра́зу на сто́лб наткну́лась.
6. Клю́ч в замке́ и вошли́ в до́м они́ поверну́лся.

13. Fill the gaps with appropriate words and translate into English with the aid of a dictionary:
1. Раке́та набрала́ . . . , и косми́ческий кора́бль напра́вился в ко́смос.
2. Ветера́ны Вели́кой Оте́чественной войны́ . . . на встре́че фронтовико́в.
3. Она́ сжа́ла па́льцы в . . . , что́бы вра́ч мо́г изме́рить её кровяно́е давле́ние.
4. Учи́тельница была́ . . . внима́нием ученико́в по́сле сме́рти её му́жа.
5. О́н схвати́л меня́ за рука́в и спроси́л, ка́к я себя́. . . .
6. Она́ . . . па́льцами, и соба́ка подбежа́ла к ней.
7. Малышу́ полтора́ го́да, но он всё ещё . . . , не научи́лся ходи́ть.
8. Она́ се́ла на . . . , что́бы поласка́ть бездо́мную соба́ку.

9. Маши́ны . . . и опроки́нулись; столкнове́ние произошло́ в це́нтре го́рода.
10. Солда́ты . . . по доро́ге в каза́рму.
11. Чу́вствуя, что па́дает в о́бморок, она́ . . . к две́ри.
12. Сосе́дки разгова́ривали, . . . на забо́р.

(ко́рточки, кула́к, облокоти́вшись, обня́ли́сь, по́лзает, прислони́лась, ско́рость, столкну́лись, тро́нута, чу́вствую, шага́ли, щёлкнула)

14. Translate into Russian, with the aid of a dictionary:

1. She watches her figure despite her advanced age.
2. They gave the conscripts a crew cut as soon as they arrived at the garrison.
3. In his old age his hair thinned and he became bald.
4. I fished from morning till evening, but did not catch anything.
5. She dropped her handkerchief, and he stooped to pick it up.
6. The lift went up to the top floor of the building.
7. There was frost at night and he slipped on the ice and fell.
8. The students crowded round the board, wanting to know the timetable for the summer semester.
9. On Sundays the Moscow streets swarm with people.
10. A bomb fell on the bridge, and it collapsed.
11. The nurse bent over the patient so as to take his temperature.
12. He almost fell, but retained his balance.

(4) Word formation

15. Word formation. Give an example of

(a) an adjective in:

(1) -истый
(2) -астый
(3) -атый

and give the meaning of each suffix + ending.

(b) a verb/participle in:

(1) вз-
(2) об-
(3) пере-
(4) при-

and give the meaning of each prefix.

16. On what noun is the verb облока́чиваться/облокоти́ться based?

17. Give:

(1) a possible cognate of четверёньки;
(2) the possible origin of цы́почки.

Level 3

Build

долговя́зый	lanky
дря́блый	flabby
изможде́нный	gaunt, haggard
истощённый	emaciated
корена́стый	stocky
костля́вый	bony
мускули́стый	brawny
поправля́ться/попра́виться (попра́влюсь попра́вишься) (на два́ килогра́мма)	to put on (2 kilos)
призе́мистый	stocky, thickset
тщеду́шный	puny

Word origins: долговя́зый derives from до́лгий 'long' and dialectal вя́зы 'neck'.

Face

безобра́зный	ugly
бесстра́стный	impassive
весну́шчатый	freckled
вырази́тельный	expressive
зага́дочный	inscrutable
космети́чка	make-up bag
косо́й	squint-eyed
милови́дный	nice-looking
невзра́чный	unprepossessing
преле́стный	charming
скрежета́ть (скрежещу́ скреже́щешь) impf. (зуба́ми)	to grind (one's teeth)
щу́риться/со-	to screw up one's eyes

Word origins: (1) невзра́чный is from obsolete взра́чный 'handsome, pleasant' (from Old Russian зра́къ 'image') (2) скре́жет 'grinding' is onomatopoeic.

Hair

белоку́рый	fair-haired
блонди́н(ка)	fair-haired man (woman)
брюне́т(ка)	dark-haired man (woman)
всклоко́ченный	tousled
де́лать/с- себе́ хими́ческую зави́вку/хи́мию	to have one's hair permed
заплета́ть/заплести́ (заплету́ заплетёшь)	to plait

лы́сина	bald patch
льняно́й	flaxen
прили́занный	sleek
растрёпанный	dishevelled, unkempt
расчёсывать/расчеса́ть (расчешу́ расче́шешь) на пробо́р	to part one's hair
ру́сый	light brown
укла́дывать/уложи́ть во́лосы	to set hair

Word origins: (1) белоку́рый: probably based on бел- 'white' and obsolete куръ 'dust', thus lit. 'as if covered with white dust' (2) ру́сый is cognate with ры́жий 'red-haired' and руда́ 'ore' (from the reddish hue of many iron and copper ores).

Limbs

кривоно́гий	bow-legged

Attractiveness/unattractiveness

отврати́тельный	repugnant, repulsive
очарова́тельный	delightful
уро́дливый	ugly

Movement forwards and backwards

пробира́ться/пробра́ться (проберу́сь проберёшься) (сквозь + acc.)	to make one's way (through)
проти́скиваться/ проти́снуться (сквозь + acc.)	to force one's way (through)

Movement up and down

прова́ливаться/провали́ться	to cave in, collapse (e.g. of a bridge)
прогиба́ться/прогну́ться	to sag
ска́тываться/скати́ться	to roll down
шлёпаться/шлёпнуться	to flop down
скользи́ть/скользну́ть	to slide (ско́льзкий 'slippery')

Limbs and gesticulation

(слегка́) задева́ть/заде́ть (заде́ну заде́нешь) (за + acc.)	to brush (against)
идти́ impf. по́д руку	to walk arm in arm
крути́ть (кручу́ кру́тишь) impf. (кра́н, ру́чку, педа́ли)	to turn (tap, handle, pedals)

масси́ровать impf. (also pf. in the past) (масси́рую масси́руешь)	to massage
массажи́ст(ка)	masseur (masseuse)
набра́сываться/набро́ситься (набро́шусь набро́сишься) (на + асс.)	to pounce (on)
мига́ть/мигну́ть	to blink (+ dat. 'to wink at')
скака́ть (скачу́ ска́чешь) impf. на одно́й ноге́	to hop
ста́вить (ста́влю ста́вишь)/ по- подно́жку (+ dat.)	to trip someone up
то́пать/то́пнуть (нога́ми)	to stamp (one's feet)
швыря́ть/швырну́ть (снежки́ or снежка́ми)	to fling (snowballs)

Cognates: мига́ть is cognate with миг 'instant'. The MIG fighter plane is named after its designers A. I. Mikoyan and M. I. Gurevich.

Speed, slowness

безде́льничать impf.	to idle
во весь опо́р	flat out
врыва́ться/ворва́ться (ворву́сь ворвёшься) (в + асс.)	to burst (into)
копа́ться impf.	to dawdle
кра́сться impf. (краду́сь крадёшься)	to prowl
наступа́ть impf.	to advance
отступа́ть/отступи́ть (отступлю́ отсту́пишь)	to retreat, withdraw
приба́вить (приба́влю приба́вишь) pf. ша́гу	to quicken one's step
пуска́ться/пусти́ться (пущу́сь пусти́шься) наутёк	to take to one's heels
ры́скать impf. (ры́щу ры́щешь)	to prowl (in search of something)
смыва́ться/смы́ться (смо́юсь смо́ешься)	to make oneself scarce (usually unobtrusively)
снова́ть impf. (сную́ снуёшь)	to dash about
суети́ться (суечу́сь суети́шься)	to bustle about
убира́ться/убра́ться (уберу́сь уберёшься)	to clear off
удира́ть/удра́ть (удеру́ удерёшь)	to make off (usually on the quiet)

Limbs and gesture
цепля́ться impf. (за + acc.)   to hang (on to), cling (on to)

Wriggling movement
ёрзать impf.   to fidget
извива́ться impf.   to wriggle

Collision
ната́лкиваться/   to knock into, bump into
    натолкну́ться (на + acc.)
столкнове́ние не́скольких   a pile-up
    маши́н

Balance
кача́ться impf. (на ветру́)   to rock, sway (in the wind)
ковыля́ть impf.   to hobble along
колеба́ться impf. (коле́блюсь   to sway, to oscillate
    коле́блется)
прихра́мывать impf.   to limp slightly

Various
вздра́гивать/вздро́гнуть   to start, flinch
кла́няться/поклони́ться   to bow
мо́рщиться/на-   to knit one's brow
предше́ствовать impf.   to precede
    (предше́ствую
    предше́ствуешь) (+ dat.)

Exercises

Level 3

(1) Grammar

1. Which of the following verbs is the odd one out (has a stem ending in a vowel – the other three have stems ending in a consonant)? Give the third-person singular of each verb:

| 1. ворва́ться | ворвётся | 3. убра́ться | |
| 2. набро́ситься | | 4. удра́ть | |

2. First-conjugation verbs with consonant mutation throughout (б/бл к/ч ск/щ т/ч). Replace past-tense by present-tense forms:

1. Ве́тки колеба́лись от ве́тра	Ве́тки коле́блются от ве́тра
2. Во́лк ры́скал по́ лесу	Во́лк . . . .
3. За́яц скака́л че́рез по́ле	За́яц . . . .
4. Колёса скрежета́ли о ре́льсы	Колёса . . . .

How does колеба́ться differ from the rest in stress?

3. Second-conjugation verbs with consonant change in the first-person singular only: в/вл п/пл с/ш ст/щ т/ч. Give the first-person singular of each verb:

1. Води́тель кру́тит ру́ль.	Я кручу́ ру́ль.
2. Нача́льник набро́сится на рабо́ту.	Я . . . .
3. Она́ отсту́пит на ша́г.	Я . . . .
4. По́вар приба́вит са́хару.	Я . . . .
5. О́н пу́стится наутёк.	Я . . . .
6. О́н суети́тся с утра́ до но́чи.	Я . . . .

4. Insert appropriate prepositions (за, на, под or сквозь – all + acc.):

1. О́н заде́л. . . . . гво́здь.	4. О́н натолкну́лся. . . . . сто́лб.
2. Иду́. . . . . руку с жено́й.	5. Она́ попра́вилась. . . . . 3 кг.
3. Ле́в набро́сился. . . . . оле́ня.	6. Она́ проти́скивалась. . . . . толпу́.
	7. Ребёнок цепля́ется. . . . . . шею отца́.

(2) Recognition and differentiation

5. Allocate the following words to the appropriate columns:

Build	Face	Hair
1.	1.	1.
2.	2.	2.
3.	3.	3.
4.	4.	4.
5.	5.	5.
6.	6.	6.

(безобра́зный, белоку́рый, вырази́тельный, долговя́зый, дря́блый, зага́дочный, корена́стый, косо́й, костля́вый, лы́сина, милови́дный, невзра́чный, призем́истый, прили́занный, ру́сый, растрёпанный, расчёсывать, тщеду́шный)

6. Áнна идёт в парикмáхерскую . . . Add five processes Anna may be undergoing at the hairdresser:

Áнна идёт в парикмáхерскую:

1................................ 2................................
3................................ 4................................
5................................

Brunette/blonde. Fill in the gaps:

(1) Áнна былá брюнéткой, но перекрáсилась в.......................
(2) Тáня былá блонди́нкой, но перекрáсилась в.......................

7. Which in each of the following pairs is more intense/more extreme?

1. бросáть/швырять	швырять
2. прогибáться/провáливаться	
3. пробирáться/проти́скиваться	
4. урóдливый/безобрáзный	
5. хромáть/прихрáмывать	
6. худóй/измождённый	
7. шлёпаться/пáдать	

8. Similes.

(a) Insert appropriate similes in the gaps, and translate:
1. Загáдочный как . . . .
2. Извивáться как . . . .
3. Скóльзкий как . . . .
   (змея́, мы́ло, сфи́нкс)

Note: (2) is used of a river, a path or a street (3) is demotic and pejorative, and is used of a slippery object or a devious rogue.

(b) Translate, using appropriate English similes:
1. Безобрáзный как самá смéрть (pejorative, of an ugly person).
2. Ковыля́ть (с бóку нá бок) как ýтка.
3. Ры́скать как вóлк (of a covetous person in search of easy gain).

9. Crosswords.

I **Adjectives**

Clues	Solutions
1. óчень некраси́вый (11 letters)	безобрáзный
2. покры́тый весну́шками (11)	в . . . .
3. из льнá (7)	л . . . . . .
4. с криvы́ми ногáми (10)	к . . . .
5. с рáзвитыми мýскулами (11)	м . . . .

II Nouns

Clues	Solutions
1. причёска с завитыми волосами (7)	завивка
2. место на голове, где не растут волосы (6)	л . . . . .
3. сумочка для предметов косметики (10)	к . . . .

III Verbs

Clues	Solution
1. делать массаж (11)	массировать
2. быстро бежать скачками (7)	с . . . . . .
3. ничего не делать (13)	б . . . .
4. канителить (8)	к . . . .
5. проходить куда-нибудь тайком (8)	к . . . .
6. двигаться вперёд (9)	н . . . .

10. Match the verbs to the definitions:

Verbs	Definitions
1. качаться	a. делать поклон
2. кланяться	b. быть прежде кого-/чего-нибудь
3. отступать	c. двигаться туда и сюда
4. предшествовать	d. слегка хромать
5. прихрамывать	e. щурить глаза
6. сновать	f. отойти назад
7. щуриться	g. двигаться из стороны в сторону

11. Use the dictionary to find additional meanings of the following words:

1. задеть	
2. колебаться	
3. копаться	
4. косметичка	
5. косой	
6. наступать	
7. проваливаться	
8. скакать	
9. скрежетать	
10. смыться	

(3) Translation

12. Translate into English, with the aid of a dictionary (in sentences 8–14 restore the missing word, then translate):

1. Она́ щу́рилась, гля́дя невооружённым гла́зом на со́лнце.
2. Он проти́снулся сквозь толпу́, энерги́чно рабо́тая локтя́ми.
3. В центра́льном эпизо́де фи́льма «Броненосец Потёмкин» де́тская коля́ска ска́тывается по ле́стнице, веду́щей к на́бережной.
4. Он споткну́лся о кра́й тротуа́ра и шлёпнулся в лу́жу.
5. Демонстра́нты шли по у́лице, взя́вшись по́д руки и сканди́руя антиглобали́стские ло́зунги.
6. Наступа́я широ́ким фро́нтом, сове́тские войска́ сломи́ли сопротивле́ние фаши́стов.
7. Услы́шав за собо́й торопли́вые шаги́ неизве́стных люде́й, она́ сама́ приба́вила ша́гу.
8. По у́лицам инди́йских городо́в [. . . . .] микроавто́бусы.
9. Несмотря́ на предупрежде́ния роди́телей, ю́ноши [. . . . .] за ваго́ны трамва́ев.
10. Не [. . . . .] ни на секу́нду, он пры́гнул в бассе́йн и спа́с жи́знь утопа́ющего ребёнка.
11. Вы́борам президе́нта [. . . . .] дли́тельная предвы́борная кампа́ния.
12. Но́белевский лауреа́т [. . . . .] председа́телю коми́ссии, вручи́вшему ему́ пре́мию в о́бласти фи́зики.
13. При зву́ке заводско́го гудка́ оте́ц [. . . . .] и сра́зу же проснулся.
14. Ины́е [. . . . .] предлага́ют други́е услу́ги, кро́ме масса́жа.

(вздро́гнул, коле́блясь, массажи́стки, поклони́лся, предше́ствует, сную́т, цепля́ются)

13. Translate into Russian, using the dictionary where necessary:

1. During the New Year festivities she put on three kilograms.
2. Before the wedding she had her hair permed at Pavel Petrovich's.
3. The bookshelves sagged under the weight of dictionaries and encyclopaedias.
4. The terrorist pressed the denotator and the bridge collapsed.
5. The snow brushed against the branches of the trees as it fell to the ground.
6. The cyclists raced down the street, pedalling at breakneck speed.
7. The cat pounced on the mouse, but it disappeared under the divan.
8. The women standing in the queue for tickets stamped their feet impatiently.
9. The thief tore the bag out of the tourist's hands and took to his heels.
10. At one time wolves roamed in this forest.
11. After the pile-up he limped slightly on his left leg for several weeks.
12. The treetops sway in the wind.

(4) Word formation

14. Identify the nouns that form the 'underlay' of the following adjectives:

1. бесстра́стный
2. весну́шчатый
3. зага́дочный
4. корена́стый

5. костля́вый
6. преле́стный
7. льняно́й
8. уро́дливый

15. Adjectival prefixes. Insert appropriate prefixes and translate:

1. О́н соверши́л . . . обра́зный посту́пок.
2. Две́рь откры́л . . тощённый стари́к.
3. О́н говори́л . . . стра́стным то́ном.
4. У э́той краса́вицы о́чень . . . рази́тельные глаза́.
5. Тру́дно стри́чь таки́е . . . клоко́ченные во́лосы.
6. Сего́дня о́н в . . . врати́тельном настрое́нии.

(без-, бес-, вс-, вы-, из-, от-)

Appendix to Unit 4: Verbs of motion

Each of fourteen types of motion are represented in Russian by pairs of imperfective verbs, one denoting movement in one direction ('unidirectional' verbs, e.g. идти́): я иду́ в шко́лу 'I am on my way to school', the other ('multi-directional' verbs, e.g. ходи́ть) movement in more than one direction, movement in general, habitual action, return journeys, including (but only in the *past*) a single return journey: ка́ждый де́нь я хожу́ на рабо́ту 'every day I go to work', он хо́дит по ко́мнате 'he is walking up and down the room', я люблю́ ходи́ть 'I like walking', о́н хо́дит с па́лкой 'he walks with a stick', она́ ходи́ла в кино́ 'she went to the cinema'. The commonest of these verbs are:

Uni-directional verbs	Multi-directional verbs	Meaning
(1) идти́ (иду́ идёшь; шёл шла)	ходи́ть (хожу́ хо́дишь)	to go, walk
(2) е́хать (е́ду е́дешь)	е́здить (е́зжу е́здишь)	to travel, ride
(3) бежа́ть (бегу́ бежи́шь бежи́т бежи́м бежи́те бегу́т)	бе́гать	to run
(4) лете́ть (лечу́ лети́шь)	лета́ть	to fly
(5) плы́ть (плыву́ плывёшь)	пла́вать	to swim, float, sail
(6) нести́ (несу́ несёшь; нёс несла́)	носи́ть (ношу́ но́сишь)	to take, carry
(7) вести́ (веду́ ведёшь; вёл вела́)	води́ть (вожу́ во́дишь)	to take, lead
(8) везти́ (везу́ везёшь; вёз везла́)	вози́ть (вожу́ во́зишь)	to take, convey

Note: (1) the perfectives (in по-) of uni-directional verbs denote the beginning of an action: о́н пошёл на по́чту 'he has gone to the post office' (2) the other six pairs of verbs of motion are: брести́/броди́ть 'to wander', гна́ть/гоня́ть 'to chase', кати́ть/ката́ть 'to roll', ле́зть/ла́зить 'to climb', ползти́/по́лзать 'to crawl', тащи́ть/таска́ть 'to drag'.

Prefixed verbs of motion

The simple verbs of motion combine with up to 15 prefixes to form compound aspectual pairs, multi-directional verbs forming the basis of the imperfectives and uni-directional verbs the basis of the perfectives. The prefixes (and the prepositions with which they combine) comprise:

в- 'into' в + acc.	на- 'onto' на + acc.	при- 'arrival' к + dat. of a person, в/на + acc. of a place
вз- 'up' на + acc.	об- 'round' вокру́г + gen. 'to inspect, avoid' + acc.	про- 'past' ми́мо + gen.
вы- 'out of' из + gen.	от- 'away from' от + gen.	раз- 'dispersal' по + dat.
до- 'as far as' до + gen.	пере- 'across' + acc. or через + acc.	с- 'down from' с + gen. 'together' + acc.
за- 'dropping in' к + dat. of a person в/на + acc. of a place	под- 'approach' к + acc.	у- 'away, right away' от + gen. of a person, из/с + gen. of a place

These prefixes are added to the following stems to make imperfective and perfective compounds:

Imperfective stem	Perfective stem	Example
-ходить	**-йти**	входи́ть/войти́ в до́м 'to go into the house
-езжать	-ехать	выезжа́ть/вы́ехать из гаража́ 'to drive out of the garage'
-бегать	-бежать	подбега́ть/подбежа́ть к до́му 'to run up to the house'
-летать	-лететь	взлета́ть/взлете́ть 'to take off'
-плывать	-плыть	переплыва́ть/переплы́ть че́рез ре́ку 'to swim across the river'
-носить	-нести	приноси́ть/принести́ меню́ 'to bring the menu'
-водить	-вести	приводи́ть/привести́ дете́й 'to bring the children'
-возить	-везти	вывози́ть/вы́везти това́ры 'to export goods'

Note:

(1) Forms (-йти, -езжать, -плывать) which differ in spelling from the simple verbs of motion are in bold type.

(2) -о- appears between a consonant and -йти: войти 'to go in', взойти 'to go up', подойти 'to go up to', etc.

(3) a hard sign (ъ) appears between a consonant and -езжать/-ехать: въезжа́ть/въе́хать 'to drive into', etc.

(4) рас- and вс- replace раз- and вз- before п and х (and other unvoiced consonants): всплы́ть 'to surface' расходи́ться 'to disperse'.

Exercises: verbs of motion

1. Глаголы однонаправленного движения. Замените инфинитив нужной формой настоящего времени глагола:

1. она́ . . . . пешко́м	5. она́ . . . . че́рез ре́ку
2. он . . . . на авто́бусе	6. он . . . . портфе́ль в руке́
3. она́ . . . . на самолёте	7. она́ . . . . ребёнка за́ руку
4. он . . . . на сто́ ме́тров	8. он . . . . чемода́ны на вокза́л

(бежа́ть, везти́, вести́, е́хать, идти́, лете́ть, нести́, плы́ть)

2. Глаголы разнонаправленного движения. Вставьте пропущенные инфинитивы:

1. лётчик лю́бит	5. скорохо́д лю́бит бы́стро . . . . . .
2. бегу́н лю́бит	6. пило́т [racing driver] лю́бит . . . . на го́ночных автомоби́лях
3. пловчи́ха лю́бит	7. экскурсово́д лю́бит . . . . тури́стов по го́роду
4. такси́ст лю́бит . . . . пассажи́ров	8. почтальо́н лю́бит . . . . . . пи́сьма

(бе́гать, води́ть, вози́ть, е́здить, лета́ть, носи́ть, пла́вать, ходи́ть)

3. Приставочные глаголы движения. Вставьте пропущенные предлоги:

1. он зашёл [дру́г]	7. она́ привела́ дете́й [цирк]
2. она́ пришла́ [ми́тинг]	8. мы пробежа́ли [до́м]
3. он подошёл [сто́л]	9. она́ дошла́ [у́гол]
4. она́ вы́ехала [гара́ж]	10. он уе́хал [Росси́и]
5. он отъе́хал [тротуа́р]	11. пти́ца слете́ла [де́рево]
6. самолёт вы́летел [о́блако]	12. она́ вошла́ [магази́н]

(во что, до чего, из чего, к кому/к чему, ми́мо чего, на что, от чего, с чего)

4. Подберите глаголы, противоположные по значению:

1. входи́ть/войти́ в + асс.	a. сходи́ть/сойти́ с + gen.
2. всходи́ть/взойти́ на + асс.	b. выходи́ть/вы́йти из + gen.
3. подходи́ть/подойти́ к + dat.	c. уходи́ть/уйти́ от + gen./из, с + gen.
4. приходи́ть/прийти́ к + dat./в, на + асс.	d. расходи́ться/разойти́сь
5. сходи́ться/сойти́сь	e. отходи́ть/отойти́ от + gen.

5. Переведите на русский:

1. He left the house, crossed the road, went past the post office, went up to the building and entered the building.
2. She pulled away from the kerb and drove up to the traffic lights.
3. He left Russia. Now he has arrived in England.
4. They gathered at 5 o'clock and dispersed at 9 o'clock.

Additional vocabulary

Build

брюшко́	paunch
доро́дный	portly
краса́вец	handsome man
приоса́ниваться/ приоса́ниться	to assume a dignified air
пуза́тый	pot-bellied
хру́пкого сложе́ния	slightly-built

Face and head

беззу́бый	toothless
вздёрнутый	turned-up
выщи́пывать/ вы́щипать (бро́ви)	to pluck (eyebrows)
ду́ться/на-	to pout
остроли́цый	hatchet-faced
поджима́ть/поджа́ть (гу́бы)	to purse (the lips)
пятни́стый (в пя́тнах)	(blotchy)
сму́глый	swarthy
торча́щий	protruding
шерша́вый	rough, coarse
зага́р	sun-tan
ноздря́	nostril

Hair

пучо́к	tuft of hair
рыжева́тый	carroty
тёмно-ры́жий	auburn
хво́стик	ponytail
чёлка	fringe

Limbs

правша́	right-handed person

Movement backwards and forwards

волочи́ть но́ги	to shuffle along
идти́ зигза́гами	to zigzag
прогу́ливаться	to saunter about
ше́ствие	procession

Movement up and down

провиса́ть/ прови́снуть	to sag (e.g. of a ceiling)
скользи́ть/скользну́ть	to slide
спуск	descent

Limbs and gesticulation

ста́вить/по- подно́жку + dat.	to trip (someone) up

Speed, slowness

марширова́ть	to march
ме́шкать	to dawdle
отступле́ние	retreat, withdrawal

скрыва́ться/скры́ться	to make off (unobtrusively)	пробега́ть/пробежа́ть	to skim, scan (a text)
толо́чься (толку́сь толчёшься) (толо́кся)	to mill around	*Gait*	
		ходи́ть/идти́ вперева́лку or вразва́лку	to waddle
умча́ться	to race off		
уска́кивать/ускака́ть	to gallop off	*Various*	
		втира́ться/втере́ться (в + асс.)	to insinuate oneself (into)
Surreptitious			
улизну́ть	to slip away	засо́вывать/засу́нуть ру́ки в карма́ны	to thrust one's hands into one's pockets
Impact		содрога́ться/ содрогну́ться	to start
входи́ть/войти́ в конта́кт (с + instr.)	to come into contact (with)		
опроки́дывать/ опроки́нуть	to knock over, overturn	станови́ться на дыбы́	to rear up (of a horse)

Additional exercises

Level 1

1. Каким должен быть спортсмен? Найдите четыре подходящих прилагательных:

Óн до́лжен бы́ть

1. атлети́ческим	2.	3.	4.

2. А какой должна быть топ-модель? Найдите два подходящих прилагательных и одну фразу.

Она́ должна́ бы́ть

1. стро́йной	2.	3.

3. Антонимы. Выделите слова, противоположные по значению:

1. весёлый	a. све́тлый	4. тёмный	d. худо́й
2. высо́кого ро́ста	b. гру́стный	5. то́лстый	e. нездоро́вый
3. здоро́вый	c. небольшо́го ро́ста		

4. Подберите подходящие падежные формы/предлоги + падежные формы (например, он бледне́ет *от я́рости*):

1. о́н бледне́ет [я́рость]	6. о́н натолкну́лся [де́рево]
2. о́н го́нится [мя́ч]	7. она́ похо́жа [ма́ть]
3. она́ дви́гает [рука́]	8. о́н прислони́лся [стена́]
4. она́ красне́ет [сты́д]	9. она́ следи́т [своя́ фигу́ра]
5. о́н наткну́лся [сто́лб]	10. о́н сле́дует [жена́]

5. Синонимы. Найдите близкие по смыслу слова:

1. весёлый	a. торопи́ться	5. некраси́вый	e. уро́дливый
2. вне́шность	b. интере́сный	6. спеши́ть	f. ви́д
3. краси́вый	c. счастли́вый	7. хороша́ собо́й	g. наткну́ться
4. натолкну́ться	d. хоро́шенький		

6. Спряжение. Напишите третье лицо единственного числа следующих глаголов:

Инфинитив	3-е лицо ед. числа	Инфинитив	3-е лицо ед. числа
1. встава́ть		4. пожа́ть	
2. вста́ть		5. путеше́ствовать	
3. мча́ться		6. ста́ть	

7. Напишите 1-е лицо единственного лица следующих глаголов:

Инфинитив	1-е лицо ед. числа	Инфинитив	1-е лицо ед. числа
1. кла́сть		4. лови́ть	
2. кра́сить		5. подня́ться	
3. ле́чь		6. се́сть	

8. Какой это человек?

1. челове́к с весну́шками, э́то . . . . челове́к
2. челове́к с вы́пуклыми ску́лами, э́то . . . . челове́к
3. челове́к с зага́ром, э́то . . . . челове́к
4. челове́к с кудря́ми, э́то . . . . челове́к
5. челове́к со светло-ру́сыми волоса́ми, э́то . . . . челове́к
6. челове́к с о́чень тёмными волоса́ми, э́то . . . .

(белоку́рый, брюне́т, весну́шчатый, загоре́лый, кудря́вый, скула́стый)

9. Что делает парикмахер? Он

стрижёт и кра́сит	мо́ет . . . .

(во́лосы, го́лову)

10. Найдите в словаре другие значения следующих слов:

	Other meaning(s)
1. ви́д	
2. густо́й	
3. движе́ние	
4. интере́сный	
5. коса́	
6. кре́пкий	
7. но́с	
8. прямо́й	
9. сажа́ть	
10. све́тлый	
11. тёмный	
12. то́лстый	

11. Подберите определения *(Match the words on the left to the definitions on the right):*

1. беспоко́йный	a. ме́сто пересече́ния доро́г
2. ви́д	b. с ра́звитыми му́скулами
3. движе́ние	c. испы́тывающий волне́ние
4. зага́р	d. сплетённые пря́ди воло́с
5. коса́	e. сму́глый цве́т ко́жи
6. мускули́стый	f. вне́шность
7. но́здри	g. езда́/ходьба́ в ра́зных направле́ниях
8. перекрёсток	h. носовы́е отве́рстия

12. Заглавия книг. Переведите на английский (Dict.):
1. «То́лстый и то́нкий» (расска́з Че́хова)
2. «Весёлые ребя́та» (фи́льм)
3. «Моро́з, Кра́сный но́с» (поэ́ма Н. А. Некра́сова)
4. «Споко́йной но́чи, малыши́!» (телевизионная програ́мма)

Цитаты, пословицы, поговорки и фразы (переведите/объясните):
1. «Счастли́вые часо́в не наблюда́ют» (из пье́сы Грибое́дова «Го́ре от ума́»)
2. «Пока́ ку́дри вью́тся, бу́дем де́вушек люби́ть!»
3. «Не ме́сто кра́сит челове́ка, а челове́к – ме́сто.»

4. На худо́й коне́ц.

5. Нет ху́да без добра́.

Сравнения:

1. Здоро́в как бы́к (о челове́ке).

2. Кре́пкий как оре́х (о чём-нибудь кре́пком и усто́йчивом, или о челове́ке).

3. Стро́йный как ю́ноша (о моложа́вом челове́ке пожило́го или сре́днего во́зраста).

4. Прямо́й как стрела́ (о чём-нибудь о́чень прямо́м, о доро́ге, у́лице).

5. Краси́ва как ку́колка (о хоро́шенькой, изя́щной же́нщине).

6. Уро́длива как жа́ба (о некраси́вой же́нщине).

7. Худо́й как Коще́й (о боле́зненно худо́м челове́ке).

8. Бле́ден как мертве́ц (о смерте́льно бле́дном челове́ке).

13. 'To put'. Переведите на русский:

1. He put the newspaper on the table.

2. He put the book on the shelf.

3. He put the cat on his knee.

4. He put his coat in the cupboard.

ве́шать/пове́сить – to put, hang
кла́сть/положи́ть – to put, lay
сажа́ть/посади́ть – to put, sit
ста́вить/по- – to put, stand.

14. Ассоциация. Что ассоциируется с чем?

I

1. белоку́рый	а. но́здри	3. парикма́хер	c. суту́лый
2. но́с	b. стри́жка воло́с	4. пле́чи	d. блонди́н(ка)

II

1. но́с	а. пожима́ть	3. пле́чи	c. сморка́ться
2. перекрёсток	b. поскользну́ться	4. ско́льзкий	d. пешехо́дный переход

15. Совершенный вид глаголов с возвратным окончанием. Какой глагол не относится к приведенному ряду (в совершенном виде)?

Несов. вид	Сов. вид	Несов. вид	Сов. вид
1. ложи́ться		3. поднима́ться	
2. обора́чиваться		4. спуска́ться	

16. Совершенный вид. Какие два глагола не относятся к приведенному ряду (их виды восходят к различным корням)?

Несов. вид	Сов. вид.	Несов. вид	Сов. вид
1. класть	a.	5. прыгать	e.
2. красить	b.	6. садиться	f.
3. ловить	c.	7. стричь	g.
4. падать	d.	8. толкать	h.

17. Переведите на русский (Dict.):
1. He was asked what height he was and answered that he was of average height.
2. Everyone should watch their figure and not get fat.
3. He has very regular features like his father.
4. A doctor can judge a patient's state of health by his complexion.
5. He goes to the hairdresser's regularly, to have his hair cut and washed.
6. After the accident she found that she could not move her right arm.
7. He fished all day, but didn't catch a single fish.
8. He moved the table closer to the window.
9. She shrugged her shoulders and blew her nose.
10. He went up in the lift but came down by the stairs.
11. We will board the first bus that arrives.
12. The boxer chased after his opponent.
13. The car built up speed and set off for town.
14. Don't follow me. I want to be alone.
15. The boat ran into a buoy, collided with another ship and capsized.

18. Обернуться и другие. Вставьте пропущенные слова:
1. Он . . . на другой бок.
2. Машина . . . и поехала в другом направлении.
3. Он . . . лицом к окну.
4. Она . . . назад.
5. Мы . . . с главной дороги на боковую.

обернуться – to turn in a particular direction (to the window, the wall)
повернуть – to change direction (back, right, left)
повернуться – to change position, e.g. to one side
развернуться – to make a turn, wheel round (of vehicles)
свернуть – to turn to the side, turn off

Level 2

1. Подберите слово, которое не относится к приведенному ряду:

(a) **по смыслу**

1. полный	2. тощий	3. хилый	4. хрупкого сложения	5. худощавый

(b) по грамматическим характеристикам (спряжение/чередование согласных):

1. завяза́ть	2. зачеса́ть	3. ласка́ть	4. ускака́ть	5. щипа́ть

2. Спряжение глагола (1-е лицо единственного числа):

Инфинитив	1-е лицо ед. числа	Инфинитив	1-е лицо ед. числа
1. маршировáть	я	4. скрести́ть но́ги	я
2. обня́ть брáта	я	5. стучáть в две́рь	я
3. сжáть кулаки́	я	6. худе́ть	я

3. Волосы. Стиль/состояние, цвет. Распределите по столбцам:
(взъеро́шенный, волни́стый, всклоко́ченный, ёжик, льняно́й, неопря́тный, растрёпанный, ру́сый, рыжевáтый, седо́й, темно-ры́жий, хво́стик)

Стиль/состояние	Цвет
1.	1.
2.	2.
3.	3.
4.	4.
5.	5.
6.	
7.	

4. Найдите следующие слова (по горизонтали и по вертикали): брюшко́, красáвец, курно́сый, левшá, лы́сина, причёска, пробо́р, то́щий, хи́лый.

а	к	р	а	с	а	в	е	ц
п	р	и	ч	е	с	к	а	б
р	в	г	д	е	ж	у	л	п
о	м	н	о	п	р	р	с	о
б	а	л	ы	с	и	н	а	х
о	б	р	ю	ш	к	о	т	о
р	л	е	в	ш	а	с	у	д
д	т	о	щ	и	й	ы	з	к
ф	ж	х	и	л	ы	й	н	а

5. Подберите определения *(Match the words on the left with the definitions on the right.)*

1. бараба́нить	a. с большо́й гру́дью
2. груда́стая	b. бе́лый (о волоса́х)
3. ду́ться	c. ча́сто стуча́ть
4. левша́	d. выража́ть оби́ду свои́м вне́шним ви́дом
5. марширова́ть	e. челове́к, кото́рый владе́ет ле́вой руко́й лу́чше, чем пра́вой
6. обня́ть	f. производи́ть коро́ткие, отры́вистые зву́ки
7. правша́	g. заключи́ть в объя́тия
8. румя́ный	h. челове́к, кото́рый владе́ет пра́вой руко́й лу́чше, чем ле́вой
9. седо́й	i. идти́ ма́ршем
10. щёлкать	j. покры́тый румя́нцем

6. Управление. Подберите подходящие падежи/предлоги + падежи (например: стричься под ёжик):

1. кише́ть [наро́д]	7. склоня́ться [посте́ль больно́го]
2. меня́ться [места́]	8. спотыка́ться [поро́г]
3. облокоти́ться [подоко́нник]	9. стоя́ть [четвере́ньки]
4. (уме́ло) обраща́ться [де́ти]	10. стри́чься [ёжик]
5. приба́вить [ша́г]	11. цепля́ться [ше́я ма́тери]
6. се́сть [ко́рточки]	12. щёлкать [па́льцы]

7. Синонимы. Подберите слова, близкие по смыслу:

I		II	
1. пятни́стый	a. полногру́дая	1. взъеро́шенный	a. оступа́ться
2. груда́стая	b. хму́риться	2. спотыка́ться	b. толо́чься
3. мо́рщиться	c. пу́хлый	3. толпи́ться	c. худоща́вый
4. по́лный	d. хрома́ть	4. то́щий	d. набира́ть ско́рость
5. прихра́мывать	e. в пятнах	5. ускоря́ться	e. всклоко́ченный

8. Антонимы. Подберите слова, противоположные по значению:

1. волоса́тый	a. умча́ться	4. сжа́ть кулаки́	d. по́лный
2. ковыля́ть	b. правша́	5. то́щий	e. лы́сый
3. левша́	c. разжа́ть кулаки́		

9. Найдите в словаре другие значения следующих слов:

	Other meaning(s)
1. бараба́нить	
2. обраща́ться	
3. по́лный	
4. склоня́ться	
5. тро́гать	
6. хво́стик	
7. хрома́ть	

10. To collapse, cave in, fall in, sag. Переведите на русский:

1. The bridge/the roof collapsed, caved in (провали́ться – collapse to from weight, age).
2. The ceiling collapsed, fell in (обвали́ться – to collapse through falling).
3. The roof collapsed (ру́хнуть – of something heavy, to collapse with a din).
4. The wall collapsed (развали́ться – to crumble and disintegrate after collapsing).
5. The ceiling sagged (прови́снуть – to collapse from sagging in the middle under weight/прогну́ться – sag under pressure of weight).

11. Сравнения. Переведите/объясните (Dict.):

1. Кише́ть как мураве́йник (о простра́нстве, перепо́лненном постоя́нно дви́гающимися людьми́).
2. Лы́сый как яи́чко (об абсолю́тно лы́сом челове́ке).
3. Обня́ть как дру́га (о серде́чном объя́тии).
4. Румя́ный как я́блоко (обы́чно о де́вушке, ребёнке или подро́стке).
5. Ры́жий как ого́нь (о я́рко-рыжеволо́сом челове́ке).
6. Све́тлый как лён (о чьей-нибудь белоку́рой голове́).
7. Седо́й как лунь (об абсолю́тно седоволо́сом челове́ке).
8. То́щий как обле́злый ко́т (о боле́зненно худо́м мужчи́не).
9. Щёлкать как оре́хи (о мастерстве́/уме́нии).

12. Вставьте пропущенные слова (вста́л х 2, кладёт, ле́зет, посади́ли, поста́вила):

1. О́н [. . . . .] свои́ де́ньги в сберба́нк.
2. Чемода́н не [. . . . .] (= не вхо́дит) в бага́жник.
3. О́н [. . . . .] с петуха́ми.
4. [. . . . .] канаре́йку в кле́тку/престу́пника в тюрьму́.
5. Она́ [. . . . .] цветы́ в ва́зу/маши́ну в гара́ж.
6. О́н [. . . . .] с ле́вой ноги́ (в плохо́м настрое́нии).

13. Переведите на русский (Dict.):

1. She combs her hair back or plaits it.
2. He seems to have had a crew cut.
3. She bent down to pick up a pin.
4. He was leaning on the window sill watching the parade go by.

5. He stretched out on the sofa and closed his eyes.
6. The ball rolled down the hill and landed in the river.
7. The nurse leant over the patient's bed and plumped up the pillows.
8. He tripped and fell flat on his face.
9. We took the lift up to the fifth floor, and came down again by the stairs.
10. I leant against the wall and boarded the No. 6 bus when it arrived.
11. She sat the cat on her knee and it began to purr.
12. He slid across the ice on his skis.
13. They all knelt down to pray.
14. He could not keep his balance, and flopped down in the mud.
15. She slipped away unobtrusively when she thought no one was looking.
16. The fans crowded at the entrance to the stadium.
17. They embraced with tears in their eyes.
18. She is a teacher and knows how to handle children.
19. The chairman tapped on the table, and everyone fell silent.
20. He clenched his fist, and the doctor checked his blood pressure.
21. She pinched me, and I woke up immediately.
22. Anna Nikolaevna was caressing the weeping child.
23. He missed his footing and fell on his back.
24. They changed places, since Vanya was sitting behind a tall man.
25. The child was crawling around on the floor.

Level 3

1. Вставьте пропущенные предлоги + падежные формы:

1. они ворвались [. . . . .] чужой дом	5. он мчится [. . . . .] весь опор
2. он втёрся [. . . . .] доверие к нам	6. лев набросился [. . . . .] оленя
3. она задела [. . . . .] стол	7. он протиснулся [. . . . .] толпу.
4. она идёт с ним [. . . . .] руку	

2. Вставьте нужную падежную форму (дательный или творительный падеж):

1. его [смерть] предшествовала болезнь	3. он топал [ноги]
2. он скрежещет [зубы]	4. мальчики швыряли [снежки]

3. Антонимы. Выделите слова, противоположные по значению:

1. бледный	a. шершавый	4. миловидный	d. отступать
2. гладкий	b. румяный	5. наступать	e. отвратительный
3. зубастый	c. беззубый	6. прелестный	f. безобразный

4. Каким должен/не должен быть герой приключенческого фильма?

Он должен быть	Он не должен быть
1.	1.
2.	2.
3.	3.
4.	4.

(беззу́бым, высо́кого ро́ста, дря́блым, загоре́лым, косогла́зым, мускули́стым, плечи́стым, пуза́тым)

5. Синонимы. Выделите слова, близкие по смыслу:

1. вздра́гивать	a. исхуда́вший	5. кра́сться	e. копа́ться
2. изможде́нный	b. содрога́ться	6. ме́шкать	f. суети́ться
3. корена́стый	c. косогла́зый	7. пусти́ться наутёк	g. убра́ться
4. косо́й	d. призе́мистый	8. снова́ть	h. ры́скать

6. Образование прилагательных от существительных:

1. челове́к без зубо́в =	a. кривоно́гий челове́к
2. челове́к, не подве́рженный страстя́м =	b. бесстра́стный челове́к
3. челове́к с густы́ми волоса́ми =	c. беззу́бый челове́к
4. челове́к с кривы́ми нога́ми =	d. остроли́цый челове́к
5. челове́к с морщи́нами =	e. волоса́тый челове́к
6. челове́к с о́стрым лицо́м =	f. морщи́нистый челове́к

7. I Выделите глагол, в спряжении которого *нет* чередования согласных:

1. вы́щипать	2. колеба́ться	3. ме́шкать	4. скака́ть	5. скрежета́ть

II Напишите подходящую форму настоящего или будущего времени каждого глагола:

1. я [вы́щипать] бро́ви	3. он [ме́шкать] с отъе́здом	5. он [скрежета́ть] зуба́ми
2. це́ну [колеба́ться]	4. она́ [скака́ть] на одно́й ноге́	

III Чем ударение в спряжении глагола *колеба́ться* отличается от ударения в других глаголах этой категории?

8. Подберите опредения *(Match the words on the left to the definitions on the right.)*

I	
1. вздёрнутый	a. высо́кий, худоща́вый и нескла́дный
2. вырази́тельный	b. беспоко́йно дви́гаться на сту́ле
3. долговя́зый	c. припо́днятый (о но́се)
4. ёрзать	d. де́лать покло́н
5. зага́дочный	e. хорошо́ выража́ющий что́-нибудь
6. кла́няться	f. непоня́тный и труднообъясни́мый

II	
1. космети́чка	a. де́лать масса́ж
2. масси́ровать	b. дли́нные пря́ди воло́с
3. пучо́к	c. с косы́м разре́зом
4. раско́сый	d. проце́ссия
5. ше́ствие	e. специали́ст по космети́ческому ухо́ду за лицо́м, те́лом
6. щу́риться	f. щу́рить глаза́

9. Найдите в словаре другие значения следующих слов (Dict./Eng.):

	Other meanings
1. безобра́зный	
2. колеба́ться	
3. косо́й	
4. наступа́ть	
5. отступле́ние	
6. пробега́ть	
7. снова́ть	

10. Переведите на русский (Dict.):
1. He put on three kilos during the summer, but intends to slim in autumn.
2. She had her hair permed and a beautician plucked her eyebrows.
3. It is difficult to purse your lips and grind your teeth simultaneously.
4. The drunk zigzagged across the square.
5. The firemen forced their way through the crowd.
6. They walked arm in arm along the embankment.
7. He tripped me up and I fell headlong.
8. She stood in the snow stamping her feet.
9. Our army advanced across a broad front.
10. The boy took to his heels when the policeman appeared.
11. He quickly skimmed through the text and wrote a brief summary.
12. Tumultuous applause preceded his speech.

13. Before setting my hair the hairdresser asked if I parted it.
14. He brushed against the table and a cup fell on the floor.
15. He insinuated himself into our company.
16. The trees were swaying in the breeze.

11. Объясните значение следующей поговорки:

Ко́нь о четырёх нога́х, да спотыка́ется.

12. Распределите глаголы по столбцам:

(безде́льничать, волочи́ть но́ги, ворва́ться, копа́ться, прогу́ливаться, снова́ть, суети́ться, удра́ть)

Быстрота	Медленность
1.	1.
2.	2.
3.	3.
4.	4.
5.	5.

Unit 5

Personality and human behaviour

General notes for all three levels:
(1) **Nouns in -(н)ость.** Many adjectives in -(н)ый (occasionally in -[н]ий or -[н]ой have nouns in -(н)ость: аккура́тность 'neatness', и́скренность 'sincerity', че́стность 'honesty'. Deadjectival nouns with other endings will be specially noted.
(2) **Negative prefix не-.** The names of many qualities can be negated with the prefix не-: недово́лен 'displeased'. Other negative prefixes will be specially noted.
(3) **The short forms of adjectives** are commonly used in predicative position: он умён, она́ умна́, они́ умны́ 'he/she is, they are clever', он добр, она́ добра́, они́ добры́ к де́тям 'he/she is, they are kind to the children'.

Level 1

Virtues and vices

аккура́тный	neat
и́скренний	sincere
лга́ть (лгу́ лжёшь лжёт лжём лжёте лгу́т)/со-	to lie
недоста́ток (gen. недоста́тка)	defect
че́стный	honest

Benevolence and malevolence

гума́нный	humane
до́брый (к + dat.)	kind (to) (доброта́ 'kindness')
зло́ (gen. pl. зол)	wickedness, evil
злой	wicked, evil
эгоисти́чный	selfish

Intolerance

суро́вый	severe

Friendliness and hostility

вра́г (gen. врага́)	enemy
дру́г (pl. друзья́ друзе́й)	friend
дру́жба	friendship
дружи́ть impf. (с + instr.)	to be friends with
дружи́ться/по- (с + instr.)	to make friends (with)
знако́миться (знако́млюсь знако́мишься)/по- (с + instr.)	to make the acquaintance (of)
знако́мый/знако́мая (adj. noun)	acquaintance (знако́мство 'acquaintance, familiarity')
любе́зный	affable
люби́ть (люблю́ лю́бишь)/по- (за + acc.)	to like, love (for)
любо́вь (gen. любви́ instr. любо́вью) (к + dat.)	love (for)
обща́ться impf. (с + instr.)	to associate (with)
общи́тельный	sociable
отноше́ние (к + dat.)	relation (to)
приве́тливый	affable
разгова́ривать (с + instr.)	to be on speaking terms (with)
серде́чный	cordial
симпати́чный	likeable
смешно́й	funny

Cognates: серде́чный is cognate with се́рдце 'heart', with ц/ч mutation.

Ло́жный дру́г: симпати́чный is a 'false friend': it does *not* mean 'sympathetic'.

Literary note: Pushkin's most famous love poem (1825) begins: «Я ва́с люби́л: любо́вь ещё, быть мо́жет, / В душе́ мое́й уга́сла не совсе́м.» ('I loved you: perhaps my love is still not quite extinguished in my heart').

Politeness/impoliteness

беспоко́ить/по-	to bother
ве́жливый (с + instr.)	polite (to)
груби́ть (грублю́ груби́шь)/на- (+ dat.)	to be rude (to)
гру́бый	coarse, uncouth

Word formation: беспоко́ить is based on бес- 'without' and поко́й 'peace'.

Mood

весёлый	cheerful
гру́стный	sad (грусть f. 'sadness')
дово́лен (+ instr.)	satisfied (with) (дово́льство 'contentment')
несча́стный	unhappy
ра́д (+ dat.)	glad (to see someone)
серди́т (на + acc.)	annoyed, angry (with)
счастли́вый	happy

Note: (1) (не)сча́стье '(un)happiness' (2) ра́д has no long form (3) серди́т is cognate with се́рдце 'heart' (supposedly the seat of strong feelings and mental states).

Literary note:

(1) L. N. Tolstoy's novel «А́нна Каре́нина» begins: «Все счастли́вые се́мьи похо́жи друг на дру́га, ка́ждая несчастли́вая семья́ несча́стлива по-сво́ему» ('All happy families are alike, each unhappy family is unhappy in its own way').

(2) A. P. Chekhov's play «Ча́йка» begins on a mournful note: Medvedenko (to Masha). «Отчего́ вы всегда́ хо́дите в чёрном?» ('Why do you always wear black?') Masha. «Э́то тра́ур по мое́й жи́зни. Я несча́стна» ('I am in mourning for my life. I am unhappy').

State of mind

озабо́ченный	worried, anxious
споко́йный	serene, laid-back (споко́йствие 'tranquillity')
стре́сс	stress

Note: озабо́ченный is the perfective passive participle of озабо́тить 'to cause anxiety'.

Attitude

внима́тельный	thoughtful
осторо́жный	careful
сме́лый	bold
то́чный	precise
уважа́ть impf.	to respect
уваже́ние	respect (из уваже́ния к + dat. 'out of respect for')
усе́рдный	assiduous

Note: use of imperfective passive participle Уважа́емый/-ая in beginning a letter: Уважа́емый Ива́н (Петро́вич)! Уважа́емая А́нна (Петро́вна)! Also, depending on the status of the addressee, Многоуважа́емый/-ая! and Глубокоуважа́емый/-ая! Letters can end С уваже́нием (С глубо́ким уваже́нием).

Intelligence

глу́пый	stupid
у́мный	intelligent (ум 'mind, intelligence')
хи́трый	crafty

Cognates: хи́трый is cognate with хи́щник 'predator' and originally meant 'seizing'.

Energy and apathy

лени́вый	lazy (ле́нь f. 'laziness')

Courage and cowardice

боя́ться impf. (бою́сь бои́шься) (+ gen.)	to be afraid (of)
стра́шный	fearful, terrible (стра́х 'fear')
хра́брый	brave

Honesty, dishonesty, and trust

ве́рный	faithful, loyal
открове́нный	frank, candid
такти́чный	tactful, discreet

Literary note: Tatyana, the heroine of «Евге́ний Оне́гин», rejects Onegin's amorous advances with the words: «Но я́ друго́му отдана́; Я бу́ду ве́к ему́ верна́» ('But I belong to another and will be faithful to him always').

Modesty and pride

горди́ться impf. (горжу́сь горди́шься) (+ instr.)	to be proud (of)
засте́нчивый	shy
скро́мный	modest

Willpower

сла́бый	weak
упря́мый	obstinate (упря́мство 'obstinacy')

Exercises

Level 1

(1) Grammar

1. Instrumental or c + instrumental?

I **И́ми or с ни́ми? Which is the odd one out (takes и́ми)?**

	И́ми or с ни́ми?		И́ми or с ни́ми?
1. я горжу́сь		3. я обща́юсь	
2. я дружу́			

II

	На́ми or с на́ми?		На́ми or с на́ми?
1. он дово́лен		3. он разгова́ривал	
2. он познако́мился			

2. Dative or к + dative?

	Гостя́м or к гостя́м?		Гостя́м or к гостя́м?
1. он внима́телен		4. я ра́д	
2. он нагруби́л		5. уваже́ние	
3. она́ добра́			

3. Second-conjugation verbs with consonant change in the first-person singular (б/бл д/ж м/мл). Replace the past-tense forms by present-tense forms:

1. я горди́лся свои́ми детьми́	я . . . .
2. я груби́л роди́телям	я . . . .
3. я знако́мился с тури́стами	я . . . .
4. я люби́л свою́ жену́	я . . . .

4. Use appropriate present-tense forms of the verb боя́ться:

1. я бою́сь	хо́лода	4. мы	экза́мена
2. ты	опера́ции	5. вы	кри́тики
3. он/она́	темноты́	6. они	сме́рти

(2) Recognition and differentiation

5. Find other meanings of the following words in the dictionary:

	Other meanings
1. аккура́тный	
2. ве́рный	
3. гру́бый	
4. недоста́ток	
5. счастли́вый	
6. у́мный	

6. Match up the opposites:

	Opposites		Opposites
1. ве́жливый	гру́бый	5. друг	
2. весёлый		6. лени́вый	
3. глу́пый		7. озабо́ченный	
4. до́брый		8. счастли́вый	

(враг, гру́бый, гру́стный, злой, несча́стный, споко́йный, у́мный, усе́рдный)

7. Select an appropriate adjective for each noun:

I

1. ве́рная	жена́	3.	зима́
2.	де́вочка	4.	игра́

(ве́рная, гру́бая, засте́нчивая, суро́вая)

and an appropriate noun for each adjective:

II

1. симпати́чный	молодо́й челове́к	3. у́мный	
2. смешно́й		4. хра́брый	

(анекдо́т, молодо́й челове́к, учени́к, солда́т)

8. Crossword.

I Nouns

Clues	Solutions
1. relation between friends (6)	д . . . . .
2. demand on physical or mental energy (6)	с . . . . .
3. wickedness (3)	з . .
4. want, need (10)	н . . . .
5. warm affection (6)	л . . . . .

II Verbs

Clues	Solutions
1. to tell untruths (5)	л . . . .
2. to be scared of (7)	б . . . . . .
3. to be rude (7)	г . . . . . .
4. to be friends with (7)	д . . . . . .
5. to associate with (8)	о . . . .

III Adjectives. Match up the two columns:

1. ве́жливый	a. себялюби́вый
2. глу́пый	b. лука́вый
3. смешно́й	c. не о́чень у́мный
4. хи́трый	d. вызыва́ющий смех
5. эгоисти́чный	e. хорошо́ воспи́танный

9. Similes.

(1) Complete the similes:

1. Глуп как . . . . (of someone stupid but also smug and conceited)
2. Упря́м как . . . .
3. Хра́бр как . . . .

(гу́сь, ле́в, осёл)

(2) Translate or find equivalent English similes:

Добр как а́нгел   As kind as . . . .
Злой как дья́вол   As wicked as . . . .
Смел как со́кол   As bold as . . . .
Споко́ен как о́зеро   As calm as . . . . (of an exceptionally level surface)
Хи́трый как цыга́н   As cunning as . . . .

(3) Translation and dictionary drill

10. Translate into English:

1. У мини́стра мно́го недоста́тков: о́н нече́стен, эгоисти́чен и хитёр.
2. Они́ познако́мились на ве́чере та́нцев, а неда́вно пожени́лись.
3. «Друзья́ узнаю́тся в беде́», говоря́т ру́сские. А ка́к э́то бу́дет по-англи́йски?
4. «Бу́дьте любе́зны, переда́йте, пожа́луйста, со́ль», сказа́л го́сть.
5. «Я вас немно́го побеспоко́ю, мне ну́жно пройти́ к окну́», сказа́л журнали́ст.
6. Она́ дово́льна свои́ми учени́ками. Всё сда́ли экза́мен на пя́ть.
7. «Входи́те, раздева́йтесь, проходи́те в гости́ную. Я всегда́ ра́д гостя́м.»
8. Бу́дьте осторо́жны! Часы́ в на́шем о́фисе не всегда́ пока́зывают то́чное вре́мя.
9. Вся́ страна́ бои́тся за жи́знь зало́жников.
10. Стре́сс – одно́ из необходи́мых зо́л совреме́нного ми́ра.
11. Она́ так боя́лась конфли́кта, что упа́ла в о́бморок, узна́в, что война́ не за гора́ми.
12. Судья́ удали́л футболи́ста с по́ля за гру́бую игру́.
13. Разрази́лась стра́шная бу́ря, и мы́ побежа́ли домо́й.
14. Открове́нно говоря́, о́н не та́к умён, как ка́жется.

11. Translate into Russian:

1. My sister is very kind to my children. Everyone loves her for her kindness.
2. The winter of 1963 was severe in the south of England.
3. We have been friends for 20 years. We became friends in Kiev in 1980.
4. He doesn't like people, does not associate either with colleagues or acquaintances. He is neither sociable nor affable.
5. He and I used to be good friends but have not spoken for ten years.
6. Father is very angry with Vanya for being rude to the teacher.
7. In some Eastern countries they respect old people more than young people.
8. At the end of her letter to the principal she wrote the words: 'With profound respect'.
9. He is modest and shy, but is very proud of being Russian.
10. On the poster I read the words: 'Never lie!'
11. The officers stood up out of respect for the president.
12. Everyone respects him for his humane attitude to poor people.

(4) Word formation

12. Nouns in -(н)ость from adjectives in -(н)ый/-(н)ий. Which is the odd one out (the adjective that does *not* have a noun in -(н)ость)?

I

1. аккура́тный	2. гума́нный	3. до́брый	4. любе́зный

II

| 1. и́скренний | 2. сла́бый | 3. упря́мый | 4. че́стный |

III

| 1. ве́жливый | 2. сме́лый | 3. споко́йный | 4. хи́трый |

Level 2

Reminder: nouns from adjectives in -ый/-ий/-ой end in -ость unless otherwise indicated.

Word formation: без-/бес- is used in many adjectives and nouns as a negative prefix (thus бессты́дный 'shameless'):

Prefix	Root	Suffix	Ending
бес-	-стыд-	-н-	-ый

Virtues and vices, strictness and laxity

бессты́дный	shameless (бессты́дство 'shamelessness')
гостеприи́мный	hospitable (гостеприи́мство 'hospitality')
жа́лкий	abject
зави́довать (зави́дую зави́дуешь)/по- (+ dat.)	to envy
за́висть (f.) (к + dat.)	envy (for, of)
на́божный	pious
не́нависть (f.) (к + dat.)	hatred (of)
нра́вственный	moral (безнра́вственный 'immoral')
поря́дочный	upright
посты́дный	shameful
предубеждённый	prejudiced
присто́йный	decent
проявля́ть/прояви́ть (проявлю́ проя́вишь)	to display (a feeling, quality)
стыдли́вый	bashful
сты́дно	it is shameful (как вам не сты́дно! 'you should be ashamed of yourself!')
терпели́вый	patient
тща́тельный	meticulous

Word origins: гостеприи́мный is based on го́сть 'guest' and приня́ть 'to receive'.

Literary note: «За́висть» is the title of a novel by Yuri Olesha. Written in 1927, it is about the revolt of the individual against the new collective order. Olesha was concerned that the new collective Communist society might eliminate personal feelings.

Benevolence and malevolence, generosity

безразли́чный	indifferent
беспристра́стный	impartial
забо́титься (забо́чусь забо́тишься) (о + prep.)/по-	to take care (of), look (after)
забо́тливый	considerate
зло́ба	rancour
милосе́рдный	charitable, compassionate (милосе́рдие 'mercy')
насме́шливый	mocking, derisive
неприя́знь (f.) (к + dat.)	dislike (of)
скупо́й	miserly, mean
справедли́вый	fair

Friendliness and hostility

вражда́ (к + dat.)	enmity (for)
мири́ть/по-	to reconcile
оби́дчивый	touchy
обижа́ть/оби́деть (оби́жу оби́дишь)	to offend (обижа́ться/оби́деться 'to take offence')
приспоса́бливаться/ приспосо́биться (к + dat.)	to adapt oneself (to)
сде́ржанный	reserved
стра́сть (к + dat.)	passion (for)
сходи́ть (схожу́ схо́дишь)/сойти́ (сойду́ сойдёшь) (сошёл сошла́) с ума́	to go mad
тре́бовательный	demanding

Politeness/impoliteness

здоро́ваться/по- (с + instr.)	to greet (someone)
наха́льный	insolent
печа́льный	sad (печа́ль (f.) 'sadness')
проща́ться/прости́ться (прощу́сь прости́шься) (с + instr.)	to say goodbye (to)

State of mind

вспы́льчивый	quick-tempered
го́ре	grief
напряжённый	tense
поко́рный	docile
раздражённый	irritated
тре́звый	sober
уравнове́шенный	well-balanced

Word origins: напряжённый is the perfective passive participle of
    напря́чь 'to tense, strain'.

Literary note: «Го́ре от ума́» (written 1822–24) is the title of a satirical
    comedy in rhymed verse by Alexander Griboedov. Its hero, Chatsky,
    is the prototype of the 'superfluous man', feeling the need for social
    and political change but unable to do anything about it.

Attitude

бережли́вый	thrifty
относи́ться (отношу́сь отно́сишься)/отнести́сь (отнесу́сь отнесёшься) (отнёсся отнесла́сь) (к + dat.)	to relate, react to
рассе́янный	absent-minded

Relation/reaction

бесстра́шный	fearless (бесстра́шие 'fearlessness')
дальнови́дный	far-sighted
жа́лость (f.) (к + dat.)	pity (for)
небре́жный	careless
приле́жный	assiduous
совмести́мый	compatible
хладнокро́вный	cool, composed (хладнокро́вие 'sang-froid')

Intelligence

му́дрый	wise
нахо́дчивый	resourceful
неве́жественный	ignorant (неве́жество 'ignorance')
одарённый	gifted
остроу́мный	witty (остроу́мие 'wit')
разу́мный	rational, reasonable
учи́ться (учу́сь у́чишься)/на- (+ dat. or infin.)	to learn (something, to do something)

Energy/apathy

вя́лый	lethargic
делови́тый	efficient
неря́шливый	sloppy
пра́здный	idle
предприи́мчивый	enterprising

Courage and cowardice

му́жество	courage
ро́бкий	timid (ро́бость (f.) 'shyness')
сме́лый	bold
тру́с	coward
трусли́вый	cowardly

Honesty, dishonesty, trust

беста́ктный	tactless
вероло́мный	perfidious
дове́рие (к + dat.)	trust (in)
дове́рчивый	trustful
доверя́ть/дове́рить (+ dat.)	to trust
кова́рный	insidious (кова́рство 'insidiousness')
лицеме́рный	hypocritical (лицеме́рие 'hypocrisy')
наи́вный	naive
притворя́ться/ притвори́ться (+ instr.)	to pretend (to be)

Modesty and pride

высокоме́рный	arrogant (высокоме́рие 'arrogance')
презре́ние	contempt
тщесла́вный	vain (тщесла́вие 'vanity')
уве́ренный в себе́	self-confident

Word origins: тщесла́вие is from Church Slavonic тъщии 'vain' + сла́ва 'glory', calqued from Greek *kenodoxia* 'vanity' (Greek *kenos* 'empty', *doxa* 'opinion').

Willpower

упо́рный	persistent (упо́рство 'persistence')

Exercises

Level 2

(1) Grammar

1. To which gender category do all the following soft-sign nouns belong?

1. зависть	2. ненависть	3. неприязнь	4. печаль	5. робость

2. Verb conjugation I. Consonant mutation in the first-person singular (б/бл в/вл д/ж с/ш т/ч ст/щ). Replace third-person by first-person forms:

1. она заботится о своём здоровье	я . . . .
2. он, наверное, обидится на её слова	я . . . .
3. он относится к числу оптимистов	я . . . .
4. она проявит интерес к проекту	я . . . .
5. она приспособится к условиям	я . . . .
6. он простится с тобой	я

3. Verb conjugation II. Завидовать and здороваться. Give the first- and third-person singular of завидовать and здороваться. Why are the two verbs differently conjugated?

1. завидовать	я	он/она . . . .
2. здороваться	я	он/она . . . .

4. Prepositional usage. Dative case or к + dative I?
Insert к between the square brackets where appropriate (in three cases out of four):

1. Дали ему компенсацию из жалости [. . .] его семье.
2. Ты завидуешь [. . .] её счастью?
3. Он старается серьёзно отнестись [. . .] этому делу.
4. Её организм приспособился [. . .] холодному климату.

Dative case or к + dative II (Insert к in three cases out of five):

1. Страсть [. . .] коллекционированию началась у него рано.
2. Он не скрывал своей ненависти [. . .] врагу.
3. Алексей доверял [. . .] своему отцу во всём.
4. Она испытывала чувство зависти [. . .] своей подруге.
5. Я учился [. . .] философии у профессора Ильина.

5. Other prepositional usage. Replace the nouns in square brackets by appropriate prepositional phrases:

1. я уве́рен [э́то] в э́том	4. она́ здоро́вается [колле́га]
2. она́ проща́ется [подру́га]	5. она́ забо́тится [де́ти]
3. о́н оби́делся [мои́ слова́]	6. о́н помири́л на́с [вра́г]

(в + prep. на + acc. о + prep. с + instr.)

(2) Recognition and differentiation

6. Каки́ми они́ должны́ бы́ть? Use appropriate adjectives in the instrumental case:

1. бизнесме́н	до́лжен бы́ть	предприи́мчивым
2. води́тель	до́лжен бы́ть	
3. поли́тик	до́лжен бы́ть	
4. рыба́к	до́лжен бы́ть	
5. солда́т	до́лжен бы́ть	
6. судья́	до́лжен бы́ть	

(предприи́мчивым, справедли́вым, терпели́вым, тре́звым, че́стным, хра́брым)

7. Crosswords.

I

English clues	Solutions
1. extremely devout and prayerful (8)	на́божный
2. displaying mercy (11)	м . . . .
3. insolent (9)	н . . . .
4. sagacious, abounding in wisdom (6)	м . . . . .
5. businesslike and efficient (9)	д . . . .
6. indolent and slow-moving (5)	в . . . .
7. guided by reason (8)	р . . . . . .

II

Russian clues	Solutions
1. испы́тывать за́висть (10)	зави́довать
2. восстана́вливать ми́рные отноше́ния (6)	м . . . . .
3. потеря́ть рассу́док (5, 1, 3)	с . . . с у. .
4. поступа́ть неи́скренне (12)	п . . . .
5. не люби́ть (10)	н . . . .
6. испы́тывать жа́лость (6)	ж . . . . .

III **Match up the columns:**

1. вражда́	a. чу́вство недоброжела́тельства
2. го́ре	b. вра́жеские отноше́ния
3. жа́лость	c. си́льная любо́вь
4. зло́ба	d. глубо́кая печа́ль
5. стра́сть	e. челове́к, кото́рый бои́тся всего́
6. тру́с	f. сострада́ние

8. Antonyms.

I **Match up the opposites:**

	Opposites
1. беспристра́стный	a. энерги́чный
2. бесстра́шный	b. такти́чный
3. беста́ктный	c. предубеждённый
4. вя́лый	d. трусли́вый

II **Select appropriate opposites for the right-hand column:**

	Opposites
1. вспы́льчивый	
2. неве́жественный	
3. нра́вственный	
4. раздражённый	

(безнра́вственный, зна́ющий, споко́йный, хладнокро́вный)

III **Find opposites for the following:**

	Opposites		Opposites
1. весёлый		4. стыдли́вый	
2. небре́жный		5. ще́дрый	
3. пра́здный			

9. Similes.

I **Find appropriate similes:**
1. Вспы́льчив как . . . .
2. Му́дрый как . . . .
3. Наи́вный как . . . .
4. Наха́льный как . . . .

5. Приле́жный как . . . .
6. Скупо́й как . . . .

Note: (1) is used of an emotional, irascible person, liable to 'explode' (3) is used ironically, of someone childishly naive for their age.

(Коще́й, младе́нец, мураве́й, обезья́на, по́рох, Соломо́н)

II Translate/find appropriate English equivalents:
1. Вял как тря́пка (of someone spineless and lacking in principles).
2. Жа́лкий как мышо́нок (of a small, abject person, often a child).
3. Ро́бок как за́яц.
4. Трусли́в как ку́рица (of someone fussily anxious about everything).

(3) Translation and dictionary drill

10. Translate into English:
1. Все зави́дуют ему́: он поступи́л в МГУ.
2. Он пита́ет не́нависть ко всем свои́м полити́ческим проти́вникам.
3. Из за́висти к свое́й сестре́ она́ сама́ поступа́ла в театра́льный институ́т.
4. Проявля́я беспрецеде́нтный герои́зм, он вы́нес де́вочку из горя́щего до́ма.
5. Он сошёл с ума́ и попа́л в психбольни́цу.
6. Он ушёл в плохо́м настрое́нии, не попроща́вшись с колле́гами.
7. Поли́тики по-ра́зному отнесли́сь к реше́нию прави́тельства объяви́ть войну́.

11. Fill the gaps with approriate words and translate:
1. Из . . . ко вдо́вам поги́бших моряко́в, прави́тельство вы́платило им де́нежную компенса́цию.
2. Для публика́ции кни́ги необходи́мо, что́бы софтве́йр а́втора и софтве́йр изда́тельства бы́ли . . . .
3. Телепереда́ча «Клуб весёлых и . . . » (КВН) по́льзовалась популя́рностью в сове́тские времена́.
4. Он не . . .: он прояви́л образцо́вое му́жество во вре́мя пожа́ра.
5. Солда́т лежа́л неподви́жно, . . . мёртвым.
6. . . . же́сты и непристо́йное поведе́ние актёров заставля́ли её красне́ть.
7. У англича́н . . . хара́ктер, но не́которые брита́нцы темпера́ментны.

(бессты́дные, жа́лости, нахо́дчивых, притворя́лся, сде́ржанный, совмести́мы, трус)

12. Translate into Russian:
1. I did not want to offend her, but she took offence at my words all the same.
2. He took a long time to adapt to army life.
3. Specialist nurses care for the patients in ward No. 6.
4. Arriving at work, the boss greeted the employees.
5. When leaving a meeting of the Senate the absent-minded professor switched out the light.
6. This gifted child has learnt to use a computer and is now learning programming.
7. She reacted with contempt to the protests of the arrogant and vain actor.

8. He trusted his father in everything, had complete confidence in his experience.
9. You should be ashamed of yourself! A decent man does not behave like that.
10. For a long time he dared not open the envelope with the results of the cardiogramme.

(4) Word formation

13. Adjectives in -ливый or -чивый?

Adjectival root	-ливый or -чивый?	Meaning
1. береж–	бережли́вый	thrifty
2. вспыль–		
3. довер–		
4. забот–		
5. насмеш–		
6. наход–		
7. неряш–		
8. обид–		
9. предприим–		
10. стыд–		
11. терпе–		

14. Adjectives.

I Adjectives in -ость. Which in each group is/are the odd one(s) out (has a noun other than in -ость)?

(a)

1. бессты́дный	2. на́божный	3. нра́вственный	4. справедли́вый

(b)

1. безразли́чный	2. гостеприи́мный	3. присто́йный	4. скупо́й

(c)

1. вспы́льчивый	2. напряжённый	3. поко́рный	4. хладнокро́вный

(d)

1. вя́лый	2. делови́тый	3. лицеме́рный	4. небре́жный

(e)

1. рассе́янный	2. терпели́вый	3. тре́бовательный	4. упо́рный

II Which of the following adjectives has a noun other than in -ие?

1. бесстра́шный	2. высокоме́рный	3. кова́рный	4. остроу́мный

Level 3

Virtues and vices

безпринци́пный	unscrupulous
доброде́тельный	virtuous
коррумпи́рованный	corrupt
лжи́вый	untruthful
неподку́пный	incorruptible
обжо́ра (m. and f.)	glutton
обжо́рство	gluttony
позо́рный	shameful
поро́чный	depraved, wanton
поступа́ть/поступи́ть (поступлю́ посту́пишь)	to act, behave
правди́вый	truthful
развра́тный	dissolute
раска́яние	repentance, contrition
тво́рческий	creative (тво́рчество 'creativity')
ханжа́ (m. and f.)	prude, prig
ха́нжеский	prudish, priggish (ха́нжество 'prudishness')

Word origins: ханжа́ is based on Turkic (*hadji* a Muslim who has been on a pilgrimage to Mecca, literally 'pilgrim', later 'sanctimonious person').

Benevolence and malevolence

а́лчный	covetous
бескоры́стный	disinterested
великоду́шный	magnanimous (великоду́шие 'magnanimity')
жа́дный	greedy
мсти́тельный	vindictive
мсти́ть (мщу́ мсти́шь)/ото- (+ dat. or за + acc.)	to take vengeance on, to avenge
отзы́вчивый	responsive
по́длый	base
пре́данный	devoted
презри́тельный	contemptuous

самоотве́рженный	selfless, self-sacrificing
сострада́тельный	compassionate

Note: мсти́ть takes the dative of the person on whom vengeance is wreaked and за + accusative of the person or act being avenged.

Tolerance and intolerance

бесчу́вственный	insensitive
надоеда́ть/надое́сть (надое́м надое́шь) (+ dat.)	to bore
неумоли́мый	implacable
привыка́ть/привы́кнуть (past привы́к привы́кла) (к + dat.)	to get used (to)
произво́льный	arbitrary
равноду́шный (к + dat.)	indifferent (to)

Friendliness and hostility

влюбля́ться/влюби́ться (влюблю́сь влю́бишься) (в + acc.)	to fall in love with
ги́бкий	flexible
де́йствовать/по- на не́рвы (+ dat.)	to get on (someone's) nerves
драчли́вый	pugnacious
издева́ться impf. (над + instr.)	to mock, ridicule
ла́дить (ла́жу ла́дишь) impf. (с + instr.)	to get on well with
миролюби́вый	peace-loving
назо́йливый	intrusive
обая́ние	charm
отка́зываться/отказа́ться (от + gen., or inf.)	to refuse
пода́тливый	complaisant
покла́дистый	obliging
послу́шный	obedient
похвала́	praise
презира́ть impf.	to despise
пренебрежи́тельный	disdainful
придира́ться/придра́ться (придеру́сь придерёшься) (к + dat.)	to find fault (with), pick (on)
примири́тельный	conciliatory
при́торный	cloying
раздражи́тельный	bad-tempered
ревни́вый	jealous (ре́вность (f.) 'jealousy')

ревнова́ть (ревну́ю ревну́ешь)/при- (+ acc. of offending partner, к + dat. of rival)	to be jealous (of) (over)
сварли́вый	quarrelsome
соглаша́ться/согласи́ться (соглашу́сь согласи́шься) (с + instr.) (на + acc.)	to agree (with) (to)
спо́рить/по-	to argue
ужи́вчивый	easy to get on with
уступа́ть/уступи́ть (уступлю́ усту́пишь) (+ dat.)	to yield (to)
чо́порный	prim

Behaviour

де́рзкий	cocky (де́рзость 'insolence')
скверносло́вить impf. (скверносло́влю скверносло́вишь)	to use foul language
сова́ть (сую́ суёшь)/су́нуть нос (в + acc.)	to pry (into)
сомнева́ться impf. (в + prep.)	to doubt (something)
ха́мский	boorish (ха́мство 'boorishness')

Word origins: ха́м derives from Ха́м (Ham), son of Noah and cursed by Noah for mocking his father's nakedness and drunkenness (Genesis 9:20–22, 25).

Mood

беспе́чный	light-hearted
любопы́тный	curious, nosy (любопы́тство 'curiosity')
уны́лый	despondent

State of mind

восто́рг (в восто́рге от + gen.)	rapture (delighted with)
зли́ться/разо- (на + acc.)	to be angry (with)
изме́нчивый	changeable
ко́мплекс неполноце́нности	inferiority complex
пове́рхностный	superficial
самоуве́ренный	self-confident
сумасше́ствие	madness

Character traits, qualities

бди́тельность	vigilance
безрассу́дный	reckless (безрассу́дство 'recklessness')
красноречи́вый	eloquent (красноре́чие 'eloquence')
предусмотри́тельный самостоя́тельный	self-sufficient
уравнове́шенный	level-headed

Courage and cowardice

му́жественный	courageous (му́жество 'courage')
отва́жный	daring
трусли́вый	cowardly

Honesty, dishonesty, and trust

искажа́ть/исказ́ить (искажу́ искази́шь)	to distort
легкове́рный	credulous, gullible
обма́н	deceit
обма́нывать/обману́ть (обману́ обма́нешь)	to deceive
скры́тный	secretive

Modesty and pride

лука́вый	crafty, sly (лука́вство 'craftiness')
надме́нный	arrogant
самодово́льный	smug (самодово́льство 'complacency')
снисходи́тельный	condescending
хва́статься/по- (+ instr.)	to boast (of)

Willpower

бесхара́ктерный	spineless
реши́тельный	decisive

Intelligence and cunning

изобрета́тельный	inventive, resourceful
моше́нник	swindler, trickster
непогреши́мый	infallible

Word origins: моше́нник derives from obsolete мошна́ 'bag, purse', thus literally 'pick-pocket', subsequently 'swindler'.

Exercises

Level 3

(1) Grammar

1. Conjugation.

I **Second-conjugation verbs with consonant change in the first-person singular (б/бл в/вл д/ж з/ж п/пл ст/щ):**

1. о́н влю́бится в балери́ну	я . . . .
2. о́н не искази́т пра́вду	я . . . . пра́вду
3. она́ ла́дит с сосе́дями	я . . . .
4. мы́ отомсти́м врагу́	я . . . .
5. о́н посту́пит пра́вильно	я . . . . пра́вильно
6. о́н никогда́ не скверносло́вит	я . . . .
7. о́н согласи́тся на но́вые усло́вия	я . . . .
8. о́н усту́пит своё ме́сто стару́хе	я . . . .

II **Verbs in -овать. Transfer to the present tense, with special attention to stress:**

1. о́н де́йствовал е́й на не́рвы	о́н . . . .
2. она́ ревнова́ла му́жа к подру́ге	она́ . . . .
3. о́н сова́л но́с в чужи́е дела́	о́н . . . .

III **Мне надое́л надое́ла надое́ло надое́ли**

1. мне́ . . . . э́тот ста́рый компью́тер	4. мне́ . . . . исправля́ть его́ оши́бки
2. мне́ . . . . её постоя́нная ре́вность	5. мне́ . . . . его́ упрёки
3. мне́ . . . . его́ увлече́ние футбо́лом	

2. Prepositional usage.

I **Dative case or к + dative? Insert к as appropriate:**

1. они́ мстя́т [. . .] террори́стам	3. о́н всё вре́мя придира́ется [. . .] на́м
2. я́ уже́ привы́к [. . .] но́вой жи́зни	4. о́н ревну́ет жену́ [. . .] зя́тю

II **За + acc. or на + acc.? Fill the gaps with the appropriate preposition:**

1. о́н де́йствует мне́ [. . .] не́рвы	3. она́ разозли́лась [. . .] меня́
2. она́ отомсти́ла [. . .] отца́	4. о́н согласи́лся [. . .] её предложе́ние

III **B + acc. or в + prepositional? Place the nouns in square brackets in the correct case (accusative or prepositional):**

1. Пётр влюби́лся в [Ма́ша]	3. я́ не сомнева́юсь в [её че́стность]
2. о́н всё вре́мя суёт но́с в [её дела́]	

IV **Instrumental case or над + instrumental? Insert/omit над as appropriate:**

1. де́вочки издева́лись [. . .] её старомо́дной оде́ждой	2. она́ хва́сталась [. . .] свои́м женихо́м

(2) Recognition and differentiation

3. Intensity. Which in each pair of adjectives is the more intense?

1. бескоры́стный	самоотве́рженный	5. жа́дный	а́лчный
2. беспринци́пный	развра́тный	6. му́жественный	отва́жный
3. наха́льный	де́рзкий	7. пренебрежи́-тельный	снисходи́тельный
4. нахо́дчивый	изобрета́тельный	8. сварли́вый	драчли́вый

4. Каки́ми они́ должны́ быть?

1. Ора́тор	до́лжен быть	красноречи́вым
2. Победи́тель	до́лжен быть	
3. Ребёнок	до́лжен быть	
4. Солда́т	до́лжен быть	
5. Сто́рож	до́лжен быть	
6. Худо́жник	до́лжен быть	

(бди́тельным, великоду́шным, красноречи́вым, му́жественным, послу́шным, тво́рческим)

5. Каки́ми они́ *не* должны́ быть?

1. бюрокра́т	не до́лжен быть	коррумпи́рованным
2. мини́стр	не до́лжен быть	
3. му́ж	не до́лжен быть	
4. покупа́тель	не до́лжен быть	
5. свиде́тель	не до́лжен быть	

(коррумпи́рованным, легкове́рным, лжи́вым, надме́нным, ревни́вым)

6. Opposites.

I Find opposites for the following adjectives:

1. беспе́чный		3. му́жественный	
2. драчли́вый		4. надме́нный	

(миролюби́вый, скро́мный, трусли́вый, уны́лый)

II Match the opposites in the columns:

1. лжи́вый	a. открове́нный
2. неподку́пный	b. бесчу́вственный
3. скры́тный	c. правди́вый
4. сострада́тельный	d. коррумпи́рованный

7. Crosswords.

I Verbs

Clues	Solutions
1. стра́стно полюби́ть кого́-нибудь (9)	влюби́ться
2. испы́тывать зло́сть (7)	з . . . . .
3. жи́ть в согла́сии (6)	л . . . .
4. употребля́ть непристо́йные слова́ (14)	с . . . .
5. вести́ спо́р, возража́ть (7)	с . . . .
6. отказа́ться от чего́-нибудь в по́льзу другого́ (8)	у . . . . . .

II Adjectives. Match up the columns:

1. скло́нный лга́ть (6)	a. любопы́тный
2. отлича́ющийся любопы́тством (10)	b. неподку́пный
3. никогда́ не ошиба́ющийся (12)	c. правди́вый
4. совершённо че́стный (11)	d. при́торный
5. лю́бящий говори́ть пра́вду (9)	e. лжи́вый
6. сли́шком любе́зный (9)	f. непогреши́мый

III Nouns

Clues	Solutions
1. ра́достные чу́вства (7)	в . . . .
2. да́р хорошо́ и краси́во говори́ть (11)	к . . . .
3. очарова́ние (7)	о . . . . .
4. челове́к, жа́дный на еду́ (6)	о . . . .
5. психи́ческое расстро́йство (12)	с . . . .

8. Similes.

(1) Select appropriate similes from the list:
1. А́лчный как . . . .
2. Жа́дный как . . . .
3. Надме́нный как . . . .
4. По́длый как . . . .
5. Пре́дан как . . . .

(во́лк, инде́йский пету́х, пау́к, соба́ка, шака́л)

Note: 3 can denote (a) devotion (b) servility.

(2) Translate into English:
1. Ги́бкий как тростни́к.
2. Красноречи́в как Демосфе́н.
3. Ревни́в как Оте́лло.
4. Сварли́ва как ве́дьма.

Note: (1) is said of a supple and graceful person (3) of a jealous and vindictive man, usually a husband (4) of a woman.

Which, semantically, is the odd one out?

9. Allocate the adjectives to the positive and negative columns:

Positive qualities	Negative qualities

(1 бесхара́ктерный 2 доброде́тельный 3 мсти́тельный 4 пове́рхностный
5 предусмотри́тельный 6 примири́тельный 7 произво́льный 8 раздражи́тельный
9 самоотве́рженный 10 самостоя́тельный 11 самоуве́ренный 12 уравнове́шенный)

(3) Translation and dictionary drill

10. Find English equivalents for the following:

(a) зако́н по́длости	(b) опти́ческий обма́н
(c) поро́чный кру́г	(d) поста́вить к позо́рному столбу́

11. Read out loud, translate and learn this reassuring verse by heart:

«Е́сли жи́знь тебя́ обма́нет,
Не печа́лься, не серди́сь!
В де́нь уны́ния смири́сь:
Де́нь весе́лья, ве́рь, наста́нет»
(A. S. Pushkin, 1825).

12. Translate into English with the aid of a dictionary:

1. Безрассу́дные автохулига́ны превыша́ют ско́рость, мча́тся по у́лицам на у́гнанных маши́нах.
2. Ка́к бы хорошо́ но́вая пье́са ни была́ поста́влена, её успе́х зави́сит от отзы́вчивых театра́льных кри́тиков.
3. Како́й ханжа́! На ви́д тако́й на́божный, а ме́жду тем доно́сит на колле́г нача́льнику.
4. Мы реши́ли не соглаша́ться на но́вый гра́фик рабо́ты, предло́женный нача́льством.
5. Отва́жная яхтсме́нка соверши́ла кругосве́тное пла́вание за се́мьдесят два́ дня́.
6. Моше́нники рассчи́тывают на легкове́рность свои́х же́ртв.

13. Fill the gaps with appropriate words and translate into English:

1. По́сле переворо́та пе́рвым де́лом замени́ли . . . чино́вниками неподку́пными администра́торами.
2. Мне надое́ло оту́чивать дете́й от обжо́рства. Не едя́т, а жру́т, та́к они́ . . . на еду́!
3. Его́ . . . упрёки де́йствовали ей на не́рвы. Она́ не понима́ла, почему́ о́н всё вре́мя придира́ется к не́й.
4. Она́ . . . к тому́, что ча́сто обраща́ются к не́й за сове́том и по́мощью.
5. Благодаря́ . . . полице́йских демонстра́нтам не удало́сь прони́кнуть на террито́рию короле́вского дворца́.
6. То́, что о́н постоя́нно красне́ет без вся́кого по́вода, объясня́ется его́ ко́мплексом . . . .

14. Translate into Russian with the aid of a dictionary:

1. She was taking revenge on the terrorists who had murdered her husband.
2. In a police state the police are insensitive, implacable and indifferent to the sufferings of the population.
3. He fell in love with Masha, but her brothers ridiculed his love for their sister.
4. She is so obliging that she gets on even with her quarrelsome neighbours.
5. Only someone who has no command of his native language swears.
6. He realised he had aged when a young woman gave him her seat on the Underground.
7. They despise him for constantly prying into other people's business.
8. He was delighted at the success of the project for the reconstruction of the bridge.
9. He boasts of his decisiveness and eloquence.
10. I doubt the sincerity of his repentance, since he has not stopped sinning.
11. Journalists of tabloid newspapers regularly distort the truth, exaggerate the seriousness of the international crisis.
12. He had to refuse the ticket to the opera, since he didn't have a kopeck left.

(4) Word origins and word formation

15. Adjectives in -ость. Which of the following adjectives has a noun *other than* in -ость:

I

| 1. ги́бкий | 2. по́длый | 3. пре́данный | 4. тво́рческий |

II

| 1. беспе́чный | 2. великоду́шный | 3. правди́вый | 4. развра́тный |

16. Which of the following adjectives has a noun *other than* in -ство?

| 1. красноречи́вый | 2. лука́вый | 3. любопы́тный |
| 4. самодово́льный | 5. ха́мский | 6. ха́нжеский |

17. -ивый, -ливый or -чивый? Which is the odd one out in each group of three?

I -ивый or -ливый?

| лж– | назой– | подат– |

II -ивый or -чивый?

| измен– | правд– | ужив– |

III -ивый or -ливый?

| драч– | ревн– | свар– |

18. Word origins. Give the origins of the following words:

(a) моше́нник
(b) ха́м
(c) ханжа́

Additional vocabulary

Virtues and vices

геро́ический	heroic	превра́тный	perverse, fickle
досто́йный	worthy	присто́йность	propriety
зави́стливый	envious	присто́йный	proper
капри́зный	capricious	распу́тный	depraved
подобостра́стный	servile	распу́щенный	dissolute

расчётливый	thrifty
убеждённый в своей правоте	self-righteous
чистота	purity

Benevolence and malevolence

гуманность	humanity
почтение	esteem
милосердный	charitable, compassionate
прижимистый	tight-fisted
развратный	lecherous
скупиться impf. (на + acc.)	to grudge (something)

Tolerance and intolerance

бессердечный	hard-hearted
сомнительный	doubtful

Friendliness and hostility

близость (с + instr.)	affinity (with)
возмущение	outrage
выпрашивать/выпросить (у + gen.)	to wheedle (out of someone)
доступный	accessible
драться (дерусь дерёшься)/по-	to fight
жеманничать impf.	to simper
клеветать (клевещу клевещешь) на- (на + acc.)	to slander
кокетливый	coquettish
пленительный	captivating
поддевать/поддеть (поддену поддёнешь)	to have a dig at, catch out
привлекательный	attractive
придирчивый	fault-finding, carping
роман	love affair
сводить (свожу сводишь)/свести (сведу сведёшь) (свёл свела) с ума	to drive (someone) mad
сговариваться/ сговориться (с + instr.)	to arrange (with)

сговорчивый	compliant
скрупулёзный	punctilious
хмурый	surly

Behaviour

озорной	naughty
сальный	obscene, lewd
скабрёзный	bawdy

Mood

вне себя	beside oneself
игривый	playful
непоседливый	restless
обидчивый	petulant
шаловливый	mischievous

Politeness/impoliteness

ворчливый	grumpy
дуться (на + acc.)	to sulk (at)
живой	lively
наглый	impudent
учтивый	courteous
бескомпромиссный	uncompromising
брюзгливый	crotchety
уступчивый	compliant
причудливый	quirky
слабовольный	weak-willed

State of mind

в приподнятом/в подавленном настроении	in high/low spirits
вспышка	outburst
мания	mania
рехнуться pf.	to go off one's rocker
удручённый	dejected
флегматичный	phlegmatic

Character traits

порывистый	impetuous
привередливый	pernickety
прихоть f.	whim
пустоголовый	feather-brained
расточительный	extravagant
чудак (gen. чудака)	oddball

Energy and apathy

апати́чный	apathetic
безжа́лостный	ruthless
влюблённость f.	infatuation
ло́дырь m.	skiver
никуды́шный	good-for-nothing

Courage and cowardice

малоду́шный	pusillanimous
сме́лость f.	daring
тру́сость f.	cowardice

Honesty, dishonesty, and trust

дове́рие	trust
еле́йный	unctuous
надува́ть/наду́ть	to cheat
наи́вный	naive
одура́чивать/ одура́чить	to fool

преда́тельский	treacherous
притво́рство	pretence
притво́рщик	imposter
проница́тельный	astute
простоду́шный	artless
фальши́вый	insincere

Modesty and pride

есте́ственный	natural
жема́нный	affected
зазна́йство	conceit
зано́счивый	haughty
неуваже́ние	disrespect
рисова́ться impf. (рису́юсь рису́ешься)	to show off
самодово́льный	self-satisfied
хвастли́вый	boastful

Intelligence and cunning

кова́рство	guile

Additional exercises

Level 1

1. Словообразовательные модели

(a) **Образуйте существительные на -(н)ость от прилагательных на -(н)ый/-ий**

Прил.	Сущ.	Прил.	Сущ.
1. аккура́тный		6. не́жный	
2. гума́нный		7. осторо́жный	
3. досту́пный		8. скро́мный	
4. и́скренний		9. то́чный	
5. любе́зный		10. че́стный	

(b) **Образуйте прилагательные на –ый от существительных на –ость:**

Существительные	Прилагательные	Определяемые существительные
1. бережли́вость		хозя́ин
2. му́дрость		реше́ние
3. сме́лость		посту́пок
4. справедли́вость		судья́
5. суро́вость		кли́мат
6. хи́трость		улы́бка
7. хра́брость		солда́т
8. ще́дрость		пода́рок

(c) **Образуйте существительные на –ие или –ье от прилагательных на –ый**

–ие	–ье
1.	1.
2.	2.
3.	3.
4.	
5.	
6.	
7.	

(великоду́шный, весёлый, дове́рчивый, несча́стный, остроу́мный, споко́йный, сумасше́дший, счастли́вый, усе́рдный, хладнокро́вный)

(d) **Образуйте существительные на –ство от прилагательных на –(н)ый:**

	–ство		–ство
1. гостеприи́мный		4. самодово́льный	
2. му́жественный		5. упо́рный	
3. наха́льный		6. упря́мый	

2. Выделите слово, которое не относится к приведенному ряду по управлению (дат. п. / к + дат. п.):

1. ве́рен	2. жа́лость	3. спосо́бен	4. справедли́в	5. уваже́ние

3. Синонимы. Найдите близкие по смыслу слова:

I		II	
1. здравомы́слящий	a. наха́льный	1. открове́нный	a. гру́стный
2. му́жественный	b. хала́тный	2. печа́льный	b. упря́мый
3. на́глый	c. хра́брый	3. упо́рный	c. приле́жный
4. небре́жный	d. разу́мный	4. усе́рдный	d. и́скренний

4. Антонимы. Выделите слова, противоположные по значению:

I		II	
1. ве́жливый	a. гру́стный	1. лени́вый	a. беззабо́тный
2. весёлый	b. у́мный	2. осторо́жный	b. несча́стный
3. взволно́ванный	c. наха́льный	3. скупо́й	c. беста́ктный
4. глу́пый	d. порок	4. счастли́вый	d. герои́ческий
5. доброде́тель	e. враждéбность	5. такти́чный	e. хра́брый
6. дружелю́бие	f. хладнокро́вный	6. трусли́вый	f. ще́дрый

5. Вставьте пропущенные предлоги:

1. недоста́ток [.] ка́драх	5. она́ спосо́бна [.] языка́м
2. подружи́ться [.] бе́женцами	6. стра́х [. . . . .] сме́ртью
3. она́ серди́та [. .] му́жа	7. уваже́ние [.] старика́м
4. о́н скуп [. .] слова́	8. она́ уве́рена [.] себе́

(в, к, на, перед, с)

6. Вставьте нужные падежные формы:

1. о́н бои́тся [темнота́]	4. она́ дово́льна [результа́т]
2. о́н ве́рен [жена́]	5. она́ всегда́ ра́да [го́сти]
3. она́ горди́тся [до́чь]	

7. Положительные/отрицательные качества. Распределите прилагательные по столбцам:

Положительные качества	Отрицательные качества
1.	1.
2.	2.
3.	3.
4.	4.
5.	5.
6.	6.
7.	7.
8.	8.
9.	9.
10.	10.
11.	11.
12.	12.

(аккура́тный, безнра́вственный, бессерде́чный, герои́ческий, гостеприи́мный, гру́бый, доброде́тельный, дружелю́бный, зло́й, и́скренний, капри́зный, на́глый, наха́льный, недобросо́вестный, необщи́тельный, превра́тный, предусмотри́тельный, приве́тливый, скупо́й, справедли́вый, угрю́мый, услу́жливый, че́стный, ще́дрый)

8. Выражения, цитаты, заглавия, поговорки.

Переведите с помощью словаря и найдите соответствия в английском языке:

Выраже́ние

Ме́ньшее из дву́х зо́л.

Погово́рки

1. Друзья́ узнаю́тся в беде́.
2. Не та́к стра́шен чёрт, как его́ малю́ют.
3. Ум хорошо́, а два́ лу́чше.
4. Услу́жливый дура́к опа́снее врага́.

Литерату́ра. Кто а́втор?

1. Пье́сы «Го́ре от ума́».
2. Расска́за «То́нкий и то́лстый».

(Грибое́дов? Че́хов?)

Цита́ты

1. «Счастли́вые часо́в не наблюда́ют.»
2. «Но я́ друго́му отдана́;
   Я бу́ду ве́к ему́ верна́.»
3. «Привы́чка свы́ше на́м дана́:
   Заме́на сча́стию она́.»

Из пье́сы «Го́ре от ума́»/пу́шкинского рома́на «Евге́ний Оне́гин»?

9. Сравнения.

I Переведите/объясните:

1. Ве́рный как соба́ка (о ве́рном или о ра́бски поко́рном челове́ке).
2. Глуп как про́бка (о глу́пом, легкомы́сленном челове́ке).
3. Живо́й как вьюн (о прово́рном молодо́м челове́ке).
4. Засте́нчив как [кра́сная] де́вица (об о́чень скро́мном молодо́м челове́ке).
5. Осторо́жен как куропа́тка (об осторо́жном до кра́йности челове́ке).
6. Скро́мная как мимо́за (о сли́шком скро́мной де́вушке или же́нщине).
7. Споко́ен как скала́ (об о́чень хладнокро́вном челове́ке).
8. Стра́шен как чёрт (об о́чень некраси́вом челове́ке).

II Найдите соответствующие сравнения:

1. Лени́в как		5. Трусли́в как	
2. Мудр как		6. Скупо́й как	
3. На́глый как		7. Хи́трый как	
4. Наи́вен как		8. Я́сно как	

(бо́жий де́нь, за́яц, Коще́й Бессме́ртный, лиса́, младе́нец, обезья́на, осёл, Соломо́н)

10. Каким должен быть/не должен быть?

Каким должен быть?			
1. бизнесме́н?		6. ребёнок?	
2. ве́рующий?		7. солда́т?	
3. друг?		8. судья́?	
4. кло́ун?		9. учени́к?	
5. пило́т		10. хозя́ин?	

(ве́рным, гостеприи́мным, на́божным, послу́шным, предприи́мчивым, приле́жным, споко́йным, смешны́м, справедли́вым, хра́брым)

Каким не должен быть?			
1. бизнесме́н?		5. профе́ссор?	
2. ма́льчик?		6. ребёнок?	
3. муж?		7. солда́т?	
4. поли́тик?		8. учени́к?	

(капри́зным, лицеме́рным, наха́льным, неве́рным, невнима́тельным, нече́стным, рассе́янным, трусли́вым)

11. Подберите определения:
(Match the words on the left to the definitions on the right.)

I Существительные

1. го́ре	a. эти́ческие но́рмы
2. колле́га	b. скло́нность к безде́лью
3. ле́нь	c. глубо́кая печа́ль
4. нра́вственность	d. состоя́ние не́рвного напряже́ния
5. стра́х	e. о́чень си́льный испу́г
6. стре́сс	f. кра́йняя неусту́пчивость
7. тру́с	g. сослужи́вец
8. упря́мство	h. челове́к, легко́ поддаю́щийся чу́вству стра́ха

II Прилагательные

1. беста́ктный	a. несме́лый, боязли́вый
2. бесхара́ктерный	b. владе́ющий собо́й
3. реши́тельный	c. невырази́тельный
4. ро́бкий	d. вя́лый, равноду́шный
5. сде́ржанный	e. лишённый та́кта
6. тупо́й	f. мра́чный, неприве́тливый
7. угрю́мый	g. безво́льный
8. флегмати́ческий	h. твёрдый в посту́пках

12. Переведите на русский:

1. A great general is magnanimous to his enemies.
2. Perhaps a compromise is the lesser of two evils.
3. The twentieth century is remembered for a series of implacable dictators.
4. True friends are always ready to help a colleague.
5. Relations between these two countries have deteriorated.
6. She and I have not been on speaking terms for many years.
7. She is known for her passion for eighteenth-century classical music.
8. A well-brought-up young person is always polite to his parents' friends.
9. After the death of his wife he fell ill with sorrow.
10. He lost heart after a series of failures.
11. She is always glad to see her relatives.
12. She is angry with him for forgetting to pay the bill.
13. You cannot help feeling pity for the homeless.
14. He stood up out of respect for the president.
15. She is very good at languages but not very good at mathematics.
16. I used to be afraid of the dark, but now I am afraid of solitude.
17. He could not retain his composure and began to tremble with fear.

18. Many young soldiers were shot for cowardice during the First World War.
19. He promised to be faithful to her all his life.
20. I am proud of having served in the army.

13. Найдите другие значения следующих слов (Dict./Eng.):

Dictionary	Other meaning(s)
1. аккура́тный	
2. бли́зость	
3. гру́бый	
4. живо́й	
5. мя́гкий	
6. прямо́й	
7. рома́н	
8. то́нкий	
9. тупо́й	
10. фальши́вый	
11. чистота́	
12. я́сный	

Level 2

1. Распределите положительные и отрицательные прилагательные по столбцам:

Положительные	Отрицательные
1.	1.
2.	2.
3.	3.
4.	4.
5.	5.
6.	6.
7.	7.
8.	8.
9.	9.
10.	10.
11.	11.
12.	12.

(беспринци́пный, бессты́дный, жа́лкий, забо́тливый, коррумпи́рованный, милосе́рдный, непристо́йный, отврати́тельный, позо́рный, поко́рный, поро́чный, посты́дный, похва́льный, пре́данный, привлека́тельный, развра́тный, самоотве́рженный, скрупулёзный, сострада́тельный, терпели́вый, уравнове́шенный, услу́жливый, жа́дный, ха́нжеский)

2. Вставьте пропущенные падежи/предлоги + падежи:

Пропущенные предлоги + падежи	Пропущенные падежи (род./дат.)
1. она́ вне себя́ [. .] го́ря	1. соба́ка пре́дана [хозя́ин]
2. она́ ворчи́т [. .] сосе́дей	2. генера́л жа́ждет [сла́ва]
3. я приспоса́бливаюсь [.] но́вой жи́зни	3. она́ досто́йна [похвала́]
4. о́н рассерди́лся [. .] де́вушку	
5. о́н проявля́ет неуваже́ние [.] офице́ру	
6. о́н убеждён [.] свое́й правоте́	

(в, к, на, от)

3. Синонимы. Подберите слова, близкие по значению:

Существительные

1. возмуще́ние	a. вражда́	3. почте́ние	c. ма́ния
2. неприя́знь	b. уваже́ние	4. стра́сть	d. негодова́ние

Прилагательные

I		II	
1. апати́чный	a. сообрази́тельный	1. подобостра́стный	a. распу́тный
2. ве́жливый	b. безразли́чный	2. развра́тный	b. тща́тельный
3. одарённый	c. стыдли́вый	3. скро́мный	c. уны́лый
4. дога́дливый	d. тала́нтливый	4. скрупулёзный	d. необщи́тельный
5. засте́нчивый	e. учти́вый	5. скры́тный	e. засте́нчивый
		6. удручённый	f. раболе́пный

4. Антонимы. Подберите прилагательные, противоположные по значению:

I		II	
1. аккура́тный	a. трусли́вый	1. вспы́льчивый	a. проница́тельный
2. бескоры́стный	b. неря́шливый	2. пове́рхностный	b. пра́здный
3. беспринци́пный	c. эгоисти́чный	3. предубеждённый	c. флегмати́ческий
4. бесстра́шный	d. вероло́мный	4. самоуве́ренный	d. беспристра́стный
5. ве́рный	e. скрупулёзный	5. усе́рдный	e. ро́бкий

5. Идеальный человек должен/не должен быть:

До́лжен быть	Не до́лжен быть
1.	1.
2.	2.
3.	3.
4.	4.
5.	5.
6.	6.
7.	7.

(ворчли́вым, жа́дным, забо́тливым, милосе́рдным, мсти́тельным, нахо́дчивым, оби́дчивым, осмотри́тельным, распу́щенным, самоотве́рженным, сварли́вым, сострада́тельным, терпели́вым, ха́нжеским)

6. Сравнения.

I **Переведите/объясните:**

1. Ворчли́в как ста́рая ба́ба (о мужчи́не).
2. Жа́лкий как мышо́нок.
3. Назо́йлив как осе́нняя му́ха.
4. Терпе́ние как у вола́.
5. Тре́зв как хруста́лик (шутл.).
6. Услу́жлив как соба́чка (пренебр.).

II **Подберите соответствующие сравнения:**

1. вспы́льчив как	a. во́лк	3. пре́дан как	c. ве́дьма
2. жа́дный как	b. по́рох	4. сварли́ва как	d. соба́ка

7. Подберите определения:

I **Существительные**

1. да́р	a. психи́ческое расстро́йство
2. зло́ба	b. хоро́ший о́тзыв, одобре́ние
3. милосе́рдие	c. спосо́бность, тала́нт
4. обжо́рство	d. чу́вство зло́сти
5. похвала́	e. гото́вность помо́чь/прости́ть
6. сумасше́ствие	f. жа́дность в еде́

II Прилагательные

1. дальнови́дный	a. жа́ждущий кро́ви, жесто́кий
2. коке́тливый	b. предви́дящий возмо́жные после́дствия
3. кровожа́дный	c. малообразо́ванный
4. насме́шливый	d. никуда́ не го́дный
5. неве́жественный	e. скло́нный к насме́шкам
6. никуды́шный	f. жела́ющий понра́виться свои́м поведе́нием, наря́дом

8. Переведите на русский:

1. The surgeon who operated on her father is worthy of praise.
2. They are criticised for their shameful behaviour.
3. The judge is not impartial, but prejudiced against us.
4. He is greedy, both for food and for money.
5. She cast an indifferent glance at him.
6. I felt an instinctive dislike for my new neighbour.
7. These activists are devoted to their cause.
8. She has not had time to adapt to the new conditions.
9. This old man grumbles at everyone.
10. I was beside myself with rage.
11. After the victory the army was in high spirits.
12. The teacher lost his temper with his pupils.

9. Словообразование.

Семантический разбор:

I Расчлените следующие слова на их составные части и переведите на английский:

	Составные части
1. вероло́мный	ве́ра 'faith' + лома́ть 'to break'
2. дальнови́дный	
3. кровожа́дный	
4. предубеждённый	
5. самоуве́ренный	

II Найдите корни следующих слов:

	Корни
1. вражда́	вра́г 'enemy'
2. мсти́тельный	
3. нахо́дчивый	
4. одарённый	
5. осмотри́тельный	
6. сострада́тельный	

III **Найдите 12 прилагательных с окончаниями на –ивый/–ливый/–чивый (обозначающими «склонность поступать каким–то образом»)**

IV **Найдите 7 слов с приставками без-/бес- и 3 слова с приставками вз-/вс-/воз-/вос-. Что обозначают данные приставки?**

Level 3

1. Порядочный человек должен/не должен быть:

Должен быть	Не должен быть
1.	1.
2.	2.
3.	3.
4.	4.
5.	5.
6.	6.
7.	7.
8.	8.
9.	9.
10.	10.

(а́лчным, бесчу́вственным, бди́тельным, брюзгли́вым, ги́бким, драчли́вым, зави́стливым, лжи́вым, неподку́пным, непоколеби́мым, отзы́вчивым, похотли́вым, приверёдливым, приди́рчивым, примири́тельным, раздражи́тельным, сгово́рчивым, сме́лым, сто́йким, ужи́вчивым)

2. Сравнения. Переведите и объясните:

1. Брюзгли́в как стари́к/Брюзгли́ва как стару́ха (шутл. или неодобр.)
2. Влюблена́ как ко́шка (ирон.)
3. Надме́нен как инде́йский пету́х (ирон.).
4. Расчётлив как купе́ц (неодобр.).
5. Ревни́в как чёрт (шутл. или неодобр.)
6. Хму́р как ту́ча.

3. Синонимы. Подберите слова, близкие по значению:

Существительные	
1. зазна́йство	a. ма́ния
2. сме́лость	b. высокоме́рие
3. увлече́ние	c. отва́га

Прилагательные			
I		II	
1. лука́вый	a. шаловли́вый	1. привере́дливый	a. слаща́вый
2. озорно́й	b. покла́дистый	2. при́торный	b. скабрёзный
3. пода́тливый	c. хи́трый	3. са́льный	c. приди́рчивый

Глаголы	
1. издева́ться	a. сойти́ с ума́
2. рехну́ться	b. насмеха́ться

4. Антонимы. Подберите слова, противоположные по значению:

1. безрассу́дный	a. примири́тельный	1. малоду́шный	a. коррумпи́рован-ный
2. бескомпроми́сс-ный	b. ро́бкий	2. неподку́пный	b. ще́дрый
3. де́рзкий	c. есте́ственный	3. прижи́мистый	c. бережли́вый
4. жема́нный	d. скро́мный	4. простоду́шный	d. хра́брый
5. зано́счивый	e. осторо́жный	5. расточи́тельный	e. хи́трый

5. Краткая форма мужского рода прилагательных. Беглый гласный (-e-/-o-/−):

I **-e-:**

	Краткая форма		Краткая форма
1. бди́тельный		4. любопы́тный	
2. безжа́лостный		5. надме́нный	
3. легкове́рный		6. наи́вный	

II **-o-/-e-**

	Кр. форма		Кр. форма		Кр. форма
ги́бкий		де́рзкий		сто́йкий	

III **-e-/−**

	Краткая форма		Краткая форма
1. беспе́чный		4. по́длый	
2. впечатли́тельный		5. расточи́тельный	
3. изобрета́тельный		6. снисходи́тельный	

6. Вставьте пропущенные предлоги:

1. он вы́просил [.] меня́ де́нег	5. он придира́ется [.] не́й
2. он де́йствует мне́ [. .] не́рвы	6. она́ ревну́ет му́жа [.] подру́ге
3. она́ издева́ется [. . .] ни́м	7. он свёл меня́ [.] ума́
4. о́н клеве́щет [. .] сосе́да	8. он скупи́тся [. .] ка́ждую копе́йку

(к, на, на́д, с, у)

7. Verb conjugation (present or [examples 5 and 6] future tense:

Past tense	Present/future tense
1. ма́льчики драли́сь	ма́льчики . . . .
2. он зави́довал своему́ бра́ту	он . . . . своему́ бра́ту
3. она́ клевета́ла на подру́гу	она́ . . . . на подру́гу
4. она́ лгала́	она́ . . . .
5. он подде́л проти́вника в спо́ре	он . . . . проти́вника в спо́ре
6. он придра́лся ко мне́ и́з-за пустяка́	он . . . . ко мне́ и́з-за пустяка́
7. он ревнова́л жену́ к дру́гу	он . . . . жену́ к дру́гу
8. де́вушки рисова́лись на танцу́льке	де́вушки . . . . на танцу́льке

8. Break down the following words into their component parts:

	Component parts
1. красноре́чие 'eloquence'	кра́сная 'beautiful' ре́чь 'speech'
2. легкове́рный	
3. малоду́шный	
4. неполноце́нность	
5. простоду́шный	
6. пустоголо́вый	
7. скверносло́вить	

9. Find the roots of the following words:

	Roots		Roots
1. игри́вый 'playful'	игра́ 'play'	4. плени́тельный	
2. неумоли́мый		5. неподку́пный	
3. одура́чивать		6. сгово́рчивый	

10. Adjectives in -ивый/-ливый/-чивый. Replace the phrases by adjectives:

Phrases	Adjectives in -ивый/-ливый/-чивый
1. он лю́бит дра́ться 'he likes fighting'	он драчли́в 'he is pugnacious'
2. он зави́дует свои́м друзья́м	он . . . .
3. он придира́ется к де́тям	он . . . .
4. он всё вре́мя лжёт	он . . . . человек
5. он ревну́ет жену́ к своему́ бра́ту	он . . . .
6. он всем уступа́ет	он очень . . . .
7. он хва́стается свои́м тала́нтом	он . . . .

11. Translate into Russian:

1. He suffers from an inferiority complex.
2. He grudges every penny.
3. He wheedled a present out of me.
4. Her protests are getting on our nerves.
5. She ridiculed my accent.
6. It is not nice to slander your neighbours.
7. She took offence at my words.
8. He envies the students who passed the examination.
9. He is lying to save his skin.
10. Not only boys fight. Girls fight too.
11. The boss picks on me at every opportunity.
12. One day your questions will drive me mad.
13. She is always prying into other people's business.
14. We were delighted at his success.
15. He is always boasting of his knowledge of languages.

12. Подберите определения:
(Match the words on the left to the definitions on the right.)

Существительные	
1. восто́рг	a. капри́зное жела́ние
2. ло́дырь	b. стра́нный челове́к
3. отва́га	c. восхище́ние
4. при́хоть	d. сме́лость, хра́брость
5. чуда́к	e. лентя́й, безде́льник

Прилагательные	
1. легкове́рный	a. скло́нный ко лжи́
2. лжи́вый	b. никогда́ не ошиба́ющийся
3. непогреши́мый	c. ни́зкий в нра́вственном отноше́нии
4. по́длый	d. чрезме́рно стро́гий в поведе́нии
5. чо́порный	e. легко́ ве́рящий всем

Unit 6

Clothes, footwear, and accessories. Food and drink

Garments

блу́зка	blouse
брю́ки (gen. брюк)	trousers, pants (US)
га́лстук	tie
завя́зывать/завяза́ть (завяжу́ завя́жешь)	to tie, to knot
застёгивать/застегну́ть	to fasten, to do up, to button up
карма́н	pocket
надева́ть/наде́ть (наде́ну наде́нешь)	to put on
перча́тка	glove
пижа́ма	pyjamas
пу́говица	button
расстёгивать/расстегну́ть	to unfasten, unbutton
руба́шка	shirt
снима́ть/снять (сниму́ сни́мешь)	to take off
ша́рф	scarf
ю́бка	skirt

Coats, suits

костю́м	suit
пальто́ (n. indecl.)	overcoat
пиджа́к (gen. пиджака́)	jacket
пла́щ (gen. плаща́)	raincoat
шу́ба	fur coat

Headgear

ке́пка	cloth cap
ша́пка	hat, cap
шля́па	hat

Underwear

бюстга́льтер	brassiere
тру́сики (gen. тру́сиков)	knickers
трусы́ (gen. трусо́в)	pants, shorts (US)

Foot- and legwear

башма́к (gen. башмака́)	shoe
боти́нок (gen. боти́нка gen. pl. боти́нок)	ankle-boot
каблу́к (gen. каблука́)	heel (of shoe)
колго́тки (gen. колго́ток)	tights
кроссо́вка	trainer
носо́к (gen. носка́ gen. pl. носо́к or носко́в)	sock
о́бувь (f.)	footwear
подо́шва	sole
та́почка	slipper, light shoe without heels
ту́фля	shoe, lady's court shoe
чуло́к (gen. чулка́, gen. pl. чуло́к)	stocking

Jewellery and accessories

браслє́т	bracelet
кольцо́	ring
маникю́рные но́жницы (но́жницы для ногте́й)	nail scissors
обруча́льное кольцо́	wedding ring
расчёска	comb
расчёсываться/расчеса́ться (расчешу́сь расче́шешься)	to comb one's hair
серьга́ (pl. се́рьги серёг серьга́м)	earring
щётка	brush

Make-up and grooming

бри́тва	razor
бри́ться (бре́юсь бре́ешься)/по-	to shave
губна́я пома́да	lipstick
зубна́я па́ста	toothpaste
ма́заться (ма́жусь ма́жешься)/на-	to make oneself up
макия́ж	make-up
подстрига́ть/подстри́чь (подстригу́ подстри́жешь; подстри́г подстри́гла) но́гти	to clip one's nails

Origins of words: Words of *German* origin or with German cognates include: бюстга́льтер cf. *Büstenhalter* id., га́лстук from *Halstuch* 'scarf' (or Dutch *halsdoek* id.), ша́рф cf. *Schärpe* (purportedly from an earlier form with '-f-'), шу́ба cf. *Schaube* 'fur-lined mantle for men', шля́па cf. *Schlapphut* 'slouch hat'.

Dutch: брю́ки from *broek* id.

English: кроссо́вка from кро́сс from 'cross-country running', пиджа́к from 'pea-jacket'.

French: боти́нок from *bottine* id., ке́пка from *kepi* 'military cap', макия́ж from *maquillage* id., пальто́ from *paletot* id., ту́фля cf. *pantoufle* 'slipper', ша́пка cf. *chapeau* 'hat', ю́бка cf. *jupe* id.

Turkic: башма́к, каблу́к, карма́н, серьга́, чуло́к.

Кольцо́ is cognate with колесо́ 'wheel', о́коло 'near' (based on Slavonic *kolo 'circle').

Перча́тка is a derivative of пе́рст 'finger'.

Подо́шва is cognate with шо́в 'seam', lit. 'something sewn under'.

Level 2

Garments

ба́бочка	bow tie
берму́ды	Bermuda shorts
дублёнка	sheepskin coat
жаке́т, жаке́тка	short jacket
кардига́н	cardigan
ке́д	pump, sneaker
комбинезо́н	overalls, dungarees
купа́льник, купа́льный костю́м	swimming costume
ло́дочки (gen. ло́дочек)	court shoes
ма́йка	vest; T-shirt
мокаси́н (gen. pl. мокаси́н)	loafer
ночна́я руба́шка	night-dress
подмётка	sole
пере́дник	apron
пла́вки (gen. пла́вок)	swimming trunks
разме́р	size
рукави́ца	mitten
сва́дебное пла́тье	wedding dress
сви́тер	sweater
трениро́вочный костю́м	track suit
футбо́лка	T-shirt (knitted, with sleeves)
ша́пка-уша́нка	hat with earflaps
ю́бка ми́ни/ма́кси	mini/maxi skirt

Details and style

ла́цкан	lapel
манже́та	cuff
мо́лния	zip

пла́тье декольте́	dress with plunging neckline
пря́жка	buckle
шири́нка	fly
шнуро́к (gen. шнурка́)	shoelace
шпи́лька	hairpin; stiletto heel

Jewellery, accessories and make-up

брошь (f.)	brooch
була́вка	pin
дезодора́нт	deodorant
драгоце́нный ка́мень	precious stone
за́понка	cufflink
космети́чка	make-up bag
кре́м для ру́к	hand cream
ла́к для воло́с	hair spray
медальо́н	locket
ожере́лье	necklace
пу́дра	powder
ремешо́к (gen. ремешка́) для часо́в	watch strap
румя́на	blusher
те́ни для ве́к	eye shadow
туале́тные принадле́жности	toiletries
ту́шь (f.) для ресни́ц	mascara
фе́н	hair dryer
шампу́нь (m.)	shampoo

Origins of words: Many words in the clothing field are of foreign origin or have foreign cognates:

English: берму́ды, кардига́н, ке́д (from 'Ked', an American brand name), мокаси́н, фе́н, шампу́нь cf. 'shampooing' (note end stress in кардига́н and мокаси́н).

French: брошь from *broche* id., декольте́ from *décolleté* id., жаке́т from *jacquette* 'morning coat', комбинезо́н from *combinaison* 'boiler suit, overalls', ма́йка possibly from *maillot* 'vest, sports jersey', -ка possibly by analogy with руба́шка, манже́та from *manchette* id., медальо́н from *medaillon* id., пу́дра from *poudre* id.

German: шнуро́к (diminutive of шну́р 'cord', 'flex', cf. German *Schnur* 'string, cord, flex', possibly via Polish *sznur* id.), ла́цкан cf. *Lätzchen* 'bib'.

Пере́дник is based on пе́ред 'before' (cf. 'pinafore': because originally pinned over the dress in front), semi-calque from 17th-century German *Vortuch* (lit. 'fore-cloth').

Футбо́лка is probably a univerbate from футбо́льная ма́йка, cf. купа́льник from купа́льный костю́м.

Ожере́лье is cognate with го́рло 'throat' (о 'around' + го́рло 'throat').

Драгоце́нный comprises драг- (non-pleophonic equivalent of доро́г- 'dear') + це́нный 'valuable' cf. цена́ 'cost').

Разме́р: for most clothes the size is the bust or chest measurement divided by two. Thus, men's coats, women's dresses, and shirts range in size from 44–56. Shoe sizes are one-and-a-half times the length of the foot, and range from 38 to 47 (men) and 33 to 42 (women). Hat sizes are obtained by measuring in centimetres (US centimeters) the circumference of the head at mid-forehead level, with an adult range from 53 to 62.

Level 3

Footwear

вьетна́мка	flip-flop
лы́жный боти́нок	ski boot

Details

вуа́ль (f.)	veil
галантере́я	haberdashery
запла́та	patch
крючо́к (gen. крючка́)	hook
лата́ть/за-	to patch
нагру́дный карма́н	breast pocket
окаймля́ть/окайми́ть	to border
петли́ца	buttonhole
подо́л	hem
подшива́ть/подши́ть (подошью́ подошьёшь)	to hem; to sole
пришива́ть/приши́ть (пришью́ пришьёшь) (к)	to stitch (to)
проре́ха	a tear
рва́ть (рву́ рвёшь)/по-	to tear
стёганое одея́ло	quilt
сшива́ть/сши́ть (сошью́ сошьёшь)	to stitch up
удлиня́ть/удлини́ть	to lengthen
узо́р	pattern
укора́чивать/укороти́ть (укорочу́ укоро́тишь)	to shorten
шо́в (gen. шва́)	seam
што́пать/за-	to darn

Style

бахрома́	fringe
двубо́ртный	double-breasted
облега́ющий	close-fitting
однобо́ртный	single-breasted
свобо́дный	loose
те́сный	tight

Jewellery, accessories and make-up

бигуди́ (pl. indecl.)	curlers
застёжка	clasp
ки́сточка/помазо́к для бритья́	shaving brush
ла́к для ногте́й	nail varnish
ма́сло для воло́с	hair oil
накла́дка из воло́с	hair piece
накру́чивать/накрути́ть (накручу́ накру́тишь) во́лосы на бигуди́	to put one's hair in curlers
пи́лка для ногте́й	nail file
пинце́т	tweezers
сре́дство от облысе́ния	hair restorer
увлажня́ть/увлажни́ть	to moisturise
чи́стить/вы́- or по-	to cleanse

Miscellaneous

брю́чный костю́м	trouser suit
капюшо́н	hood
косы́нка	head scarf
поде́ржанный	second-hand
поля́ (gen. полей́)	brim of a hat
лохмо́тья (gen. лохмо́тьев)	rags
фо́рменная фура́жка	peaked cap
ша́ль (f.)	shawl
шине́ль (f.)	trench coat

Origins or cognates include:

French: бигуди́ from *bigoudi* id., вуа́ль from *voile* id., галантере́я purportedly from an earlier meaning of *galanterie* via German, now 'gallantry' in both languages, капюшо́н from *capuchon* id., пинце́т from *pince* 'pliers' (with diminutive suffix *-ette*), ша́ль from *châle* id., шине́ль earlier a kind of dressing gown, from *chenille* id. (lit. 'caterpillar').

Dutch: што́пать cf. *stoppen* id., also German *stopfen* id.

German: крю́к dim. крючо́к cf. *Krücke* 'crook, handle of stick or umbrella', English 'crook'.

Turkic: бахрома́.

Word formation

Вьетна́мка is possibly a univerbate cf. кроссо́вка.

Нагру́дный карма́н cf. на груди́ 'on the chest, breast'.

Облысе́ние from лысе́ть/об- or по- 'to go bald', лы́сый 'bald' (от has many curative connotations: лечи́ть от 'to treat for', вы́лечить от 'to cure of', ма́зь от 'ointment for').

Окаймля́ть/окаими́ть from кайма́ 'edging, border'.

Увлажня́ть/увлажни́ть from вла́жный 'moist' cf. вла́жность 'humidity' вла́га 'moisture'.

Удлиня́ть/удлини́ть from дли́нный 'long'.

Ши́ть is cognate with шо́в 'seam', подо́шва 'sole' (подшива́ть/подши́ть 'to sole') and шве́йная (маши́на) 'sewing (machine)'. При + к render the meaning of attachment in пришива́ть/приши́ть к.

Food and drink

Level 1

General

блю́до	course, dish
бу́лочка	roll
вари́ть (варю́ ва́ришь)/с-	to boil (in water), to stew (fruit)
еда́ (за едо́й 'during a meal' пе́ред едо́й 'before a meal')	food; meal
есть (ем ешь ест еди́м еди́те едя́т) (imper. ку́шай, ку́шайте)/съ-	to eat
жа́рить/за-	to fry
заку́ска	snack, starter
заку́сывать/закуси́ть (закушу́ заку́сишь)	to have a snack
кипе́ть (кипи́т)/вс-	to boil (intrans.)
корми́ть (кормлю́ ко́рмишь)/на- (+ instr.)	to feed (on)
ку́шанье	meal
лимо́н	lemon
пиро́г (gen. пирога́)	pie
пи́ть (пью пьёшь)/вы́- (вы́пью вы́пьешь)	to drink
пи́ща	food
по́рция	portion
ры́ба	fish
сы́р	cheese
яйцо́ (pl. я́йца яи́ц)	egg

Fruit

апельси́н	orange
виногра́д	grapes
виногра́дина	a grape
ви́шня	cherry (fruit or tree)
(не)зре́лый	(un)ripe
ки́слый	sour
клубни́ка	strawberries
я́года клубни́ки	a strawberry
помидо́р	tomato
сла́дкий	sweet
сли́ва	plum (fruit or tree)
чёрная сморо́дина	blackcurrant
чи́стить (чи́щу чи́стишь)/о- or по-	to peel
я́блоко (pl. я́блоки)	apple

Meat

бара́нина	mutton
бефстро́ганов	beef Stroganov
говя́дина	beef
мя́со	meat
нареза́ть/наре́зать (наре́жу наре́жешь)	to carve
свини́на	pork
теля́тина	veal

Vegetables

горо́х	peas
горо́шина	a pea
гри́б (gen. гриба́)	mushroom
капу́ста	cabbage
карто́фель (m.), карто́шка	potatoes
карто́фелина	a potato
лу́к	onions
лу́ковица	an onion
фасо́ль (f.)	broad beans
цветна́я капу́ста	cauliflower

Drinks

апельси́новый со́к	orange juice
во́дка	vodka
кака́о (n. indecl.)	cocoa

ква́с	kvass (sourish drink based on yeast and malt or rye bread)
ко́фе (m. indecl.)	coffee
минера́льная вода́/ минера́лка	mineral water
пи́во	beer
ча́й	tea

Sweets and savouries

пли́тка шокола́да	bar of chocolate
чи́псы (gen. чи́псов)	crisps

Origins and cognate words: a number of words at this level have cognate words in Russian or other languages: вари́ть cf. самова́р (са́м 'self' + -вар 'boil'), виногра́д cf. German *Weingarten* 'vineyard', еда́ cf. 'edible', заку́ска cf. куса́ть 'to bite', корми́ть cf. ко́рм 'fodder', лу́к cf. 'leek'. Loanwords include: апельси́н from early Dutch, lit. 'Chinese apple', карто́фель from German *Kartoffel* id., помидо́р from Italian *pomi d'oro* 'tomatoes' (lit. 'golden apples').

Some result from suffixation: бара́нина from бара́н 'ram', свини́на from свинья́ 'pig', теля́тина from теля́та 'calves'. Во́дка derives from вода́ under influence of Polish *wódka*, a free calque of *aqua vita* 'the water of life', говя́дина is cognate with 'cow'.

минера́лка is a univerbate from минера́льная вода́.

Level 2

General

бли́н (gen. блина́), бли́нчик	pancake
вегетариа́нец/вегетариа́нка	vegetarian
переку́сывать/перекуси́ть (перекушу́ переку́сишь)	to have a quick snack
пита́ть/на-	to feed

Fruit

абрико́с	apricot (fruit or tree)
арбу́з	watermelon
анана́с	pineapple
грейпфру́т	grapefruit
гру́ша	pear
ды́ня	melon
инжи́р	fig
кожура́	peel
компо́т	stewed fruit
ко́рка	rind
ко́сточка	stone, pip

крыжо́вник	gooseberries
я́года крыжо́вника	a gooseberry
мали́на	raspberries
я́года мали́ны	a raspberry

Meat

жарко́е	roast
жи́рный	fatty
ку́рица	chicken
колбаса́	large continental sausage
отбивна́я котле́та	chop, cutlet
пельме́ни	pelmeni
печёнка	liver
по́чка	kidney
соси́ска	link sausage

Nuts

| ара́хис | monkey nut, peanut |
| коко́совый оре́х | coconut |

Vegetables

бо́б (gen. боба́)	bean
карто́фельное пюре́	mashed potatoes
карто́фель-фри́	French fries, chips
огуре́ц (gen. огурца́)	cucumber
пе́рец (gen. пе́рца)	pepper
реди́ска	radish
ре́па	turnip
свёкла	beetroot
спа́ржа	asparagus

Soups

| бо́рщ (gen. борща́) | borshch (beetroot soup) |
| бульо́н | broth, thin soup |

Bread, pastries, biscuits, ice cream

бу́лочка	roll
буха́нка	loaf
моро́женое	ice cream
пиро́жное (adj. noun)	fancy cake, pastry
ржано́й хлеб	rye bread
то́рт	cake

Drinks

жи́дкий	weak
конья́к (gen. коньяка́)	brandy
кре́пкий	strong

лимона́д	lemonade
питьева́я вода́	drinking water
раствори́мый ко́фе	instant coffee

Origins of words: some names of foods derive from:

English: грейпфру́т.

Dutch: абрико́с from *abrikoos* (the first apricots came to Russia from Holland).

French: анана́с cf. *ananas* id., бульо́н from *bouillon* 'stock', компо́т from *compote* 'fruit salad' or German *Kompott* 'stewed fruit', реди́ска cf. *radis* id. (or from German *Radies(chen)*, соси́ска from *saucisse* id.

Turkic: арбу́з, колбаса́ (possibly from Turkish *külbasti* 'fried cutlet') or Hebrew *kolbasar* 'all kinds of meat'.

German: то́рт from *Torte* 'cake, gateau'.

Byzantine Greek: свёкла (from a plural form).

Note: (1) фри (cf. French *frit(s)*) is a postpositive indeclinable adjective, cf. ю́бка ми́ни (2) спа́ржа has cognates in French *asperges* and German *Spargel* (3) пе́рец results from haplology (the loss of one of two identical sounds or groups of sounds in a structure), having lost one п in evolving from Old Russian пьпьръ (4) жа́рить and жарко́е cf. жара́ 'heat' (5) моро́женое is an adj. noun (cf. моро́зить 'to freeze').

Level 3

General

пищевы́е полуфабрика́ты	convenience food
скоропо́ртящийся	perishable
харчи́ (gen. харче́й)	grub

Fruit

кашта́н	chestnut (tree and fruit)
клю́ква	cranberries
я́года клю́квы	a cranberry

Meat

подли́вка	gravy
требуха́	offal, tripe
тушёный	stewed
туши́ть/с-	to stew
шашлы́к (gen. шашлыка́)	kebab

Vegetables

брю́ква	swede
кабачо́к (gen. кабачка́)	marrow
лук-поре́й	leek
морко́вь (f.)	carrots
сельдере́й	celery
ты́ква	pumpkin
чечеви́ца	lentil
шпина́т	spinach

Bread, cakes, pastries, desserts

взби́тые сли́вки	whipped cream
йо́гурт	yoghurt

Sweets

караме́ль (f.)	caramel

Drinks

безалкого́льный напи́ток	non-alcoholic drink

Herbs and spices

гвозди́ка	clove
имби́рь (m.)	ginger
петру́шка	parsley
припра́ва	flavouring
спе́ции	spices
чесно́к (gen. чеснока́)	garlic

Cooking and preparation

взбива́ть/взби́ть (взобью́ взобьёшь)	to whisk
гарни́р	garnish
глазу́рь (f.)	icing
дро́жжи (gen. дрожже́й)	yeast
жёсткий	tough
заме́шивать/замеси́ть (замешу́ заме́сишь)	to mix (cake etc.)
кипяти́ть (кипячу́ кипяти́шь)/вс-	to boil (trans.)
копчёный	smoked
лущи́ть/об-	to shell (peas)
меси́ть (мешу́ ме́сишь)/с-	to knead
меша́ть/по-	to stir
натира́ть/натере́ть (натру́ натрёшь; натёр натёрла)	to grate
начи́нка	stuffing

начиня́ть/начини́ть	to stuff
пе́чь (пеку́ печёшь; пёк пекла́)/ис-	to bake
посыпа́ть/посы́пать (посы́плю посы́плешь) (+ instr.)	to sprinkle (with)
приправля́ть/припра́вить (припра́влю припра́вишь)	to season
пропуска́ть/пропусти́ть (пропущу́ пропу́стишь) че́рез мясору́бку	to mince
са́харный песо́к (gen. са́харного песка́)	caster, granulated sugar
свино́е са́ло	lard
сме́сь (f.)	mixture
те́сто	dough
чёрствый	stale

Words of foreign origin or with foreign cognates include:

German: гвозди́ка named for its nail-like leaves or plant-heads (cf. гво́здь 'nail'), calqued from German *Nelke*, originally lit. 'small nail', via Polish; шпина́т from *Spinat*.

Polish: кашта́н via *kasztan* from German *Kastanie*, eventually from Latin, петру́шка from *pietruszka* id. possibly via German *Petersilie* id.

Turkic: шашлы́к.

Indigenous words: (1) кипяти́ть/вс- 'to boil' transitive cf. кипе́ть/вс- 'to boil' intransitive (вс- in meaning 'upward') (2) клю́ква possibly through metathesis from клю́в 'beak', thus 'the berry birds like to peck', alternatively from onomatopoeic клю, from the plant's liking for marshy areas, cf. клю́ч 'source, spring' (3) пельме́ни lit. 'ears of bread', from the small pastries that comprise the dish (4) мясору́бка comprises мяс(о) + ру́бка (verbal noun from руби́ть 'to chop') (5) подли́вка cf. подлива́ть/подли́ть 'to add, pouring'.

Participial adjectives: копчёный and тушёный are adjectives of participial origin, their adjectival status reflected in lack of a prefix and in a single -н-, cf. double -нн- of the participle; cf. варёный 'boiled', жа́реный 'fried', сушёный 'dried', кипячёный 'boiled', кра́шеный 'painted' (and моро́женое 'ice cream').

Exercises

Level 1

1. Convert the following past verb forms into future forms:

Past forms	Future forms
1. вода́ вскипе́ла	вода́ вскипи́т
2. о́н завяза́л га́лстук	
3. она́ наде́ла пальто́	
4. я накорми́ла дете́й	
5. она́ расчеса́лась пе́ред зе́ркалом	
6. о́н сня́л пиджа́к	
7. она́ съе́ла бу́лочку	

2. Opposites. Match the words that are opposite in meaning:

1. застёгивать	a. снима́ть
2. зре́лый	b. ки́слый
3. надева́ть	c. незре́лый
4. сла́дкий	d. расстёгивать

3. End stress in declension. Which is the odd one out (i.e. with stem stress in declension)?

	Genitive singular		Genitive singular
1. башма́к	башмака́	4. макия́ж	
2. гри́б		5. пиджа́к	
3. каблу́к		6. пиро́г	

4. Polysemantic words. Use the dictionary to find other meanings of the following words:

	Other meaning(s)
1. блю́до	a dish
2. капу́ста	
3. лу́к	
4. пли́тка	
5. снима́ть	
6. чи́стить	

Note: лук ('onions', 'bow') is a homonym. A homonym is a word identical with another word, but from a different root (for example, ключ 'key' and ключ 'source, spring' [from onomatopoeic клю-клю])

5. Чем?

1. бре́ются		4. расчёсываются?	
2. ма́жут гу́бы?		5. чи́стят фру́кты?	
3. подстрига́ют но́гти?			

(бри́твой, губно́й пома́дой, маникю́рными но́жницами, ножо́м, расчёской)

6. Which two meanings can the suffix -ина impart to a noun? Which is the odd one out in the following series?:

бара́нина	говя́дина	горо́шина	свини́на	теля́тина

7. Similes. Find English equivalents, if available:

1. Бри́тый как новобра́нец (derogatory, of a person with a shaven head).
2. (Вс)кипе́ть как самова́р (ironic, of a person who suddenly flares up).
3. Есть как аку́ла (derogatory, of a voracious eater).
4. Жа́риться как ры́ба на [горя́чей] сковоро́дке (ironic).
5. Корми́ть как на убо́й (facetious, of over-feeding someone, as if for slaughter).
6. Пи́ть как сапо́жник (derogatory, of someone too fond of the bottle).

8. Distribute male and female garments to separate columns:

Female garments	Male garments
1.	1.
2.	2.
3.	3.
4.	

(бюстга́льтер, га́лстук, блу́зка, пиджа́к, тру́сики, трусы́, ю́бка)

9. Phrases

1. *Де́ло в шля́пе (of the successful completion of some matter).
2. Щи́ да ка́ша – пи́ща на́ша (of simple peasant food [cabbage soup and porridge]).
3. Тяжела́ ты, ша́пка Монома́ха (of the burden of power or responsibility, after the name of the crown of Grand Prince of Kiev 1113–25 Vladimir Monomakh, who tried to put an end to internecine warfare among the princes of Kievan Russia).
4. *Чу́вствовать себя́ как ры́ба в воде́ (to feel fine, 'like a fish in water').
5. Аппети́т прихо́дит во вре́мя еды́.
6. *Расти́ как грибы́ (of growing quickly and in large quantities – like mushrooms).

7. Вари́ться в со́бственном соку́ (of living or working without contact with others, lit. 'to stew in one's own juice').
8. *Ни ры́ба ни мя́со (of someone/something impersonal, neither one thing nor the other).
9. *Как об сте́ну/об сте́нку горо́х (of receiving no reaction or response, coming up against a brick wall).
10. *Быть у кого́-нибудь под каблуко́м (i.e. completely subservient to).
11. *Я́блоко раздо́ра (of something that gives rise to a quarrel, from the beauty contest between the Greek goddesses Hera, Athena and Aphrodite, to whom Paris awarded the golden apple thrown down by Eris (Strife) and with her help carried off Helen, thus leading ultimately to the Trojan War).
12. *Не́где я́блоку упа́сть (of a cramped area).

Match phrases marked with an asterisk to the following:

(a) To spring up like mushrooms.
(b) It's like talking to a blank wall.
(c) Neither fish nor flesh.
(d) It's in the bag.
(e) There isn't room to swing a cat.
(f) To be under someone's thumb.
(g) To be in one's element.
(h) Bone of contention.

What is the difference between number 7 and its literal English translation ('to stew in one's own juice')?

10. Match the words on the left to their definitions on the right:

1. во́дка	a. предме́т оде́жды, закрыва́ющий ру́ку
2. заку́ска	b. мя́со тёленка
3. карма́н	c. алкого́льный спиртно́й напи́ток
4. перча́тка	d. напи́ток из хме́ля
5. пи́во	e. спа́льный костю́м
6. пижа́ма	f. еда́, подава́емая пе́ред горя́чими блю́дами
7. плащ	g. ни́жняя часть о́буви
8. подо́шва	h. небольшо́е вмести́лище для платка́
9. свини́на	i. непромока́емое пальто́
10. теля́тина	j. свино́е мя́со

11. Give the singulatives (either with suffix -ина or -ица or with ягода) of the following fruits and vegetables:

1. виногра́д	виногра́дина	4. клубни́ка	
2. горо́х		5. лук	
3. карто́фель			

12. Gender of soft-sign nouns. Which is the odd one out?

Masculine	Feminine
1.	1.
	2.

(карто́фель, о́бувь, фасо́ль)

13. Perfective aspect. Give the perfective of each verb:

	Perfective		Perfective
1. бри́ться		6. корми́ть	
2. вари́ть		7. ма́заться	
3. жа́рить		8. надева́ть	
4. завя́зывать		9. расчёсываться	
5. застёгивать		10. чи́стить	

14. (a) Which of the following is *not* a plural-only noun (a noun that has no singular)? (b) Give the genitive/genitive plural of each noun:

1. брю́ки	2. колго́тки	3. тру́сики	4. трусы́	5. чи́псы	6. чулки́
Gen. pl.	**Gen. pl.**	**Gen. pl.**	**Gen. pl.**	**Gen. pl.**	**Gen. pl.**

15. Translate into Russian:
1. He knotted his tie in front of the mirror.
2. She put on her new gloves.
3. She will take off her fur coat.
4. He took a long time to comb his hair.
5. He shaves every morning before breakfast.
6. She makes herself up before going to the party.
7. He will eat the last apple.
8. She cut some pork and made sandwiches.
9. I always drink tea with lemon.
10. It was cold, and he buttoned his coat.

16. Что надева́ют?

1. когда́ идёт до́ждь?	a. пальто́/сви́тер
2. когда́ на у́лице хо́лодно?	b. обруча́льное кольцо́
3. на сва́дьбе?	c. кроссо́вки/ма́йку
4. на трениро́вке?	d. пижа́му
5. пе́ред сно́м?	e. пла́щ

17. Distribute items to the correct columns.

Headgear	Footwear	Jewellery
1.	1.	1.
2.	2.	2.
3.	3.	3.
	4.	
	5.	

(башма́к, боти́нок, браслѐт, кѐпка, кольцо́, кроссо́вка, серьга́, та́почки, ту́фли, ша́пка, шля́па)

18. Which is the odd one out (the fruit that does *not* grow on trees):

1. апельси́н	2. виногра́д	3. ви́шня	4. сли́ва	5. я́блоко

19. Loans and cognates.

I Which noun does *not* derive from German/have a German cognate?

1. брю́ки	2. бюстга́льтер	3. га́лстук	4. шля́па	5. шу́ба

II Ditto French:

1. боти́нок	2. ке́пка	3. макия́ж	4. перча́тка	5. ту́фля

III From which language group do the following derive?

1. башма́к	2. каблу́к	3. карма́н	4. серьга́	5. чуло́к

20. Fill the gaps with appropriate words:

1. О́н чи́стит костю́м . . . .
2. Я наде́л ра́зные . . . .
3. О́н . . . . в ба́ре пе́ред отъе́здом.
4. Она́ отре́зала кусо́к . . . .
5. Я заказа́л ва́реное . . . .
6. Я вы́пил стака́н . . . .
7. Она́ застегну́ла шу́бу на четы́ре . . . .

(закуси́л, ква́су, носки́, пу́говицы, сы́ру, щёткой, яйцо́)

21. Supply appropriate adjectives:

Adjectives		Adjectives	
1.	вода́	5.	па́ста
2.	капу́ста	6.	пома́да
3.	кольцо́	7.	сморо́дина
4.	но́жницы	8.	со́к

(апельси́новый, губна́я, зубна́я, маникю́рные, минера́льная, обруча́льное, цветна́я, чёрная)

Level 2

1. Find other meanings of the following words in the dictionary:

	Other meaning(s):
1. ба́бочка	
2. жи́дкий	
3. космети́чка	
4. ко́сточка	
5. ло́дочка	
6. мо́лния	
7. переку́сывать/перекуси́ть	
8. по́чка	

2. Match the adjectives to the nouns:
I Masculine:

1. ка́мень	2. костю́м	3. ко́фе	4. оре́х	хле́б

(драгоце́нный, коко́совый, раствори́мый, ржано́й, трениро́вочный)

II Feminine and neuter:

1. вода́	2. пла́тье x 2	3. пюре́

(декольте́, карто́фельное, питьева́я, сва́дебное)

3. Mobile vowels o/e in the genitive plural. Which is the odd one out in each group?

I

1. ба́бочка	2. була́вка	3. за́понка	4. реди́ска	5. соси́ска

II

1. буха́нка	2. дублёнка	3. ко́рка	4. ко́сточка	5. футбо́лка

4. Phrases and titles.

I Phrases:
1. Зада́ть кому́-нибудь пе́рцу (to give it hot to someone).
2. Ночна́я ба́бочка (colloquial term for a prostitute).
3. Сиде́ть на боба́х (to get nothing for one's trouble).

II Titles
1. «Крыжо́вник» (short story by Chekhov that reveals the poverty of human ambition).
2. «Ре́пка» (a tale that shows the weakest can play a decisive role: grandad, grandma, granddaughter, the dog and the cat fail to pull a turnip out of the ground, but the mouse's contribution tips the balance, and the turnip comes out).

5. Allocate the names of fruit and vegetables to separate columns:

Fruit	Meanings	Vegetables	Meanings
1.		1.	
2.		2.	
3.		3.	
4.		4.	
5.		5.	
6.		6.	

(абрико́с, анана́с, арбу́з, бо́б, ды́ня, инжи́р, мали́на, огуре́ц, реди́ска, ре́па, свёкла, спа́ржа)

6. Что надева́ют? (NB Some of the questions have more than one answer.)

1. в холо́дную пого́ду?	
2. пе́ред ба́лом?	
3. пе́ред вы́ходом на пля́ж?	
4. пе́ред купа́ньем?	
5. пе́ред сва́дьбой?	
6. пе́ред сно́м?	
7. (на́ ноги) пе́ред трениро́вкой?	

(берму́ды, ке́ды, купа́льный костю́м (купа́льник), ночну́ю руба́шку, пла́вки, пла́тье декольте́, футбо́лку, ша́пку-уша́нку, ша́рф, шу́бу)

7. Loan-words. Which is the odd one out (does *not* derive from English)?

1. бульо́н	2. грейпфру́т	3. кардига́н	4. мокаси́н

And which of these *does* derive from English?

1. ке́д	2. манже́та	3. то́рт	4. шнуро́к

8. Give the gender and meaning of these soft-sign nouns:

	Gender	Meaning
1. бро́шь		
2. карто́фель-фри́		
3. ту́шь		
4. шампу́нь		

9. Match the words on the left to the definitions on the right:

I

1. бо́рщ	a. сре́дство от неприя́тных за́пахов
2. дезодора́нт	b. сла́дкое ку́шанье
3. компо́т	c. кожура́ не́которых фру́ктов
4. ко́рка	d. су́мочка для предме́тов косме́тики
5. косметичка	e. су́п со свёклой и други́ми овоща́ми

II

1. питьево́й	a. подо́шва
2. подмётка	b. мо́ющее сре́дство
3. румя́на	c. спорти́вная трикота́жная руба́шка
4. футбо́лка	d. то́нкий шну́р
5. шампу́нь	e. ро́зово-кра́сная пу́дра
6. шнуро́к	f. приго́дный для питья́

10. Fill the gaps and translate:

			Meaning
кре́м	для		
ла́к	для		
те́ни	для		
ту́шь	для		

(ве́к, воло́с, ресни́ц, ру́к)

11. Similes (сравнения).

1. Бо́рщ как бурда́ (derogatory, of a thin, tasteless drink).
2. Ко́фе как помо́и (of a thin, unpleasantly warmish and tasteless tea or coffee).
3. Кре́пкий как ду́б (of a tough, healthy and sturdy person).
4. Огуре́ц с го́ру ('a cucumber the size of a mountain'; ironic, of something whose qualities are obviously and unjustifiably exaggerated).
5. Пи́во как некта́р (of beer or another very tasty drink).
6. Ча́й что через него́ Кроншта́дт ви́ден [из Пи́тера] (obsolete and facetious, of tea so weak it is transparent).

Note: (1) Russian has several derogatory similes for drinks: Ча́й, ко́фе как бурда́; ча́й как моча́, как помо́и. Бурда́ and помо́и mean 'slops', моча́ 'urine' (2) с + accusative case in example 4, here used as part of a simile, denotes approximate size: о́н ро́стом с сестру́ 'he is about the same height as his sister'.

12. Grid. Find 14 names of clothing, footwear and accessories, etc.:

ш	у	б	а	о	ж	а	к	е	т
п	л	х	х	ж	х	х	е	х	х
р	а	з	м	е	р	х	д	х	к
я	ц	а	е	р	у	м	я	н	а
ж	к	п	д	е	х	о	х	х	р
к	а	о	а	л	х	к	х	х	д
а	н	н	л	ь	л	а	к	х	и
х	х	к	ь	е	х	с	р	х	г
х	х	а	о	х	х	и	е	х	а
х	х	х	н	х	х	н	м	х	н

(По горизонта́ли (5): жаке́т, ла́к, разме́р, румя́на, шу́ба.
По вертика́ли (9): за́понка, кардига́н, ке́д, кре́м, ла́цкан, медальо́н, мокаси́н, ожере́лье, пря́жка)

13. Instrumental case. Чем (какими фруктами и овощами) питают вегетарианца?

Fruit	Instrumental	Vegetables	Instrumental
1. абрико́сы	абрико́сами	1. бобы́	
2. арбу́зы		2. огурцы́	
3. анана́сы		3. реди́ски	
4. гру́ши		4. свёкла	
5. ды́ни		5. спа́ржа	

14. Comment on the formation of:

	Comments
1. драгоце́нный	
2. ожере́лье	
3. пере́дник	
4. футбо́лка	

15. Translate from English into Russian:

1. Although melons grow in the south they can be bought in northern towns.
2. Being a vegetarian, she refuses meat, making do with fruit and vegetables.
3. Despite being so small, the mouse helped the others to pull out the turnip.
4. He had a severe shock but recovered after drinking a glass of cognac.
5. He drew attention to the fact that vodka is made from potatoes.
6. He has eaten so much chocolate and crisps that they have put him on a diet.
7. Even if you put on a track-suit, trainers and sports shirt you will still not look like an athlete.
8. On your way home I would like you to call into the shop for rolls, a loaf, a gateau and some fancy cakes.
9. She is teaching the child to tie his own shoe-laces.
10. The hostess asked the guests to take off their coats and hats and sit at the table.

Level 3

1. Gender of soft-sign nouns. Which is the odd noun out?

вуа́ль	глазу́рь	имби́рь	караме́ль	смесь	шаль	шине́ль

2. With the aid of a dictionary, give other meanings for the following words:

I Verbs

Verbs	Listed meaning	Additional meaning(s)
1. взбива́ть/взби́ть		
2. меша́ть/по-		
3. натира́ть/натере́ть		
4. очища́ть/очи́стить?		
5. пе́чь/ис-		
6. пришива́ть/приши́ть		
7. рва́ть		
8. туши́ть		

II Other words

Noun/adjective	Listed meaning	Additional meaning(s)
1. вьетна́мка		
2. гвозди́ка		
3. жёсткий		
4. кабачо́к		
5. петру́шка		
6. поля́		
7. свобо́дный		
8. те́сный		
9. чёрствый		

3. Conjugation.

I Second-conjugation verbs with consonant change in first-person singular:

м/мл   п/пл   с/ш   ст/щ   т/ч

Convert past into present or future-tense verbs:

1. я замеси́л те́сто	я замешу́ те́сто
2. я кипяти́л молоко́	я
3. я меси́л те́сто	я
4. я накрути́ла во́лосы на бигуди́	я
5. я окайми́ла рису́нок орна́ментом	я
6. я посы́пал хлеб са́харом	я
7. я пропусти́ла мя́со че́рез мясору́бку	я
8. я укороти́ла рукава́	я

II First-conjugation verbs. Replace the infinitive by the imperative mood:

1. ну́жно испе́чь то́рт	испеки́ то́рт!
2. ну́жно натере́ть морко́ви	
3. ну́жно приши́ть пу́говицу к пиджаку́	
4. ну́жно сши́ть пальто́	

4. Match the adjectives to the nouns:

I Masculine nouns

Adjective	Noun	Adjective	Noun
1.	карма́н	3.	напи́ток
2.	костю́м	4.	песо́к

(безалкого́льный, брю́чный, нагру́дный, са́харный)

II Neuter nouns

Adjective	Noun	Adjective	Noun
1.	одея́ло	2.	са́ло

(свино́е, стёганое)

III Plural nouns

Adjective	Noun	Adjective	Noun
1.	полуфабрика́ты	2.	сли́вки

(взби́тые, пищевы́е)

5. Mobile vowel in declension. Which noun is the odd one out (does *not* have a fleeting vowel in declension)?

Noun	Genitive singular	Noun	Genitive singular
1. кабачо́к	кабачка́	4. чесно́к	
2. крючо́к		5. шо́в	
3. напи́ток			

6. Insert appropriate prepositions (для, из or от):

1. ла́к		ногте́й	4. пи́лка		ногте́й
2. ма́сло		воло́с	5. сре́дство		облысе́ния
3. накла́дка		воло́с			

7. Similes

1. Жёсткий как ка́мень (of something hard and tough as stone: bread, soil, rock etc.).
2. Пе́чь как блины́ (to do something easily and in large quantities *or* to do in a slipshod manner, unconscientiously).
3. Те́сно как в душегу́бке (of somewhere very cramped, uncomfortable and stuffy).
4. Черстве́ть/за- как суха́рь (of someone who has become hardened, callous and unresponsive).

8. Definitions. Match the words on the left to the definitions on the right:

I

1. вуа́ль	a. треуго́льный головно́й плато́к
2. галантере́я	b. техни́ческие щи́пчики
3. лата́ть/за-	c. не но́вый, бы́вший в употребле́нии
4. косы́нка	d. ме́лкие принадле́жности туале́та
5. начи́нка	e. се́тка, прикрепля́емая к шля́пе
6. пинце́т	f. ста́вить/по- запла́ты
7. поде́ржанный	g. то́, что кладётся вну́трь пирога́

II

1. проре́ха	a. большо́й вя́заный плато́к
2. требуха́	b. де́лать длинне́е
3. удлиня́ть	c. еда́, пи́ща
4. харчи́	d. засо́хший и твёрдый
5. чёрствый	e. дыра́ на оде́жде
6. ша́ль	f. фо́рменное пальто́
7. шине́ль	g. вну́тренности уби́того живо́тного

9. Distribute the words to appropriate columns:

Clothing/headgear	Clothing/headgear	Vegetables	Vegetables
1.	4.	1.	4.
2.	5.	2.	5.
3.		3.	

(брю́ква, капюшо́н, косы́нка, лу́к-поре́й, сельдере́й, ты́ква, фура́жка, ша́ль, шине́ль, шпина́т)

10. Which of the following is *not* of French origin?

| 1. бахрома́ | 2. бигуди́ | 3. вуа́ль | 4. пинце́т | 5. ша́ль |

11. Give the source languages of the following:

	Source language		Source language
1. гвоздика	German	4. шашлык	
2. каштан		5. штопать	
3. крючок			

12. Give the roots of the following:

1. мясорубка	мясо + рубка	4. подливка	
2. нагрудный		5. увлажнять	
3. облысение		6. чистить	

13. Fill in the gaps:

1. Она . . . . пуговицу к пижаме.
2. Он . . . . письмо и сжёг обрывки.
3. Она . . . . стёганое одеяло из лоскутов.
4. Рукава ему коротки, придётся их . . . .
5. Юбка ей длинна, придётся её . . . .
6. Она . . . . чулки, не будучи в состоянии купить новые.
7. Перед танцами она . . . . волосы на бигуди.
8. Рубашка . . . . в плечах этому худенькому юноше.
9. Он совершенно полысел. Нет смысла покупать . . . . от облысения.
10. Она прикрепила . . . . к своей шляпе, чтобы никто её не узнал.
11. Эти новые ботинки так . . . . , что придётся их поменять.
12. Он зарядил мобильный и положил его в . . . .

(вуаль, заштопала, нагрудный карман, накрутила, порвал, пришила, свободна, средство, сшила, тесны, удлинить, укоротить)

14. Translate into Russian:

1. She insisted they put the perishable goods in the freezer.
2. She stewed meat and vegetables, hoping to stimulate his appetite.
3. If you want to make coffee with milk you have to boil the milk first.
4. She baked him a cake for his birthday.
5. She minced the beef and stuffed the pies with the meat.
6. She decided not to sprinkle sugar on the pastry, since it was already too sweet.
7. Having shelled the peas she put them into boiling water and put the lid on the saucepan.
8. It is essential to knead the pastry or it will turn out to be too tough.
9. The cook grated some carrots and washed them with cold water from the tap.
10. They seasoned the dish with piquant spices.
11. The guest refused a non-alcoholic drink and knocked back a vodka at one go.
12. We have been invited to a kebab party.

Unit 7

Perception

Level 1

Sight

бараба́нить impf. (в о́кна)	to patter (on the windows)
взгля́дывать/взгляну́ть (на + acc.)	to glance (at)
замеча́ть/заме́тить (заме́чу заме́тишь)	to notice
зре́ние	sight
ло́ск	gloss, lustre
наблюда́ть impf. (за + instr.)	to watch, observe
осма́триваться/осмотре́ться	to look round
рассма́тривать/рассмотре́ть	to scrutinise
следи́ть (слежу́ следи́шь) (за + instr.)	to follow (with one's eyes)
смотре́ть (смотрю́ смо́тришь)	to watch (TV etc.)
смотре́ть/по- (на + acc.)	to look (at)
тара́щить/вы́- глаза́ (на + acc.)	to stare (at) (in surprise or fear)

Note: следи́ть cf. сле́д 'trace, track, footprint'.

Shining, blinking

блесте́ть impf. (блести́т)	to shine, sparkle
мига́ть/мигну́ть (глаза́ми)	to blink (one's eyes)
мра́к	gloom
свети́ть impf. (све́тит)	to shine
сия́ть impf. (сия́ет)	to gleam
су́мерки (gen. су́мерек)	twilight
темне́ть (темне́ет)/по-	to darken
темнота́	darkness
тёмный	dark
я́ркий	bright

Note: (1) мига́ть cf. ми́г 'instant' (the МИГ fighter plane is named after its designers А. И. Микоя́н and М. И. Гуре́вич) (2) свети́ть cf. све́т 'light' (3) су- in су́мерки means 'incomplete, indefinite'.

Sounds

звони́ть/по- (в звоно́к or у двере́й)	to ring (the bell or at the door)
свисте́ть (свищу́ свисти́шь)/сви́стнуть	to whistle
скрипе́ть (скрипи́т)/скри́пнуть	to creak
стуча́ть (стучу́ стучи́шь)/по- or сту́кнуть (в две́рь)	to knock (at the door) (по- a few times, сту́кнуть once)
хло́пать/хло́пнуть (две́рью)	to slam (a door)

Note: monosyllabic nouns звон 'ringing sound', свист 'whistle', скрип 'creak' (cf. скри́пка 'violin'), стук 'knock'.

Smells

арома́т	aroma
во́нь (f.)	stink
воню́чий	fetid
воня́ть impf. (+ instr.)	to stink (of)
за́пах	smell
ню́хать/по- (нюхну́ть)	to sniff
па́хнуть (past пах па́хла) impf. (+ instr.)	to smell (of)
чу́вствовать (чу́вствую чу́вствуешь)/по- (за́пах)	to smell (something)

Taste

аппети́тный	appetising
безвку́сный	tasteless, insipid
вку́с	taste, flavour
вку́сный	tasty
го́рький	bitter
ки́слый	tart
про́бовать (про́бую про́буешь)/по-	to try, taste
сла́дкий	sweet

Word origins: (1) вку́с – the meaning ('artistic') taste is borrowed from French *goût* (a 'semantic calque' – assimilation of a new meaning by an already existent word) (2) про́бовать derives from про́ба 'test, trial', probably from Latin via Polish or German *Probe* 'test'.

Note: «Го́рько!», shouted by guests at a wedding to encourage the newly-weds to kiss.

Touch

гла́дкий	smooth
ли́пкий	sticky
мя́гкий	soft

Cognates: (1) ли́пкий is cognate with ли́па 'lime-tree', so-called from its sticky sap or the sticky deposit on its leaves (2) мя́гкий is probably cognate with мяч 'ball', from the latter's resilience.

Level 2

Sight

блеск	shine, brilliance
блестя́щий	shining
вспы́хивать/вспы́хнуть (я́рким пла́менем)	to flare up (with a bright flame)
глазе́ть impf. (глазе́ю глазе́ешь) (на + асс.)	to gaze idly (at)
загля́дывать/загляну́ть (в окно́)	to peep in (at the window)
глянцеви́тый (гля́нец 'gloss, lustre')	glossy
луч (gen. луча́)	beam
морга́ть/моргну́ть (глаза́ми)	to blink (one's eyes)
ослепля́ть/ослепи́ть	to dazzle
перегля́дываться/ перегляну́ться (с + instr.)	to exchange glances
поблёскивать impf.	to glint, gleam
про́блеск	gleam, flash
сверка́ть/сверкну́ть	to shine, gleam, flash (of lightning)
свети́ться	to emit a steady light
ту́склый	dull

Words within words: cf. гла́з 'eye' and глазе́ть, слеп 'blind' and ослепля́ть.
Word origins: гля́нец 'gloss, lustre', whence глянцеви́тый, derives from German *Glanz* 'gleam, shine' and is the same root as гляде́ть 'to look' (cf. compounds загля́дывать and перегля́дываться).
Affixes: prefix пере- and reflexive -ся denote reciprocal action, cf. перемигиваться 'to exchange winks' and перепи́сываться 'to correspond'.
Cognate words: these include блеск, блестя́щий, поблёскивать, про́блеск. Поблёскивать denotes an intermittent process, cf. посма́тривать 'to steal glances at', поба́ливать 'to hurt off and on', пома́ргивать 'to keep blinking' (cf. морга́ть).

Sounds

грохота́ть (грохо́чет)/про-	to rumble, thunder
гуде́ть (гуди́т)/про-	to hoot, honk
звене́ть (звени́т) (колоко́льчик) (моне́тами) (also + instr., of coins etc.)	to jingle (of a bell)

звя́кать/звя́кнуть (ключа́ми)	to jingle (keys)
ля́згать/ля́згнуть (це́пью) (зуба́ми)	to rattle (a chain), to chatter (of teeth)
оглаша́ться/огласи́ться (+ instr.)	to resound (with)
отдава́ться/отда́ться (э́хо)	to reverberate (of an echo)
шелесте́ть (шелести́т)	to rustle

Words within words: cf. (1) гла́с 'voice' (obsolete non-pleophonic form of го́лос) and огласи́ться (2) гро́хот 'din' and грохота́ть (3) лязг 'clank' and ля́згать (4) ше́лест 'rustle' and шелесте́ть.

Smells

е́дкий	acrid
злово́ние	stench
злово́нный	fetid
испуска́ть/испусти́ть	to emit (a sound or aroma)
обоня́ние	sense of smell
о́стрый	pungent, acrid
отврати́тельный	repulsive

Origins of words: е́дкий seemingly derives from еда́ 'food', originally meaning съедо́бный 'edible', later a synonym of о́стрый 'sharp'.

Word analysis: (a) злово́ние, злово́нный are cognate with злой 'bad' and вонь stench' (b) отврати́тельный is cognate with отврати́ть 'to avert'.

Taste

пика́нтный	spicy
пря́ный	spicy
солёный	salted
ту́хлый	putrid (e.g. of fish)

Origins of words: пика́нтный is borrowed from French *piquant* id.

Cognates: (a) пря́ный is cognate with пе́рец 'pepper', cf. пря́ник 'gingerbread' (b) солёный is cognate with со́ль 'salt'.

Touch

е́сть (дым е́ст глаза́)	to cause to smart (smoke makes the eyes smart)
каса́ться/косну́ться (+ gen.)	to touch (deliberately or accidentally)
кле́йкий	sticky
колю́чий	prickly
лакиро́ванный	lacquered
неро́вный	uneven
пробира́ться/пробра́ться (проберу́сь проберёшься) о́щупью (в темноте́)	to feel one's away around (in the dark)

ско́льзкий	slippery
тро́гать/тро́нуть	to touch (deliberately)
шишкова́тый	rough, bumpy
щекота́ть (щекочу́ щеко́чешь)/по-	to tickle
щипа́ть impf. (щи́плет) (у меня́ глаза́ щи́плет)	to smart, sting (my eyes are smarting)

Words within words: (a) cf. кле́й 'glue' and кле́йкий (b) ла́к 'varnish, lacqeur' from German *Lack* id. or Dutch *lak* id. (cf. лакиро́ванный).
Cognates: these include колю́чий and колю́чка 'thorn' (коло́ть 'to prick').

Level 3

Sight

мерца́ть	to twinkle, glimmer
угаса́ть or га́снуть/уга́снуть (past уга́с уга́сла)	to fade (of light)

Sounds

бараба́нить/про- (па́льцами по́ столу)	to drum (one's fingers on the table)
бу́лькать/бу́лькнуть	to gurgle, babble
бу́хать/бу́хнуть (кулако́м в две́рь)	to pound, thump (on a door with one's fist)
галдёж	uproar, racket
га́м	din
гро́хать/гро́хнуть	to crash, bang, ring out
гря́нуть pf.	to blare out, burst out
жужжа́ть impf. (жужжи́т)	to buzz
журча́ть impf. (журчи́т)	to gurgle, murmur (of water)
забры́згивать/забры́згать (+ instr.)	to splash, bespatter (with)
захло́пываться/захло́п- нуться	to slam (of a door)
колоти́ть (колочу́ коло́тишь) impf. (в две́рь)	to thump (on a door)
оглуши́тельный	deafening
перебо́р колоколо́в	peal of bells
пища́ть (пищи́т)/пи́скнуть	to squeal
плеска́ться impf. (пле́щется) (о + acc.)	to splash, lap (on)
скрежета́ть impf. (скрежещу́ скреже́щешь) (+ instr.)	to grind (of gears), gnash (of teeth)

трезво́нить impf.	to peal (originally three bells, subsequently any number)
треща́ть impf. (трещи́т) (потре́скивать impf. 'to crackle intermittently')	to crackle
хлю́пать/хлю́пнуть	to squelch
хрусте́ть (хрусти́т)/ хру́снуть	to crunch
цо́кать/цо́кнуть	to clatter (of hooves), click (of a tongue)
шипе́ть impf. (шипи́т)	to hiss, sizzle

Onomatopoeia: Onomatopoeic verbs include бу́хать, гро́хать, жужжа́ть, журча́ть, скрежета́ть, хлю́пать, хрусте́ть, цо́кать, шипе́ть and others. Some have cognate onomatopoeic nouns: бух 'bang', скре́жет 'grating sound', треск 'crackling sound', хруст 'crunching sound'.

Verbs of sound: A number of verbs of sound in -еть (e.g. шипе́ть) are second conjugation, also a number in –ать (usually preceded by a palatal sibilant e.g. жужжа́ть, треща́ть).

Smells

арома́тный	fragrant
благоуха́ние	perfume (aroma)
буке́т	bouquet
гарь (f.)	burning
гнило́й	rotten (of fruit, hay)
души́стый	fragrant
смерде́ть impf. (смерди́т)	to stink
те́рпкий	sharp
ту́хлый	rotten (of meat, fish, eggs)
чу́ять/по-	to scent

Бла́го: бла́го 'good', an old neuter short adjective, appears in a number of words of Church Slavonic origin (e.g. благодари́ть 'to thank'). It is calqued from Greek *eu* id.

Deaffixation: гарь derives through deaffixation from горе́ть 'to burn', with o/a vowel mutation. All such deaffixed nouns are feminine.

Note: х/ш mutation in дух 'smell' (demotic), духи́ 'perfume', души́стый 'fragrant'.

Touch

нога́ затекла́	(I have got) pins and needles in my leg
осяза́ние	touch
чеса́ться (че́шется)/по-	to itch
шелкови́стый	silky
шерохова́тый	rough
шерша́вый	rough

Colour and light

Level 1

аквамари́новый	aquamarine
багро́вый	crimson, purple
бе́лый	white
голубо́й	light blue
жёлтый	yellow
зелёный	green
кра́сный	red
се́рый	grey
сире́невый	lilac
фиоле́товый	violet
чёрный как смо́ль	jet black, pitch black

Colours based on plant names: сире́невый derives from сире́нь 'lilac' (a number of other newer colours also derive from plant names: кори́чневый 'brown' from кори́ца 'cinnamon', cf. also ора́нжевый 'orange', ро́зовый 'pink', фиоле́товый – ultimately from French *violette* 'violet' – cf. фиа́лка 'violet').

Other meanings of adjectives denoting primary colours: (a) голубо́й also means 'gay' (cf. ро́зовая 'pink, Lesbian') (b) зелёный has environmental connotations: охра́на зелёного дру́га 'protection of trees and plants' (c) кра́сный used to mean 'beautiful', subsequently 'red' perhaps because of its perception as the 'best' colour (note кра́сная де́вица 'fair damsel'). Like жёлтый, it is also used by referees: показа́ть жёлтую/кра́сную ка́рточку 'to show the yellow/red card' (d) note се́рая зо́на 'grey area'.

Level 2

бро́ский	bright, loud, garish
кашта́новый	chestnut
мали́новый	crimson
отте́нок (gen. отте́нка)	shade
ры́жий	ginger
сму́глый	swarthy

Words within words and cognates:
(a) кашта́н 'chestnut tree' (b) мали́на 'raspberries' (c) отте́нок cf. те́нь 'shade, shadow', cognate with Latin *tenebrae*.

Level 3

дальто́ник (челове́к, страда́ющий дальто-ни́змом)	colour-blind person
кора́лловый	coral
перели́вчатый	iridescent
пёстрый	variegated, multi-coloured
пятни́стый	dappled, spotted
янта́рный (from янта́рь m. gen. янтаря́)	amber

Note: (1) дальто́ник after John Dalton, who described colour blindness (especially the inability to distinguish green from red) in 1794 (2) янта́рный from янта́рь itself probably from Lithuanian *gintaras* id.

Materials and textures

Level 1

Cloth

ва́та	cotton wool
кружева́ (gen. кру́жев), кру-жевно́й	lace
лён, льняно́й	linen
ле́нта	ribbon
мате́рия	material, cloth
ткань (f.)	fabric, cloth
трикота́ж, -ный	knitwear
флане́ль (f.), фране́левый	flannel
хло́пок (gen. хло́пка), хло́п-ковый	cotton
шёлк, -овый	silk
ше́рсть (f.), шерстяно́й	wool

Origins of words: (1) ва́та is from German *Watte* id., itself from French *ouate* id., probably ultimately from Arabic, cf. also English 'wad' (2) кружева́ is possibly from кружи́ть 'to circle, spin round' (3) лён is cognate with English 'linen' (4) трикота́ж is from French *tricotage* 'knitting' (5) шёлк is from Latin *Sericus* 'silken, Chinese' (silk was first obtained from China), cf. Greek *Seres* 'China, the Chinese'.

Building materials

асфа́льт, -овый	asphalt
бето́н, -ный	concrete
бетони́ровать (бетони́рую бетони́руешь) impf./pf.	to concrete

гли́на, гли́няный	clay
грани́т, –ный	granite
дёготь (gen. дёгтя) (m.)	tar
кирпи́ч (gen. кирпича́), –ный	brick
мра́мор, –ный	marble

Origins of words: (1) асфа́льт is from French *asphalte* id. (2) бето́н is from French *beton* id. (3) дёготь is probably of Baltic origin, cf. Lithuanian *degutas* id. (*degti* 'to burn') (4) кирпи́ч is from Persian (5) мра́мор is ultimately, via Latin, from Greek *marmaros* 'sparkling', with ap/pa metathesis (transposition of letters).

Metals

бро́нза, бро́нзовый	bronze
желе́зо, желе́зный	iron
ме́дь (f.), ме́дный	copper
ста́ль (f.), –ной	steel

Origins of words: ста́ль is from German *Stahl* id. via Polish *stal* id. (or from Low German, since early references were to steel produced in Hamburg).

Various

бечёвка	string
бума́га, бума́жный	paper
верёвка	rope
карто́н, –ный	cardboard
ко́жа, ко́жаный	leather
перга́мент	parchment
пластили́н	plasticine
пластма́сса, пластма́ссовый	plastic
рези́на, рези́новый	rubber
соло́ма, соло́менный	straw
стекло́, стекля́нный	glass

Origins of words: (1) бума́га is probably from Italian *bombagia / bombagina* 'cotton' (2) карто́н is from German *Karton* id., itself from Italian *cartone* id. (*carta* 'paper') (3) ко́жа is from коза́ 'goat' + adj. suffix, subsequently of any skin (4) рези́на is from French *résine* 'resin' via Itaian *resina* id. (5) стекло́ is seemingly from a Germanic root meaning 'sharp'.

Level 2

Cloth

атла́с, –ный	satin
во́йлок, во́йлочный	felt

газ	gauze
креп, -овый	crêpe
кримплен, -овый	crimplene
муслин, -овый	muslin
поплин, -овый	poplin
синтетический	man-made
тюль (m.), тюлевый	tulle
фетр, -овый	felt
шифон	chiffon

Origins of words: (1) атлас derives from an Arabic word for 'smooth', via German, Polish or Turkic (2) войлок is seemingly from a Turkic word meaning 'cover' (3) газ is from French *gaze* id., perhaps deriving from Gaza on the eastern coast of the Mediterranean, where the fabric is thought to have originated, or from an Arabic word (4) фетр is from French *feutre* id. (5) the origin of тюль is French *tulle*, after its place of production, Tulle (capital of Corrèze Dept. in France) (for other fabrics named after places, cf. джерси 'jersey', бостон 'Boston' (a kind of wool cloth), кашемир 'cashmere'.

Homographs and homonyms: Атлас 'satin' and атлас 'atlas' are homographs (words with different meanings that are spelt the same). Газ 'gauze' and газ 'gas' are homonyms (a homonym is a word identical in form with another but from a different root).

Wood
бамбук, -овый	bamboo
красное дерево	mahogany
пробка, пробковый	cork
фанера	plywood

Origins of words: фанера is thought to derive from German *Furnier* 'veneer' (*furnieren* 'to veneer' from French *fournir* 'to provide, supply'), or Dutch *fineer* id.

Metals
латунь, латунный	brass
олово, оловянный	tin
свинец (gen. свинца), свин-цовый	lead
фольга	tinfoil

Note cognates: латунь and French *laiton* id.

Various
воск, восковой	wax
перламутр, -овый	mother-of-pearl
песчаник	sandstone
скотч	sellotape
фарфор, -овый	porcelain

Origins and cognates: (1) воск is cognate with German *Wachs* id. and an example of metathesis (ks/ск) (2) перламу́тр is from German *Perlmutt/Perlmutter* id. (3) песча́ник is cognate with песо́к 'sand' (4) ско́тч is from 'Scotch tape' (= sellotape) (5) фарфо́р is purportedly borrowed through Polish from Turkish or Persian, named after a province of China where porcelain was produced.

Level 3

Cloth, material

ба́рхат, -ный	velvet
бати́ст	cambric
брезе́нт, -овый	tarpaulin
вельве́т, -овый	corduroy
иску́сственный	imitation
кашеми́р, -овый	cashmere
кисея́	muslin
ма́рля, ма́рлевый	gauze
мешкови́на	hessian
овчи́на, овчи́нный	sheepskin
паруси́на	canvas, sail-cloth
си́тец (gen. си́тца)	calico
хо́лст (gen. холста́)	coarse linen, canvas

Word origins: (1) ба́рхат is from Middle High German, ultimately Arabic, cf. German *Barchent* 'a cotton or flannel fabric roughened on one side' (2) бати́ст is from French *batiste* id., based on Baptiste, the first maker of cambric, who lived at Cambrai (3) брезе́нт from Dutch *presenning* id., ultimately French *preceinte* 'covering, casing' (4) кисея́ is from Turkic (5) ма́рля is from French *marli*, a type of gauze apparently manufactured in Marly-la-Machine (section of Bougival commune) (6) си́тец is from Dutch *sits* 'chintz'.

Cognates: (1) мешкови́на cf. мешо́к 'sack' (2) паруси́на cf. па́рус 'sail'.

Note: ц/ч mutation in овчи́на (cf. овца́ 'sheep' and analogous ц/ч mutation in у́лица 'street', у́личный 'street' (adj.))

Building materials

бетономеша́лка	cement mixer
ка́менщик	bricklayer
шпаклёвка	putty
штукату́р	plasterer
штукату́рить/от-	to plaster
штукату́рка	plaster

Origins of words: (1) шпаклёвка (шпатлёвка in specialist terminology) is from шпаклева́ть 'to fill', in specialist terminology шпатлева́ть, from шпа́тель 'palette knife, spatula', German *Spatel* 'spatula', Italian *spatola* id. (2) штукату́р is from Italian *stuccatore* 'plasterer', stucco 'plaster', probably via German *Stukkateur* 'plasterer'.

Cognate words: ка́менщик cf. ка́мень 'stone'.

Metal

броня́	armour plating
металлоиска́тель (m.)	metal detector
металлоло́м	scrap iron
нержаве́ющая ста́ль	stainless steel
ни́кель (m.), ни́келевый	nickel
про́волока	wire
рифлёное желе́зо	corrugated iron
уста́лость (f.) мета́лла	metal fatigue
чугу́н (gen. чугуна́), -ный	cast iron
шла́к, -овый	slag
эма́ль (f.), -евый	enamel

Origins of words: (1) броня́ is probably from Gothic, cf. German *Brünne* 'coat of mail' (бро́ня 'reservation' is based on броня́ and shares with it the element of *protection*) (2) ни́кель is from German *Nickel* id., an abbreviation of *Kupfernickel* 'copper nickel', named in 1754 by Axel F. von Cronstedt, a Swedish mineralogist. Nickel (short for Nikolaus) was a mischievous demon, the name being given to nickel ore as a term of abuse by miners because it yielded no copper in spite of its appearance (3) чугу́н is from Turkic.

Others: (1) металлоло́м is a contraction of металли́ческий ло́м (2) participial нержаве́ющий is based on ржа́веть 'to rust' (3) про́волока lit. 'an object made by drawing through', cf. волочи́ть or воло́чь 'to drag' (a reference to wire-drawing) (4) шла́к is from German *Schlacke* 'clinker' (5) эма́ль is from French *émail* id.

Wood

зано́за	splinter (embedded in finger etc.)
черви́вый	worm-eaten
ще́пка	sliver of wood

Note: черви́вый cf. че́рвь 'worm'

Various

за́мша, за́мшевый	chamois
нажда́чная бума́га	emery paper
кана́т	rope
креме́нь, кремнёвый	flint
пе́мза	pumice stone

Origins of words: (1) за́мша is from German (cf. *Sämischleder*) via Polish, probably ultimately French *chamois* (2) нажда́к is from Turkic (3) пе́мза is purportedly from earlier Dutch *pums(e)* id. (modern Dutch *puimsteen*).

Exercises

Level 1

1. Gender of soft-sign nouns. Which is the odd one out? Give the gender of each:

Noun	m./f.	Noun	m./f.
1. во́нь	feminine	5. тка́нь	
2. дёготь		6. фланéль	
3. мéдь		7. шéрсть	
4. ста́ль			

2. Give the first-person singular of the following verbs:

Infinitive	1st-person sing.	Infinitive	1st-person sing.
1. бетони́ровать	я бетони́рую по́л	5. следи́ть	я . . . . . . за детьми́
2. заме́тить	я . . . . . . ошибку	6. стуча́ть	я . . . . . в две́рь
3. про́бовать	я . . . . . . блю́до	7. чу́вствовать	я . . . . . . га́з
4. свисте́ть	я		

3. Insert the correct prepositions:

1. До́ждь бараба́нил в о́кна	5. Я слежу́ . . . . междунаро́дными собы́тиями
2. Она́ взгляну́ла . . . . меня́	6. Она́ смотре́ла . . . . него́
3. Я звони́л . . . . двере́й	7. Я стуча́л . . . . две́рь
4. Она́ наблюда́ла . . . . полётом пти́цы	

(в + acc., за + instr., на + acc., у + gen.)

4. First/second conjugations of the verb. Verbs in -еть. Which is the odd one out?

Infinitive	3rd-person sing.	Infinitive	3rd-person sing.
1. блесте́ть		4. смотре́ть	
2. свисте́ть		5. темне́ть	
3. скрипе́ть			

5. Instrumental case. Insert appropriate forms:

1. воня́ть	2. мига́ть	3. па́хнуть	4. хло́пать

(глаза́ми, две́рью, све́жим хле́бом, чесноко́м)

6. Using the dictionary, find other meanings of the following words:

	Other meaning(s)
1. ко́жа	
2. сви́стнуть	
3. скрипе́ть	
4. следи́ть	
5. тёмный	
6. чу́вствовать	

7. Form adjectives with suffix -в- (-овый) from the following nouns:

Noun	Adjective	Qualified noun
1. асфа́льт	асфа́льтовая	доро́га
2. бро́нза		меда́ль
3. пластма́сса		су́мка
4. хло́пок		по́ле
5. шёлк		ша́рф

8. Form adjectives in -н- (-ный or -ной) from the following nouns:

Noun	Adjective	Qualified noun
1. бето́н	бето́нная	пане́ль
2. гли́на		посу́да
3. кирпи́ч		до́м
4. кружева́		воротничо́к
5. ста́ль		мо́ст
6. стекло́		графи́н
7. шѐрсть		тка́нь

9. Adjectives in -н-/-в-. Which is the odd one out?

Noun	Adjective	Qualified noun
1. бума́га	бума́жная	промы́шленность
2. желе́зо		доро́га
3. карто́н		коро́бка
4. ме́дь		руда́
5. мра́мор		ле́стница
6. рези́на		мя́ч
7. соло́ма		шля́па

10. Cloths, metals, building materials. Distribute the nouns to appropriate columns:

Cloths		Cloths		Metals and building materials	
1.		4.		1.		4.
2.		5.		2.		5.
3.		6.		3.		6.

(бето́н, бро́нза, желе́зо, кирпи́ч, лён, ме́дь, ста́ль, тка́нь, флане́ль, хло́пок, шёлк, шерсть)

11. Related words and derivatives.

I Give two prefixed compounds of смотре́ть and their imperfectives:

Pf. prefixed compound	Impf. prefixed compound	Meaning
1.		to look round
2.		to scrutinise

II Give (1) a noun (2) a verb related to тёмный:

Related noun	Meaning	Related verb	Meaning
1.	darkness	2.	to grow dark

III Give (1) an adjective (2) a verb related to во́нь:

Related adjective	Meaning	Related verb	Meaning
1.	smelly	2.	to stink

IV Give two adjectives (opposites of each other) derived from вкус:

Adjective A	Meaning	Adjective B	Meaning
1.	tasty	2.	tasteless

12. Match the words on the left to the definitions on the right:

1. арома́т	a. то́нкая верёвка
2. бечёвка	b. у́зкая полоса́ тка́ни
3. ле́нта	c. прия́тный за́пах
4. мра́к	d. пласти́ческий материа́л
5. мра́мор	e. пласти́ческая ма́сса
6. пластили́н	f. твердый мета́лл
7. пластма́сса	g. непрогля́дная тьма́
8. ста́ль	h. твёрдый и блестя́щий ка́мень

13. Complex colours. What colours result from mixing primaries?

1. бе́лый	+ чёрный	= се́рый
2. голубо́й	+ жёлтый	=
3. кра́сный	+ жёлтый	=
4. кра́сный	+ жёлтый + чёрный	=

(зелёный, кори́чневый, ора́нжевый)

14. Which of the following colours is *not* derived from the name of a plant?

1. аквамари́новый	3. ора́нжевый	5. сире́невый
2. кори́чневый	4. ро́зовый	6. фиоле́товый

15. Titles for translation

1. «За́пах хле́ба» (by Yu. Kazakov, a well-known writer of short stories of the post-war period)
2. «Как закаля́лась ста́ль» (an idealised, partly autobiographical, novel by N. A. Ostrovsky about a boy who works for the Red underground during the Revolution)
3. «Ме́дный вса́дник» (a long poem by A. S. Pushkin contrasting the claims of state power with the welfare of the individual)
4. «По ком звони́т ко́локол» (Russian title of Ernest Hemingway's novel about the Spanish Civil War).

Note: Макси́м Го́рький ('bitter') was the pen name of A. M. Peshkov, the 'grand old man of Soviet literature' instrumental in developing the doctrine of Socialist Realism in 1932.

16. Sayings. Translate and find English equivalents:

1. Гла́дить по шёрстке/Гла́дить про́тив ше́рсти.
2. На вку́с и цве́т това́рищей нет.
3. Не всё то зо́лото, что блести́т.

Note also the sayings:

(1) Пáхнет пóрохом (of impending war);

(2) Бóчка мёду, лóжка дёгтю (of a small factor that can ruin a major project).

17. Which is the odd one out (is *not* an onomatopoeic monosyllable)?

1. звóн	2. лóск	3. свúст	4. скрúп	5. стýк	6. хлóп

18. Words of French and German origin. Allocate to the appropriate columns:

French	Meaning	German	Meaning
1.		1.	
2.		2.	
3.		3.	

(асфáльт, бетóн, вáта, прóба/прóбовать, стáль, трикотáж)

19. Give an example of (a) metathesis (the word for 'wax') (b) a semantic calque (the word for 'taste').

20. Similes

I **Match the colours to the similes:**
1. Багрóвый как. . . . . (disapprovingly, of a person turkey-red with anger).
2. Голубóй как. . . . . (of a cloudless sky, blue as turquoise).
3. Жёлтый как. . . . . . (the colour of lemon).
4. Зелёный как [молодáя]. . . . . (of paint, clothing, material, the colour of grass).
5. Крáсный как. . . . . (of a face red with shame, embarrassment, spite).
6. Сéрый как. . . . . (of mouse-grey material, clothing, also, disparagingly, of someone's complexion).
7. Чёрный как. . . . . (of a black-haired and swarthy person, or of someone dressed in black clothing).

   Colours: бирюзá 'turquoise', грáч 'rook', индю́к 'turkey', лимóн 'lemon', мы́шь 'mouse', рáк 'cray-fish', травá 'grass'.

II **Other similes. Translate them and see if you can find English equivalents for any of them.**

Brightness/darkness
1. Темнó как в колóдце (pejorative, of pitch darkness, as down a well).
2. Я́ркий как звездá (of brightness, also of a beautiful woman).

Smell
1. Воня́ть как клóп (of an unpleasant, irritating smell).
2. Пáхнет как духú (of a pleasant but sharp smell, recalling perfume).

Taste

1. Аппети́т как у аку́лы (disparaging or ironic, of a person with a shark-like appetite).
2. Го́рький как горчи́ца (the two words are cognates).
3. Сла́дкий как мёд (of tasty food, fruit, pastry etc.).

Touch

1. Гла́дкий как атла́с (of satin-smooth and shiny leather, paper, material).
2. Ли́пкий как смола́ (disparaging, of an over-adhesive substance or object, resembling pitch or tar).
3. Мя́гкий как ба́рхат (of velvety skin, hair, the coat of an animal, grass etc.).
4. Во́лосы как шёлк (of silky hair).
5. Му́скулы как из ста́ли (of someone with strong muscles and physique).

Sound

1. Свисте́ть как ве́дьма (of a woman's unpleasantly piercing whistle).
2. Стуча́ть как дя́тел (facetiously, of someone who is always typing or, disapprovingly, of someone's incessant banging, woodpecker-style).

21. Translate into Russian:

1. He looked round, knocked on the door, then rang the bell.
2. The staircase creaks under our feet.
3. As I went out of the room I slammed the door.
4. She sniffed the air. There was a smell of rotten fish in the kitchen.
5. A large crowd had got up early in order to watch the sunrise.
6. Our officers are keeping an eye on the enemy positions.
7. The snow was sparkling so brightly that I blinked my eyes.
8. It grew dark early. Darkness had fallen by five p.m.
9. I tried some Georgian wine. It was too sweet, sweeter than I had expected.
10. He noticed the mistake at once and stared at his colleague.
11. The doctor examined the patient and gave him a prescription.
12. The stars were gleaming so brightly it was hard to believe they were so far away.

Level 2

1. Gender of soft-sign nouns. Which is masculine and which feminine?

	Gender		Gender
1. латýнь		2. тюль	

2. Cloths, woods and metals. Distribute to the appropriate columns:

Cloths	Meaning	Woods	Meaning	Metals	Meaning
1.		1.		1.	
2.		2.		2.	
3.		3.		3.	

(атла́с, бамбу́к, во́йлок, га́з, латýнь, о́лово, про́бка, свине́ц, фане́ра)

3. Find other meanings of the following words:

	Other meaning(s)
1. вспы́хивать/вспы́хнуть	
2. каса́ться/косну́ться	
3. о́стрый	
4. про́бка	
5. тро́гать/тро́нуть	

4. Give an example of (a) a homograph (b) a homonym:

5. Verbs that govern the instrumental case. Place suitable forms in the gaps:

	Instrumental form	Meaning
1. вспы́хнуть	я́рким пла́менем	to flare with a bright flame
2. звене́ть		
3. звя́кать		
4. ля́згать		
5. морга́ть		
6. оглаша́ться		

(де́тскими голоса́ми, глаза́ми, зуба́ми, ключа́ми, моне́тами, я́рким пла́менем)

6. Similes. Translate to find English equivalents where possible:

1. Вспы́хивать как коша́чьи глаза́ (of lights, car headlamps etc. that suddenly flare up like a cat's eyes in the pitch darkness).
2. Звене́ть как колоко́льчик (of someone's melodious, bell-like voice or laughter).
3. Кле́йкий как ры́бья чешуя́ (of something unpleasant that sticks like fish-scales to your hands).
4. Колю́чий как ёж (of very prickly plants, shrubs, or of an unshaven man).
5. Сверка́ть как звезда́ (of something very bright, or of a very talented person).
6. Ско́льзкий как мы́ло (of something very slippery, or of a devious scoundrel).
7. Солёный как слеза́ (of salty moisture or of someone's bitter and tormenting thoughts).

7. Definitions. Match the words on the left to the definitions on the right:

1. лу́ч	a. содержа́щий со́ль
2. кле́йкий	b. си́льно де́йствующий на вку́с
3. колю́чий	c. у́зкая полоса́ све́та
4. о́стрый	d. с плохи́м за́пахом
5. отврати́тельный	e. покры́тый кле́ем
6. ры́жий	f. о́чень плохо́й
7. синтети́ческий	g. кра́сно-жёлтый
8. солёный	h. получа́емый в результа́те си́нтеза
9. ту́хлый	i. име́ющий колю́чки

8. Synonyms/near-synonyms. Match up the synonymous pairs:

I Adjectives			
1. е́дкий	a. воню́чий	4. пика́нтный	d. тёмный
2. злово́нный	b. ли́пкий	5. сму́глый	e. неро́вный
3. кле́йкий	c. о́стрый	6. шишкова́тый	f. пря́ный

II Verbs		III Nouns	
1. звене́ть	a. тро́гать	1. злово́ние	a. во́йлок
2. каса́ться	b. мига́ть	2. фе́тр	b. вонь
3. морга́ть	c. звони́ть		

9. Adjectives in -в- (-вый/-вой). Form adjectives from the following nouns and use the adjectives to qualify other nouns:

Noun	Adjective	Qualified noun	Meaning
1. бамбу́к	бамбу́ковая	трость	bamboo cane
2. воск		свеча́	
3. перламу́тр		пу́говица	
4. про́бка		шлем	
5. фарфо́р		ва́за	
6. фе́тр		шля́па	

10.

I Which of the following metals has an adjective in -в-?

Noun	Adjective	Noun	Adjective	Noun	Adjective
1. лату́нь		2. о́лово		3. свине́ц	

II and which of the following fabrics has an adjective in -н-?

Noun	Adjective	Noun	Adjective	Noun	Adjective
1. атла́с		2. мусли́н		3. попли́н	

11. Verb conjugation. Replace past by present-tense forms:

1. он глазе́л на прохо́жих	a. он глазе́ет на прохо́жих
2. грохота́ли поезда́	b.
3. гуде́л гудо́к	c.
4. звене́л колоко́льчик	d.
5. в лесу́ отдава́лось э́хо	e.
6. шелесте́ли ли́стья	f.
7. она́ щекота́ла его́ пя́тки	g.
8. щипа́ло глаза́	h.

12. Find words (sometimes modified) within words:

Verb/adjective	Meaning	Root word	Meaning
1. глазе́ть	to gaze	гла́з	eye
2. огласи́ться			
3. грохота́ть			
4. кле́йкий			
5. лакиро́ванный			
6. ля́згать			
7. ослепи́ть			
8. шелесте́ть			

13. Loan words and cognates. Allocate loans to the French and German columns. Which loan belongs to neither? What is its origin?

French	Meaning	German	Meaning
1.			1.
2.			2.
3.			3.
4.			4.
5.			

(во́йлок, во́ск, га́з, гля́нец/глянцеви́тый, лату́нь, перламу́тр, пика́нтный, тю́ль, фане́ра, фе́тр)

Neither French nor German:. . . . .
Which of the French loans is also a place name?. . . . .

14. Insert the correct preposition:

1. он глазе́л. . . . де́вушек	она́ загляну́ла. . . окно́	я перегляну́лся. . . сосе́дом

в + accusative, на + accusative, с + instrumental.

15. Translate into Russian:
1. The glare of the sun was dazzling him, so he took his dark glasses out of his pocket.
2. War flared up on the border between two European countries.
3. Instead of gazing idly at the passers-by you should help me in the shop.
4. Learning that the train was ten minutes late, she exchanged glances with her husband.
5. The rays of the sun were glinting on the spires of the city churches.
6. The lightning flashed as we waited for the rumble of thunder.
7. She jingled the coins in her bag, intending to pay more.
8. If your teeth are chattering you should put on a warmer coat.
9. I would like the house to echo with children's voices again.
10. A shot rang out and the echo reverberated in the forest.
11. We walked cautiously, so that the leaves shouldn't rustle under our feet.

12. The rancid fish emitted such a putrid smell that we decided to get rid of it.
13. The nearer we got to the bonfire the more the smoke made our eyes smart.
14. She touched me on the shoulder, wanting me to switch on another lamp.
15. It is difficult to find your way around in the dark without falling.
16. It snowed all night and the roads had become very slippery by morning.
17. Despite my warnings one of the lorries rumbled across the bridge.
18. If you cross when the lights are showing red you will have an accident.
19. Cork is such a rare and expensive substance that 'corks' are often made of plastic.
20. Glue on envelopes is often of such poor quality that people stick them down with sellotape.

Level 3

1. Which of the following verbs does *not* denote a sound?

Infinitive	Meaning	Third-person sing.
1. жужжа́ть	to buzz	жужжи́т
2. журча́ть		
3. пища́ть		
4. скрежета́ть		
5. смерде́ть		
6. треща́ть		
7. хрусте́ть		
8. шипе́ть		

2. Consonant mutation. Give the relevant present-tense forms of the following verbs:

Infinitive	Meaning	Present-tense form
1. колоти́ть	to thump	я колочу́ в дверь
2. плеска́ться		во́лны. . . . . о бе́рег
3. скрежета́ть		он. . . . . зуба́ми
4. чеса́ться		у меня́ спина́. . . . . .

3. Similes. Translate or find English equivalents, where possible:
1. Жужжа́ть как пчела́ (of something monotonous, of a tediously level voice).
2. Журчи́т как ручеёк (of someone's melodious speech).
3. Как ба́рхат (of very soft, smooth, velvety skin, fur, grass).
4. Колоти́ть как пса́ (to give someone a bad beating).
5. Пёстрая как матрёшка (ironic, of a woman dressed in glaringly strident clothing).
6. Пища́ть как кома́р (disapprovingly, of someone's thin, squeaky, barely audible speaking or singing voice).
7. Треща́ть как пулемёт (disapproving or ironic, of a person's, usually a woman's, fast, incessant and loud speech).
8. Хрусте́ть как со́ль (of dry crunchy snow).
9. Шипе́ть как змея́ на кого́-нибудь (of someone's spiteful and threatening words, delivered in a whisper).

4. Find other meanings of the following words in the dictionary:

	Other meaning(s)
1. броня́	
2. буке́т	
3. хо́лст	

5. Give an example of a homograph.

6. Gender of soft-sign nouns. Which is the odd one out?

 I Which is the feminine noun?

1. га́рь	2. ни́кель	3. креме́нь

II Which is the masculine noun?

1. уста́лость	2. эма́ль	3. янта́рь

7. Match the words on the left to the definitions on the right:

I Nouns	Definitions
1. бетономеша́лка	a. челове́к, страда́ющий дальтони́змом
2. броня́	b. специали́ст по штукату́рным рабо́там
3. галдёж	c. маши́на для приготовле́ния бето́на
4. га́м	d. металли́ческий ло́м
5. дальто́ник	e. про́чная защи́тная облицо́вка
6. ка́менщик	f. беспоря́дочный гу́л голосо́в, кри́ки
7. металлоло́м	g. многоголо́сый кри́к, шу́м
8. перебо́р	h. специали́ст по ка́менной кла́дке
9. штукату́р	i. череду́ющиеся зву́ки (стру́н и т.д.)

II Adjectives and verbs:	
1. арома́тный	a. не приро́дный
2. жужжа́ть	b. звони́ть в не́сколько колоколо́в
3. иску́сственный	c. души́стый
4. оглуши́тельный	d. содержа́щий не́сколько цвето́в
5. пёстрый	e. о́чень гро́мкий
6. трезво́нить	f. производи́ть дребезжа́щий зву́к

8. Insert appropriate prepositions and cases:

1. бараба́нить па́льцами по́ столу	3. колоти́ть кулака́ми [стена́]
2. бу́хать кулако́м [дверь]	4. во́лны пле́щутся [ри́фы]

(в + acc., о + acc., по + dat.)

9. Кто/что?

I Process	Meaning	Кто/что?	Meaning
1. жужжи́т?	buzzes	пчела́	bee
2. пищи́т?			
3. не различа́ет цвето́в?			
4. чу́ет дичь?			
5. шипи́т?			
6. штукату́рит?			

(дальто́ник, змея́, птене́ц, пчела́, соба́ка, штукату́р)

II Process	Meaning	Кто/что?	Meaning
1. журчи́т?	babbles	ручеёк	brook
2. пле́щется о бе́рег?			
3. смерди́т?			
4. трещи́т?			
5. цо́кает?			

(во́лны, копы́та, лёд, ручеёк, ту́хлое яйцо́)

10. Insert the correct cases of the nouns in brackets:

1. он бараба́нил па́льцами по́ столу	3. он забры́згал сте́ну [кра́ска]
2. она́ бу́хала [кулаки́] в дверь	4. он цо́кнул [язы́к]

11. Onomatopeia. Match the sounds to the verbs:

1. бу́х	bang!	a. пища́ть
2. писк		b. бу́хать
3. плеск		c. скрежета́ть
4. скре́жет		d. плеска́ться
5. треск		e. хрусте́ть
6. хруст		f. треща́ть

12. Find words (sometimes modified) within words:

1. аромáтный	аромáт	aroma
2. бараба́нить		
3. забры́згивать		
4. ка́менщик		
5. металлоло́м		
6. мешкови́на		
7. оглуши́тельный		
8. паруси́на		
9. пятни́стый		
10. трезво́нить		
11. черви́вый		
12. шелкови́стый		

13. Cloths and metals. Place in the appropriate columns:

Cloths	Metals
1.	1.
2.	2.
3.	3.
4.	4.
5.	5.
6.	6.
7.	7.
8.	

(ба́рхат, брезе́нт, броня́, вельве́т, кашеми́р, металлоло́м, мешкови́на, ни́кель, овчи́на, паруси́на, про́волока, рифлёное желе́зо, хо́лст, чугу́н, шла́к, эма́ль)

14. Denounal adjectives in -в- and -н-. Which is the odd one out?

I Cloths

Cloth	Adjective	Qualified noun	Meaning
1. ба́рхат	ба́рхатная	ко́жа	velvet(y) skin (fig.)
2. брезе́нт		городо́к	
3. вельве́т		тка́нь	
4. кашеми́р		ша́ль	

II Metals

Metal	Adjective	Qualified noun	Meaning
1. кремéнь	кремнёвое	ружьё	flint-lock gun
2. нúкель		рудá	
3. прóволока		заграждéние	
4. эмáль		брóшь	

15. Word origins. Name four words that derive from personal or topographical names:

Word	Named after	Meaning
1. батúст	Baptiste	cambric
2.		colour-blind person
3.		gauze
4.		nickel

16. Which of the following is *not* of Germanic (German or Dutch) origin?

Noun	Origin	Noun	Origin
1. бáрхат	German	4. сúтец	
2. брезéнт		5. шлáк	
3. броня́		6. янтáрь	

And which of the following is *not* of Turkic origin?

Noun	Origin	Noun	Origin
1. барабáн	Turkic	4. штукатýр	
2. кисея́		5. эмáль	
3. чугýн			

17. Translate into Russian:

1. The closer we approached to London, the brighter the lights of the city glimmered.
2. At dawn the stars were extinguished long before the sun began to rise.
3. I asked her to stop drumming with her fingers on the table.
4. We were thumping on the door with our fists, demanding to be let in.
5. The children raised such a racket in the playground that we did not hear the bell.
6. The prisoners in the zone raised such an uproar that the guards took fright.
7. He had hardly reached the door when a deafening shot rang out.
8. The king had barely mounted the rostrum when the national anthem blared forth.
9. Spring is in the air, the insects are buzzing and the streams are babbling.
10. He was told off for bespattering the floor with paint.
11. The silence was interrupted by a peal of bells from the village church.

12. The waves were splashing against the side of our boat, which had begun to sink.
13. As soon as the train driver braked the wheels began to grind against the rails.
14. Half an hour after we entered the hut wood was crackling in the stove.
15. The huntsmen squelched across the swamp in search of game.
16. We knew the children were nearby from the way the snow crunched under their feet.
17. Having read the document he clicked his tongue as a sign of displeasure.
18. At the sound of a snake hissing nearby he turned and fled.
19. A colour-blind person cannot distinguish colours, especially green and red.
20. In Gdansk there are whole streets of shops selling amber rings and necklaces.
21. Cashmere shawls enjoy great popularity among the tourists.
22. As soon as it stops raining the cement-mixers will start work at the building site.
23. The plane crashed as a result of metal fatigue.
24. Every passenger at the airport has to go through a metal detector.

18. Find an English equivalent for the following saying:

Лес рубят – щепки летят.

Unit 8

Shapes and patterns. Size and quantity. Containers

Level 1

Shapes and patterns

Shapes and lines

гну́ть/со–	to bend (trans.)
гну́ться/со–	to bend (intrans.)
диагона́ль (f.), –ный	diagonal
диа́метр	diameter
ди́ск	disk
квадра́т, –ный	square
ко́нтур	contour
кра́й (на краю́) (pl. края́ краёв)	edge, border
кре́ст (gen. креста́)	cross
кру́г (в кругу́) (pl. круги́)	circle
кру́глый	round, circular
лине́йный	linear
ли́ния	line
окру́жность (f.)	circumference
паралле́ль (f.), –ный	parallel
ра́диус	radius
сфе́ра	sphere
сфери́ческий	spherical
треуго́льник	triangle
цили́ндр	cylinder
цилиндри́ческий	cylindrical

Note: (1) cf. кра́й 'edge' and кра́йний 'extreme'. Кра́й also means 'border', cf. Украи́на 'Ukraine', which borders on many countries (Russia, Moldova, Romania, Bulgaria, Hungary, Slovakia, Poland, Belarus) (2) квадра́т is also used in mathematics: два́ в квадра́те – четы́ре 'the square of two is four'.

Patterns

ге́рб (gen. герба́)	coat-of-arms
диза́йн	design
значо́к (gen. значка́)	badge
ря́д (в ряду́ 'in a row') (в ря́де 'in a number, series') (pl. ряды́)	row

Word origins: ге́рб derives from German (cf. German *Erbe* 'inheritance') via Polish *herb* 'coat of arms', possibly through Ukrainian and Belorussian.

Size and quantity

General

высота́ (на высоте́)	height (at a height)
глубина́ (на глубине́)	depth (at a depth)
длина́	length
пло́щадь (f) (gen. pl. площаде́й)	area
пове́рхностный	superficial
пове́рхность (f.)	surface
по́лностью	fully
просто́р	space
просто́рный	spacious
расти́ (расту́ растёшь; past ро́с росла́)/вы́-	to grow (intrans.)
то́лстый	thick, fat
толщина́	thickness
ширина́	width

Note: (1) dimension nouns (высота́, ширина́ etc.) frequently appear in the instrumental: гора́ высото́й (в) 2.000 ме́тров, о́н ро́стом с бра́та etc. (в + acc. is optional, с + acc. denotes approximation) (2) ве́рх 'top, summit' is embedded in пове́рхность.

Weights and measures

ве́с	weight
ве́сить (ве́шу ве́сишь)	to weigh (be a certain weight)
весы́ (gen. весо́в)	scales
взве́шивать/взве́сить	to weigh (trans.)
взве́шиваться/взве́ситься	to weigh oneself
гра́мм	gram
измеря́ть/изме́рить	to measure
кило́/килогра́мм	kilo/kilogram
ме́тр	metre
то́нна	ton, tonne

Note: (1) гра́мм and compounds of гра́мм have alternative genitive plurals: гра́ммов and the more colloquial гра́мм (2) English 'tonne' denotes a metric ton of 1,000 kg.

Scale and proportion

пропорциона́льный	proportional
пропо́рция	proportion

Capacity, volume, and quantity

большинство́	majority
доста́точно	sufficient
коли́чество	amount, quantity
ма́ксимум	maximum
меньшинство́	minority
ми́нимум	minimum
многочи́сленный	multiple, numerous
недоста́точно	insufficient
немногочи́сленный	not numerous
собира́ть/собра́ть (соберу́ соберёшь)	to assemble, gather, collect

Note: (1) коли́чество is based on the archaic form *koliko* 'how much' (now ско́лько) (2) доста́точно and недоста́точно take the genitive: доста́точно/недоста́точно де́нег (3) большинство́ usually takes a singular predicate unless extended by the genitive plural of an animate noun: большинство́ роди́телей *при́няли* уча́стие.

Parts and segments

дели́ть/по- or раз- (на+ acc.)	to divide up (into)
кусо́к (gen. куска́)	piece, bit
проце́нт	percentage
часть (f.)	part

Note: (1) кусо́к is cognate with куса́ть 'to bite', cf. analogous English 'bit/bite', French *morceau* 'bit', *mordre* 'to bite' (2) проце́нт behaves like a standard hard-ending masculine noun: оди́н проце́нт, два́ проце́нта, пять проце́нтов, etc.

Accumulation

ку́ча	pile
храни́ть impf.	to store

Cognates: храни́ть is cognate with its pleophonic counterpart in -оро- (хорони́ть/по- 'to bury').

Increase and decrease

дополни́тельный	additional
продолжа́ть/продо́лжить	to continue (trans.)

продолжа́ться/ продо́лжиться	to last, continue (intrans.)
ро́ст	growth, height (of a person)
сокраща́ть/сократи́ть (сокращу́ сократи́шь)	to reduce (trans.)
сокраща́ться/сократи́ться	to dwindle (intrans.)
уменьша́ть/уме́ньшить	to decrease, lessen (trans.)
уменьша́ться/уме́ньшиться	to diminish, lessen (intrans.)

Note: продолжа́ть/продо́лжить is also used elliptically (он продолжа́л 'he continued') and in combination with an infinitive (он продолжа́л чита́ть 'he continued reading').

Pleophony: cf. non-pleophonic -ра- in сократи́ть and pleophonic -оро- in укороти́ть 'to shorten' (impf. укора́чивать).

Distance

близ (+ gen.)	near
далеко́	far away
побли́зости	nearby
расстоя́ние	distance
сосе́дний	neighbouring

Literary reference: «Далеко́ от Москвы́» is a novel by V. N. Azhaev about the construction of an oil pipeline in the far north.

Containers

General

содержа́ть impf. (соде́ржит)	to contain

Note: cf. содержа́ние 'content (of a text)' and adjectival noun содержи́мое 'contents (of a container)'.

Dishes, pots, and pans

ба́нка (жестяна́я ба́нка 'tin')	jar
ва́за	vase, fruit bowl
горшо́к (gen. горшка́)	pot
кастрю́ля	saucepan
кру́жка	mug
стака́н	glass
та́з (в тазу́) (pl. тазы́)	bowl, basin
ча́шка	cup

Origins of words: cf. кастрю́ля and Dutch *kastrol* 'casserole', German *Kasserolle* 'saucepan'.

Polysemy: та́з also means 'pelvis', from the similarity of the broad pelvic bones to a basin. Cf. analogous dual meanings of French *bassin*, German *Becken*, Italian *bacino*.

Boxes

коро́бка	box
па́чка	packet
чемода́н (укла́дывать/ уложи́ть чемода́н 'to pack a suitcase')	suitcase
сейф	safe

Cognates: коро́бка is cognate with Latin *corbis* 'basket', whence also German *Korb* id.

Meanings: коро́бка is a small box made of cardboard, wood or plastic, with a lid, for matches, chocolates etc., cf. я́щик, usually large, and made to last, e.g. почто́вый я́щик 'letter box', му́сорный я́щик 'dustbin'.

Word origins: чемода́н derives via Turkic from Persian *jamah* 'clothes' (whence also pyjamas) + *dan* 'container'.

Bags, barrels, buckets, bins, and baskets

бо́чка	barrel
ведро́ (pl. вёдра вёдер)	bucket
карма́н	pocket
корзи́на	basket
мешо́к	sack
му́сорное ведро́	bin
му́сорный я́щик	dustbin
портфе́ль (m.)	briefcase
су́мка (да́мская су́мочка 'handbag') (хозя́йственная су́мка 'shopping bag')	bag

Word origins: карма́н may derive from a Turkic word meaning 'purse' (early pockets appear not to have been sewn to clothing), or from Latin *crumena* 'purse'.

Carriers, cases, display units

бага́жник	roof rack, car boot
бума́жник	wallet
кошелёк (gen. кошелька́)	purse
по́лка	shelf

Bottles and jars

буты́лка	bottle

Word origins: буты́лка may derive from French *bouteille* id., possibly via Polish *butelka*.

Basins

ра́ковина	basin, sink
умыва́льник	washbasin

Exercises

Level 1

1. Adjectives in -н- and -ск-. Which is the odd one out in each series?

I

Noun	Adjective	Noun	Adjective
1. квадра́т		3. пове́рхность	
2. паралле́ль		4. сфе́ра	

II

Noun	Adjective	Noun	Adjective
1. ли́ния		3. просто́р	
2. пропо́рция		4. цили́ндр	

2. Mobile vowel. Give the genitive singular of the following.

Noun	Gen. sing.	Noun	Gen sing.	Noun	Gen. sing.
1. горшо́к		3. кошелёк		5. мешо́к	
2. значо́к		4. кусо́к			

3. Gender of soft-sign nouns. Give the gender of the following nouns and indicate which differs in gender from the others:

Noun	Gender	Noun	Gender
1. пло́щадь		3. портфе́ль	
2. пове́рхность		4. ча́сть	

4. The vowels -o- and -e- in the genitive plural of feminine nouns in -a. Give the genitive plurals of the following nouns:

Noun	Genitive plural	Noun	Genitive plural
1. ба́нка		6. па́чка	
2. бо́чка		7. по́лка	
3. буты́лка		8. су́мка	
4. коро́бка		9. су́мочка	
5. кру́жка		10. ча́шка	

What factor decides the use of fleeting vowel -e-?

Give the genitive plural of ведро́. In what ways does it differ from the genitive plurals of the nouns in the grid?

5. Synonyms and antonyms. Indicate which pairs are opposites, and which pair (one only) are synonyms:

I		II	
1. большинство́	a. побли́зости	1. ма́ксимум	a. умыва́льник
2. далеко́	b. недоста́точно	2. многочи́сленный	b. ми́нимум
3. доста́точно	c. меньшинство́	3. ра́ковина	c. немногочи́с-ленный

6. Stress in declension.

I Double the following items, using the numeral два, to show end or stem stress in declension. Mark in the stresses. Which noun is the odd one out?

Nom.	Gen.	Nom.	Gen.	Nom.	Gen.	Nom.	Gen.
a. герб	два	b. край	два	c. крест	два	d. ряд	два . . . .

II Locative case in stressed -у́/-ю́. Which of the following has a locative in -é?

1. край	на	2. крест	на	3. круг	в . . . .
4. ряд	в	5. таз	в		

7. Polysemy. Give other meanings of the words shown:

Words	Other meaning(s)	Words	Other meaning(s)
1. ва́за		6. ря́д	
2. ди́ск		7. собра́ть	
3. ли́ния		8. содержа́ть	
4. пло́щадь		9. та́з	
5. ро́ст		10. фо́рма	
		11. цили́ндр	

8. Definitions. Match the words on the left to the definitions on the right:

I

1. бума́жник	a. механи́зм для определе́ния ве́са
2. весы́	b. пласти́нка на груди́
3. герб	c. посу́да для ва́рки пи́щи
4. диза́йн	d. очерта́ние
5. значо́к	e. су́мочка для де́нег
6. кастрю́ля	f. эмбле́ма госуда́рства
7. квадра́т	g. карма́нный портфе́льчик
8. ко́нтур	h. равносторо́нний прямоуго́льник
9. кошелёк	i. 1000 кг.
10. то́нна	j. констру́ирование веще́й со вку́сом

II

1. кру́жка	a. минима́льное коли́чество
2. ми́нимум	b. несгора́емый шка́ф
3. многочи́сленный	c. стака́н с ру́чкой
4. сейф	d. сосу́д для питья́
5. треуго́льник	e. фигу́ра с тремя́ угла́ми
6. ча́шка	f. вмести́лище для перево́зки веще́й
7. чемода́н	g. состоя́щий из большо́го числа́

9. Transitive and reflexive intransitive verbs. Place appropriate verb forms in the gaps:

(1) *гну́ть/гну́ться:*
    (a) Рабо́чий . . . . про́волоку.
    (b) Дере́вья . . . . от ве́тра.
(2) *продолжа́ть/продолжа́ться:*
    (a) Она́ . . . . свою́ ре́чь.
    (b) До́ждь . . . .
    (c) Он . . . . рабо́тать.
(3) *сокраща́ть/сокраща́ться:*
    (a) Дни . . . .
    (b) Он . . . . статью́.
(4) *уменьша́ть/уменьша́ться:*
    (a) Боль . . . .
    (b) Тамо́женник . . . . вес чемода́на.

10. Verb conjugation. Place the verbs in the correct form:

(1) *ве́сить:*
    Я . . . . 75 килогра́ммов.
(2) *гну́ть:*
    Бу́ря . . . . дере́вья.

(3) *расти́:*

В саду́ . . . . тюльпа́ны и ро́зы.

(4) *содержа́ть:*

Э́та кни́га . . . . мно́го интере́сного.

11. Similes. Translate and find English equivalents where possible:

1. Гну́ться ка́к были́нка (pejorative, of someone scarcely able to stand from fatigue, illness, hunger and bending 'like a blade of grass').
2. Кру́глый ка́к бли́н (disparaging, of someone's round, fat, pancake-like face).
3. Кусо́чек как коро́вий носо́чек (facetious, of a tiny piece of food).
4. Просто́рный как мешо́к (pejorative, of loose, ill-fitting, sack-like clothes).
5. Расти́ как грибы́ по́сле дождя́ (of something growing, expanding quickly and in large quantities).
6. Растолсте́ть как бо́чка (pejorative, of an obese person).
7. Ро́стом с Ива́на Вели́кого (archaic, demotic, of a very tall and exceptionally well-built person).

12. Dimension nouns. Use the instrumental case of высота́, длина́, пло́щадь, ро́ст, толщина́, ширина́ to indicate dimension:

1. Э́та ба́шня высото́й (в) две́сти ме́тров.
2. Река́ . . . . (в) 50 киломе́тров.
3. Ко́мната . . . . (в) 24 квадра́тных ме́тра.
4. Мо́й бра́т . . . . (в) ме́тр во́семьдесят.
5. Сте́ны кре́пости . . . . (в) 10 сантиме́тров.
6. У́лица . . . . (в) 30 ме́тров.

13. Distribute the nouns to the appropriate column:

Dishes, pans and pots	Meaning	Bags, carriers	Meaning
1.		1.	
2.		2.	
3.		3.	
4.		4.	
5.		5.	
6.		6.	

(ба́нка, бума́жник, горшо́к, кастрю́ля, кошелёк, кру́жка, мешо́к, портфе́ль, стака́н, су́мка, су́мочка, та́з)

14. Insert appropriate vocabulary items in the gaps:

1. На . . . э́той дре́вней семьи́ изображён ле́в.
2. Они́ купи́ли отли́чные места́ в пе́рвом . . . бли́з сце́ны.
3. В . . . слу́чаев студе́нты протестова́ли.
4. По все́й Росси́и . . . города́ и дере́вни.
5. « . . . и то́нкий» – назва́ние расска́за Че́хова.

6. Стро́ят до́м . . . в 8 ме́тров. Ко́мнаты . . . в 6 квадра́тных ме́тров.
7. У́лица была́ . . . в полкиломе́тра и . . . в 20 ме́тров.
8. Сте́ны ба́шни . . . в 10 сантиме́тров.
9. Я . . . на . . . и уви́дел, что . . . 75 килогра́ммов.
10. Изме́рили ширину́ стола́. Он был в три ме́тра. . . .
11. . . . роди́телей – 56% – голосова́ли за предложе́ние . . . . – 44% – голосова́ли про́тив.
12. Оста́лось . . . де́нег на пое́здку в столи́цу.
13. Мы . . . доста́точно де́нег, чтобы отдыха́ть в Крыму́.
14. Он . . . насле́дство на четы́ре ра́вные . . . .
15. О́н . . . сво́й докла́д.

15. Translate into Russian:

1. The director of the factory shortened the working day.
2. The days are getting shorter.
3. The government has reduced prices on petrol.
4. I sat down, and the pain decreased.
5. They dug a hole near to the house and at a certain distance from the house next door.
6. He is one metre eighty tall. He is about the same height as his brother.
7. His translation contains too many mistakes.
8. People drink milk from a glass and tea from a cup or mug.
9. She was packing her suitcase before departure.
10. The shop-assistant gave him a bag, but he put the bottle in his pocket.
11. I completely agree with you.
12. The number of theatres for children is growing.
13. The director of the theatre arranged an additional performance for school children.
14. He washed his hands and face in the wash-basin.
15. She put all the purchases in her basket.

Level 2

Shapes and patterns

Shapes, lines, and patterns

гра́фик (гра́фик рабо́ты 'work schedule')	graph; schedule
деви́з	motto
извива́ться/изви́ться	to wind, twist
изви́листый	winding
криво́й (крива́я [adj. noun] 'curve')	crooked
лабири́нт	maze
моти́в	motif
пёстрый	dappled
поло́ска	stripe

поля́ (pl.) (на поля́х)	margin (in the margin)
прямоуго́льник	rectangle
пятни́стый	spotted
спира́ль (f.)	spiral

Word formation: (1) прямоуго́льник, cf. прямо́й у́гол 'right angle' (2) the adjectival ending -истый, as in изви́листый (cf. изви́лина 'bend') and пятни́стый (cf. пятно́ 'spot') has the meaning 'abounding in'.

Cognate words: деви́з is cognate with/derived from French *devise* id.

Size and quantity

Dimensions and measurements

гекта́р	hectare (10,000 square metres)
измере́ние	dimension, measurement
измеря́ть/изме́рить	to gauge, measure
отноше́ние (к + dat.)	relation (to), ratio
разма́х	scope
разме́р	size
сантиме́тр	centimetre; tape measure
соблюда́ть impf. диста́нцию	to keep one's distance
тонна́ж	tonnage

Word origins: (1) гекта́р derives from French *hectare* (*hect-* '100', based on Greek *hecaton* id. + *are* [100 square metres], thus 100 × 100 square metres = 10,000 square metres). Genitive plural гекта́ров, but mainly гекта́р in counting (2) тонна́ж is from English 'tonnage', probably via French *tonnage*.

Meanings: Соблюда́ть means 'to observe' a law, a rule etc. (pf. соблюсти́), also (impf. only) 'to maintain' discipline, cleanliness etc. (соблюда́ть дисципли́ну, чистоту́).

Quantity, capacity, volume

величина́	magnitude, size
го́рсть (f.)	handful
изоби́лие	abundance
мно́жество	multitude
оби́льный (+ instr.)	copious, abounding (in)
объём	volume (of an engine etc.)
огро́мный	enormous
простра́нство	space
расширя́ть/расши́рить	to widen, expand
удлиня́ть/удлини́ть	to lengthen
укора́чивать/укороти́ть	to shorten

Dimension words: величина́, like высота́ and other dimension words, often appears in the instrumental case in indicating exact or approximate measurement (чемода́н величино́й с сунду́к 'a suitcase about the size of a trunk').

Word formation: (1) огро́мный may originally have related to the area within which a clap of thunder (гро́м 'thunder') could be heard (2) укора́чивать/укороти́ть. Inter-consonantal -оро- and the -т-/-ч- palatalisation are characteristic of Russian (as opposed to inter-consonantal -ра- and -т-/-щ- palatalisation, which are of Church Slavonic origin).

Intransitive verbs: the reflexive verbs расширя́ться/расши́риться, удлиня́ться/удлини́ться and укора́чиваться/укороти́ться are used intransitively: отве́рствие расши́рилось 'the opening widened', те́ни удлини́лись 'the shadows lengthened', дни укороти́лись 'the days shortened'.

Parts, segments

до́ля	portion (equal part)
обло́мок (gen. обло́мка)	fragment
части́чный	partial

Word formation: cf. обло́мок and обла́мывать/облома́ть 'to break off'. Обло́мок is one of a series of nouns with prefix о-/об- and suffix -ок that denote fragments or remainders of various kinds, e.g. оку́рок 'cigarette end', оста́ток 'remainder'. It is the purported source of Обло́мов, the alienated anti-hero of I. A. Goncharov's eponymous novel of 1859. Plural обло́мки means 'wreckage, debris'.

Cognate words: до́ля is cognate with дели́ть 'to share', with e/o mutation.

Scale and proportion

масшта́б	scale

Word origins: масшта́б is from German Massstab (*Mass* 'measure', *Stab* 'staff, stick'). Like сте́пень 'degree', it combines in the prepositional case with the preposition в: в кру́пном масшта́бе 'on a large scale', в бо́льшей сте́пени 'to a greater extent'.

Increase, decrease

дли́ться/про-	to last
дополни́тельный	supplementary
изли́шек	excess
ли́шний	extra
развива́ть/разви́ть	to develop (trans.)
развива́ться/разви́ться	to develop (intrans.)
разви́тие	development
расшире́ние	expansion
сокраще́ние	contraction, reduction
увеличе́ние	increase

увели́чивать/увели́чить	to add to, increase (trans.)
увели́чиваться/увели́читься	to increase (intrans.)
уменьше́ние	decrease

Cognate words: cf. дополни́тельный and дополня́ть/допо́лнить 'to supplement'.

Literary reference: the ли́шний челове́к or 'superfluous man' is an important character type recurrent in 19th-century Russian literature. He is sensitive to social issues but fails to act, either out of personal weakness or because of political or social restraints. Examples of the type are Onegin (in Pushkin's novel in verse «Евге́ний Оне́гин», 1823–31), Chatsky in Griboedov's play «Го́ре от ума́» (1825), Pechorin in Lermontov's «Геро́й на́шего вре́мени» (1840) and Rudin in Turgenev's novel of the same name (1856).

Accumulation

ку́ча	heap
сва́ливать/свали́ть в ку́чу	to pile
скла́дывать/сложи́ть штабеля́ми	to stack
шта́бель (m.)	stack

Word origins: шта́бель, cf. German *Stapel*, id.

Containers

General

вмести́лище	receptacle
вмеща́ть/вмести́ть	to contain

Word formation: the ending -ище means 'place': вмести́лище, жили́ще 'dwelling', убе́жище 'refuge' etc.

Cognate words: cf. вмеща́ть/вмести́ть and ме́сто 'place'.

Pots, jars, and dishes

бока́л	wine glass
графи́н	decanter
кувши́н	milk jug
лоха́нь	washtub
мы́льница	soap dish
сосу́д	container
те́рмос	thermos flask
цветно́й горшо́к	flowerpot

Word origins: (1) cf. бока́л and French *bocal* 'jar' (2) cf. графи́н and German *Karaffe*, English 'carafe', Italian *caraffa* id. The word is probably ultimately from Arabic via Spanish *garrafa*, dim. *garrafina*.

Word formation: -ница in мы́льница denotes a container, cf. са́харница 'sugar bowl'.

Boxes

буфе́т	sideboard
карто́нка	cardboard box
оче́чник	glasses case
паке́т	carton
почто́вый я́щик	pillar box
серва́нт	sideboard
спи́чечная коро́бка	matchbox
сунду́к (gen. сундука́)	trunk
упако́вочный я́щик	packing case

Word origins: (1) буфе́т is from French *buffet* id. (2) серва́нт is from an earlier meaning of French *servante* (now only 'maidservant') (3) сунду́к is from Byzantine Greek *syndocheion*, perhaps ultimately from India.

Word formation: (1) карто́нка is a clipped compound based on карто́нная коро́бка (2) оче́чник, cf., also in the meaning 'receptacle', бага́жник 'boot', ча́йник 'tea-pot', моло́чник 'milk jug'.

Baskets, bottles, and bags

аво́ська	string bag
гре́лка	hot-water bottle
корзи́на для бума́г	wastepaper basket
космети́чка	vanity case
рюкза́к (gen. рюкзака́)	rucksack
саквоя́ж	travel bag
спа́льный мешо́к	sleeping bag
шко́льный ра́нец (gen. шко́льного ра́нца)	school satchel, schoolbag

Word formation: аво́ська is a clipped compound based on аво́сь 'perhaps', на аво́сь 'on the off-chance' (many Soviet shoppers carried a bag 'on the off-chance' that something might appear in the shops) (2) гре́лка (from греть 'to heat, warm') is one of a series of nouns in -лка that are based on imperfective verbs. Others include зажига́лка 'cigarette lighter' (зажига́ть 'to ignite') and ве́шалка 'peg, tab' (ве́шать 'to hang') (3) космети́чка is a clipped compound, cf. карто́нка above.

Word origins: (1) рюкза́к is from German *Rucksack* id. (2) саквоя́ж is from French *sac de voyage* id. (3) ра́нец is from German *Ranzen* id.

Tanks

ба́к	cistern
цисте́рна	cistern

Exercises

Level 2

1. Stress. Which of the following nouns has end stress in declension?

Noun	Gen. sing.	Meaning	Noun	Gen. sing.	Meaning
бока́л	бока́ла	wine glass	рюкза́к		
кувши́н			саквоя́ж		
паке́т			тонна́ж		

2. Gender of soft-sign nouns. Which noun differs in gender from the other three?

	Gender		Gender
1. го́рсть		3. спира́ль	
2. лоха́нь		4. шта́бель	

3. Genitive case after для. Enter appropriate forms of the genitive singular or plural:

	Gen. sing./pl.		Gen. sing./pl.
1. бока́л для		5. корзи́на для	
2. буфе́т для		6. кувши́н для	
3. горшо́к для		7. мы́льница для	
4. графи́н для		8. очёчник для	

(genitive singular and plural forms: бума́г, вина́, воды́, молока́, мы́ла, очко́в, посу́ды, цвето́в)

4. Give the verbal nouns of the following verbs. Which one is formed differently from the rest?

Infinitive	Verbal noun	Meaning
измеря́ть/изме́рить	измере́ние	measurement
развива́ть/разви́ть		
расширя́ть/расши́рить		
сокраща́ть/сократи́ть		
увели́чивать/увели́чить		
уменьша́ть/уме́ньшить		

Explain the different spelling of the prefix in развива́ть/разви́ть and расширя́ть/расши́рить.

5. Word formation.

(1) Give the meanings of the following endings:
    (i) -истый as in изви́листый, пятни́стый
    (ii) -ище as in вмести́лище
    (iii) -ница as in мы́льница
    (iv) (о/об-) . . . ок as in обло́мок

(2) What type of formation is represented by аво́ська, карто́нка, космети́чка?

(3) What are the common features of many nouns in -лка? Give one example of the type.

(4) Which words are the 'underlay' of the following: прямоуго́льник, огро́мный?

6. Dimension. Insert appropriate dimension words in the instrumental case in the gaps provided:

1. Батаре́йка . . . . в спи́чечную коро́бку.
2. Дви́гатель . . . . в два́дцать лошади́ных си́л.
3. Ми́на . . . . в таре́лку.

(величино́й, объёмом, разме́ром)

7. Match appropriate nouns to the adjectives:

1. почто́вый	я́щик	post box
2. спа́льный		
3. спи́чечная		
4. упако́вочный		

(коро́бка, мешо́к, я́щик (x2))

8. Definitions. Match the words on the left to the definitions on the right:

I

1. бока́л	a. шка́ф для посу́ды
2. буфе́т	b. су́мочка для предме́тов косме́тики
3. го́рсть	c. коро́бка из карто́на
4. гре́лка	d. ладо́нь и со́гнутые па́льцы
5. изли́шек	e. по́лное оби́лие
6. изоби́лие	f. сосу́д для вина́
7. карто́нка	g. то́, что остаётся ли́шним
8. космети́чка	h. прибо́р для согрева́ния

II

1. лабиринт	a. футляр для очков
2. множество	b. с пятнами
3. обломок	c. вещевой мешок
4. очечник	d. сотая часть метра
5. пёстрый	e. очень большое количество
6. прямоугольник	f. отломившийся кусок
7. пятнистый	g. запутанная сеть дорожек
8. рюкзак	h. четырёхугольник с прямыми углами
9. сантиметр	i. разноцветный

9. Polysemy. Give other meanings of the following words:

	Other meaning(s)
1. буфет	
2. измерение	
3. кривой	
4. куча	
5. мотив	
6. сантиметр	
7. сервант	

10. Similes. Translate and find English equivalents where possible:

1. Извиваться змеёй/как змея (of a winding, snakelike, river, road etc.).
2. Кривой как полумесяц (of objects curved in the form of a crescent).
3. Много как деревьев в лесу (disparaging, of a multitude of persons or objects that are not very highly valued).

11. Which in each of the following two sets of four nouns has *no* connection with French?

I

1. бокал	2. гектар	3. масштаб	4. саквояж

II

1. девиз	2. рюкзак	3. сервант	4. тоннаж

What is the source-language of the two nouns with no French connection?

12. Fill the gaps in the sentences with appropriate forms of the nouns and adjectives listed below:

1. Тури́сты ско́ро потеря́ли доро́гу в . . . .
2. Река́ . . . . по широ́кой доли́не.
3. Он о́чень добр по . . . . к колле́гам.
4. Маши́на, кото́рая е́хала впереди́ на́шей, не . . . . диста́нцию.
5. Финля́ндия . . . . глубо́кими озёрами.
6. Ю́бка оказа́лась ей коротка́, и поэ́тому она́ реши́ла её . . . .
7. Э́то втора́я по . . . . пло́щадь в Санкт-Петербу́рге.
8. Для пиани́но есть свобо́дное . . . . ме́жду окно́м и две́рью.
9. Среди́ . . . . нашли́ тру́пы жертв катастро́фы.
10. Таки́е пробле́мы реша́ются в европе́йском . . . .
11. Я́щики с я́блоками сло́жены . . . . в углу́ скла́да, а не сва́лены в ку́чу.
12. Она́ вы́нула мы́ло из . . . . и ста́ла умыва́ться.
13. . . . . ученико́в перепо́лнены тетра́дками и уче́бными посо́биями.
14. Она́ напо́лнила . . . . кипячёной водо́й, что́бы вода́ не осты́ла.
15. Кри́зис дли́лся так до́лго, что бы́ло решено́ ввести́ . . . . мобилиза́цию.
16. К те́ксту догово́ра приба́вили . . . . статью́.

(величина́, дополни́тельный, извива́ться, лабири́нт, масшта́б, мы́льница, оби́льный, обло́мки, отноше́ние, простра́нство, соблюда́ть, те́рмос, удлини́ть, части́чный, шко́льный ра́нец, шта́бель)

13. Translate into Russian:

1. Pushkin's works abound in fairytale motifs.
2. Many mistakes have been noted in the margins of the manuscript.
3. The stripes in the American flag have less significance than the stars.
4. The steep curve in the graph of oil production shows that prices will fall.
5. It is hard to measure the scope of their activities.
6. The sweater was too long for him, and she agreed to shorten it.
7. Industry has been developing at a snail's pace.
8. Aircraft designers saved the country by developing the jet engine.
9. He increased his investment, and his profits also increased.
10. She filled their glasses and they drank to her success.
11. Bring the flower pots into the house so that we can water the flowers.
12. People walked up and down outside the theatre selling spare tickets.
13. They divided the property into equal parts.
14. The stadium accommodated 60,000 fans.

Tailpiece. What do you think this phrase means?

Льви́ная до́ля.

Level 3

Shapes and patterns

во́гнутый	concave
волни́стый	wavy
вы́пуклый	convex
зигза́г	zigzag
изги́б	bend, twist
кра́пинка	dot
кра́пчатый	speckled
крути́ть impf. (кручу́ кру́тишь)	to twist (a rope), to turn (a tap, handle)
очерта́ние	outline
пара́бола	parabola
пери́метр	perimeter
пирами́да	pyramid
ребри́стый, ру́бчатый	ribbed
сво́дчатый	vaulted
силуэ́т	silhouette
фо́рма	form, shape

Word formation: (1) adjectives in -атый (e.g. сво́дчатый, перна́тый 'feathered') denote possession of the object denoted by the root noun, cf. свод 'vault', перо́ 'feather' (2) for the meaning of -атый in кра́пчатый, see сво́дчатый, above and cf. крап 'small stains, specks'. Кра́пина and кра́пинка are singulatives of крап and denote one such stain or speck, cf. collective виногра́д 'grapes', singulative виногра́дина 'a grape' (3) adjectives in -истый (e.g. ребри́стый, cf. ребро́ 'rib') denote abundance of the feature denoted by the root noun.

Size and quantity

Dimension and measurement

ёмкость (f.)	capacity, cubic content
обши́рный	extensive
объёмистый	bulky
протяже́ние (на всём протяже́нии 'along the whole length [of]')	extent
разграни́чивать/разграни́чить	to demarcate, delimit
распределя́ть/распредели́ть	to distribute, allocate
руле́тка	tape measure

сгуща́ться/сгусти́ться (cf. густо́й 'thick)	to thicken (intrans.)
черти́ть (черчу́ че́ртишь)/ на-	to draw, draw up (of a draughtsman)

Word formation: (1) объём, объёмистый and ёмкость are based on the root -ём-, -им- 'to have, possess', cf. also заём 'loan'/приём 'reception'. They are cognate with име́ть 'to have', занима́ть 'to borrow', etc. The adjectival ending -истый in объёмистый denotes an abundance of the feature denoted by the root noun (2) the prefix раз- (разо- before some double consonants, рас- before voiceless consonants) denotes division, separation (e.g. разграниче́ние, cf. развод 'divorce') or dissemination, distribution (e.g. распределя́ть/распредели́ть).

Accumulation

гру́да	large heap, pile
копи́ть (коплю́ ко́пишь)/на-	to amass, accumulate
отделя́ть/отдели́ть (от + gen.)	to separate (from)
пробе́л	gap (in text, knowledge, between words etc.)

Prefixes: the prefix от- denotes separation from, e.g. отделя́ть/отдели́ть, отруба́ть/отруби́ть 'to chop off', etc.

Quantity and portion

вмести́мость	capacity (i.e. capacity to hold, accommodate)
дробь (f.)	fraction
кише́ть impf. (киши́т) (+ instr.)	to swarm (with)
мо́щность (f.) (дви́гатель мо́щностью в 90 лошади́ных си́л 'a 90-horsepower' engine')	capacity (of an engine)
обре́зок	scrap of cloth
обры́вок	scrap (of paper), snatch (of a song)
ску́дный (+ instr.)	meagre, poor (in)
форма́т	format
части́ца	particle

Gender: like most deaffixed forms, дробь is feminine (cf. связь 'connection', смесь 'mixture').

Word formation: (1) some participial adjectives in -имый denote potential (e.g. совмести́мый 'compatible') and have derivative nouns (e.g. совмести́мость 'compatibility'). Вмести́мость (no adjective) belongs to this series (2) обрéзок (cf. рéзать 'to cut') and обры́вок (cf. обрыва́ть/оборва́ть 'to snap, tear off') belong to a series of nouns prefixed о(б)- and ending in -ок that denote a fragment of something, cf. обло́мок 'fragment'.

Diminutives: -ица is a diminutive suffix, as in части́ца, from часть 'part' (the stress falls on -и- in diminutives derived from nouns in a soft sign, cf. вещи́ца from вещь 'thing').

Increase, decrease

доба́вочный (доба́вочный но́мер 'extension number')	extra, additional
дополня́ть/допо́лнить (дополня́ть/допо́лнить друг дру́га 'to complement one another')	to supplement, complement
избы́ток (gen. избы́тка)	excess
пополня́ть/попо́лнить	to supplement
продлева́ть/продли́ть	to prolong, extend
размножа́ться/ размно́житься	to proliferate, multiply, breed (intrans.)
распростране́ние	propagation
распространя́ться/ распространи́ться	to spread (intrans.)
распространённый	widespread
растя́гивать/растяну́ть	to stretch out (e.g. a carpet)
сади́ться/се́сть	to shrink (intrans.)
сжима́ть/сжа́ть (сожму́ сожмёшь)	to compress (trans.)
слабе́ть (слабе́ю слабе́ешь)/о-	to weaken (intrans.)
удва́ивать/удво́ить	to double (trans.)
удлинённый	elongated (i.e. too long in space or time)
умножа́ть/умно́жить (на + acc.)	to multiply (by)
утра́ивать/утро́ить	to triple (trans.)

Prefixes: (1) for раз(о)-/рас- see above (2) у- appears as the prefix of many verbs denoting increase/decrease (увели́чивать/ увели́чить, уменьша́ть/уме́ньшить, удлиня́ть/удлини́ть, укора́чивать/укороти́ть, умножа́ть/умно́жить, удва́ивать/ удво́ить, ускоря́ть/уско́рить 'to accelerate.' (trans.) etc., including verbal nouns such as удлине́ние and reflexive verbs such as увели́чиваться/увели́читься.

Containers

Cans, bottles

го́рлышко	neck of bottle
пузырёк (gen. пузырька́)	phial
фля́жка	flask

Diminutive suffixes: the neuter diminutive suffix -ышко can denote a
    true diminutive (e.g. зёрнышко from зерно́ 'grain') or an independent
    meaning, as in го́рлышко from го́рло 'throat'.
Origins: фля́жка is probably from German *Flasche* 'bottle', via Polish
    flasza/flaszka 'bottle, flask'.

Boxes, chests, and cases

избира́тельная у́рна	ballot box
коро́бка переда́ч or скоросте́й	gearbox
пена́л	pencil case
портсига́р	cigarette case
резервуа́р для воды́	water tank
футля́р	case
шкату́лка	casket

Origins: (1) пена́л is from German *Pennal* 'higher teaching establishment'
    (school parlance) from Middle Latin *pennale* (Latin *penna* 'pen') (2)
    портсига́р is from French *porte-cigares* id. (3) футля́р is from German
    Futteral id., with metathesis (transposition) of the liquid consonants r
    and l (ral > ляр) (4) шкату́лка is from Polish *szkatułka* 'casket, box',
    ultimately, perhaps, from Latin.

Dishes and pots

ку́бок (gen. ку́бка)	goblet

Display units, racks

бага́жная по́лка	luggage rack
ве́шалка для полоте́нец	towel rail
се́тка для багажа́	luggage rack
стелла́ж (gen. стеллажа́)	shelving

Origins: стелла́ж, cf. German *Stellage* 'rack, frame' (*stellen* 'to stand' +
    Romance ending *-age*).

Bags and holders

авари́йная предохрани́- тельная поду́шка	air bag
вещево́й мешо́к	holdall
диплома́т	attaché-case
кисе́т	tobacco pouch

кобура́	holster
колча́н	quiver
мешо́к с песко́м	sandbag
су́мка на ремне́	shoulder bag
туале́тная су́мочка	toilet bag

Origins: кисе́т is probably from Turkic languages; кобура́ is from Turkic languages; колча́н is from Turkic (Tatar).

Tanks, areas

ба́к	cistern, tank
бидо́н для молока́	milk churn
бочо́нок (gen. бочо́нка)	cask
песо́чница	sandpit

Origins: бидо́н is from French *bidon* 'can'.
Word formation: -ница in песо́чница (from песо́к 'sand') denotes an area, container, cf. са́харница 'sugar bowl'.

Exercises

Level 3

1. Stress in declension. Which of the following nouns has end stress in declension?

Noun	Gen. sing.	Noun	Gen. sing.
1. ба́к	ба́ка	4. пробе́л	
2. кисе́т		5. стелла́ж	
3. колча́н		6. футля́р	

2. Conjugation.

(1) Which of the five verbs is first conjugation?
(2) Which verbs change stress in conjugation?
(3) Which verbs change consonant in the first-person singular (give details of consonant change)?

Verb	(1) Conj. I or II	(2) Stress change	(3) Cons. change
1. кише́ть	II	No	No
2. копи́ть			
3. крути́ть			
4. слабе́ть			
5. черти́ть			

Fill the gaps with appropriate forms:

(a) Муравьи . . . . в муравейнике. Площадь . . . . народом.

(b) Я . . . . деньги на чёрный день.

(c) Как он ни . . . . педалями, хулиганы догоняют его.

(d) Больной . . . ., скоро отправится на тот свет.

(e) Чертёжник . . . . план завода.

3. What is the difference between the adjectival endings -истый (волнистый, объёмистый, ребристрый) and -чатый (рубчатый and сводчатый)? Use appropriate adjectives to qualify nouns:

(a) Влюблялись в неё за её . . . . волосы.

(b) Он взял с полки . . . . том.

(c) . . . . поверхность колонн типична для этого архитектурного стиля.

(d) Прилагательные ребристый и . . . . считаются синонимами.

(e) Туристы любовались . . . . потолком церкви.

4. I Mobile vowels in the genitive plural of nouns. Which noun is the odd one out?

Noun	Gen. pl.	Noun	Gen. pl.
1. вешалка	вешалок	3. фляжка	
2. сетка		4. шкатулка	

II Mobile vowels in the genitive singular. Which noun is the odd one out?

Noun	Gen. sing.	Nom.	Gen. sing.
1. бочонок		2. кубок	
3. обрывок		4. пузырёк	

5. Similes. Which in each pair of similes do you consider to be the more appropriate?

(1)

    (a) Кишеть как муравейник (о каком-либо ограниченном пространстве, переполненном множеством постоянно и хаотично копошащихся людей).

    (b) Кишеть как муравьи (*прост.*).

(2)

    (a) Размножаться как кролики (*ирон. или шутл.*).

    (b) Размножаться как мыши (*прост. шутл.*)

(3)

    (a) Распространяться как холера (*неодобр.*).

    (b) Распространяться как чума.

(4)

    (a) Слаб как муха (*прост.*, об очень слабом, вялом, апатичном человеке).

    (b) Слаб как тряпка (*неодобр.*, об очень слабом, безвольном, нерешительном человеке).

6. Find pairs of synonyms and opposites in the following series:

I		II	
1. вогнутый	a. куча	1. очертание	a. сантиметр
2. груда	b. добавочный	2. ребристый	b. обильный
3. дополнительный	c. излишек	3. рулетка	c. контур
4. избыток	d. разделить	4. скудный	d. рубчатый
5. умножить	e. выпуклый		

7. Find additional meanings of the following words:

	Other meaning(s)
1. дипломат	
2. дробь	
3. садиться/сесть	
4. сетка	

8. Word formation. What is the significance of the following endings?

(1) –имость in вместимость
(2) –ница in песочница
(3) –ок in обрезок
(4) –ышко in горлышко
(5) –ица in частица

9. Find the roots of:

(1) обширный
(2) обрезок
(3) сгущать/сгустить
(4) песочница

In which of the words are consonant changes involved? What are these changes?

10. Word origins. Which of the following does *not* have German connections?

I

1. пенал	2. портсигар	3. стеллаж	4. фляжка	5. футляр

What *is* its language of origin?

II Which of the following nouns is the odd one out? Give the language of origin of each noun:

Noun	Origin	Noun	Origin
1. бидон		3. кобура	
2. кисет		4. колчан	

11. Definitions. Match the definitions on the right to the words on the left:

I

1. бидо́н	a. ма́ленькая бо́чка
2. бочо́нок	b. изли́шек
3. го́рлышко	c. чехо́л для револьве́ра
4. гру́да	d. мешо́чек для табака́
5. дробь	e. больша́я ку́ча
6. избы́ток	f. металли́ческий сосу́д с кры́шкой
7. кисе́т	g. у́зкое го́рло
8. кобура́	h. часть едини́цы

II

1. колча́н	a. бока́л
2. кра́пинка	b. оста́ток от ре́зки чего́-нибудь
3. ку́бок	c. ме́лкое пя́тнышко
4. обре́зок	d. футля́р для стрел
5. пена́л	e. коро́бка для сигаре́т
6. портсига́р	f. коро́бочка для ру́чки, карандаше́й

III

1. пробе́л	a. фля́га
2. фля́жка	b. разме́р печа́тного изда́ния
3. форма́т	c. пусто́е ме́сто в те́ксте, промежу́ток
4. футля́р	d. небольшо́й я́щик для ме́лких веще́й
5. шкату́лка	e. вмести́лище для очко́в, скри́пки и т.д.

12. Literary/Biblical/phraseological references:

(1) «Челове́к в футля́ре» – назва́ние расска́за Че́хова о челове́ке, кото́рый замкну́лся в кругу́ свои́х у́зких интере́сов, бои́тся вся́ких нововведе́ний.

(2) Отделя́ть ове́ц от ко́злищ (хоро́шее от плохо́го).

(3) «А тот, кому́ ты слу́жишь пи́щей,/Сожмёт подко́ву в кулачи́ще!» (Р. Бёрнс о шотла́ндском пу́динге ха́ггис, в перево́де С. Маршака́)

(4) Сгусти́ть кра́ски (предста́вить что́-нибудь в сли́шком мра́чном све́те).

13. The prefixes раз- (division) and от- (detachment):

Отграни́чить/разграни́чить:

. . . . доро́гу на четы́ре по́лосы.

Доро́жники . . . . одну́ полосу́ и на́чали ремо́нтные рабо́ты.

Отдели́ть/раздели́ть:
Шеф-по́вар . . . . мя́со от кости.
О́стров Кипр . . . . на две́ ча́сти.

Отби́ть/разби́ть:
Учи́тель . . . . класс на пять групп.
Она́ . . . . но́сик у ча́йника.

14. Fill the gaps with appropriate words from the list at the end:

1. Отдыха́ющие стара́лись . . . . свой о́тпуск как мо́жно до́льше.
2. Эпиде́мия гри́ппа . . . . по всей стране́, несмотря́ на попы́тки враче́й пресе́чь её в ко́рне.
3. Реше́ние устро́ить . . . . сеа́нс дало́ возмо́жность де́тям посмотре́ть весь фильм.
4. Ковёр оказа́лся коро́тким для спа́льни, и мы реши́ли его́ . . . .
5. Она́ наде́ялась . . . . свои́ зна́ния, записа́вшись на ле́тние ку́рсы.
6. Костю́м . . . . по́сле чи́стки и оказа́лся ему́ уже́ не впо́ру.
7. Избира́тели опуска́ют бюллете́ни в . . . .
8. Са́мый большо́й спрос отме́чен на . . . ., укра́шенные худо́жниками из Па́леха.
9. Басту́ющие музыка́нты положи́ли свои́ инструме́нты обра́тно в . . . .
10. На сле́дующий де́нь по́сле техосмо́тра . . . . ста́ла капри́зничать.
11. Пришло́сь положи́ть ручну́ю кла́дь под сиде́нье, так как . . . . была́ запо́лнена до отка́за.
12. . . . . 20 на 4 – бу́дет 80, раздели́ть на 4 – бу́дет 5.
13. Земля́ име́ет . . . . ша́ра.
14. В свой вещево́й мешо́к она́ уложи́ла космети́чку и . . . .

(бага́жная по́лка, избира́тельная у́рна, коро́бка скоросте́й, попо́лнить, продли́ть, распространи́ться, растяну́ть, сесть, туале́тная су́мочка, удлинённый, умно́жить, фо́рма, футля́р, шкату́лка)

15. Translate into Russian:

1. The Egyptian pyramids were built largely by slaves.
2. She stroked her son's wavy hair.
3. Gothic cathedrals are famous for their vaulted ceilings.
4. After the exams the students were allocated to seminar groups.
5. The chief draughtsman was given the task of drawing up the plan for the Olympic stadium.
6. The capacity of the milk churn was four litres.
7. They posted sentries the whole length of the perimeter of the airport.
8. The wind dropped, darkness fell and the fog grew thicker.
9. The rats continued to multiply despite attempts to exterminate them.
10. They doubled the footballers' wages, but *they* wanted them to be trebled.
11. The air bags saved the lives of the driver and his passengers.
12. The water tank sprang a leak, and we had to call out the plumber.

Unit 9

Visual and performing arts

Level 1

Art

иску́сство	art
карти́на	painting
кисть (f.)	paintbrush
пейза́ж	landscape
писа́ть (пишу́ пи́шешь)/на- (ма́слом/акваре́лью)	to paint (in oils/water colours)
портре́т	portrait
рису́нок (gen. рису́нка)	drawing
худо́жник	painter, artist

Word origins: (1) акваре́ль is from Italian *acquerello* id. (2) карти́на is probably a diminutive form of ка́рта 'map' (3) пейза́ж is from French *paysage* id. (4) рису́нок is from Polish *rysunek* (*-unek* based on German *-ung*).

Music: I Instruments

а́рфа	harp
бараба́н	drum
виолонче́ль (f.)	cello
гита́ра	guitar
гобо́й	oboe
кларне́т	clarinet
орга́н	organ
пиани́но (n. indecl)	piano
скри́пка	violin
тромбо́н	trombonist
труба́ (pl. тру́бы)	trumpet
фле́йта	flute

II Others

аккомпани́ровать impf. (аккомпани́рую аккомпани́руешь) + dat.	to accompany
дирижёр	conductor
дирижи́ровать impf. (дирижи́рую дирижи́руешь) (+ instr.)	to conduct
запи́сывать/записа́ть (запишу́ запи́шешь) (на + acc.)	to record (onto)
за́пись (f.)	recording
игра́ть/сыгра́ть (на + prep.)	to play (an instrument)
симфо́ния	symphony
компози́тор	composer
орке́стр	orchestra
пласти́нка	record

Word origins: (1) а́рфа is from German *Harfe* id. (2) бараба́н is probably from Turkic (3) виолонче́ль is from Italian *violoncello* id., dim. *violone* 'large viol' (a six-stringed medieval instrument held vertically) (4) гита́ра from Spanish *guitarra* < Greek *kithara* (5) гобо́й is possibly based on French *hautbois* id. (6) дирижёр is from дирижи́ровать < French *diriger* (but cf. French *chef d'orchestre* 'conductor') (7) кларне́т is from French *clarinette* id., from *clair* 'clear, pure' (8) компози́тор may be from Italian *compositore* (9) пиани́но from Italian *piano-forte*, ultimately French *pianoforte* (*piano* 'soft', *forte* 'loud') (10) скри́пка is onomatopoeic, cf. скрип 'creak' (11) тромбо́н is from Italian *trombone*, lit. 'large trumpet' [*tromba*]) (12) труба́ is probably from Middle Latin *trumpa* 'trumpet' (onomatopoeic *trum*) (13) фле́йта may be from Dutch *fluit* id.

Word formation: The names of most instrumentalists end in -ист(ка): пиани́ст(ка), гитари́ст(ка), кларнети́ст(ка) etc. Exceptions include бараба́нщик, скрипа́ч (gen. скрипача́), труба́ч (gen. трубача́) and музыка́нт 'musician'.

Dance

арти́ст(ка) бале́та	ballet dancer
балери́на	ballerina
бале́т	ballet
танцева́ть (танцу́ю танцу́ешь)/с–	to dance

Theatre

актёр, актри́са	actor, actress
антра́кт (в антра́кте)	interval (in the interval)
балко́н (на балко́не)	balcony (in the balcony)
бельэта́ж (в бельэта́же)	dress circle (in the dress circle)
галёрка (на галёрке)	the gallery (in the gallery)

за́навес	the curtain
ло́жа (в ло́же)	box (in a box)
парте́р	stalls
режиссёр	director, stage manager
спекта́кль (m.)	performance
ста́вить (ста́влю ста́вишь)/по- (спекта́кль)	to put on (a show)
сце́на	stage
сцена́рий	script

Word origins: (1) антра́кт is from French *entracte* id. lit. 'between act(s)'
   (2) ло́жа is from French *loge* id. (3) режиссёр cf. French *régisseur* id.
   (4) сце́на cf. French *scène* id. (5) парте́р is from French *parterre* id.

Cinema

кино́ (n. indecl.)	cinema
мультфи́льм	cartoon
продю́сер	producer
снима́ть/снять (сниму́ сни́мешь) (фильм)	to shoot (a film)
сценари́ст	scriptwriter
фильм	film

Word formation: мультфи́льм is a blend of мультипликацио́нный
   фильм.

Photography

плёнка	film, magnetic tape
проявля́ть/прояви́ть (проявлю́ проя́вишь)	to develop
фотоаппара́т	camera
фото́граф	photographer
фотогра́фия	photograph/photography

Word origins: фотоаппара́т is from German *Fotoapparat* id.

The media

СМИ (сре́дства ма́ссовой
   информа́ции)
	(mass-)media (also масс-ме́диа f.
	   indecl.)

Newspapers

журна́л	magazine
журнали́ст	journalist
кри́тик	critic (art, drama, film, TV, fashion)
печа́ть (f.)	the press
реда́ктор	editor
репортёр	reporter
реце́нзия (на + acc.)	review (of)

TV and radio

антéнна	aerial
включáть/включи́ть	to switch on
выключáть/вы́ключить	to switch off
канáл (на канáле)	channel (on a channel)
нóвости (gen. новостéй)	news
передавáть (передаю́ передаёшь)/передáть (передáм передáшь)	to broadcast
передáча	broadcast, transmission
принимáть/приня́ть (приму́ при́мешь)	to receive
рáдио (n. indecl.) (по рáдио)	radio (on the radio)
слу́шатель (m.)	listener
спу́тниковое телеви́дение	satellite TV
телеви́дение (ТВ) (по телеви́дению)	television (TV) (on the television)
телеви́зор	TV set
телезри́тель (m.)	viewer

Advertising

| реклáма | advertisement |
| реклами́ровать (реклами́рую реклами́руешь) (pf. and impf.) | to advertise |

Word origins: реклáма is from French *réclame*.

Internet

вебсáйт (на вебсáйте)	website (on a website)
глобáльная сéть (в глобáльной сети́)	world-wide web (on the world-wide web)
Интернéт (в Интернéте)	Internet (on the Internet)

Exercises

Level 1

(1) Grammar

1. Gender. Which is the odd noun out in each group (is masculine)?

I

| 1. зáпись | 2. кисть | 3. слу́шатель |

II

1. виолонче́ль	2. зри́тель	3. печа́ть

(a) What do the odd nouns out have in common, word-formationally and semantically? Give another example, meaning 'viewer'.

(b) How do the following show their gender?
    (a) за́пись
    (b) ки́сть

2. Conjugation of the verb.

I **Verbs in -овать. Replace past-tense forms of the verbs by present-tense forms:**

Past-tense forms	Present-tense forms
1. Пиани́ст аккомпани́ровал скрипачу́.	Пиани́ст аккомпани́рует скрипачу́.
2. Дирижёр дирижи́ровал орке́стром.	
3. Реклами́ровали но́вый утю́г.	
4. Балери́на танцева́ла «Жизе́ль»	

II **Second-conjugation verbs with consonant change in the first-person singular (в/вл ст/щ). Replace third-person singular forms of the verb by first-person forms:**

Third-person forms	First-person forms
1. Фото́граф проя́вит плёнку	Я. . . . .
2. Режиссёр ста́вит спекта́кль	Я. . . . .
3. Спу́стят за́навес	Я. . . . .

III **First-conjugation verbs with consonant change throughout conjugation (с/ш). Replace past-tense forms by future-perfective forms (1.) and present-tense forms (2.):**

Past-tense forms	Future-/present-tense forms
1. Я записа́л сво́й го́лос на плёнку	Я. . . . .
2. Худо́жник писа́л акваре́лью	Худо́жник. . . . .

IV **Perfective verbs in -нять. Replace perfective past forms by perfective future forms:**

Perfective past forms	Perfective future forms
1. За́навес подня́лся	За́навес. . . . .
2. Она́ приняла́ переда́чу с Ку́бы	Она́. . . . .
3. Продю́сер сня́л фи́льм о войне́	Продю́сер. . . . .

3. Prepositional usage. Use на or в + prepositonal case, as appropriate.

I parts of a theatre:

На or в?	На or в?	На + в?	На or в?	На or в?
1. [.] балко́не	2. [.] бельэта́же	3. [.] галёрке	4. [.] ло́же	5. [.] парте́ре

II Others:

В or на?	В or на?
1. [.] глоба́льной сети́	4. [.] кана́ле «Ми́р кино́»
2. он игра́ет [.] дву́х инструме́нтах	5. [.] её веб-са́йте не́т информа́ции
3. [.] Интерне́те	6. [.] антра́кте

III Make phrases with по + dative:

1. Но́вости передаю́тся [пе́рвая програ́мма]	3. Я смотре́л э́тот фи́льм [ка́бельное телеви́дение]
2. Я слу́шал э́ту переда́чу [ра́дио]	

(2) Recognition and differentiation

4. Find other meanings of the following words:

I Nouns	Other meanings
1. кана́л	
2. ки́сть	
3. переда́ча	
4. печа́ть	
5. труба́	

II Verbs	Other meanings
1. включи́ть	
2. записа́ть	
3. игра́ть	
4. переда́ть	

III Verbs. Fill the gaps with appropriate other meanings:

1. писа́ть	
2. приня́ть	
3. прояви́ть	
4. сня́ть	

(other meanings: to show (qualities), to take (measures), to take off, to write)

5. Seating arrangements in the theatre. Put the parts of the theatre in order, from the lowest (1) to the highest (4):

Lowest	One-up	Higher	Highest
1.	2.	3.	4.

(балко́н, бельэта́ж, галёрка, парте́р)

6. Theatre programme. Put the operas, plays and films in appropriate columns:

Ballets	Films	Plays

(1 «Алекса́ндр Не́вский» 2 «Бронено́сец Потёмкин» 3 «Вишнёвый са́д» 4 «До́ктор Жива́го» 5 «Жизе́ль» 6 «Лебеди́ное о́зеро» 7 «Спя́щая краса́вица» 8 «Три́ сестры́» 9 «Ча́йка»)

7. Musicians and their instruments.

 I **Who plays what (suffix -ист)?**
   Кто игра́ет:

на а́рфе?		на гита́ре?		на гобо́е?	

 II **На чём игра́ет:**

органи́ст?		пиани́ст?		труба́ч?	

8. Name the musicians that play the following instruments. Which in each group of three is the odd one out (does not have the suffix -ист)?

a. кларне́т		труба́		фле́йта	
b. гита́ра		тромбо́н		труба́	
c. а́рфа		бараба́н		пиани́но	

9. Orchestral instruments. Assign the instruments to appropriate columns:

Strings (3)	Wind/brass (5)	Percussion (4)

(1 а́рфа 2 бараба́н 3 виолонче́ль 4 гита́ра 5 гобо́й 6 кларне́т 7 орга́н 8 пиани́но 9 скри́пка 10 тромбо́н 11 труба́ 12 фле́йта)

10. Find the word!

I English clues	Russian solutions
1. wire for transmission/reception of radio waves (7)	а . . . . . .
2. female ballet-dancer (8)	б . . . .
3. director of orchestra (7)	д . . . . . .
4. judge of literary/artistic works (6)	к . . . . .
5. means of mass communication (9)	м . . .–. . . . .

II	
1. film comprising a series of drawings (10)	м . . . .
2. fresh events reported (7)	н . . . . . .
3. musical instrument made of pipes (5)	о . . . .
4. group of instrumental performers (7)	о . . . . . .
5. view of a locality (6)	п . . . . .

III Match up the two columns	
1. печа́ть	a. специали́ст по фотогра́фии
2. рекла́ма	b. периоди́ческие изда́ния
3. симфо́ния	c. драмати́ческое произведе́ние
4. сцена́рий	d. объявле́ние
5. фото́граф	e. произведе́ние для орке́стра

11. Кто?

1. де́лает фотогра́фии?	фото́граф
2. дирижи́рует орке́стром?	
3. игра́ет на а́рфе?	
4. пи́шет карти́ны?	
5. пи́шет реце́нзии на кни́ги?	
6. пи́шет статьи́ для журна́лов?	
7. сочиня́ет му́зыку?	

12. Что он/она́ де́лает?

1. актёр/актри́са?	игра́ет на сце́не
2. пейзажи́ст?	
3. портрети́ст?	
4. режиссёр?	
5. репортёр?	

13. Similes.

Compare the stylistically differentiated similes involving игра́ть:

(1) neutral: игра́ть как молодо́й бог (of a virtuoso instrumental performance)
(2) demotic and facetious: игра́ть как бог на балала́йке (of a virtuoso performance, usually on strings)
(3) bookish: игра́ть как Пагани́ни (especially of a virtuoso violin performance).

(3) Translation and dictionary drill

14. Fill the gaps with appropriate words and translate:

1. Ру́сские . . . XIX ве́ка обы́чно писа́ли ма́слом.
2. Орке́стр аккомпани́ровал изве́стному скрипачу́ в скрипи́чном конце́рте Бетхо́вена. Конце́рт был запи́сан на . . . .
3. . . . о во́лке и за́йце «Ну, погоди́!» по́льзовался огро́мной популя́рностью.
4. Реда́ктор опубликова́л в журна́ле интере́сную . . . на но́вый рома́н Копылёва.
5. Изве́стная . . . танцева́ла бале́т «Лебеди́ное о́зеро» в Марии́нском теа́тре.
6. Никто́ уже́ не слу́шает . . . . Их замени́ли компа́кт-ди́ски и DVD.
  (балери́на, мультфи́льм, пласти́нок, плёнку, реце́нзию, худо́жники)

15. Translate into English:

1. С по́мощью «таре́лки» мо́жно смотре́ть зарубе́жные фи́льмы по спу́тниковому телеви́дению.
2. Чем бли́же к Но́вому го́ду, тем бо́льше пода́рков реклами́руется на ме́стном телеви́дении.
3. Éсли блужда́ть по глоба́льной се́ти, мо́жно узна́ть мно́го поле́зного и интере́сного.
4. Исаа́к Пе́рлман сыгра́л сона́ту Бетхо́вена на скри́пке, изгото́вленной в XVIII ве́ке италья́нским ма́стером.
5. Подня́лся за́навес, и актёры и актри́сы вы́шли на сце́ну под бу́рные аплодисме́нты.

Can you find an English equivalent for the phrase «Иску́сство ра́ди иску́сства»?

16. Translate into Russian:

1. The orchestra consists of violinists, trumpeters, cellists and other musicians.
2. The orchestra is conducted by a talented young conductor from Estonia.
3. The curtain comes down at the first interval and goes up at the beginning of the second act.
4. We watched a film about Warsaw during the Second World War. The whole film was shot in Poland.
5. A professional photographer takes photographs and then develops the films himself.
6. The director Vyacheslav Ivanov was putting on a new show, and we bought seats in the stalls.

7. News programmes are broadcast every two hours on the TV-2 channel.
8. If you don't want Misha to watch such films, you can turn the TV off at any time.
9. This year the British bought more goods on the Internet than in shops.
10. My grandson showed me my photograph on the University website.

(4) Word origins and word formation

17. Loan words. Which is the odd one out in the following sequences?

I **Which is not from French?**

1. пейза́ж	2. режиссёр	3. рису́нок

II **Again, which is not from French?**

1. а́рфа	2. парте́р	3. сце́на

III **Which is not from Italian?**

1. виолонче́ль	2. тромбо́н	3. фотоаппара́т

IV **Form agent nouns in -ист from the following:**

1. журна́л	2. пейза́ж	3. портре́т

V **Which of the following agent nouns in -ёр is the only one that has no feminine equivalent?**

актёр		режиссёр		репортёр	

18.

(a) **what do the initials СМИ stand for?**
(b) **what is the abbreviation of мультипликацио́нный фи́льм?**

Level 2

Art

абстра́ктный	abstract
карти́на, напи́санная ма́слом	oil painting
лепи́ть (леплю́ ле́пит)/с-	to mould, sculpt
мольбе́рт	easel
набра́сывать/наброса́ть	to sketch
нату́рщик/нату́рщица	model
писа́ть/на- с нату́ры	to paint from life

репрезентати́вный	representational
ску́льптор	sculptor
шеде́вр	masterpiece
эски́з	sketch

Word origins: (1) мольбе́рт is said to come from obsolete German *Mal-brett*, with metathesis *-re-* > *-er* (*-brett* > -берт) (2) шеде́вр is from French *chef-d'oeuvre* id. (3) эски́з is from French *esquisse* id.

Theatre

а́вторская рема́рка	stage directions
аплоди́ровать impf. (аплоди́рую аплоди́руешь)	to applaud
билетёр/билетёрша	usher/usherette
гастроли́ровать impf. (гастроли́рую гастроли́руешь)	to be on tour
декора́ция	set, scenery
кули́сы (gen. кули́с)	wings
режиссёр-постано́вщик	stage-manager
суфлёр	prompter
хо́лст (gen. холста́)	canvas
худо́жник-гримёр	make-up artist
худо́жник-костюме́р/костюме́рша	wardrobe master/mistress

Word origins: (1) гастроли́ровать is from German, cf. German *Gastrolle* 'guest appearance' (гастро́ль 'tour') (2) кули́сы is from French *coulisses* id. (3) суфлёр is from French *souffleur* id. (4) грим is from French cf. French *grimer* 'to make up an actor for theatre or cinema'.

Music

акко́рд	chord
а́льт	viola
валто́рна	French horn
ва́льс	waltz
га́мма	scale
дуэ́т	duet
игра́ть/пе́ть (пою́ поёшь) в то́н/не в то́н	to play/sing in tune/out of tune
кварте́т	quartet
клавиату́ра	keyboard
кла́виша/кла́виш	key
класть (кладу́ кладёшь)/положи́ть на му́зыку	to set to music
компа́кт-диск (gen. компа́кт-ди́ска)	compact disc, CD
контраба́с	double bass

лиди́ровать (лиди́рую лиди́руешь) в хит-пара́дах	to top the charts
мело́дия	tune
наро́дная пе́сня	folk song
настра́ивать/настро́ить	to tune
саксофо́н	saxophone
смычо́к (gen. смычка́)	bow
соли́ст/соли́стка	soloist
струна́ (pl. стру́ны)	string (стру́нный орке́стр 'string orchestra')
упражня́ться impf. (в + prep.)	to practise (something)
фаго́т	bassoon
хо́р	chorus, choir

Note: many popular modern musical styles are based on English: джа́з, па́нк, поп-му́зыка, ритм энд блю́з, сви́нг, со́ул, etc.

Literary note: «Кварте́т» is the title of a fable by Krylov, see exercise.

Word origins: (1) акко́рд is from French *accord* it. (2) а́льт is from French *alto* id. (3) валто́рна is from German *Waldhorn* id. (4) га́мма, the third letter of the Greek alphabet and originally the lowest note in the musical scale, has subsequently been used to denote the whole scale (5) клавиату́ра is from German *Klaviatur* id. (6) кла́виш is from Polish *klawisz* id., from Middle Latin *clavis* 'key' (7) контраба́с is from Italian *controbasso* (from its bass 'voice') (8) фаго́т is from German *Fagott*, Italian *fagotto*, seemingly a derivative of Latin *fagus* 'beech'.

Cinema and film

дневно́й сеа́нс	matinee
дубли́ровать (дубли́рую дубли́руешь)/с-	to dub
звуково́е сопровожде́ние	soundtrack
каскадёр	stuntman
субти́тр	subtitle
худо́жественный фи́льм	feature film
экра́н	screen
экраниза́ция	screen adaptation

Word origins: (1) дубли́ровать is from French *doubler* id. (2) каскадёр is from French *cascadeur* id. (3) экра́н is from French *écran* id.

Photography

ли́нза	lens

Word origins: ли́нза is from German *Linse* id. (there may be a connection with Latin *lens* 'lentil', from the lentil-like shape of a lens – German *Linse* means 'lentil' and 'lens').

Newspapers

кроссво́рд	crossword
но́мер (pl. номера́)	issue
обозрева́тель (m.)	columnist
официа́льно/ неофициа́льно	on/off the record
подпи́ска (на + acc.)	subscription
подпи́сываться/под- писа́ться (подпишу́сь подпи́шешься) (на газе́ту)	to subscribe (to a newspaper)
преде́льный сро́к	deadline
пресс-рели́з	press release
реда́кция	editorial office
статья́	article
табло́ид	tabloid
тира́ж (gen. тиража́)	circulation
цензурова́ть impf./pf. (цензуру́ю цензуру́ешь)	to censor
центра́льные газе́ты	national newspapers
эксклюзи́вный	exclusive

Word origins: тира́ж is from French *tirage* id.

TV and radio

быть в эфи́ре (выходи́ть/вы́йти в эфи́р)	to be on air (to go on air)
веду́щий/ веду́щая (adj. noun)	presenter, anchorman
виктори́на	quiz
ди́ктор	newsreader
диск-жоке́й	DJ
кинооперра́тор	cameraman
пряма́я переда́ча	live programme
репорта́ж/трансля́ция с ме́ста собы́тий or внестуди́йная переда́ча	outside broadcast
сериа́л	serial
сту́дия	studio (radio/TV)
телека́мера	TV camera
ток-шо́у (n. indecl.)	talk show
частота́	frequency
эстра́дное представле́ние	variety show

Exercises

Level 2

(1) Grammar

1. Conjugation. Verbs in -овать/-ировать. Fill the gaps with third-person singular or plural present-tense forms of appropriate verbs:

1. Но́вый альбо́м Ди́мы Била́на [лиди́рует] в росси́йских хит-пара́дах.
2. Зри́тели [. . . . .] арти́стам бале́та, тре́буя повто́рного исполне́ния.
3. В го́ды войны́ вла́сти [. . . . .] да́же ча́стные пи́сьма с фро́нта.
4. Но́вые англоязы́чные фи́льмы сра́зу же [. . . . .] на други́е языки́.
5. Ми́ни-гру́ппа «Та-ту́» [. . . . .] в За́падной Евро́пе.

(аплоди́ровать, гастроли́ровать, дубли́ровать, лиди́ровать, цензурова́ть)

2. Fill the gaps with appropriate forms of the verbs shown:

1. класть: Она́ . . . . пу́шкинское стихотворе́ние на му́зыку.
2. лепи́ть: Я . . . . го́лову дирижёра из бро́нзы.
3. петь: Все́ зри́тели . . . . национа́льный гимн хо́ром.

3. Stress. Which is the odd one out (has end stress in declension)?

1. а́льт	2. ва́льс	3. грим	4. тира́ж	5. эски́з

4. Prepositions. Replace the gaps with appropriate prepositions:

1. Он кладёт де́тские стихи́ [.] му́зыку.	3. Я подпи́сываюсь [.] «Изве́стия».
2. Принима́ется подпи́ска [.] журна́л «Огонёк».	4. Он упражня́ется [.] игре́ на а́льте.

(в + prep., на + acc.)

(2) Recognition and differentiation

5. Who does what?

Кто	
1. специализи́руется по гримиро́вке?	
2. обозрева́ет что́-нибудь?	
3. специализи́руется по театра́льным костю́мам?	
4. прово́дит ра́дио-/телепереда́чи?	

(веду́щий, гримёр, костюме́р, обозрева́тель)

6. Find in the dictionary other meanings of the following words:

	Other meanings
1. кули́сы	
2. настро́ить	
3. но́мер	
4. подписа́ться	
5. статья́	
6. струна́	

7. Which is the odd one out in meaning:

(1) is not a musical instrument:

1. валто́рна	2. клавиату́ра	3. контраба́с	4. саксофо́н	5. фаго́т

(2) is not a member of theatre staff:

1. билетёр	2. гримёр	3. каскадёр	4. костюме́р	5. суфлёр

8. Match adjectives to the nouns:

I Feminine nouns:

1. центра́льная	газе́та	3.	пе́сня
2.	галере́я	4.	рема́рка
5.	переда́ча		

(а́вторская, карти́нная, наро́дная, пряма́я, центра́льная)

II Masculine nouns:

1.	оркéстр	3.	срок
2.	сеáнс	4.	фи́льм

(дневнóй, предéльный, стрýнный, худóжественный)

III Match the neuter nouns to the adjectives:

Neuter adjectives			
1. абстрáктное	искýсство	3. эстрáдное	
2. звуковóе			

(искýсство, представлéние, сопровождéние)

9. Find the word!

I Masculine agent words:

English clues	Russian solutions
1. person who shows you to your seat (7)	билетёр
2. person who makes up actors (6)	г . . . . .
3. person reading a text on TV or radio (6)	д . . . . .
4. person performing stunts in films (8)	к . . . .
5. person who poses for artists (8)	н . . . .
6. person who gives solo performances (6)	с . . . . .
7. person who prompts actors (6)	с . . . . .

II Other masculine nouns:

Russian clues	Russian solutions
1. сочетáние нéскольких звýков (6)	аккóрд
2. бáльный тáнец (5)	в . . . .
3. пéсня для двýх голосóв (4)	д . . .
4. многосери́йный фи́льм (6)	с . . . . .
5. коли́чество экземпля́ров (5)	т . . . .
6. ансáмбль певцóв (3)	х . .
7. отли́чное произведéние (6)	ш . . . . .

III Feminine nouns. Match up the columns:

Russian clues	Russian solutions
1. рабо́тники, редакти́рующие изда́ние	a. виктори́на
2. адапта́ция для экра́на	b. га́мма
3. игра́ в вопро́сы и отве́ты	c. реда́кция
4. ря́д музыка́льных зву́ков	d. экраниза́ция

(3) Translation and dictionary drill

10. «Кварте́т». Read and memorise extracts from Krylov's fable:
In Krylov's fable «Кварте́т» the musicians:

> Прока́зница–Марты́шка,
> Осёл,
> Козёл
> Да косола́пый Ми́шка
> Зате́яли сыгра́ть Кварте́т.

Frequent changes of position fail to improve their cacophonous playing, and the nightingale teaches them a lesson:

> «Чтоб музыка́нтом бы́ть, так на́добно уме́нье
> И у́ши ва́ших понежне́й, –
> Им отвеча́ет Солове́й: –
> А вы́, друзья́, как ни сади́тесь,
> Всё в музыка́нты не годи́тесь».

11. Fill the gaps with appropriate words and translate:

1. Мно́гие молоды́е худо́жники помеша́лись на абстра́ктном [. . . . . .], други́е предпочита́ют репрезентати́вное иску́сство XIX ве́ка.
2. Намно́го деше́вле сочиня́ть [. . . . . .] к зарубе́жному фи́льму, чем дубли́ровать его́.
3. В нача́ле тре́тьего тысячеле́тия газе́та «Аргуме́нты и фа́кты» выходи́ла [. . . . .] почти́ в три миллио́на экземпля́ров.
4. Как [. . . . . .] ни суфли́ровал актёрам, как режиссёр ни жестикули́ровал в кули́сах, актёры испы́тывали тако́й стра́х пе́ред пу́бликой, что́ пришло́сь отмени́ть представле́ние.
5. Взгляну́в на дирижёра, пиани́ст взя́л не́сколько [. . . . . .] в мажо́рном ключе́.
6. На уро́ке рисова́ния студе́нты наброса́ли [. . . . . .], пози́рующего на помо́сте.

(акко́рдов, иску́сстве, нату́рщика, субти́тры, суфлёр, тиражо́м)

12. Translate into English:

I

1. Я успе́л пробежа́ть то́лько заголо́вки.
2. Она́ дала́ журнали́сту эксклюзи́вное интервью́.
3. Мно́гие теа́тры сейча́с обхо́дятся минима́льной декора́цией.
4. Э́ту ста́нцию мо́жно принима́ть то́лько на высо́ких часто́тах.

II

1. Молодёжь танцева́ла тви́ст под зву́ки джаз-орке́стра.
2. В крыло́вской ба́сне музыка́нты игра́ют фальши́во, а солове́й объясня́ет, что ну́жно не меня́ть положе́ния музыка́нтов, а облада́ть музыка́льным тала́нтом.
3. Зре́ние проверя́ется беспла́тно, ра́мы не дороги́е, ли́нзы же сто́ят о́чень до́рого.
4. Как то́лько скрипа́ч-соли́ст настро́ил сво́й инструме́нт и прошёл смычко́м по стру́нам, я́ был ве́сь внима́ние.
5. Не́т ничего́ краси́вее и грустне́е ру́сских наро́дных пе́сен. Э́ти ста́рые мело́дии отража́ют ду́шу ру́сского наро́да.
6. Пи́сьма в реда́кцию составля́ют са́мый интере́сный разде́л любо́й газе́ты, но почему́-то они́ ре́же появля́ются в росси́йской печа́ти, чём в англи́йской.

13. Translate into Russian:

1. The sculptor is moulding in bronze the head and the hands of a famous conductor.
2. It is interesting how many composers – from Glinka to Tchaikovsky – have set Pushkin's works to music.
3. He has long subscribed to *Russkaya rech*, the most interesting of the popular journals of the Russian Academy of Sciences.
4. English crosswords are based on a play on words, while continental ones are based on geographical and historical facts.
5. While still on air, the announcer received a report that a theatre in the centre of Moscow had been blown up by terrorists.
6. The artist put the canvas on the easel and began to paint the orchard from life.
7. It is difficult to explain why compact-discs cost more in Great Britain than in other countries.
8. The editor reads every issue of his newspaper from the very beginning to the very end.
9. There are writers – for example, Griboedov, author of the play *Woe from Wit* – who have composed only one masterpiece.
10. The most boring part of music lessons are the scales, but it is the only way you can learn to play the piano.
11. Talk-show, press-release, tabloid – all these are new phenomena in the Russian mass media.
12. An American museum paid more than a million dollars for one sketch by Rembrandt.

(4) Word formation and loan words

14. Give the Russian for the following and say which is spelt without a hyphen:

cameraman	talk show	press release	disc jockey

15. Who plays what (musicians' names in -ист)?

Кто игра́ет		Кто игра́ет	
1. на а́льте?		3. на контраба́се?	
2. на валто́рне?		4. на саксофо́не?	

16. Which is the German loan in each group of three (the others are of French origin):

I

1. гастроли́ровать	2. шеде́вр	3. эски́з

II

1. акко́рд	2. кули́сы	3. ли́нза

III

1. грим	2. клавиату́ра	3. суфлёр

IV

1. валто́рна	2. каскадёр	3. экра́н

17. Agent nouns. Feminine suffixes. Give the feminine equivalents of the following. Which of them has no feminine equivalent?

1. билетёр		4. нату́рщик	
2. веду́щий		5. соли́ст	
3. костюме́р		6. суфлёр	

Level 3

General

а́удио-визуа́льный	audio-visual
внешта́тный (рабо́тающий по догово́рам)	freelance
достове́рные исто́чники	reliable sources

клевета́	libel, slander
клевета́ть (клевещу́ клеве́щешь)/на- (на+ acc.)	to libel, slander
некроло́г	obituary
опеча́тка	misprint
офо́рмить (офо́рмлю офо́рмишь)	to design
оформле́ние	design
подшива́ть/подши́ть (подошью́ подошьёшь) (к + dat.)	to file (away)
чертёжник	draughtsman
э́кстренное сообще́ние	stop press

Word formation: (1) внешта́тный comprises prefix вне- 'out of, outside' + штат 'staff' + suffix -н- + ending -ый (2) опеча́тка: the pattern о- + root + -ка may denote 'mistake' (оши́бка 'mistake', огово́рка 'slip of the tongue', опи́ска 'slip of the pen' etc.).

Art

анфа́с	full face
в натура́льную величину́	life-size
ги́пс	plaster of Paris
гравю́ра	engraving
ди́лер	dealer
за́дний пла́н (на за́днем пла́не)	background (in the background)
ка́лька	traced copy
кальки́ровать (кальки́рую кальки́руешь)/с-	to trace
коллекционе́р	collector
марини́ст	painter of seascapes
насте́нная ро́спись (f.)	mural (also мура́ль (f.))
обнажённая фигу́ра	nude
пере́дний пла́н (на пере́днем пла́не)	foreground (in the foreground)
пози́ровать (пози́рую пози́руешь) impf.	to sit, pose
про́филь (m.) (в про́филь)	profile (in profile)
резе́ц (gen. резца́)	(sculptor's) chisel
фо́рма	mould

Word origins: (1) анфа́с is from French *en face* id. (2) ги́пс cf. English 'gypsum' 'mineral used to make plaster of Paris' (Greek *gypsos*), German *Gips* 'plaster' (3) ка́лька is from French *calque* id. (4) cf. про́филь and French *profil* id.

Theatre

аншла́г	sell-out (notice or performance)
бутафо́р	props boy
бутафо́рия	stage properties, props
за́дник	backcloth, backdrop
диало́г	dialogue
звезда́ (pl. звёзды)	star
ко́мик	comic
прожéктор	spotlight
распределя́ть/распредели́ть (ро́ли)	to cast (parts in a play)
ра́мпа	footlights
ре́плика	cue
репети́ровать (репети́рую репети́руешь)/от-	to rehearse
репети́ция	rehearsal (генера́льная репети́ция 'dress rehearsal')

Word origins: (1) аншла́г is from German *Anschlag* 'poster' (2) бутафо́р 'props boy' is from Italian *buttafuori* 'call boy' (*buttare* 'to throw' *fuori* 'out'; he called the actors onto the stage and supplied them with everything they needed) (3) ра́мпа is from French *rampe* id. (4) ре́плика cf. French *replique* 'actor's response to a cue' (5) репети́ция is from French *répétition* id.

Music

а́рия	aria
ба́льные та́нцы	ballroom dancing
дирижёрская па́лочка	baton
духовы́е инструме́нты	wind instruments
ка́мерная му́зыка	chamber music
ключ (gen. ключа́)	key
по́лька	polka
роя́ль (m.)	grand piano
сту́дия звукоза́писи	recording studio
тамбури́н	tambourine
таре́лки (gen. таре́лок)	cymbals
уда́рные инструме́нты	percussion instruments

Word origins: (1) роя́ль is from French *royal* 'royal', seemingly an ellipsis of *pianoforte royal*, a de luxe model of piano designed and constructed in Western Europe (2) the many words of Western origin include: джа́з, джа́йв, па́нк, ри́тм, рок-н-ро́лл, рэ́гги (m. indecl.), рэ́п, etc.

Film and photography

в гла́вных роля́х	starring
видеока́мера	video camera, camcorder

документа́льный фи́льм	documentary
заме́дленное де́йствие	slow motion
звуково́й фи́льм	sound film, talkie
ка́др	shot
немо́й фи́льм	silent film
отры́вок из фи́льма	film clip
стати́ст	extra
фи́льм у́жасов	horror film
ти́тры (вступи́тельные/ заключи́тельные)	credits (opening/closing)

Word origins: ка́др cf. French *cadre* 'frame'.

TV, press, and radio

автосуфлёр	autocue, teleprompter
во́лны ([ультра]коро́ткие, сре́дние, дли́нные) (переда́ча на коро́ткой волне́)	waves ([ultra]short, medium, long) (short-wave broadcast)
вре́мя в эфи́ре	air time
глуши́ть/за-	to jam
дистанцио́нное управле́ние	remote control
за́мкнутая телевизио́нная систе́ма	closed-circuit TV
изображе́ние	picture (TV)
информацио́нное аге́нтство	news agency
киножурна́л	newsreel
кульминацио́нные моме́нты	recorded highlights
лежебо́ка	couchpotato
музыка́льное сопровожде́ние	background music
поме́хи (gen. поме́х)	interference
радиовеща́ние	broadcasting (radio)
ре́йтинг	rating
се́ть (f.) (в сети́)	network (on/in the network)
спу́тник свя́зи	telecommunications satellite
спу́тниковая анте́нна	satellite dish (also таре́лка)
телевеща́ние	broadcasting (TV)
телеигра́	game show
трансли́ровать impf./pf. трансли́рую трансли́руешь по разли́чным кана́лам	to broadcast
фоноте́ка	sound archives

Word origins: cf. фоноте́ка and French *phonothèque* id. (Greek *phone* 'sound', *theke* 'storehouse').

Advertising

агити́ровать impf. (агити́рую агити́руешь) (за + acc.)	to canvass (for)
марке́тинг (ме́неджер по марке́тингу)	marketing (marketing manager)
образе́ц (gen. образца́)	sample
потенциа́льные клие́нты	target audience
рекла́мная па́уза	commercial break
рекла́мная переда́ча	commercial, sales promotion
рекла́мная кампа́ния	advertising campaign
тало́н (на + acc.)	voucher (for)
уло́вка	gimmick
я́рмарка	trade fair

Word origins: (1) cf. тало́н and French *talon* 'stub, counterfoil' (2) я́рмарка (early 17th century) is from Middle High German (cf. German *Jahrmarkt* id.) (Novgorod traded directly with German territories).

Exercises

Level 3

(1) Grammar

1. Conjugation.

(1) **Verbs in -ировать. Replace past-tense by present-tense forms of the verbs:**

Past-tense forms	Present-tense forms
1. Я агити́ровал за на́шего кандида́та.	Я. . . . .
2. Инжене́р кальки́ровал чертёж.	Инжене́р . . . .
3. Актёры репети́ровали пье́су.	Актёры . . . .
4. Нату́рщица пози́ровала для на́с.	Нату́рщица . . . .
5. Трансли́ровали вое́нный пара́д по центра́льному телеви́дению	. . . .

(2) **Other verbs. Replace present and future forms by past forms of the verbs:**

1. Кандида́ты клеве́щут друг на дру́га.	Кандида́ты . . . .
2. Рабо́тники изда́тельства офо́рмят кни́гу пе́ред публика́цией.	Рабо́тники изда́тельства . . . .
3. Детекти́в подошьёт все́ необходи́мые докуме́нты к де́лу.	Детекти́в . . . .

2. Gender of soft-sign nouns. Which is the masculine noun in the following groups of three?

I

1. звукоза́пись	2. мура́ль	3. про́филь

II

1. ро́спись	2. роя́ль	3. се́ть

3. Prepositions

I **в, за or на + accusative case:**

1. Я агити́рую [.] на́шего кандида́та	4. Её изобрази́ли не [.] анфа́с, а [.] про́филь
2. Она́ клеве́щет [.] свои́х колле́г	5. Мы получи́ли тало́ны [.] бензи́н
3. Худо́жник написа́л нату́рщицу [.] натура́льную величину́	

II **в or на + prepositional case:**

1. [.] пере́днем пла́не де́тская, [.] за́днем – вишнёвый са́д	4. Э́ту переда́чу мо́жно слу́шать [.] ультракоро́ткой волне́
2. [.] гла́вных роля́х – Хача́ев и Ильина́	5. На́ше вре́мя [.] эфи́ре ограни́чено
3. Ве́сь эпизо́д прошёл [.] заме́дленном де́йствии	6. [.] глоба́льной сети́ – ми́р но́вых впечатле́ний и возмо́жностей

III **к or по + dative case, or straight dative**

1. Его́ назна́чили ме́неджером [.] марке́тингу	3. Продю́сер распредели́л гла́вные ро́ли [.] о́пытным актёрам
2. Прокуро́р подши́л докуме́нт [.] де́лу	4. Конце́рт трансли́ровали [.] разли́чным телевизио́нным кана́лам

(2) Recognition and differentiation

4. Match the adjectives to the nouns:

I **Masculine nouns:**

1.	инструме́нт	3.	фи́льм
2.	пла́н		

(документа́льный, духово́й, за́дний)

II Feminine nouns:

1.	му́зыка	3. ро́спись	
2.	па́лочка	4. фигу́ра	

(дирижёрская, ка́мерная, насте́нная, обнажённая)

III Feminine nouns (match the columns):

1. за́мкнутая телевизио́нная	a. переда́ча
2. рекла́мная	b. анте́нна
3. спу́тниковая	c. систе́ма

IV Neuter nouns (match the columns):

1. дистанцио́нное	a. аге́нтство
2. информацио́нное	b. сопровожде́ние
3. музыка́льное	c. управле́ние

V Plural nouns. Match the nouns to the adjectives:

1. вступи́тельные		4. коро́ткие	
2. достове́рные		5. кульминацио́н-ные	
3. звуковы́е		6. уда́рные	

(во́лны, инструме́нты, исто́чники, моме́нты, ти́тры, эффе́кты)

5. Find the word!

I Masculine nouns:

Russian clues	Russian solutions
1. объявле́ние о то́м, что всё биле́ты про́даны (6)	а . . . . .
2. худо́жник, изобража́ющий морски́е ви́ды (8)	м . . . .
3. изуче́ние ры́ночного спро́са (9)	м . . . .
4. статья́, посвящённая уме́ршему (8)	н . . . .
5. актёр, исполня́ющий второстепе́нные ро́ли без сло́в (7)	с . . . . . .
6. листо́к для получе́ния чего́-нибудь (5)	т . . . .
7. специали́ст по черче́нию (9)	ч . . . .

II Match up the columns:

Russian clues	Russian solutions
1. сцени́ческие предме́ты	a. ра́мпа
2. поро́чащая кого́-нибудь ложь	b. фоноте́ка
3. бы́стрый та́нец	c. клевета́
4. ни́зкий барье́р вдоль авансце́ны	d. по́лька
5. собра́ние звукоза́писей	e. бутафо́рия
6. показа́тель популя́рности	f. поме́хи
7. поло́ски на экра́не телеви́зора	g. ре́йтинг

III

Russian clues	Russian solutions (no initial letter given)
1. лентя́й, лю́бящий лежа́ть (8)	
2. предвари́тельное исполне́ние (9)	
3. отве́т на слова́ собесе́дника (7)	
4. съезд торго́вых организа́ций (7)	

6. Composers.

I Match the composers to the operas:

1. «Бори́с Годуно́в»	a. А. П. Бороди́н
2. «Евге́ний Оне́гин»	b. М. И. Гли́нка
3. «Золото́й петушо́к»	c. Н. П. Му́соргский
4. «Ива́н Суса́нин»	d. Н. А. Ри́мский-Ко́рсаков
5. «Князь И́горь»	e. П. И. Чайко́вский

II Which of the following works is *not* by Tchaikovsky?

1. «Лебеди́ное о́зеро»	2. «Пи́ковая да́ма»	3. «Спя́щая краса́вица»	4. «Шехереза́да»

7. Which two of the following nouns are *not* names of musical instruments?

1. за́дник	2. резе́ц	3. тамбури́н	4. таре́лки	5. уда́рные инструме́нты

8. Combine nouns in the nominative with appropriate nouns in the genitive:

1. спу́тник	a. за́писи
2. сту́дия	b. у́жасов
3. фи́льм	c. свя́зи

(3) Translation and dictionary drill

9. Translate into English:

I

1. А́удио-визуа́льные посо́бия игра́ют значи́тельную ро́ль в обуче́нии иностра́нным языка́м.
2. Фигури́сты не мо́гут ката́ться без музыка́льного сопровожде́ния.
3. Реда́ктор помести́л э́кстренное сообще́ние о разруши́тельном цуна́ми.
4. У э́того коллекционе́ра замеча́тельное собра́ние гравю́р.
5. Лучи́ проже́ктора напра́влены на певца́, пою́щего а́рию Ле́нского «Я люблю́ Ва́с, О́льга».
6. Рекла́мная кампа́ния ориенти́руется на потенциа́льных клие́нтов в США.
7. Роди́тели купи́ли видеока́меру, что́бы зафикси́ровать де́тские го́ды свои́х дете́й.
8. В киножурна́ле показа́ли демонстра́цию на центра́льной пло́щади Ки́ева.

II

1. Оди́н из рома́нов Андре́я Курко́ва расска́зывает о то́м, как одна́ ки́евская газе́та сочиня́ет некроло́ги живы́х люде́й.
2. Мо́й сы́н вы́училсь на чертёжника, а пото́м откры́л свою́ со́бственную электрофи́рму.
3. Образцы́ пеще́рного иску́сства и насте́нная ро́спись в Кроманьо́не убеди́ли этно́графов в то́м, что зде́сь давно́ жи́ли первобы́тные лю́ди.
4. Вме́сто того́, что́бы сосла́ться на достове́рные исто́чники, журнали́ст пове́рил ло́жным слу́хам, пу́щенным поли́тиками.
5. Сбыло́сь предсказа́ние Джо́рджа Оруэ́лла о то́м, что за все́ми гра́жданами совреме́нного о́бщества бу́дет следи́ть за́мкнутая телевизио́нная систе́ма.
6. Во вре́мя рекла́мных па́уз гро́мкость переда́чи автомати́чески повыша́ется, в связи́ с че́м зри́тели и́ли убавля́ют зву́к, и́ли иду́т на ку́хню зава́ривать ча́й.
7. Эпизо́д побе́ды ру́сских во́йск над Тевто́нскими ры́царями в фи́льме «Алекса́ндр Не́вский» явля́ется едва́ ли не са́мым популя́рным отры́вком из любо́го фи́льма среди́ ру́сских люби́телей киноиску́сства.
8. Телевизио́нные програ́ммы, в кото́рых профессиона́льные танцо́ры танцу́ют со знамени́тостями-люби́телями та́нца, возбуди́л беспрецеде́нтный интере́с к ба́льным та́нцам.
9. В сове́тские времена́ люби́ли глуши́ть радиопереда́чи из За́падных стра́н.

10. Translate into Russian:

1. This dealer deals in portraits painted full face, in profile or natural size.
2. Thanks to the auto cue, speakers no longer have to look down at their notes, but can look the audience in the eye.

3. Football matches will be televised only on pay channels, while other fans will only be able to see the highlights.
4. Classical masterpieces of filmic art such as Eisenstein's *Battleship Potemkin* and Tarkovsky's *Solyaris* are stored in the sound archives of the Institute of Linguistics.
5. It is forbidden to erect satellite dishes on houses of outstanding architectural significance.
6. After the accident to the star of the show his understudy had to rehearse all day Sunday.
7. The conductor raised his baton and the orchestra struck up the overture to *The Queen of Spades*.
8. When silent films were replaced by sound films in the late 1920s many film actors and musicians were out of work.

11. Find other meanings of the following words:

1. изображе́ние	
2. кальки́ровать	
3. образе́ц	
4. подши́ть	
5. по́лька	
6. про́филь	
7. фо́рма	

(4) Word origins and formation

12. Which is the odd one out in each of the groups of four loan words (i.e. has *no* French connection)?

I

1. анфа́с	2. бутафо́р	3. ка́лька	4. репети́ция

II

1. про́филь	2. ра́мпа	3. ре́плика	4. я́рмарка

13. Break down (1) внешта́тный and (2) опеча́тка into their component parts.

Unit 10

Literature and literary criticism. Speaking, reading, and writing

Level 1

General

алфави́т	alphabet
бу́ква	letter
геро́й/герои́ня	hero/heroine
гра́мотный/негра́мотный	literate/illiterate
загла́вие	title
кири́ллица (на кири́ллице)	Cyrillic (in Cyrillic)
литерату́ра	literature
ру́копись (f.)	manuscript

Word origins: (1) алфави́т is a Russification of Greek *alphabetos*, comprising the first two letters of the Greek alphabet, *alpha* and *beta* (in Byzantine Greek 'b' was pronounced 'v', hence алфави́т) (2) бу́ква derives from бу́к 'beech' (antique runes were inscribed on beechwood tablets, cf. German *Buche* 'beech' and *Buch* 'book') (3) гра́мотный is from гра́мота 'ability to read and write, document', Greek plural *grammata* 'letters, alphabet' (4) кири́ллица is from Кири́лл 'Cyril', who, with his brother Мефо́дий 'Methodius', is credited with constructing the alphabet which provided the model for Cyrillic.

Cognates and word formation: (1) загла́вие is cognate with глава́ 'chapter, head' and pleophonic голова́ 'head'.

Genres

автобиогра́фия	autobiography
биогра́фия	biography
детекти́в, детекти́вный рома́н	detective novel
дневни́к (gen. дневника́)	diary
жа́нр	genre
коме́дия	comedy
по́весть (f.) (gen. pl. повесте́й)	tale
пье́са	play

расска́з	short story
рома́н	novel
ска́зка	fairy tale
стих (gen. стиха́)	verse (стихи́, gen. стихо́в) verses, poetry
стихотворе́ние	poem
строка́ (стро́ки стро́к строка́м)	line of print
строфа́ (стро́фы строф строфа́м)	stanza
траге́дия	tragedy

Word origins: (1) пье́са is thought to derive directly from French *pièce* id. (2) стих is from Greek *stichos* 'line of verse or prose'.

Writers

а́втор	author (of a particular work)
био́граф	biographer
драмату́рг	dramatist
писа́тель (m.)	writer
поэ́т	poet
проза́ик	prose-writer
романи́ст	novelist

Writing: structure

а́кт	act
глава́ (pl. гла́вы)	chapter
де́йствие	act
содержа́ние	contents
страни́ца	page
сце́на	scene
сюже́т	plot
цита́та	quotation
эпизо́д	episode

Note: use of *ordinal* numerals with страни́ца (страни́ца семна́дцатая 'page seventeen') and глава́ (в пя́той главе́ 'in chapter five').

Style and method

изобража́ть/изобрази́ть (изображу́ изобрази́шь)	to depict
просто́й	simple
ску́чный	dull, boring
сло́жный	complex
я́сный	clear

Speaking

Assertion

говори́ть/сказа́ть (скажу́ ска́жешь) (что́-нибудь) (кому́-нибудь)	to say (something + acc.), tell (someone + dat.)
сообща́ть/сообщи́ть	to report, inform
упомина́ть/упомяну́ть (+ acc. or o + prep.)	to mention
цити́ровать (цити́рую цити́руешь)/про-	to quote

Explanation

объясня́ть/объясни́ть	to explain

Conversation

обсужда́ть/обсуди́ть (обсужу́ обсу́дишь)	to discuss
разгова́ривать impf.	to converse
разгово́р	conversation

Agreement/disagreement

протестова́ть (протесту́ю протесту́ешь) impf.	to protest
спо́р	argument
спо́рить/по-	to argue

Asking/answering

вопро́с (задава́ть (задаю́ задаёшь)/зада́ть (зада́м зада́шь) (кому́-нибудь) вопро́с)	question (to ask (someone) a question)
отве́т (в отве́т на + acc.)	answer (in answer to)
отвеча́ть/отве́тить (отве́чу отве́тишь) (кому́-нибудь) (на вопро́с)	to answer (someone) (a question)
проси́ть (прошу́ про́сишь)/по- (+ acc. of person asked, acc./gen./ o + prep. of thing sought)	to ask, request
спра́шивать/спроси́ть (спрошу́ спро́сишь) (кто́, что́, почему́ etc.)	to ask (who, what, why etc.)

Complaining

жа́ловаться (жа́луюсь жа́луешься)/по- (на + acc.)	to complain (of)
критикова́ть (критику́ю критику́ешь) impf.	to criticise

Volume

крича́ть (кричу́ кричи́шь)/кри́кнуть	to shout
шепта́ть (шепчу́ ше́пчешь)/шепну́ть	to whisper (шепта́ться impf. 'to converse in whispers')

Various

разгово́рчивый	talkative
шути́ть (шучу́ шу́тишь)/по-	to joke

Phoning, faxing etc.

звони́ть/по- (кому́-нибудь) (в/на + acc. of place)	to ring up, phone (someone + dat.) (somewhere)
класть (кладу́ кладёшь)/положи́ть тру́бку	to put down the receiver
моби́льный (телефо́н)	mobile
набира́ть/набра́ть (наберу́ наберёшь) (но́мер)	to dial (a number)
поднима́ть/подня́ть (подниму́ подни́мешь) тру́бку	to pick up the receiver
фа́кс	fax
электро́нная по́чта	electronic mail, e-mail

Reading and writing

Writing

запи́сывать/записа́ть (запишу́ запи́шешь)	to note down
ка́к это пи́шется?	how is that spelt?
писа́ть (пишу́ пи́шешь) /на-	to write
по́черк	handwriting

Reading

разбира́ть/разобра́ть (разберу́ разберёшь)	to decipher, make out
чита́ть/про- (вслу́х) (про себя́)	to read (aloud) (to oneself)

Materials

блокно́т	notepad
лист (gen. листа́)	sheet of paper

Word origins: блокно́т is from French *bloc-notes* id.

Parts of books etc.

абза́ц   paragraph

обло́жка   dust cover

Word origins: абза́ц is from German *Absatz* id.

Exercises

Level 1

(1) Grammar and stress

1. Gender. Which of the following soft-sign nouns is the odd one out (is masculine)?

1. писа́тель	2. по́весть	3. ру́копись

2. Verb conjugation.

I **First-conjugation verbs with consonant change throughout conjugation (з/ж с/ш т/ч). Replace past-tense forms by present-tense/future-tense forms:**

Past-tense forms	Present/future forms
1. Он записа́л её а́дрес и телефо́н.	Он запи́шет её а́дрес и телефо́н.
2. Она́ писа́ла спра́ва нале́во.	Она́. . . . . спра́ва нале́во.
3. Я сказа́л всю пра́вду.	Я. . . . . всю пра́вду.
4. Де́вочки шепта́лись в углу́.	Де́вочки. . . . . в углу́.

II **Second-conjugation verbs with consonant change in the first-person singular (д/ж з/ж с/ш т/ч). Replace present-tense/future-tense forms by past-tense forms:**

Present/future forms	Past forms
1. Я изображу́ го́лубя ми́ра.	Я изобрази́л го́лубя ми́ра.
2. Я обсужу́ с ни́ми ва́жное де́ло	Я. . . . . с ни́ми ва́жное де́ло.
3. Я отве́чу на все́ их вопро́сы.	Я. . . . . на все́ их вопро́сы.
4. Я прошу́ хле́ба.	Я. . . . . хле́ба.
5. Я спрошу́, почему́ о́н не пришёл.	Я. . . . ., почему́ о́н не пришёл.
6. Я шучу́, коне́чно.	Я. . . . ., коне́чно.

III **Verbs in -овать. Replace the infinitives by finite present-tense forms:**

1. На что́ вы́ [жа́ловаться]?	3. Почему́ они́ [протестова́ть]?
2. Оппози́ция [критикова́ть] прави́тельство	4. Она́ ча́сто [цити́ровать] кла́ссиков.

IV **Other verbs. Translate into English:**
   1. Я не разберу́ её по́черка.
   2. Я зада́м ва́м тру́дный вопро́с.
   3. Она́ наберёт но́мер ско́рой по́мощи.
   4. Она́ кладёт тру́бку в конце́ разгово́ра.
   5. Милиционе́р задаёт ей не́сколько вопро́сов.
   6. Она́ кричи́т от бо́ли.

What distinguishes крича́ть from the other verbs in –ать?

3. Which of the following four nouns is the odd one out (has stem stress in declension)?

1. дневни́к	2. жа́нр	3. ли́ст	4. сти́х

4. Prepositions. В or на?

1. О́н жа́луется [на] еду́.	4. Пишу́ [.] отве́т на ва́ше письмо́.
2. О́н позвони́л [.] шко́лу.	5. О́н не отве́тил [.] мо́й фа́кс.
3. Она́ позвони́ла му́жу [.] заво́д.	6. Она́ шепну́ла ему́ что́-то [.] у́хо.

5. The dative case (indirect object). Use relevant forms of the dative case of personal pronouns (мне́ тебе́ ему́ ей на́м ва́м и́м):

1. [О́н]: Она́ задала́ [ему́] вопро́с.	5. [Мы́]: О́н посла́л [.] фа́кс.
2. [Она́]: Он объясни́л [.] пра́вила игры́.	6. [Вы́]: Я сказа́л [.] пра́вду.
3. [Я]: Он отве́тил [.] на вопро́с други́м вопро́сом.	7. [Они́]: Я сообщи́л [.] интере́сную но́вость
4. [Ты́]: Я пишу́ [.] письмо́.	

(2) Recognition and differentiation

6. Use the dictionary to find other meanings of the following words:

	Other meanings
1. а́втор	
2. глава́	
3. детекти́в	
4. ли́ст	
5. писа́ть	
6. рома́н	
7. спо́рить	
8. сце́на	

7. Which is the odd noun out semantically (has no connection with the theatre)?

1. акт	2. глава́	3. де́йствие	4. сце́на

8. Opposites. Pair off the opposites/counterparts:

 I **Nouns**

1. вопро́с	2. геро́й	3. коме́дия

(a. герои́ня b. отве́т c. траге́дия)

 II **Adjectives**

1. гра́мотный	2. интере́сный	3. просто́й

(a. негра́мотный b. ску́чный c. сло́жный)

III **Verbs**

1. класть тру́бку	2. крича́ть	3. спроси́ть

(a. отве́тить b. поднима́ть тру́бку c. шепта́ть)

9. Find the word!

I English clues	Russian solutions
1. part of a play (5)	с. . . .
2. fond of talking (13)	р. . . . .
3. heated debate (4)	с. . .
4. book for memoranda (7)	б. . . . . .
5. flat piece of paper (4)	л. . .

II English clues	Russian solutions
1. to make intelligible (9)	о. . . . .
2. literary production (10)	л. . . . .
3. paper jacket of book (7)	о. . . . . .
4. set of letters used in a language (7)	а. . . . . .
5. an alphabetical symbol (5)	б. . . .

III Match up the columns	
1. бесе́да (8)	a. гра́мотный
2. уме́ющий чита́ть и писа́ть (9)	b. дневни́к
3. описа́ние чьей-нибудь жи́зни (9)	c. поэ́т
4. за́писи о каждодне́вных дела́х (7)	d. разгово́р
5. а́втор стихотворе́ний (4)	e. биогра́фия

10. Novels and plays. Assign the following works to the appropriate columns and indicate their authors:

	Novel or play?	Author?
1. «Бра́тья Карама́зовы»		
2. «Вишнёвый са́д»		
3. «Война́ и ми́р»		
4. «Го́ре от ума́»		
5. «До́ктор Жива́го»		
6. «Ревизо́р»		

Authors: Н. В. Го́голь, А. С. Грибое́дов, Ф. М. Достое́вский, Б. Л. Пастерна́к, Л. Н. Толсто́й, А. П. Че́хов.

11. Who does what? Кто пи́шет. . . . .

1. биогра́фии?	биóграф	4. рома́ны?	
2. про́зу?		5. стихи́/ стихотворе́ния?	
3. пье́сы?			

12. Similes. Translate and find, if possible, English equivalents for the following:

1. Крича́ть как безу́мный.
2. Просто́й как капу́ста (of someone not very bright).
3. Ску́чный как гри́пп (of someone/something tedious).
4. Сло́жный как лабири́нт (of a complex route, insoluble problem, task).

(3) Translation and dictionary drill

13. Translate into English:

1. Ру́сский алфави́т – кири́ллица– состои́т из тридцати́ трёх бу́кв.
2. Во вре́мя кампа́нии 1920-х годо́в, изве́стной под назва́нием «ликбе́з» (ликвида́ция безгра́мотности), со́тни ты́сяч негра́мотных люде́й учи́лись чита́ть и писа́ть.
3. Мно́гие счита́ют, что золото́й ве́к ру́сской про́зы берёт своё нача́ло в сбо́рнике расска́зов А. С. Пу́шкина, кото́рый вы́шел в 1830 году́ под назва́нием «По́вести Бе́лкина».

4. «–. . . Éсли вы́ хоти́те оста́вить сообще́ние, говори́те по́сле звуково́го сигна́ла. Éсли вы́ хоти́те посла́ть фа́кс, начина́йте переда́чу. . .» Та́к начина́ется рома́н Алекса́ндры Мари́ниной «Све́тлый ли́к сме́рти».

5. В свои́х рома́нах («Накану́не», «Отцы́ и де́ти» и др.) Ива́н Турге́нев изобража́ет жи́знь ру́сского о́бщества середи́ны XIX ве́ка и его́ идеологи́ческие тенде́нции.

6. Вра́ч спроси́л больно́го, на что́ он жа́луется.

7. В сове́тские времена́ бы́ло невозмо́жно критикова́ть прави́тельство.

8. Запиши́те мо́й а́дрес и телефо́н и держи́те меня́ в ку́рсе де́ла.

9. Тру́дно поня́ть, почему́ ру́сские де́лают орфографи́ческие оши́бки, та́к как ру́сские слова́ пи́шутся фонети́чески.

10. Гла́вы пу́шкинского рома́на в стиха́х «Евге́ний Оне́гин» состоя́т из 40 строф по 14 стро́к. Содержа́ние рома́на изве́стно ка́ждому шко́льнику.

11. «Счастли́вые часо́в не наблюда́ют» – э́та цита́та из грибое́довского «Го́ре от ума́» знако́ма ка́ждому гра́мотному ру́сскому челове́ку.

12. Де́вочки часа́ми разгова́ривают по моби́льному телефо́ну, но говоря́т, что «моби́льники» вре́дны для здоро́вья дете́й моло́же 8 ле́т.

13. О́перы «Золото́й петушо́к» и «Русла́н и Людми́ла» осно́ваны на моти́вах из ру́сских ска́зок.

14. Translate into Russian:

1. Russian literature only began to develop in the 18th and 19th centuries.

2. After the collapse of Communism in the Soviet Union some former lawyers, the best known of whom is Alexandra Borisovna Marinina, began to write detective novels.

3. Members of the Union of Writers – dramatists, prose-writers, poets, novelists – wrote about positive aspects of life in the USSR.

4. In his novel *Red October* Tom Clancy mentions Oleg Penkovsky, who sold Soviet military secrets to British intelligence.

5. No one could explain the ability of this illiterate young man to quote the Russian classics.

6. In the programme 'Politics Today' journalists and politicians discuss the important questions of our time.

7. The minister did not answer a single one of the questions put to him by the journalists.

8. She said she did not use electronic mail and only answered letters, but, of course, she was joking.

9. The bookshops are full of books from the *Russian Detective* series, both in hard covers and in dust covers.

(4) Word origins and formation

15. Form abstract nouns in -ость on the pattern: гра́мотный/гра́мотность:

1. гра́мотный	гра́мотность	3. сло́жный	
2. разгово́рчивый		4. я́сный	

16. Form verbal nouns in -ание (from verbs in -ать) and -ение (from verbs in -ить) on the pattern объясни́ть/объясне́ние, and translate into English:

1. обсуди́ть	обсужде́ние*	3. сообщи́ть	
2. объясни́ть		4. упомина́ть	

* д in the infinitive mutates to жд in the verbal noun.

17. Which of the following is the odd one out?
I is *not* of Greek origin?

1. алфави́т	2. бу́ква	3. гра́мотный	4. сти́х

II is *not* of French origin?

1. абза́ц	2. блокно́т	3. пье́са	4. сюже́т

18. Find a noun, adjectival root or name embedded in each of the following:

1. изобрази́ть	о́браз 'image'	3. объясни́ть	
2. кири́ллица		4. сообщи́ть	

19. What do глава́, загла́вие and страни́ца have in common?

Level 2

Literary works

ба́сня	fable
бе́лые стихи́	blank verse
издава́ть (издаю́ издаёшь)/ изда́ть (изда́м изда́шь)	to publish
рифмова́ться (рифму́ется)	to rhyme
хрестома́тия	chrestomathy, literary reader

Literary reference: The fabulist (баснопи́сец) Ivan Andreevich Krylov (1769–1844) is known for fables such as «Воро́на и Лиси́ца», «Лиси́ца и Виногра́д» and «Ле́бедь, Щу́ка и Ра́к», in which three creatures pull a cart, but in different directions. It ends with the well-known lines:

Кто́ винова́т из ни́х, кто́ пра́в – суди́ть не на́м;
Да то́лько во́з и ны́не та́м.

Structure

вре́мя и ме́сто де́йствия	setting
лейтмоти́в	leitmotif
ме́стный колори́т	local colour

побо́чная сюже́тная ли́ния	sub-plot
поворо́т (сюже́та)	twist
структу́ра	framework
те́ма, лежа́щая в осно́ве	underlying theme

Style and method

анализи́ровать (анали-зи́рую анализи́руешь)/про-	to analyse
броса́ть/бро́сить (бро́шу бро́сишь) свет на (+ acc.)	to shed light (on)
затра́гивать/затро́нуть	to broach
каса́ться/косну́ться (+ gen.)	to touch on
подчёркивать/подчеркну́ть	to emphasise
живо́й	vivid, lively
кра́сочный	colourful
пре́дан (како́му-нибудь де́лу)	commited (to some cause)
сжа́тый	concise

Speaking

Assertion

наста́ивать/настоя́ть (на + prep.)	to insist (on)
обраща́ть/обрати́ть (обращу́ обрати́шь) внима́ние на (+ acc.)	to draw attention to
объявля́ть/объяви́ть (объявлю́ объя́вишь)	to announce, to declare (war)
определя́ть/определи́ть	to define
отмеча́ть/отме́тить (отме́чу отме́тишь)	to remark, to mark (an occasion)
подтвержда́ть/подтверди́ть (подтвержу́ подтверди́шь)	to confirm
уверя́ть/уве́рить (в + prep.)	to assure (of)
угова́ривать/уговори́ть	to persuade
утвержда́ть impf.	to assert, maintain

Note: угова́ривать 'to try to persuade', уговори́ть 'to succeed in per-suading'.

Conversation

бесе́довать (бесе́дую бесе́дуешь) impf.	to chat
обме́ниваться/обменя́ться (мне́ниями)	to exchange (views)

обраща́ться/обрати́ться   to address
  (обращу́сь обрати́шься)
  (к + dat.)

Agreement/disagreement
про́тив (+ gen.)   opposed (to)
противоре́чить impf. (+ dat.)   to contradict
разногла́сие   disagreement
согла́сие   agreement
соглаша́ться/согласи́ться   to agree (with) (to)
  (соглашу́сь согласи́шься) (с +
  instr.) (на + acc.)
ссо́ра   quarrel
ссо́риться/по-   to quarrel, row

Asking
наводи́ть (навожу́ наво́дишь)/   to make enquiries
  навести́ (наведу́ наведёшь)
  спра́вки
оспа́ривать/оспо́рить   to question, dispute
сове́товаться (сове́туюсь   to consult (someone)
  сове́туешься)/по- (с + instr.)
умоля́ть/умоли́ть   to implore

Gossip
спле́тня   gossip
черни́ть/о-   to denigrate

Attitude
извиня́ться/извини́ться (за + acc.)   to apologise (for something)
  (пе́ред + instr.)   (to someone)
оскорбля́ть/оскорби́ть (оскорблю́   to insult
  оскорби́шь)
подчёркивать/подчеркну́ть   to emphasise
предупрежда́ть/предупреди́ть   to warn
  (предупрежу́ предупреди́шь)

Various
выступа́ть/вы́ступить (вы́ступлю   to speak, take the floor
  вы́ступишь)
выража́ть/вы́разить (вы́ражу   to express
  вы́разишь)
обеща́ть impf./pf.   to promise
перебива́ть/переби́ть (перебью́   to interrupt
  перебьёшь)
предлага́ть/предложи́ть   to propose, suggest
сра́внивать/сравни́ть   to compare

ссыла́ться/сосла́ться (сошлю́сь сошлёшься) (на + acc.)	to allude (to)

Complaining/implication

ворча́ть impf. (ворчу́ ворчи́шь)	to grumble
намека́ть/намекну́ть (на + acc.)	to imply, hint (at)
ны́ть impf. (но́ю но́ешь)	to moan

Speech defects

бормота́ть (бормочу́ бормо́чешь) impf.	to mumble, mutter
заика́ться impf.	to stammer
косноязы́чный	inarticulate
шепеля́вить (шепеля́влю шепеля́вишь) impf.	to lisp

Telephoning

дозва́ниваться/дозвони́ться	to get through
перезва́нивать/перезвони́ть	to ring back

Reading and writing

Writing and reading

вычёркивать/вы́черкнуть	to cross out
справля́ться/спра́виться (спра́влюсь спра́вишься) (в кни́ге)	to consult (a book)
стира́ть/стере́ть (сотру́ сотрёшь) (стёр стёрла)	to rub out, erase

Punctuation

вопроси́тельный зна́к	question mark
восклица́тельный зна́к	exclamation mark
двоето́чие	colon
дефи́с	hyphen
запята́я (adj. noun)	comma
кавы́чки (gen. кавы́чек)	inverted commas
ско́бка	bracket
тире́ (n. indecl.)	dash
то́чка	full stop
то́чка с запято́й	semi-colon

Part of a book

переплёт	binding

Exercises

Level 2

(1) Grammar (verbs, prepositions and punctuation)

1. Verbs with no perfective aspect. Which in each group of four has no perfective aspect?

I

1. оспа́ривать	2. подтвержда́ть	3. подчёркивать	4. утвержда́ть

II

1. каса́ться	2. наста́ивать	3. определя́ть	4. противоре́чить

2. Which is the odd one out:
(I does *not* take the genitive)?

1. каса́ться/косну́ться	2. про́тив	3. противоре́чить

(II does *not* take the dative)?

1. дозва́ниваться/дозво-ни́ться	2. обме́ниваться/обме-ня́ться	3. пре́дан

3. Prepositions.

I **в or на + prepositional?**

в or на?	в or на?
1. Он настоя́л [.] своём.	3. Он уве́рил меня́ [.] свое́й дру́жбе
2. Она́ спра́вилась [.] словаре́.	

II **на or за + accusative?**

на or за?	на or за?
1. Он бро́сил свет [.] на́шу пробле́му	3. Он согласи́лся [.] моё предложе́ние.
2. Он извини́лся [.] свою́ оши́бку	

III с or пе́ред + instrumental?

с or перед?	с or перед?
1. О́н извини́лся [.] мно́й.	3. Она́ согласи́лась [.] на́ми.
2. Я обменя́лся места́ми [.] ни́м.	

IV Which of the following does *not* take на + accusative?

1. намека́ть/намекну́ть	2. обраща́ться/ обрати́ться	3. ссыла́ться/сосла́ться

4. Conjugation. Consonant change in the first-person singular. Replace *past* perfective forms with *future* perfective forms:

I т/ч т/щ

Past perfective forms	Future perfective forms
1. Я обрати́л внима́ние на оши́бку	Я . . . . внима́ние на оши́бку.
2. Я отме́тил оконча́ние институ́та	Я . . . . оконча́ние институ́та.

II с/ш

Past perfective forms	Future perfective forms
1. Я бро́сил све́т на пробле́му.	Я . . . . све́т на пробле́му.
2. Я согласи́лся на э́ти усло́вия.	Я . . . . на э́ти усло́вия.

III б/бл в/вл. Replace *third-person* by *first-person* forms:

Third-person singular forms	First-person singular forms
1. Профе́ссор вы́ступит с ле́кцией.	Я вы́ступлю с ле́кцией.
2. Дире́ктор объя́вит об о́тпуске.	Я . . . . об о́тпуске.
3. Хулига́н оскорби́т её.	Я . . . . её.
4. Учи́тель спра́вится в словаре́.	Я . . . . в словаре́.
5. Стари́к шепеля́вит.	Я . . . .

IV д/ж з/ж. Give the first-person singular of the following verbs:

1. Вы́разить жела́ние уе́хать	Я вы́ражу жела́ние уе́хать
2. Наводи́ть спра́вки	Я . . . . спра́вки
3. Предупреди́ть дру́га об опа́сности	Я . . . . дру́га об опа́сности

5. Verbs in -овать. Fill the gaps with appropriate verb forms:

1. Друзья́ . . . . на вера́нде.	3. Вра́ч . . . . кро́вь.
2. Они́ . . . . с отцо́м.	4. Бе́лые стихи́ не . . . .

(анализи́рует, бесе́дуют, рифму́ются, сове́туются)

6. Give the *infinitives* of the following verbs:

1. О́н что́-то бормо́чет про себя́.
2. О́н ворчи́т как ста́рый де́д.
3. Она́ изда́ст сбо́рник стихо́в.
4. Она́ навела́ спра́вки в библиоте́ке.
5. Она́ но́ет как ста́рая ба́ба.
6. Я́ сошлю́сь на авторите́тный исто́чник.
7. «Сотри́те с доски́!» «А я́ уже́ стёр!»
8. О́н перебьёт ора́тора.

7. Punctuation marks. Name each of the ten punctuation marks:

1. . то́чка	6. !
2. ,	7. « »
3. :	8. -
4. ;	9. –
5. ?	10. ()

(2) Recognition and differentiation

8. Other meanings. Use the dictionary to find other meanings of the following words:

	Other meanings
1. живо́й	
2. издава́ть/изда́ть	
3. каса́ться/косну́ться	
4. наста́ивать/настоя́ть	
5. отмеча́ть/отме́тить	
6. предупрежда́ть/предупреди́ть	
7. про́тив	
8. сжа́тый	
9. справля́ться/спра́виться	
10. черни́ть/о-	

9. Find the right word!

I English clues	Russian solutions
1. unrhymed verse (5+5)	б . . . . с . . . .
2. a collection of passages (11)	х . . . .
3. recurring theme in a book, film etc. (9)	л . . . .
4. disagreeable human relationship (11)	р . . . .
5. violent altercation (5)	с . . . .
6. idle talk, tittle-tattle (8)	с . . . . . .
7. hard book cover (8)	п . . . . . .

II Russian clues	Russian solutions
1. с я́ркими кра́сками (8)	к . . . . . .
2. о́чень кра́ткий (5)	с . . . .
3. невня́тный, непра́вильный (11)	к . . . .
4. попроси́ть проще́ния (10)	и . . . .
5. повтори́ть звоно́к (11)	п . . . .
6. поро́чить (7)	ч . . . . .
7. не соглаша́ться (13)	п . . . .

III Match up the columns	
1. затро́нуть	a. заяви́ть своё несогла́сие
2. оспо́рить	b. призна́ть пра́вильным
3. подтверди́ть	c. насто́йчиво дока́зывать
4. утвержда́ть	d. обрати́ть внима́ние на что́-нибудь

(3) Translation and dictionary drill

10. Fill the gaps and translate into English:

1. Кри́тик анализи́рует . . . . рома́на.
2. Я до́лго звони́л ей, но не . . . .
3. Он . . . . помо́чь мне́ с дома́шним зада́нием.
4. Он . . . . меня́ прости́ть его́.
5. Поли́тик . . . . ва́жность вопро́са.

(дозвони́лся, обеща́л, подчеркну́л, структу́ру, умоля́л)

11. Translate into English:

1. Во второ́й полови́не XIX ве́ка ме́сто де́йствия ру́сского рома́на на́чало переходи́ть из дере́вни в го́род.
2. Детекти́вные рома́ны о Ше́рлоке Хо́лмсе насы́щены «ме́стным колори́том» Ло́ндона: тума́ном, дождём, гря́зью . . .
3. Побо́чная сюже́тная ли́ния рома́на «А́нна Каре́нина» свя́зана с и́менем Константи́на Ле́вина.

4. Анализи́руя оста́нки ископа́емых живо́тных, зоо́логи бро́сили свет на исто́рию на́шей плане́ты.
5. Нежела́ние извлека́ть вы́году для себя́ из чужо́го го́ря – те́ма, лежа́щая в осно́ве ру́сской литерату́ры XIX ве́ка.
6. Во вре́мя литерату́рной «о́ттепели» 50-х годо́в XX ве́ка затра́гивались те́мы, ра́ньше запрещённые для сове́тских писа́телей: чи́стки 30-х годо́в, ссы́лка, хара́ктер сове́тского иску́сства.
7. Ча́сто сра́внивают Бори́са Пастерна́ка с вели́кими романи́стами XIX ве́ка.
8. В рома́не произошёл круто́й поворо́т сюже́та: Евге́ний узна́л, что Татья́на вы́шла за́муж за его́ дру́га, генера́ла Гре́мина.

Find the English for: Соловья́ ба́снями не ко́рмят.

12. Translate into Russian:

1. The historical drama *Boris Godunov* is written in blank verse (verse that does not rhyme).
2. Bazarov, one of the main characters in Turgenev's novel *Fathers and Sons*, is committed to the cause of nihilism.
3. The need for physical labour is one of the leitmotifs of Tolstoy's works.
4. Great Britain declared war on Germany on 3 September 1939.
5. Anatol Kuragin tried to persuade Natasha Rostova to go away with him, and finally did persuade her.
6. Dantes blackened the reputation of Pushkin, insulted him and killed him in a duel.
7. He apologised to his parents for going to a ball in the uniform of a Nazi.
8. It is interesting that, when speaking a foreign language, she neither stammers nor lisps.
9. The teacher crossed out the pupil's mistakes and cleaned the board.

Level 3

Genres

аллего́рия	allegory
балла́да	ballad
о́да	oda
сати́ра	satire

Structure and style

бана́льный	commonplace
бессвя́зный	disjointed
бо́йкий	racy
витиева́тый	flowery, ornate
высокопа́рный	high-flown, bombastic
замыслова́тый	convoluted, intricate
лакони́чный	laconic
многосло́вный	wordy, verbose
напы́щенный	stilted, high-flown
однообра́зный	monotonous
предисло́вие	foreword
шабло́нный	hackneyed

Word formation: высокопа́рный literally means 'high flying' (cf. пари́ть 'to soar, glide').

Word origins: шабло́нный is from шабло́н 'template, pattern', a loan from German *Schablone* 'stencil, template'.

Speaking, reading, writing

Speaking

Disagreement

возража́ть/возрази́ть (возражу́ возрази́шь) (про́тив + gen.)	to object (to)
выска́зываться/вы́сказаться (про́тив + gen.)	to speak out (against)
отка́зывать/отказа́ть (откажу́ отка́жешь) (+ dat. of person, в + prep. of object)	to refuse (someone something)
отка́зываться/отказа́ться (+ infin.) (от + gen.)	to refuse (to do something) (something offered)
пили́ть impf.	to nag
препира́ться impf.	to quibble
придира́ться/придра́ться (придеру́сь придерёшься) (к + dat.)	to find fault with
разла́д	discord
сварли́вый	argumentative
ула́живать/ула́дить (ула́жу ула́дишь)	to settle
упрека́ть/упрекну́ть (в + prep.)	to reproach (with)

Assertion

говори́ть бе́з обиняко́в	not to beat about the bush
грози́ть (грожу́ грози́шь)/ при- (+ dat. of person)	to threaten (someone)
держа́ть кого́-нибудь в ку́рсе де́ла	to keep someone informed
обеспе́чивать/обеспе́чить	to guarantee, provide
поздравля́ть/поздра́вить (с + instr.)	to congratulate (on)
свиде́тельствовать (свиде́тельствую свиде́тельствуешь) impf. (о + prep.)	to testify, bear witness (to)

ука́зывать/указа́ть (укажу́ ука́жешь)	to indicate
хвали́ть/по-	to praise

Asking

допра́шивать/допроси́ть (допрошу́ допро́сишь)	to interrogate

Verbosity

болта́ть impf.	to chatter, prattle
болтовня́	idle chatter, small talk
вздо́р	nonsense
выду́мывать/вы́думать (жа́лостную исто́рию)	to spin (a yarn)
загова́ривать/заговори́ть кому́-нибудь зу́бы	to distract with smooth talk
скорогово́рка	patter
сы́пать (сы́плю сы́плешь) (+ instr.)	to trot out
тарато́рить impf.	to talk nineteen to the dozen
тверди́ть (твержу́ тверди́шь) impf.	to harp on
трепа́ть (треплю́ тре́плешь) языко́м impf.	to waffle
треща́ть (трещу́ трещи́шь) языко́м impf.	to chunter on

Conversation

заи́грывать impf. (с + instr.)	to chat (someone) up

Shouting

брани́ться/вы-	to curse, swear
вопи́ть (воплю́ вопи́шь)	to yell
восклица́ть/воскли́кнуть	to exclaim
ора́ть (ору́ орёшь) impf. (на + acc.)	to bawl, bellow (at)
рва́ть (рву рвёшь) impf. и мета́ть (мечу́ ме́чешь) impf.	to rant and rave

Gossip

поро́чить/о-	to malign
спле́тник/спле́тница	scandalmonger

Loquaciousness

за сло́вом в карма́н не поле́зет	has the gift of the gab
лепета́ть (лепечу́ лепе́чешь) impf.	to babble (usually of a child)

Confiding

выдава́ть (выдаю́ выдаёшь)/ вы́дать (вы́дам вы́даст)	to split on (a person), reveal (a secret)
доверя́ться/дове́риться (+ dat.)	to confide in (someone)
прогова́риваться/проговори́ться	to spill the beans

Response

плати́ть (плачу́ пла́тишь)/за- той же моне́той	to give as good as one gets
ста́вить/по- кого́-нибудь на своё ме́сто	to put someone in their place

Various

взве́шивать/взве́сить (взве́шу взве́сишь) свои́ слова́	to weigh one's words
вме́шиваться/вмеша́ться	to butt (into), interfere (in)
выба́лтывать/вы́болтать	to blurt out
держа́ть язы́к за зуба́ми	to hold one's tongue
насмеха́ться impf. (над + instr.)	to jeer (at)
отчи́тывать/отчита́ть (кого́-нибудь)	to give (someone) a piece of one's mind
разноси́ть (разношу́ разно́сишь)/ разнести́ (разнесу́ разнесёшь) (разнёс разнесла́)	to slag off
слух	rumour
чита́ть кому́-нибудь мора́ль	to lecture someone

Phoning, faxing etc.

автоотве́тчик	answerphone
домофо́н	entryphone
обзва́нивать/обзвони́ть	to ring round (a number of people)
те́кстовое сообще́ние	text message
фа́ксить/факсану́ть	to fax

Reading and writing

Writing

анало́гия (по анало́гии)	analogy (by analogy)
заключа́ть/заключи́ть	to conclude
ито́жить/подыто́жить	to summarise
опи́сывать/описа́ть (опишу́ опи́шешь)	to describe

переводи́ть (перевожу́	to translate (from, into)
переводишь)/перевести́	
(переведу́ переведёшь) (перевёл	
перевела́) (с + gen., на + acc.)	
писа́ть кара́кулями	to scrawl
разбо́рчивый/неразбо́рчивый	legible/illegible
расшифро́вывать/расшифрова́ть	to decipher
(расшифру́ю расшифру́ешь)	
сво́дка	summary
цара́пать/на-	to scrawl, scribble

Reading

| зубри́ть/вы- | to swot |
| перели́стывать/перелиста́ть | to leaf through |

Word origins: (1) зубри́ть is thought to be a calque of German *büffeln* 'to swot' (German *Büffel* 'buffalo', Russian зубр 'bison') or German *ochsen* 'to swot' (*Ochse* 'ox') (2) книгожо́ра is probably based on обжо́ра 'glutton'.

Types of book

| уче́бник | textbook |

Exercises

Level 3

(1) Grammar

1. Case. Which of the following verbs does *not* take the dative case? Which case does it take?

1. грози́ть/при-	2. доверя́ться/ дове́риться	3. сы́пать

2. The preposition.

I **Prepositions that take the instrumental. Which verb does *not* take с + the instrumental case? Which case does it take?**

1. зайгрывать	2. насмеха́ться	3. поздравля́ть / поздра́вить

II The preposition в + prepositional or accusative case. Which verb does *not* take в + prepositional? Which case does it take?

1. вмешиваться	2. отказывать	3. упрекать

III Which of the following verbs can take *two* prepositions?

1. отказываться	2. переводить	3. придираться

3. Conjugation. Consonant change in the first-person singular of second-conjugation verbs. Replace third-person forms by first-person forms:

I д/ж з/ж

1. Он возразит против решения.	Я . . . .
2. Он грозит им строгим наказанием.	Я . . . .
3. Он переводит с русского на немецкий.	Я . . . .
4. Он твердит одно и то же.	Я . . . .
5. Она уладит спорный вопрос.	Я . . . .

II в/вл п/пл с/ш т/ч

1. Он взвесит пакет	Я . . . .
2. Он вопит громко и протяжно	Я . . . .
3. Она поздравила его с успехом	Я . . . .
4. Она платит ему той же монетой	Я . . . .
5. Он разносит ленивого работника	Я . . . .

4. Conjugation. Consonant change throughout the conjugation of first-conjugation verbs:

з/ж п/пл с/ш т/ч. **Replace past-tense forms by present-tense/perfective future-tense forms:**

1. Он высказался против закона	Он выскажется против закона
2. Ребёнок ещё лепетал	
3. Она описала свой новый дом	
4. Он сыпал острыми шутками	
5. Она трепала языком	
6. Она указала на ошибку	

(2) Recognition and differentiation

5. Attractive/unattractive styles. Allocate the adjectives to appropriate columns:

Attractive styles		Unattractive styles	
1.	3.	1.	3.
2.		2.	4.

(бессвя́зный, бо́йкий, витиева́тый, высокопа́рный, лакони́чный, напы́щенный, просто́й)

6. Similes. Find English equivalents where possible:

1. Болта́ть как бесстру́нная балала́йка (о болтуне́, не сде́рживающем обеща́ний челове́ке).
2. Брани́ть как девчо́нку (о челове́ке, гру́бо руга́ющем взро́слую же́нщину).
3. Допра́шивать как судья́ (о стро́гом расспро́се).
4. Зубри́ть как школя́р (о механи́ческом зау́чивании чего-либо).
5. Ора́ть как безу́мный.
6. Пили́ть как пила́ (о приди́рчивой жене́/друго́й же́нщине).
7. Разнести́ как бо́г черепа́ху (си́льно разруга́ть).
8. Сварли́вая как ве́дьма (об о́чень злой, ворчли́вой же́нщине).
9. Треща́ть как трещо́тка (об о́чень бы́стро, гро́мко и многосло́вно говоря́щем челове́ке [ча́ще же́нщине]).

7. Find the word!

I Match up the nouns	
1. болтовня́	a. челове́к, кото́рый спле́тничает
2. вздо́р	b. кни́га для обуче́ния кому́-нибудь предме́ту
3. предисло́вие	c. бессодержа́тельные разгово́ры
4. разла́д	d. докуме́нт, содержа́щий сво́д каки́х-нибудь све́дений
5. сво́дка	e. неле́пость, ерунда́
6. спле́тник	f. отсу́тствие поря́дка
7. уче́бник	g. вво́дная статья́

II Verbs. Clues	Solutions
1. беспреры́вно упрека́ть (6)	п . . . .
2. подтвержда́ть, дока́зывать (17)	с . . . .
3. говори́ть бы́стро (10)	т . . . .
4. предвари́тельно обду́мать (8)	в . . . . . .
5. подверга́ть насме́шкам (11)	н . . . .
6. сде́лать стро́гое замеча́ние (8)	о . . . . . .
7. зау́чивать бессмы́сленно (7)	з . . . . .

III Adjectives. Clues	Solutions (from the brackets below)
1. склóнный к ссóрам	
2. лóвкий и нахóдчивый	
3. хитроýмный, не срáзу понятный	
4. не меняющийся	
5. легкó понимáемый	
6. лишённый оригинáльности	
7. страдáющий многослóвием	

(a. бóйкий b. замыславáтый c. многослóвный d. однообрáзный e. разбóрчивый f. сварлúвый g. шаблóнный)

8. Other meanings. Use the dictionary to find other meanings of the following words:

	Other meanings
1. болтáть	
2. выдавáть/выдать	
3. слух	
4. сыпать	
5. трещáть	
6. царáпать	

9. Synonyms. Match up the synonyms in the two columns:
I Adjectives

1. банáльный	a. высокопáрный
2. напыщенный	b. монотóнный
3. однообрáзный	c. шаблóнный

II Verbs

1. выболтать	a. разнестú
2. отчитáть	b. чернúть
3. пилúть	c. придирáться
4. порóчить	d. таратóрить
5. трещáть	e. проговорúться

(3) Translation and dictionary drill

10. Give the English for the following phrases:
1. Говорúть без обиняков.
2. Держáть в кýрсе дéла.
3. Держáть язык за зубáми.
4. Заговáривать комý-нибудь зýбы.

5. За словом в карман не полезет.
6. Платить той же монетой.
7. Рвать и метать.
8. Ставить на своё место.
9. Читать кому-нибудь мораль.

11. Translate into English:

I

1. Девочки обмениваются текстовыми сообщениями.
2. Механик факсанул мне результаты техосмотра.
3. Мы заключили контракт на доставку сырья.
4. Министр финансов подытожил экономические достижения Евросоюза.
5. Больные перелистывали старые журналы в приёмной врача.
6. Он отказался от билета.
7. Ей отказали в визе.

II

1. «Баллада о солдате» не баллада, а фильм о молодом солдате, который подбил фашистский танк во время Второй мировой войны и получил двух-трёхдневный отпуск. Фильм рассказывает о приключениях, которые происходят с ним, пока он едет по России в родную деревню.
2. Своим лаконичным стилем Пушкин задал стилистический тон для таких прозаиков XIX века, как Лермонтов, Тургенев, Гончаров и Толстой, но как поэт он неповторим.
3. Она выдумала жалостную историю о том, что её муж ей ничего не оставил в своём завещании.
4. Все её хвалят за то, что она так быстро уладила этот спорный вопрос.
5. «Вы на следующей не сходите?», московской скороговоркой спросил молодой пассажир.
6. Я был уверен, что мы доверяемся друг другу и не мог поверить, что он собирается выдать меня, как одного из сообщников.
7. Я предупредил его, чтобы он не вмешивался в чужие дела.
8. Он вызубрил к экзамену все формулы, но всё забыл на следующий день.
9. Она постоянно препирается с соседями, преимущественно по пустякам.
10. Дети в таком возрасте лепечут, стараясь подражать речи родителей.
11. Моя семья обеспечена всеми материальными средствами к жизни.

12. Translate into Russian:

1. The quarrelsome old woman constantly nagged her son, finding fault, reproaching him for not mending the fence, not painting the walls. . .
2. Figures published by the government bear witness to the fact that inflation is going down.
3. All evening he chatted up the woman he had met in the bar, but eventually she said goodbye to him and got into a taxi.
4. I left a message on her answering machine.
5. Almost all apartments in high-rise buildings are provided with entryphones.
6. It is impossible to decipher her handwriting: she writes in illegible scrawl.

7. The audience began to jeer at the inexperienced actors.
8. He is in an excellent mood, reeling off anecdotes and witty jokes.
9. She congratulated me on speaking out against the new law.
10. I rang round all my friends, inviting them to the party.

(4) Word origins and formation

13. Find words/roots 'embedded' in the following:

1. бессвя́зный
2. ито́жить
3. однообра́зный
4. поздра́вить
5. разла́д

What is the force of the prefix раз- in разла́д?
What do зубри́ть and шабло́н have in common (in terms of their origin)?

Additional material

бестсе́ллер	bestseller	поноси́ть (поношу́	to revile
выделя́ть/вы́делить	to highlight	поно́сишь) impf.	
кни́га для чте́ния	reader	препира́ться impf.	to quibble
мане́рный	mannered	проклина́ть/прокля́сть	to curse
набра́сывать/наброса́ть	to outline	(прокляну́	
обха́живать	to sweet-talk	проклянёшь)	
остри́ть	to crack jokes,	разъясня́ть/разъясни́ть	to clarify
	wisecrack	состави́тель (m.)	compiler
пова́ренная кни́га	cookery book	спра́вочник	reference work

14. Translate the text into English with the aid of a dictionary.

В XVIII ве́ке вы́работали тео́рию о трёх сти́лях. В высо́ком сти́ле (где домини́ровал церко́вно-славя́нский язы́к), сочиня́лись о́ды, траге́дии и торже́ственные ре́чи, в сре́днем сти́ле, осно́ванном на разгово́рной ре́чи образо́ванных люде́й – сати́ры, про́за и дра́ма, а в ни́зком сти́ле, состоя́вшем исключи́тельно из родны́х ру́сских элеме́нтов – коме́дии, эпигра́ммы, пе́сни и пи́сьма.

Пото́м Н. Карамзи́н, находя́сь под влия́нием францу́зских ле́ксики и си́нтаксиса, стара́лся приб-ли́зить литерату́рный язы́к к ре́чи аристокра́тии, исключа́я славяни́змы и создава́я но́вые слова́ и ка́льки на основа́нии за́падно-европе́йских языко́в.

Unit 11

Leisure

Level 1

Relaxation

выходны́е дни́	days off
о́тдых	relaxation
отдыха́ть/отдохну́ть	to rest, relax, holiday
хорошо́ проводи́ть (провожу́ прово́дишь)/провести́ (проведу́ проведёшь) (провёл провела́) вре́мя	to enjoy oneself

Hobbies

вяза́ть (вяжу́ вя́жешь)/с–	to knit
де́лай-всё-са́м	DIY
лови́ть (ловлю́ ло́вишь)/пойма́ть ры́бу	to fish (pf. 'to catch')
охо́та (на + acc. 'to kill') (за + instr. 'to catch')	hunting
охо́титься (охо́чусь охо́тишься) impf. (на + acc.) (за + instr.)	to hunt
рыболо́в	fisherman
садово́дство	gardening
ходьба́	walking, walk
ши́ть (шью шьёшь)/с–	to sew

Word origins: охо́та: the meaning 'hunting' seems to have derived from the meaning 'pleasure', 'urge', thus 'urge to acquire, hunt'.

Games

во́дное по́ло	water polo
видеоигра́ (pl. видеои́гры)	video game
домино́ (n. indecl.)	dominoes
вы́игрывать/вы́играть	to win

игра́ (pl. и́гры и́гр)	game
игра́ть/сыгра́ть (в + acc.)	to play (at)
игру́шка	toy
ка́рты (gen. ка́рт)	cards
карусе́ль f.	roundabout
каче́ли (gen. каче́лей)	swing
ку́кла	doll
лото́ (n. indecl.)	bingo
мяч (gen. мяча́)	ball
очко́ (pl. очки́ очко́в)	point
прои́грывать/проигра́ть	to lose
ша́хматы (gen. ша́хмат)	chess

Word origins: (1) карусе́ль is from German *Karussell* id. Italian *carosello* id. (2) каче́ли is cognate with кача́ться 'to swing, rock' (3) ша́хматы may be from Persian *shah mat*, Arabic *sah mat* 'the king is dead', or Arabic *al-shayh mayt* 'the chief is dead'. Cf. German *Schachmatt* 'checkmate'.

Popular spectacles

акроба́т	acrobat
жонглёр	juggler
жонгли́ровать (жонгли́рую жонгли́руешь)	to juggle
кло́ун	clown
марионе́тка	puppet (on strings)
увесели́тельный па́рк	funfair
цирк	circus

Sport

Training and competition

боле́ть (боле́ю боле́ешь) impf. (за + acc.)	to support (a team)
боле́льщик	fan
го́л	goal
го́льф	golf
забива́ть/заби́ть (забью́ забьёшь)	to score
занима́ться спо́ртом	to practise sport
кома́нда	team
лёгкая атле́тика	athletics
мирово́й ку́бок	world cup
мирово́й реко́рд	world record
Олимпи́йские и́гры	Olympic Games
победи́тель/-ница	winner

поби́ть (побью́ побьёшь) pf. реко́рд	to break a record
ста́вить (ста́влю ста́вишь)/по- реко́рд	to set a record
счёт	score
тре́нер	coach
тренирова́ться	to train
трениро́вка	training
турни́р (по + dat.)	tournament (in)
физкульту́ра	PE
чемпио́н/ка	champion
чемпиона́т	championship

Sports and Games

баскетбо́л	basketball
бе́г (на + асс.)	running, race (a particular distance)
бе́гать/бежа́ть (бегу́ бежи́шь)	to run
бо́кс	boxing
бокси́ровать (бокси́рую бокси́руешь)	to box
велоспо́рт	cycling
верхова́я езда́	riding
волейбо́л	volleyball
гимна́стика	gymnastics
ката́ние на конька́х	skating
ката́ться impf. на конька́х	to skate
ката́ние на лы́жах (лы́жный спо́рт)	skiing
ката́ться impf. на лы́жах	to ski
па́русный спо́рт	sailing
пило́т	racing driver
пла́вание	swimming
пла́вать/плы́ть (плыву́ плывёшь)	to swim
ста́вить (ста́влю ста́вишь)/по- де́ньги (на + асс.)	to put money (on)
ста́рт	start line
те́ннис	tennis
фи́ниш	finishing line
футбо́л	football
хокке́й (на льду́)	ice hockey

Word origins: (1) хокке́й was borrowed from English during the Soviet period (first and foremost it means 'ice hockey', with field hockey (хокке́й на траве́) a secondary meaning (2) пило́т is from French *pilote* (*de course*) id.

Word formation: a number of sports have agent nouns in –ист, feminine -истка: баскетболи́ст(ка), волейболи́ст, тенниси́ст, футболи́ст, хоккеи́ст etc.

Grammar: бе́гать and пла́вать are multidirectional, бежа́ть and плы́ть unidirectional verbs of motion.

Sportsmen/women

бегу́н (gen. бегуна́)/f. бегу́нья	runner
гимна́ст/f. -ка	gymnast
конькобе́жец (gen. конькобе́жца)/f. конькобе́жка	skater
лы́жник/f. лы́жница	skier
пловец́ (gen. пловца́)/f. пловчи́ха	swimmer
спортсме́н/f. -ка	athlete

Premises and equipment

(бегова́я) доро́жка	(running) track
гимнасти́ческий за́л	gymnasium
като́к (gen. катка́)	rink
ко́рт	court
пла́вательный бассе́йн	swimming pool
по́ле	pitch
раке́тка	racket
стадио́н (на стадио́не)	stadium (at the stadium)
тре́к	track (cycling and motor sports)
трениро́вочный костю́м	track suit
трибу́на	stand

Exercises

Level 1

(1) Grammar (nouns, verbs, prepositions)

1. Gender of soft-sign nouns. Which is masculine and which feminine?

	Gender		Gender
1. карусе́ль		2. победи́тель	

2. Which noun is the odd one out (does not have end stress in declension)?

	Gen. sing.		Gen. sing.		Gen. sing.
1. бегу́н		2. го́л		3. мя́ч	

3. Which of these neuter nouns is the odd one out (declines)?

1. доминó	2. лотó	3. очкó	4. пóло

4. Conjugation. Consonant change in the first-person singular: в/вл д/ж т/ч

I Replace third-person forms by first-person singular forms:

Third-person forms	First-person forms
1. Рыболóв лóвит ры́бу.	Я ловлю́ ры́бу.
2. Он охóтится на медвéдя.	Я . . . .
3. Онá хорошó провóдит врéмя.	Я . . . .
4. Он стáвит дéньги на лóшадь.	Я . . . .

II Compounds of -бить and -шить. Replace the infinitives by appropriate finite forms:

1. Я увéрен, что óн [забить] гóл.	3. Онá [шить] костю́м и вя́жет кóфту.
2.Надéюсь, что онá [побить] рекóрд.	

III Conjugate in full:
  (1) бежáть
  (2) плы́ть

Which other verbs conjugate, respectively, like бежáть and плы́ть?
Give the 'multidirectional' equivalents of the two verbs.

5. Prepositions в, за, на + accusative case. Insert the correct prepositions in the gaps:

1. бéг [.] сто мéтров	3. онú игрáют [.] тéннис
2. онá болéет [.] «Спартáк»	4. онú охóтятся [.] вóлка

(2) Recognition and differentiation

6. Use the dictionary to find other meanings of the following:

	Other meanings
1. болéть	
2. вязáть	
3. игрá	
4. комáнда	
5. кýкла	
6. охóта	
7. счёт	

7. Find the word!

English clues I	Russian solutions
1. a thing to play with (7)	и . . . . . .
2. a merry-go-round (8)	к . . . .
3. seat slung by ropes or chains (6)	к . . . . .
4. sphere used in games (3)	м . .
5. freedom from activity (6)	о . . . . .
6. pursuit of wild animals (5)	о . . . .
7. one who catches fish (7)	р . . . . . .

English clues II	Russian solutions
1. performer of acrobatic feats (7)	а . . . . . .
2. supporter of a team (9)	б . . . .
3. one who juggles (7)	ж . . . . . .
4. circus jester (5)	к . . . .
5. set of players in a game (7)	к . . . . . .
6. toy model of a human child (5)	к . . . .
7. travelling show of acrobats etc. (4)	ц . . .

III Match up the columns	
1. бокс	a. результат
2. каток	b. специалист по тренировке
3. ракетка	c. вид спорта – кулачный бой
4. старт	d. бита для игры в теннис
5. счёт	e. ряды скамеек для публики
6. тренер	f. начальный момент
7. трибуна	g. площадка для катания на коньках

8. Во что играет . . . ?

	Он играет		Он играет
1. баскетболист?	в баскетбол	4. футболист?	
2. волейболист?		5. хоккеист?	
3. теннисист?		6. шахматист?	

9. Adjectives and nouns. Match up the columns:

I Masculine nouns			
1. гимнастический	a. спорт	4. мировой	d. костюм
2. лыжный	b. бассейн	5. тренировочный	e. парк
3. плавательный	c. зал	6. увеселительный	f. кубок

II Feminine nouns		III Plural nouns	
1. беговая	a. езда́	1. выходны́е	a. и́гры
2. верховая	b. атле́тика	2. Олимпи́йские	b. дни́
3. лёгкая	c. доро́жка		

10. Opposites. Match up the columns:

1. вы́играть	a. фи́ниш
2. ста́рт	b. езда́
3. ходьба́	c. проигра́ть

11. Где́ они́ трениру́ются?

Где́ трениру́ется . . .	
1. бегу́н?	a. на беговой доро́жке
2. велосипеди́ст?	
3. гимна́ст?	
4. пловец?	
5. тенниси́ст?	
6. футболи́ст?	

12. Что́ они́ де́лают?

Что́ де́лает . . .			
1. бегу́н?	бе́гает	5. лы́жник?	
2. боксёр?		6. пловец?	
3. боле́льщик?		7. рыболо́в?	
4. конькобе́жец?		8. тенниси́ст?	

(3) Translation and dictionary drill

13. Similes. Translate and find English equivalents, where possible.

1. Игра́ть как бог (of a musician's virtuosity).
2. Игра́ть с ке́м-нибудь как ко́шка с мы́шкой (of refined torment alternating with a pretence of hope of salvation).
3. Как марионе́тка (of someone controlled and manipulated by another person).
4. Пла́вать как ры́ба.

14. Translate into English:

1. Сотру́дники моско́вского зоопа́рка охо́тились в Анта́рктике за пингви́нами, тюле́нями и моржа́ми для столи́чного «звери́нца».
2. Вме́сто того́ чтобы игра́ть на дворе́, совреме́нные де́ти помеша́лись на видеои́грах, занима́ются и́ми це́лыми часа́ми, а́ ведь не́которые из ни́х изоби́луют карти́нами наси́лия и, наве́рно, о́чень вре́дны для де́тской пси́хики.
3. Де́лай-всё-са́м – са́мое люби́мое заня́тие мно́гих мужчи́н, но ремо́нт до́ма опа́сен в рука́х неквалифици́рованного дилета́нта.
4. Блохи́н заби́л го́л, голово́й посла́в мя́ч в ве́рхний у́гол се́тки.
5. Серге́й Бу́бке из Доне́цка поби́л мирово́й реко́рд по прыжка́м с шесто́м.
6. На турни́рах по лы́жному спо́рту на́ши лы́жники получа́ют ма́ло меда́лей, та́к как у на́с и та́к ма́ло сне́га, и его́ ста́ло ещё ме́ньше под влия́нием глоба́льного потепле́ния, зато́ на турни́рах по ката́нию на конька́х на́ши конькобе́жцы и конькобе́жки добива́ются неплохи́х результа́тов, та́к как трениру́ются и выступа́ют на катке́, покры́том раздвижно́й кры́шей.
7. Велотре́к нахо́дится в ча́се ходьбы́ от це́нтра го́рода, и в десяти́ мину́тах езды́ на городско́м тра́нспорте.
8. В лото́ игра́ют преиму́щественно пожилы́е вдо́вы, и́щущие компа́нии и дру́жбы свои́х «сора́тниц».

15. Translate into Russian:

1. On days off we usually relax out of town.
2. Fox-hunting is banned in Great Britain, but there are people who continue to hunt.
3. In the opinion of Baron Pierre de Coubertin, founder of the modern Olympics, it is more important to participate than to win or lose, but nobody believes that in our sceptical age.
4. The children enjoyed themselves at the funfair, rode on the roundabout, went on the swings, played bingo – and won a doll.
5. It is difficult to imagine the circus without jugglers, acrobats and clowns, but there are fewer animals now– for humanitarian reasons.
6. The fisherman fished all day but did not catch a single fish.
7. After retiring he began to take an interest in gardening.
8. Granny knitted all her granddaughters a jersey or jacket.
9. The doctor advised me to take up sport: play golf, swim every day.

(4) Word origins and formation

16. Feminine suffixes.

I Which is the odd one out (suffix -щица instead of -ница)?

1. боле́льщик	2. лы́жник	3. победи́тель

II . . . -ья instead of -ка?

1. бегу́н	2. гимна́ст	3. тенниси́ст	4. чемпио́н

III . . . -чиха instead of -ка?

| 1. конькобе́жец | 2. плове́ц | 3. спортсме́н | 4. футболи́ст |

17. From which languages do the following, respectively, derive?

(1) карусе́ль
(2) пило́т
(3) хокке́й
(4) ша́хматы

Level 2

Hobbies

альбо́м для ма́рок	stamp album
книголю́б	book lover
коллекционе́р	collector
орнито́лог	ornithologist
филатели́я	stamp collecting

Word origins: ма́рка is from German *Marke* id.

Games

возду́шный зме́й	kite
городки́ (gen. городко́в)	gorodki
жму́рки (gen. жму́рок)	blind man's buff
кроссво́рд	crossword
лапта́	lapta
ми́шка m.	teddy bear
оловя́нный солда́тик	tin soldier
песо́чница	sandpit
проти́вник	opponent
пря́тки (gen. пря́ток)	hide and seek
самока́т	scooter
ске́йтбо́рд	skateboard
ша́шки (gen. ша́шек)	draughts

Traditional games: (1) городки́ consists of throwing a long stick at a set of
   small sticks and removing the small set from the target area (2) лапта́
   is a bat-and-ball game involving two teams.

Accusatives: зме́й and солда́тик are treated as animate nouns, with
   accusative = genitive, e.g. запусти́ть зме́я 'to fly a kite'.

Cognates: жму́рки and пря́тки are cognate, respectively, with жму́риться
   'to screw up one's eyes' and пря́таться 'to hide'. They are plural-only
   nouns.

Word origins: ша́шки is from ша́хи (ша́х 'shah'), a parallel formation to
   ша́хматы.

Chess

бе́лые	white (pieces)
де́лать/с- хо́д	to make a move
ко́нь (gen. коня́)	knight
коро́ль (gen. короля́)	king
ладья́ (gen. pl. ладе́й)	rook
ма́т	checkmate
пе́шка	pawn
по́ле	square
сло́н (gen. слона́)	bishop
фе́рзь (m.) (gen. ферзя́)	queen
фигу́ра	piece
ша́х	check

Note: тура́ (from its similarity to a tower) and офице́р are, respectively, synonyms of ладья́ and сло́н.

Cognates: (1) пе́шка is cognate with пешко́м 'on foot', пехо́та 'infantry' etc. (2) ладья́ is cognate with ло́дка 'boat'.

Word origins: (1) коро́ль is a Germanic loan based on Карл Вели́кий 'Charlemagne', with East Slavonic inter-consonantal -оро- (2) фе́рзь comes via Turkish *vezir* 'vizier, queen at chess' from Persian *firz* 'commander', in particular 'queen at chess' (in Eastern countries the main chess pieces were the king and the vizier) (3) ко́нь in its basic meaning 'horse' was supplanted by Turkic ло́шадь in the 12th/13th centuries.

Accusatives: the animate accusative rule applies to chess pieces: взя́ть коня́, короля́, слона́, ферзя́.

Sports and games

бе́г трусцо́й	jogging
водолы́жный спо́рт	water-skiing
воро́та (gen. воро́т)	goal (structure)
дзюдо́ (n. indecl.)	judo
карате́ (n. decl.)	karate
ката́ться impf. на ро́ликах	to roller-skate
насто́льный те́ннис	table tennis
очко́ (pl. очки́ очко́в)	point
раздева́лка	changing room
ро́вно	deuce
фигу́рное ката́ние	figure-skating
хокке́й (на траве́)	field hockey
штрафна́я пло́щадь	penalty area

Cognates: (1) воро́та, with East Slavonic interconsonantal -оро-, is cognate with врата́рь 'goal-keeper' (2) раздева́лка is cognate with раздева́ться 'to undress' (some nouns in -лка, from imperfective verbs, denote objects, e.g. гре́лка 'hot-water bottle').

Training and competition

проигра́вший	loser
финали́ст (заня́вший второ́е ме́сто)/f. -ка	runner-up

Sportsmen/women

врата́рь m. (gen. вратаря́)	goalkeeper
защи́тник	back
напада́ющий	forward
полузащи́тник	half-back
судья́ m. (pl. су́дьи суде́й)	referee, umpire

Popular spectacles

аре́на ци́рка	circus ring
дрессирова́ть (дрессиру́ю дрессиру́ешь)/вы-	to train
дрессиро́вщик	trainer
моро́женщик	ice-cream vendor
са́харная ва́та	candy floss
тир	shooting range
канатохо́дец (gen. канатохо́дца)	tight-rope walker

Word origins: тир is from French *tir* 'shooting-gallery' (*tirer* 'to shoot').

Competition

бег с барье́рами	hurdles
до́пинг	drugs, stimulants
дополни́тельное вре́мя	extra time
забе́г	race, heat (running)
зае́зд	race (horse-racing etc.)
заплы́в	race, heat (swimming)
игра́ть/сыгра́ть вничью́	to draw
нача́ло ма́тча	kick-off
ничья́ (adj. noun)	draw
одино́чное состяза́ние	singles
отбива́ть/отби́ть (отобью́ отобьёшь)	to return, hit back
отсе́ивать/отсе́ять	to eliminate
пена́льти (m. or n. indecl.)	penalty kick
передава́ть/переда́ть	to pass
переда́ча (мяча́ или ша́йбы)	pass (ball or puck)
побежда́ть/победи́ть (no first-person singular, replaced by одержу́ побе́ду)	to defeat, win

подава́ть/пода́ть	to serve
пода́ча	service
по пятна́дцати	fifteen all
результа́т	result
се́т	set
сме́шанные па́ры (gen. сме́шанных па́р)	mixed doubles
ту́р	round (in a tournament)
фина́л	final
штрафно́й уда́р	free kick
эстафе́тный бе́г	relay race

Word origins: (1) эстафе́та/эстафе́тный are from French *estafette* 'courier', Italian *staffetta*, dim. of *staffa* 'stirrup' (2) ша́йба is from German *Scheibe* 'disk, puck'.

Sports and games

альпини́зм	mountaineering, climbing
аэро́бика	aerobics
боро́ться (борю́сь бо́решься) impf.	to wrestle
борьба́	wrestling
гребе́ц (gen. гребца́)	rower
грести́ (гребу́ гребёшь) (грёб гребла́) impf.	to row
прыжки́ в во́ду	diving
стрельба́	shooting
стреля́ть/вы́стрелить (из ружья́) (в це́ль) (по врагу́)	to shoot, fire (a gun) (at a target) (at the enemy – a diffuse target)
фехтова́ние	fencing
фехтова́ть (фехту́ю фехту́ешь) impf.	to fence
финали́ст/-ка	finalist

Cognates: грести́ is cognate with гре́бень 'ornamental comb', сгреба́ть 'to rake together' etc., from the similar actions of rowing, combing and raking.

Word origins: фехтова́ть is from Polish *fechtować się* (from German *fechten*) id.

Equipment

па́русная ло́дка	sailing boat
у́дочка	fishing-rod

Exercises

Level 2

(1) Grammar

1. Number. Which of the following is the odd one out (has a singular)?

1. городки́	2. жму́рки	3. пе́шки	4. пря́тки	5. ша́шки

2. Prepositions. Insert appropriate prepositions in the gaps. Prepositions that take:

I The genitive case	The genitive case
1. альбо́м [.] ма́рок	2. стреля́ть [.] ружья́

II The dative case	The dative case
1. счёт [.] пятна́дцати или [.] тридцати́?	2. стреля́ть [.] врагу́

III The accusative case	IV The instrumental case
1. стреля́ть [.] це́ль	2. бе́г [.] барье́рами

V The prepositional case	The prepositional case
1. ката́ться [.] ро́ликах	2. хокке́й [.] траве́

3. Gender.

  I **Which is the odd one out among the following indeclinable nouns (has dual gender)?**

1. дзюдо́	2. карата́	3. пена́льти

II **Which is the odd one out (is masculine)?**

1. ми́шка	2. пе́шка	3. ча́шка

4. Verb conjugation.

  I **First-conjugation verbs with stems ending in a vowel. Replace past-tense forms with present/future-tense forms:**

Past-tense forms	Present/future forms
1. Она́ дрессирова́ла соба́к.	Она́ . . . .
2. Мой бра́т фехтова́л на Олимпиа́де.	Мой бра́т . . . .
3. Отсе́яли кома́нды, проигра́вшие пе́рвые па́ртии турни́ра.	. . . . . . кома́нды . . . .

II **First-conjugation verbs with stems ending in a consonant. Replace present-tense with past forms:**

Present-tense forms	Past-tense forms
1. Борцы́ бо́рются на ковре́.	Борцы́ . . . .
2. Гребцы́ гребу́т че́рез о́зеро.	Гребцы́ . . . .

III **пода́ть and переда́ть. Fill the gaps with forms of the perfective future:**

1. Óн . . . . мя́ч та́к, что его́ проти́вник не смо́жет его́ отби́ть.	2. Она́ . . . . мя́ч своему́ партнёру.

(2) Recognition and differentiation

5. Other meanings. Find other meanings of the following words with the aid of a dictionary:

	Other meanings
1. борьба́	
2. защи́тник	
3. ко́нь	
4. ма́т	
5. переда́ча	
6. пода́ча	
7. сло́н	

6. Adjectives and nouns. Match up the columns:

I Masculine adjs./nouns		II Masculine adjs./nouns	
1. водолы́жный	a. зме́й	1. оловя́нный	a. бе́г
2. возду́шный	b. те́ннис	2. штрафно́й	b. солда́тик
3. насто́льный	c. спо́рт	3. эстафе́тный	c. уда́р

III Feminine adjs./nouns	
1. па́русная	a. ва́та
2. са́харная	b. ло́дка

IV Neuter adjs./nouns	
1. дополни́тельное	a. ката́ние
2. фигу́рное	b. вре́мя

7. Find the word!

I English clues	Russian solutions
1. one who likes books (8)	к . . . .
2. someone who collects things (12)	к . . . .
3. someone interested in birds (9)	o . . . .
4. the collecting of stamps as a hobby (9)	ф . . . .
5. toy bear (5)	м . . . .
6. area for playing in the sand (9)	п . . . .
7. word puzzle with clues (9)	к . . . .

II Russian clues	Russian solutions
1. то́т, кто защища́ет (8)	з . . . .
2. пла́нка для ката́ния на ро́ликах (7)	с . . . . .
3. де́тская игра́ (6)	п . . . . .
4. продаве́ц моро́женого (10)	м . . . .
5. ме́сто, где раздева́ются (10)	р . . . .
6. спортсме́н, вы́шедший в фина́л (8)	ф . . . . . .
7. са́мая ма́ленькая ша́хматная фигу́ра (5)	п . . . .

III Match up the columns	
1. ти́р	a. отде́льное состяза́ние в бе́ге
2. забе́г	b. 11-метро́вый штрафно́й уда́р
3. ничья́	c. ме́сто для стрельбы́
4. пена́льти	d. нике́м не вы́игранная па́ртия
5. альпини́зм	e. восхожде́ние на го́рные верши́ны
6. прима́нка	f. отде́льная ча́сть состяза́ния
7. ту́р	g. кусо́к пи́щи для ры́бы

8. Football team. Write the Russian name against each player or line of players:

```
1.                      X
2.              X              X
3.        X           X              X
4.    X   X           X        X           X

1.                      2.
3.                      4.
```

(3) Translation and dictionary drill

9. Similes. Translate/find English equivalents where possible:

1. Боро́ться как ле́в (elevated style, of a courageous and determined person).
2. Глу́п как пе́шка (rare, of a very stupid person).
3. Как сло́н в посу́дной ла́вке (of a large clumsy person in cramped surroundings or among fragile objects). (Сло́н appears here in its literal meaning of 'elephant'.)

10. Give the English for the following phrases:

(1) Занима́ться аэро́бикой.
(2) Нача́ло ма́тча.
(3) Прыжки́ в во́ду.
(4) Сде́лать хо́д.
(5) Стрельба́ в це́ль.
(6) Сыгра́ть вничью́.

11. Translate into English, with the help of a dictionary:

1. Орнито́лог идёт в ле́с наблюда́ть в бино́кль за лесны́ми пти́цами.
2. Ма́льчики стара́лись запусти́ть возду́шного зме́я, но то́т неизме́нно спуска́лся на зе́млю.
3. Соколо́в пе́редал мя́ч пря́мо на го́лову центра́льного нападаю́щего, а то́т забил го́л.
4. Пра́вый защи́тник косну́лся мяча́ руко́й, и судья́ назна́чил пена́льти.
5. На́ши стрелки́ та́к хорошо́ стреля́ли, что вы́играли состяза́ние.
6. Кита́йцы давно́ счита́ются чемпио́нами ми́ра по насто́льному те́ннису.
7. Он вы́играл забе́г, но его́ дисквалифици́ровали за употребле́ние до́пинга.
8. Англи́йские кроссво́рды отлича́ются от континента́льных каламбу́рами и зага́дками.
9. Пе́рвые двена́дцать ге́ймов пе́рвого се́та ко́нчились вничью́, и судья́ назна́чил тай-бре́йк. Чемпио́н отста́л на два́ очка́, но подтяну́лся и победи́л со счётом 7: 6.
10. Оте́ц купи́л сы́ну но́вую у́дочку ко дню́ рожде́ния.

12. Translate into Russian, with the help of a dictionary:

1. White took a black bishop, the black queen and both black knights and declared: 'Mate in three moves!'
2. The orthopaedic surgeon joked that he was glad when he saw a runner jogging on asphalt, since such people often ended up in his clinic.
3. The runner-up got a good result, but people only remember champions, never those who lose in the final.
4. It is difficult to explain the charm of the circus ring. It consists of trainers, tight-rope walkers, jugglers, even ice-cream sellers and sellers of candy floss.
5. The hero of this novel suffered from tuberculosis, but took up mountaineering and recovered.
6. You can play gorodki near the walls of the Peter and Paul fortress in St Petersburg.
7. It is interesting that King George VI played in the mixed doubles at the Wimbledon tennis tournament before ascending the throne.
8. The champion served the ball so hard that his opponent could not return it.

(4) Word origins and formation

13. Suffixes -ник and -щик. Which is the odd one out (takes suffix -ник)?

1. дрессиро́в-	2. защи́т-	3. моро́жен-

14. Prefixes. What meaning does the prefix за- impart to the noun roots in забе́г зае́зд заплы́в?

15. Which is the odd one out (does *not* come from German/Germanic)?

I

1. ма́рка	2. коро́ль	3. ша́йба	4. ша́шки

(does *not* come from French)?

II

1. ти́р	2. фе́рзь	3. эстафе́та

Level 3

Hobbies

була́вка	pin (англи́йская була́вка 'safety pin')
вышива́ть/вы́шить (вы́шью вы́шьешь)	to embroider
вяза́льная спи́ца	knitting needle
досу́г	leisure time
напёрсток (gen. напёрстка)	thimble
плести́ (плету́ плетёшь)/с-	to weave (e.g. baskets, garlands)
подшива́ть/подши́ть (подошью́ подошьёшь)	to hem
тка́ть (тку́ ткёшь)/со-	to weave (fabric)

Word origins: (1) була́вка is the diminutive of булава́ 'mace', probably via Ukrainian from Polish (2) напёрсток is based on obsolete пе́рст 'finger'.

Cards

бу́бны (gen. бубён)	diamonds
вале́т	knave
да́ма	queen (cards)
ко́зырь (gen. pl. козыре́й)	trump
коло́да	pack (of cards)
коро́ль (gen. короля́)	king

ма́сть (f.) (gen. pl. мастéй)	suit
пи́ки (gen. пи́к)	spades
сдава́ть (сдаю́ сдаёшь)/ сда́ть (сда́м сда́шь)	to deal
тасова́ть (тасу́ю тасу́ешь)/с–	to shuffle
трéфы (gen. трéф)	clubs
ту́з (gen. туза́)	ace
чéрви (gen. червéй)	hearts

Word origins: (1) валéт is from French *valet* id. (2) кóзырь comes, via Turkic, from Polish *kozera* id. (3) тасова́ть is seemingly based on French *tasser* 'to pack down' (*tas* 'pile'), cf. French *battre* 'to shuffle' (4) ту́з is from South French *daus* '2 pips in card games' (apparently the ту́з originally had two pips, later one) (5) пи́ки is from French *pique* id. (an extension of the meaning 'pike, lance').

Quantitative nouns: these are used with the suits as follows: дво́йка бубён, тро́йка пи́к, четвёрка трéф, пятёрка червéй, etc. (the series continues шестёрка, семёрка, восьмёрка, девя́тка, деся́тка).

Adjectives: adjectives are sometimes used, as in Pushkin's fantastic and melodramatic tale «Пи́ковая да́ма» (1834), with its enigmatic card sequence «Тро́йка, семёрка, ту́з», borrowed by V. Tendriakov in the 1960s as the title of story. Tchaikovsky turned Pushkin's tale into an opera of the same name (1890).

Other games

аза́ртная игра́	game of chance
игрово́й автома́т	slot machine
ма́т (объявля́ть/объяви́ть ма́т + dat.)	checkmate (to checkmate someone)
надува́ть/наду́ть	to cheat (someone)
ролева́я игра́	role play
скака́ть (скачу́ ска́чешь) чéрез скака́лку	to skip (rope)
фи́шка	counter
чехарда́	leap-frog
ша́хматная доска́	chessboard

Word origins: (1) аза́рт is from German *Hasard*(*spiel*) id. (2) ма́т is from French (*échec et*) *mat* id. (e.g. *le roi est mat*), from Arabic *mat* 'dead' (3) фи́шка is from French *fiche* 'peg' (4) чехарда́ is possibly from чехóр 'bully, pugnacious man'.

Popular spectacles

костёр (gen. костра́)	bonfire
ракéта	rocket
фейервéрк	fireworks
фóкусник	conjurer

фо́кус (пока́зывать/ показа́ть [покажу́ пока́жешь] фо́кус)	trick (perform a trick)
чревовеща́ние	ventriloquism

Word origins: (1) фейерве́рк is from German *Feuerwerk* id. (2) фо́кус is abbreviated from фо́кус-по́кус, from German *Hokuspokus* 'hey presto', ultimately, perhaps, English 'hocus-pocus' ('conjuring deception, conjuring formula'). Interpretation as a distortion of the formula in the Mass 'hoc est corpus meum' ('this is my body') is disputed. (NB 'hoax' is probably a contraction of 'hocus'.)

Word formation: чревовеща́ние is based on чре́во 'belly' and веща́ть 'to pontificate, broadcast'.

Competition (swimming, team games, and others)

баттерфля́й	butterfly stroke
бейсбо́л	baseball
блоки́ровать (блоки́рую блоки́руешь) impf./pf.	to tackle
бра́сс	breast stroke
в гостя́х	away from home
вмести́мость (f.)	seating capacity
вне игры́	off side
кро́ль (m.)	crawl
на своём по́ле	at home
наруша́ть/нару́шить	to foul, infringe
отве́тный ма́тч	return match
помо́щник судьи́/боково́й судья́	linesman
прыгу́н (gen. прыгуна́) в во́ду	diver
ре́гби (n. indecl.)	rugby
сра́внивать/сравня́ть счёт	to equalise
табло́ (n. indecl.)	scoreboard
това́рищеский ма́тч	friendly game
удаля́ть/удали́ть с по́ля	to send off

Word origins: (1) бра́сс is from French *brasse* id. (2) табло́ is from French *tableau* 'board, table, chart'.

Sports (rowing, track and field etc.)

весло́ (pl. вёсла вёсел)	oar
гребны́е го́нки (gen. гребны́х го́нок)	boat race
дельтапла́н	hang-glider (дельтапланери́зм 'hang-gliding')
ипподро́м	race course
ката́ться/по- на са́нках	to sledge
конку́р	show jumping

метáть (мечý мéчешь)/ метнýть копьё	to throw the javelin
прыжки́ с парашю́том	parachuting
прыжóк в высотý	high jump
прыжóк в длинý	long jump
прыжóк с шестóм	pole vault
спелиолóгия	pot-holing
стрельбá из лýка	archery
толкáть/толкнýть ядрó	to put the shot
тяжёлая атлéтика	weightlifting

Word origins: (1) дельтаплáн is from French *deltaplane* id. (2) ипподрóм is from Greek *hippodromos* 'race course for chariots' (*hippos* 'horse', *dromos* 'course, race') (3) конкýр, cf. French *concours hippique* 'horse show'.

Prepositional usage: the distance jumped, thrown etc. is indicated by the preposition на + accusative, thus: пры́гать/пры́гнуть в длинý на двá мéтра etc.

Premises and equipment

катýшка	reel
клю́шка	golf club, hockey stick
кóнь m. (gen. коня́)	vaulting horse
крючóк (gen. крючкá)	hook
лáст	flipper
секундомéр	stopwatch
сéтка	net
трампли́н	diving board
шипóвки	spiked running shoes
шлéм	helmet

Word origins and cognates: (1) лáст may be from the Finnic group (2) трампли́н is from French *tremplin* id. (3) шлéм is probably of Germanic origin, cf. German *Helm* id. (4) катýшка is cognate with катáть/кати́ть 'to roll' (5) крючóк, diminutive of крю́к, is of Germanic origin (cf. English 'crutch'), with Scandinavian cognates.

Various

жёлтая/крáсная кáрточка	yellow/red card
кайф	a high, kick
кайфовáть (кайфýю кайфýешь)/кайфанýть	to get high, to chill out
колóться (колю́сь кóлешься) impf.	to be a junkie, be on drugs
наркóтики (gen. наркóтиков)	drugs
тусовáться (тусýюсь тусýешься) impf.	to hang out

Boxing

нокаути́ровать pf.	to knock out

Weights: The main weights are легча́йший/лёгкий/сре́дний/тяжёлый ве́с 'bantam/light/middle/heavyweight'.

Riding

седло́ (pl. сёдла сёдел)	saddle
стре́мя n. (gen. стре́мени) (pl. стремена́ стремя́н)	stirrup
у́пряжь (f.)	harness

Word origins: седло́ is cognate with сиде́ть 'to sit', with agent suffix -ло, thus 'what you sit on'.

Exercises

Level 3

(1) Grammar and stress

1. Gender of soft-sign nouns.

I **Which is the odd one out (is of masculine gender)?**

1. ко́зырь	2. ма́сть	3. у́пряжь

II **Which one is feminine?**

1. вмести́мость	2. ко́нь	3. кро́ль

2. Stress. Which is the odd one out in the following series:

I **Has stem stress in declension?**

1. ко́зырь	2. ко́нь	3. коро́ль

II **Has end stress in declension?**

1. конку́р	2. ла́ст	3. ту́з

III **Has end stress in declension?**

1. бра́сс	2. прыгу́н	3. шле́м

3. Conjugation of the verb.

I Вы́шить or подши́ть? Fill the gaps with appropriate perfective future forms:

| 1. Ма́стер . . . . узо́р на ковре́. | 2. Она́ . . . . подо́л пла́тья. |

II Verbs in -овать. Replace the past forms by present-tense forms:
1. Молодёжь тусова́лась и́ли на дискоте́ке, и́ли в клу́бе.
2. На́ша защи́та блоки́ровала центра́льного напада́ющего в тече́ние всего́ ма́тча.
3. Получи́в пре́мию, мы хорошо́ кайфова́ли.
4. Уда́ром в че́люсть чемпио́н нокаути́ровал претенде́нта на его́ зва́ние.

III Replace perfective past forms by perfective future forms:
1. Крупье́ стасова́л ка́рты и сда́л их игра́ющим.
2. Он сплёл корзи́ну из пру́тьев.
3. Пау́к соtка́л паути́ну.
4. Судья́ показа́л защи́тнику жёлтую ка́рточку.

4. Prepositions. Fill the gaps with appropriate prepositions:

I Prepositions that take the genitive case (вне, из or с):

| 1. Стрельба́ [.] лу́ка | 2. [.] игры́ | 3. Удали́ть [.] по́ля |

II Prepositions that take the prepositional case. В or на? Which is the odd one out?

| 1. Ката́ться [.] са́нках | 2. [.] гостя́х | 3. [.] своём по́ле |

III Prepositions that take the accusative case (в and на). Which is the odd one out?

| 1. пры́гнуть [.] во́ду | 2. прыжо́к [.] длину́ | 3. мета́ть ди́ск [.] 68м. |

(2) Recognition and differentiation

5. Find the word!

I Match up the columns	
1. досу́г	a. горя́щие дрова́, су́чья
2. була́вка	b. декорати́вные огни́
3. напёрсток	c. о́стрый металли́ческий сте́ржень
4. чехарда́	d. колпачо́к, надева́емый на па́лец
5. костёр	e. америка́нская кома́ндная игра́
6. фейерве́рк	f. игра́, в кото́рой оди́н из игроко́в перепры́гивает че́рез друго́го
7. бейсбо́л	g. свобо́дное от рабо́ты вре́мя

II Russian clues	Russian solutions
1. плáвание на груди́ (5)	б . . . .
2. полёты на дельтапла́нах (15)	д . . . .
3. стадио́н для ко́нных ска́чек (8)	и . . . . . .
4. изуче́ние пеще́р (10)	с . . . .
5. пáлка для игры́ в хокке́й (6)	к . . . .
6. спосо́бность говори́ть, не шевеля́ губáми (12)	ч . . . .
7. комáндная игрá с овáльным мячо́м (5)	р . . . .

III Russian clues (no first letters given)	Russian solutions
1. компле́кт игрáльных кáрт (6)	
2. коне́чность тюле́ня, моржá . . . (4)	
3. защи́тный головно́й убо́р (4)	
4. собирáться вме́сте (10)	
5. сооруже́ние, с кото́рого пры́гают (8)	
6. сиде́нье на спине́ живо́тного (5)	
7. небольшáя се́ть (5)	

6. Find in the dictionary other meanings of the following words:

1. кату́шка	
2. мáсть	
3. надýть	
4. фо́кус	

7. Adjectives and nouns. Match up the columns:

I Feminine adjs./nouns

1. вязáльная	a. игрá
2. ролевáя	b. атле́тика
3. тяжёлая	c. доскá
4. шáхматная	d. спи́ца

II Masculine adjs./nouns

1. боково́й	a. автомáт
2. игрово́й	b. ве́с
3. отве́тный	c. мáтч
4. легчáйший	d. судья́

(3) Translation and dictionary drill

8. Similes. Translate and find English equivalents where possible:

1. Как фо́кусник:
   - (1) (о челове́ке, де́лающем что́-либо о́чень ло́вко и артисти́чно)
   - (2) (о челове́ке, де́лающем что́-либо ло́вко, но нече́стно)
2. Коло́ть как була́вка:
   - (1) (о чём-либо о́стром)
   - (2) (о чьём-либо язви́тельном упрёке)
3. Загоре́ться как костёр:
   (о чём-либо, неожи́данно и о́чень я́рко загоре́вшемся)
4. Не бо́лее (ме́нее) напёрстка:
   (о ком-либо, чём-либо о́чень ма́леньком)
5. Не була́вка:
   (о чём-либо, ком-либо, что (кого) мо́жно легко́ найти́)
6. Смотре́ть ко́зырем:
   (о челове́ке, стоя́щем в вызыва́ющей по́зе)

9. Translate into English with the help of a dictionary:

1. Центра́льный напада́ющий сравня́л счёт, но оказа́лся вне игры́ и гол не́ был засчи́тан.
2. Ме́стная кома́нда обы́чно прои́грывает в гостя́х, но выи́грывает и́ли игра́ет вничью́ на своём по́ле.
3. Пловчи́ха с разбе́га оттолкну́лась от трампли́на и пры́гнула в во́ду.
4. Судья́ показа́л кра́сную ка́рточку вратарю́, подня́вшему мяч вне штрафно́й площа́дки.
5. Рекордсме́ны ми́ра: Гали́на Чистяко́ва пры́гнула в длину́ на 7 ме́тров 52 сантиме́тра, Ната́лья Лисо́вская толкну́ла ядро́ на 22 ме́тра 63 сантиме́тра, а Серге́й Бу́бке пры́гнул с шесто́м на 613 сантиме́тров.
6. Она́ вде́ла но́ги в стремена́ и помча́лась за други́ми вса́дниками.

10. Fill the gaps and translate into English, with the help of a dictionary:

1. На Моско́вской Олимпиа́де 1980 го́да не́мец Г. Ве́ссиг . . . . в высоту́ на 2.36 ме́тра, а одна́ куби́нка метну́ла копьё на 68.4 ме́тра.
2. Во вре́мя трениро́вки боксёры регуля́рно . . . . че́рез скака́лку.
3. Он стал коло́ться уже́ в сре́дней шко́ле, но никто́ не предви́дел, что он пристрасти́тся к . . . . и ля́жет в наркологи́ческую больни́цу.
4. Его́ удали́ли с по́ля за то, что . . . . пра́вила, подста́вив но́жку проти́внику.
5. Бе́лые объяви́ли чёрным . . . ., и чёрный коро́ль сда́лся на 25-м ходу́.
6. У гребца́ на стене́ в гости́ной виси́т одно́ из . . . ., обеспе́чивших побе́ду ему́ и его́ экипа́жу в межуниверсите́тских гребны́х . . . .

11. Translate into Russian, using a dictionary:

1. On the campus of the university they erected a giant safety pin, to remind people that earlier a maternity hospital had stood here.

2. Many children become absorbed in role play, little girls in particular imagine they are mothers, wash and dress their dolls and put them to bed.
3. Parachuting can be a dangerous sport, especially when sky-divers fall thousands of metres without opening their parachute.
4. A stopwatch helps the trainer to assess and improve the speed and potential of an athlete.
5. The tourists lit a bonfire which later they could not extinguish and which eventually burnt down 1,500 hectares of forest.
6. When he was younger he specialised in breast stroke and also swam crawl, but now he has gone over to butterfly.
7. Hang-gliding became less popular when the world champion crashed during a flight and was killed.
8. By putting on spiked running shoes he increased his performance, running 100 metres in 9.95 seconds.

(4) Word origins and formation

12. In each of the following sequences, which is *not* of French origin? State the origin of the non-French loans:

I

| 1. вале́т | 2. ипподро́м | 3. конку́р |

II

| 1. тасова́ть | 2. ту́з | 3. шле́м |

III

| 1. дельтапла́н | 2. ко́зырь | 3. трамплИ́н |

IV

| 1. ла́ст | 2. пИ́ки | 3. табло́ |

13. Which of the following is *not* of German/Germanic origin?

I

| 1. аза́рт | 2. бра́сс | 3. фейерве́рк |

II

| 1. крючо́к | 2. фИ́шка | 3. фо́кус |

14. Cognates and compounds:

(a) give cognates of the following: кату́шка седло́
(b) find words 'embedded' in the following: напёрсток чревовеща́ние

Additional vocabulary

альбо́м для раскра́шивания	colouring book	паралле́льные бру́сья	parallel bars
бадминто́н	badminton	переводи́ть/перевести́ в вы́сшую ли́гу	to promote
бло́шки (gen. бло́шек)	tiddleywinks	переводи́ть/перевести́ в ни́зшую ли́гу	to relegate
бо́ди-би́лдинг	body-building	перекла́дина	crossbar
виндсерфинги́ст	windsurfer	перетя́гивание кана́та	tug-of-war
во́жжи (gen. вожже́й)	reins		
вы́кройка	pattern	прясть (пряду́ пряде́шь)/с-	to spin
вяза́льная маши́на	knitting machine		
гада́лка	fortune-teller	разнорабо́чий	odd-job man
гонча́рное де́ло	pottery	раскла́д	hand
гре́бля на кано́э	canoeing	рога́тка	catapult
де́ти, подаю́щие мяч	ball boys and girls	сет-бо́л	set point
дро́тики	darts	спорти́вные снаря́ды	apparatus
дыха́тельная тру́бка	snorkel	спорти́вный дух	sportsmanship, sporting spirit
жу́льничать	to cheat (at cards)		
зага́дка	riddle	ста́вка	stake
карт	go-cart	сто́йка	upright
кегельба́н	bowling alley	сшива́ть/сшить (сошью́ сошье́шь)	to tack
кла́ссы (gen. кла́ссов)/ кла́ссики (gen. кла́сcиков)	hopscotch	това́рищеский матч	friendly match
		трапе́ция	trapeze
		триктра́к	backgammon
кома́ндное соревнова́ние	team event	узда́	bridle
		удила́ (gen. уди́л)	bit
ко́сти (gen. косте́й)	dice	укроти́тель m.	tamer
кре́стики и но́лики (gen. кре́стиков и но́ликов)	noughts and crosses	хозя́ева (gen. хозя́ев) по́ля	home team
		челове́к, проше́дший отбо́рочные соревнова́ния	qualifier
ку́кла	puppet		
лягуша́тник	paddling pool	ша́рики (gen. ша́риков)	marbles
матч-бо́л	match point		
мета́ть/с-	to tack	шпагоглота́тель (m.)	sword-swallower
не засчи́тывать/не засчита́ть	to disallow	шпу́лька	bobbin
Олимпи́йский фа́кел	Olympic torch	щитки́ (gen. щитко́в)	shin-pads
офса́йд	offside	электромоби́ль (m.)	dodgem

Unit 12

Tourism, travel, and transport

General note on verbs of motion: multi-directional verbs of motion (e.g. води́ть, ходи́ть/е́здить/лета́ть) describe movement backwards and forwards, to and fro, going to a number of destinations, making repeated return visits (and, in the past only, a single return journey), the ability to perform an action, or an inclination or disinclination to perform it. Uni-directional verbs of motion (e.g. идти́/е́хать/лете́ть/вести́) denote movement in one direction, usually on one occasion and to a stated destination.

Level 1

General

бага́ж (gen. багажа́)	luggage
бага́жная теле́жка	luggage trolley
биле́т	ticket
биле́тная ка́сса	ticket office
валю́та	currency
валю́тный ку́рс	exchange rate
в оди́н коне́ц	one way
въездна́я ви́за	entry visa
е́здить (е́зжу е́здишь)/е́хать (е́ду е́дешь)	to travel, go in a vehicle
ка́мера хране́ния	left luggage office
ка́рта	map
конве́йер	conveyor belt
контролёр	ticket collector
креди́тная ка́рточка	credit card
обра́тный биле́т	return ticket
па́спорт (pl. паспорта́)	passport, identity card
па́спортный контро́ль	passport control
пассажи́р	passenger
по́шлина	customs duty
расписа́ние	timetable
регистра́ция	check-in

тамо́жня	customs
туда́ и обра́тно	there and back
чемода́н	suitcase

Word origins: (1) валю́та is from Italian *valuta* id. The Russian meaning *'foreign* currency' is new (2) пассажи́р is from German *passagier*, Italian *passeggiere*, influenced by French *passager* id. (3) по́шлина is from по́шлый 'age-old', thus originally 'as long established', then 'ancient custom', then 'tax customarily paid' (4) тамо́жня is from там(ъ)га 'brand, seal', in Rus' a tax exacted by the Tatars, in Muscovy 'customs, duty'; from Turkic (5) чемода́н comes via Turkic from Persian *jamahdan* id. (*jamah* 'clothes' [whence pyjamas] + *dan* 'container').

Feminine forms: контролёрша and пассажи́рка are *colloquial*.

Note: па́спорт 'internal passport, identity card', заграни́чный па́спорт 'passport'.

Tourism

аннули́ровать (аннули́рую аннули́руешь) impf./pf.	to cancel
гости́ница	hotel
зака́зывать/заказа́ть (закажу́ зака́жешь)	to order
кани́кулы (gen. кани́кул)	school holidays
пала́тка	tent
пансио́н	boarding house

Word origins: кани́кулы derives from Latin *Canicula/Canis* 'dog, dog-star'. In the Roman calendar the Sun was in the constellation *Canis* betwen 22 July and 23 August, the hottest period of the year, when all activities would be suspended. Cf. English 'dog days'.

Personnel

администра́тор гости́ницы	hotel manager
го́рничная (adj. noun)	chamber maid
го́сть (m.)/го́стья (f.)	guest
регистра́тор	receptionist

Word origins: го́рничная is from го́рница literally 'highest room', itself from го́рний 'top'.

Feminine forms: the feminine forms администра́торша and регистра́торша are *colloquial*.

Sight-seeing, entertainment, catering

дискоте́ка	discotheque
достопримеча́тельность (f.)	sight, tourist attraction
магази́н пода́рков	gift shop
осма́тривать/осмотре́ть достопримеча́тельности	to go sightseeing

перево́дчик/перево́дчица	interpreter
путеводи́тель (m.)	guidebook
экскурсово́д	guide

Word origins: достопримеча́тельность may be a calque of German *Sehenswürdigkeit,* cf. *sehen* 'to see'/примеча́ть 'to notice', *würdig/* досто́йный 'worthy'.

Feminine form: the feminine form экскурсово́дша is *colloquial.*

Road transport

автомоби́ль (m.)	car
води́тель (m.)	driver
води́тельские права́ (gen. води́тельских пра́в)	driving licence
води́ть (вожу́ во́дишь)/ вести́ (веду́ ведёшь) (вёл вела́) маши́ну	to drive a car
ГАИ/ГИБДД	traffic police
гаи́шник	traffic policeman
голосова́ть/про- на шоссе́	to hitchhike
дви́гатель (m.)	engine
колесо́ (pl. колёса) (меня́ть/по- колесо́)	wheel (to change a wheel)
мотоци́кл	motorcycle
пра́вила доро́жного движе́ния	highway code
привязно́й рем́нь (gen. привязно́го ремня́)	seat belt (застёгивать/застегну́ть привязны́е ремни́ 'to fasten seat belts')
ста́вить (ста́влю ста́вишь)/ по- маши́ну	to park a car

Acronyms: ГАИ (Госуда́рственная автомоби́льная инспе́кция) has been officially replaced by ГИБДД (Госуда́рственная инспе́кция безопа́сности доро́жного движе́ния) but continues to be used, as does its derivative гаи́шник.

Rail transport

бага́жный ваго́н	luggage van
ваго́н	carriage
ваго́н-рестора́н	dining car
желе́зная доро́га	railway
машини́ст	engine driver
платфо́рма	platform
по́езд (pl. поезда́)	train

| проводни́к (gen. проводника́)/провод-ни́ца | guard |
| спа́льный ваго́н | sleeping car, sleeper |

Word origins: (1) ваго́н is from German *Waggon* or French *wagon* id., both from English 'wagon' (2) машини́ст cf. German *Maschinist* 'machine operative', Dutch *machinist* 'engine driver'.

Ordinals: платфо́рма can be used with ordinal numerals, e.g. платфо́рма шеста́я.

Air transport

авиали́ния	airline
аэровокза́л	terminal
аэропо́рт (в аэропорту́)	airport (at an airport)
бортпроводни́к (gen. бортпроводника́)/ бортпроводни́ца or стюарде́сса	flight attendant
взлета́ть/взлете́ть (взлети́т)	to take off
вы́дача багажа́	baggage retrieval
вы́ход	departure gate
за́л отлёта	departure lounge
лета́ть/лете́ть (лечу́ лети́шь)	to fly
полёт	flight
поса́дочный тало́н	boarding card
приземля́ться/приземли́ться	to land
прилёт	arrival(s)
ре́йс	flight number
сто́имость биле́та	fare
экипа́ж	crew

Word origins: ре́йс is from Dutch *reis* 'journey, trip', cognate with German *Reise* id.

Shipping

каю́та	cabin
кора́бль (m.) (gen. корабля́)	ship
ла́йнер	liner
парохо́д	steamer
па́рус (pl. паруса́)	sail
па́русная ло́дка	sailing boat
спаса́тельная шлю́пка	lifeboat
спаса́тельный жиле́т	life jacket
су́дно (pl. суда́ судо́в)	vessel
я́корь (m.) (pl. якоря́)	anchor

Word origins: (1) каю́та is from German *Kajüte* id. (2) кора́бль is from Byzantine Greek *karabion*, dim. of *karabos* id. (3) я́корь is possibly from Old Swedish *ankari*.

Word formation: парохо́д comprises па́р 'steam' + о + ход 'motion, movement'.

Exercises

Level 1

(1) Grammar and stress

1. Gender. Which is the only feminine noun among the following soft-sign nouns?

1. автомоби́ль	6. кора́бль
2. води́тель	7. путеводи́тель
3. го́сть	8. реме́нь
4. дви́гатель	9. я́корь
5. достопримеча́тельность	

Which of the other eight nouns has a mobile vowel in declension?

2. Which plural in each set of three plural nouns in а́/я́ is the odd one out?

I

1. паспорта́	2. паруса́	3. суда́

II

1. поезда́	2. права́	3. якоря́

3. Conjugation.

I **Consonant change in the first-person singular of second-conjugation verbs (в/вл д/ж т/ч). Replace the third-person singular forms by first-person singular forms:**

1. О́н ста́вит маши́ну в гара́ж.	Я . . . . маши́ну в гара́ж.
2. О́н во́дит «Рено́».	Я . . . . «Рено́».
3. Она́ лети́т в Са́нкт-Петербу́рг.	Я . . . . в Са́нкт-Петербу́рг.

II Verbs in -овать/-ировать. Replace past forms by present-tense forms:

1. Мини́стры аннули́ровали догово́р.	Мини́стры . . . . догово́р.
2. Она́ голосова́ла на шоссе́.	Она́ . . . . на шоссе́.

4. Prepositions. В or на + accusative case? Which is the odd one out in each of the following sets?

I

1. биле́т [.] по́езд	2. биле́т [.] оди́н коне́ц	3. идти́ [.] го́сти

II

1. биле́т [.] теа́тр	2. пое́хать [.] экску́рсию	3. ста́ть [.] я́корь

5. Stress.

I Which of the following nouns does _not_ have end stress in declension?

1. бага́ж	2. кора́бль	3. проводни́к	4. экипа́ж

II Which of the following nouns does _not_ have a prepositional case in stressed -у́?

1. аэропо́рт	2. о́тпуск	3. я́корь

6. Verbs of motion. Insert the correct forms of appropriate verbs.

I **е́здить/е́хать:**
   (a) В про́шлом году́ они́ е́здили/е́хали в о́тпуск во Фра́нцию.
   (b) Ка́ждый го́д мы е́здим/е́дем в о́тпуск на Ку́бу.
   (c) Ве́сь де́нь мы е́здили/е́хали по го́роду.
   (d) За́втра мы́ е́здим/е́дем за́ город.

II **води́ть/вести́:**
   (a) Я не уме́ю води́ть/вести́ маши́ну.
   (b) Мы́ ско́ро прие́хали. Маши́ну води́л/вёл мой бра́т.
   (c) Она́ у́чится води́ть/вести́ маши́ну.

III **лета́ть/лете́ть**
   (a) – Где́ вы бы́ли на про́шлой неде́ле? – А я лета́л/лете́л в Ло́ндон.
   (b) О́н бои́тся лета́ть/лете́ть на самолёте.
   (c) Пти́цы лета́ли/лете́ли че́рез океа́н в А́фрику.
   (d) Вертолёты лета́ли/лете́ли туда́ и сюда́ над го́родом.

(2) Recognition and differentiation

7. Find the right word!

I English clues	Russian solutions
1. suitcases, bags etc. (5)	б . . . .
2. case for carrying clothes (7)	ч . . . . .
3. money in use in a particular country (6)	в . . . .
4. representation of part of the earth (5)	к . . . .
5. official who checks tickets (9)	к . . . . . .
6. document certifying identity (7)	п . . . . .
7. traveller in a public conveyance (8)	п . . . . . .

II English clues	Russian solutions
1. to declare invalid (12)	а . . . .
2. free time from school (8)	к . . . . . .
3. holiday place (6)	к . . . .
4. memento that recalls the past (7)	с . . . .
5. house for accommodating travellers (9)	г . . . .
6. housemaid at a hotel (9)	г . . . .
7. someone who guides travellers (11)	э . . . .

III English clues	Russian solutions
1. belt that conveys objects (8)	к . . . . . .
2. club with dancing to music (9)	д . . . .
3. a person invited (5)	г . . . .
4. a large seagoing vessel (7)	к . . . . .
5. canvas that propels a vessel (5)	п . . . .
6. railway carriage with meal service (5–8)	в . . .-р . . . . . .
7. card entitling holder to admission (5)	б . . . .

IV Match columns	
1. аэропо́рт	a. остана́вливать попу́тную маши́ну
2. бортпроводни́ца	b. маши́на с двумя́ колёсами
3. голосова́ть	c. уде́рживает су́дно на ме́сте
4. каю́та	d. обслу́живает пассажи́ров
5. машини́ст	e. специали́ст по вожде́нию поездо́в
6. мотоци́кл	f. ста́нция возду́шного тра́нспорта
7. я́корь	g. пассажи́рское помеще́ние на су́дне

8. Noun + genitive qualifier. Match the columns to produce appropriate phrases:

I Noun	Genitive qualifier	II Noun	Genitive qualifier
1. вы́дача	a. отлёта	1. магази́н	a. биле́та
2. зал	b. хране́ния	2. пра́вила	b. пода́рков
3. ка́мера	c. багажа́	3. сто́имость	c. доро́жного движе́ния

9. Opposites. Match up three pairs of opposites:

1. взлете́ть	a. туда́ и обра́тно
2. в оди́н коне́ц	b. прилёт
3. отлёт	c. приземли́ться

10. Adjective/noun phrases. Match up appropriate pairs:

I Feminine adjectives/nouns:

1. бага́жная	a. ка́сса
2. биле́тная	b. ка́рточка
3. креди́тная	c. теле́жка

II Masculine adjectives/nouns:

1. обра́тный	a. тало́н
2. поса́дочный	b. бага́ж
3. ручно́й	c. биле́т

III Match adjectives to feminine nouns:

1.	a. шлю́пка
2.	b. ло́дка
3.	c. доро́га

(желе́зная, па́русная, спаса́тельная)

IV Match adjectives to masculine nouns:

1. валю́тный	a.
2. привязно́й	b.
3. спаса́тельный	c.

(жиле́т, ку́рс, реме́нь)

V **Supply nouns for the following adjectives:**

    (a) туристи́ческое . . . .

    (b) води́тельские . . . .

11. Other meanings. Use the dictionary to find other meanings of the following words:

1. биле́т	
2. вы́ход	
3. голосова́ть	
4. ка́рта	

(3) Translation and dictionary drill

12. Similes. Translate into English:

1. Держа́ться за кого́-нибудь, что́-нибудь как за я́корь спасе́ния (to cling to someone/ something as your last hope)
2. Раздува́ться как па́рус (of clothes billowing in the wind)
3. Разошли́сь как в мо́ре корабли́ (of people who have fallen out and lost contact)
4. Чу́вствовать себя́ как гость (to feel awkward/inhibited in a particular situation)

13. Translate into English, with the help of a dictionary:

1. В отли́чие от мно́гих аэропо́ртов, бага́жные теле́жки в «Шереме́тьево-2» – пла́тные.
2. Максима́льная ско́рость в застро́енных райо́нах шестьдеся́т киломе́тров в час, в други́х райо́нах и за́ городом – девяно́сто км/ч.
3. В моско́вском метро́ мо́жно обрати́ться пря́мо к машини́сту че́рез переговóрное устро́йство.
4. В 1936 году́ сове́тский лётчик Вале́рий Па́влович Чка́лов соверши́л беспоса́дочный перелёт из Москвы́ на Да́льний Восто́к. В сле́дующем году́ он опя́ть взлете́л и соверши́л второ́й беспоса́дочный перелёт, в э́тот раз че́рез Се́верный по́люс, и приземли́лся в кана́дском го́роде Ванку́вер.
5. Чтобы получи́ть въездну́ю ви́зу в Росси́йскую Федера́цию, ну́жно приложи́ть приглаше́ние от Министе́рства иностра́нных дел РФ и указа́ть гражда́нство, да́ту рожде́ния, но́мер и да́ту вы́дачи па́спорта, но́мер ре́йса и маршру́т.
6. Пассажи́рский ла́йнер «Тита́ник» наткну́лся на а́йсберг во вре́мя своего́ пе́рвого ре́йса в апре́ле 1912 го́да и затону́л, причём на борту́ ла́йнера не хвата́ло спаса́тельных шлю́пок, в результа́те чего́ вы́жило то́лько 700 из 2.200 пассажи́ров (зато́ у ка́ждого пассажи́ра был спаса́тельный жиле́т).
7. Пассажи́ры, е́дущие в спа́льных ваго́нах, мо́гут заказа́ть горя́чий чай у проводника́.

14. Translate into Russian, with the help of a dictionary:

1. In recent years the euro rate has gone up in relation to the rouble.
2. It is dangerous to shop abroad with a credit card.
3. Holding my passport in one hand, my boarding pass in the other, I passed through passport control and customs inspection and made for gate number six.

4. We pitched our tent close to the river, but after a rainy and sleepless night decided to move into a hotel, however the manager refused to check us in and we had to stay in a boarding house.
5. With the assistance of an interpreter/guide and a guide-book we saw the main sights of Tallinn in one day.
6. As soon as I stopped to change a wheel a traffic policeman drove up, dismounted from his motorcycle and asked me to show him my driving licence.
7. According to the highway code it is compulsory to fasten seat belts in the front seats of cars, however many Russian drivers and their passengers do not do this.
8. I promised her I would book dinner for four for eight o'clock, but all the tables were occupied at this time so we had to postpone our meeting until half-past eight.

(4) Word origins and formation

15. Masculine/feminine suffixes.

I **Which of the following has a feminine suffix different from the other two?**

A

1. администра́тор	2. го́сть	3. регистра́тор

B

1. контролёр	2. пассажи́р	3. экскурсово́д

II **Which of the following has no equivalent feminine suffix at all?**

1. бортпроводни́к	2. машини́ст	3. перево́дчик

16.

I **Which of the following is *not* of Germanic origin (here, German or Dutch)? What is its origin?**

A

1. валю́та	2. куро́рт	3. пассажи́р

B

1. каю́та	2. ре́йс	3. чемода́н

II **Which two of the following do *not* derive from Latin or (Byzantine) Greek? Where *did* that originate?**

1. кани́кулы	2. кора́бль	3. тамо́жня	4. я́корь

III **What is the origin of пóшлина?**

Level 2

багáжный ярлы́к (gen. багáжного ярлыка́)	luggage label
вагóн для некуря́щих	non-smoking compartment
деклара́ция	customs declaration
закýсывать/закуси́ть (закушý закýсишь)	to have a snack
командирóвка (в командирóвке)	business trip (on a business trip)
обще́ственный трáнспорт	public transport
погранúчный контрóль	immigration control
подлежáть impf. оплáте пóшлиной	to be liable for customs duty
поéздка	journey
полёт	flight
посóльство	embassy
регистрúроваться (регистрúруюсь регистрúруешься)/за-	to check in
сдавáть (сдаю́ сдаёшь)/ сдáть (сдáм сдáшь) багáж	to check in luggage
спрáвочный стóл	enquiry desk

Word origins: ярлы́к is from Turkic with the original meaning 'letters patent, charter' (of privileges granted by the Mongol khan), 'label' from custom officers' practice of sticking labels on goods for sale.

Tourism

багáжное отделе́ние	luggage compartment
носúльщик	porter
пешехóдный турúзм	hiking
страховáть (страхýю страхýешь)/за- (от + gen.) (на + acc.)	to insure (against) (for a particular sum)
туристúческий аге́нт	tour operator

Accommodation

выходúть (выхóдит) impf. на + acc.	to overlook
задáток	deposit
ке́мпинг	camping site

Personnel

| чаевы́е (adjectival noun) | tip |

Sightseeing, entertainment and catering

а-ля́ фурше́т (m.)	buffet
беспо́шлинный	duty-free
броди́ть (брожу́ бро́дишь) impf.	to ramble
кана́тный подъёмник	chairlift
национа́льное бога́тство	national heritage
общенаро́дный пра́здник	national holiday
официа́нт/официа́нтка	waiter/waitress
па́мятник старины́	ancient monument
похо́д	walking, hike
рабо́чие часы́	opening hours
тропи́нка	footpath
шве́дский стол	buffet lunch
шеф-по́вар (pl. шеф-повара́)	chef
шезло́нг	deck chair

Word origins: (1) а-ля́ фурше́т is from French *à la fourchette* (*fourchette* 'fork') (2) шезло́нг is from French *chaise longue* id.

Road transport: I Parts of a car, tools

бензоба́к	petrol tank
ветрово́е стекло́	windscreen
га́ечный ключ (gen. га́ечного ключа́)	spanner
домкра́т	jack
доро́жный знак	road sign
запасно́е колесо́	spare wheel
капо́т	bonnet
ключ зажига́ния	ignition key
коро́бка переда́ч/скоросте́й	gearbox
номерно́й знак	number plate
переключа́тель (m.) переда́ч/скоросте́й	gear lever (US gear shift)
радиа́тор	radiator
ру́ль (m.) (gen. руля́)	steering wheel
сцепле́ние (отпуска́ть/отпусти́ть сцепле́ние) (включа́ть/включи́ть)	clutch (to let the clutch out) (to let the clutch in)
то́рмоз (pl. тормоза́)	brake
указа́тель (m.) поворо́та	indicator, trafficator
фа́ра	headlight
ши́на	tyre

Derivatives: га́ечный is the adjective to га́йка 'nut'.

Word origins: (1) капо́т is from French *capot* id. (2) то́рмоз is probably from Greek *tormos* 'socket into which a pin or peg is inserted' (3) фа́ра is from French *phare* id.

Road transport: II Other road terms

ава́рия	breakdown
автостоя́нка	car park
выключа́ть/вы́ключить ско́рость (f.)	to engage gear
въе́зд на автостра́ду	slip road on to the motorway, entry ramp
давле́ние	pressure
замедля́ться/заме́длиться	to slow down
заправля́ться/запра́виться (запра́влюсь/запра́вишься)	to fill up
ограниче́ние ско́рости	speed restriction
маши́ну занесло́ pf.	the car skidded
набира́ть/набра́ть (наберу́ наберёшь) ско́рость	to pick up speed
объе́зд	by-pass
пра́во прохо́да/прое́зда	right of way
проверя́ть/прове́рить	to check
разгоня́ться/разогна́ться (разгоню́сь разго́нишься)	to accelerate
съе́зд с автостра́ды	slip road off the motorway, exit ramp
техобслу́живание (отдава́ть [отдаю́ отдаёшь]/отда́ть [отда́м отда́шь] маши́ну на техобслу́живание)	service (to put a car in for a service)
тормози́ть (торможу́ тормози́шь)/за-	to brake

Impersonal construction: маши́ну занесло́ is an example of an impersonal construction in which the object of a verb (usually in the neuter past tense) appears in the accusative, cf. ло́дку кача́ло 'the boat was pitching and tossing'.

Rail transport

бу́фер (pl. буфера́)	buffer
метроста́нция	underground station
локомоти́в	engine
парово́з	steam engine
ре́льс	rail
сезо́нный биле́т	season ticket
това́рный по́езд	freight train
у́зел (gen. узла́)	junction
шпа́ла	sleeper

English plural perceived as singular: ре́льс (plural ре́льсы) apparently results from a misconception that English 'rails' is a singular noun.

Air transport

авиадиспе́тчер	air-traffic controller
вре́мя регистра́ции	check-in time
за́л прилёта	arrivals lounge
изли́шек багажа́	excess luggage
нало́г	tax

Shipping

ба́ржа	barge
ко́мпас	compass
кораблекруше́ние (терпе́ть [терплю́ те́рпишь])/по-кораблекруше́ние)	shipwreck (to be shipwrecked)
корма́ (на корме́)	the stern (in the stern)
ко́рпус (pl. корпуса́)	hull
ма́чта	mast
мо́стик	bridge
но́с (на носу́)	bow (in the bow)
па́дать/упа́сть (упаду́ упадёшь) за́ борт	to fall overboard
подво́дная ло́дка	submarine
при́стань (f.)	landing stage, jetty
пришварто́вываться/ пришвартова́ться (пришварту́юсь пришварту́ешься)	to moor
та́нкер	tanker
тра́улер	trawler

Exercises

Level 2

(1) Grammar and stress

1. Mobile vowel. Which of the following does *not* have a mobile vowel in declension?

1. бу́фер	2. зада́ток	3. изли́шек	4. у́зел

2. Gender. Which of the following soft-sign nouns is the odd one out (is feminine)?

1. контро́ль	3. при́стань	5. указа́тель
2. переключа́тель	4. ру́ль	

3. Stress. Which noun in each of the following series takes end stress in declension?

I

1. домкра́т	2. капо́т	3. ключ

II

1. бензоба́к	2. нало́г	3. ярлы́к

III

1. ру́ль	2. та́нкер	3. тра́улер

4. Masculine plural in -á. Which of the following does *not* have a plural in stressed -á?

1. бу́фер	2. ко́мпас	3. ко́рпус	4. по́вар	5. по́езд	6. то́рмоз

5. Verb conjugation

I Second-conjugation verbs with consonant change in the first-person singular (в/вл д/ж з/ж с/ш ст/щ). In the following examples, replace third-person forms with first-person singular forms:

Third-person forms	First-person forms
1. Она́ бро́дит по́ лесу.	Я . . . . по́ лесу.
2. О́н заку́сит пе́ред доро́гой.	Я . . . . пе́ред доро́гой.
3. Он запра́вится ди́зельным то́пливом.	Я . . . . ди́зельным то́пливом.
4. Она́ отпу́стит сцепле́ние.	Я . . . . сцепле́ние.
5. Она́ тормози́т у перее́зда.	Я . . . . у перее́зда.

II Verbs in -овать/-ировать. Replace past-tense by present/future-tense forms:

Past-tense forms	Present/future-tense forms
1. Я регистри́ровался на ре́йс № BA1368.	Я . . . . на ре́йс № BA 1368.
2. Она́ страхова́ла жизнь на миллио́н рубле́й.	Она́ . . . . жизнь на миллио́н рубле́й.
3. Та́нкер швартова́лся у при́стани.	Та́нкер . . . . у при́стани.

III Second-conjugation verbs in -ать and -еть. Insert appropriate present-tense verb forms:

1. Э́та ва́за . . . . опла́те по́шлиной.	2. Су́дно . . . . кораблекруше́ние.

IV First-conjugation verbs with stems ending in a consonant. Insert appropriate future perfective forms of 1. **набра́ть** 2. **разогна́ться** and 3. **упа́сть:**

1. Маши́на . . . . ско́рость.	3. Он . . . . за́ борт.
2. Велосипеди́ст	

V Conjugate **сдать** in all persons, singular and plural:

6. Prepositions.

I Prepositions that take the genitive. Fill the gaps with appropriate prepositions (**для, от, с**):

Для, от or с + genitive?		
1. ваго́н [.] некуря́щих	2. страхова́ть [.] пожа́ра	3. съе́зд [.] автостра́ды

II Prepositions that take the accusative (**за, на**) (which is the odd one out?):

За or на + accusative?		
1. въезд [.] автостра́ду	2. окно́ выхо́дит [.] дво́р	3. па́дать [.] борт

III Prepositions that take **в/на** + prepositional case (which is the odd one out?):

В or на + prepositional?		
1. Она́ [.] командиро́вке	2. Я стою́ [.] корме́	3. Мы стои́м [.] носу́

(2) Recognition and diffentiation

7. Opposites. Match up the opposites:

1. включи́ть сцепле́ние	a. заме́длиться
2. въе́зд на автостра́ду	b. отпусти́ть сцепле́ние
3. но́с	c. корма́
4. разогна́ться	d. съе́зд с автостра́ды

8. Noun + genitive qualifier. Match up the columns:

I Noun	Gen. qualifier	II Noun	Gen. qualifier
1. клю́ч	a. переда́ч	1. изли́шек	a. старины́
2. коро́бка	b. прое́зда	2. па́мятник	b. поворо́та
3. пра́во	c. зажига́ния	3. указа́тель	c. багажа́

9. Other meanings. Find in the dictionary other meanings of the following words:

	Other meanings
1. ава́рия	
2. ко́рпус	
3. похо́д	
4. ру́ль	
5. у́зел	

10. Convert the following adjective + noun phrases into single prefixed nouns:

Full form	Abbreviated form
авиацио́нный диспе́тчер	1. авиадиспе́тчер
автомоби́льная стоя́нка	2.
бензи́новый ба́к	3.
техни́ческое обслу́живание	4.

11. Railway/car/shipping terms. Distribute the terms to appropriate columns:

Railway terms	Car terms	Shipping terms
1.	1.	1.
2.	2.	2.
3.	3.	3.
4.	4.	4.

(ба́ржа, бу́фер, капо́т, ко́мпас, ма́чта, мо́стик, парово́з, радиа́тор, ре́льс, сцепле́ние, ши́на, шпа́ла)

12. Find the right word!

I English clues	Russian solutions
1. to have a casual meal (8)	з . . . . . .
2. a business trip (12)	к . . . .
3. distance travelled (7)	п . . . . .
4. ambassador's residence (10)	п . . . .
5. worker who handles luggage (9)	н . . . .
6. sum paid as a first instalment (7)	з . . . . .
7. a place for camping (7)	к . . . . .
8. beam used as support for rails (5)	ш . . .

II Russian clues	Russian solutions
1. де́ньги, дава́емые «на ча́й» (6)	ч . . . .
2. механи́зм для уменьше́ния ско́рости (6)	т . . . .
3. свобо́дный от по́шлины (12)	б . . . .
4. у́зкая доро́жка (8)	т . . . . . .
5. лёгкое кре́сло для сиде́нья полулёжа (7)	ш . . . . .
6. механи́зм для подъёма автомоби́ля (7)	д . . . . .
7. у́жин и т.п. без дли́тельных приготовле́ний (1–2 б)	а- . . . .

III Match the definitions to the words below
1. ме́сто, по кото́рому мо́жно объе́хать что́-нибудь
2. фона́рь в пере́дней ча́сти автомоби́ля
3. вы́ход из стро́я како́го-нибудь механи́зма
4. маши́на, дви́жущаяся по ре́льсам
5. рабо́тник, координи́рующий движе́ние тра́нспорта
6. рези́новый о́бруч на о́боде колеса́
7. де́ньги, взима́емые госуда́рством с гра́ждан

(ава́рия, диспе́тчер, локомоти́в, нало́г, объе́зд, фа́ра, ши́на)

13.

I Match neuter adjectives to neuter nouns:

1. бага́жное	a. стекло́
2. ветрово́е	b. колесо́
3. запасно́е	c. бога́тство
4. национа́льное	d. отделе́ние

II Match masculine adjectives to masculine nouns:

1. бага́жный	a. тра́нспорт
2. обще́ственный	b. контро́ль
3. пограни́чный	c. стол
4. спра́вочный	d. ярлы́к

III Select appropriate masculine nouns from the brackets:

1. кана́тный	a.
2. общенаро́дный	b
3. пешехо́дный	c.
4. туристи́ческий	d.

(аге́нт, подъёмник, пра́здник, тури́зм)

IV Select appropriate masculine nouns:

1. га́ечный	a.
2. доро́жный	b.
3. сезо́нный	c.
4. шве́дский	d.

V Select appropriate nouns to go with:
A подво́дная . . . .
B рабо́чие . . . .

(3) Translation and dictionary skills

14. Translate into English with the help of a dictionary:

1. Пре́жде чем соверши́ть загранпое́здку, обяза́тельно на значи́тельную су́мму застрахова́ть свою́ жизнь и бага́ж от тера́кта и́ли друго́й катастро́фы.
2. В метро́ слы́шишь таки́е объявле́ния: «Осторо́жно, две́ри закрыва́ются!» «Ста́нция Василеостро́вская, сле́дующая ста́нция «Гости́ный двор!»
3. Снача́ла каза́лось, что изда́тель-миллионе́р упа́л за́ борт и что он утону́л, пото́м ста́ло я́сно, что он поко́нчил с собо́й самоуби́йством, боя́сь, что ему́ предъя́вят обине́ние в том, что испо́льзовал пенсио́нный фонд рабо́тников изда́тельства в ли́чных интере́сах.
4. Америка́нцы сня́ли фильм под назва́нием «Кра́сный Октя́брь», по одноимённому рома́ну америка́нского а́втора То́ма Клэ́нси, о капита́не сове́тской подво́дной ло́дки, кото́рый «да́рит» свою́ подло́дку америка́нскому фло́ту. В са́мом де́ле был тако́й слу́чай, гла́вным уча́стником кото́рого был капита́н тре́тьего ра́нга Ви́ктор Са́блин, замполи́т противоло́дочного корабля́ «Сторожево́й», 8 ноября́ 1975 го́да напра́вившийся в откры́тое мо́ре из Ри́ги по направле́нию к Ленингра́ду, в наде́жде вы́ступить по телеви́зору и привле́чь внима́ние свои́х согра́ждан к серьёзным недоста́ткам бре́жневского режи́ма. Одна́ко, самолёты ВВС (Вое́нно-возду́шных сил) догна́ли его́ и проби́ли па́лубу корабля́ раке́тами. Са́блин измени́л курс по направле́нию к Шве́ции, но был перехва́чен, аресто́ван и расстре́лян за изме́ну ро́дине.

15. Translate into Russian with the help of a dictionary:

1. The arrivals hall is full of passengers filling in their customs declaration forms before getting in the queue for immigration control.
2. Those who had no objects liable for customs duty passed through the green channel, the rest passed through the red channel.
3. You can buy duty-free goods before and during flights to countries situated outside the European Union.
4. The thief broke into a car, got behind the wheel, turned the ignition key, let out the clutch, engaged first gear and raced down the road, but the car skidded on the ice and he had to brake. A passing policeman noted down the number on the car's number plate.
5. She put her car for a service and asked the mechanic to check the brakes, lights, indicators, steering wheel and tyre pressure.

16. Which in each of the following series of loans is *not* of French origin?

I

1. а-ля́ фурше́т	2. капо́т	3. то́рмоз

II

1. фа́ра	2. шезло́нг	3. ярлы́к

Level 3

General

би́знес-кла́сс	business class
брони́ровать (брони́рую брони́руешь) impf./pf. or /за-	to reserve
допла́та	supplement, surcharge
допла́чивать/доплати́ть (доплачу́ допла́тишь)	to pay in addition
доро́жный че́к	traveller's cheque
иммиграцио́нная слу́жба	immigration service
ка́мера хране́ния	left-luggage office
металлоиска́тель (m.)	metal detector
накле́йка	sticker
наруше́ние су́точного ри́тма	jet lag
одноме́стный но́мер (pl. номера́)/двухме́стный но́мер	single room/double room
отменя́ть/отмени́ть	to cancel
по́езд (pl. поезда́) да́льнего сле́дования	long-distance train
тамо́женный досмо́тр	customs control
часово́й по́яс (pl. часовы́е пояса́)	time zone

Word origins: брони́ровать/бро́ня (на биле́т) (ticket reservation) are based on бронирова́ть 'to armour'/броня́ 'armour' (probably of Gothic, ultimately Celtic origin), sharing with them an element of protection.

Cognates: накле́йка is cognate with накле́ивать/накле́ить на + acc. 'to stick onto'.

Tourism, accommodation, and facilities

моте́ль (m.)	motel
несезо́нный	off-season
обще́ственное пита́ние	catering
отмы́чка	master key

разга́р сезо́на	high season
самообслу́живание	self-catering
с ва́нной	with ensuite
сезо́нный	seasonal

Cognates: отмы́чка is cognate with отмыка́ть/отомкну́ть 'to unlock'.

Sightseeing, entertainment, catering

барбекю́ (n. indecl.)	barbecue
до́м-уса́дьба (m.)	stately home
за́мок (gen. за́мка)	castle
насле́дие	heritage
прохлади́тельный напи́ток (gen. прохлади́тельного напи́тка)	soft drink
эстра́дное представле́ние	floor show

Word origins: за́мок is ultimately from Polish *zamek* 'lock, castle' (-ок maybe under the influence of much older замо́к 'lock'), a calque from German (cf. Middle High German *sloz* 'lock', German *Schloss* 'lock, castle').

Road transport

авари́йная слу́жба	breakdown service
ава́рия	breakdown
автомоби́ль с откидны́м ве́рхом	convertible
автоприце́п	caravan
амортиза́тор	shock absorber
бага́жник	boot (US trunk)
ба́мпер	bumper
бескаме́рная ши́на	tubeless tyre
боково́е зе́ркало	side mirror
вездехо́д	four-wheel drive
вы́хлоп (выхлопна́я труба́)	exhaust (exhaust pipe)
глуши́тель m.	silencer
запча́сти (gen. запчасте́й)	spare parts
звуково́й сигна́л	horn
зе́ркало за́днего ви́да	rear-view mirror
карбюра́тор	carburettor
ку́зов (pl. кузова́)	body, bodywork
ла́мпа за́днего хо́да	reversing light
мотороллер	scooter
пане́ль (f.)	dashboard
ось (f.)	axle
перейти́ на бли́жний све́т, на да́льний све́т	to dip headlights, to go full beam

пика́п	pick-up truck
пла́та за по́льзование доро́гой	toll charge
полоса́ (асс. по́лосу pl. по́лосы поло́с полоса́м)	lane
поду́шка безопа́сности	air bag
прибо́ры (gen. прибо́ров)	instruments
прока́лывать/проколо́ть (проколю́ проко́лешь)	to puncture
проко́л (закле́ивать/ закле́ить проко́л)	puncture (to mend a puncture)
путепрово́д	flyover, underpass
раздели́тельная полоса́	central reservation
ремо́нт	repair
ремонти́ровать (ремонти́рую ремонти́руешь)/от-	to repair
ручно́й то́рмоз	handbrake
ря́д (в ряду́) (pl. ряды́)	lane
све́чи (gen. свече́й)	sparking plugs
спидо́метр	speedometer
ста́ртер	starter
стеклоочисти́тель (m.)	windscreen wiper
сто́п-сигна́л	brake light
техосмо́тр	check-up, MOT
у́лица с односторо́нним движе́нием	one-way street
универса́л	estate car
хэ́чбек	hatch-back
эстака́да	flyover

Word origins and cognates: (1) ава́рия is from Italian *avaria* 'damage' (2) зе́ркало is cognate with зре́ть 'to see' (3) cf. мотеро́ллер and German *Motorroller* id. (4) ремо́нт is from French *remonte*, originally 'supply of horses to the regiments', later used for any repair (5) свеча́ 'candle' is cognate with свет 'light'. The meaning 'sparking plug' is calqued from French *bougie* 'candle, sparking plug' or German *Kerze* id.

Rail transport

де́лать/с- переса́дку	to change vehicles
на́сыпь (f.)	embankment
се́тка	luggage rack
электри́чка	suburban commuter train

Word origins: электри́чка is an abbreviation of электри́ч[еский по́езд] +ка.

Air transport

авиали́ния	airline
беспоса́дочный	non-stop
взлётно-поса́дочная полоса́	runway
вы́нужденная поса́дка	forced, emergency landing
грузово́й отсе́к	aircraft hold
каби́на	cockpit
кондициони́рование во́здуха	air conditioning
назе́мный персона́л	ground staff
откидно́й сто́лик	foldaway table
прохо́д	aisle
разма́х крыла́	wing span
реакти́вный аэро́бус	jumbo jet
ручно́й бага́ж (gen. ручно́го бага́жа)	hand luggage
рыча́г управле́ния (gen. рычага́ управле́ния)	joystick
сади́ться (сажу́сь сади́шься)/сесть (ся́ду ся́дешь) на́ море	to land on the sea
угоня́ть/угна́ть (угоню́ уго́нишь)	to hijack
ча́ртерный рейс	charter flight

Shipping

аэрохо́д	hovercraft
букси́р	tug
букси́ровать (букси́рую букси́руешь) impf.	to tow
ва́хтенный журна́л	logbook
гидросамолёт	seaplane
гребно́й ви́нт (gen. гребно́го винта́)	propeller
грузово́е су́дно (pl. грузовы́е суда́)	cargo vessel
иллюмина́тор	porthole
кильва́тер	wake
маши́нное отделе́ние	engine room
мая́к (gen. маяка́)	lighthouse
отча́ливать/отча́лить	to cast off
паро́м	ferry
плот (на плоту́)	raft (on a raft)
порт (в порту́) захо́да	port (at a port) of call
перепра́ва	crossing
руль m. (gen. руля́)	rudder
спаса́тельный жиле́т	life-jacket

судно (pl судá) на подвóдных кры́льях	hydrofoil
торгóвое сýдно (pl. торгóвые судá)	merchant vessel
трáп	gangway
трубá	funnel
трю́м	hold

Word origins: (1) буксúр/буксúровать 'to tow' are of Germanic origin, cf. German *bugsieren* id. (2) кильвáтер is seemingly from Dutch *kielwater* id. (3) трáп is from Dutch *trap* 'stairs' and is cognate with German *Treppe* id. (4) трю́м is from Dutch *ruim*, with retention of prosthetic *t'*.

Exercises

Level 3

(1) Grammar and stress

1. Gender.

I **Which is the odd one out in the series of three?**

1. глушúтель	2. нáсыпь	3. рýль

II **and in this series of three?**

1. металлоискáтель	2. мотéль	3. óсь

2. Masculine plural in -á. Which of the following five does *not* have a plural in -á?

1. буксúр	2. кýзов	3. нóмер	4. пóезд	5. пóяс

3. Stress in declension. Which of the following does *not* have end stress in declension:

1. вúнт	2. маáк	3. ремóнт	4. рычáг

4. Masculine prepositional case in -ý. Which of the following does *not* have a prepositional case in -ý?

1. плóт	2. пóрт	3. ря́д	4. трáп

5. Prepositions.

I **Prepositions that take the accusative (за or на):**
За or на? Fill the gaps:

1. Доплата [.] багаж.	4. Плата [.] пользование дорогой.
2. Магазин закрыт [.] ремонт.	5. Таксист сёл [.] руль.
3. Он перешёл [.] ближний свет.	

II **Prepositions that take the genitive, instrumental or prepositional case. Insert appropriate prepositions:**

1. Баржа отчалила [.] пристани.	3. Улица [.] односторонним движением.
2. Судно [.] подводных крыльях.	

6. Conjugation.

I **Verbs in -ировать. Replace past-tense forms by present-tense forms:**

Past-tense forms	Present-tense forms
1. Он бронировал место в вагоне.	Он . . . . место в вагоне.
2. Я ремонтировал электроприборы.	Я . . . . электроприборы.

II **Second-conjugation verbs with consonant change (д: ж т: ч) in the first-person singular. Replace third-person singular forms by first-person singular forms.**

1. Он доплатит сто рублей за багаж.	Я . . . . сто рублей за багаж.
2. Она садится за стол.	Я . . . . за стол.

III **First-conjugation verbs with consonant stems (проколоть and сесть). Insert future perfective forms:**

1. Хулиган . . . . шину гвоздём.	2. Гидросамолёт . . . . на море.

(2) Recognition and differentiation

7. Other meanings. Find other meanings of the following words in the dictionary:

1. винт	
2. камера	
3. кузов	
4. пересадка	
5. пояс	
6. свеча	
7. труба	

8. Match up the opposites:

I

1. брони́ровать	a. ме́сто у прохо́да
2. ме́сто у окна́	b. прича́лить
3. отча́лить	c. отменя́ть

II

1. алкого́льный напи́ток	a. тури́стский кла́сс
2. би́знес-кла́сс	b. ча́ртерный рейс
3. регуля́рный рейс	c. прохлади́тельный напи́ток

9. Find the right words!

I Russian clues	Russian solutions
1. ба́шня с сигна́льными огня́ми (4)	м . . .
2. открыва́ет любо́й замо́к (7)	о . . . . . .
3. дополни́тельная пла́та (7)	д . . . . . .
4. гости́ница для автотури́стов (6)	м . . . . .
5. объяви́ть недействи́тельным (8)	о . . . .
6. ме́сто на корабле́ для гру́зов (4)	т . . .
7. дворе́ц и кре́пость феода́ла (5)	з . . . .
8. духо́вная жизнь, унасле́дованная от пре́жних поколе́ний (8)	н . . . .

II Match up the columns. Words	Descriptions
1. амортиза́тор	a. ле́стница на суда́х
2. бага́жник	b. устро́йство для сниже́ния шу́ма
3. вездехо́д	c. отве́рстие в ши́не / в ка́мере
4. глуши́тель	d. род мотоци́кла
5. моторо́ллер	e. смягча́ет си́лу уда́ра
6. проко́л	f. ме́сто в маши́не для багажа́
7. трап	g. передвига́ется по труднопроходи́мой ме́стности

III Russian clues (no initial letters)	Russian solutions
1. бу́фер автомоби́ля (6)	
2. окно́ на корабле́ (11)	
3. ме́сто пило́та в самолёте (6)	
4. указа́тель ско́рости (9)	
5. устро́йство для пу́ска дви́гателя (7)	
6. укра́сть тра́нспортное сре́дство (6)	
7. электри́ческий по́езд (10)	

10. Simile and phraseology.

I Translate into English:

За́мок как велика́н (о большо́м, масси́вном, ви́дном издалека́ за́мке).

II Find an English equivalent for: Назва́лся гру́здем, полеза́й в ку́зов.

11. Genitive qualifiers.

I Match up the columns to form appropriate phrases:

1. ка́мера	a. безопа́сности
2. кондициони́рование	b. крыла́
3. поду́шка	c. во́здуха
4. разма́х	d. хране́ния

II Supply the final component:

1. зе́ркало за́днего	3. наруше́ние су́точного . . . .
2. ла́мпа за́днего	4. по́езд да́льнего . . . .

12. Adjective-noun phrases. Masculine nouns.

I Match the columns:

Adjectives	Nouns
1. гребно́й	a. сто́лик
2. откидно́й	b. аэро́бус
3. реакти́вный	c. ви́нт

II **Select nouns from the bracketed list below:**

Adjectives	Nouns
1. назе́мный	
2. прохлади́тельный	
3. ручно́й	
4. тамо́женный	

(досмо́тр, напи́ток, персона́л, то́рмоз)

III **Fill the gaps with appropriate adjective-noun phrases:**

1. Во вре́мя путеше́ствия капита́н вёл в . . . . ж . . . .
2. Д . . . . ч . . . . хороши́ те́м, что, е́сли их потеря́ть, сра́зу даю́т но́вые.
3. В Росси́йской Федера́ции оди́ннадцать ч . . . . п . . . .
4. Пассажи́ры беру́т с собо́й на́ борт самолёта то́лько р . . . . б . . . .
5. Друго́й бага́ж помеща́ют в г . . . . о . . . .
6. Услы́шав з . . . . с . . . . такси́ста, он вы́бежал на у́лицу.
7. Су́дно на́чало опроки́дываться, и пассажи́ры наде́ли с . . . . ж . . . .

13. Adjective-noun phrases. Feminine and neuter nouns.

I **Match up the columns:**

1. выхлопна́я	a. полоса́
2. иммиграцио́нная	b. труба́
3. раздели́тельная	c. слу́жба

II **Fill the gaps with appropriate adjective-noun phrases:**

1. Оди́н мото́р загоре́лся, и пило́ту пришло́сь соверши́ть в . . . . п . . . .
2. В слу́чае ава́рии, ну́жно вы́звать а . . . . с . . . .
3. И . . . . с . . . . ограни́чивает прито́к иммигра́нтов в страну́.
4. Тру́дно проколо́ть б . . . . ш . . . .

Neuter nouns.

I **Match up the columns:**

1. маши́нное	a. пита́ние
2. обще́ственное	b. су́дно
3. торго́вое	c. представле́ние
4. эстра́дное	d. отделе́ние

II **Fill the gap with an appropriate adjective-noun phrase:**

В б . . . . з . . . . я ви́дел, как гаи́шник подъезжа́ет.

(3) Translation and dictionary drill

14. Translate into Russian, with the aid of a dictionary:

1. He booked a seat in tourist class but decided to switch to business class and paid with traveller's cheques, since he had no cash left.
2. On take-off or landing it is essential to stow away the foldaway table and fasten seat belts.
3. The MOT involves the exhaust pipe, the horn, the axles, sparking plugs and windscreen wipers.
4. The terrorists hijacked the jumbo jet with several hundred passengers on board and ordered the pilot to change course and fly to Afghanistan.
5. Many people still remember the Norwegian Thor Heyerdahl, the anthropologist who in 1947 sailed on the raft *Kon Tiki* from Peru to the island of Tuamotu in the Pacific Ocean, to prove that Peruvian Indians could have settled in Polynesia.
6. The Soviet airline Aeroflot used to be the largest in the world, but its aircraft flew mainly within the Soviet 'bloc'. After the collapse of the USSR, Aeroflot was subdivided into a number of smaller airlines and began to compete on the world market.
7. A prudent driver always keeps an eye on the dashboard instruments and keeps a set of spare parts in the car.
8. The brake light came on, but several seconds too late, and the cars collided.
9. Hand luggage must be placed either in the luggage compartment or under the seat in front of the passenger.
10. Moscow has changed so much that art experts ask what will remain of the capital's architectural heritage.

(4) Word origins

15. Find the odd one out in each of the following series of loan words/calques:

I

1. за́мок	2. кильва́тер	3. тра́п

II

1. ава́рия	2. ремо́нт	3. свеча́

III

1. букси́ровать	2. мотором́ллер	3. трюм

Additional vocabulary

экономи́ческий класс	economy class	челно́чный маршру́т	shuttle service
иммиграцио́нная ка́рта	landing card	вы́емка	cutting
		кла́пан	valve
автома́т по прода́же биле́тов	ticket vending machine	бортинжене́р	flight engineer
		нау́шники	earphones
тало́н (на + acc.)	voucher (for)	авиано́сец (gen. авиано́сца)	aircraft carrier
транзи́тный пассажи́р	transit passenger		
		такела́ж	rigging
включа́ющий в себя́	inclusive	зака́нчивается регистра́ция на + acc.	last call for
сухо́й паёк	packed lunch		
ка́рта го́рода	city map		
путёвка, ту́р	package tour	коле́я	railway track, gauge
молодёжный хо́стел	youth hostel	контейнерово́з	container ship
бед-энд-бре́кфаст, пансио́н	bed and breakfast	люкс (adjective)	luxury
		междугоро́дный	inter-city
обслу́живание за сто́ликами	table service	обслу́живание в но́мере	room service
ко́нчился бензи́н	out of petrol	охраня́емый госуда́рством	under government protection, listed
потребля́ть/потреби́ть	to consume		
прице́п	trailer	стоя́ночный счётчик	parking meter
пробе́г автомоби́ля в ми́лях	mileage	стре́лка	point (US switch)
		стре́лочник	signalman
спорти́вно-оздорови́тельный ко́мплекс	leisure centre	фуникулёр	cable car
		шка́фчик	locker
тури́стский автоприце́п	caravan		

Unit 13

Family, birth, death, and marriage

Level 1

The family

ба́бушка	grandmother
бра́т (pl. бра́тья бра́тьев)	brother
двою́родный бра́т/ двою́родная сестра́	cousin
де́душка (m.)	grandfather
до́чь (f.) (gen. до́чери instr. до́черью) (pl. до́чери дочере́й дочеря́м дочерьми́)	daughter
дя́дя (m.)	uncle
ма́ть (f.) (decl. as до́чь but instr. pl. матеря́ми)	mother
мла́дший	younger, youngest
оте́ц (gen. отца́)	father
племя́нник/племя́нница	nephew/niece
роди́тели (gen. роди́телей)	parents
ро́дственник/ро́дственница	relative
семья́ (pl. се́мьи семе́й се́мьям)	family
сестра́ (pl. сёстры сестёр сёстрам)	sister
ста́рший	elder, eldest
сы́н (pl. сыновья́ сынове́й)	son
тётя	aunt

Word origins: (1) дя́дя and тётя are reduplicated forms originating in childish prattle (2) мла́дший is a non-pleophonic cognate of молодо́й 'young' (-ла-/-оло-) (3) оте́ц is an originally childish form of address (cf. Greek *atta*, whence Attila) (4) племя́нник is a derivative of пле́мя 'tribe'.

Grammar note: де́душка and дя́дя decline like feminine nouns, but qualifiers are masculine (ста́рый де́душка, до́брый дя́дя). Note accusative ста́рого де́душку, до́брого дя́дю.

Birth

бере́менная	pregnant
бере́менность (f.) (на шесто́м ме́сяце бере́менности)	pregnancy (six months pregnant)
бу́дущая ма́ть	expectant mother
роди́ть (рожу́ роди́шь) impf./pf. or impf. рожа́ть	to give birth (to)
роди́ться impf./pf. (рожу́сь роди́шься)	to be born

Cognates: бере́менная is a pleophonic cognate of бре́мя 'burden' (-ере-/-ре-).

Marriage

бра́к	marriage
влюбля́ться/влюби́ться (влюблю́сь влю́бишься) (в + acc.)	to fall in love (with)
выходи́ть (выхожу́ выхо́дишь)/вы́йти (вы́йду вы́йдешь) (past вы́шла) за́муж (за + acc.)	to get married (to a man)
жена́ (pl. жёны)	wife
жени́ться impf./pf. (на + prep.)	to get married (to a woman)
жени́х (gen. жениха́)	bridegroom, fiancé
му́ж (pl. мужья́ муже́й)	husband
неве́ста	bride, fiancée
обруча́льное кольцо́	wedding ring
разво́д	divorce
разводи́ться (развожу́сь разво́дишься)/развести́сь (разведу́сь разведёшься) (развёлся развела́сь) (с + instr.)	to get divorced (from)
сва́дьба (золота́я)	wedding (golden)
свиде́тель (m.)	witness

Word origins: (1) бра́к is cognate with бра́ть 'to take', a reference to 'taking a bride' from another tribe, cf. бра́ть в жёны 'to take a wife' (бра́к 'defective products' is from a Low German root meaning 'break' and is a homonym of бра́к 'marriage') (3) жена́ is cognate with Greek *gune* 'woman' (cf. English 'gynaecology') (4) неве́ста means literally 'unknown' (to her future in-laws) (5) сва́дьба was originally сва́тьба, with т voicing to д before б, from сва́тать 'to marry off to', сва́т 'matchmaker'.

Death

опла́кивать impf.	to mourn
сме́рть (f.)	death
умира́ть/умере́ть (умру́ умрёшь) (у́мер умерла́) (от + gen.)	to die (from)

Russian ecclesiastical terms: Orthodoxy became the official state religion of Russia in 988. Very many ecclesiastical terms were adopted from Greek, usually via Old Church Slavonic, the language of the Church, including ева́нгелие 'gospel', епи́скоп 'bishop', ико́на 'icon', монасты́рь 'monastery', мона́х 'monk', па́сха 'Easter', правосла́вие 'orthodoxy' (a calque of *orthodoxia*, from *orthos* 'correct', *doxa* 'opinion'), собо́р 'cathedral' (a calque of Greek *synagoge*) and others (see also levels 2 and 3). Би́блия 'Bible' is from Latin.

Religion (би́блия and ико́на appear in the above list)

будди́ст	Buddhist
евре́й/евре́йка	Jew/Jewess
инду́с	Hindu
исла́м	Islam
като́лик/католи́чка	Catholic
мусульма́нин (pl. мусульма́не)	Muslim
правосла́вная це́рковь	Orthodox Church
христиани́н/христиа́нка	Christian

Belief and worship

богослуже́ние	service
ве́ра (в + acc.)	faith, belief (in)
ве́рующий (adj. noun)	believer
душа́	soul
моли́ться impf. (о + prep.)	to pray (for)
на́божный	pious
посвящён в свяще́нники	ordained

Grammatical note: свяще́нники, ostensibly the nominative plural of свяще́нник 'priest', is in fact here a historical accusative.

Clergy

архиепи́скоп	archbishop
епи́скоп	bishop
мона́х/мона́хиня	monk/nun

Religious buildings

же́нский монасты́рь	convent
кре́ст (gen. креста́)	cross
мече́ть (f.)	mosque
(мужско́й) монасты́рь (m.)	monastery
синаго́га	synagogue
собо́р	cathedral
це́рковь (f.) (gen. це́ркви instr. це́рковью) (pl. це́ркви церкве́й церква́м)	church
часо́вня	chapel

Word origins: церковь is probably from late Greek *kurikon* 'God's house', *kurios* 'lord', *Kurios* 'Christ', with k changing to ц. Cf. German *Kirche*.

Religious festivals

Пáсха	Easter
Рождествó	Christmas

Word origins: Пáсха is, via Church Slavonic, from Greek *Pascha* 'Passover or Paschal feast, Paschal lamb', ultimately Hebrew *pesah* 'passover'. Cf. Italian *Pasqua* 'Easter'.

Exercises

Level 1

(1) Grammar and stress

1. Stress. Which is the odd one out in the following series (does *not* have end stress in declension)?

1. брáк	2. женúх	3. крéст	4. монасты́рь

2. Gender of soft-sign nouns. Which is the odd one out in each of the following two series (has *masculine* gender)?

I		
1. дóчь	2. свидéтель	3. смéрть

II		
1. мечéть	2. монасты́рь	3. цéрковь

3. Conjugation of verbs.
I Verbs with consonant change in the first-person singular (в/вл д/ж). Replace third-person singular by first-person singular forms:

1. Óн когдá-нибудь влю́бится в красáвицу и жéнится на ней.	Я . . . .
2. Онá выхóдит зáмуж за юрúста.	Я . . . .

II Роди́ться/умере́ть. Place appropriate past forms of the verbs in the gaps:

Пётр I («Вели́кий») . . . . в 1672 году́ и . . . . в 1725 году́.	
Екатери́на II («Вели́кая») . . . . в 1729 году́ и . . . . в 1796 году́.	

4. Prepositions.

I Prepositions that take the accusative (в + acc., за + acc., на + acc.). Supply the correct prepositions in the following:

B + acc., за + acc. or на + acc.?	B + acc., за + acc. or на + acc.
1. Звони́ли в колокола́ [.] Па́сху.	4. Она́ вы́шла за́муж [.] Ива́на.
2. Он был посвящён [.] свяще́нники.	5. Торже́ственное богослуже́ние [.] Рождество́.
3. Ве́ра [.] Бо́га.	

II Prepositions that take the prepositional (на and о). Fill the gaps and say which is the odd one out (takes a different preposition from the other two):

1. Моли́лись [.] спасе́нии её души́.	3. [.] пя́том ме́сяце бере́менности.
2. Он жена́т [.] учи́тельнице.	4. Я жени́лся [.] медсестре́.

III За + instrumental, от + genitive, с + instrumental. Supply appropriate prepositional phrases (preposition + noun) based on the noun in square brackets:

1. Она́ за́мужем [Пётр].	2. Он развёлся [Ма́ша].	3. Он у́мер [ста́рость].

5. Masculine/feminine equivalents.
I Give the feminine equivalents of:

Masculine	Feminine equivalent	Masculine	Feminine equivalent
1. брат		5. муж	
2. де́душка		6. оте́ц	
3. дя́дя		7. сын	
4. жени́х			

II Plural nouns. Give the masculine equivalents of:

Feminine plurals	Masculine plurals	Feminine plurals	Masculine plurals
1. ба́бушки		5. неве́сты	
2. до́чери		6. сёстры	
3. жёны		7. тёти	
4. ма́тери			

(2) Recognition and differentiation

6. Моли́ться. Куда́ они́ хо́дят моли́ться?

1. Евре́и хо́дят моли́ться в . . . .
2. Инду́сы хо́дят моли́ться в . . . .
3. Мусульма́не хо́дят моли́ться в . . . .
4. Христиа́не хо́дят моли́ться в . . . .

7. Find the right words!

I English clues	Russian solutions
1. having young in the womb (10)	б . . . .
2. legal union of man and woman (4)	б . . .
3. woman on her wedding day (7)	н . . . . . .
4. legal dissolution of a marriage (6)	р . . . . .
5. marriage ceremony (7)	с . . . . . .
6. Christian scriptures (6)	б . . . . .

II English clues	Russian solutions
1. painting or mosaic of a sacred person (5)	и . . . .
2. someone professing Christianity (10)	х . . . .
3. a believer in Islam (11)	м . . . .
4. to make supplication to God (8)	м . . . .
5. meeting of believers for worship (12)	б . . . .
6. devoutly religious (8)	н . . . .

III Match the columns	
1. будди́ст	a. гру́ппа бли́зких ро́дственников
2. като́лик	b. чле́н религио́зной общи́ны
3. мона́х	c. после́дователь будди́зма
4. семья́	d. иудаи́стский храм
5. синаго́га	e. ма́ленькое зда́ние для богослуже́ний с ико́нами
6. часо́вня	f. после́дователь католици́зма

8. Opposites. Match up the opposites:

1–4		a–d	
1. атеи́ст	3. мла́дший	a. развести́сь	c. умере́ть
2. жени́ться	4. роди́ться	b. ста́рший	d. ве́рующий

9. Adjective/noun phrases. Match the columns to create appropriate phrases:

I Masculine adjectives	Masculine nouns
1. двою́родный	a. монасты́рь
2. же́нский	b. бра́т

II Feminine adjectives	Feminine nouns
1. бу́дущая	a. сва́дьба
2. золота́я	b. це́рковь
3. правосла́вная	c. ма́ть

III Supply an adjective for the noun кольцо́.

(3) Translation and dictionary drill

10. Similes.
I Translate into English, with equivalents where possible:
1. Вы́глядеть как неве́ста (of a smartly dressed, lovely girl).
2. Как дя́дя Стёпа (of a very tall and usually thin man, from the 1936 story by S. Mikhalkov about a policeman with this name)
3. Как родна́я ма́ть (of the caring attitude of an older woman to someone younger)
4. Как родно́й оте́ц (of the caring attitude of an older man to young people)

II Fill the gaps with appropriate words from the list below:
1. Вы́глядеть как . . . . (of someone sickly looking, tired and pale)
2. Жи́ть как одна́ . . . . (of people living in absolute harmony)
3. Наря́дный как . . . . (ironic or facetious, of an elegantly dressed man)
4. Ти́хо как . . . . (of complete, often unnerving silence)

(в це́ркви, душа́, жени́х, сме́рть)

11. Translate into English:
1. Да́же в росси́йской печа́ти писа́ли о жени́тьбе при́нца Уэ́льского на свое́й любо́внице че́рез не́сколько ле́т по́сле его́ разво́да с принце́ссой Уэ́льской и её сме́рти в несча́стном слу́чае в Пари́же. Его́ но́вая жена́ то́же выходи́ла за́муж во второ́й раз, за челове́ка, в кото́рого она́ влюби́лась бо́льше 30 ле́т наза́д.
2. В 988 году́ на́шей э́ры Ки́евская Ру́сь приняла́ правосла́вную ве́ру. Говоря́т, что в Ки́ев в то вре́мя приезжа́ли представи́тели ря́да мировы́х рели́гий: исла́ма, иудаи́зма, католици́зма и правосла́вия. Вели́кому Кня́зю в Ки́еве не нра́вился отка́з евре́ев от свини́ны и отка́з мусульма́н от алкого́ля. Во вся́ком слу́чае, экономи́ческие и други́е свя́зи ме́жду Ру́сью и Византи́ей бы́ли таки́ми кре́пкими, что Вели́кий Кня́зь не мо́г не приня́ть правосла́вие.
3. Па́сха – са́мый популя́рный пра́здник религио́зного го́да. Ве́рующие постя́тся, мо́лятся всю но́чь, а по́сле пасха́льного богослуже́ния говоря́т друг дру́гу «Христо́с воскре́се!» «Вои́стину воскре́се!». На Па́сху едя́т я́йца, раскра́шенные обы́чно в кра́сный цве́т, а та́кже *па́сху* (сла́дкое ку́шанье в фо́рме пирами́ды) и *кули́ч* (сла́дкий бе́лый хле́б). Па́сха не всегда́ отмеча́ется в Росси́и в то́ же воскресе́нье, как на За́паде.

4. Рождество́ отмеча́ется в Росси́и не 25 декабря́, как в большинстве́ За́падных стра́н, а 7 января́, что объясня́ется перехо́дом при Петре́ Вели́ком с Юлиа́нского календаря́ на Григориа́нский.

5. В 20-е го́ды XX ве́ка в Росси́и религио́зное воспита́ние дете́й счита́лось антикоммунисти́ческой пропага́ндой. Хра́мы разруша́лись, мно́гие ве́рующие бы́ли репресси́рованы.

12. Translate into Russian:

1. The wife of the leader of the British Liberals gave birth to a son during the election campaign, but this did not help him at the election.
2. Their eldest son married an air hostess, and their youngest daughter married a pilot.
3. She divorced her husband for having an affair with her friend.
4. After the death of John Paul II the cardinals mourned him for nine days and then set about choosing his successor.
5. Monks live in a monastery and nuns in a convent.
6. When children behave badly, the parents are to blame.
7. In Soviet times Kazan Cathedral in Leningrad was a museum of atheism, but now it is a functioning cathedral.

(4) Word origins and formation

13. I Which of the following is *not* of Greek origin?

1. би́блия	2. епи́скоп	3. ева́нгелие	4. ико́на

II Which of the following also has no Greek connection?

1. бра́к	2. мона́х	3. жена́	4. па́сха

14. Find indigenous cognates for the following:

1. бере́менная		3. племя́нник	
2. мла́дший			

15. Masculines in -ик. Give feminine equivalents. Which is the odd one out?

Masculine	Feminine	Masculine	Feminine
1. като́лик		3. ро́дственник	
2. племя́нник			

16. I Give the masculine equivalents of the following. Which is the odd one out?

Feminine	Masculine	Feminine	Masculine
1. евре́йка		3. христиа́нка	
2. мусульма́нка			

II What distinguishes the feminine equivalent of мона́х from the rest?

Level 2

General

наслέдовать (наслέдую наслέдуешь) impf./pf. or /у-	to inherit
наслέдник/наслέдница	heir, heiress
наслέдство	inheritance
потόмство	posterity, descendant
прέдки (gen. прέдков)	ancestors

The family

вдовá/вдовέц (gen. вдовцá)	widow/widower
главá семьú	head of the family
зять (m.) (pl. зятья́ зятьёв)	son-in-law, brother-in-law
мáчеха	stepmother
невέстка	sister-in-law, daughter-in-law
όтчим	stepfather
свекрόвь (f.)	mother-in-law (husband's mother)
свёкор (gen. свёкра)	father-in-law (husband's father)
тέсть (m.)	father-in-law (wife-s father)
тёща	mother-in-law (wife's mother)

Word origins and cognates: (1) вдовá is cognate with Latin *vidua* id. (cf. Latin *viduus* 'deprived') (2) свекрόвь is cognate with Latin *socrus* id. and German *Schwiegermutter* id. Свёкор is cognate with German *Schwager* id. (3) главá is a non-pleophonic cognate of головá 'head'.

Birth

абόрт (дέлать/с- абόрт)	abortion (to have an abortion)
близнецы́ (gen. близнецόв)	twins, triplets etc.
крестúны (gen. крестúн)	baptism
мέтрика	birth certificate
новорождённый	new-born
рόды (gen. рόдов)	childbirth
сиротá (pl. сирόты)	orphan (having lost one or both parents)

Word origins: близнецы́ can denote any number of young born of one mother at the same time.

Marriage

вступáть/вступúть (вступлю́ встýпишь) в нόвый брáк	to remarry
дворέц бракосочетáний	wedding palace
дέлать/с- предложέние	to propose marriage
зáгс	registry office
медόвый мέсяц	honeymoon

молодожёны (gen. молодожёнов)	newly-weds
обруча́ться/обручи́ться	to get engaged
отдава́ть/отда́ть (дочь) за́муж	to give (daughter) away
помо́лвлен (c + instr.)	engaged (to)
расторга́ть/расто́ргнуть (расто́рг расто́ргла) (бра́к)	to annul (a marriage)
сва́т/сва́ха	matchmaker
холостя́к (gen. холостяка́)	bachelor

Word origins: (1) the letters of the acronym за́гс stand for за́пись а́ктов гражда́нского состоя́ния (2) холостя́к is cognate with холосто́й 'to idle' (of an engine), 'blank' (of a cartridge).

Death

гро́б (в гробу́)	coffin (in a coffin)
завеща́ние	will, testament
похоро́нное бюро́ (n. indecl.)	undertaker's
по́хороны (gen. похоро́н dat. похорона́м)	funeral
сме́ртность f.	death rate
тра́ур (по+ dat.)	mourning (for)
тру́п	corpse
хорони́ть/по-	to bury

Word origins: (1) тра́ур is from German *Trauer* id. (2) хорони́ть is cognate with non-pleophonic храни́ть 'to preserve'.

Religion

а́д (в аду́)	hell (in hell)
вероиспове́дание	denomination
Госпо́дь (m.)	Lord
прихо́д	parish
прихожа́нин (pl. прихожа́не прихожа́н)	parishioner
ра́й (в раю́)	paradise (in paradise)
Свято́е Прича́стие	Holy Communion
Свято́й Ду́х	Holy Spirit
христиа́нство	Christianity
Христо́с (gen. Христа́)	Christ

Belief

благословля́ть/благослови́ть	to bless
вече́рня	evensong
гре́х (gen. греха́)	sin
до́гма	dogma

искупа́ть/искупи́ть (искуплю́ искупишь)	to atone for
испове́доваться (испове́дуюсь испове́дуешься) (+ dat. or у + gen.)	to confess (to)
и́споведь (f.)	confession
зау́треня	matins
кощу́нство	blasphemy
крести́ться (крещу́сь кре́стишься)/пере-	to cross oneself
обе́дня	mass
обраща́ться/обрати́ться (в + acc.)	to convert (to)
пости́ться (пощу́сь пости́шься) impf.	to fast
станови́ться (становлю́сь стано́вишься)/ста́ть (ста́ну ста́нешь) на коле́ни	to kneel down
раска́иваться/раска́яться (в + prep.)	to repent (of)
фимиа́м	incense

Word origins: (1) бла́го in благослови́ть is from Church Slavonic, where it means 'happiness, good' (2) фимиа́м is from Greek via Church Slavonic.

Clergy

архимандри́т	archimandrite
аятолла́	ayatollah
иере́й	priest
има́м	imam
митрополи́т	metropolitan
мулла́	mullah
па́па ри́мский (gen. па́пы ри́мского)	the pope
патриа́рх	patriarch
по́п (gen. попа́)	priest (colloquial)
равви́н	rabbi

Religious festivals

Вели́кий по́ст (gen. Вели́кого поста́)	Lent
Ма́сленица («про́воды ру́сской зимы́»)	Shrovetide ('farewell to the Russian winter')
Страстна́я Пя́тница	Good Friday
Тро́ица	Whitsun

Other festivals

Де́нь Вели́кой Октя́брьской Социалисти́ческой Револю́ции	Day of the Great October Socialist Revolution (7 November)
Де́нь междунаро́дной солида́рности трудя́щихся	Day of International Workers' Solidarity (1 May)
Де́нь незави́симости/Де́нь Росси́и	Independence Day/Russia Day (12 June)
Де́нь влюблённых	St Valentine's Day (14 February)
Де́нь Побе́ды	Victory Day (9 May)
Междунаро́дный же́нский де́нь	International Women's Day (8 March)
Но́вый го́д	New Year (1/2 January)

Exercises

Level 2

(1) Grammar and stress

1. Gender of soft-sign nouns.

I Which is the odd one out in this series?

1. зя́ть	2. и́споведь	3. те́сть

II and in this series?

1. госпо́дь	2. свекро́вь	3. сме́ртность

III Which four of the above have 'natural' gender?

2. What have the following plurals in common?

1. крести́ны	2. молодожёны	3. по́хороны	4. ро́ды

3. Give the feminine equivalents of:

I masculine words with the same root:

Masculine	Feminine	Masculine	Feminine
1. вдове́ц		4. свёкор	
2. насле́дник		5. те́сть	
3. сва́т			

II masculine words with different roots:

Masculine	Feminine	Masculine	Feminine
1. зять		3. холостя́к	
2. о́тчим			

4. Locative/prepositional in -ý/-ю́. Which of the following does *not* have a locative in-ý/-ю́?

1. а́д	2. гро́б	3. ра́й	4. тру́п

5. End stress in declension. Which of the following does *not* have end stress throughout declension?

1. близне́ц	3. гро́б	5. по́ст
2. гре́х	4. по́п	6. холостя́к

6. Prepositions.

I Prepositions that take the accusative. Fill the gaps as appropriate:

В, за or на + accusative?	В, за or на + accusative
1. Она́ вступи́ла [.] но́вый бра́к.	3. Он о́тдал до́чь [.] старика́.
2. Он обрати́лся [.] католи́чество.	4. Ве́рующие ста́ли [.] коле́ни.

II Prepositions that take the genitive:

От or y + genitive?	От or y + genitive?
1. Он испове́дуется [.] свяще́нника.	2. Она́ насле́довала до́м [.] ма́тери.

III Miscellaneous. Form prepositional phrases based on the nouns in square brackets:

в + prep., по + dat. or c + instr.?	в + prep., по + dat. or c + instrm.?
1. Он помо́лвлен [неве́ста] с де́тства.	3. Он раска́ялся [свои́ грехи́].
2. Она́ в тра́уре [роди́тели].	

7. Conjugation.

I Verbs in -овать. Replace the past forms by present-tense forms:

Past-tense forms	Present-tense forms
1. Он испове́дался свяще́ннику.	Он . . . . свяще́ннику.
2. Де́ти насле́довали до́м от отца́.	Де́ти . . . . до́м от отца́.

II Second-conjugation verbs with consonant change in the first-person singular. Replace the third-person forms by first-person forms:

1. Он благослови́т хлеб и во́ду.	Я . . . . хлеб и во́ду.
2. Он вступит в повто́рный брак.	Я . . . . в повто́рный бра́к.
3. Ве́рующие кре́стятся пе́ред ико́ной.	Я . . . . пе́ред ико́ной.
4. Жени́х и неве́ста стано́вятся на коле́ни пе́ред свяще́нником.	Я . . . . на коле́ни пе́ред свяще́нником.
5. Он не пости́тся во вре́мя Вели́кого поста́.	Я не . . . . во вре́мя Вели́кого поста́.

III Insert relevant forms of the verb отда́ть, noting the various meanings of the verb:

1. Я . . . . библиоте́чную кни́гу.	3. Мы . . . . дете́й в де́тский са́д.
2. Он . . . . . . до́чь за старика́.	4. Они́ . . . . часы́ в почи́нку.

(2) Recognition and differentiation

8. Find the right words!

I English clues	Russian solutions
1. box in which a body is buried (4)	г . . .
2. beliefs laid down by the Church (5)	д . . . .
3. daughter's husband (4)	з . . .
4. document with date/place of birth (7)	м . . . . . .
5. succeeding generations (9)	п . . . .
6. dead body (4)	т . . .
7. unmarried man (8)	х . . . .

II Russian clues	Russian solutions
1. де́ти, одновреме́нно рождённые одно́й ма́терью (8)	б . . . .
2. же́нщина, у кото́рой у́мер му́ж (5)	в . . . .
3. вече́рняя церко́вная слу́жба (7)	в . . . . . .
4. ме́сто, где мо́жно пожени́ться (4)	з . . .
5. то́лько что пожени́вшиеся (10)	м . . . .
6. ребёнок, у кото́рого у́мер оди́н и́ли о́ба роди́теля (6)	с . . . . .
7. ма́ть му́жа (8)	с . . . . . .

III Match the columns. Clues:	Solutions
1. де́лать же́ст креста́ (10)	к . . . .
2. получи́ть в насле́дство (11)	н . . . .
3. неда́вно роди́вшийся (13)	н . . . .
4. обменя́ться обруча́льными ко́льцами (10)	о . . . .
5. чле́н прихо́да (10)	п . . . .
6. прекрати́ть де́йствие чего́-то (11)	р . . . .
7. зака́пывать в зе́млю (8)	х . . . .

9. Match up the opposites:

1. а́д	a. вече́рня
2. зау́треня	b. пре́дки
3. пото́мство	c. ра́й

10. Match up the adjectives and nouns
I masculine adjectives/nouns:

1. вели́кий	a. ме́сяц
2. медо́вый	b. го́д
3. но́вый	c. пост

II neuter adjectives/nouns:

1. свято́е	a. бюро́
2. похоро́нное	b. прича́стие

III Supply suitable nouns for A Страстна́я . . . . B . . . . . Ри́мский

11. What is the linguistic name for words like за́гс? What do the letters за́гс stand for?

12. Genitive qualifiers. Match up the columns to form appropriate phrases:

1. глава́	a. Побе́ды
2. дворе́ц	b. семьи́
3. де́нь	c. бракосочета́ний

13. Assign members of the clergy of different religions to appropriate columns:

I Исла́м	II Иудаи́зм	Христиа́нство	
		III Католи́чество	IV Правосла́вие
1.	1.	1.	1.
2.		2.	2.
3.			3.
			4.

(архимандри́т, аятолла́, иере́й/по́п, има́м, кардина́л, митрополи́т, мулла́, па́па ри́мский, патриа́рх, равви́н)

14. Match the dates to the festivals:

Festivals	Dates
1. Де́нь Вели́кой Октя́брьской Социалисти́ческой Револю́ции	
2. Де́нь междунаро́дной солида́рности трудя́щихся	
3. Де́нь незави́симости/Де́нь Росси́и	
4. Де́нь влюблённых	
5. Де́нь Побе́ды	
6. Междунаро́дный же́нский де́нь	
7. Но́вый го́д	

(1/2 января́, 14 февраля́, 8 ма́рта, 1 ма́я, 9 ма́я, 12 ию́ня, 7 ноября́)

(3) Translation and dictionary drill

15. Similes.

I Translate into English, finding English equivalents where possible:
1. Е́хать как к тёще на блины́ (of someone going somewhere in the hope of a well-provided-for, easy life – with pancakes baked by mother–in–law).
2. Как в аду́ (of an intolerable, 'hellish' situation or place).
3. Кра́ше в гро́б кладу́т (of an emaciated, pale, sick person [lit. 'people better-looking than that are put in their coffins']).
4. Не (жи́знь) житьё, а ма́сленица (of a life that is carefree and well-provided for [archaic/facetious]).

II Fill the gaps with appropriate words:
1. Жи́ть . . . . (of a lonely person, without household or possessions, living 'like a bachelor')
2. Как зла́я . . . . (of a spiteful, quarrelsome woman)
3. Как . . . . (of a lonely person, without friends or relatives, living 'like an orphan')

(ма́чеха, сирота́, холостяко́м)

16. Translate into English, with the help of a dictionary:

A

1. Бы́вший мона́х искупи́л свои́ грехи́, рабо́тая с бе́дными.
2. В сре́дние века́ казни́ли за кощу́нство.
3. Це́рковь напо́лнилась арома́том фимиа́ма.
4. Он испо́ртил мне́ всю обе́дню (= помеша́л мне в како́м-нибудь де́ле).

B

1. Неудиви́тельно, что у неё бы́ли таки́е тяжёлые ро́ды: она́ родила́ близнецо́в-тройня́шек.
2. В совреме́нной Росси́и церко́вная сва́дьба опя́ть вошла́ в мо́ду (но ну́жно та́кже пожени́ться в за́гсе). По́сле сва́дьбы молодожёнов во́зят на маши́не по гла́вным достопримеча́тельностям го́рода. Пое́здка по Москве́ конча́ется о́коло Кремлёвских стен, где неве́ста возлага́ет цветы́ на Моги́лу Неизве́стного Солда́та, а в Са́нкт-Петербу́рге о́коло «Ме́дного вса́дника», па́мятника Петру́ Пе́рвому, воздви́гнутого на берегу́ реки́ Невы́ при Екатери́не Второ́й.
3. Но́вый год в Росси́и пра́зднуется два дня, 1 и 2 января́, а жела́ющие повторя́ют церемо́нию встре́чи Но́вого го́да 14 января́ (так называ́емый «ста́рый Но́вый год») по ста́рому юлиа́нскому календарю́, заменённому григориа́нским календарём по́сле Октя́брьской Револю́ции.
4. В не́которых райо́нах росси́йских городо́в ме́стный «за́гс» называ́ется Дворцо́м бракосочета́ний; здесь мо́жно зарегистри́ровать свой брак, сто́я на кра́сном ковре́ под канделя́брами. Неве́ста обы́чно одева́ется в бе́лое и молодожёны обме́ниваются ко́льцами.

17. Translate into Russian, with the help of a dictionary:

1. The heir to the throne had turned sixty and was waiting for his 90-year-old father to die.
2. The Union of the Mothers of Soldiers who had fought and died in Afghanistan and Chechnya appealed to the President to put an end to the Chechen War.
3. The newly-weds spent their honeymoon on a scooter in the mountains of the Caucasus.
4. During a church wedding the witnesses (best man and bridesmaid) hold crowns (венцы́) over the heads of the bride and groom.
5. According to the Constitution of the Russian Federation all citizens of Russia are guaranteed freedom of denomination.
6. The traditional religion of Russians is Orthodoxy.
7. In some countries abortion is allowed up to the 24th week of pregnancy.
8. Tatyana made Evgenii a proposal, but he did not accept it.
9. According to the conditions of the will, the house belongs to the eldest son.

Level 3

General

иждиве́нец/иждиве́нка	dependant
корми́лец (gen. корми́льца)/корми́лица	breadwinner
разры́в поколе́ний	generation gap

Literary note: For an example of generation gap see Vera Panova's
«Времена́ го́да» (1953), in which the son of loyal Party worker Doro-
feya takes to a life of crime. The novel was condemned at the time for
lack of Party spirit.

Family

по ма́тери/по отцу́	on mother's side/on father's side
приёмный	adoptive, foster

Birth

ана́лиз на бере́менность	pregnancy test
вы́кидыш	miscarriage
грудни́к (gen. грудника́)	breastfed baby
иску́сственник	bottle-fed baby
ке́сарево сече́ние	Caesarean section
коля́ска	pushchair
контро́ль рожда́емости	family planning
корми́ть impf. (кормлю́ ко́рмишь) гру́дью	to breastfeed
кре́стник/кре́стница	godson/god-daugher
кре́стный оте́ц/крёстная ма́ть	godfather (also in Mafia)/godmother
мертворождённый	stillborn
младе́нец (gen. младе́нца)	infant
опеку́н (gen. опекуна́)	guardian
пелёнка	nappy
предупрежде́ние бере́менности	contraception
пусты́шка	dummy
ребёнок, зача́тый в проби́рке	test-tube baby
родовы́е схва́тки (gen. родовы́х схва́ток)	labour pains
рожда́емость (f.)	birth rate
храни́лище до́норской спе́рмы	sperm bank

Word origins: (1) коля́ска is seemingly of Slav origin and cognate with
колесо́ 'wheel' and кольцо́ 'ring', and with English calash 'low-
wheeled carriage' and French *calèche* 'open carriage' (2) опеку́н is
cognate with опе́ка 'guardianship' and опека́ть 'to be guardian to'
(3) пелёнка is a diminutive of пелена́ 'veil, shroud', cf. also
пелена́ть/за- or с- 'to swaddle' (4) проби́рка is based on German
probieren 'to try, test'.

Marriage, divorce

алиме́нты (gen. алиме́нтов)	alimony (material support from a relative for someone unable to work, or for children)
бра́чный обе́т	marriage vows
находи́ться impf. под опе́кой (ма́тери)	to be in the custody (of the mother)
ша́фер (pl. шафера́)	best man (some accompanying the groom or bride during a church wedding and holding the crown over his or her head)
помо́лвка	engagement
прелюбодея́ние	adultery
прида́ное (adj. noun)	trousseau, dowry
сожи́тельствовать impf. (сожи́тельствую сожи́тельствуешь) с + instr.	to co-habit, have a sexual relationship with

Word origins: ша́фер is from German *Schaffer* 'competent worker', a derivative of *schaffen* 'to arrange'.

Death

бре́нные оста́нки (gen. бре́нных оста́нков)	mortal remains
звони́ть impf. (в + ко́локол)	to toll (a bell)
катафа́лк	hearse
кремато́рий	crematorium
мавзоле́й	mausoleum
надгро́бная плита́	tombstone
на поро́ге сме́рти/при́ смерти	at death's door
на сме́ртном одре́	on one's deathbed
поми́нки (gen. поми́нок)	wake
са́ван	shroud
сконча́ться pf.	to pass away

Word origins: (1) катафа́лк is from Western European languages, cf. French *catafalque* 'dais in church on which a coffin is placed', German *Katafalk* id. (катафа́лк shares this meaning), cf. French *corbillard* 'hearse', German *Leichenwagen* id. (2) са́ван is from Arabic *sabaniyyah* 'black sash' made in Saban near Baghdad, via Greek *sabanon* 'linen cloth or towel'.

Religion

епа́рхия	diocese
чисти́лище	purgatory
шама́нство	shamanism

Word formation: The suffix -ище denotes location, cf. кла́дбище 'cemetery', стре́льбище 'firing range'.

Worship

де́нь Стра́шного суда́	Judgement Day
духо́вный	ecclesiastical
за́поведь (f.)	commandment
му́ченик/му́ченица	martyr
пало́мник/пало́мница	pilgrim
просвира́	Host
церко́вный ги́мн	hymn
Свято́е Прича́стие	Holy Communion
святы́ня	shrine
Та́йная ве́черя	Last Supper

Word origins: просвира́ is from Greek *prosfora* 'a presenting, offering' (cf. earlier Russian form проспора́).

Religious architecture

алта́рь (m.) (gen. алтаря́)	altar
амво́н	pulpit
анало́й	lectern
колоко́льня	bell-tower
купе́ль (f.)	font
ку́пол (pl. купола́)	dome
па́перть (f.)	porch
про́поведь (f.)	sermon
шпи́ль (m.)	spire

Word origins: (1) амво́н and анало́й are from Greek (2) па́перть is from Church Slavonic and cognate with Latin *porta* 'door, gate', cf. also запере́ть 'to lock', отпере́ть 'to unlock' (note: suffix па-, usually stressed, can denote similarity).

Holy orders

духо́вный са́н	holy orders
мона́шество	monasticism

Vestments, ceremonial objects

ермо́лка	skullcap
кади́ло	censer
капюшо́н	cowl
ми́тра	mitre
поти́р	chalice
ря́са	cassock
свята́я вода́	holy water

стиха́рь (m.) (gen. стихаря́)	surplice
чётки (gen. чёток)	rosary

Word origins: (1) ермо́лка is probably from Turkic via Polish (note meaning change: Turkish *yagmurluk* 'raincoat') (2) капюшо́н is from French *capuchon* id., Italian *cappucio* id. (*cappuccino* is named for the hood-like head of froth on the coffee) (3) поти́р is from Greek *poter* 'wine-cup' (4) ря́са and стиха́рь are also from Greek (5) чётки is ultmately a derivative of archaic че́сти < чьсти 'to count', cf. счита́ть id.

Various

моги́льщик	gravedigger
пома́зание	anointing
при́тча	parable

Phraseology: при́тча во язы́цех (an archaic prep. pl.) 'the talk of the town'.

Exercises

Level 3

(1) Grammar and stress

1. **Which of the following nouns does *not* have end stress in declension?**

1. алта́рь	2. стиха́рь	3. шпи́ль

2. **Which of the following nouns does *not* have a plural in stressed -á?**

1. ку́пол	2. са́ван	3. ша́фер

3. **What have the following plurals in common?**

1. алиме́нты	2. оста́нки	3. поми́нки	4. чётки

4. **Gender of soft-sign nouns. Which is the odd one out in each of the following three series?**

I		
1. алта́рь	2. за́поведь	3. рожда́емость

II		
1. купе́ль	2. па́перть	3. шпи́ль

III		
1. контро́ль	2. про́поведь	3. стиха́рь

5. Prepositions.

I Prepositions that take the accusative. Fill the gaps with the correct prepositions:

B + acc. or на + acc.?	B + acc. or на + acc.?
1. ана́лиз [.] бере́менность	2. звони́ть [.] ко́локол

II Insert prepositions as appropriate (на + prep., по + dat., под + instr. or при+ prep.):

1. ма́льчик нахо́дится [.] опе́кой отца́	3. она́ моя́ тётя [.] ма́тери
2. больно́й был [.] смерти	4. стари́к лежи́т [.] сме́ртном одре́

6. Conjugation of the verb.

I Consonant change (м/мл) in the first-person singular. Replace the third-person by the first-person singular form:

Third-person form	First-person singular form
Она́ ко́рмит ребёнка гру́дью.	Я . . . . ребёнка гру́дью.

II Verbs in -овать. Replace past-tense by present-tense forms:

Past-tense forms	Present-tense forms
1. Патриа́рх пропове́довал на амво́не.	Патриа́рх . . . . на амво́не.
2. Она́ сожи́тельствовала с зя́тем.	Она́ . . . . с зя́тем.

(2) Recognition and differentiation

7. Genitive qualifiers. Match up the columns:

Noun	Genitive qualifier
1. контро́ль	a. бере́менности
2. предупрежде́ние	b. поколе́ний
3. разры́в	c. до́норской спе́рмы
4. храни́лище	d. рожда́емости

8. Opposites. Match up the columns:

1. иску́сственник	a. иждиве́нец
2. корми́лец	b. мертворождённый
3. новорождённый	c. сконча́ться
4. роди́ться	d. сме́ртность
5. рожда́емость	e. грудни́к

9. Ecclesiastical terminology. Distribute to appropriate columns:

Church architecture	Apparel	Holy objects/processes
1.	1.	1.
2.	2.	2.
3.	3.	3.
4.	4.	4.
5.	5.	5.
6.	6.	6.

(алта́рь, амво́н, анало́й, ермо́лка, кади́ло, капюшо́н, купе́ль, ку́пол, ми́тра, па́перть, пома́зание, поти́р, просвира́, ря́са, стиха́рь, церко́вный гимн, чётки, шпиль)

10. Find the right word!

I Russian clues	Russian solutions
1. де́тская просты́нка (7)	п . . . . . .
2. ма́ленький ребёнок (8)	м . . . .
3. младе́нец, вска́рмливаемый не гру́дью (13)	и . . . .
4. рожде́ние мёртвого плода́ (7)	в . . . . .
5. пово́зка для ката́ния дете́й (7)	к . . . . .
6. челове́к, кормя́щий кого́-либо (8)	к . . . . . .
7. челове́к на чьём-либо иждиве́нии (9)	и . . . .

II Match the columns:

Words	Descriptions
1. алиме́нты	a. коли́чество рожде́ний
2. катафа́лк	b. челове́к при женихе́ (неве́сте) во вре́мя церко́вной сва́дьбы
3. прелюбодея́ние	c. погреба́льная колесни́ца
4. прида́ное	d. супру́жеская неве́рность
5. пусты́шка	e. иму́щество, дава́емое неве́сте её семьёй
6. рожда́емость	f. рези́новая тру́бочка в ви́де соска́
7. ша́фер	g. де́ньги, дава́емые нетрудоспосо́бному чле́ну семьи́

III

Russian clues	Russian solutions (no initial letters)
1. администрати́вная террито́рия (7)	a.
2. ба́шня с колокола́ми (10)	b.
3. зда́ние для крема́ции (10)	c.
4. сто́лик для ико́н, книг (6)	d.
5. челове́к, подверга́емый муче́ниям (7)	e.
6. челове́к, посеща́ющий святы́е места́ (8)	f.
7. я́ма для погребе́ния те́ла уме́ршего (6)	g.

11. Adjective/noun phrases. Match the columns to make appropriate phrases:

I Masculine adjectives	Masculine nouns
1. бра́чный	a. са́н
2. духо́вный	b. оте́ц
3. крёстный	c. обе́т
4. сме́ртный	d. ги́мн
5. церко́вный	e. о́др

II Feminine adjectives	Feminine nouns
1. надгро́бная	a. вода́
2. свята́я	b. ве́черя
3. Та́йная	c. плита́

12. Omitted words. Fill the gaps, as appropriate:

1. де́нь Стра́шного	3. ребёнок, ... в проби́рке
2. на поро́ге	

(3) Translation and dictionary drill

13. Similes. Translate and where possible find English equivalents:

1. Во́лосы у него́ как у попа́ (о дли́нных волоса́х у мужчи́ны).
2. Слу́шать как про́поведь (о лю́дях, слу́шающих кого́-либо с дове́рием).
3. Ти́хо как в моги́ле (об абсолю́тной, ча́сто злове́щей тишине́).

14. Translate into English, with the help of a dictionary:

1. Во время Второй мировой войны сплошные бомбардировки и постоянные воздушные налёты убедили местные власти во многих городах, что необходимо эвакуировать детей в деревню к приёмным родителям, с которыми они жили до конца войны. Для молодых горожан деревенский быт означал начало совершенно новой жизни.

2. Врачи говорят, что грудники (дети, вскармливаемые грудью) менее восприимчивы к таким детским болезням, как оспа, корь и свинка, чем так называемые искусственники.

3. Вторая конфессия в России по количеству последователей – ислам (исповедуемый татарами, башкирами, чеченцами и другими). Мусульмане составляют приблизительно десять процентов населения Российской Федерации. Есть ещё католики (в основном это поляки, литовцы, немцы и латыши), протестанты (среди которых особенно много баптистов) и почти три четверти миллиона евреев – несмотря на желание многих евреев уехать в Израиль в советский период.

4. Поминки (обряд угощения после похорон в память умершего) справляют или сразу после погребения, или позже (до 40 дней после смерти умершего).

5. Некоторые члены британской коммунистической партии разочаровались в коммунизме после вторжения в Будапешт солдат Варшавского договора в 1956 году. Целый ряд бывших коммунистов перешли тогда в католичество с его дисциплинированной идеологией (подобно коммунизму!) и со строгим сводом правил.

15. Translate into Russian, with the help of a dictionary:

1. Planners maintain that the more single mothers there are the more accommodation is needed.
2. Some young mothers prefer Caesarean section to normal birth, since it is less painful than labour pains.
3. In recent years cremation has become more popular than burial, especially as it is cheaper, makes less trouble, than burial, occupies less space and is also preferable for ecological reasons.
4. It is interesting that during the Great Patriotic War (1941–45) Stalin turned to the Orthodox Church for its support in the struggle with the Fascist enemy. He hoped that this would evoke a positive reaction of the Western allies, whose help he needed.
5. In a mausoleum on Red Square lies the embalmed body of Vladimir Il'ich Lenin (1870–1924).

(4) Word origins and formation

16. Masculine/feminine suffixes. Which of the following has a different *feminine* suffix from the rest?

1. иждивенец	2. кормилец	3. крестник	4. мученик	5. паломник

17. What are the meanings of the suffixes (-ство and -ище) in:

I монашество	шаманство	язычество
II кладбище	чистилище	

18. Which of the following has no Greek connection?

I		
1. амвóн	2. аналóй	3. ермóлка
4. потúр	5. ря́са	6. стихáрь

II Which is the odd one out in terms of derivation?

1. капюшóн	2. пробúрка	3. шáфер

Additional vocabulary

благочестúвый	pious, devout	пáпство	papacy
брáтский	fraternal	подрýжка невéсты	bridesmaid
брахманúзм	Brahmanism	помóлвка	engagement
букéт	bouquet	приспýщенный	at half mast
вуáль (f.)	veil	распáвшийся брáк	broken marriage
дьячóк	verger	расстригáть	to unfrock
евхарúстия	eucharist	рúзница	vestry
индуúзм	Hinduism	родослóвная	family tree
исповедáльня	confessional	сéкта	sect
искупáть/искупúть	to atone for, expiate	сéстринский	sisterly
иудаúзм	Judaism	скамья́	pew
конфирмáция	confirmation	снохá	daughter-in-law
кощýнство	blasphemy	трансéпт	transept
матерúнский	maternal	фанатúзм	bigotry
обря́д	rite	фундаментáлизм	fundamentalism
отшéльник	hermit	целомýдрие	chastity

Unit 14

Education

Level 1

General

ба́лл	mark
гимна́зия	gymnasium (grammar school)
дава́ть/да́ть образова́ние	to educate
де́тский са́д (детса́д) (в де́тском саду́)	kindergarten (in/at a kindergarten)
дома́шнее зада́ние	homework
изуча́ть/изучи́ть (+ acc.)	to study (systematically)
лице́й	lycée
мла́дший	junior
нача́льная шко́ла	primary school
образова́ние	education
получа́ть/получи́ть образова́ние	to be educated, receive an education
предме́т	subject
преподава́ние	teaching
преподава́ть (преподаю́ преподаёшь) impf.	to teach
проверя́ть/прове́рить	to mark
пятиба́лльная систе́ма	five-point marking scale (for points on the scale, see exercise 13:2)
спецшко́ла	school specialising in languages, mathematics, sport etc.
сре́дняя шко́ла	secondary school
ста́рший	senior
уро́к (на уро́ке) (уро́к исто́рии)	lesson (at a lesson) (a history lesson)
уче́бный го́д	school year
уче́бный пла́н	curriculum
учи́ть/на-	to teach
учи́ться/на-	to learn (see *Grammatical note*)

Grammatical note:

(1) учи́ть:

    (a) + acc. of person + dat. of subject pf. на-: она́ у́чит (нас) ру́сскому языку́;

    (b) + acc. of person + infin. pf. на-: он научи́л меня́ води́ть маши́ну;

    (c) 'to teach, be a teacher' (impf. only): он у́чит в лице́е;

    (d) + acc. 'to learn by heart' pf. вы-: она́ вы́учила ро́ль, он вы́учит стихи́.

(2) учи́ться:

    (a) + dative 'to learn something' pf. на-: он у́чится рисова́нию;

    (b) + infinitive 'to learn to do something' pf. на-: она́ научи́лась чита́ть;

    (c) 'to study, be a student' impf. only: он у́чится в МГУ.

Word origins: ба́лл is originally from German *Ball* 'ball', the meaning progressing in Russian from 'ball', 'voting ballot', finally 'unit of measurement' (e.g. in measuring wind strength, academic progress). (Cf. contemporary German *Note* 'mark in exam'.)

Лице́й/ гимна́зия: these private fee-paying schools have a flexible curriculum. The гимна́зия is somewhat more traditional: in some of them pupils can study Latin and Greek, others are run by the Russian Orthodox Church. The most famous lycée is that attended by Pushkin in Tsarskoe Selo (1811–17), now renamed Pushkin (see Exercise 12 II).

Subjects

биоло́гия	biology
геогра́фия	geography
иностра́нные языки́	foreign languages
информа́тика	computer studies
исто́рия	history

Accommodation

гимнасти́ческий за́л	gymnasium
де́тская площа́дка	playground
лаборато́рия	laboratory
столо́вая (adj. noun)	dining hall

Staff and pupils

вахтёр/ вахтёрша	janitor
дире́ктор шко́лы	headteacher
преподава́тельский соста́в	teaching staff
прова́ливаться/ провали́ться на экза́мене	to fail an examination
профе́ссор (pl. профессора́)	professor
сдава́ть экза́мен	to take an examination

сда́ть экза́мен (сда́ть фи́зику)	to pass an examination (to pass physics)
те́хник	technician
учени́к (gen. ученика́)/ учени́ца	pupil
учи́тель (pl. учителя́)/ учи́тельница	teacher
экза́мен (по фи́зике)	(physics) examination

Word origins: вахтёр is a derivative of ва́хта 'shift, watch', ultimately from German *Wache*/(poetic) *Wacht* 'guard, guard duty'. The feminine ending -ша is colloquial.

Educational materials

ко́нкурс (пройти́ по ко́нкурсу)	competitive examination (to win a competitive place)
контро́льная рабо́та (контро́льная по матема́тике)	test (maths test)
копи́ровать (копи́рую копи́руешь)/с-	to copy
мел	chalk
о́бщая тетра́дь	general notebook
посо́бие	manual, aid, textbook
слова́рь (m.) (gen. словаря́)	dictionary
стира́ть/стере́ть (сотру́ сотрёшь) (стёр стёрла)	to erase, rub off
су́мка	school bag
тетра́дь (f.)	exercise book
уче́бник	textbook
ша́риковая ру́чка	ballpoint pen

Word origins: (1) су́мка is from Middle High German *soum* 'load carried by a beast of burden', cf. German *Saum* 'burden' (2) тетра́дь is from Byzantine Greek *tetradion* 'sheet of parchment consisting of four parts' (Greek *tetras*, gen. *tetrados* 'the number four'). (Cf. Italian *quaderno* 'exercise book'.)

Assessment and qualifications

выпускни́к (gen. выпускника́)/выпускни́ца	graduate
диссерта́ция	dissertation
дипло́м о вы́сшем образова́нии	diploma, degree
до́кторская сте́пень	doctorate, doctor's degree
ока́нчивать/око́нчить университе́т	to graduate from university
пла́та за обуче́ние	fee(s)

поступа́ть/поступи́ть (поступлю́ посту́пишь) (в/на + асс.)	to enter, join, enrol (at, for)
сочине́ние	essay
сте́пень кандида́та нау́к	degree of *kandidat nauk* (equivalent of PhD)

Grammatical note: imperfective поступа́ть can mean 'to apply, try to join'.

Science

General

иссле́дователь (m.) /иссле́довательница	researcher
факульте́т (на факульте́те)	faculty (in/at a faculty)

Mathematics

а́лгебра	algebra
арифме́тика	arithmetic
геоме́трия	geometry
логари́фм	logarithm
матема́тика	mathematics

Physical sciences

а́том	atom
аэродина́мика	aerodynamics
меха́ника	mechanics
о́птика	optics
радиоакти́вный	radioactive
фи́зика	physics
хи́мия	chemistry
электри́чество	electricity

Exercises

Level 1

(1) Grammar and stress

1. Masculine plural in stressed -а́/-я́. Which is the odd one out (does *not* have a nominative plural in -а́/-я́)?

1. вахтёр	2. профе́ссор	3. учи́тель

2. Gender of soft-sign nouns. Which is the odd one out?

1. иссле́дователь	2. словáрь	3. тетрáдь	4. учи́тель

3. Stress in declension. Which of the following has end stress in declension?

1. тéхник	2. учéбник	3. учени́к	4. фи́зик

4. Verb conjugation. Replace past forms of the verbs by finite forms of the present or future:

I Verbs in -давать/-дать:

Imperfective past	Imperfective present
1. Он преподавáл исто́рию в МГУ.	Он . . . . исто́рию в МГУ.
2. Онá сдавáла экзáмен по фи́зике.	Онá . . . . экзáмен по фи́зике.

Perfective past	Perfective future
3. Онá сдалá экзáмен на «отли́чно».	Онá . . . . экзáмен на «отли́чно».

II Verb in -(ир)овать:

Perfective past	Perfective future
Секретáрша скопи́ровала письмó.	Секретáрша . . . . письмó.

III Verb with consonant change in first-person singular (п/пл):

Perfective past	Perfective future
1. Я поступи́л на биологи́ческий факульте́т.	Я . . . . на биологи́ческий факульте́т.

IV Стере́ть:

Perfective past	Perfective future
Онá стёрла с доски́.	Онá . . . . с доски́.

5. Prepositions.

I на + acc. or на + prep.? Insert the correct case endings:

На + acc. or prep.?	На + acc. or prep.?
1. Он сдал экзáмен на [четвёрка].	2. Он провали́лся на [экзáмен].

II За + acc., o + prep., по + dat. Insert the correct prepositions:

1. плáта [.] обуче́ние	3. онá сдалá контро́льную [.] хи́мии
2. он прошёл в институ́т [.] ко́нкурсу	4. дипло́м [.] вы́сшем образовáнии

(2) Recognition and differentiation

6. Opposites. Match up the columns:

I Verbs	
1. поступи́ть в университе́т	a. учи́ться
2. преподава́ть	b. провали́ться на экза́мене
3. сда́ть экза́мен	c. око́нчить университе́т

II Others	
1. мла́дший	a. учени́к
2. учи́тель	b. ста́рший

7. Find the right words!

I English clues	Russian solutions
1. caretaker of building (6)	в . . . .
2. senior university rank (9)	п . . . . . .
3. test of knowledge (7)	э . . . . .
4. contest in which people compete (7)	к . . . . .
5. white soft limestone (3)	м . .
6. book explaining meanings of words (7)	с . . . . .
7. bag for carrying books to school (5)	с . . . .

(вахтёр, ко́нкурс, ме́л, профе́ссор, словáрь, су́мка, экза́мен)

II English clues	Russian solutions
1. mark on a points-scale (4)	б . . .
2. systematic instruction (11)	о . . . .
3. academic subject (7)	п . . . . .
4. period of instruction (4)	у . . .
5. study of the earth's surface (8)	г . . . . . .
6. chronicle of historical events (7)	и . . . . .
7. place for scientific experiments (11)	л . . . .

III Match up the columns	
1. а́том	a. исто́чник све́та
2. выпускни́к	b. пи́сьменная шко́льная рабо́та
3. геоме́трия	c. листы́ бума́ги в обло́жке
4. посо́бие	d. учени́к на после́днем ку́рсе
5. сочине́ние	e. уче́бная кни́га
6. тетра́дь	f. мельча́йшая части́ца
7. электри́чество	g. разде́л матема́тики

8. Adjectives and nouns. Match up the columns:

I Masculine adjectives/nouns

1. гимнасти́ческий	a. са́д
2. де́тский	b. соста́в
3. преподава́тельский	c. пла́н
4. уче́бный	d. за́л

II Feminine adjectives/nouns

1. до́кторская	a. шко́ла
2. нача́льная	b. ру́чка
3. о́бщая	c. тетра́дь
4. пятиба́лльная	d. сте́пень
5. ша́риковая	e. систе́ма

III Neuter adjective/noun. Find an appropriate adjective to qualify зада́ние:

д . . . . . . (8)	зада́ние

9. Academic disciplines.

I Allocate to appropriate columns:

Mathematical subjects	Physical sciences	Others
1.	1.	1.
2.	2.	2.
3.	3.	3.
4.	4.	4.

(а́лгебра, арифме́тика, аэродина́мика, биоло́гия, геогра́фия, геоме́трия, информа́тика, исто́рия, логари́фмы, меха́ника, о́птика, фи́зика)

II Fill in appropriate subjects in the gaps provided:

1. био́лог преподаёт	4. лингви́ст преподаёт . . . .
2. гео́граф преподаёт	5. матема́тик преподаёт . . . .
3. исто́рик преподаёт	6. фи́зик преподаёт . . . .
	7. хи́мик преподаёт . . . .

10. Other meanings. Use the dictionary to find other meanings of:

1. балл	
2. пособие	
3. предмет	
4. сочинение	

(3) Translation and dictionary skills

11. Similes. Translate and where possible find English equivalents:

1. Бле́дный как ме́л (of someone very pale with fear, surprise etc.).
2. Как учени́к (of someone inexperienced and unqualified, compared with others).
3. Расска́зывать как уро́к (of an accurate but mechanical account).

12. Translate into English:

I this brief extract from Valentin Rasputin's «Уро́ки францу́зского», the story of a teacher dismissed for inappropriate conduct:

Я пошёл в пя́тый кла́сс в со́рок восьмо́м году́. Пра́вильно сказа́ть, пое́хал: у на́с в дере́вне была́ то́лько нача́льная шко́ла, поэ́тому, что́бы учи́ться да́льше, мне́ пришло́сь снаряжа́ться и́з дому за пятьдеся́т киломе́тров в райце́нтр.

II Read and learn (for лице́й, see note on p. 424):

В те дни́, когда́ в сада́х Лице́я	In the days when in the gardens of the Lycée
Я безмяте́жно расцвета́л,	I flourished serenely,
Чита́л охо́тно Апуле́я,	Willingly read Apuleius
А Цицеро́на не чита́л,	But did not read Cicero,
В те дни́ в таи́нственных доли́нах,	In those days in mysterious valleys
Весно́й, при кри́ках лебеди́ных,	In the spring, to the cries of swans,
Бли́з во́д, сия́вших в тишине́,	Near waters, gleaming in the silence,
Явля́ться му́за ста́ла мне́.	My muse began to appear to me.

А. С. Пу́шкин, «Евге́ний Оне́гин», Глава́ восьма́я: I

13. Translate into English, with the aid of a dictionary:

1. В нача́ле уче́бного го́да учи́тельница задала́ на́ дом сочине́ние на те́му «Поле́зно ли зна́ть иностра́нные языки́?».
2. В пятиба́лльную систе́му вхо́дят сле́дующие отме́тки: едини́ца (о́чень пло́хо), дво́йка (пло́хо), тро́йка (посре́дственно), четвёрка (хорошо́), пятёрка (отли́чно), наприме́р: она́ у́чится на кру́глые пятёрки.
3. По́сле Октя́брьской Револю́ции 1917 го́да В. И. Ле́нин, под ло́зунгом «Учи́ться, учи́ться и учи́ться», хоте́л, что́бы негра́мотные лю́ди научи́лись писа́ть и чита́ть, что́бы все́ сове́тские гра́ждане получи́ли хоро́шее образова́ние. Была́ введена́ кампа́ния «ликбе́з» (ликвида́ция безгра́мотности [1920–35]), и к 1939 го́ду бо́льше 80 проце́нтов населе́ния бы́ли гра́мотными.

4. Око́нчив 4–6 лет учёбы на одно́м из университе́тских факульте́тов, студе́нты получа́ют дипло́м о вы́сшем образова́нии. Они́ мо́гут учи́ться да́льше на сте́пень кандида́та нау́к и на до́кторскую сте́пень.

5. Вы́учив оди́н из славя́нских языко́в, нетру́дно вы́учить друго́й, та́к как славя́нские языки́ существу́ют как отде́льные языки́ чуть бо́льше ты́сячи лет и во мно́гом ещё похо́жи друг на дру́га (наприме́р в ле́ксике и грамма́тике).

14. Translate into Russian, with the help of a dictionary:

1. In English special schools in the Russian Federation all instruction is conducted in English.
2. She passed all her examinations with flying colours except for one: she failed the exam in computer studies.
3. The hero of a new film about the Battle of Stalingrad was taught to fire a gun at the age of six. In the Great Patriotic War he became a sniper.
4. In the Soviet Union education was mostly free, but in post-Soviet Russia many parents pay for education.
5. In fine weather the head teacher allows the pupils to have lunch either in the dining hall or in the playground.
6. She sat all evening correcting the pupils' exercise books.

15. Fill the gaps with appropriate forms of the verbs (see *Grammatical note* page 424):

To learn, to teach, to study	Учи́ть/на-, учи́ть/вы́-, учи́ться/на-, изуча́ть
1. He is learning to speak English.	Он . . . . говори́ть по-англи́йски.
2. He has learnt to use a computer.	Он . . . . по́льзоваться компью́тером.
3. She is learning Russian.	Она́ . . . . ру́сскому языку́.
4. He has learnt 'Autumn' by heart.	Он . . . . «О́сень» наизу́сть.
5. She is learning the part of Tatyana.	Она́ . . . . ро́ль Татья́ны.
6. He is teaching me to play cards.	Он . . . . меня́ игра́ть в ка́рты.
7. What did they teach you at school?	Чему́ ва́с . . . . в шко́ле?
8. She promised to teach me to swim.	Она́ обеща́ла . . . . меня́ пла́вать.
9. He teaches in a grammar school.	Он . . . . в гимна́зии.
10. He is studying astronomy.	Он . . . . астроно́мию.
11. He is not working, but studying.	Он не рабо́тает, а . . . .

(4) Word origins and formation

16. Masculine/feminine suffixes. Which of the following has a different feminine suffix from the rest (the others have feminine suffix -ница)?

1. вахтёр	2. выпускни́к	3. иссле́до-ватель	4. учи́тель	5. учени́к

17. Which of the following is the odd one out from the point of view of origin (is *not* of German origin)?

1. ба́лл	2. вахтёр	3. су́мка	4. тетра́дь

Level 2

General

Аттеста́т о сре́днем образова́нии	school leaving certificate (still known colloquially by its former name as Аттеста́т зре́лости)
вече́рние ку́рсы	evening classes
вы́сшее образова́ние	higher education
дошко́льный	pre-school
зао́чный курс	correspondence course
ка́федра (на ка́федре)	chair, university department (in a university department)
медици́нский институ́т	medical school
образо́ванный	educated
общеобразова́тельная шко́ла	comprehensive school
педагоги́ческий институ́т	teacher training college
подгото́вка	training
разде́льное образова́ние	single-sex schooling
семина́р	seminar
систе́ма образова́ния	educational system
совме́стное обуче́ние	co-education
ча́стное уче́бное заведе́ние	private teaching establishment
шко́ла-интерна́т	boarding school
экзамена́тор	examiner

Word origins: (1) зао́чный is ultimately a derivative of о́ко 'eye', with mutation к-ч before suffix -н-. Literally 'beyond the eyes' (2) ка́федра is ultimately from Greek *kathedra* 'seat of authority'. Cf. English 'cathedral' 'principal church in a diocese, containing the bishop's seat or throne'.

Subjects

гуманита́рные нау́ки	humanities, arts
есте́ственные нау́ки	natural sciences
религио́зное воспита́ние	religious education

Word origins: нау́ка 'science, learning' is cognate with words in -уч- (учи́ть), -ык- and -ыч- (e.g. привы́кнуть 'to get used to' and обы́чный 'customary').

Staff and pupils

за́вуч	director of studies
учи́тель-практика́нт	student teacher

Word origins: за́вуч is an abbreviation of заве́дующий уче́бной ча́стью (the deputy head of a school, responsible for academic and educational studies).

Training

переквалифика́ция	retraining
профессиона́льная подгото́вка	vocational training
репети́ровать impf.	to coach
репети́тор	tutor, coach

Word origins: репети́тор is probably from Latin via Polish. Cf. also cognate репети́ция 'rehearsal'.

Curriculum

факультати́вный	optional

Word origins: факультати́вный cf. French *facultatif* id.

Examinations and educational materials

гра́фик	graph
диапозити́в (сла́йд)	slide
калькуля́тор	calculator
маши́нное обуче́ние	computer-assisted learning
гло́бус	globe
нагля́дное посо́бие	visual aid
пи́сьменный экза́мен	written examination
размножа́ть / размно́жить	to duplicate
у́стный экза́мен	oral examination
уче́бные посо́бия	teaching aids
флома́стер	highlighter, felt-tip
экра́н	screen

Word origins: (1) гло́бус is from Latin *globus* id. (2) у́стный is ultimately a derivative of уста́ 'lips, mouth' (now obsolete/poetic) (3) флома́стер is from English 'flowmaster' (4) экра́н is from French *écran* id., itself from Dutch *scherm* id.

Assessment and qualifications

вступи́тельный экза́мен	entrance examination
Еди́ный госуда́рственный экза́мен (Егэ́)	General state examination
квалифика́ции	qualifications
оце́нка	marking, grade
спосо́бность	ability

Word origins: Еди́ный госуда́рственный экза́мен is an optional alternative examination for school-leavers to the traditional examination of
pupils by teaching staff in their own schools.

Delivery methods

выступа́ть/вы́ступить (вы́ступлю вы́ступишь)	to speak (at a conference)
докла́дчик	speaker
запи́ски (gen. запи́сок)	notes
ле́кция (чита́ть ле́кцию)	lecture (to give a lecture)

Discipline

исключа́ть/исключи́ть	to expel

Science

General

вычисли́тельная те́хника	computer science
косми́ческий кора́бль	spaceship
космона́вт	cosmonaut, astronaut
орби́та	orbit
освое́ние ко́смоса	the conquest of space
скафа́ндр	spacesuit
стыкова́ться (стыку́юсь стыку́ешься)/со-	to dock

Word origins: (1) космона́вт is based on Greek *kosmos* 'space' and *nautes*
'sailor' and became widely known after Yurii Gagarin's space flight on
12 April 1961. Астрона́вт (Greek *astron* 'star') is used mainly of US
spacemen (2) скафа́ндр cf. modern Greek *skafandro* id. (*skafos* 'ship',
antras 'man' [classical Greek *andro-* 'man']) (3) стыкова́ться cf. стык
'junction'.

Mathematics

квадра́т (два́ в квадра́те)	square (two squared)
ку́б	cube
паралле́льные ли́нии	parallel lines
прямоуго́льник	rectangle
треуго́льник	triangle
у́гол (под угло́м к)	angle (at an angle to)
о́стрый у́гол	acute angle
прямо́й у́гол	right angle
тупо́й у́гол	obtuse angle

Physical sciences

азо́т	nitrogen
асбе́ст	asbestos
радиоакти́вное излуче́ние	radiation
ртуть (f.)	mercury
се́ра	sulphur
си́ла притяже́ния	gravity
то́чка замерза́ния	freezing point
то́чка кипе́ния	boiling point
части́ца	particle

Word origins: (1) азо́т is from French *azote* id. on the basis of Greek *a* 'not' and *zoe* 'life', and is so called from the element's inability to support life (2) асбе́ст is from Greek *asbestos* 'unquenched, inextinguishable' (Greek *a* 'not', *sbestos* 'quenched') (3) ртуть may mean 'rolling' (from Common Slavonic *rъtti 'to roll'), from the movement of mercury.

Scientific instruments

батаре́я	battery
весы́ (gen. весо́в)	scales
ли́нза	lens
микроско́п	microscope
термо́метр	thermometer

Word origins: ли́нза is from German *Linse* 'lentil, lens' from Latin *lens* 'lentil' (a lens was seemingly named for its 'lentil' shape, cf. French *lentille* 'lentil, lens'). Russian 'lentil' is чечеви́ца.

Exercises

Level 2

(1) Grammar

1. Gender of soft-sign nouns. Which is the odd one out?

1. кора́бль	2. ртуть	3. спосо́бность

2. Verb conjugation:

I Verb with consonant change in first-person singular (п: пл). Replace perfective past forms with perfective future forms:

Perfective past	Perfective future
Я вы́ступил про́тив свои́х кри́тиков.	Я . . . . про́тив свои́х кри́тиков.

II Verbs in -овать/-ировать

Imperfective past	Imperfective present
Учи́тель репети́ровал ученика́.	Учи́тель . . . . ученика́.

Perfective past	Perfective future
Косми́ческие корабли́ состыкова́лись на орби́те.	Косми́ческие корабли́ . . . . . на орби́те.

(2) Recognition and differentiation

3. Assign the words to approriate columns:

I Mathematical shapes	II Minerals/elements	III Instruments
1.	1.	1.
2.	2.	2.
3.	3.	3.
4.	4.	4.

(азо́т, асбе́ст, весы́, квадра́т, ку́б, ли́нза, микроско́п, прямоуго́льник, рту́ть, се́ра, термо́метр, у́гол)

4. Opposites. Match up the columns:

1. общеобразова́тельная шко́ла	a. у́стный экза́мен
2. пи́сьменный экза́мен	b. совме́стное образова́ние
3. разде́льное образова́ние	c. обяза́тельный
4. факультати́вный	d. ча́стное уче́бное заведе́ние

5. Genitive qualifiers.

I Match up the columns:

1. аттеста́т	a. ко́смоса	3. си́ла	c. образова́ния
2. освое́ние	b. зре́лости	4. систе́ма	d. притяже́ния

II Find appropriate answers to the following:

ноль гра́дусов = то́чка . . . .   сто́ гра́дусов = то́чка . . . .

6. Find the right words!

I English clues	Russian solutions
1. part of a university (7)	к . . . . .
2. small discussion group (7)	с . . . . .
3. revolving model of the earth (6)	г . . . .
4. not compulsory (14)	ф . . . .
5. picture for viewing on screen (10)	д . . . .
6. calculating machine (11)	к . . . .
7. surface on which films are projected (5)	э . . . .

II Russian clues	Russian solutions
1. челове́к, де́лающий докла́д (9)	д . . . .
2. выступле́ние пе́ред студе́нтами (6)	л . . . .
3. челове́к, соверша́ющий полёт в ко́смос (9)	к . . . .
4. гермети́ческий костю́м (8)	с . . . . . .
5. прямоуго́льник с ра́вными сторона́ми (7)	к . . . . .
6. фигу́ра с шестью́ ра́вными квадра́тами (3)	к . .
7. фигу́ра с тремя́ угла́ми (11)	т . . . .

III Match up the columns	
1. асбе́ст	a. небольша́я ча́сть
2. весы́	b. вре́дный минера́л
3. микроско́п	c. челове́к, принима́ющий экза́мен
4. термо́метр	d. прибо́р для определе́ния ве́са
5. части́ца	e. прибо́р для определе́ния температу́ры
6. экзамена́тор	f. увеличи́тельный прибо́р

IV 1. . . . . у́гол	2. . . . . у́гол	3. . . . . у́гол

7. Match the adjectives to the nouns:

I

Feminine adjectives	Feminine nouns
1. вычисли́тельная	a. шко́ла
2. общеобразова́тельная	b. подгото́вка
3. профессиона́льная	c. те́хника

II

Masculine adjectives	Masculine nouns
1. вступи́тельный	a. ку́рс
2. зао́чный	b. институ́т
3. медици́нский	c. экза́мен

III

Masculine adjectives	Appropriate masculine nouns
1. косми́ческий	к . . . . .
2. педагоги́ческий	и . . . . . .
3. у́стный	э . . . . .

IV

Neuter adjectives	Neuter nouns
1. маши́нное	a. посо́бие
2. нагля́дное	b. образова́ние
3. разде́льное	c. обуче́ние

V

Neuter adjectives	Appropriate neuter nouns
1. радиоакти́вное	и . . . .
2. религио́зное	в . . . .
3. совме́стное	о . . . .

VI **Plural adjectives/nouns. Find two suitable adjectives to qualify нау́ки.**

8. Squares

1. два́ в квадра́те – четы́ре	4. пя́ть в квадра́те –
2. три́ в квадра́те –	5. ше́сть в квадра́те –
3. четы́ре в квадра́те –	6. се́мь в квадра́те –

Continue the series as long as you can, for practice in numerals at irregular intervals.

(3) Translation and dictionary skills

9. Translate into English, with the help of a dictionary:

I

1. О́н вы́учился на инжене́ра на вече́рних ку́рсах.
2. Все́ молоды́е лю́ди должны́ име́ть пра́во на вы́сшее образова́ние.

3. Де́ти от трёх до шести́ ле́т хо́дят в дошко́льные учрежде́ния.
4. Учи́тель-практика́нт присутствова́л на все́х уро́ках ста́ршего преподава́теля.
5. Ве́ра Па́вловна, герои́ня рома́на Н. Г. Чернышевского «Что де́лать?» (1863), была́ образо́ванной же́нщиной.
6. Калькуля́тор, гло́бус, экра́н – уче́бные посо́бия.
7. Электромонтёр заряди́л батере́ю аккумуля́торов.
8. Мы рабо́тали стро́го по гра́фику (here: 'schedule').
9. Его́ исключи́ли из институ́та за то́, что провали́лся на все́х экза́менах.

II

1. Одни́ специали́сты отдаю́т предпочте́ние совме́стному образова́нию – ведь ма́льчики и де́вочки бу́дут жи́ть вме́сте на на́шей плане́те всю́ свою́ взро́слую жи́знь, други́е предпочита́ют разде́льное образова́ние, тем бо́лее, что ма́льчики не даю́т де́вочкам вста́вить сло́во на совме́стных уро́ках.
2. Согла́сно класси́ческой эвкли́довой (Euclidean) геоме́трии, паралле́льные ли́нии никогда́ не схо́дятся, но таки́е матема́тики, как Н. И. Лобаче́вский (1792–1856), профе́ссор матема́тики и ре́ктор Каза́нского университе́та, дока́зывали обра́тное. То́лько по́сле сме́рти Лобаче́вского по-настоя́щему оцени́ли значе́ние его́ рабо́ты. Интере́сно отме́тить, что Ива́н Карама́зов в после́днем рома́не Достое́вского «Бра́тья Карама́зовы» допуска́ет возмо́жность, что паралле́льные ли́нии сойду́тся в ве́чности. («Бра́тья Карама́зовы» 2: 3 «Бра́тья знако́мятся»).
3. Наконе́ц техни́ческий руководи́тель полёта, Серге́й Па́влович Королёв, скома́ндовал: – Подъём! – Пое́хали!, – отве́тил Гага́рин. Кора́бль вы́шел на орби́ту. Наступи́ла невесо́мость – то са́мое состоя́ние, о кото́ром ещё в де́тстве он чита́л в кни́гах К. Э. Циолко́вского.
4. 25 ию́ля откры́лся лю́к орбита́льной ста́нции «Салю́т-7». Пя́ть ра́з отсю́да выходи́ли мужчи́ны, а сейча́с они́ откры́ли его́ для Светла́ны Сави́цкой. Впервы́е в исто́рии космона́втики же́нщина вы́шла в откры́тый ко́смос.
5. Одни́ специали́сты счита́ют, что освое́ние ко́смоса начало́сь с пу́ска баллисти́ческих раке́т на Ло́ндон с балти́йского побере́жья в конце́ Второ́й мирово́й войны́.

10. Translate into Russian, with the help of a dictionary:

1. Teachers can supplement their income by coaching pupils who have fallen behind the others.
2. By comparison with written examinations, oral examinations give the examiners an opportunity to assess more accurately the level of knowledge of a candidate.
3. Speaking at a scientific conference, the young specialist proved that his senior colleague's theory was erroneous.
4. At the end of the lecture the lecturer distributed to the students copies of his notes, which the secretary had duplicated on the photocopier.
5. Many craftsmen who worked with asbestos in their youth have died in their old age of illnesses caused by this harmful mineral.
6. When the spaceships docked astronauts and cosmonauts participating in the EPAS (Apollo-Soyuz Experimental Flight) project rejoiced, exchanged jokes, and congratulated each other on the success of the project.

(4) Word origins and formation

11.

I. What are the roots of the following?

1. зао́чный	2. у́стный

II. Give cognates of нау́ка.

12. Give the full forms of the abbreviations:

(1) Егэ́	(2) за́вуч

13. Which of the following is *not* of Greek origin?

1. асбе́ст	3. ка́федра	5. скафа́ндр
2. гло́бус	4. космона́вт	

14. Which of the following has *no* French connection?

1. азо́т	3. факультати́вный
2. ли́нза	4. экра́н

Level 3

General

аспира́нт/-ка	postgraduate student
аспиранту́ра	postgraduate studies
би́знес-шко́ла	business school
бюллете́нь (m.)	sick note
заявле́ние-анке́та	application form
кла́ссный журна́л	register
микрорайо́н (обслу́живаемый шко́лой)	catchment area
нова́тор	innovator
проводи́ть/провести́ ку́рс (по + dat.)	to run a course (on)
распределя́ть/распредели́ть по пото́кам	to stream
сексуа́льное воспита́ние	sex education
спецшко́ла	special school
стаж	length of service, probationary period
стажёр/стажёрка	probationer
стипендиа́т	grant-holder

стипе́ндия	grant
техни́ческие сре́дства обуче́ния	educational technology
университе́тский городо́к	campus
шко́ла-интерна́т	boarding school
шко́ла перево́дчиков	interpreting school

Word origins: (1) аспира́нт is from French participle *aspirant* from *aspirer à* 'to aspire to' (cf. German *Aspirant* 'candidate'). The meaning 'PG student' arose during the Soviet period (2) ста́ж is from French *stage* 'training course'.

Staff and teaching

домово́дство	domestic studies
доце́нт	lecturer
испыта́тельный сро́к	probation
консульта́нт по профессиона́льной ориента́ции	careers adviser
отсу́тствовать impf. (отсу́тствую/отсу́тствуешь) (на уро́ке)	to be absent (from the lesson)
рабо́та с отстаю́щими	remedial work
сда́ть (экза́мен) с трудо́м	to scrape through (an examination)
чи́сленное отноше́ние уча́щихся к преподава́телям	pupil–teacher ratio

Word origins: доце́нт is probably from German *Dozent* 'lecturer' (cf. Latin *docens* 'teaching' from *docere* 'to teach').

Educational materials

графопрое́ктор	overhead projector
картоте́ка	card index
(картоте́чная) ка́рточка	index card
лапто́п	laptop
уго́льник	set square
ци́ркуль (m.)	compasses

Word origins: ци́ркуль is from Latin *circulus*, dim. of *circus* 'circle', cf. German *Zirkel* id.

Course and qualifications

апте́чка	first-aid kit
доктора́нт	doctoral student
переквалифици́роваться pf.	to retrain
сте́пень (f.) кандида́та нау́к	degree of candidate of sciences, PhD
факультати́вный	optional

Assessment and qualifications

про́бный экза́мен	mock exam
проходно́й ба́лл	pass mark
те́ст (по ру́сскому языку́)	(Russian) test
учёная сте́пень	higher degree
чернови́к (gen. черновика́)	rough copy
чистово́й экземля́р	fair copy

Delivery and assessment

освобожда́ть/освободи́ть (освобожу́ освободи́шь) (от + gen.)	to exempt (from)
составля́ть/соста́вить в сре́днем	to average
те́ст на вы́бор	multiple-choice test
экзаменацио́нная се́ссия	diet of examinations

Delivery methods

кру́глый сто́л	round table
практи́ческие заня́тия (семина́р)	workshop
симпо́зиум	symposium

Discipline

оставля́ть/оста́вить (оста́влю оста́вишь) по́сле уро́ков	to give detention, keep in after classes

Problems

броса́ть/бро́сить (бро́шу бро́сишь)	to drop out of (a subject)
ду́б	dunce
зубри́ть/вы́–	to swot
недоу́чка	dropout
остава́ться (остаю́сь остаёшься)/оста́ться (оста́нусь оста́нешься) на второ́й го́д	to repeat a year
прогу́л уро́ков	truancy
прогу́ливать/прогуля́ть уро́ки	to play truant, cut classes
у́мственно отста́лый	retarded

Word origins: зубри́ть is a semantic calque of German *büffeln* 'to swot' (*Büffel* 'buffalo'/зу́бр 'bison').

Science

General

возглавля́ть/возгла́вить (возгла́влю возгла́вишь)	to spearhead
глоба́льное потепле́ние	global warming
загрязне́ние	pollution
загрязня́ть/загрязни́ть	to pollute
заземля́ть/заземли́ть	to earth
лучева́я боле́знь	radiation sickness
парнико́вый/тепли́чный эффе́кт	greenhouse effect
поведе́нческий	behavioural
прикладны́е иссле́дования	applied research
прокла́дывать/проложи́ть пу́ть к + dat.	to blaze the trail for
совершенствовать (совершенствую совершенствуешь)/у-	to perfect
социоло́гия	sociology

Mathematics

квадра́тный ко́рень	square root

Physical sciences

астроно́мия	astronomy
биоло́гия	biology
бота́ника	botany
медици́на	medicine
при́зма	prism
спе́ктр	spectrum
то́чные нау́ки	exact sciences
углеро́д	carbon
хло́р	chlorine
электро́ника	electronics

Scientific instruments

бу́нзеновская горе́лка	Bunsen burner
воро́нка	funnel
зо́нд	probe
кла́пан	valve
ко́лба	retort
ла́зер	laser
ла́кмусовая бума́га	litmus paper

насо́с	pump
оборудование	apparatus
пробирка	test tube
реа́ктор	reactor
трено́га	tripod
фильтр	filtre

Word origins: (1) кла́пан is from German *Klappen*, pl. of *Klappe* 'shutter, flap, lid' (2) ко́лба cf. German *Kolben* id. (3) ла́зер is from English 'laser' (acronym for 'light amplification by stimulated emission of radiation') (4) ла́кмусовая бума́га cf. German *Lackmuspapier* id. (5) пробирка is based on German *probieren* 'to try, test', possibly via проби́ровать 'to test, essay' (6) трено́га comprises тре- 'three' + -нога 'leg'. Possibly a calque from Latin *tripus, tripodis* or Greek *tripous*.

Exercises

Level 3

(1) Grammar

1. Gender of soft-sign nouns. Which is the odd one out?

1. бюллете́нь	2. сте́пень	3. ци́ркуль

2. Prepositional usage.

I Dative case. К or по + dative?

К or по?	К or по?
1. Консульта́нт [.] профессиона́льной ориента́ции.	3. Де́ти распределены́ [.] пото́кам.
2. Проло́жен пу́ть [.] освое́нию ко́смоса.	4. Те́ст [.] ру́сскому языку́.

II Genitive case.

От or по́сле?	От or по́сле?
1. Меня́ освободи́ли [.] мои́х обя́занностей.	2. Ему́ ча́сто приходи́лось остава́ться [.] уро́ков.

III C + instrumental case.

1. Рабо́та с	2. Óн сда́л экза́мен с . . . .

(с отстаю́щими, с трудо́м)

3. Verb conjugation.

I First-person singular consonant change: в/вл д/ж с/ш:

в, д, с	вл, ж, ш
1. В конце́ семе́стра она́ бро́сит му́зыку.	В конце́ семе́стра я . . . . му́зыку.
2. Решено́, что óн возгла́вит коллекти́в.	Решено́, что я . . . . коллекти́в.
3. Она́ освободи́т по́лки от кни́г.	Я . . . . по́лки от кни́г.
4. Óн оста́вит больно́го в поко́е.	Я . . . . больно́го в поко́е.
5. Она́ прово́дит практи́ческие заня́тия по ру́сскому языку́.	Я . . . . практи́ческие заня́тия по ру́сскому языку́.

II Verbs in -овать. Replace past-tense by present or perfective-future forms:

Past-tense forms	Present-tense forms (1 and 3), perfective-future form (2)
1. Я отсу́тствовал на пе́рвой ле́кции.	Я . . . . на пе́рвой ле́кции.
2. Руси́сты переквалифици́ровались как учителя́ англи́йского языка́.	Руси́сты . . . . как учителя́ англи́йского языка́.
3. Инжене́ры совершенствовали проéкт.	Инжене́ры . . . . проéкт.

4. Perfective passive participle. Replace the past finite verb forms by perfective participles in -н (note consonant changes in 2. (д/жд) and 3. (в/вл)):

1. Заземли́ли анте́нну.	Анте́нна заземлена́.
2. Освободи́ли страну́.	Страна́ . . . .
3. Оста́вили го́род нетро́нутым.	Го́род . . . . нетро́нутым.
4. Провели́ ку́рс по фоне́тике.	. . . . ку́рс по фоне́тике.
5. Сда́ли экза́мен без вся́кого труда́.	Экза́мен . . . . . . без вся́кого труда́.
6. Усовершенствовали проéкт.	Проéкт . . . .

Find the meaning of: жре́бий бро́шен

(2) Recognition and differentiation

5. Adjective + noun phrases. Allocate to appropriate columns:

I

University	Environment, space, radiation
1.	1.
2.	2.
3.	3.
4.	4.

(глоба́льное потепле́ние, лучева́я боле́знь, прикладны́е иссле́дования, тепли́чный (парнико́вый) эффе́кт, то́чные нау́ки, университе́тский городо́к, учёная сте́пень, чёрная дыра́)

II

School realia	Examinations
1.	1.
2.	2.
3.	3.
4.	
5.	

(бу́нзеновская горе́лка, кла́ссный журна́л, ла́кмусовая бума́га, про́бный экза́мен, проходно́й ба́лл, сексуа́льное воспита́ние, техни́ческие сре́дства обуче́ния, экзаменацио́нная се́ссия)

III Masculine phrases. Match up the columns:

Adjectives	Nouns
1. испыта́тельный	a. сто́л
2. кру́глый	b. экземпля́р
3. чистово́й	c. сро́к

6. Solve the square-root sums. Квадра́тный ко́рень:

из четырёх – два́	из двадцати́ пяти́ –	из сорока́ девяти́ –
из шестна́дцати –	из девяти́ –	из тридцати́ шести́ –

Continue as far as possible for random number practice.

7. Кто?

1. получа́ет стипе́ндию?		3. прохо́дит ста́ж?	
2. прохо́дит аспиранту́ру?			

8. Чем занима́ется?

1. астроно́м?		4. социо́лог?	
2. био́лог?		5. электро́нщик?	
3. бота́ник?			

9. Other meanings. Use the dictionary to find other meanings of the following words:

	Other meanings
1. бюллете́нь	
2. воро́нка	
3. дуб	
4. сте́пень	

10. Find the right words!

I

Russian clues	Russian solutions
1. листо́к нетрудоспосо́бности (9)	б . . . .
2. пучо́к све́та, луч (5)	л . . . .
3. чертёжный инструме́нт (8)	у . . . . . .
4. про́бное зада́ние (4)	т . . .
5. де́нежное посо́бие (9)	с . . . .
6. на́выки дома́шнего хозя́йства (11)	д . . . .
7. челове́к, кото́рый вно́сит прогресси́вные иде́и (7)	н . . . . .

II Match the clues to the solutions:

1. коро́бка с набо́ром лека́рств	a. картоте́ка
2. черновая́ ру́копись	b. дуб
3. необяза́тельный	c. ци́ркуль
4. совеща́ние по нау́чному вопро́су	d. апте́чка
5. тупо́й челове́к	e. симпо́зиум
6. собра́ние ка́рточек	f. черновик
7. инструме́нт для выче́рчивания окру́жностей	g. факультати́вный

III Russian clues

1. заýчивать без понимáния	
2. недоучи́вшийся человéк	
3. стáть во главé чегó-нибудь	
4. дéлать лýчше	
5. хими́ческий элемéнт	
6. совокýпность цветóв	
7. гáз с рéзким зáпахом	

(возглáвить, зубри́ть, недоýчка, совершéнствовать, спéктр, углерóд, хлор)

IV

Definitions of sciences	Sciences
1. наýка о живóй прирóде	
2. наýка о растéниях	
3. наýка о косми́ческих телáх	
4. наýка о разви́тии óбщества	
5. наýка о взаимодéйствии электрóнов	

(3) Translation and dictionary skills

11. Translate into English with the aid of a dictionary:

1. Шкóлы-интернáты пóльзуются большóй популя́рностью в РФ.
2. Бизнесмéны рабóтали в пóезде, кáждый с лаптóпом на колéнях.
3. Лаборáнтка провéрила всё оборýдование: насóсы, фи́льтры, проби́рки, тренóги – и графопроéкторы.
4. Кáждый вéчер студéнты тусýются в университéтском городкé.
5. Он педиáтр и рабóтает с ýмственно отстáлыми детьми́.
6. Перемéны, котóрые произошли́ в росси́йском óбществе в концé 1980-х годóв, сопровождáлись аналоги́чными перемéнами в росси́йской систéме образовáния. Вмéсто тогó, чтóбы заýчивать мáссы неперевáриваемой информáции, студéнты должны́ бы́ли научи́ться развивáться как индивидуáльные ли́чности, спосóбные крити́чески относи́ться к общéственным и истори́ческим явлéниям. Рефóрмы, проводи́мые властя́ми, ориенти́ровались на децентрализáцию систéмы образовáния и ликвидáцию пережи́тков совéтской систéмы. Напримéр, истóрия преподавáлась и изучáлась с рáзных тóчек зрéния. (Based on Webber)
7. В опрóсах, проводи́мых под эги́дой ВЦИОМ, рýсские неизмéнно утверждáют, что и́х образовáтельный ýровень высóк. И в сáмом дéле, из кáждой ты́сячи человéк от пятнáдцати лéт и стáрше 133 имéют вы́сшее образовáние. Éсли сравни́ть э́ту ци́фру с положéнием в начáле XX вéка, то получáется, что на кáждого грáмотного человéка в вóзрасте девяти́ лéт приходи́лось трóе негрáмотных.

8. Почему́ в РФ не хвата́ет шко́льных учителе́й? Пре́жде всего́, э́то объясня́ется ни́зким у́ровнем зарпла́ты: мно́гие учителя́ и преподава́тели переквалифици́ровались как перево́дчики и́ли счетово́ды. Одна́ко, положе́ние улу́чшилось по сравне́нию с 80-ми года́ми про́шлого ве́ка, когда́ в 21% школ не́ было центра́льного отопле́ния, а в 30% не́ было прото́чной воды́.

9. Из шести́ с полови́ной миллио́нов студе́нтов бо́льше полови́ны пла́тят за обуче́ние, а в госву́зах пла́та вы́ше, чем в ча́стных уче́бных заведе́ниях. Из восемна́дцати миллио́нов уча́щихся шестьдеся́т де́вять ты́сяч посеща́ют пла́тные уче́бные заведе́ния. Госуда́рственные шко́лы то́же собира́ют де́ньги: на пода́рки учителя́м, на охра́ну и ремо́нт, на выпускны́е вечера́ (выпускно́й обхо́дится в сре́днем в 1000 рубле́й).

12. Translate into Russian with the aid of a dictionary:

1. To obtain the degree of candidate of sciences Russian postgraduates take a series of courses and write a dissertation.
2. Business schools have grown up all over the world like mushrooms after rain.
3. Parents try to move into a catchment area served by a good school.
4. Special schools specialise in languages, maths, computer studies and other subjects.
5. Several millions of index cards are stored in the card index of the state library.
6. The lower the staff–student ratio, the better the examination results.
7. The number of children in a British family averages 1.6.
8. He was kept in after school for preventing the others from studying.
9. In her first year of study she was ill so often she had to repeat the year.
10. Truancy in our schools has reached an unprecedented scale.
11. Ecologists predict that the greenhouse effect will lead to global warming.
12. By 2010 the earth will be a degree warmer and the sea level will rise by 3 cm.

(4) Word origins

13.

I Which in the following group of four words is not of German origin?

1. доце́нт	2. кла́пан	3. проби́рка	4. ста́ж

II and in this group of three?

1. зубри́ть	2. ко́лба	3. ци́ркуль?

III What does 'laser' stand for?

IV What are the components of трено́га?

Additional vocabulary

авторучка	fountain pen	метан	methane
аммиак	ammonia	непрерывная оценка	continuous assessment
бензобак	fuel tank		
блок-схема	flow chart	промокашка	blotting paper
бутан	butane	пропан	propane
бывший студент/ бывшая студентка	alumnus/alumna	равнобедренный	isosceles
		развивать/развить	to develop
военное училище	military academy	ролевая игра	role play
вычисление	calculation	световая волна	light wave
гидравлика	hydraulics	старший преподаватель	senior lecturer
дальнейшее образование	further education		
		теорема	theorem
диаграмма	diagram	тигель	crucible
задира	troublemaker, bully	травить/за-	to bully, persecute
закладка	bookmark	травля	bullying
заочное обучение	distance learning	трение	friction
звуковая волна	sound wave	тряпка	duster
интегральное исчисление	integral calculus	увеличительное стекло	magnifying glass
		указка	pointer
исчисление	calculus	фосфат	phosphate
йод	iodine	центробежный	centrifugal
калька	tracing paper	центростремительный	centripetal
курсы для взрослых	adult education	эвклидова геометрия	Euclidean geometry
логарифмическая линейка	slide rule	экспонометр	light meter

Unit 15

Agriculture. Industry

Level 1

Farming and farmers

дома́шний ско́т (gen. дома́шнего скота́)	livestock
моло́чная фе́рма	dairy farm
овцево́д	sheep farmer
огоро́дник	market gardener
птицефе́рма	poultry farm
свинофе́рма	pig farm
се́льское хозя́йство	agriculture
скотово́д	livestock farmer
фе́рма	farm
фе́рмер	farmer

Word origins: ско́т is a cognate of German *Schatz* 'treasure'. In antiquity cattle constituted a major source of wealth, thus words for cattle acquired monetary connotations. Cf. scot-free 'unpunished'.

Cognates: свинья́ has cognates in English 'swine' and German *Schwein* id.

Farm buildings

амба́р	barn, granary
коню́шня	stable
коро́вник	cow shed
пти́чник	hen house
свина́рник	pigsty

Working the land

дои́ть/по-	to milk
комба́йн	combine harvester
кукуру́за	maize
обраба́тывать/обрабо́тать	to work (the land), till
овёс (gen. овса́)	oats
паха́ть (пашу́ па́шешь)/вс-	to plough
плу́г	plough

пшени́ца	wheat
ро́жь (f.) (gen. ржи́ instr. ро́жью)	rye
сельскохозя́йственная те́хника	agricultural machinery
се́мя (n.) (се́мени се́менем) (pl. семена́ семя́н)	seed
тра́ктор	tractor
убира́ть/убра́ть (уберу́ уберёшь) урожа́й	to bring in the harvest
урожа́й	harvest
ячме́нь (m.) (gen. ячменя́)	barley

Word origins: (1) плу́г is purportedly from Old High German (cf. modern *Pflug* id.), but in the absence of the High German sound shift p>pf may be from an alternative source (2) урожа́й literally means 'brought forth' (by the earth), cf. colloquial уроди́ть 'to bring forth', уроди́ться 'to ripen'.

Cognates: (1) ро́жь has cognates in German *Roggen* id. etc. (2) се́мя has cognates in Latin *semen* id. etc.

Livestock

класть (кладёт)/снести́ (снесёт) (снесла́) яйцо́	to lay an egg
пти́ца	poultry
разводи́ть (развожу́ разво́дишь)/развести́ (разведу́ разведёшь)	to breed
ста́до (pl. стада́)	herd
бы́к (gen. быка́)/коро́ва	bull/cow
гу́сь (m.)	goose
козёл (gen. козла́)/коза́ (pl. ко́зы)	billy goat/nanny goat
ло́шадь (f.) (gen. pl. лошаде́й)	horse
овца́ (pl. о́вцы ове́ц)	sheep
осёл (gen. осла́)	donkey
пету́х (gen. петуха́)/ку́рица (pl. ку́ры ку́р)	cockerel/hen (chicken)
свинья́ (pl. сви́ньи свине́й)	pig
у́тка	duck

Reference note: nouns in -ёнок (gen. -ёнка) denote the young of animals/birds and have plural -я́та gen. -я́т, some cognate with the parent animal: утёнок 'duckling', others from a different root: ягнёнок 'lamb', телёнок 'calf', цыплёнок 'chick'.

Word origins: (1) бы́к is seemingly onomatopoeic and is named for its bellow, cf. Old Russian бучи́ти 'to roar' (2) ло́шадь is from Turkic, displacing earlier конь during the Mongol invasion.

Cognates: (1) пету́х is cognate with петь 'to sing' (2) ягнёнок is cognate with Latin *agnus* id. and French *agneau* id.

Word origins: цыплёнок is from цып-цып!, used in calling chickens.

Industry

General

госуда́рственный се́ктор	public sector
заво́д (на заво́де)	factory (producing machinery) (at a factory)
изде́лие	product
индустриализи́ровать impf./pf.	to industrialise
национализи́ровать impf./pf. (национализи́рую национализи́руешь)	to nationalise
не́фть (f.)	oil
промы́шленность (f.) (лёгкая/тяжёлая)	industry (light/heavy)
ро́ст	growth
те́мп	rate
фа́брика (на фа́брике)	factory (producing textiles etc.) (at a factory)

Industries

автомоби́льная промы́шленность	car industry
аэро-косми́ческая промы́шленнность	aero-space industry
веду́щий	leading
компьютериза́ция	computerisation
машинострое́ние	mechanical engineering
нефтяна́я промы́шленность	oil industry
о́трасли промы́шленности	industries
пищева́я промы́шленность	food industry
промы́шленный	industrial
тексти́льная промы́шленность	textile industry
туриндустри́я	tourist industry
хими́ческая промы́шленность	chemical industry
ша́хта	mine
электри́ческий генера́тор	electric generator
электроэне́ргия	electric power

Word origins: не́фть entered European languages via Greek *naphta(s)* 'naphtha, flammable oil from coal'. Ultimately from Persian or Arabic.

Personnel

прора́б	foreman
рабо́чая си́ла	labour force

| служащий (m.) adj. noun | white-collar worker |
| тéхник | technician |

Word origins: прораб is a blend of производитель работ.

Premises and production

áтомная электростáнция (АЭС)	atomic power station
гидроэлектростáнция (ГЭС)	hydroelectric power station
изготовлять/изготóвить (изготóвлю изготóвишь)	to manufacture, make up
мáссовое произвóдство	mass production
печáтать/на–	to print
столóвая (f.) adj. noun	canteen
ýголь (m.) (gen. угля́)	coal
ýгольная шáхта	colliery
цéх	shop floor
электростáнция	power station

Word origins: цéх may be from Polish *cech* 'guild'.

Exercises

Level 1

(1) Grammar and stress

1. Stress. Which is the odd one out (has *stem* stress in the genitive singular)?

1. бы́к	2. петýх	3. скóт	4. ýголь	5. цéх

2. Mobile vowels.

 I **Which of the following nouns does *not* have a mobile vowel in declension?**

1. козёл	2. овёс	3. осёл	4. ячмéнь

II **What is special about the mobile vowel in рóжь?**

3. Gender of soft-sign nouns. Which is the odd one out (is of masculine gender) in the following groups of three?

 I

1. гýсь	2. лóшадь	3. рóжь

II

1. нефть	2. промы́шленность	3. ячме́нь

III Which noun in each group of three reveals its gender through its ending?

4. Conjugation.

I Verbs in -ировать. Replace past-tense forms by present-tense forms:

Past-tense forms	Present-tense forms
1. Мы́ индустриализи́ровали страну́.	Мы́ . . . . страну́.
2. Они́ национализи́ровали желе́зные доро́ги.	Они́ . . . . желе́зные доро́ги.

II First-conjugation verb (паха́ть) with consonant mutation (х: ш) throughout, compounds of -брать and -вести.

Perfective past-tense forms	Perfective future forms
1. Фе́рмер вспаха́л по́ле тра́ктором.	Фе́рмер . . . . по́ле тра́ктором.
2. Мы́ убра́ли урожа́й.	Мы́ . . . . урожа́й.
3. О́н развёл ста́до до́йных коро́в.	О́н . . . . ста́до до́йных коро́в.

III Second-conjugation verbs with consonant change (в/вл д/ж) in the first-person singular. Replace third-person by first-person singular forms:

Third-person singular forms	First-person singular forms
1. Фармако́лог изгото́вит лека́рство.	Я . . . . лека́рство.
2. Она́ разво́дит свине́й.	Я . . . . свине́й.

(2) Recognition and differentiation

5. Match up adjectives and nouns.

I Masculine:

1. госуда́рственный	a. ско́т
2. дома́шний	b. генера́тор
3. электри́ческий	c. се́ктор

II Feminine:

1. моло́чная	a. те́хника
2. сельскохозя́йственная	b. промы́шленность
3. аэро-косми́ческая	c. фе́рма

III Feminine. Insert nouns as appropriate:

1. áтомная	a.
2. рабóчая	b.
3. ýгольная	c.

(сила, шáхта, электростáнция)

IV Neuter. Insert adjectives as appropriate:

1.	a. произвóдство
2.	b. хозяйство

(мáссовое, сéльское)

6. Noun phrases. Supply suitable nouns from the bracketed list below:

1. Доя́рка дои́т	4. Печáтник печáтает . . . .
2. Фéрмер убирáет	5. Скотовóд развóдит . . . .
3. Кýрица кладёт	6. Тракторист обрабáтывает . . . .

(домáшний скóт, зéмлю, книгу, корóву, урожáй, яйцó)

7. Adults and young animals/birds. Refer to section on livestock/reference note and match adults with their young:

Adults	Young	Adults	Young
1. корóва		3. овцá	
2. кýрица		4. ýтка	

(телёнок, цыплёнок, утёнок, ягнёнок)

8. Find the words!

I

English clues	Russian solutions
1. specialist in sheep farming (7)	о. . . . . .
2. specialist in market gardening (9)	о. . . . .
3. development, increase (4)	р. . .
4. shed for cows (8)	к. . . . . . .
5. reaping and threshing machine (7)	к. . . . . .
6. farm machine for cutting furrows (4)	п. . .
7. traction engine (7)	т. . . . . .

II Match up the columns

1. амба́р	a. group of animals of the same species
2. заво́д	b. water bird
3. изде́лие	c. industrial enterprise
4. машинострое́ние	d. artefact
5. ста́до	e. speed of development
6. те́мп	f. building for grain storage
7. у́тка	g. manufacture of engines/machines

III Match up the columns

1. козёл	a. сельскохозя́йственные живо́тные
2. прора́б	b. специали́ст в о́бласти те́хники
3. ско́т	c. твёрдое горю́чее вещество́
4. слу́жащий	d. производи́тель рабо́т
5. те́хник	e. ча́сть заво́да
6. у́голь	f. саме́ц козы́
7. цех	g. рабо́тник, за́нятый интеллектуа́льным трудо́м

9. Breeding and breeders.

I Кто разво́дит . . . .

1. ове́ц?	овцево́д	4. свине́й?	
2. пчёл?	пчелово́д	5. ско́т?	
3. ры́б?		6. соба́к?	

II Which of the following, semantically, is the odd one out?

1. овощево́д	2. овцево́д	3. птицево́д

(3) Translation and dictionary skills

10. Козёл. Find English equivalents for the following four phrases and the title of a well-known story by a Danish author:

1. Козёл отпуще́ния.
2. Отдели́ть ове́ц от ко́злищ.
3. Взя́ть быка́ за рога́.
4. Вста́ть с петуха́ми.
5. «Га́дкий утёнок»

11. Similes.

I Find English equivalents for the following:

1. Идти́ за ке́м-нибудь как овца́ (of a person who follows someone blindly, submissively).
2. Как бык в посу́дной ла́вке (of a clumsy person).
3. С меня́ как с гу́ся вода́ (of someone totally indifferent to everything).
4. Упря́м как козёл (of someone stupid and stubborn).

II Fill the gaps as appropriate:

1. Ва́жничать как . . . . (of someone pompous and self-regarding).
2. Глу́пый как . . . . (of someone extremely stupid).
3. Пла́вать как . . . . (of someone who swims smoothly and with enjoyment).
4. Рабо́тать как . . . . (of an extremely hard worker).

(ло́шадь, осёл, пету́х, у́тка)

12. Allocate to appropriate categories:

Animal shelters	Cereals	Work places
1.	1.	1.
2.	2.	2.
3.	3.	3.
4.	4.	4.
	5.	5.

(заво́д, коню́шня, коро́вник, кукуру́за, огоро́д, овёс, пти́чник, пшени́ца, рожь, свина́рник, фе́рма, ша́хта, электроста́нция, ячме́нь)

13. О́трасли промы́шленности. Кака́я промы́шленность . . .

1. произво́дит автомоби́ли?	
2. произво́дит нефтепроду́кты?	
3. произво́дит пищевы́е проду́кты?	
4. произво́дит тексти́льные изде́лия?	
5. произво́дит хими́ческие препара́ты?	

14. Translate into English, with the aid of a dictionary:

1. Са́мый стра́шный несча́стный слу́чай в исто́рии а́томной эне́ргии произошёл 26 апре́ля 1986 го́да на Черно́быльской а́томной электроста́нции, когда́ оди́н из реа́кторов взорва́лся во вре́мя неофициа́льных прове́рочных процеду́р. Радиоакти́вные части́цы от пожа́ра загрязни́ли окре́стности украи́нского го́рода Черно́быль и ско́ро пол-Евро́пы. 31 челове́к поги́б почти́ неме́дленно, а со́тни люде́й лечи́ли от лучево́й боле́зни.
2. Президе́нт Росси́йской Федера́ции В. В. Пу́тин сказа́л, что компью́теры, а заодно́ и вы́ход в Интерне́т должны́ быть в ка́ждой се́льской шко́ле. Но програ́мма ограни́чена: в одно́й шко́ле де́ти ждут свое́й о́череди по́льзоваться компью́тером, но получа́ется то́лько мину́ты три на ученика́ в неде́лю. Зна́чит, те зада́чи, кото́рые ста́вил президе́нт, не по́лностью дости́гнуты. Компьютериза́ция росси́йских шко́л сто́ила 6 миллиа́рдов рубле́й. («АиФ» 26/2005)

15. Translate into Russian, with the aid of a dictionary:

1. Pigs are reared on a pig farm, chickens on a poultry farm and cows on a dairy farm.
2. Milkmaids milk the cows at dawn, often with the aid of a milking machine, and the milk is loaded onto lorries and distributed to towns and villages.
3. In Scotland the harvest is brought in later than in other regions of Great Britain, which is explained by weather conditions.
4. After the Second World War the British goverment nationalised many industrial enterprises, also the system of health care, the education system and the railways.
5. Before the Revolution of 1917 Russia was a backward country, but it succeeded in industrialising the economy and in defeating the Fascists.

(4) Word origins and cognates

16.

I What do these abbreviations stand for?
1. АЭС
2. ГЭС
3. прораб

II What is the force of the ending -ёнок? Give an example, with its plural.

III Give cognates of:
1. петух
2. свинья
3. семя
4. ягнёнок.

IV Which two in the following group have no Germanic connection?

1. лошадь	2. нефть	3. плуг	4. скот	5. цех

Level 2

Agriculture

General

вилы (gen. вил)	pitchfork
молочные продукты	dairy produce
молочный скот	dairy cattle
плодоводство	fruit farming
пчеловодство	bee-keeping

Farming and farmers

дои́льная устано́вка	milking machine
моты́жить impf.	to hoe
рыбово́дческое хозя́йство	fish farm
сельскохозя́йственные уго́дья	farmland

Farm buildings

заго́н (ове́чий заго́н)	sheep pen

Feeding and grazing

зерновы́е культу́ры	cereals
ирригацио́нный кана́л	irrigation channel
ко́рм	fodder, feed
корми́ть (кормлю́ ко́рмишь)/на-	to feed
корму́шка	feeding trough
корнепло́дные о́вощи	root vegetables
лу́г (на лугу́) (pl. луга́)	meadow (in the meadow)
па́стбище	pasture
пасти́сь impf. (пасётся) (па́сся пасла́сь)	to graze
пасту́х (gen. пастуха́)/пасту́шка	shepherd/shepherdess
пита́ться impf. (+ instr.)	to feed (on) (intrans.)
пои́ть/на-	to water
птицефе́рма	poultry farm
у́лей (gen. у́лья)	beehive
ро́в (gen. рва́) (во рву́)	ditch (in a ditch)
сельскохозя́йственное ору́дие	agricultural implement
сто́г се́на (pl. стога́ се́на)	haystack

Word origins: (1) птицефе́рма is an abbreviation of птицево́дческая фе́рма (2) -ище in па́стбище denotes place.

Crops

виногра́дарство	vine-growing
пестици́д	pesticide
се́ять (се́ю се́ешь)/по-	to sow
хле́б	corn (cereals in general, ground into flour)
чу́чело/пуга́ло	scarecrow

Word origins: (1) виногра́д initally 'vineyard', then 'vine, grapes', proba-bly calqued from Gothic *weinagards* 'vineyard' (2) хле́б is from Gothic *hlaifs* id. (cf. Old English *hlaf* 'loaf', also German *Laib* 'loaf').

Livestock

бара́н	ram
бо́ров	boar

жеребе́ц (gen. жеребца́)	stallion
индю́к (gen. индюка́)/ индю́шка	turkey cock/turkey hen
кобы́ла	mare
овча́рка	sheepdog

Word origins: индю́к is from Polish *indyk* id., Latin (*pavo*) *indicus* 'Indian peacock', cf. French *dindon/dinde* 'turkey', originally *coq/poule d'Inde*. The confusion derives possibly from Columbus's misapprehension that in landing in South America he had reached his original goal, the western part of India.

Industry

General

инжене́р-строи́тель	civil engineer
квалифици́рованный (неквалифици́рованный)	skilled (unskilled)
нефтяна́я сква́жина	oil well (бури́ть/про- нефтяну́ю сква́жину) (to drill an oil well, to drill for oil)
обраба́тывающая промы́шленность	processing industry
сва́рщик	welder
сле́сарь (m.) (pl. слесаря́)	metal worker
сме́на (дневна́я/ночна́я)	(day/night) shift
судострое́ние	shipbuilding
сфе́ра услу́г	service industry
сырьё	raw materials
то́карь (m.) (pl. токаря́)	turner
туриндустри́я	tourist industry
ча́стный се́ктор	private sector
я́дерная эне́ргия	nuclear power

Word origins: сле́сарь is from German *Schlosser* id.

Locations

бума́жная фа́брика	paper-mill
ве́рфь (f.)	shipyard
виноку́ренный заво́д	distillery
каменноуго́льный бассе́йн	coalfield
лите́йный цех	foundry
месторожде́ние не́фти	oilfield
нефтеочисти́тельный заво́д	oil refinery
оруже́йный заво́д	arms factory
промы́шленное объедине́ние	industrial complex

сбо́рочный це́х	assembly shop
скла́д (на скла́де)	warehouse (in, at a warehouse)
сталелите́йный заво́д	steel works
столо́вая adj. noun	canteen
стро́йка	building site

Equipment, processes and production

ка́бель (m.)	cable
ме́ры безопа́сности (gen. ме́р безопа́сности)	safety measures
обору́дование	equipment
проду́кт (проду́кты произво́дства)	product (industrial products)
производи́ть (произвожу́ произво́дишь)/ произвести́ (произведу́ произведёшь) капита́льный ремо́нт	to overhaul
разбира́ть/разобра́ть (разберу́ разберёшь)	to take to pieces, dismantle
сма́зывать/сма́зать (сма́жу сма́жешь)	to grease, lubricate
штепсель (m.) (pl. штепселя́)	plug
шну́р (gen. шнура́)	flex
я́дерный реа́ктор	nuclear reactor

Word origins: (1) ве́рфь is from Dutch *werf* id. (2) штепсель cf. German *Stöpsel* 'plug' (3) шну́р comes via Polish *sznur* from German *Schnur* id.

Exercises

Level 2

(1) Grammar and stress

1. Which of the following does *not* have end stress in declension?

1. индю́к	2. пасту́х	3. сто́г	4. у́лей	5. шну́р

2. Which of the following does *not* have a nominative plural in -я́:

1. ка́бель	2. сле́сарь	3. то́карь	4. штепсель

3. Gender of soft-sign nouns. Which is the odd one out (is of feminine gender)?

1. ве́рфь	2. ка́бель	3. штéпсель

4. Conjugation of verbs.

I **Сма́зать** (consonant mutation (з/ж) throughout conjugation). Replace perfective past forms by perfective future forms:

Perfective past form	Perfective future form
1. Оте́ц сма́зал замки́ всех двере́й.	2. Оте́ц . . . . замки́ всех двере́й.

II **Се́ять.** Replace past-tense by present-tense forms:

Past-tense form	Present-tense form
Фéрмер се́ял рожь.	Фéрмер . . . . рожь.

III Consonant change (д: ж м: мл) in the first-person singular. Replace first-person *plural* forms with first-person *singular* forms:

First-person plural form	First-person singular forms
1. Мы произво́дим капита́льный ремо́нт.	Я . . . . капита́льный ремо́нт.
2. Мы ко́рмим кур.	Я . . . . кур.

IV Verbs in -ти: **пасти́сь** (-с stem) and **произвести́** (-д stem). Replace past-tense forms by present-tense forms (**пасти́сь**) and future perfective forms (**произвести́**):

Past-tense forms	Present-tense form (1)/future-tense form (2)
1. Ско́т па́сся на лугу́.	Ско́т . . . . на лугу́.
2. Он произвёл ремо́нт.	Он . . . . ремо́нт.

V **Разобра́ть.** Replace perfective past by perfective future forms:

Perfective past	Perfective future
Монтёр разобра́л дви́гатель.	Монтёр . . . . дви́гатель.

5. Masculine/feminine. Give the feminine equivalents of the following:

1. бара́н		4. индю́к	
2. бо́ров		5. пасту́х	
3. жеребе́ц		6. слу́жащий	

(2) Recognition and differentiation

6. Post-positive genitive. Match up the columns to make noun phrases:

1. ме́ры	a. не́фти
2. месторожде́ние	b. произво́дства
3. проду́кты	c. се́на
4. сто́г	d. безопа́сности

7. Opposites. Match up the opposites:

1. госуда́рственный се́ктор	a. ночна́я сме́на
2. дневна́я сме́на	b. неквалифици́рованный
3. квалифици́рованный	c. тяжёлая промы́шленность
4. лёгкая промы́шленность	d. слу́жащий
5. рабо́чий	e. ча́стный се́ктор

8. Find the words!

I

English clues	Russian solutions
1. fork for pitching hay (4)	в . . .
2. to loosen the soil (8)	м . . . . . .
3. small enclosure for cows (5)	з . . . .
4. dried food for cattle (4)	к . . .
5. stretch of grassland (3)	л . .
6. flexible insulated wire (4)	ш . . .
7. for making electrical connections (8)	ш . . . . . .
8. receptacle for water/food for cattle (8)	к . . . . . .

II

Russian clues	Russian solutions
1. дава́ть пи́ть (5)	п . . . .
2. я́щик для содержа́ния пчёл (4)	у . . .
3. рабо́тник, пасу́щий скот (6)	п . . . . .
4. разведе́ние виногра́да (14)	в . . . .
5. кла́сть семена́ в по́чву (5)	с . . . .
6. фигу́ра для отпу́гивания птиц (6)	ч . . . . .
7. служе́бная соба́ка (7)	о . . . . . .

III Match up the columns:

1. ве́рфь	a. механи́змы, маши́ны
2. обору́дование	b. специали́ст по тока́рному де́лу
3. па́стбище	c. ме́сто постро́йки судо́в
4. сва́рщик	d. рабо́чий, занима́ющийся сва́ркой
5. сле́сарь	e. специали́ст по металли́ческим изде́лиям
6. то́карь	f. ме́сто, где пасётся ско́т

9. Adjectives and nouns. Match up the columns to form adjective/noun phrases:

I Neuter:

1. промы́шленное	a. ору́дие
2. рыбово́дческое	b. объедине́ние
3. сельскохозя́йственное	c. хозя́йство

II Plural:

1. зерновы́е	a. о́вощи
2. корнепло́дные	b. проду́кты
3. моло́чные	c. уго́дья
4. сельскохозя́йственные	d. культу́ры

III Masculine:

1. ирригацио́нный	a. бассе́йн
2. каменноуго́льный	b. реа́ктор
3. моло́чный	c. кана́л
4. я́дерный	d. ско́т

10. Заво́д or цех? Fill in the right-hand column as appropriate:

	заво́д or цех?
1. виноку́ренный	
2. лите́йный	
3. нефтеочисти́тельный	
4. оруже́йный	
5. сбо́рочный	
6. сталелите́йный	

(3) Translation and dictionary skills

11. Similes.

I Find English idiomatic equivalents, where possible:

1. Го́лоден, как бу́дто его́ три дня не корми́ли (of someone famished/emaciated).
2. Гуди́т как в у́лье (of a noisy throng, constantly on the move).
3. Она́ здоро́ва как кобы́ла (of a healthy but rough kind of woman).
4. Смо́трит как бара́н на но́вые воро́та (of someone's stupidly uncomprehending look).

II. Fill the gaps as appropriate:

1. Ржа́ть как . . . . (of an unrestrained, usually stupid, neighing guffaw).
2. Хо́дит как . . . . (of someone strutting around pompously, like a peacock).
3. Это ну́жно как . . . . насу́щный (of something absolutely essential).
   (жеребе́ц, индю́к, хле́б)

12. Translate into English, with the aid of a dictionary:

1. О́вцы пита́ются таки́ми корнепло́дными овоща́ми, как брю́ква, ре́па и свёкла.
2. Не так давно́ счита́лось, что примене́ние пестици́дов реши́т все́ сельскохозя́йственные пробле́мы, истребля́я огро́мное коли́чество вреди́телей. Пото́м оказа́лось, что не́которые разнови́дности птиц, кото́рые пита́ются э́тими вреди́телями, вымира́ют и исчеза́ют с на́ших поле́й.
3. Инде́йка и клю́квенный со́ус ста́ли традицио́нным блю́дом в Де́нь благодаре́ния: э́то пе́рвая еда́, кото́рую пересе́ленцы из А́нглии нашли́ по прие́зде в Но́вый све́т.
4. Произво́дство промтова́ров занима́ет всё ме́нее и ме́нее значи́тельное ме́сто в эконо́мике мно́гих стра́н, где предпочте́ние отдаётся сфе́ре услу́г.
5. Возни́кли горя́чие спо́ры о то́м, ну́жно ли по́льзоваться я́дерной эне́ргией, как гла́вным исто́чником све́та и тепла́, и́ли же по экологи́ческим соображе́ниям прибе́гнуть к си́ле ве́тра и́ли во́лн.
6. Се́льское хозя́йство счита́лось са́мой сла́бой стороно́й сове́тской эконо́мики. Начина́я с 1929 го́да экономи́ческие плани́ровщики ста́ли объединя́ть индивидуа́льные крестья́нские уча́стки в коллекти́вные хозя́йства (колхо́зы). К 1934 го́ду 71 проце́нт крестья́нских уча́стков был коллективизи́рован, а к 1937 го́ду 235.000 колхо́зов замени́ли 26 миллио́нов индивидуа́льных уча́стков. Те́х, кто не хоте́л войти́ в коллекти́в, «репресси́ровали».
7. Туринду́стрия процвета́ет: сове́тские гра́ждане отдыха́ли преиму́щественно в СССР, но у ног «но́вых ру́сских» – весь ми́р.

13. Translate into Russian, with the aid of a dictionary:

1. Cows are often milked with the aid of a milking machine.
2. The farmer dug a deep ditch.
3. A new oil well has been drilled in Baku.
4. During the holidays I worked first at a warehouse, then on a building site.
5. The processing industry processes agricultural raw materials for export to the countries of the European Union.
6. At the paper factory workers and white-collar staff eat in the same canteen, but at different tables.

7. The shepherd feeds and waters the cattle grazing in the meadow.
8. When I was in Tallinn, capital of Estonia, I had the opportunity to see for myself that ship-building is thriving in Finland, since all the ships lying at anchor in Tallinn harbour had been built on Finnish shipyards.
9. There are many students wishing to study business or marketing, meanwhile there is a shortage of civil engineers and chemists.

(4) Word origins and word formation

14. Which of the following has *no* Germanic connection?

1. виногра́д	3. сле́сарь	5. шну́р
2. индю́к	4. хле́б	6. ште́псель

15. What is the meaning of -ище in па́стбище?

16. Nouns in -водство. Which, semantically, is the odd one out?

1. плодово́дство	2. пчелово́дство	3. рыбово́дство

Level 3

Agriculture

Working the land

навóз	dung
севооборóт	crop rotation
сорня́к (gen. сорняка́)	weed
удобре́ние (удобря́ть/удобри́ть навóзом to fertilise with dung)	fertiliser

Working with livestock and feeding

виногра́дник	vineyard
вы́ращенный без примене́ния химика́тов (натура́льные пищевы́е проду́кты)	organic (organic food)
выси́живать/вы́сидеть (вы́сидит) (яйцо́)	to hatch (an egg)
гро́здь (f.) виногра́да	bunch of grapes
дóйная корóва	milch cow
забива́ть/заби́ть (забью́ забьёшь)	to slaughter

ко́нный заво́д	stud farm
насе́дка	broody hen
по́йло	swill, mash
сеноко́с	haymaking
си́лосная ба́шня	silo
си́лос	silage
скотобо́йня	slaughterhouse
стричь (стригу́ стрижёшь) (стриг стри́гла)/о(б)	to shear
я́щур	foot-and-mouth disease

Crops

бочо́нок	cask
вреди́тель m.	pest
жа́ть (жну жнёшь)/с-	to reap
ко́лос (pl. коло́сья) (пшени́цы)	ear (of wheat etc.)
коси́ть (кошу́ ко́сишь)/с-	to mow
молоти́ть impf. (молочу́ моло́тишь)	to thresh
опры́скивать/опры́скать	to spray
се́рп (gen. серпа́)	sickle
сно́п (gen. снопа́)	sheaf
ча́н	vat

Industry

General

автоматизи́рованный	automated
лесово́дство	forestry
металлурги́я	metallurgy
промы́шленный диза́йн	industrial design
нефтехими́ческая промы́шленность	petrochemical industry
передова́я те́хника	hi-tech
рабо́тать (на тока́рном станке́) (на электри́честве)	to operate (a lathe) (on electricity)
с батаре́йным пита́нием	battery-operated
сбо́рочный конве́йер	assembly line
сталелите́йная промы́шленность	steel industry
строи́тельная индустри́я	construction industry
теку́щие расхо́ды	running costs
техни́ческое обслу́живание	maintenance
трудоёмкий	labour-intensive

Personnel and activities

бури́ть/про- (нефтяну́ю сква́жину)	to drill (an oil well, for oil)
выплавля́ть/вы́плавить (вы́плавлю вы́плавишь)	to smelt
изоли́ровать impf./pf. (изоли́рую изоли́руешь)	to insulate
клепа́льщик	riveter
монтёр	fitter
ослабля́ть/осла́бить (осла́блю осла́бишь)	to loosen, slacken
отви́нчивать/отвинти́ть (отвинчу́ отвинти́шь) (от + gen.)	to unscrew (from)
приви́нчивать/привинти́ть (привинчу́ привинти́шь) (к + dat.)	to screw (to)
раска́пывать/раскопа́ть	to excavate
тка́ч (gen. ткача́)/ткачи́ха	weaver
то́карь (m.) (pl. токаря́)	turner
шлифова́ть (шлифу́ю шлифу́ешь)/от-	to polish, grind
электро́нщик	electronics engineer

Machinery and tools

батаре́я/батаре́йка	battery/small battery
бетономеша́лка	cement mixer
бо́лт (gen. болта́)	bolt
верста́к (gen. верстака́)	workbench
винт (gen. винта́)	screw
выключа́тель (m.) (автомати́ческий выключа́тель)	switch (circuit-breaker)
га́йка	nut
зубе́ц (gen. зубца́)	cog
зубча́тое колесо́	gear
компоне́нт	component
кра́н	crane
ли́нии высоково́льтной переда́чи	power lines
напряже́ние	voltage
насо́с	pump
о́сь (f.)	axle
отвёртка	screwdriver
плоскогу́бцы (gen. плоскогу́бцев)	pliers

про́бка	fuse
просто́й в испо́льзовании (удо́бный в употребле́нии)	user-friendly
радиоуправля́емый	remote-controlled
са́мая совреме́нная те́хника	cutting-edge technology
сверло́ (pl. свёрла свёрл)	drill
тиски́ (gen. тиско́в)	vice
тка́цкий стано́к	loom
тока́рный стано́к	lathe
ша́риковый подши́пник (шарикоподши́пник)	ball-bearing
щипцы́ (gen. щипцо́в)	tongs
электри́ческий то́к	electric current
электри́ческая цепь	electrical circuit
ядро́ (акти́вная зо́на) реа́ктора	reactor core

Word origins: (1) верста́к is from German *Werkstatt* 'workshop', reworked under the influence of the Russian suffix -ак (2) винт came via Polish *gwint* 'worm of a screw' and Ukrainian гвинт 'screw', a reshaping of German *Gewinde* 'worm of a screw', from *winden* 'to wind, twist', initial г- lost perhaps by false association with виться 'to wind'.

Work places

га́зовая промы́шленность	gas industry
консе́рвный заво́д	cannery
лесопи́льный заво́д	sawmill
мукомо́льня	flour mill
пивова́ренный заво́д	brewery
цеме́нтный заво́д	cement factory
чугунолите́йный заво́д	ironworks

Literary note: A cement factory is the scene of Fedor Gladkov's novel «Цеме́нт» (1925), the first Soviet novel to place emphasis on industrialisation. The plot relates to the reopening of a cement factory after the Revolution, but the cement of the title also symbolises the adhesive that binds members of the working class. It also depicts New Soviet Woman in the person of Dasha. Dasha neglects her daughter, who dies in a nursing home, while her mother devotes herself to social work and extramarital relations.

Various

вентиля́ция	ventilation
изно́с	wear and tear

Exercises

Level 3

(1) Grammar and stress

1. Stress.

I Which of the following four nouns does *not* take end stress in declension?

1. бóлт	2. вúнт	3. снóп	4. чáн

II and which of the following five?

1. верстáк	2. крáн	3. сéрп	4. сорнлк	5. ткáч

2. I Assign gender to each soft-sign noun:

	m. or f.?		m. or f.?
1. вредúтель		4. óсь	
2. выключáтель		5. цéпь	
3. грóздь			

II Which two of the nouns reveal their gender through their endings?

3. Plurals.

I What is special about these plural nouns?

1. плоскогýбцы	2. тискú	3. щипцы́

II Put the following into the plural:

Кóлос пшенúцы созревáет.	. . . . пшенúцы созревáют.

4. Mobile vowels. Which of the following does *not* have a mobile vowel in declension?

1. бочóнок	2. зубéц	3. монтёр	4. станóк

5. Conjugation.

I Second-conjugation verbs with consonant change in the first-person singular: ослáбить (б/бл)/вы́плавить (в/вл).

Replace third-person singular forms by first-person singular forms:

Third-person singular forms	First-person singular forms
1. Матрóс ослáбит кáбель.	Я . . . . кáбель.
2. Металлýрг вы́плавит чугýн.	Я . . . . чугýн.

косúть (с/ш)

Third-person singular forms	First-person singular forms
3. Он кóсит сéно косóй.	Я . . . . сéно косóй.

молотúть/отвинтúть/привинтúть (т/ч)

Third-person singular forms	First-person singular forms
4. Фéрмер молóтит рóжь.	Я . . . . рóжь.
5. Онá отвинтúт гáйку.	Я . . . . гáйку.
6. Он привинтúт зéркало к стенé.	Я . . . . зéркало к стенé.

II забúть/стрúчь/жáть. **Replace past-tense forms by future-tense forms (забúть)/ present-tense forms:**

Past-tense forms	Perfective future forms
1. Забúли двáдцать голóв скотá.	. . . . двáдцать голóв скотá.

Past-tense forms	Present-tense forms
2. Фéрмер стрúг овéц.	Фéрмер . . . . овéц.
3. Жáли хлéб серпóм.	. . . . хлéб серпóм.

III Verbs in -(ир)овать (изолúровать/шлифовáть):

Past-tense forms	Present-tense forms
1. Электромонтёр изолúровал прóвод.	Электромонтёр . . . . прóвод.
2. Тóкарь шлифовáл детáли.	Тóкарь . . . . детáли.

(2) Recognition and differentiation

6. Words with other meanings. Use the dictionary to find other meanings of the following words:

1. забить	
2. косить	
3. кран	
4. напряжение	
5. пробка	
6. ядро	

7. Adjectives and nouns. Match the columns to form phrases.

I **Feminine:**

A.

Feminine adjectives	Feminine nouns
1. дойная	a. промышленность
2. нефтехимическая	b. техника
3. передовая	c. цепь
4. электрическая	d. корова

B.

Feminine adjectives	Feminine nouns
1. силосная	
2. сталелитейная	
3. строительная	

(башня, индустрия, промышленность)

II **Masculine:**

Masculine adjectives	Masculine nouns
1. промышленный	a. станок
2. сборочный	b. подшипник
3. токарный	c. ток
4. шариковый	d. дизайн
5. электрический	e. конвейер

III Neuter:

Neuter adjectives	Neuter nouns
1.	колесо́
2.	обслу́живание

(зубча́тое, техни́ческое)

IV Plural:

1. пищевы́е	
2. теку́щие	

(проду́кты, расхо́ды)

8. Заво́д and те́хника.

I Заво́д. Supply adjectives as appropriate to match the English equivalents:

Russian adjective	Заво́д	English equivalent
1.	заво́д	stud farm
2.	заво́д	cannery
3.	заво́д	cement factory
4.	заво́д	sawmill
5.	заво́д	brewery
6.	заво́д	ironworks

II Те́хника.

1.	те́хника	hi-tech
2.	те́хника	cutting-edge technology

9. Find the words!

I Match the columns:

1. гро́здь	a. употребля́ется как удобре́ние
2. наво́з	b. кисть виногра́да
3. насо́с	c. питьё для скота́
4. по́йло	d. косьба́ травы́ на се́но
5. сеноко́с	e. корм для скота́
6. си́лос	f. со́рное расте́ние
7. сорня́к	g. вещество́, кото́рым удобря́ют по́чву
8. удобре́ние	h. маши́на для нака́чивания шин

II

Russian clues	Russian solutions
1. предприя́тие по убо́ю скота́ (10)	с . . . .
2. зара́зная боле́знь (4)	я . . .
3. ма́ленькая бо́чка (7)	б . . . . . .
4. вре́дное насеко́мое (9)	в . . . .
5. произво́дство мета́ллов (11)	м . . . .
6. сельскохозя́йственный но́ж (4)	с . . .
7. свя́зка стебле́й (4)	с . . .

III

Russian clues	Russian solutions
1. прове́тривание ко́мнат	
2. выра́щивание ле́са	
3. сбо́рщик, устано́вщик маши́н	
4. специали́ст по электро́нике	
5. рабо́чий сто́л	
6. маши́на для подъёма гру́зов	
7. прибо́р для включе́ния и выключе́ния электри́ческого то́ка	
8. инструме́нт для вви́нчивания винто́в	
9. составна́я ча́сть	

(верста́к, выключа́тель, компоне́нт, кра́н, лесово́дство, монтёр, отвёртка, вентиля́ция, электро́нщик)

(3) Translation and dictionary skills

10. Similes. Find English equivalents, where possible:

1. Винто́м кру́тится (о челове́ке, постоя́нно находя́щемся в движе́нии).
2. Ме́сяц вы́плыл серпо́м (о серпови́дной фо́рме молодо́го ме́сяца).
3. Растёт как сорня́к (о вырастаю́щем без присмо́тра роди́телей ребёнке).

11. Find the English equivalent of the following sayings:

1. Коси́, коса́, пока́ роса́.
2. Нашла́ коса́ на ка́мень.

12. Translate into English, with the aid of a dictionary:

1. Для удобре́ния сельскохозя́йственных поле́й применя́ются хими́ческие препара́ты, но есть и нату́ра́льные пищевы́е проду́кты, кото́рые выра́щиваются без химика́тов, что бо́лее прие́млемо с экологи́ческой то́чки зре́ния: опры́скивая расте́ния химика́тами, мо́жно уничто́жить не то́лько сорняки́ и вреди́телей, но и поле́зные расте́ния.

2. Россия наследовала от Советского Союза огромный, но весьма неэффективный промышленный потенциал. России пришлось провести целый ряд коренных экономических реформ, переориентироваться на нужды потребителя и учесть конкуренцию на мировом рынке. Большинство фирм приватизировались и стали акционерными обществами, но ресурсы были ограничены и дороги, тем более, что в 1990-х годах, после распада СССР, так называемым «олигархам» разрешалось дёшево купить топливно-энергетические и другие ресурсы. Между тем, ВВП (валовой внутренний продукт) и промышленное производство растут очень медленно, черепашьим темпом. Кризис не мог не произойти, так как ни цены, ни организация производства не были приспособлены к рыночным требованиям.

3. Токарный станок работает на электричестве, а ткацкий станок на батареях.

4. Все механизмы подвержены износу, но регулярное техническое обслуживание содержит машины в полной сохранности.

5. В линиях высоковольтной передачи произошла авария.

6. Вдоль берегов реки Рейн простираются виноградники.

7. Клепальщики относятся к элите среди судостроителей.

8. За неимением насоса пришлось сменить колесо.

9. Самое главное, чтобы персональный компьютер был удобен в употреблении.

13. Translate into Russian, with the aid of a dictionary:

1. The broody hen hatched out eight chicks, of which only six survived.
2. Half of his herd became infected with foot-and-mouth disease and died. The other cows had to be slaughtered, so that the disease did not spread to other herds.
3. Formerly cereals were reaped with a sickle, but for a long time now they are reaped with machines.
4. Industrial production is automated in all developed countries, it is only in third-world countries that labour-intensive industrial processes still exist.
5. Industrial design is carried out on computer screens. Thus the designer can experiment without any risk to his project, achieving maximum economy and attractiveness.
6. She unscrewed the telephone from the wall and screwed it to the partition.
7. A whole 'family' of remote-controlled robots has been created in the Cybernetics Institute.

(4) Word origins and word formation

14. Comment on the origins of:

1. верстак
2. винт

15. Give the Russian for the following words and say what structural feature they share:

English	Russian	English	Russian
1. crop rotation		4. labour intensive	
2. hay making		5. pliers	
3. slaughterhouse		6. cement mixer	

Common structural feature:

Additional vocabulary

ба́лка	girder	надо́мный труд	cottage industry
ба́ррель (m.)	barrel (of oil)	не́тель (f.)	heifer
бо́йлер	boiler	окамене́лое то́пливо	fossil fuel
броже́ние	fermentation	опи́лки (gen. опи́лок)	filings
веде́ние	factory farming	пар (pl. пары́)	fallow land
животново́дства		па́ртия	batch
промы́шленными		патентова́ть/за-	to patent
ме́тодами		па́хотный	arable
вы́боина	rut	па́шня	ploughed field
вы́гон	pasture	перелива́ть/перели́ть	to decant
вы́мя (n.) (gen.	udder	печа́тный стано́к	printing press
вы́мени)		подко́ва	horseshoe
глы́ба	clod	пробива́ть/проби́ть	to punch (a hole)
гонча́рная мастерска́я	pottery	(отве́рстие)	
гречи́ха	buckwheat	прока́тный стан	rolling mill
дуби́ть/вы́-	to tan	пряди́льщик/-щица	spinner
жнивьё	stubble	прясть (пряду́	to spin
зажи́м	clamp	прядёшь)/с-	
инвентариза́ция	stocktaking	разлива́ть/разли́ть по	to bottle
каменоло́мня	quarry	буты́лкам	
канализацио́нные	sewage works	рапс	rape-seed
очи́стные		се́лезень (m.) (gen.	drake
сооруже́ния		се́лезня)	
кладовщи́к (gen.	warehouse man	скос	bevel
кладовщика́)		сла́бый	loose
клепа́ть	to rivet	соедине́ние	compound
коле́нчатый вал	crankshaft	сплав	alloy
конопля́	hemp	то́чный прибо́р	precision tool
ко́нюх	groom	упако́вка	packaging
кре́мниевый криста́лл	silicon chip	ура́новые сте́ржни	uranium rods
кре́мний	silicon	усили́тель (m.)	amplifier
кро́личья кле́тка	rabbit hutch	фармаколо́гия	pharmocology
кува́лда	sledgehammer	челове́ко-час	man-hour
ла́мпочка	light bulb	ша́йба	washer
лебёдка	winch	ша́хтный ствол	mine shaft
маслобо́йка	churn	шкив	pulley
механи́ческий цех	machine shop	шла́ковая гора́	slag-heap
молоти́лка	threshing machine	ярмо́	yoke
надво́рные постро́йки	outbuildings	я́сли	manger

Unit 16

Business and commerce

Level 1

General

вкла́дывать/вложи́ть капита́л (в + acc.)	to invest capital (in)
делово́е свида́ние	business appointment
и́мпорт	import
опто́вый	wholesale
ро́зничный	retail
торго́вля	trade (вне́шняя торго́вля 'foreign trade')
э́кспорт	export

Word origins: торго́вля is from търгъ (14th century) 'market place, trade, market', possibly from Arabic.

The firm

компа́ния	company
междунаро́дная корпора́ция	multinational corporation
о́фис	office
приватизи́ровать impf./pf.	to privatise
тре́ст	trust (association of companies)
филиа́л	branch, subsidiary
фи́рма	firm (на фи́рме (in a firm))
фо́ндовая би́ржа	stock exchange

Word origins: (1) филиа́л is from Western European languages, cf. French *filiale*, German *Filiale*, Italian *filiale*, medieval Latin *filialis*, adj. from *filia* 'daughter' (2) би́ржа is thought to be from Dutch *beurs* 'stock exchange', cf. German *Börse* 'purse, stock exchange', French *bourse* id., from medieval Latin *bursa* 'leather wallet', Greek *bursa* 'pelt'.

Ownership, management, and personnel

а́кция	share
акционе́р	shareholder
генера́льный дире́ктор	director general
нача́льник отде́ла	department head

подря́дчик	contractor
правле́ние компа́нии	the company board
работода́тель (m.)	employer
шофёр	driver

Word origins: а́кция is possibly from Ukrainian via Polish, from Latin *actio* 'action'.

Production and consumption

вести́ impf. дела́	to do business
внедря́ть/внедри́ть но́вую техноло́гию	to introduce new technology
инвести́ции	investments
потреби́тель (m.)	consumer
потреби́тельские това́ры	consumer goods
това́ры	merchandise

Word origins: това́р originally meant 'camp, waggon train', then 'goods'. Of Turkic origin, cf. *tavar* 'property, goods, cattle'.

Marketing

иссле́дование конъюнкту́ры ры́нка	market research
ку́пля и прода́жа това́ров	buying and selling goods
ры́ночная эконо́мика	market economy

Word origins: ры́нок is from Polish *rynek* id., a reshaping of Middle High German *rinc* 'ring, circle', cf. German *Ring* 'ring, association of dealers', English 'price-ring'.

Prices and profits

о́бщая при́быль	gross profit
при́быльный	profitable
распрода́жа	(clearance) sale
себесто́имость	cost price
терпе́ть (терплю́ те́рпишь)/по- убы́ток	to incur a loss

Employment

General

| зараба́тывать impf. на жи́знь | to earn one's living |
| по́лная за́нятость | full employment |

Application

| иска́ть impf. (ищу́ и́щешь) рабо́ты/рабо́ту | to look for a job |
| кандида́т/претенде́нт на до́лжность | applicant for a job |

квалифика́ции	qualifications
назнача́ть/назна́чить	to appoint
нанима́ть/наня́ть (найму́ наймёшь)	to engage
подава́ть/пода́ть заявле́ние о приёме на рабо́ту	to apply for a job

Training

испыта́тельный срок	probation
подгото́вка	training
стажёр	trainee

Word origins: стажёр is a derivative of стаж 'probation', from French *stage* 'training course', ultimately from medieval Latin *stagium*, whence Old French *estage* 'stay, sojourn'.

Salary and conditions

выходно́й де́нь	day off
зарпла́та	pay
переры́в	break
пре́мия	bonus
рабо́чие часы́ (рабо́чее вре́мя)	working hours
усло́вия труда́	working conditions

Word formation: зарпла́та is an abbreviation of за́работная пла́та.
Word origins: пре́мия is from German *Prämie* id., ultimately from Latin *praemium* 'reward', cf. English 'premium'.

Termination of employment

безрабо́тный	unemployed
безрабо́тица	unemployment
посо́бие по безрабо́тице	unemployment benefit
увольня́ть/уво́лить	to sack

Unions and industrial action

всео́бщая забасто́вка	general strike
вступа́ть/вступи́ть (вступлю́ всту́пишь) (в + acc.)	to join
объявля́ть/объяви́ть (объявлю́ объя́вишь) забасто́вку	to call a strike
профсою́з	union

Word origins: забасто́вка is cognate with бастова́ть 'to be on strike', from Italian *basta!* 'enough!', initially used only in games of chance.
Word formation: профсою́з is an abbreviation of профессиона́льный сою́з.

Jobs and professions

апте́карь (m.)	chemist
водопрово́дчик	plumber
вра́ч (gen. врача́)	doctor
маля́р (gen. маляра́)	painter
медсестра́/медбра́т	nurse/male nurse
милиционе́р	policeman
официа́нт/официа́нтка	waiter/waitress
парикма́хер	hairdresser
пе́карь (m.)	baker
почтальо́н	postman
сапо́жник	cobbler
то́карь (m.)	turner
убо́рщик/убо́рщица	cleaner
юри́ст	lawyer

Word origins: (1) апте́карь is a derivative of апте́ка 'pharmacy', which comes via Polish *apteka*, German *Apotheke*, Latin *apotheca* 'warehouse' from Greek *apotheke* 'storehouse', interpreted more specifically in borrowing languages as storehouse for medicines (cf. библиоте́ка 'library', literally 'storehouse for books') (2) вра́ч is cognate with вра́ть 'to lie, talk gibberish', thus 'he who speaks, cures by spells, sorcerer' then 'doctor' (3) маля́р is from Polish *malarz* 'painter' (domestic and artistic), a reshaping of German *Maler* id. (4) официа́нт is said to come from French *officiant* 'one who presides over a sacred rite', from *officier* 'to discharge a function', medieval Latin *officiare* (5) парикма́хер is from German, cf. German *Perückenmacher* 'wig-maker', form influenced by пари́к 'wig' (6) то́карь is cognate with точи́ть 'to process on a lathe, grind'.

Word formation: (1) медсестра́ is an abbreviation of медици́нская сестра́ (2) сапо́жник is a derivative of сапо́г 'boot'.

Exercises

Level 1

(1) Grammar

1. Conjugation of the verb.

I **Приватизи́ровать**. Replace past-tense by present-tense forms:

Past	Present
Приватизи́ровали хими́ческую промы́шленность.	. . . . хими́ческую промы́шленность.

II Second-conjugation verbs with consonant change in the first-person singular (в/вл п/пл). Replace first-person plural by first-person singular forms:

First-person plural	First-person singular
1. Мы вступим в профсоюз.	Я . . . . в профсоюз.
2. Мы объявим забастовку.	Я . . . . забастовку.
3. Мы терпим убытки.	Я . . . . убытки.

III First-conjugation verb with consonant change throughout conjugation. Искать (ск/щ). Replace past-tense by present-tense form:

Past-tense forms	Present-tense forms
Она искала нужную книгу.	Она . . . . нужную книгу.

IV First-conjugation verbs in -ти (вести), давать (подавать) and -нять (нанять). Replace past-tense by present-tense forms (вести and подавать) or future perfective forms (нанять):

1. Бизнесмен вёл дела на бирже.	Бизнесмен. . . . . . . дела на бирже.
2. Студент подавал заявление на стипендию.	Студент . . . . заявление на стипендию.
3. Новые русские наняли служанку.	Новые русские . . . . служанку.

2. Prepositions. На or в + accusative. Fill the gaps with the corect preposition. Which is the odd one out?

I

На or в?	На or в?
1. Он начал зарабатывать [.] жизнь.	3. Он вступил [.] кооператив.
2. [.] это место много кандидатов.	4. Его назначили [.] пост директора.

II

О + prepositional or по + dative?	
1. Он подал заявление [.] приёме на работу.	2. Она получает пособие [.] безработице.

3. Gender of soft-sign nouns. Which in each group of nouns is the odd one out?

I

1. аптекарь	2. потребитель	3. прибыль

II

1. пекарь	2. работодатель	3. себестоимость	4. токарь

(2) Recognition and differentiation

4. Genitive qualifier. Match up the columns to create phrases:

1. иссле́дование	a. това́ров
2. ку́пля и прода́жа	b. отде́ла
3. нача́льник	c. труда́
4. правле́ние	d. конъюнкту́ры ры́нка
5. усло́вия	e. компа́нии

5. Adjective/noun phrases. Match the adjectives to the nouns.

I Masculine:

Adjectives	Nouns
1. выходно́й	a. сро́к
2. генера́льный	b. де́нь
3. испыта́тельный	c. дире́ктор

II Feminine:

Match the columns:	
1. всео́бщая	a. корпора́ция
2. междунаро́дная	b. при́быль
3. о́бщая	c. забасто́вка

III Feminine:

Fill the gaps:	
1.	би́ржа
2.	за́нятость
3.	эконо́мика

(по́лная, ры́ночная, фо́ндовая)

IV Plural:

1. потреби́тельские	a. часы́
2. рабо́чие	b. това́ры

V Neuter. Find a suitable adjective to qualify свида́ние and create a phrase meaning 'business appointment':

	свида́ние

6. Opposites. Match up the opposites:

I

1. и́мпорт	a. ро́зничный
2. ку́пля	b. э́кспорт
3. опто́вый	c. прода́жа

II

1. назначе́ние	a. убы́ток
2. при́быль	b. национализа́ция
3. приватиза́ция	c. увольне́ние

7. Who does what? Match up the columns:

I Кто . . . . ?

1. продаёт лека́рства?	вра́ч
2. ле́чит больны́х?	маля́р
3. кра́сит сте́ны?	водопрово́дчик
4. ремонти́рует водопрово́д?	апте́карь

II Кто . . . . ?

1. бо́рется с престу́пностью?	парикма́хер
2. подаёт ку́шанья и напи́тки?	пе́карь
3. причёсывает клие́нтов?	почтальо́н
4. печёт пироги́?	милиционе́р
5. разно́сит пи́сьма по адреса́м?	официа́нт

8. Что́ они́ де́лают? Match up the columns:

I

1. сапо́жник?	убира́ет помеще́ния
2. то́карь?	ремонти́рует о́бувь
3. убо́рщик?	владе́ет а́кциями
4. акционе́р?	специализи́руется по тока́рному де́лу

II

1. юри́ст?	занима́ется би́знесом
2. бизнесме́н?	во́дит маши́ну
3. шофёр?	прохо́дит ста́ж
4. стажёр?	специализи́руется по юриди́ческим вопро́сам

9. Find the words!

I

English clues	Russian solutions
1. work-room (4)	о . . .
2. exchange of commodities (8)	т . . . .
3. someone who drives a vehicle (5)	ш . . . .
4. long-term investment of capital (10)	и . . . .
5. clearance of goods at a discount (10)	р . . . .
6. someone seeking employment (8)	к . . . .
7. someone being trained (6)	с . . . . .

II **Match up the columns:**

English clues	Russian solutions
1. money received for work	a. забасто́вка
2. recreation between work periods	b. зарпла́та
3. gratuity beyond normal pay	c. безрабо́тица
4. absence of work	d. апте́карь
5. refusal to work	e. переры́в
6. one who sells medicines	f. убо́рщица
7. woman who cleans rooms	g. пре́мия

III

Russian clues	Russian solutions
1. профессиона́льный сою́з (8)	п . . . .
2. о́н кра́сит зда́ния (5)	м . . . .
3. о́н печёт хлеб (6)	п . . . . .
4. о́н подаёт ку́шанья и напи́тки (8)	о . . . .
5. о́н предоставля́ет рабо́ту (12)	р . . . .
6. торго́вое предприя́тие (5)	ф . . . .
7. объедине́ние предприя́тий (5)	т . . . .

(3) Translation and dictionary skills

10. Similes. Сапо́жник.

The unfortunate cobbler is associated with a number of derogatory similes (Игра́ть в ка́рты/Игра́ть на музыка́льном инструме́нте/Рабо́тать/Руга́ться как сапо́жник).

The commonest of the similes is Пья́н как сапо́жник. Find at least one English equivalent.

11. Russian into English. Fill the gaps with appropriate words and translate, with the help of a dictionary:

1. Дире́ктор тре́ста назна́чил делово́е. . . . . с америка́нскими бизнесме́нами на два́ часа́ дня́.
2. Цена́ а́кций на фо́ндовой . . . . зави́сит от цены́ нефтяно́го ба́рреля на мирово́м ры́нке.
3. В пе́рвый го́д по́сле откры́тия но́вой фи́рмы её о́бщая . . . . составля́ла бо́льше миллио́на рубле́й, на второ́й же го́д фи́рма потерпе́ла убы́ток.
4. Óн по́дал . . . . о прие́ме на рабо́ту в филиа́ле междунаро́дной корпора́ции, одна́ко ему́ отказа́ли за нехва́ткой ну́жных квалифика́ций.
5. Рабо́чие бойкоти́ровали своего́ но́вого колле́гу за то́, что то́т отказа́лся вступи́ть в . . . .
6. Вра́ч прописа́л лека́рство от ка́шля, и я заходи́л в . . . . по пути́ домо́й.
7. Кандида́там на рабо́ту в э́той компа́нии предстои́т дли́тельная и тща́тельная . . . .
   (апте́ку, би́рже, заявле́ние, подгото́вка, при́быль, профсою́з, свида́ние)

12. Translate into Russian, with the help of a dictionary:

1. The multinational firm Interfax has opened branches in many European countries.
2. There is no point in privatising industry without introducing the latest technology and investing capital.
3. After the fall of the USSR the Russian Federation switched to a market economy.
4. The workers were dissatisfied with working conditions and called a strike, despite the threat that they would be sacked.
5. A new concept, 'the Polish plumber', has arisen in France and symbolises the situation in some Western European countries, where unemployed craftsmen have no difficulty in finding work.
6. At sixteen he was bored with school. He decided it was time to earn a living, and began looking for a job.

(4) Word origins and word formation

13. Give the abbreviations for:

1. за́работная пла́та
2. медици́нская сестра́
3. профессиона́льный сою́з

14. Which in each series is the odd one out?

I **Does** *not* **come from German?**

1. би́ржа	2. парикма́хер	3. пре́мия

II Does *not* come from French?

1. апте́ка	2. официа́нт	3. стажёр

III Does *not* come from Polish?

1. апте́ка	2. забасто́вка	3. маля́р

IV Does not *ultimately* originate from Latin or Greek?

1. а́кция	3. би́ржа	5. официа́нт
2. апте́ка	4. забасто́вка	6. пре́мия

Level 2

General

договáриваться/ договори́ться о встре́че	to arrange a meeting
проводи́ть (провожу́ прово́дишь)/провести́ (проведу́ проведёшь) (провёл провела́) переговóры	to hold talks

The firm

партнёр(ство)	partner(ship)
правле́ние	management board (the body itself or its members)
слия́ние	merger

Selling

продáжная цена́ (товáра)	sale price (of a commodity)

Production and consumption

ассортиме́нт проду́ктов	range of products
произво́дственный пла́н	production schedule
пускáть/пусти́ть (пущу́ пу́стишь) в продáжу	to launch
спро́с и предложе́ние	supply and demand (lit. 'demand and supply')
фи́рменный зна́к/ фи́рменная мáрка	brand name

Personnel

дире́ктор произво́дства	production manager
дире́ктор фина́нсов	finance director
ме́неджер по ма́ркетингу	marketing manager
нача́льник отде́ла сбы́та	sales manager

Ownership, management, and personnel

акционе́рное о́бщество	joint-stock company
ме́неджмент	management
председа́тель (m.)	chairman
дире́ктор–распоряди́тель m.	managing director

Marketing

валю́тный ку́рс	rate of exchange
валю́тный счёт	currency account
пое́хать в командиро́вку	to go on a business trip
пробе́л	gap
прое́кт контра́кта	draft contract
ры́ночные си́лы	market forces
целево́й ры́нок	target market

Word origin: валю́та is from Italian *valuta* id. (cf. German *Valuta* 'value of a currency or commodity on a particular day').

Prices and profits

возвраща́ть/верну́ть потеря́нное	to recoup one's losses
покупо́чные це́ны	purchase price (заку́почные це́ны for large quantities or wholesale)
прейскура́нт	price list
товарооборо́т	turnover
чи́стая при́быль	net, clear profit, profit margin

Word origin: прейскура́нт is from German *Preiskurant* id. (archaic, now *Preisliste*) or Dutch *prijscourant* (pronounced [preiskurant] id). Ultimately French *prix courant* (*prix* 'price' *courant* 'current').

Ordering

доставля́ть/доста́вить (доста́влю доста́вишь) (на́ дом)	to deliver (to the house, premises)
зака́зывать/заказа́ть (закажу́ зака́жешь)	to order
размеща́ть/размести́ть (размещу́ размести́шь) зака́з у + gen.	to place an order with

счёт-факту́ра	invoice
упако́вывать/упакова́ть (упаку́ю упаку́ешь)	to pack

Competition

конкуре́нт	competitor
монопо́лия	monopoly

Departments

бухгалте́рия	accounts department, (theory and practice of) bookkeeping
гаранти́рованное техобслу́живание	after-sales service
компью́терный отде́л	computing department
контро́ль за ка́чеством	quality control
отде́л ка́дров	personnel department
э́кспортный отде́л	export department

Transportation, exporting/importing

беспо́шлинный	duty-free
перево́зка	carriage (of goods)
отпра́вка	shipment, dispatch
тамо́женная деклара́ция	customs declaration
тамо́женная по́шлина	customs duty

Word origins: по́шлина is from archaic пошьлъ 'ancient'. Originally 'ancient custom', then 'tax' (paid in accordance with an established custom).

Employment

General

ка́дры (pl. only)	staff
колле́га (m./f.)	colleague
нагру́зка	workload

Application

бла́нк заявле́ния (заявле́ние-анке́та)	application form
бюро́ (indecl.) по трудоустро́йству	employment agency
консульта́ция по профессиона́льной ориента́ции	careers advice
контра́кт (догово́р)	contract (заключа́ть/заключи́ть 'to conclude')
рекоменда́ция	reference

Unions and industrial action

трéбование	claim, demand
тупи́к (gen. тупика́)	deadlock

Salary and conditions

гара́нтия рабо́ты	job security
ги́бкий гра́фик рабо́ты/рабо́чего дня	flexi-time
декре́тный о́тпуск	maternity leave
набира́ть/набра́ть (наберу́ наберёшь)	to recruit, take on
повыша́ть/повы́сить (повы́шу повы́сишь) в до́лжности	to promote
понижа́ть/пони́зить (пони́жу пони́зишь) в до́лжности	to demote
посо́бие по боле́зни	sickness benefit
рабо́тать посме́нно	to work in shifts
усло́вия платежа́	terms of payment

Termination of employment

пенсио́нный фо́нд	pension fund
подава́ть/пода́ть в отста́вку	to resign
уходи́ть/уйти́ на пе́нсию	to retire

Commerce-related occupations

бро́кер (ма́клер)	stockbroker
бухга́лтер (счетово́д)	accountant
доста́вщик	delivery man
касси́р	cashier
коммивояжёр	commercial traveller
оптови́к (gen. оптовика́)	wholesaler
продаве́ц (gen. продавца́)/ продавщи́ца	salesman/saleswoman
риэ́лтор	estate agent
ро́зничный торго́вец	retailer
тамо́женник	customs officer

Word origins: (1) бухга́лтер is from German *Buchhalter* id. (2) ма́клер is from Dutch *makelaar* id., seemingly via German *Makler* id. (3) оптови́к is cognate with опто́вый 'wholesale' (adj.) and о́птом 'wholesale' (adverb), also о́бщий 'total' (4) тамо́жня is from archaic там(ъ)га 'customs, duty', Turkic *tamqa* 'brand, seal'.

Exercises

Level 2

(1) Grammar and stress

1. Plural-only nouns. Which is the odd one out?

1. ка́дры	2. перегово́ры	3. фина́нсы	4. це́ны

2. Stress. Which is the odd one out (has *stem* stress in declension)?

1. оптови́к	2. тамо́женник	3. тупи́к

3. Prepositions.

I В or на + accusative? Insert appropriate prepositions:

В or на?
1. Ме́бельная фи́рма согласи́лась доста́вить но́вые сту́лья [.] дом.
2. Лексико́лог заключи́л догово́р [.] изда́ние словаря́ неологи́змов.
3. Нача́льник отде́ла сбы́та пое́хал [.] командиро́вку.
4. Япо́нская фи́рма пусти́ла [.] прода́жу но́вое поколе́ние компью́теров.
5. Ста́рший партнёр компа́нии ушёл [.] отста́вку в 65 ле́т.

II Which is the odd one out (does *not* take по + dative)?

1. Он иска́л рабо́ты в бюро́ [.] устро́йству.
2. На́шей больно́й колле́ге вы́дали посо́бие [.] боле́зни.
3. Я обрати́лся за по́мощью к консульта́нту [.] профориента́ции.
4. Его́ повы́сили [.] до́лжности, и о́н ста́л ме́неджером [.] ма́ркетингу.

III Insert the correct prepositions (за + instr., о + prep., с + gen., у + gen.):

1. Он по́дал в отста́вку [.] поста́ дире́ктора фина́нсов.
2. Мы́ размести́ли зака́з на паро́м [.] фи́нской судострои́тельной фи́рмы.
3. Мы́ договори́лись [.] встре́че с коммивояжёром.
4. Контро́ль [.] ка́чеством в рука́х дире́ктора произво́дства.

4. Conjugation.

I Verbs with consonant change in the first person singular:

(в/вл д/ж з/ж с/ш ст/щ)	
1. Óн доста́вит проду́кты на́ дом.	Я . . . . проду́кты на́ дом.
2. Óн повы́сит ва́шу зарпла́ту.	Я . . . . ва́шу зарпла́ту.
3. Óн пони́зит её в до́лжности.	Я . . . . её в до́лжности.
4. Óн размести́т зака́з у ме́стной фи́рмы.	Я . . . . зака́з у ме́стной фи́рмы.
5. Óн прово́дит перегово́ры.	Я . . . . перегово́ры.
6. Óн пу́стит но́вую маши́ну в прода́жу.	Я . . . . но́вую маши́ну в прода́жу.
7. Óн ухо́дит на пе́нсию.	Я . . . . на пе́нсию.

II First-conjugation verbs заказа́ть/набра́ть/провести́/упакова́ть. Replace past-tense perfective forms by future perfective forms:

1. Я заказа́л бефстро́ганов.	Я . . . . бефстро́ганов.
2. За́вуч набра́л ученико́в на ку́рсы.	За́вуч . . . . ученико́в на ку́рсы.
3. Нача́льник провёл перегово́ры.	Нача́льник . . . . перегово́ры.
4. Мы́ упакова́ли все ве́щи в я́щики.	Мы́ . . . . все ве́щи в я́щики.

(2) Recognition and differentiation

5. Adjective/noun phrases. Match the adjectives to the nouns.

I Feminine:

Adjectives	Nouns
1. прода́жная	a. по́шлина
2. тамо́женная	b. при́быль
3. чи́стая	c. цена́

II Masculine. Match the adjectives to the nouns.

Adjectives	Nouns
1. валю́тный	a. отде́л
2. компью́терный	b. пла́н
3. произво́дственный	c. ры́нок
4. фи́рменный	d. ку́рс
5. целево́й	e. зна́к

III Masculine. Fill the gaps with suitable adjectives:

1.	гра́фик рабо́ты
2.	о́тпуск
3.	фо́нд

(ги́бкий, декре́тный, пенсио́нный)

IV Neuter. Match the adjectives to the nouns:

Adjectives	Nouns
1. акционе́рное	a. техобслу́живание
2. гаранти́рованное	b. о́бщество

V Plural. Give Russian equivalents:

English	Russian
1. market forces	
2. purchase prices	

6. Genitive qualifiers.

I Genitive in -a:

1. дире́ктор	a. отде́ла сбы́та
2. нача́льник	b. платежа́
3. прое́кт	c. произво́дства
4. усло́вия	d. контра́кта

II Genitive in -ов:

1. ассортиме́нт	a. фина́нсов
2. дире́ктор	b. ка́дров
3. отде́л	c. проду́ктов

III Give the Russian for:

English	Russian
job security	

7. Find the words!

I

English clues	Russian solutions
1. business associate (7)	п . . . . . .
2. combining of commercial companies (7)	с . . . . . .
3. number of commodities (11)	а . . . .
4. someone presiding over a meeting (12)	п . . . .
5. unfilled space (6)	п . . . . .
6. list of prices (11)	п . . . .
7. monetary gain (7)	п . . . . . .
8. the act of dispatching (8)	о . . . .

II

Russian clues	Russian solutions
1. докуме́нт, ука́зывающий сто́имость това́ра (4)	с . . .
2. челове́к кото́рый конкури́рует (9)	к . . . .
3. исключи́тельное по́льзование че́м-нибудь (9)	м . . . .
4. фина́нсовый отде́л (11)	б . . . .
5. свобо́дный от по́шлины (12)	б . . . .
6. това́рищ по рабо́те (7)	к . . . . . .
7. основна́я и́ли дополни́тельная рабо́та (8)	н . . . .

III

Match up the columns	
1. контра́кт	a. бро́кер
2. ма́клер	b. управле́ние фина́нсовыми и материа́льными ресу́рсами
3. ме́неджмент	c. де́нежная по́мощь
4. посо́бие	d. безвы́ходное положе́ние
5. правле́ние	e. догово́р
6. товарооборо́т	f. о́рган, управля́ющий како́й-нибудь организа́цией
7. тупи́к	g. обраще́ние това́ров

8. Listed and other meanings. Give the meanings of the following words as listed in this unit and find other meanings in the dictionary:

Words	Listed meanings	Other meaning(s)
1. набира́ть/набра́ть		
2. предложе́ние		
3. прода́жный		
4. размеща́ть/размести́ть		
5. счёт		
6. тупи́к		

9. Кто?

Activity	Specialist
1. рабо́тает на би́рже?	
2. занима́ется доста́вкой чего́-нибудь?	
3. рабо́тает разъездны́м аге́нтом?	
4. ведёт ку́плю-прода́жу о́птом?	
5. специализи́руется по бухгалте́рии?	
6. продаёт това́р покупа́телям?	
7. рабо́тает аге́нтом по прода́же недви́жимости?	
8. рабо́тает в тамо́жне?	
9. обслу́живает ка́ссу?	
10. продаёт товары в ро́зницу?	

(бухга́лтер, доста́вщик, касси́р, коммивояжёр, ма́клер, оптови́к, продаве́ц/продавщи́ца, риэ́лтор, ро́зничный торго́вец, тамо́женник)

(3) Translation and dictionary skills

10. Translate into English, with the help of a dictionary:

1. Дире́ктор фи́рмы договори́лся о встре́че с бастую́щими рабо́чими, но не смо́г испо́лнить их тре́бования, перегово́ры зашли́ в тупи́к, забасто́вка продолжа́лась, фи́рма не смогла́ верну́ть потеря́нное и обанкро́тилась.
2. По́сле слия́ния дву́х из крупне́йших компью́терных фи́рм не́которым рабо́тникам одно́й из фи́рм пришло́сь пода́ть в отста́вку.
3. Что́бы не отстава́ть от конкуре́нтов, на́ша фи́рма пусти́ла в прода́жу но́вый ассортиме́нт проду́ктов: расчёсок, духо́в и щёток.
4. В одно́й ло́ндонской фина́нсовой компа́нии приду́мали оригина́льный спо́соб поощря́ть колле́г, рабо́тающих в отде́ле сбы́та: оставля́ли капу́сту и́ли како́й-нибудь друго́й о́вощ на рабо́чем столе́ колле́ги, не дости́гшего жела́тельных результа́тов, пока́ тот не прода́ст клие́нту страхово́й по́лис и́ли креди́тную ка́рточку. Говоря́т, что э́ти драко́новские ме́ры удали́сь.

5. В 40-е го́ды XX ве́ка ве́нгр Ладисла́о Биро́ обнару́жил пробе́л в ры́нке и пусти́л в прода́жу пе́рвую ша́риковую ру́чку. Но́вые ру́чки ско́ро наводни́ли ры́нок, и ры́ночные си́лы оттесни́ли традицио́нные авторучки на перифери́ю.

6. Мно́гие женихи́ в Шотла́ндии зака́зывают на сва́дьбу шотла́ндскую ю́бку (ки́льт) вме́сте с традицио́нными кошелько́м и кинжа́лом.

7. Не получи́в рекоменда́цию от нача́льника по́сле увольне́ния за прогу́л, Серге́й обрати́лся за сове́том к консульта́нту по профориента́ции. То́т посове́товал ему́ пойти́ в бюро́ по трудоустро́йству и запо́лнить бла́нк-заявле́ние.

8. Но́вый контра́кт, заключённый с прави́тельством, да́л строи́тельной фи́рме «Новостро́й» возмо́жность набра́ть ка́менщиков, штукату́ров и други́х специали́стов.

11. Translate into Russian, with the help of a dictionary:

1. Every day at dawn the milkman delivers six litres of milk to the house.
2. The former inhabitants of Gaza packed their belongings and left for ever the land 'given to them by God'.
3. A car-owner prefers a firm that guarantees after-sales service.
4. The carriage of duty-free goods is limited by quantity and weight.
5. On arrival at Pulkovo airport in St Petersburg passengers complete a customs declaration form.
6. The chairman of the firm reduced his workload by appointing two assistants.
7. The managing director reduced the salary of the staff but kept his own bonus.
8. Many workers prefer to work flexi-time or in shifts, which gives them the opporunity to spend more time with their families.

(4) Word origins

12. Which of the following is *not* of German or Dutch origin?

1. бухга́лтер	2. валю́та	3. ма́клер	4. прейскура́нт

13. Which of the following is *not* entirely Russian/Slavonic in origin?

1. оптови́к	2. по́шлина	3. тамо́жня

Footnote: What is distinctive in the Russian/English equivalents Спро́с и предложе́ние 'Supply and demand'?

Level 3

The firm

дочéрняя компáния	affiliated company
компáния с ограни́ченной отвéтственностью	limited company
матери́нская компáния	parent company

принима́ть/приня́ть (приму́ при́мешь) руково́дство + instr.	to take over

Production and consumption

на зака́з	customised (о́бувь на зака́з 'customised footwear')
побо́чный проду́кт	by-product
срок го́дности	sell-by date

Personnel

администра́тор	administrator
ауди́тор	auditor
банкро́титься (банкро́чусь банкро́тишься)/о-	to go bankrupt
консульта́нт по вопро́сам ме́неджмента	management consultant
подря́дчик	contractor
производи́тель (m.)	producer

Agencies and franchising

заключа́ть/заключи́ть субподря́д с + instr.	to subcontract to

Ownership, management, and personnel

администра́ция	management (managerial staff)
дире́кция	directorate, management, senior staff

Marketing

бюро́ обме́на валю́ты	currency exchange bureau
по сни́женной цене́	cut-price
сбыт проду́кции	sales
энергосберега́ющая технологи́я	energy-saving technology

Prices and profits

конкурентоспосо́бные це́ны	competitive prices
повы́шенный риск	high risk
ро́зничная цена́	retail price
ски́дка	discount
це́нные бума́ги	securities
ценово́й диапазо́н	price range
штрих-ко́д	bar code

Word formation: штрих-ко́д is an abbreviation of штрихово́й ко́д.

Office equipment

копирова́льная маши́на	photocopier
копи́ровать (копи́рую копи́руешь)/с–	to copy
фа́кс	fax
факсова́ть (факсу́ю факсу́ешь)/факсану́ть	to fax

Stock

запа́с това́ров	stock in trade
запаса́ться/запасти́сь (запасу́сь запасёшься) + instr.	to stock up with

Ordering

акти́вы pl. (gen. акти́вов)	assets
ауди́т	audit
выпи́сывать/вы́писать (вы́пишу вы́пишешь) счёт + dat.	to invoice someone
извеще́ние об отгру́зке	shipping advice
накладны́е расхо́ды	overheads
образе́ц (gen. образца́)	sample
операцио́нные изде́ржки	running costs
оце́нивать/оцени́ть (сто́имость)	to cost (assess cost of)
путевы́е расхо́ды	travelling expenses
ревизова́ть impf./pf. (ревизу́ю ревизу́ешь)	to audit
рента́бельный	cost-effective
сме́та	estimate
спекули́ровать (спекули́рую спекули́руешь) impf.	to speculate

Competition

война́ це́н	price war

Employment

General

внешта́тник	freelance
командирова́ть (командиру́ю командиру́ешь) impf./pf.	to send, second, send on a mission
ло́дырничать impf.	to idle (ло́дырь (m.) 'layabout')
нехва́тка рабо́чей си́лы	labour shortage

стре́сс	stress
трудого́лик	workaholic
халту́ра	moonlighting

Word origins: (1) ло́дырь is probably from German, cf. German *Lotterbube* 'layabout' (2) халту́ра is said to come from Latin *chartula* 'little paper, memorandum', dim. of *charta* 'paper, note'.

Training

аттестова́ть (аттесту́ю аттесту́ешь) impf./pf.	to appraise
практи́ческий о́пыт	hands-on experience
переквалифици́роваться (переквалифици́руюсь переквалифици́руешься) pf.	to retrain
перераспределе́ние	redeployment

Salary and conditions

дели́ть impf. рабо́чее ме́сто и зарпла́ту	to job-share
дополни́тельные льго́ты	fringe benefits
замора́живание за́работной пла́ты	wage freeze
пла́та за́дним число́м	back-pay
профессиона́льный ри́ск	occupational hazard
сме́нщик	shift worker
тало́н на обе́д	luncheon voucher
тари́фная се́тка зарпла́ты	pay scale
чи́стый за́работок	take-home pay

Word origins: тало́н is from French *talon* 'stub, counterfoil', ultimately Latin *talus* 'a die'.

Termination of employment

доброво́льный ухо́д с рабо́ты	voluntary redundancy
сокраща́ть/сократи́ть (сокращу́ сократи́шь)	to discharge, lay off

Unions and industrial action

взаимоотноше́ния ме́жду предпринима́телями и рабо́чей си́лой	industrial relations
демонстра́ция	demonstration

дискримина́ция по половы́м при́знакам	sexual discrimination
ра́совая дискримина́ция	racial discrimination
замедле́ние те́мпа рабо́ты	work to rule
неофициа́льная забасто́вка	wildcat strike
покида́ть/поки́нуть рабо́чие места́	to walk out
пике́т	picket
штрейкбре́хер	strike-breaker, blackleg, scab

Word origins: штрейкбре́хер is from German *Streikbrecher* id.

Jobs, trades and professions

налогови́к (gen. налоговика́)	taxman

Exercises

Level 3

(1) Grammar

1. Prepositions.

I
   (a) **Which is the missing preposition?**
   (b) **Which takes a different case from the other two?**

1. компа́ния [.] ограни́ченной отве́тственностью
2. заключи́ть субподря́д [.] подря́дчиком
3. доброво́льный ухо́д [.] рабо́ты

II **Which is the missing preposition?**

1. тало́н [.] обе́д	2. зака́з [.] о́бувь

III **Which is the missing preposition?**

1. консульта́нт [.] вопро́сам ме́неджмента
2. дискримина́ция [.] половы́м при́знакам

IV По or o(б)?

| 1. прода́ть [.] сни́женной цене́ | 2. извеще́ние [.] отгру́зке |

2. Conjugation.

I Verbs in -(ир)овать. Replace past-tense forms by present-tense/future perfective forms:

Past tense	Present/future
1. Его́ аттестова́ли как отли́чного рабо́тника.	1. Его́ . . . . как отли́чного рабо́тника.
2. Её командирова́ли на конгре́сс.	2. Её . . . . на конгре́сс.
3. Она́ скопи́ровала всё докуме́нты.	3. Она́ . . . . всё докуме́нты.
4. Она́ переквалифици́ровалась как психо́лог.	4. Она́ . . . . как психо́лог.
5. Ауди́тор ревизова́л ка́ссу.	5. Ауди́тор . . . . ка́ссу.
6. Ма́клер спекули́ровал на би́рже це́нными бума́гами.	6. Ма́клер . . . . на би́рже це́нными бума́гами.

II First-conjugation verb (вы́писать) with consonant change throughout (с/ш):

| Óн вы́писал ей че́к за ремо́нт о́буви. | Óн . . . . ей че́к за ремо́нт о́буви. |

III Запасти́сь (запасу́сь запасёшься), приня́ть (приму́ при́мешь):

| 1. Мы́ запасли́сь тёплой оде́ждой. | Мы́ . . . . тёплой оде́ждой. |
| 2. Они́ при́няли руково́дство свои́ми гла́вными конкуре́нтами. | Они́ . . . . .руково́дство свои́ми гла́вными конкуре́нтами. |

IV Second-conjugation verb (сократи́ть) with consonant change (т/щ) in first-person singular:

Third-person singular	First-person singular
Óн сократи́т басту́ющих.	Я . . . . басту́ющих.

(2) Recognition and differentiation

3. Find the right words!

I

Russian clues	Russian solutions
1. то́т, кто произво́дит что́-нибудь (13)	п . . . .
2. лицо́, управля́ющее че́м-нибудь (13)	а . . . .
3. су́мма, на кото́рую пони́жена цена́ (6)	с . . . . .
4. снима́ть ко́пию (10)	к . . . .
5. показа́тельное изде́лие (7)	о . . . . . .
6. предсказа́ние предстоя́щих расхо́дов/дохо́дов (5)	с . . . .
7. лицо́, проверя́ющее фина́нсовую де́ятельность компа́нии (7)	а . . . . . .

II Match the columns

1. внешта́тник	a. безде́льничать
2. ло́дырничать	b. побо́чная рабо́та
3. стре́сс	c. ма́ссовое ше́ствие
4. трудого́лик	d. рабо́тник, рабо́тающий посме́нно
5. халту́ра	e. работя́га
6. демонстра́ция	f. не́рвное напряже́ние
7. сме́нщик	g. челове́к, не состоя́щий в шта́те

III

Russian clues	Russian solutions (in bracket below)
1. уво́лить со слу́жбы	
2. нало́говый инспе́ктор	
3. руководя́щий о́рган	
4. да́ть характери́стику	
5. отпра́вить куда́-нибудь	
6. гру́ппа бясту́ющих	
7. челове́к, кото́рый рабо́тает во вре́мя забасто́вки	

(аттестова́ть, дире́кция, командирова́ть, налогови́к, пике́т, сократи́ть, штрейкбре́хер)

4. Genitive qualifiers.

I in -и/-ы. Match the columns:

1. бюро́ обме́на	a. зарпла́ты
2. замора́живание	b. проду́кции
3. нехва́тка рабо́чей	c. го́дности
4. сбы́т	d. си́лы
5. сро́к	e. валю́ты

II in -ов/–. Match the columns:

1. война́	a. това́ров
2. запа́с	b. це́н

5. Adjective-noun phrases. Match the adjectives to the nouns.

I Masculine:

Adjectives	Nouns
1. побо́чный	a. о́пыт
2. практи́ческий	b. за́работок
3. чи́стый	c. проду́кт

II Which noun meaning 'hazard' combines both with повы́шенный and профессиона́льный?

III Feminine:

1. копирова́льная	a. дискримина́ция
2. ра́совая	b. техноло́гия
3. энергосберега́ющая	c. маши́на

IV Which noun meaning 'firm' combines both with доче́рняя and with матери́нская?

(3) Translation and dictionary skills

6.

A. Translate into English:

Russian	English
1. поки́нуть рабо́чие места́	
2. конкурентоспосо́бные це́ны	
3. ценово́й диапазо́н	
4. акти́вы	
5. рента́бельный	

B. **Translate into English, with the help of a dictionary:**

1. Ревизу́я ка́ссу ме́стного ба́нка, ауди́тор обнару́жил ряд нето́чностей, кото́рые он привлёк ко внима́нию дире́ктора ба́нка.
2. По́сле ремо́нта копирова́льной маши́ны, жела́ющие скопи́ровать материа́лы вста́ли в о́чередь к канцеля́рии.
3. Не́которые фи́рмы предпочита́ют нанима́ть внешта́тников, чем набра́ть рабо́тников, тре́бующих регуля́рной зарпла́ты в тече́ние мно́гих лет, и пе́нсию по́сле ухо́да с рабо́ты.
4. Матери́нская компа́ния факсану́ла доче́рней извеще́ние об отгру́зке.
5. В конце́ фина́нсового го́да в обя́занности бухга́лтеров вхо́дит оце́нка накладны́х и путевы́х расхо́дов на сле́дующий год, а та́кже операцио́нных изде́ржек.
6. Ввиду́ нехва́тки рабо́чей си́лы решено́ вы́писать квалифици́рованных рабо́тников и́з-за грани́цы.
7. Взаимоотноше́ния ме́жду предпринима́телями и рабо́чей си́лой уху́дшились по́сле проведе́ния демонстра́ции, уча́стники кото́рой осуди́ли директоро́в компа́нии за ра́совую дискримина́цию и дискримина́цию по половы́м при́знакам.
8. Рабо́та инжене́ра свя́зана с профессиона́льным ри́ском, что компенси́руется, одна́ко, вы́годными дополни́тельными льго́тами.

7.

A. **Translate into Russian:**

English	Russian
1. haulage contractor	
2. redeployment	
3. to job-share	
4. back-pay	
5. pay scale	
6. to work to rule	

B. **Translate into Russian, with the help of a dictionary:**

1. Firms that take over other enterprises are usually seeking an opportunity to eliminate dangerous rivals.
2. The sell-by date of this fruit ran out long ago, so it cannot be sold.
3. After holidays the shops immediately begin to sell their goods at a discount, that is to say, at a reduced price, sometimes halving retail prices. One can but agree with those who say prices are too high anyway.
4. Prudent housewives stock up with firewood in summer and cooling drinks in the winter.
5. The enterprising broker speculated in securities on the stock exchange, but made a series of mistakes so serious that he went bankrupt.
6. After the closure of the military Russian-language courses in 1960 the ministry laid off almost all the instructors.

(4) Word origins and word formation

8. Suffixes. Add the correct suffixes (-ик, -ник, -чик, -щик):

1. внештат-
2. налогов-
3. подряд-
4. смен-

9. Which of the following have classical connections and which Germanic?

1. лодырь	2. штрейкбрехер	3. талон	4. халтура

10. What is the abbreviation for штриховой код?

Additional vocabulary

The firm and management

коллективное обсуждение проблем	brainstorming
председательствовать	to chair

Personnel

человек, переманивающий специалистов из других организаций	headhunter
упрощать/упростить (упрощу упростишь)	to streamline

Production and consumption

дизайн	design
рыночная конъюнктура, выгодная для покупателя/продавца	buyer's/seller's market

Stock

инвентаризация	stocktaking

Various

блок-схема	flow chart

Employment

Conditions

отпуск по семейным обстоятельствам	compassionate leave
переводить (перевожу переводишь)/перевести (переведу переведёшь)	to transfer
плата за опасную работу	danger money
поощрительная премия	incentive bonus

Jobs, trades, and profession

аудитор	auditor
владелец похоронного бюро	undertaker

гончар (gen. гончара)	potter
пивовар	brewer
слесарь (m.)	locksmith
строительный инспектор	surveyor
судомойка	dishwasher

Miscellaneous

оклад	salary
оплата по больничному листу	sick pay
удалять/удалить	to dismiss
компания-учредитель	parent company

однотипный фирменный магазин	chain store

Occupations and trades

антиквар	antique dealer
акушерка	midwife
мусорщик	dustman
надзиратель (m.) в тюрьме	prison officer
надсмотрщик	supervisor
обойщик	upholsterer
протирщик окон	window cleaner
социальный работник	social worker
торговец скобяными изделиями	ironmonger
штукатур	plasterer
бакалейщик	grocer
газовщик (gen. газовщика)	gas fitter
зеленщик (gen. зеленщика)	greengrocer
каменщик	mason
кондитер	confectioner
моряк (gen. моряка)	sailor
окулист	optician
торговец рыбой	fishmonger
торговец фруктами	fruiterer
библиотекарь (m.)	librarian
железнодорожник	railway worker
ночной сторож	night watchman
телефонист/ телефонистка	telephone operator
адвокат	barrister
банковский служащий	bank clerk
горничная adj. noun	chambermaid
издатель (m.)	publisher
лифтёр	lift attendant
печатник	printer
повар (pl. повара)/ кухарка	cook (male/female)
регулировщик движения	traffic policeman
солдат	soldier
туристический агент	travel agent

Unit 17

The office and computing. Post and telecommunications

Level 1

The office and computing

Personnel

о́фис	office
печа́тать/на–	to type, print
программи́ст	programmer
секрета́рь (m.) (gen. секретаря́)/секрета́рша	secretary
специали́ст в о́бласти ЭВМ	computer expert
стенографи́ровать (стенографи́рую стенографи́руешь)/за–	to take down in shorthand

Offices

вы́ставочный за́л	exhibition hall
за́л заседа́ний	board room
пи́сьменный сто́л (gen. пи́сьменного стола́)	desk
помеще́ние	premises
приёмная adj. noun	waiting room

Office equipment and materials

доска́ объявле́ний	notice board
календа́рь (m.) (gen. календаря́)	calendar, diary
канцеля́рские принадле́жности	stationery
калькуля́тор	calculator
каранда́ш (gen. карандаша́)	pencil
кле́й	glue
корзи́на для бума́г	wastepaper basket
но́жницы pl. only (gen. но́жниц)	scissors

оргте́хника	office equipment
размножа́ть/размно́жить	to duplicate
рези́нка	rubber
ру́чка	pen
скотч	sellotape
точи́лка	pencil sharpener
флома́стер	felt-tip pen
штрих (gen. штриха́)	Tipp-Ex
ЭВМ (Электро́нная вычисли́тельная маши́на)	computer

Word origins: (1) каранда́ш is from Turkic, cf. Turkish *qara* 'black', *tas* 'stone'. *Caran d'ache* is used as a brand name by Swiss manufacturers of high-quality writing implements (2) кле́й is possibly of Germanic origin, cf. German *Klei* 'clay, loam', *kleben* 'to stick'.

Computing and typing

аппара́тное обеспе́чение/ аппарату́ра	hardware
ги́бкий ди́ск (диске́та/фло́ппи)	floppy disk
жёсткий ди́ск	hard disk
ка́ртридж	cartridge
компа́ктный портати́вный компью́тер (лапто́п)	laptop computer
ла́зерный при́нтер	laser printer
насто́льное изда́тельство	desktop publishing
насто́льный компью́тер	desktop computer
обрабо́тка да́нных	data processing
па́мять (f.)	memory
потерпе́ть pf. (потерплю́ поте́рпишь) кра́х	to crash
при́нтер	printer
програ́ммное обеспе́чение	software
рабо́чая ста́нция	workstation
распеча́тывать/распеча́тать	to print out
распеча́тка	print-out
сбой	crash
се́ть (f.)	network
твёрдая ко́пия	hard copy
те́кстовый проце́ссор	word processor
электро́нная по́чта	electronic mail

Post and telecommunications

Post

авиапо́чта	air mail
а́дрес pl. адреса́	address

конве́рт	envelope
паке́т	packet
перепи́сываться impf.	to correspond
подпи́сывать/подписа́ть (подпишу́ подпи́шешь)	to sign (something)
по́дпись (f.)	signature
посы́лка	parcel
по́чта (на по́чте)	post office (at the post office); mail
почто́вая ма́рка	postage stamp
почто́вый я́щик	post box
прилага́ть/приложи́ть	to enclose
те́кстовое сообще́ние	text message

Telephone

автоотве́тчик	answerphone
«Вы не туда́ попа́ли!»	'Wrong number!'
гудки́ «за́нято»	engaged tone
дли́нный гудо́к	dialling tone
звони́ть/по- (+ dat. of persons, в/на + acc. of places)	to ring
класть (кладу́ кладёшь)/ положи́ть тру́бку	to replace the receiver
моби́льный (adj. noun)	mobile
набира́ть/набра́ть (наберу́ наберёшь)	to dial
«Не клади́те тру́бку!»	'Hold the line!'
но́мер (pl. номера́) за́нят	the line is engaged
перезва́нивать/перезвони́ть	to ring back
разъединя́ть/разъедини́ть	to disconnect, cut off
соединя́ть/соедини́ть	to put through, connect
телефо́н (по телефо́ну)	telephone (on the phone); telephone number
телефо́н-автома́т	public telephone, call box
телефони́ст(ка)	operator
телефо́нная бу́дка	telephone booth
телефо́нная ка́рточка	telephone card
телефо́нная кни́га	telephone directory
телефо́нная спра́вочная adj. noun	directory enquiries
телефо́нная ста́нция	telephone exchange
тру́бка	receiver

Note: telephone numbers are read as follows:

495 (Moscow) 231 0045: четы́реста девяно́сто пять две́сти три́дцать оди́н ноль ноль со́рок пять.

812 (St Petersburg) 324 5276: восемьсо́т двена́дцать три́ста два́дцать четы́ре пятьдеся́т два се́мьдесят шесть.

Exercises

Level 1

(1) Grammar and stress

1. Stress. Which in the following series does *not* take end stress in declension?

I

1. скотч	2. стол	3. штрих

II

1. диск	2. календа́рь	3. каранда́ш	4. секрета́рь

2. Conjugation. Replace past-tense forms by present-tense forms (1 and 4) or future perfective forms (2 and 3) (кла́сть/набра́ть/подписа́ть/стенографи́ровать):

1. Она́ кла́ла тру́бку.	Она́ . . . . тру́бку.
2. Она́ набрала́ но́мер.	Она́ . . . . но́мер.
3. Он подписа́л письмо́.	Он . . . . письмо́.
4. Студе́нтка стенографи́ровала ле́кцию.	Студе́нтка . . . . ле́кцию.

3. What have these three nouns in common?

1. моби́льный	2. приёмная	3. спра́вочная

4. Which of the following is the odd one out (does *not* have a plural in stressed -á)?

1. а́дрес	2. но́мер	3. паке́т

5. Gender of soft-sign nouns. Which is the odd one out (i.e. masculine)?

1. календа́рь	2. па́мять	3. по́дпись

6. Use of cases and prepositions with
I по́чта:

1. Он рабо́тает [.] по́чте.	2. Она́ идёт [.] по́чту.	3. Он идёт домо́й [.] по́чты.

II звони́ть/по-:

1. Он позвони́л [жена́].	2. Он звони́т [шко́ла].	3. Он звони́т [по́чта].

(2) Recognition and differentiation

7. Which adjective can qualify all the following nouns?

1. бу́дка	2. ка́рточка	3. кни́га	4. спра́вочная	5. ста́нция

8. Genitive qualifiers. Match up the columns:

1. доска́	a. заседа́ний
2. за́л	b. да́нных
3. обрабо́тка	c. объявле́ний

9. Opposites. Match up the columns:

1. ги́бкий ди́ск	a. кла́сть тру́бку
2. поднима́ть тру́бку	b. разъедини́ть
3. програ́ммное обеспе́чение	c. жёсткий ди́ск
4. соедини́ть	d. аппарату́рное обеспе́чение

10. Sequencing. Put the phrases in the correct sequence:

1. дли́нный гудо́к	3. положи́л тру́бку	5. поразгова́ривал
2. вошёл в бу́дку	4. по́днял тру́бку	6. набра́л но́мер

11. Which is the odd one out in each semantic group?

 I Office equipment:
   калькуля́тор, каранда́ш, ка́ртридж, кле́й, корзи́на для бума́г, но́жницы, рези́нка, ру́чка

II Computer words:
   аппарату́ра, лапто́п, па́мять, при́нтер, распеча́тка, тру́бка, фло́ппи

12. Что́ де́лают . . . .?

1. калькуля́тором?		4. при́нтером?	
2. кле́ем?		5. рези́нкой?	
3. но́жницами?		6. точи́лкой?	

(калькули́руют, распеча́тывают, ре́жут, скле́ивают листы́ бума́ги, стира́ют напи́санное, то́чат карандаши́)

13. Telephone terms. Fill the gaps:

1. Вы́ не туда́ . . . .!	2. Не . . . . тру́бку!

14. Find the right words!

I English clues	Russian solutions
1. place of business (4)	о . . .
2. compiler of computer programs (11)	п . . . .
3. premises (9)	п . . . .
4. room for awaiting reception (7)	п . . . . . .
5. list for recording important dates (9)	к . . . .
6. adhesive substance (4)	к . . .
7. comprises two blades and handles (7)	н . . . . . .

II English clues	Russian solutions
1. to produce copies of something (10)	р . . . .
2. for erasing pencil marks (7)	р . . . . . .
3. for sharpening pencils (7)	т . . . . . .
4. correcting fluid (5)	ш . . . .
5. calculating machine (11)	к . . . .
6. computer memory (6)	п . . . . .
7. ink container (8)	к . . . .

III Match the columns:	
1. паке́т	a. печа́тающее устро́йство в ЭВМ
2. перезвони́ть	b. упако́ванный предме́т
3. по́дпись	c. повтори́ть звоно́к
4. по́чта	d. ча́сть телефо́на
5. при́нтер	e. установи́ть связь
6. соедини́ть	f. напи́санная фами́лия
7. тру́бка	g. учрежде́ние для пересы́лки пи́сем

15. Кто?

1. занима́ется делово́й перепи́ской?	
2. произво́дит стенографи́ческую за́пись?	
3. рабо́тает на телефо́нной ста́нции?	
4. составля́ет програ́ммы для ЭВМ?	

(программи́ст, секрета́рь, стенографи́стка, телефони́ст)

16. Adjective/noun phrases.

I Masculine. Match up the columns:

1. ла́зерный	a. компью́тер
2. насто́льный	b. проце́ссор
3. те́кстовый	c. при́нтер

II Masculine

1. вы́ставочный	a. стол
2. пи́сьменный	b. компью́тер
3. портати́вный	c. зал

III Feminine. Supply appropriate nouns:

1. почто́вая	
2. рабо́чая	
3. твёрдая	
4. электро́нная	

(ко́пия, ма́рка, по́чта, ста́нция)

IV Neuter. Supply appropriate adjectives:

	1. изда́тельство
	2. обеспе́чение

(аппара́тное, насто́льное)

(3) Translation and dictionary skills

17. Use the dictionary to find other meanings of the following words:

Word	Listed meaning	Other meaning(s)
1. набира́ть / набра́ть		
2. па́мять		
3. прилага́ть / приложи́ть		
4. рези́нка		
5. ру́чка		
6. тру́бка		
7. штрих		

18. I Give the English for: 1. перепи́сываться 2. потерпе́ть крах 3. телефо́н-автома́т 4. флома́стер.

II Translate into English with the help of a dictionary:

1. Людми́ла Петро́вна, на́ша секрета́рша, застенографи́ровала делово́е письмо́ фи́рме «Росма́ш» под дикто́вку нача́льника конто́ры, напеча́тала его́ на насто́льном компью́тере и распеча́тала в трёх экземпля́рах для по́дписей директоро́в.

2. Прошли́ те времена́, когда́ учёные печа́тали свои́ материа́лы собственнору́чно, а изда́тельство превраща́ло ру́кописи в кни́ги. Сейча́с совсе́м други́е поря́дки: а́втор не то́лько по-пре́жнему печа́тает ру́копись, но са́м создаёт ги́бкий ди́ск с ру́кописью, а

изда́тельству остаётся распеча́тать те́кст кни́ги и пусти́ть её в прода́жу. А́втор, коне́чно, по-пре́жнему получа́ет гонора́ры (обы́чно 5–10% сто́имости кни́ги).

3. Та́к как посы́лка содержа́ла драгоце́нности, она́ вы́слала её заказно́й и авиапо́чтой. На по́чте она́ купи́ла ма́рок на сто́ рубле́й и опусти́ла конве́рт в почто́вый я́щик.

19. Translate into Russian with the help of a dictionary:

1. Having settled in the new office, the company director told the secretary to acquire essential office equipment without delay, also calculators and stationery.

2. She rang her husband on her mobile but received no reply and left a text message on his answerphone with a request to ring back as soon as possible.

3. It is not surprising that Finland is the country with the largest percentage of owners of mobile phones per head of the population, since this northern country is the home of Nokia, one of the most prestigious brands in the world.

(4) Word origins and formation

20. What is the abbreviation for:

1. организацио́нная те́хника?
2. авиацио́нная по́чта?

21. What are the origins of:

1. каранда́ш?
2. клей?

22. Why is раз- spelt with a -з- in размножа́ть but with an -с- in распеча́тывать?

Level 2

Office and computing

Office

биле́тная ка́сса	booking office
Госуда́рственный архи́в	Records Office
спра́вочное бюро́ indecl.	information office

Office equipment and materials

визи́тная ка́рточка	business card
де́ло (pl. дела́) (пи́сьма бы́ли подши́ты к де́лу)	file (the letters were filed away)
де́ньги на ме́лкие расхо́ды	petty cash
дыроко́л	punch
картоте́ка	card index
картоте́чный шкаф	filing cabinet
кни́га зака́зов	order book
копи́рка	carbon paper

корзи́на для входя́щих бума́г/входя́щей корреспонде́нции	in-tray
корзи́на для исходя́щих докуме́нтов/бума́г	out-tray
па́пка	folder
подтвержде́ние получе́ния	acknowledgement
расхо́дная кни́га	expenses book
самозакле́ивающийся	self-sealing
селе́ктор	intercom
сопроводи́тельное письмо́	covering letter
скре́пка	paper clip
скрепля́ть/скрепи́ть (скреплю́ скрепи́шь)	to staple
черновиќ (gen. черновика́)	draft

Word origins: (1) бухга́лтер is from German *Buchhalter* id. (2) па́пка is from German *Pappe* 'pasteboard'.

Word formation: копи́рка is a 'univerb' of копир[ова́льная бума́га] + ка. Other examples are визи́тка from визи́тная ка́рточка and откры́тка from откры́тое письмо́.

Computing and typing

ба́нк да́нных	data bank
ви́рус	virus
CD-ROM	CD-ROM
дисплéй	VDU
загружа́ть/загрузи́ть (загружу́ загру́зишь) (програ́мму)	to load, download (a program)
загру́зка	boot up
интеракти́вный	interactive
клавиату́ра	keyboard
компьютериза́ция	computerisation
компью́терная гра́мотность	computer literacy
курсо́р	cursor
ла́зерный при́нтер	laser printer
маши́нно–чита́емый ко́д	machine-readable code
модéм	modem
мы́шь (f.)	mouse
насто́льная изда́тельская систéма	desk-top publishing
обрабо́тка те́кстов/ редакти́рование те́кста	word processing
паро́ль (m.)	password
планше́т мы́ши	mouse pad
програ́мма нача́льного за́пуска	boot-up program

сохраня́ть/сохрани́ть (под и́менем)	to save (as)
стира́ть/стере́ть (сотру́ сотрёшь) (стёр стёрла)	to delete
стру́йный пузырько́вый при́нтер	bubble-jet printer
удаля́ть/удали́ть	to delete
удо́бный для по́льзователя, «дру́жественный»	user-friendly
фабри́чно отформати́рованный ди́ск	preformatted disk
файл	file
формати́ровать impf./pf. (формати́рую формати́руешь)	to format
шрифт	font

Word origins: (1) клавиату́ра is seemingly from German *Klaviatur* id. (cf., however, Polish *klawiatura* id. – кла́виш 'key' is from Polish *klawisz* id., ultimately Latin *clavis* id.) (2) паро́ль is from French *parole* 'word' (note that French 'password' is *mot de passe*).

Post and telecommunications

Post

адреса́т	addressee
обёрточная бума́га	wrapping paper
обра́тной по́чтой	by return of post
откры́тка	postcard
отправи́тель	sender
пи́счая бума́га	writing paper
постскри́птум	postscript
почто́вый и́ндекс	postcode
почто́вый перево́д	postal order
почто́вый ште́мпель	postmark
су́мка	postbag
торго́во-посы́лочная фи́рма	mail-order firm
ште́мпель (m.)	(rubber) stamp

Word origins: (1) ште́мпель is from German *Stempel* '(rubber) stamp' (2) су́мка is the diminutive of obsolete сума́ 'bag', from Old/Middle High German *soum* 'pack, load', cf. German *Saum* 'burden', Vulgar Latin *sauma/sagma*, Greek *sagma* 'pack saddle'.

Telephone

доба́вочный (но́мер)	extension
име́ть телефо́н	to be on the phone, have a phone
междугоро́дный разгово́р/ вы́зов	long-distance call

Exercises

Level 2

(1) Grammar and stress

1. Gender of soft-sign nouns. Which is the odd one out?

1. мышь	2. паро́ль	3. штемпель

Which of the nouns reveals its gender through its ending?

2. Prepositions. Insert appropriate prepositions (для/к/на + accusative):

1. Де́ньги [.] ме́лкие расхо́ды.	3. Пи́сьма бы́ли подши́ты [.] де́лу.
2. Корзи́на [.] входя́щих бума́г.	4. Удо́бный [.] по́льзователя.

3. Conjugation of the verb.

I Replace perfective past forms by perfective future forms (отформати́ровать/ подписа́ть/стере́ть):

1. Программи́ст отформати́ровал ди́ск.	Программи́ст . . . . ди́ск.
2. Дире́ктор фи́рмы подписа́л контра́кт.	Дире́ктор фи́рмы . . . . контра́кт.
3. Я стёр конфиденциа́льный материа́л.	Я . . . . конфиденциа́льный материа́л.

II Second-conjugation verbs (загрузи́ть/скрепи́ть) with consonant mutation in the first-person singular (з/ж п/пл). Replace third-person forms by first-person forms:

1. Он загру́зит шрифт.	Я . . . . шрифт.
2. Секрета́рша скрепи́т дел
овы́е пи́сьма.	Я . . . . дел
овы́е пи́сьма.

(2) Recognition and differentiation

4. Genitive qualifiers. Match up the columns.

I Genitive plurals in -ов/-ых:

1. ба́нк	a. те́кстов
2. кни́га	b. да́нных
3. обрабо́тка	c. зака́зов

II Genitive singulars in -а/-и/-я:

1. планше́т	a. нача́льного за́пуска
2. програ́мма	b. мы́ши
3. подтвержде́ние	c. те́кста
4. редакти́рование	d. получе́ния

5. Which adjective can qualify all three of the following nouns?

1. и́ндекс
2. перево́д
3. штéмпель.

6. Find two adjectives that qualify бума́га (for wrapping and writing).

7. Adjective/noun phrases.

I Masculine. Match up the columns:

Adjectives	Nouns
1. Госуда́рственный	a. шка́ф
2. картоте́чный	b. ди́ск
3. отформати́рованный	c. архи́в

II Neuter.

1. сопроводи́тельное	a. бюро́
2. спра́вочное	b. письмо́

III Feminine. Replace the missing central portions in the following (to do with desk-top publishing and mail ordering):

1. насто́льная . . . . система	2. торго́во- . . . . фи́рма

IV Feminine. Provide adjectives for the nouns:

1.	гра́мотность
2.	ка́рточка
3.	ка́сса
4.	кни́га

(биле́тная, визи́тная, компью́терная, расхо́дная)

8. Place lexical items in appropriate columns:

Office equipment	Computer words

(1. дисплéй 2. дыроко́л 3. картоте́ка 4. копи́рка 5. курсо́р 6. модéм 7. мы́шь 8. па́пка 9. паро́ль 10. расхо́дная кни́га 11. скрéпка 12. фа́йл)

9. Postal terms. Which is the odd one out (is *not* a postal term)?

1. адреса́т	3. обёрточная бума́га	5. постскри́птум
2. доба́вочный	4. отправи́тель	6. торго́во-посы́лочная фи́рма

10. Find the words!

I English clues	Russian solutions
1. to load, download (9)	з . . . .
2. set of keys on piano, computer (10)	к . . . .
3. provision of computers (15)	к . . . .
4. to retain on computer (9)	с . . . .
5. to delete (7)	с . . . . . .
6. person to whom something is addressed (7)	а . . . . . .
7. word allowing access to computer file (6)	п . . . . .

II Russian clues	Russian solutions
1. собра́ние ка́рточек (9)	к . . . .
2. обло́жка для бума́г (5)	п . . . .
3. скрепля́ет бума́ги (7)	с . . . . . .
4. копирова́льная бума́га (7)	к . . . . . .
5. чернова́я ру́копись (8)	ч . . . .
6. соединя́ет не́сколько пу́нктов с це́нтром (8)	с . . . .
7. маши́нка для пробива́ния отве́рстий (7)	д . . . . . .

III Match the columns:

1. ви́рус	a. челове́к, посыла́ющий письмо́
2. дисплей	b. про́чно соедини́ть
3. откры́тка	c. наруша́ет рабо́ту ЭВМ
4. отправи́тель	d. припи́ска в письме́ (P.S.)
5. постскри́птум	e. откры́тое письмо́
6. скрепи́ть	f. вмести́лище для ноше́ния чего́-нибудь
7. су́мка	g. устро́йство визуа́льного отображе́ния (VDU)

(3) Translation and dictionary skills

11. Simile. Find an English equivalent of the following:

Се́рый как мышь (of material, clothing, or someone's complexion).

12. Use the dictionary to find other meanings of the following words:

Words	Listed meaning	Other meaning(s)
де́ло		
загружа́ть/загрузи́ть		
мышь		
паро́ль		
сохраня́ть/сохрани́ть		

13. Translate into English:

1. Нота́риус уве́рил клие́нтов, что пи́сьма, дока́зывающие их пра́во на иму́щество уме́ршего, подши́ты к де́лу, и что наде́жды тех, кто оспа́ривает да́нное пра́во, не сбу́дутся.
2. Роди́тели подро́стков, оши́бочно полага́ющих, бу́дто име́ют пра́во загружа́ть чужу́ю «интеллектуа́льную со́бственность» в ви́де популя́рных шля́геров, получи́ли счёт в не́сколько ты́сяч до́лларов, су́мму, кото́рую тинэ́йджерам придётся верну́ть роди́телям, когда́ посту́пят на рабо́ту.
3. По мне́нию мно́гих по́льзователей компью́теров, нет тако́го поня́тия: компью́тер, «удо́бный для по́льзователя» («дру́жественный»), наоборо́т, компью́тер беспоща́ден к тем, кто не уме́ет обраща́ться с ним как сле́дует и́ли наруша́ет его́ режи́м.
4. Педофи́л стёр с экра́на весь материа́л, кото́рый мог его́ скомпромети́ровать, не понима́я, что да́же «стёртый» материа́л сохраня́ется в па́мяти компью́тера и что невозмо́жно изба́виться от него́.
5. Сотру́дник ба́нка приписа́л к письму́ постскри́птум, в кото́ром подтверди́л, что де́ньги пересыла́ются ему́ в ви́де почто́вого перево́да.
6. Мо́жно позвони́ть любо́му сотру́днику фи́рмы и́ли че́рез коммута́тор, и́ли пря́мо, набира́я ну́жный доба́вочный но́мер. Междугоро́дний но́мер то́же мо́жно набра́ть (ра́ньше мо́жно бы́ло созвони́ться с прия́телем то́лько че́рез телефони́стку).

7. Компьютеризáция росси́йских шко́л не удалáсь по́лностью, так как не хватáло ни рабо́чих стáнций, ни тéхников, умéющих обращáться с компью́терами.

14. Translate into Russian, with the help of a dictionary:

1. There was an enormous queue at the booking office of adolescents wanting to get to the pop-concert of their idols, The Singing Guitars.
2. We visited the State Archive several times, rummaged in the millions of cards stored in its card indexes in the hope of learning what really happened to our grandfather, who was killed by a sniper's bullet near Stalingrad in 1942.
3. Before the publication of reference books like the telephone directory you had to enquire at the information office.
4. At the entrance to the hall Petrov showed his visiting card and asked the secretary to introduce him to the director.
5. The intercom, which connects several points with the centre, allows the partners of the firm to discuss common problems without leaving their offices.
6. The head of the department answered by return of post that there were no bubble-jet printers in stock, only laser printers.

15. What kind of formation is визи́тка? Give examples of two other words of the same type.

16. Identify the components of дыроко́л.

17. Which of the following loan words has *no* German connection?

1. пáпка	2. паро́ль	3. штéмпель

Level 3

The office and computing

Personnel

пиáрщик	public relations officer

Word formation: пиáрщик is an suffixal derivative of пиáр 'PR' (Public Relations).

Office equipment and materials

бухгáлтерские кни́ги	accounts books
заполня́ть/запо́лнить	to fill in, complete
запечáтывать/запечáтать	to seal
персонáльный организáтор	personal organiser
прописно́й, большо́й	upper case
протоко́л	minutes
с гербо́м	crested
скоросшивáтель (m.)	ring binder

ста́вить/по- инициа́лы	to initial
стопа́ (pl. сто́пы)	ream
стро́чный, ма́лый	lower-case

Word origins: (1) герб is from German (cf. *Erbe* 'inheritance') via Polish *herb* 'coat of arms' (2) скоросшива́тель may be a calque of German *Schnellhefter* 'spring folder'.

Computing and typing

байт	byte
броди́ть (брожу́ бро́дишь) impf.	to browse
вво́д	input
вводи́ть (ввожу́ вво́дишь)/ввести́ (введу́ введёшь) да́нные	to input data
вебса́йт	web-site
ви́рус	virus
вспомога́тельные програ́ммы	tools
входны́е да́нные	input data
выреза́ние и вста́вка	cut and paste
двойно́й щелчо́к	double click
деко́дер [дэ дэ]	decoder
диске́та	diskette
дисково́д	disk drive
дома́шняя страни́ца	home page
Интерне́т [тэ нэ]	Internet
искажа́ть/исказить (искажу́ искази́шь)	to corrupt
кла́виша для интерва́ла	space bar
компоно́вка страни́цы	page layout
коса́я черта́/накло́нная черта́ впра́во	forward slash
межстро́чный интерва́л [тэ]	line spacing
меню́ (n.) indecl.	file menu
моде́м [дэ]	modem
нажима́ть/нажа́ть (нажму́ нажмёшь) (на мышь)	to click (on the mouse)
ноутбу́к	notebook (portable personal computer)
объём па́мяти	memory capacity
пиктогра́мма, ико́нка	icon
пода́ча бума́ги	paper feed
по́иск	search
по́льзователь (m.)	user
предвари́тельный просмо́тр	print preview
програ́мма прове́рки орфогра́фии/програ́мма по́иска опеча́ток/орфографи́ческий корре́ктор	spell check

прокру́чивать/прокрути́ть (прокручу́ прокру́тишь)	to scroll
се́рвер	server
софтве́р	software
табуля́ция	tab
управля́ющая кла́виша	control key
файл	file
хардве́р	hardware
щёлкать/щёлкнуть (кно́пкой мы́ши) (на ико́нку)	to click (mouse) (on an icon)
электро́нная табли́ца	spreadsheet

Pronunciation: both letters д in деко́дер are pronounced hard [дэ дэ], as are т and second н in Интерне́т [тэ нэ], д in моде́м [дэ], and т in интерва́л [тэ], при́нтер [тэ] and компью́тер [тэ].

Post and telecommunications

Post

зара́нее опла́ченный	prepaid
отмеча́ть/отме́тить (отме́чу отме́тишь) га́лочкой	to tick
приложе́ние	enclosure
спи́сок адреса́тов	mailing list
ша́пка (на фи́рменном бла́нке)	letterhead

Telephone

волоко́нная о́птика	fibre optics
заряжа́ть/заряди́ть	to charge
не включённый/не внесённый в телефо́нный спра́вочник	ex-directory
пе́йджер	pager
подслу́шивать/подслу́шать	to tap, eavesdrop on

Mass media

кана́л	channel
длина́ волны́	wave length
запи́сывать/записа́ть (запишу́ запи́шешь)	to record
магнитофо́н	tape recorder
ма́сс ме́диа	mass media
моби́льный телефо́н (моби́льник/моби́ла/труба́)	mobile phone
настра́ивать/настро́ить	to tune
нау́шники	earphones
переда́ча	transmission

помéхи (pl., gen. помéх)	interference
сóтовый телефóн (сóтка)	cell-phone
срéдства мáссовой информáции (СМИ)	mass media
ультракорóткая волнá (УКВ)	ultra-short wave
частотá	frequency

Exercises

Level 3

(1) Grammar and pronunciation

1. Insert the correct prepositions (в + prep., в + acc., для, на + acc., с + instr.):

1. áдрес [.] Интернéте	4. пúсчая бумáга [.] гербóм
2. клáвиша [.] интервáла	5. щёлкнуть [.] икóнку
3. не внесённый [.] спрáвочник	

2. The verb.

I Second-conjugation verbs with consonant change in the first-person singular (д/ж т/ч). Replace third-person by first-person forms:

1. Он ввóдит дáнные в оператúвную пáмять компьютера.	Я . . . . дáнные в оператúвную пáмять компьютера.
2. Он зарядúт мобúльный.	Я . . . . мобúльный.
3. Он прокрýтит вéсь тéкст на экрáне.	Я . . . . вéсь тéкст на экрáне.
4. Он отмéтит нýжное мéсто гáлочкой.	Я . . . . нýжное мéсто гáлочкой.

II Perfective passive participle of the verb. Select appropriate verbs and place their perfective passive participles in the gaps provided:

| 1. Всё дáнные введены́ в оператúвную пáмять компьютера. |
| 2. Концéрт рок-грýппы «Машúна врéмени» . . . . на магнитофóн. |
| 3. Он пропустúл ря́д тéкстовых сообщéний: егó мобúльный нé был . . . . |
| 4. Компьютер потерпéл крáх и все дáнные, хранúмые в егó пáмяти, бы́ли . . . . |
| 5. Нýжное мéсто в распечáтке . . . . гáлочкой. |
| 6. Вéсь тéкст на экрáне бы́л . . . . для просмóтра фáйла. |

(ввестú, записáть, зарядúть, отмéтить, прокрутúть, разрýшить)

III The imperative. Insert the imperatives of 1. нажа́ть 2. записа́ть in the gaps provided:

1. Что́бы щёлкнуть на ико́нку, ... на неё и отпусти́те!	2. . . . . наш разгово́р на магнитофо́н!

3. Plurals. Which is the odd one out?

1. да́нные	2. нау́шники	3. поме́хи

4. Pronunciation. What must be specially noted in the pronunciation of деко́дер, моде́м, компью́тер, интерва́л, при́нтер and Интерне́т?

(2) Recognition and differentiation

5. Opposites. Match up the columns:

1. заряжа́ть	a. стро́чный
2. прописно́й	b. хардве́р
3. софтве́р	c. разряжа́ть

6. Synonyms. Match up the synonyms:
 I Nouns/adjectives:

1. пиктогра́мма	a. большо́й
2. прописно́й	b. моби́льный
3. со́товый телефо́н	c. ико́нка
4. стро́чный	d. ма́лый

II Phrases:

1. коса́я черта́	a. орфографи́ческий корре́ктор
2. програ́мма по́иска опеча́ток	b. не внесённый в спра́вочник
3. не включённый в спра́вочник	c. накло́нная черта́ впра́во

7. Insert suitable words in the gaps:
1. выреза́ние и . . . .
2. зара́нее . . . .
3. пи́счая бума́га с . . . .

8. Genitive qualifiers. Genitives in -и/-ы. Match the columns:

1. длина́	a. страни́цы
2. компоно́вка	b. па́мяти
3. объём	c. бума́ги
4. пода́ча	d. волны́

9. Find in the dictionary other meanings of the following words:

Words	Listed meanings	New meaning(s)
1. броди́ть		
2. вводи́ть/ввести́		
3. запи́сывать/записа́ть		
4. заряжа́ть/заряди́ть		
5. искажа́ть/исказить		
6. кана́л		
7. отмеча́ть/отме́тить		
8. приложе́ние		
9. черта́		
10. щёлкать/щёлкнуть		

10. Computer terms. Which two are the odd ones out?

1. ба́йт	5. меню́	9. при́нтер
2. вебса́йт	6. мы́шь	10. се́рвер
3. деко́дер	7. ноутбу́к	11. софтве́р
4. Интерне́т	8. по́иск	12. хардве́р

11. Find the words!

I Russian clues	Russian solutions
1. 1000 листо́в бума́ги (5)	с
2. портати́вный компью́тер (7)	н
3. просмотре́ть на экра́не (10)	п
4. програ́ммное обеспе́чение (7)	с
5. выступа́ющий над строко́й (9)	п
6. спи́сок кома́нд на экра́не (4)	м
7. не выступа́ющий над строко́й (8)	с

(меню́, ноутбу́к, прокрути́ть, прописно́й, софтве́р, стопа́, стро́чный)

II Match up the columns	
1. аппарату́ра	a. отме́тить
2. обозна́чить каки́м–то зна́ком (напр. га́лочкой)	b. подслу́шивать
3. тайко́м прислу́шиваться	c. магнитофо́н
4. аппара́т для магни́тной за́писи	d. поме́хи
5. прибо́р для слу́шания	e. моби́ла
6. то́, что наруша́ет норма́льную рабо́ту	f. хардве́р
7. моби́лка	g. нау́шник

III Russian clues	Russian solutions
1. за́пись происходя́щего на собра́нии (8)	п . . . .
2. вписа́ть в бла́нк ну́жные све́дения (9)	з . . . .
3. па́пка с устро́йством для скрепле́ния бума́г (14)	с . . . .
4. ма́сс ме́диа (3 инициа́ла)	С. .
5. ультракоро́ткая волна́ (3 инициа́ла)	У. .
6. графи́ческий си́мвол на экра́не (11)	п . . . .
7. устро́йство для дешифро́вки коди́рованной информа́ции (7)	д . . . . . .

12. Adjective/noun phrases.

I Masculine. Match up the columns:

1. двойно́й	a. организа́тор
2. межстро́чный	b. просмо́тр
3. персона́льный	c. щелчо́к
4. предвари́тельный	d. интерва́л

II Feminine. Match the columns:

1. дома́шняя	a. черта́
2. коса́я	b. кла́виша
3. управля́ющая	c. страни́ца

III Fill the gaps:

1. волоко́нная	
2. ультракоро́ткая	
3. электро́нная	

(волна́, о́птика, табли́ца)

IV Plural. Fill the gaps with nouns denoting books, programs and data:

1. бухга́лтерские	
2. вспомога́тельные	
3. входны́е	

(3) Translation and dictionary skills

13. Translate into English:

1. До́ступ к Интерне́ту. Вхо́д в Интерне́т. Подключи́ться к Интерне́ту. По́льзователи Интерне́том. А́дрес в Интерне́те.
2. Ввод информа́ции с по́мощью мы́ши.
3. Вста́вить диске́ту в дисково́д.
4. Заложи́ть информа́цию в компью́тер.
5. Стру́йный при́нтер (печа́тающий при по́мощи черни́льной струи́).
6. Термина́л для вво́да да́нных, для редакти́рования те́кста.

14. Definitions. Translate into English and identify which computer terms are being defined.

I

1. Электро́нная вычисли́тельная маши́на (ЭВМ).
2. Устро́йство, вводя́щее информа́цию с магни́тных ди́сков в па́мять компью́тера.
3. Интернациона́льная информацио́нная компью́терная сеть.
4. Портати́вный прибо́р для автомати́ческих вычисле́ний.
5. Специа́льная програ́мма, спосо́бная присоединя́ться к други́м програ́ммам компью́тера и засоря́ть его́ операти́вную па́мять.
   (ви́рус, дисково́д, Интерне́т, калькуля́тор, компью́тер)

II

1. Модуля́ция и демодуля́ция.
2. Небольшо́е устро́йство, контроли́рующее положе́ние курсо́ра на экра́не.
3. Устро́йство, печа́тающее материа́лы.
4. Компью́тер, обслу́живающий по́льзователей.
5. Устро́йство, вводя́щее и выводя́щее информа́цию.
   (моде́м, мышь, при́нтер, се́рвер, термина́л)

15. Translate into Russian, with the help of a dictionary:

1. The tourist filled in the form and received the keys to his room.
2. The solicitor placed the documents in an envelope and sealed it.
3. The chairman refused to sign the minutes of the meeting.
4. The secretary was browsing throughout the whole file in search of the missing information.
5. Users input so much new data that the memory capacity of the computer was under threat.
6. The secretary clicked on the necessary icon and began to type the document in italics.
7. She began to scroll the text on the VDU screen in search of spelling mistakes, unaware that the computer was provided with a spell check.
8. After a number of threatening calls the actress asked for her number to be ex-directory.

9. The citizens of totalitarian regimes would tune their radios to ultrashort wave and listen to transmissions from Western countries.
10. By eavesdropping on the telephone conversations of foreign guests the agents of state security compiled dossiers on a number of celebrities.
11. We had to exclude from our mailing list the names of a number of firms that had gone bankrupt.
12. With the help of pagers one can see to it that all Party members follow the Party line.

(4) Word origins and word formation

16. What are the origins of пиа́рщик?

17. How do герб and скоросшива́тель differ in their German origins?

18. What do the initials ЭВМ, СМИ and УКВ stand for?

Additional vocabulary

курье́р	courier	франки́ровать/за–	to frank
пуск	start	цветно́й мело́к	crayon
систематиза́ция/ регистра́ция бума́г	filing	шре́ддер	shredder

Unit 18

Law and finance

Law

Crime

взло́мщик	burglar
во́р (gen. во́ры воро́в)	thief
гра́бить/о-	to mug, rob
грабёж (gen. грабежа́)	mugging, robbery
красть (краду́ крадёшь)/у- (у + gen.)	to steal (from)
наноси́ть (наношу́ нано́сишь)/нанести́ (нанесу́ нанесёшь) (нанёс нанесла́) уда́р ножо́м (+ dat.) (в спи́ну)	to stab (someone) (in the back)
нарко́тики (gen. нарко́тиков)	drugs
наси́ловать (наси́лую наси́луешь)/из-	to rape
похища́ть/похи́тить (похи́щу похи́тишь)	to kidnap
преступле́ние	crime
престу́пник	criminal
соверша́ть/соверши́ть	to commit
уби́йство	murder
убива́ть/уби́ть (убью́ убьёшь)	to kill, murder
штрафова́ть (штрафу́ю штрафу́ешь)/о- (на + acc.)	to fine (a sum)

Word origins: штра́ф 'fine' is from German *Strafe* 'punishment' or Dutch *straf* 'penalty' (note identical pronunciation of German *Str* and Russian штр).

Police

аресто́вывать/арестова́ть (аресту́ю аресту́ешь)	to arrest

гаи́шник	traffic policeman (ГАИ = Госуда́рственная автомоби́льная инспе́кция, also ГИБДД = Госуда́рственная инспе́кция безопа́сности доро́жного движе́ния
допра́шивать/допроси́ть (допрошу́ допро́сишь)	to interrogate
мили́ция (милиционе́р)	(Russian) police (member of мили́ция)
отделе́ние мили́ции	police station (Russia, otherwise полице́йский уча́сток)
рассле́довать (рассле́дую рассле́дуешь) impf./pf.	to investigate
регулиро́вщик у́личного движе́ния	policeman on point duty
сле́дствие	inquiry
тюре́мное заключе́ние	imprisonment
тюрьма́	prison

Word origins: тюрьма́ is ultimately from Latin *turrim*, accusative of *turris* 'tower', possibly via Polish *turma* 'jail', Middle High German *turn* (cf. German *Turm* 'tower' pl. *Türme*), or from Turkic.

Justice

адвока́т	lawyer, barrister
апелли́ровать impf./pf. (апелли́рую апелли́руешь)	to appeal
дава́ть/дать показа́ния	to give evidence
доказа́тельство	item of proof
зако́н	law
исте́ц (gen. истца́)	plaintiff
наро́дный заседа́тель (m.)	people's assessor
обвиня́емый (подсуди́мый)	the accused, the defendant
обвиня́ть/обвини́ть (в + prep.)	to charge (with), accuse (of)
опра́вдывать/оправда́ть	to acquit, discharge
отве́тчик	defendant
пригова́ривать/приговори́ть (к + dat.) (за + acc.)	to sentence (to) (for)
признава́ть/призна́ть себя́ (не)вино́вным	to plead (not) guilty
прокуро́р	public prosecutor
свиде́тель (m.)	witness
суд (gen. суда́) (+ gen. or над + instr.)	court, trial (of)
суд прися́жных	trial by jury

судебный процесс	trial
судить impf. (сужу судишь) (за + acc.)	to try (for)
судья (m.)	judge

Word origins: свидетель initially 'he who knows' (with 'e' for later 'и', cf. ведать 'to know', -e- subsequently changing to -и- from a false etymology based on видеть 'to see').

Finance

General

| капитал | capital |
| финансист | financier |

Money

банкротиться (банкрочусь банкротишься)/о-	to go bankrupt
мелочь (f.)	small change
монета	coin
наличные (деньги)	cash
сдача (с + gen.)	change (money returned) (from)

Word origins: монета is from Latin *moneta* 'mint, money', based on Juno Moneta ('Juno the Warner', from *moneo* 'I warn'; according to legend Juno warned the Romans of an earthquake next to the temple that housed the mint. Cognate with English 'money').

Payment and purchasing

| в кредит | on credit |
| чек | cheque |

Profit and loss

| получать/получить or делать/с- прибыль (на сделке) | to make a profit (on a deal) |
| терпеть (терплю терпишь)/по- убыток | to make a loss |

Banks and staff

| банкир | banker |

Bank services and transactions

вклад (в банк)	deposit (in bank)
вкладывать/вложить капитал (в + acc.)	to invest capital (in)
вносить (вношу вносишь)/внести (внесу внесёшь) (внёс внесла)	to pay in
кредитная карточка	credit card
обменный курс	exchange rate

получа́ть/получи́ть де́ньги по че́ку	to cash a cheque
превыша́ть/превы́сить креди́т	to be overdrawn
сберега́ть/сбере́чь (сберегу́ сбережёшь) (сберёг сберегла́)	to save
сбереже́ния (pl.)	savings
сберка́сса	savings bank
снима́ть/снять (сниму́ сни́мешь)	to withdraw
счёт (pl. счета́)	account
че́ковая кни́жка	cheque book

Borrowing/lending

бра́ть (беру́ берёшь)/взять (возьму́ возьмёшь) взаймы́ (у + gen.)	to borrow (from)
до́лг (бы́ть в долгу́)	debt (to be in debt)
заёмщик	borrower
кредито́р	lender

Taxation

нало́г	tax
нало́говый инспе́ктор	tax inspector
налогоплате́льщик	tax payer

Insurance

страхова́ть (страху́ю страху́ешь)/за– жизнь/от пожа́ра (на + acc.)	to insure life/against fire/ (for a sum)
страхова́я компа́ния	insurance company
страхо́вка	insurance, insurance premium
страхово́й по́лис	insurance policy

Note: car insurance, new in Russia, is commonly known as автограждáнка.

Exercises

Level 1

(1) Grammar and stress

1. Which is the odd one out (does not have end stress in declension)?

1. грабёж	2. су́д	3. че́к

2. Mobile vowel. Which is the odd one out (*has* a mobile vowel in declension)?

1. близне́ц	2. исте́ц	3. кузне́ц

3. Prepositions.

I + accusative. Insert the correct prepositions (в, за or на):

1. Она́ сде́лала вкла́д [.] ба́нк.	5. Её суди́ли [.] кра́жу.
2. Хулига́н нанёс ей уда́р [.] спи́ну.	6. Он застрахова́л до́м [.] миллио́н рубле́й.
3. Его́ приговори́ли к 5 года́м тюре́много заключе́ния [.] грабёж.	7. Бизнесме́н вложи́л капита́л [.] промы́шленность.
4. Меня́ оштрафова́ли [.] 500 рубле́й [.] превыше́ние ско́рости.	8. Риско́ванно всё вре́мя покупа́ть [.] креди́т!
	9. Его́ арестова́ли [.] то́, что он продава́л нарко́тики уча́щимся.

II + prepositional/locative (в or о):

1. Депута́ты обсужда́ли зако́н [.] разво́де.	3. Он призна́лся [.] изнаси́ловании двух же́нщин.
2. Его́ обвини́ли [.] уби́йстве.	4. Он всю жи́знь жи́л [.] долгу́.

III + dative (к or по):

1. Я получи́л де́ньги [.] че́ку.	2. Её приговори́ли [.] шести́ года́м.

IV + genitive (от, с or у):

1. Он застрахова́л до́м [.] пожа́ра.	3. Во́р укра́л часы́ [.] банки́ра.
2. Я получи́л сда́чу [.] ста́ рубле́й.	

V + instrumental. Which preposition?

Су́д [.] Э́йхманом состоя́лся в Изра́иле.

4. What is grammatically special about (1) нали́чные and (2) сбереже́ния, and about (3) прися́жный?

5. Verb conjugation.

I Verbs in -овать. Replace the infinitives by appropriate forms of the present tense or perfective future:

1. Адвока́т [апелли́ровать] реше́ние суда́ от и́мени отве́тчика.
2. Мили́ция [арестова́ть] води́теля: его́ маши́на не была́ застрахо́вана.
3. Взло́мщик [наси́ловать] двух же́нщин.
4. Суде́бный сле́дователь [рассле́довать] фа́кты де́ла.
5. Его́ [оштрафова́ть] на значи́тельную су́мму за неупла́ту нало́га.
6. Он [застрахова́ть] до́м на миллио́н рубле́й.

II Verbs with consonant mutation in the first person singular: б/бл п/пл с/ш т/ч (обанкро́титься) т/щ (похи́тить):

1. Граби́тель гра́бит прохо́жих.	Я . . . . прохо́жих.
2. На́ша фи́рма те́рпит убы́тки.	Я . . . . убы́тки.
3. Сле́дователь допро́сит обвиня́емого.	Я . . . . обвиня́емого.
4. Хулига́н нано́сит ему́ уда́р.	Я . . . . ему́ уда́р.
5. Она́ вно́сит полови́ну зарпла́ты в сберба́нк.	Я . . . . полови́ну зарпла́ты в сберба́нк.
6. Она́ превы́сит креди́т.	Я . . . . креди́т.
7. Авиакомпа́ния обанкро́тится.	Я . . . .
8. Во́р похи́тит докуме́нты.	Я . . . . докуме́нты.

III Verbs in -сть, -ти, -чь -бить, -нять. Replace perfective past-tense forms by future perfective forms:

1. Она́ укра́ла су́мку сосе́дки.	Она́ . . . . су́мку сосе́дки.
2. Он нанёс врагу́ уда́р ножо́м.	Он . . . . .врагу́ уда́р ножо́м.
3. Он уби́л врага́ из автома́та.	Он . . . . врага́ из автома́та.
4. Он сберёг $500 для о́тпуска в Ту́рции.	Он . . . . $500 для о́тпуска в Ту́рции.
5. Су́д сня́л обвине́ние с подсуди́мого и оправда́л его́.	Су́д . . . . обвине́ние с подсуди́мого и оправда́ет его́.

(2) Recognition and differentiation

6. Use the dictionary to find other meanings of the following words:

Words	Listed meanings	New meanings
1. апелли́ровать		
2. до́лг		
3. ме́лочь		
4. наноси́ть/нанести́		
5. опра́вдывать/оправда́ть		
6. суди́ть		
7. судья́		
8. счёт		

7. Find the right words!

I

English clues	Russian solutions
1. to take someone else's property (6)	к. . . . .
2. an act punishable by law (12)	п. . . . .
3. unlawful killing (8)	у. . . . . . .
4. to punish financially (10)	ш. . . . .
5. traffic policeman (7)	г. . . . . .
6. place of captivity (6)	т. . . . .
7. lawyer (7)	а. . . . . .

II

English clues	Russian solutions
1. body of rules (5)	з. . . .
2. one who brings a suit in a law court (5)	и. . . .
3. to declare not guilty (9)	о. . . . .
4. person giving sworn testimony (9)	с. . . . . . .
5. small change (6)	м. . . . .
6. metal money (6)	м. . . . .
7. one who manages a bank (6)	б. . . . .

III Match the columns:

1. долг	a. платёж с гра́ждан
2. кредито́р	b. то́т, кто получа́ет заём
3. нало́г	c. страхова́я пре́мия
4. страхо́вка	d. то́т, кто даёт креди́т
5. сбере́чь	e. фа́кт, дока́зывающий что́-нибудь
6. заёмщик	f. де́ньги, взя́тые взаймы́
7. доказа́тельство	g. не истра́тить без необходи́мости

8. Adjective/noun phrases:

I Masculine. Match up the columns:

1. нало́говый	a. заседа́тель
2. наро́дный	b. по́лис
3. обме́нный	c. проце́сс
4. страхово́й	d. инспе́ктор
5. суде́бный	e. ку́рс

II Feminine. Find suitable nouns:

1. креди́тная	
2. страхова́я	
3. че́ковая	

(ка́рточка, кни́жка, компа́ния)

III Neuter. Find a suitable noun:

тюре́мное . . . .

9. Genitive qualifiers. Match up the columns:

1. отделе́ние	a. у́личного движе́ния
2. регулиро́вщик	b. прися́жных
3. суд	c. мили́ции

10. Allocate to appropriate columns:

Court personnel	Financial personnel
1.	1.
2.	2.
3.	3.
4.	4.
5.	5.

(1. банки́р 2. заёмщик 3. исте́ц 4. кредито́р 5. налогоплате́льщик 6. нало́говый инспе́ктор 7. отве́тчик 8. прокуро́р 9. свиде́тель 10. судья́)

(3) Translation and dictionary skills

11. Translate into English, with the help of a dictionary:

1. Его́ оштрафова́ли на прили́чную су́мму за то́, что прое́хал на кра́сный свет.
2. Подсуди́мого обвини́ли в грабеже́, но свиде́тели, дава́я показа́ния, доказа́ли, что о́н не мо́г соверши́ть тако́го преступле́ния. Судья́ призна́л его́ невино́вным, и о́н бы́л опра́вдан.
3. Éсли по́льзоваться креди́тной ка́рточкой и бра́ть де́ньги взаймы́ у ба́нка, необходи́мо опла́чивать счёт в конце́ ка́ждого ме́сяца, ина́че мо́жно вле́зть в долги́.
4. Говоря́т, бу́дто то́лько небольшо́й проце́нт потенциа́льных налогоплате́льщиков упла́чивают нало́ги, одна́ко нало́говые инспе́кторы исправля́ют положе́ние.
5. Покупа́я страхово́й по́лис, я наде́ялся застрахова́ть жи́знь и иму́щество на значи́тельную су́мму, но когда́ взло́мщик вломи́лся в на́ш до́м, представи́тели страхово́й компа́нии дока́зывали, что укра́денное иму́щество не застрахо́вано.

12. Translate into Russian, with the help of a dictionary:

1. One of the 'oligarchs' served 8–9 years in one of Moscow's prisons.
2. The public prosecutor accused the defendant of theft, he was found guilty and the judge sentenced him to five years' imprisonment.
3. He refused to take my cheque and wanted me to pay cash.
4. Well-informed financiers have invested capital in computer technology.
5. Refusing to issue money on my cheque, the bank manager said that I had exceeded my overdraft limit.

(4) Word origins and word formation

13. Cognates. The following are cognates of words to be found in the vocabulary lists. Work out or find out their meanings:

1. апелля́ция
2. аре́ст
3. банкро́тство
4. зако́нный
5. кра́жа
6. обвине́ние
7. оправда́ние
8. пригово́р
9. свиде́тельствовать
10. уби́йца
11. штра́ф

14. Append the correct suffix (-ник, -чик or -щик):

1. гаи́ш–
2. заём–
3. налогоплате́ль–
4. отве́т–
5. престу́п–
6. регули́ро́в–

15. Which two of the following loan words have no Latin connection and which two do?

| 1. моне́та | 2. свиде́тель | 3. тюрьма́ | 4. штра́ф |

16. Give the abbreviation of сберега́тельный, with some examples.

17. Give the full forms of (1) ГАИ (2) ГИБДД.

Level 2

Law

Crime

бежа́ть (бегу́ бежи́шь бегу́т) impf./pf.	to escape
вла́мываться/вломи́ться в + асс.	to break in
вы́куп	ransom
ДНК	DNA (deoxyribonucleic acid)
зака́лывать/заколо́ть (заколю́ зако́лешь)	to wound, stab to death
зало́жник	hostage
карма́нный во́р	pickpocket
контраба́нда	smuggling
лжесвиде́тельство	perjury
малоле́тний престу́пник	juvenile delinquent
моше́нник	swindler, crook
поджо́г	arson
подкупа́ть/подкупи́ть (подкуплю́ подку́пишь)	to bribe
соуча́стник	accomplice
суди́мость (f.)	criminal record
уго́н	hijacking
фальшивомоне́тчик	forger
шантажи́ст	blackmailer

Word origins: (1) контраба́нда comes from Italian *contrabbando* (*contra* 'against', *bando* 'ban') (2) моше́нник, originally 'pickpocket', is from former мошна́ 'bag, purse' (3) шанта́ж is from French *chantage* 'blackmail' (cf. French *faire du chantage* 'to use blackmail', *faire chanter, soumettre au chantage* 'to blackmail').

Abbreviation: ДНК stands for дезоксирибонуклеи́новая кислота́.

Police and investigation

авари́йная слу́жба	emergency services
заключённый (abbreviation зёк)	prisoner
зо́на	prison camp
обвини́тельный а́кт	indictment
о́рдер (о́рдер на о́быск/аре́ст) (pl. ордера́)	warrant (search/arrest warrant)
пове́стка (в су́д)	summons (to court)
призна́ние (в преступле́нии)	confession (to a crime)
пропа́вший бе́з вести	missing person
раскрыва́ть/раскры́ть (раскро́ю раскро́ешь)	to solve
сдава́ться (сдаю́сь сдаёшься)/ сда́ться (сда́мся сда́шься)	to give oneself up

сле́дствие	enquiry
удостовере́ние ли́чности	identification
ули́ка	clue

Justice

возбужда́ть/возбуди́ть (возбужу́ возбуди́шь) де́ло про́тив	to sue
выдвига́ть/вы́двинуть обвине́ние про́тив + gen.	to prefer charges against
вы́пущен на пору́ки	released on bail
гонора́р	fee
должни́к (gen. должника́)	debtor
кредито́р	creditor
освобожда́ть/освободи́ть (освобожу́ освободи́шь)	to release
оставля́ть/оста́вить (оста́влю оста́вишь) под стра́жей	to remand in custody
отве́тственность (f.)	liability
отменя́ть/отмени́ть	to quash, commute
представа́ть (представа́ю представаёшь)/ предста́ть (предста́ну предста́нешь) пе́ред судо́м	to appear in court
предъявля́ть/предъяви́ть (предъявлю́ предъя́вишь) иск о компенса́ции/о возмеще́нии убы́тков (+ dat.)	to sue (someone) for damages
пригова́ривать/приговори́ть (к + dat.)	to sentence (to)
сме́ртная ка́знь (f.)	death penalty
смягча́ющие обстоя́тельства (gen. смягча́ющих обстоя́тельств)	extenuating circumstances
усло́вный пригово́р	suspended sentence

Word origins: ка́знь is of Church Slavonic origin and is probably cognate with Old Russian каяти 'to censure' (cf. Russian ка́яться 'to repent'). Earliest meaning was 'punishment accompanied by torture'.

Finance

General

банкно́т	bank note
девальва́ция	devaluation
девальви́ровать impf./pf.	to devalue
дефици́т	deficit
зако́нное сре́дство платежа́	legal tender
инфля́ция	inflation
накладны́е расхо́ды (gen. накладны́х расхо́дов)	overheads

подлежа́щий упла́те (на и́мя + gen.)	payable (to)
подъём	upswing, boom
спа́д	recession

Profit and loss

баланси́ровать/с- бухга́лтерские кни́ги	to balance the books
досто́инство	denomination
ликвиди́ровать impf./pf.	to wind up, liquidate
ликвиди́роваться impf./pf.	to go into liquidation
обраще́ние (входи́ть/войти́ в обраще́ние) (выходи́ть/вы́йти из обраще́ния)	circulation (to come into circulation) (to go out of circulation)
при́быльный	profitable
ры́ночная сто́имость	market value
сиде́ть (сижу́ сиди́шь) impf. на мели́	to be strapped for cash

The market

| ры́ночная эконо́мика | market economy |

Credit and debt

зало́г (под зало́г)	security (on the security of)
ипоте́ка	mortgage
(не)платёжеспосо́бный	(in)solvent
перерасхо́д	overdraft, overspend
распла́чиваться/расплати́ться (расплачу́сь распла́тишься)	to pay (something off)
свобо́ден от долго́в	clear of debt
ссу́да	loan

Word origins: ипоте́ка cf. French *hypothèque* id.

Banking and investment

а́кция	share
ба́нковский рабо́тник	employee of bank
банкома́т (ба́нковский автома́т)	cash point
инве́стор	investor
пла́та за ба́нковские услу́ги	bank charges
повыше́ние сто́имости	appreciation
торго́вый ба́нк	merchant bank
це́нные бума́ги	securities

Word origins: а́кция is seemingly from Dutch *actie* id.

Taxation

| НДС (нало́г на доба́вленную сто́имость) | VAT |
| необлага́емый нало́гом | tax-free |

| подохо́дный нало́г | income tax |
| трудово́й дохо́д | earned income |

Insurance

| страхова́я пре́мия | insurance premium |

Exercises

Level 2

(1) Grammar and stress

1. Gender of soft-sign nouns. Which of these is the odd one out?

| 1. казнь | 2. свиде́тель | 3. сто́имость | 4. суди́мость |

2. Stress. Which of the following has end stress in declension?

| 1. банкно́т | 2. дефици́т | 3. должни́к | 4. зало́г |

3. Verb conjugation.

I Put the following past verb forms into the present tense or perfective future:

1. Солда́т бежа́л из пле́на.	Солда́т . . . . из пле́на.
2. Офице́ры сдава́лись в пле́н.	Офице́ры . . . . в пле́н.
3. Граби́тель заколо́л прохо́жего.	Граби́тель . . . . прохо́жего.
4. Взло́мщик предста́л пе́ред судо́м.	Взло́мщик . . . . пе́ред судо́м.

II Verbs with consonant change in the first-person singular (в/вл д/ж м/мл п/пл т/ч). Put the first-person plural forms into the first-person singular:

1. Мы́ вло́мимся в чужо́й до́м.	Я . . . .
2. Мы́ возбуди́м де́ло про́тив сосе́да.	Я . . . .
3. Мы́ освободи́м зало́жников.	Я . . . .
4. Мы́ оста́вим подсуди́мого под стра́жей.	Я . . . .
5. Мы́ подку́пим свиде́телей.	Я . . . .
6. Мы́ предъя́вим и́ск о компенса́ции.	Я . . . .
7. Мы́ распла́тимся с долга́ми.	Я . . . .

III Verbs in -ировать. Replace past by present-tense forms:

1. Мы́ баланси́ровали бухга́лтерские кни́ги.	Мы́ . . . .
2. Они́ девальви́ровали валю́ту.	Они́ . . . .
3. Они́ ликвиди́ровали трест.	Они́ . . . .

4. Prepositions. Fill the gaps with appropriate prepositions:

I в or на + accusative:

1. Но́вые банкно́ты вошли́ [.] обраще́ние.	4. Мили́ция получи́ла о́рдер [.] о́быск.
2. Взло́мщик вломи́лся [.] до́м.	5. Э́та су́мма подлежи́т упла́те [.] и́мя кредито́ра.
3. О́н бы́л вы́пущен [.] пору́ки.	6. Отве́тчик получи́л пове́стку [.] су́д.

II за or под + accusative. Which is the odd one out?

1. отве́тственность [.]	2. отда́ть [.] зало́г	3. пла́та [.] услу́ги

III бе́з, из, от or про́тив + genitive?

1. Зе́к бежа́л [.] тюрьмы́.	3. Её до́чь пропа́ла [.] вести.
2. Исте́ц вы́двинул де́ло [.] отве́тчика.	4. Инве́стор свобо́ден [.] долго́в.

IV пе́ред, под or с + instrumental?

1. Оста́вили обвиня́емого [.] стра́жей.	3. Должни́к расплати́лся [.] кредито́рами.
2. Малоле́тний престу́пник предста́л [.] судо́м.	

V Miscellaneous. в/на/о + prepositional or к + dative?

1. Приговори́ли уби́йцу [.] сме́рти.	3. Должни́к сиде́л [.] мели́.
2. О́н призна́лся [.] преступле́нии.	4. Пассажи́ры предъяви́ли и́ск [.] компенса́ции.

(2) Recognition and differentiation

5. Adjective/noun phrases.

I Feminine. Match up the columns:

1. авари́йная	a. эконо́мика
2. ры́ночная	b. слу́жба
3. сме́ртная	c. пре́мия
4. страхова́я	d. ка́знь

II Plural:

1. накладны́е	a. обстоя́тельства
2. смягча́ющие	b. бума́ги
3. це́нные	c. расхо́ды

III Masculine:

1. ба́нковский	a. а́кт
2. обвини́тельный	b. дохо́д
3. торго́вый	c. рабо́тник
4. трудово́й	d. ба́нк

IV Masculine. Supply appropriate nouns:

1. карма́нный	
2. малоле́тний	
3. подохо́дный	
4. усло́вный	

(во́р, нало́г, престу́пник, пригово́р)

6. Qualifying genitives. Match up the columns:

1. зако́нное сре́дство	a. сто́имости
2. повыше́ние	b. ли́чности
3. удостовере́ние	c. платежа́

7. Other meanings. Use the dictionary to find other meanings of the following words:

Words	Listed meaning	Other meaning(s)
1. баланси́ровать/c–		
2. досто́инство		
3. отменя́ть/отмени́ть		

8. Opposites. Match up the opposites:

1. входи́ть/войти́ в обраще́ние	a. кредито́р
2. должни́к	b. убы́точный
3. облага́емый нало́гом	c. подъём
4. при́быльный	d. лжесвиде́тельство
5. свиде́тельство	e. выходи́ть/вы́йти из обраще́ния
6. спа́д	f. необлага́емый нало́гом

9. Find the words!

I English clues	Russian solutions
1. money paid for release of hostage(s) (5)	в. . . .
2. person held for ransom (8)	з. . . . . . .
3. swearing to a statement you know to be false (15)	л. . . . .
4. malicious fire-raising (6)	п. . . . .
5. fact/thing that helps solve a crime (5)	у. . . .
6. person kept in prison (11)	з. . . . .
7. person who blackmails (9)	ш. . . . .

II Russian clues	Russian solutions
1. нелегáльный провóз товáров (11)	к. . . . .
2. ссýда для покýпки дóма (7)	и. . . . .
3. человéк, котóрый инвестúрует (8)	и. . . . . .
4. аппарáт для вы́дачи дéнег (8)	б. . . . . .
5. расхóд сверх мéры (10)	п. . . . . . .
6. цéнная бумáга (5)	а. . . .
7. даю́щий прúбыль (9)	п. . . . . . .

III Match the columns:	
1. банкнóт	a. дефицúт
2. убы́ток	b. заколóть
3. рáнить/убúть ножóм	c. расслéдование дéла
4. слéдствие	d. плáта за профессионáльный труд
5. гонорáр	e. тóт, кто соучáствует
6. соучáстник	f. кредúтный билéт

(3) Translation and dictionary skills

10. A. S. Pushkin wrote about the Law in his ode «Вóльность» (1817): Potentates are above the common folk, but the Law stands higher than them. Read and translate:

> Влады́ки! вáм венéц и трóн
> Даёт **Закóн** – а не прирóда;
> Стóйте вы́ше вы нарóда,
> Но вéчный вы́ше вас **Закóн**.

The poet uses a legal image (суд) in rejecting popular intrusion on his poetic independence («Поэ́ту», 1830):

> Ты сáм свóй высший **сýд**;
> Всéх стрóже оценúть умéешь ты свой трýд.
> Ты úм довóлен ли, взыскáтельный худóжник?

11. Read and translate the following articles from the Russian Constitution (Росси́йская Конститу́ция):

- Ка́ждый обвиня́емый в соверше́нии преступле́ния счита́ется невино́вным, пока́ его́ вино́вность не бу́дет дока́зана.
- Обвиня́емый не обя́зан дока́зывать свою́ невино́вность.
- Никто́ не мо́жет быть повто́рно осуждён за одно́ и то́ же преступле́ние.
- Никто́ не обя́зан свиде́тельствовать про́тив себя́, своего́ супру́га и бли́зких ро́дственников.

12. Translate into Russian, with the help of a dictionary:

1. Five prisoners escaped from the prison camp, but three were recaptured the next day.
2. It all began with robbery but ended with a policeman being stabbed to death by juvenile delinquents.
3. The burglar confessed to having broken into our house for the purpose of stealing computer equipment.
4. They tried to bribe one of the witnesses at the trial of the pickpocket, but the witness refused to commit perjury.
5. He was fined for exceeding the speed limit despite his claim that one of his employees had been driving the car.
6. The new investor avoided the threat of bankruptcy by settling up with his creditors, so that his firm remained solvent.
7. Thanks to DNA many crimes have been solved that were committed before the war.
8. Bank charges have increased by 20% as a result of the recession.
9. Oil prices fell, as a result of which our firm went into liquidation.

(4) Word origins and word formation

13. Cognates. Work out or find out the meanings of the following cognates of items from the vocabulary lists:

1. инфляцио́нный
2. казни́ть
3. контрабанди́ст
4. лжесвиде́тельствовать
5. освобожде́ние
6. отме́на
7. поджига́ть/подже́чь
8. угоня́ть/угна́ть
9. шантажи́ровать

14. What are the English equivalents of:

(1) ДНК
(2) НДС?

15. What do the abbreviations (1) зёк (2) банкома́т stand for?

16. Supply suffixes (-ист, -ник or -чик) for the following stems:

1. долж–	2. зало́ж–	3. соуча́ст–	4. фальшивомоне́т–
5. шанта́ж–			

17. Which of the following (1) are of Romance origins or have Romance connections (French/Italian) (2) is of Dutch origin (3) are purely Slavonic in origin?

1. а́кция	3. ка́знь	5. моше́нник
2. ипоте́ка	4. контраба́нда	6. шанта́ж

Level 3

Law

Crime

браконье́р	poacher
взла́мывать/взлома́ть (сейф)	to crack (a safe)
доно́счик (стука́ч gen. стукача́)	grass, informer
жу́льничество	scam
заказно́е уби́йство	contract killing
клевета́ть (клевещу́ клеве́щешь) (на + acc.)	to slander (someone)
надува́ть/наду́ть	to swindle, cheat
наёмный уби́йца	hit man
наруша́ть/нару́шить	to breach, violate
организо́ванная престу́пность	organised crime
охо́титься impf. (без лице́нзии) на + acc.	to hunt (to poach)
перестре́лка	shoot-out, exchange of fire
подде́лывать/подде́лать	to forge
престу́пный ми́р	underworld
разграбля́ть/разгра́бить (разгра́блю разгра́бишь)	to loot
растра́чивать/растра́тить (растра́чу растра́тишь)	to embezzle
сво́дник	pimp
укрыва́тель кра́деного	receiver, fence

Word origins: браконье́р is from French *braconnier* id.

Police and investigation

бронежилет	bullet-proof vest
дорожное заграждение	road block
дубинка	truncheon
наручники pl. (gen. наручников)	handcuffs
ОМОН (Отдел милиции особого назначения)	OMON (black-uniformed Special Police Units)
отпечатки пальцев pl. (gen. отпечатков пальцев)	fingerprints
патрульная машина	patrol car
подставить pf. (подставлю подставишь)	to frame
полицейский надзор	stake-out
пришивать/пришить (пришью пришьёшь) кому-нибудь что-нибудь	to pin something on somebody
пуленепробиваемый	bullet-proof
розыск	search (for suspects) (pl. розыски for missing persons)
слезоточивый газ	tear gas
телохранитель (m.)	bodyguard
ФСБ (Федеральная служба безопасности)	FSB (Federal Security Service, successors to the KGB)
фоторобот (фотокомпозиционный портрет)	photo fit
шлем (каска)	helmet

Word origins: (1) броня is probably from Gothic (cf. Old High German *brunia* 'coat of mail', German *Brünne* id.), ultimately from Celtic (2) шлем is cognate with German *Helm* id.

Justice

выдавать/выдать из + gen.	to extradite from
вычёркивать/вычеркнуть (из списка)	to strike off (a list)
изобличать/изобличить	to expose, unmask
невменяемый	deranged (not fit to plead)
отбывать/отбыть	to serve (a sentence)
отсрочка	reprieve
очевидец (gen. очевидца)	eye witness
пожизненное заключение	life imprisonment
при закрытых дверях	in camera
приговорён условно	on probation
скамья подсудимых	the dock
смягчать/смягчить наказание	to commute the sentence

Literary note: Raskolnikov's principal victim in Dostoevsky's «Преступле́ние и наказа́ние» (1866) is a loan shark (ростовщи́ца), a disgusting creature whose elimination would be of benefit to society, so reasons the murderer. However, Raskolnikov is unnerved by his double crime (he is forced to murder the money-lender's pious sister as well), falls ill from shock and eventually gives himself up. His ambition to prove himself to be a superior being, a 'superman' and beyond the moral law, is shattered by his experiences, and he realises he is a weakling after all.

Finance

General

ава́нс	advance
ве́ксель (m.) (pl. векселя́)	bill of exchange
девальви́ровать impf./pf.	to devalue
заморо́женные акти́вы	frozen assets
затра́ты (pl. gen. затра́т)	outlay
МВФ (Междунаро́дный валю́тный фо́нд)	IMF
Мирово́й ба́нк	World Bank
отмыва́ние де́нег	money laundering
финанси́ровать impf./pf.	to back

Word origins: ве́ксель is from German *Wechsel* id.

Purchasing and payment

ба́ртер	barter
в рассро́чку	in instalments
взно́с	instalment
доро́жный че́к	traveller's cheque
наде́лать pf. долго́в	to incur debts
преде́льный сро́к	deadline
проце́нты (под пя́ть проце́нтов)	interest (at 5 per cent)
сде́лка	transaction
ски́дка	discount

Business

зака́нчивать/зако́нчить без убы́тка	to break even
махина́тор	wheeler and dealer
распрода́жа неприбыльных акти́вов	asset stripping

The market

акционе́р	shareholder
завладева́ть/завладе́ть (завладе́ю завладе́ешь) ры́нком	to corner the market
оживлённая торго́вля	buoyant trade

Banking

| коли́чество де́нег на ба́нковском счету́ | bank balance |
| облига́ция | bond |

Borrowing and lending

не выпла́чивать (impf.) долг	to default on a debt
ростовщи́к (gen. ростовщика́)	loan shark
ссу́да	loan

Taxation

возвра́т перепла́ченной су́ммы	rebate
вычита́ть/вы́честь (вы́чту вы́чтешь)	to deduct, withhold
нало́говая ски́дка	tax allowance
нало́говое убе́жище	tax haven

Insurance

де́лать/с- страхову́ю зая́вку	to make an insurance claim
компенса́ция в разме́ре 5000 рубле́й	5,000 roubles in damages
начина́ются вы́платы по э́тому по́лису	this policy is due to mature
страхо́вщик	underwriter

Exercises

Level 3

(1) Grammar and stress

1. Stress in declension. Which is the odd one out?

1. ростовщи́к	2. страхо́вщик	3. стука́ч

2. Gender of soft-sign nouns. Which is the odd one out?

1. вéксель	2. престýпность	3. телохранúтель

3. Prepositions.

I в, на or под + accusative? Insert the correct preposition:

1. Емý дáли ссýду [.] 5 процéнтов.	3. Онá клевéщет [.] сосéдку.
2. Он покупáет мéбель [.] рассрóчку.	

II Miscellaneous. Без + genitive, по + dative or при + prepositional?

1. Судúли егó [.] закрýтых дверя́х.	3. Начинáются вы́платы [.] э́тому пóлису.
2. Брóкер закóнчил сдéлку [.] убы́тка.	

4. Conjugation of verbs:

I Verbs in -úровать. Replace past-tense forms by present- or future-tense forms:

Past-tense forms	Present/future forms
1. Правúтельство девальвúровало валю́ту.	Правúтельство . . . .
2. Инвéсторы финансúровали стройтельство.	Инвéсторы . . . .

II Verbs with consonant change (б/бл в/вл т/ч.) in the first-person singular. Replace third-person singular forms by first-person singular forms:

Third-person singular forms	First-person singular forms
1. Он подстáвит своегó коллéгу.	Я . . . .
2. Солдáт разгрáбит селéние.	Я . . . .
3. Мошéнник растрáтит казённые дéньги.	Я . . . .

III Miscellaneous first-conjugation verbs. Replace the infinitives with finite forms of the verbs: вы́честь, завладéть, клеветáть, пришúть:

Infinitives	Third-person singular forms
1. Он [вы́честь] налóговую скúдку.	Он вы́чтет налóговую скúдку.
2. Он [завладéть] ры́нком.	Он . . . .
3. Он [клеветáть] на товáрищей.	Он . . . .
4. Он [пришúть] э́то дéло своемý соучáстнику.	Он . . . .

IV Replace the past-tense forms by appropriate short forms of perfective passive participles:

Past-tense forms	Perfective passive participles (short forms)
1. Вы́чли нало́говую ски́дку.	Нало́говая ски́дка вы́чтена.
2. Разгра́били селе́ние.	Селе́ние . . . .
3. Растра́тили казённые де́ньги.	Казённые де́ньги . . . .

(2) Recognition and differentiation

5. Genitive qualifiers. Match up the columns:

Nominatives	Genitive qualifiers
1. возвра́т	a. де́нег
2. отмыва́ние	b. кра́деного
3. отпеча́тки	c. непри́быльных акти́вов
4. распрода́жа	d. па́льцев
5. скамья́	e. перепла́ченной су́ммы
6. укрыва́тель	f. подсуди́мых

6. Кто?

1. охо́тится без лице́нзии?	a. акционе́р
2. занима́ется доно́сами?	b. уби́йца
3. даёт де́ньги под больши́е проце́нты?	c. страхо́вщик
4. наблюда́ет како́е-нибудь собы́тие?	d. браконье́р
5. владе́ет а́кциями?	e. сво́дник
6. скрыва́ет престу́пника и́ли кра́деное?	f. доно́счик
7. выпла́чивает де́ньги страхова́телю?	g. ростовщи́к
8. соверши́л уби́йство?	h. укрыва́тель кра́деного
9. сво́дит мужчи́н и же́нщин?	i. очеви́дец

7. Find other meanings of the following words, with the aid of a dictionary:

Listed words	Listed meanings	New meaning(s)
1. вычита́ть/вы́честь		
2. надува́ть/наду́ть		
3. подста́вить		
4. пришива́ть/приши́ть		
5. проце́нты		
6. смягча́ть/смягчи́ть		

8. Find the words! 1

I Russian clues	Russian solutions (nouns)
1. недобросо́вестный посту́пок (12)	ж. . . . .
2. стрельба́ друг про́тив дру́га (11)	п. . . . .
3. жиле́т из пуленепробива́емой бро́ни (10)	б. . . . .
4. то́лстая па́лка (7)	д. . . . . .
5. металли́ческие ко́льца, надева́емые на́ руки престу́пникам (9)	н. . . . .
6. по́иски (7)	р. . . . . .
7. челове́к, кото́рый охраня́ет кого́-нибудь (13)	т. . . . .

II Russian clues	Russian solutions (verbs)
1. распространя́ть клевету́ (9)	к. . . . .
2. изгото́вить имита́цию (8)	п. . . . . . .
3. подве́ргнуть грабежу́ (10)	р. . . . .
4. израсхо́довать нелега́льно (10)	р. . . . .
5. поста́вить в неприя́тное положе́ние (10)	п. . . . .
6. уличи́ть в чём-нибудь (10)	и. . . . .

9. Find the words! 2

I Match up the columns:	
1. шлем	a. перено́с на друго́е вре́мя
2. отсро́чка	b. де́ньги, выдава́емые вперёд
3. очеви́дец	c. Междунаро́дный валю́тный фонд
4. ава́нс	d. натура́льный обме́н
5. МВФ	e. защи́тный головно́й убо́р
6. ба́ртер	f. де́ньги, внесённые в упла́ту
7. взно́с	g. тот, кто наблюда́ет како́е-нибудь собы́тие

II Russian clues	Russian solutions
1. су́мма, на кото́рую пони́жена цена́	
2. челове́к, занима́ющийся махина́циями	
3. це́нная бума́га	
4. страхово́е учрежде́ние	
5. челове́к, даю́щий де́ньги в долг под больши́е проце́нты	
6. пла́та за взя́тые в ссу́ду де́ньги	
7. в тако́м состоя́нии, что нельзя́ обвини́ть в чём-нибудь	

(махина́тор, невменя́емый, облига́ция, проце́нты, ростовщи́к, ски́дка, страхо́вщик)

10. Adjective/noun phrases
I Masculine. Match up the columns:

1. наёмный	a. ми́р
2. престу́пный	b. га́з
3. слезоточи́вый	c. уби́йца

II Masculine. Select suitable nouns:

1. доро́жный	
2. Мирово́й	
3. полице́йский	
4. преде́льный	

(ба́нк, надзо́р, сро́к, че́к)

III Feminine. Match up the columns:

1. нало́говая	a. торго́вля
2. оживлённая	b. маши́на
3. организо́ванная	c. ски́дка
4. патру́льная	d. престу́пность

IV Neuter. Select suitable adjectives:

1.	заграждéние
2.	заключе́ние
3.	уби́йство

(доро́жное, заказно́е, пожи́зненное)

V Plural. Translate into Russian:

	Russian
frozen assets	

(3) Translation and dictionary skills

11. I Give the English for:
1. выдава́ть/вы́дать
2. вычёркивать/вы́черкнуть
3. затра́ты
4. приговорён усло́вно
5. фоторо́бот

II **Translate into English with the help of a dictionary:**

1. Прода́в ряд неприбыльных акти́вов, акционе́р заключи́л сде́лку без убы́тка.
2. Доро́жные че́ки удо́бны тем, что, потеря́в, мо́жно сра́зу же получи́ть заме́ну.
3. Суд реши́л, что, завладе́в таки́м дохо́дным ры́нком, э́та фи́рма нару́шила зако́н о монопо́лиях.
4. Дельцы́ избежа́ли необходи́мости упла́ты нало́гов госуда́рству, помести́в свои́ де́ньги в ба́нки, име́ющие филиа́лы в нало́говых убе́жищах.
5. По́сле ава́рии страхова́тель сде́лал страхову́ю я́вку, тре́буя компенса́ции в разме́ре 10000 рубле́й.

III **Read and translate into English the following extracts from the Russian Constitution:**

• При осуществле́нии правосу́дия не допуска́ется испо́льзование доказа́тельств, полу́ченных с наруше́нием федера́льного зако́на.
• Ка́ждый осуждённый за преступле́ние име́ет пра́во на пересмо́тр пригово́ра вышестоя́щим судо́м, а та́кже пра́во проси́ть о поми́ловании или смягче́нии наказа́ния.
• Разбира́тельство дел во всех суда́х откры́тое. Слу́шание де́ла в закры́том заседа́нии допуска́ется в слу́чаях, предусмо́тренных федера́льным зако́ном.

12. Translate into Russian with the aid of a dictionary:

1. The burglar broke into our house, cracked open a safe and removed envelopes full of shares and bonds.
2. They constantly slandered him, alleging he was an informer.
3. The main character in Gogol's play *The Government Inspector* cheated all the local civil servants, possibly unintentionally.
4. The frontier troops and their dogs see to it that criminals do not breach the frontier.
5. The Russian police have difficulty in dealing with organised crime.
6. Criminals have learnt to forge the signatures of many subscribers.
7. After their victory over local peasants the soldiers looted the settlement.
8. The police arrested a bank employee who had embezzled government property, and put handcuffs on him.
9. The OMON (омо́новцы) put on helmets and bullet-proof vests and dispersed the anti-globalists with the help of truncheons and tear gas.
10. The forger tried to pin the passport forgery on an innocent man, but the police succeeded in exposing his lie.

(4) Word origins and word formation

13. Append the correct suffix (-ник, -чик or -щик):

1. доно́с-
2. ростов-
3. свод-
4. страхо́в-

14. What are the meanings of the following prefixes?

(1) пере- (as in перестре́лка)
(2) от- (as in отсро́чка)
(3) под- (as in подде́лать)
(4) при- (as in приши́ть).

15. Loan words. Which is the odd one out, in terms of origin?

1. браконье́р	2. броня́	3. ве́ксель	4. шлём

16. What do the following initials stand for?

Initials	Words
1. МВФ	
2. ОМОН	
3. ФСБ	

Additional vocabulary

бенефициа́рий	beneficiary
дополни́тельное обеспе́чение	collateral security
заключа́ть/заключи́ть	to clinch
заса́да	ambush
золото́й станда́рт	gold standard
класть/положи́ть зу́бы на по́лку	to tighten one's belt
кли́ринговый ба́нк	clearing bank
коли́чество де́нег на ба́нковском счету́	bank balance
корешо́к (gen. корешка́)	counterfoil
ко́свенный	indirect
кредитоспосо́бный	creditworthy
крёстный оте́ц	(mafia) godfather
лише́ние пра́ва вы́купа зало́женного иму́щества	foreclosure
ма́фия	mafia
награбленное	loot
некомме́рческий	non-profit-making
непоправи́мый	incorrigible
номина́льная цена́	face value
обла́ва	raid
объявля́ть/объяви́ть вне зако́на	to outlaw
отря́д поли́ции нра́вов	vice squad
оффшо́рный	offshore
предупрежда́ть/предупреди́ть	to tip off, warn
пристава́ть/приста́ть к + dat.	to pester, molest someone
распрода́жа а́кций компа́нии	flotation
сади́ться/сесть на хвост + dat.	to tail somebody
сокраще́ние	remission
суде́бно-медици́нский экспе́рт	forensic scientist
хо́лдинг-компа́ния	holding company
чека́нить/от-	to mint

Key to exercises

UNIT 1

Level 1

1. Лопа́та (spade). All other nouns refer to plants.
2. Карто́фель.
3. 1 города́ 2 дома́ 3 ли́стья 4 сту́лья 5 я́блоки. The plural of я́блоко (я́блоки) is formed differently from the other nouns.
4. (1) переу́лка, ры́нка, ковра́, потолка́, це́ркви.
     The declension of це́рковь is different because in the plural it is partly soft and partly hard.
   (2) (a) кра́сок (b) таре́лок (c) ку́хонь
5. 2 гости́ная 3 парикма́херская 4 столо́вая. Парикма́херская is the odd one out as it does not represent a room, but a shop.
6. I на ста́нции II в переу́лке
7. 2 ско́вороды 3 сте́ны 4 тра́вы
8. 1 нет ду́ша 2 два листа́ 3 нет утюга́ 4 два куста́ 5 нет ножа́ 6 два этажа́
9. в ба́нке
10. Ви́шня refers to a plant, not a place like the other words on the list.
16. (b) де́ти у́чатся в шко́ле
    (c) пермане́нт мо́жно де́лать в парикма́херской
    (d) пингви́нов мо́жно смотре́ть в зоопа́рке
    (e) пье́сы мо́жно смотре́ть в теа́тре
    (f) фи́льмы мо́жно смотре́ть в кино́
    (g) экспона́ты мо́жно смотре́ть в музе́е
    (h) у́жинать мо́жно в рестора́не
17. 2 я́блоками и помидо́рами 3 мя́сом 4 хле́бом 5 ры́бой 6 биле́том / биле́тами
18. 1 гла́жу 2 кра́шу 3 мо́ет 4 расту́т 5 закро́ет 6 куплю́ 7 откро́ет
19. стена́   клу́мба
20. 1 боль 2 край 3 просто́й
21. 1 мы́лом 2 этаже́ 3 утюго́м 4 вы́ключила 5 покра́сил 6 церкве́й
    7 пло́щади 8 ме́бели 9 ле́стнице 10 холоди́льника 11 при́городе
22. 1. Я иду́ на ры́нок, что́бы купи́ть фру́кты и о́вощи.
    2. Он мо́ет посу́ду, ско́вороду, кастрю́лю, ло́жки, ножи́ и ви́лки в посудомо́ечной маши́не.
    3. В саду́ росла́ капу́ста, карто́шка, я́блоки и помидо́ры.

4. Де́ти игра́ли на полу́ в гости́ной.

5. Больно́й го́сть лежа́л на дива́не в на́шей спа́льне.

6. На по́лке мно́го но́вых кни́г.

7. Она́ стира́ла ска́терть и про́стыни в сти́ральной маши́не.

8. В ва́нной у ни́х ва́нна, а не ду́ш.

9. Она́ покупа́ет я́блоки в магази́не «О́вощи и фру́кты», а мя́со в мясно́й ла́вке.

10. Весно́й он копа́ет клу́мбы лопа́той.

11. В туале́те нет умыва́льника.

23. Noun: noun   I 1c   2a   3b   II 1c   2a   3b

Verb: noun   I 1c   2a   3b   II 1c   2a   3b

Level 2

1. I 2 гвоздя́   3 **ма́ка**   4 маляра́   II 2 половика́   3 фонаря́   4 **шла́нга**

2. I гвоздь (m.)   II фона́рь (m.)

3. ча́йник

5. шла́нги (sing. = шланг)

6. Feminine adjective + noun   I 1c   2a   3b   II 1c   2a   3b

Neuter adjective + noun: 1 му́сорное ведро́   2 око́нное стекло́   3 посте́льное бельё   4 центра́льное отопле́ние

Masculine adjective + noun: 1 газе́тный кио́ск   2 консе́рвный нож   3 обувно́й магази́н

8. 2 канцтова́рами   3 о́бувью   4 па́спортом   5 ры́бой   6 цвета́ми   7 биле́том   8 жето́ном

9. I 1c   2a   3e   4d   5b   II 1d   2a   3e   4c   5b

11. I 1b   2a   3e   4c   5d   II 1d   2e   3a   4c   5b

14. 1 кипячу́   2 се́ю   3 обста́влю   4 сниму́   5 ввинчу́   6 вы́ращу   7 полью́   8 посажу́   9 сдам

15. 1 тюрьме́   2 фонаря́   3 вскипяти́ть   4 открыва́лкой   5 гво́здь   6 отвёрткой   7 звонка́   8 пле́чики   9 Полива́й   10 про́бку

16. 1. She is drying the washed clothes in the dryer.

2. The children were reading in bed by the light of a torch.

3. The painter has painted the walls of the entrance-hall with different colours.

4. Garden equipment includes the bench, the shed, and the greenhouse.

5. Rye is sown in the autumn, it spends the winter under the snow.

6. Peach literally means 'Persian apple'.

7. He papered his bedroom with dotted wallpaper.

17. 1. Ка́ждый день я покупа́ю газе́ту в газе́тном кио́ске.

2. Она́ пошла́ в моло́чный магази́н за ли́тром молока́.

3. В конди́терской была́ дли́нная о́чередь в ка́ссу.

4. Я не хочу́ сдава́ть свою́ кварти́ру студе́нтам, но кто её сни́мет?

5. На за́втрак она́ свари́ла два яйца́ и поджа́рила немно́го беко́на.

6. Она́ до́лго смотре́ла на себя́ в зе́ркало, хотя́ её муж ждал в такси́.

7. Необходи́мо почини́ть канализа́цию.

8. На огоро́де они́ выра́щивают лук, морко́вку и огурцы́.

9. В саду́ па́хло фиа́лками и сире́нью.

10. Оди́н из геро́ев пье́сы Че́хова сажа́ет не цветы́, а леса́!

11. Ды́ни и други́е фру́кты расту́т в Узбекиста́не.

12. Он пошёл в сара́й за гра́блями, ви́лами и ле́йкой.
18. Конди́тер is of German, not French origin.

Газе́та is of Italian, not German origin.

Сара́й is of Turkic, not Greek origin.

Level 3

1. (a) I кисть (f.)   II сеть (f.)   (b) та́за (stem-stress)   (c) кле́щи (plural-only)
   (d) кольцево́й (-в-)   (e) кувши́н

4. I 1c   2e   3b   4a   5d   II 1b   2a   3d   4e   5c

5. I 1 анте́нна – таре́лка   2 газо́н – коси́ть   3 двойны́е ра́мы – фо́рточка
         4 населённый пункт – жило́й масси́в
   II 1 поло́ть – гря́дки   2 регули́ровать – движе́ние   3 розе́тка – штэ́псель
         4 сапо́жная мастерска́я – о́бувь

6. I 1 вы́жмет   2 вы́трет   3 перегори́т   II 1 кошу́   2 по́лет   3 регули́рует
   4 ре́жет   5 чи́щу

7. 1 зелёный по́яс   2 ку́хонный комба́йн   3 стира́льный порошо́к   4 торго́вый центр
   1 микрово́лновая печь   2 ле́стничная площа́дка   3 электри́ческая сеть   4 ку́хонная
   у́тварь

8. 1 суд   2 тупи́к   3 фо́рточка   4 сте́бель   5 што́ра   6 суши́лка   7 удобре́ние

9. 1 движе́ние   2 су́д   3 розе́тку   4 перегоре́ла   5 наре́зала   6 убо́рку   7 Ссу́да
   8 жили́щное строи́тельство   9 очи́стив   10 скорова́рке   11 кондициони́рованием
   во́здуха   12 подно́сах

10. 1. Я шёл че́рез у́лицу по пешехо́дному перехо́ду и пошёл побыстре́е, когда́ загоре́лся
         кра́сный свет.
     2. Двойны́е ра́мы и фо́рточки удо́бны тем, что с и́х по́мощью мо́жно регули́ровать
         ко́мнатную температу́ру.
     3. Она́ подключи́ла соковыжима́лку к электри́ческой сети и ста́ла выжима́ть со́к из
         апельси́нов.
     4. Ма́ма задёрнула занаве́ски, но де́ти продолжа́ли чита́ть при све́те фона́рика.
     5. Она́ вы́сушила бельё до́суха в центрифу́ге-суши́лке.
     6. Подключи́в свой компью́тер к Интерне́ту, вы смо́жете по́льзоваться ма́ссой
         ценне́йшей информа́ции.
     7. Пе́ред тем как войти́ в до́м, он вы́тер но́ги о полови́к.
     8. О́н забы́л полива́ть расте́ния, пока́ жена́ была́ в о́тпуске, и они́ пони́кли.
     9. Я не́сколько ра́з ходи́л в обме́нное бюро́ меня́ть де́ньги.
    10. Она́ разре́зала ды́ню на четы́ре ра́вных куска́.
    11. В сове́тские времена́ в торго́вых це́нтрах не́ было ни бути́ков, ни суперма́ркетов.
         (2) подсо́лнечник   (3) ремо́нт is of French origin
    12. Покрыва́ло су́шится на ве́шалке для полоте́нец.

UNIT 2

Level 1

1. (a) ель (f.)   (b) холм (pl. холмы́)   (c) холм (холме́)   (d) волна́ (волн)   (e) пау́к (insect
   rather than a mammal)

2. 2 Волк во́ет. 3 Змея́ ползёт. 4 Ко́шка мурлы́чет. 5 Орёл лети́т. 6 Пти́ца поёт. Соба́ка ла́ет.

3. They are opposites.

4. (a) 2 волчи́ца волчо́нок 3 коза́ козлёнок 4 ко́шка котёнок 5 медве́дица медвежо́нок 6 ку́рица цыплёнок

   (b) 2 птенцы́ 3 порося́та 4 щеня́та

5. I 1d 2a 3b 4c   II 1d 2a 3b 4c

6. Fish: лосо́сь, ры́ба, селёдка. Insects: му́ха, пау́к, пчела́. Birds: гусь, ле́бедь, орёл. Trees: бук, ель, сосна́. Hills, rocks: гора́, скала́, холм. Water: о́зеро, океа́н, река́.

9. I 1b 2d 3a 4c   II 1d 2a 3b 4c   III 1b 2d 3a 4c

10. волк, океа́н, гусь, мо́крый, гора́

11. 1. бе́рега: 'We are two banks of one river.' (from a Russian romance).

   2. о́зеро: The Siberian lake Baikal is the largest lake in the world.

   3. волка́ми: When one lives with wolves, one howls like a wolf.

   4. де́рево: Everyone knows and likes the birch – the most typical Russian tree.

   5. впада́ет: The Volga flows into the Caspian Sea, the Dnepr flows into the Black Sea, and the Don flows into the Azov Sea.

   6. сы́ро: It is damp outside: it was raining all morning.

   7. ду́ет: The wind blows from the north and there is no sun. It is likely to snow.

   8. Це́льсия: The average temperature in St Petersburg in May is 9–10 degrees Celsius.

   9. облака́: The clouds are passing across our northern sky – it is going to rain.

   10. тече́нию: The salmon was swimming up the Scottish river Spey.

12. 1. Река́ Во́лга течёт по равни́нам и доли́нам.

   2. Ме́жду Аме́рикой и Великобрита́нией – Атланти́ческий океа́н.

   3. Альпини́сты поднима́лись на Казбе́к, высо́кую го́ру на Кавка́зе.

   4. В лесу́ растёт мно́го дере́вьев – е́ли, со́сны и бу́ки.

   5. Над по́лем лета́ли воробьи́.

   6. На о́зере живу́т ле́беди, у́тки и гу́си.

   7. В тёплых моря́х и океа́нах пла́вают аку́лы, а в холо́дных во́дах на́ших се́верных море́й – селёдки.

   8. Хорошо́ пла́вают у́тки, гу́си и ле́беди. Ры́бы то́же пла́вают хорошо́.

   9. Я не люблю́ лета́ть и поднима́ться на верши́ну высо́ких гор.

   10. Самолёт лете́л над гора́ми и леса́ми, над моря́ми и океа́нами.

   11. В доли́не я ви́дел, как змея́ ползла́ по скале́.

13. I пету́х II пау́к

Level 2

1. го́лубь (m.)

2. (a) музе́й   (b) бу́хта   (c) ули́тка   (d) пруду́, лугу́   (e) 1 грача́ 2 гриба́ 3 ежа́ 4 крота́ 5 куста́ 6 луга́ 7 слона́ 8 ти́гра

3. 2 ли́жет 3 клюю́т 4 вьёт 5 ворчи́т

4. 2 осли́ца – ослёнок – осля́та 3 слони́ха – слонёнок – слоня́та 4 ти́грица – тигрёнок – тигря́та

5. 2 гнезде́ 3 у́лье 4 конуре́

8. (a) 1d 2a 3b 4e 5c

   (b) 2 попугáй 3 термóметр 4 у́лей 5 щу́ка 6 лу́жа

   (c) 1b 2c 3d 4e 5a

   (d) 2 ёж 3 крот 4 рáдуга

9. (b) 1 соловéй 2 попугáй 3 черепáха

10. (a) 2a 3b 4c

   (b) 1 свинья́ 2 тигр 3 температу́ра 4 мóре

   (c) None of them can be used to describe a human.

11. 2 жáба 3 кры́са 4 дéрево 5 лев 6 осá 7 óзеро 8 щу́ка

12. I Mammals: ёж, крот, слон. Birds: грач, лáсточка, совá. Insects: муравéй, осá, стрекозá.

   II Fish: форéль, щу́ка. Reptiles: черепáха, я́щерица.

13. (1) 1. Prehistoric people lived in caves.

   2. The dog was wagging its tail.

   3. The war was waged both on dry land and on the sea.

   4. What has fallen was not the snow, that had been forecast, but hail.

   (2) 1. Everyone knows the image of a dove as the symbol of peace through the famous painting by Pablo Picasso.

   2. The expression 'first swallow' (that is the first sign of something good) is used both literally and metaphorically.

   3. The British climate is moderate: the temperature rarely goes up beyond 25 degrees Celsius and rarely goes down below zero.

   4. The ice on the pond is too thin for skating. Let's go to the ice-rink.

   5. We climbed the volcano for a long time, but didn't reach the crater.

   6. There are only 17,000 lions left in Africa. In Asia, there are even fewer tigers left.

   7. People say that elephants are scared of mice, but I don't know whether it is true.

   8. Tigers' skin is highly valued. It is used by Chinese doctors.

   9. The tortoise moves slowly, and the snail moves even slower.

   10. Moles, hedgehogs, and rabbits live in burrows and rooks and swallows live in nests.

   11. Nobody ever sees baby pigeons, as they stay in the nest until they learn to fly.

   12. A rainbow appeared in the sky after the rain.

14. 1. У́стье реки́ – э́то мéсто, где онá впадáет в мóре, океáн, óзеро и́ли другу́ю рéку.

   2. Зимóй температу́ра понижáется, озёра и рéки замерзáют, и в Сиби́ри чáсто бывáют метéли.

   3. Муравьи́ слáвятся свои́м трудолю́бием. Э́то сáмые трудолюби́вые насекóмые.

   4. Её укуси́ла осá и ей пришлóсь обрати́ться в амбулатóрную часть мéстной больни́цы.

   5. Верблю́да иногдá называ́ют кораблём пусты́ни, а львá – королём зверéй.

   6. Онá купи́ла попугáя, котóрый научи́лся повторя́ть всё, что онá говори́т.

   7. Грачи́ обы́чно стрóят гнёзда на верху́шках высóких дерéвьев.

   8. Нáша собáка всегдá ворчи́т на гостéй, поэ́тому нам пришлóсь посади́ть её в конуру́.

   9. В мáрте земля́ оттáивает, температу́ра поднимáется и начинáется нормáльная жизнь.

   10. Дéти пошли́ в лес за гриба́ми и я́годами.

   11. Рекá Невá впадáет в Фи́нский зали́в. Вплóть до XVIII вéка э́то былá швéдская террито́рия.

   12. Океáнский лáйнер пошёл ко дну вмéсте с капитáном, комáндой и всéми пассажи́рами.

16. жáлить

Level 3

1. 2 жужжи́т 3 мыча́т 4 рычи́т 5 та́ет 6 чу́ет 7 щебе́чут
2. masc.; червь
3. степь (f.); шерсть (f.)
4. перо́ – пе́рья
5. вяз – вя́за; клён – клёна; пото́к – пото́ка; па́нцирь – па́нциря; плющ – плюща́
6. (2) 1 лошади́ная гри́ва 2 ца́пля 3 ту́ча 4 то́поль
   (3) 1 лиса́ 2 стра́ус 3 обезья́на
7. 2 жу́к 3 пету́х 4 коро́ва 5 лев 6 пти́ца
9. 1 зно́й 2 ома́р 3 кит 4 река́ 5 сту́жа 6 морж
10. I 1c 2a 3b   II 1c 2a 3b
11. 1b 2c 3d 4a
12. клюв; плавни́к; гри́ва
13. Trees: вяз, кашта́н, клён, ряби́на, то́поль. Insects: клоп, кузне́чик, тарака́н, червь. Aquatic mammals: бобр, вы́дра, морж, тюле́нь. Birds: а́ист, га́лка, дрозд, пе́репел, соро́ка.
14. кит, ту́ча, сту́жа, сино́птик, па́нцирь, зно́й, роса́, тайга́, ста́до, хво́йный, жёлудь, оса́дки, дя́тел, полуо́стров, ту́ндра, плоского́рье, запове́дник
15. 1 Исто́к 2 Мыс 3 омыва́ется 4 ру́сле 5 хво́йным 6 Ста́я 7 запове́днике 8 Соро́ка 9 Я́стреб 10 Дельфи́ны 11 Охра́на 12 потепле́нию 13 ути́хла 14 петухи́

   1. The source of two mighty rivers – the Dnepr and the Volga – is situated on the Valdai Hills.
   2. The Cape of Good Hope is known to all sailors because of its terrible storms.
   3. The Crimean Peninsula is washed by the Black and the Azov Seas.
   4. On the riverbed the submarine archaeologists have found the debris of a sunken ship.
   5. Deciduous trees include elm, poplar, and the chestnut, coniferous include fir and pine trees.
   6. A pack of gun dogs went chasing a fox, but did not manage to catch it.
   7. A hunter was fined 1,000 roubles because he had killed a moose in the reserve.
   8. 'Magpie-thief' is a story about a peasant woman who is accused of a theft.
   9. In a flash the hawk has gone for the flock of sparrows.
   10. Dolphins are entertaining children with their acrobatics.
   11. Environmental protection is everyone's concern, not just the government's.
   12. The rise in temperature of the water in the northern ports is due not to the Gulf Stream, but to global warming.
   13. A storm broke out, but by morning it had abated, and a lull was established.
   14. The dawn is breaking, and in the village the roosters are crowing, the cows are lowing, and the sparrows are twittering.

16. 1. Река́ Во́лга течёт до го́рода Каза́нь и впада́ет в Каспи́йское мо́ре, образу́я обши́рную де́льту.
   2. Во́лга принима́ет о́коло двухсо́т прито́ков, в том числе́ Оку́ и Ка́му.
   3. Кто чита́л «Запи́ски охо́тника» Ива́на Турге́нева зна́ет, что Орло́вская о́бласть пересечена́ овра́гами.
   4. Мы шли по доро́ге над про́пастью, всё вре́мя боя́сь упа́сть и поги́бнуть.

5. Ряби́на – романти́ческое де́рево с кра́сными я́годами, о кото́ром сло́жено мно́го пе́сен.

6. Говоря́т, что в Баргузи́нском лесу́, бли́з о́зера Байка́л, во́дится 8 миллио́нов со́болей.

7. Бе́лые медве́ди зиму́ют под снего́м, а весно́й медвежа́та выполза́ют на мёрзлую зе́млю.

8. Пловцо́в, купа́ющихся в реке́ зимо́й, называ́ют «моржа́ми».

9. Осетро́в в Каспи́йском мо́ре стано́вится всё ме́ньше и ме́ньше.

10. Осьмино́г – морско́й моллю́ск с 8 щу́пальцами – мо́жет, в слу́чае необходи́мости, изве́ргнуть струю́ черни́л.

11. Сто́ит ли слу́шать сино́птиков, е́сли их прогно́зы не на сто проце́нтов аккура́тны?

12. Бу́дучи в Сре́дней А́зии, я е́ле дыша́л от нестерпи́мого зно́я – бо́льше 40 гра́дусов по Це́льсию.

17. (1) 2   (2) 2   (3) 3

19. 2 глухо́й   3 клева́ть   4 лопа́та   5 пла́вать   6 блева́ть   7 рябо́й   8 ца́пать

Key to exercises on page 75 (extra material)

(а) 1 аркти́ческий по́яс   2 субаркти́ческий по́яс   3 уме́ренный по́яс   4 пусты́ня   5 ту́ндра   6 тайга́   7 степь

(б) Млекопита́ющие: бу́рый медве́дь, лось, волк, лиси́ца, бе́лка, мара́л, онда́тра, но́рка. Пти́цы: глуха́рь, ря́бчик, гусь, у́тка. Ры́бы: тайме́нь, осётр.

UNIT 3

Level 1

1. (1) 1 в крови́   2 на груди́
   (2) 1 на лбу   2 на носу́   3 во рту

2. апте́карь (m.)

3. врачи́, глаза́, зу́бы, носы́

4. (1) 1 го́лову   2 ру́ку   3 но́гу   4 щёку
   (2) 1 ру́ки, но́ги и щёки   2 гу́бы   3 медсёстры
   (3) 1 медсестёр   2 рука́м и нога́м   3 рука́х   4 рука́х

5. (1) 2 боли́т   3 диагности́рует   4 ка́шляет   5 пломби́рует
   (2) 2 вы́здоровеет   3 заживёт   4 посажу́   5 при́мет   6 пропи́шет

6. (1) 2 желу́дка   3 головны́ми бо́лями
   (2) 2 вы́лечить от ра́ка   3 лека́рство от просту́ды   4 лечи́ть от гри́ппа   5 реце́пт на табле́тки   6 сажа́ть на дие́ту

8. заболе́ть – вы́здороветь; медбра́т – медсестра́; нога́ – рука́

9. данти́ст – зубно́й врач, желу́док – живо́т; му́скул – мы́шца; па́лец – перст

10. зуб за́ зуб

11. (1) 2 У неё боли́т голова́.   3 У неё боли́т го́рло.   4 У неё боля́т зу́бы.
    (2) 2 Он потира́ет но́гу.   3 Он потира́ет ру́ку.   4 Он потира́ет спи́ну.

13. губа́ – рот; коле́но – нога́; лека́рство – реце́пт; термо́метр – температу́ра; хиру́рг – опера́ция

14. (1) I 1b   2d   3f   4c   5a   6e   II 1c   2e   3d   4f   5a   6b
    (2) 1c   2a   3b;   1c   2a   3b

15. 1 эпиде́мия   2 страда́ть   3 хиру́рг   4 грипп   5 диагности́ровать   6 удаля́ть

17. 1. She has taken the doctor's words to heart and gone on a diet.
     2. 'To hold one's tongue' means to keep quiet.
     3. He was standing with his back to me, so I could not see his face.
     4. Our countries stand shoulder to shoulder in the war against the aggressor.
     5. Reception hours at the clinic are from 10am till 1pm.
     6. The normal temperature of the human body is 36.6.

18. 1. боли́т: I have a sore throat. Maybe I caught a cold.
     2. ребёнка: She is breastfeeding the baby. It is said to be better both for the mother and for the child.
     3. па́льцев: The doctor knows my medical history like the back of his hand.
     4. боле́знь: He has a skin disease. He is being treated by the dermatologist.
     5. вы́звал: He called out the ambulance and once at the hospital the surgeon operated on his wife's heart.
     6. ле́вой: A left-handed person does everything with his left hand.
     7. зажила́: The wound has healed but he still can't play football.
     8. уко́л: He was given an injection against influenza and now he is well.

19. 1. У меня́ боля́т зу́бы и я́ иду́ к зубно́му врачу́. О́н удали́т мо́й больно́й зу́б.
     2. Она́ гриппу́ет уже́ три́ неде́ли и всё э́то вре́мя не ходи́ла на рабо́ту.
     3. Вра́ч ле́чит его́ от ра́ка, но о́н опя́ть страда́ет стра́шными головны́ми бо́лями.
     4. Участко́вый вра́ч осмотре́л больно́го и прописа́л пеницилли́н.
     5. До́ктор Ивано́в пощу́пал больно́му пу́льс и посади́л его́ на дие́ту.
     6. «Здоро́вый ду́х в здоро́вом те́ле» – идеа́л ка́ждого спортсме́на.
     7. По́сле ку́рса лече́ния она́ вы́здоровела от ра́ка.
     8. О́н принима́ет табле́тки от головно́й бо́ли.
     9. Вра́ч вы́писал е́й реце́пт на пирамидо́н.
    10. Консульта́нт ду́мал, что о́н вы́лечил её от ра́ка, но она́ опя́ть больна́.
    21. (1) спина́   (2) медсестра́
    22. (2) та́лия

Level 2

1. 1 ве́ки   2 бёдра   3 рёбра
2. мозг – мозги́
3. I ло́коть   II пузы́рь
4. 2 от хо́лода   3 на приём   4 под о́бщим нарко́зом   5 от боле́зни   6 на пра́вый глаз
5. (1) 2 поте́ет   3 опери́рует
   (2) 2 опра́влюсь   3 привьёт
6. ме́стный нарко́з; безымя́нный па́лец; серде́чный при́ступ
9. 2 бессо́нницей   3 диабе́том   4 желту́хой   5 ко́рью   6 о́спой   7 сви́нкой
   8 туберкулёзом
10. 2g   3a   4j   5f   6b   7c   8e   9d   10h

11. (2) 1 пузы́рь   2 немо́й   3 скеле́т
12. (1) а́стма, нарко́з, перелива́ние кро́ви, транквилиза́тор, о́пухоль, пузы́рь, сви́нка, не́рв
    (2) психиа́тр, о́рган, слепо́й, глухо́й, немо́й, мо́зг, запя́стье, бессо́нница
14. 1 поте́ть   2 приви́л   3 психи́ческим   4 приём   5 бо́ль   6 пеницилли́на
    7 переса́дка   8 презервати́вами   9 перелива́ние   10 транквилиза́тор   11 боку́

    1. поте́ть: I was all sweaty. It is difficult not to sweat with a temperature of 40 degrees.
    2. приви́л: The doctor has vaccinated the child against measles and smallpox at the same time.
    3. психи́ческим: The psychiatrist is a consultant specialising in mental illnesses.
    4. приём: The nurse on duty asked the patient if she had an appointment with the doctor.
    5. бо́ль: The painkiller prescribed by the doctor reduced the pain of the wound.
    6. пеницилли́на: The medical scientists received a Nobel Prize for the discovery of penicillin.
    7. переса́дка: The first heart transplant was carried out in South Africa.
    8. презервати́вами: For the prevention of AIDS, doctors recommend that persons from the higher risk group use condoms.
    9. перелива́ние: The nurse gave a blood transfusion to the victim of an accident.
    10. транквилиза́тор: Before the operation, the patient was given a tranquilliser to calm him down.
    11. боку́: The patient was lying on his left side, with his back to the window.

15.   1. Ко вну́тренним о́рганам те́ла отно́сятся лёгкие, пе́чень, по́чки, се́рдце и пузы́рь.
    2. Ветера́н Вели́кой Оте́чественной войны́ глу́х на ле́вое у́хо и сле́п на пра́вый гла́з.
    3. Председа́тель стуча́л кулако́м по столу́, что́бы привле́чь внима́ние делега́тов.
    4. В мо́лодости о́н боле́л диабе́том, но о́н давно́ опра́вился.
    5. Со старухо́й произошёл серде́чный при́ступ, и она́ легла́ в больни́цу.
    6. Она́ сказа́ла врачу́, что не спи́т по ноча́м, то́т диагности́ровал бессо́нницу и прописа́л снотво́рное.
    7. Найдя́ следы́ кро́ви на носово́м платке́, она́ поняла́, что заболе́ла туберкулёзом.
    8. Вра́ч изме́рил кровяно́е давле́ние больно́го и посове́товал ему́ бо́льше не кури́ть.
    9. Санита́ры везли́ больно́го из пала́ты в операцио́нную, где его́ ждал хиру́рг с помо́щниками.
    10. Хиру́рг опери́ровал больно́го под о́бщим нарко́зом.
    11. С Кремлёвских ба́шен весь го́род ви́ден как на ладо́ни.
    12. Когда́ она́ боле́ла желту́хой, её подру́ги не посеща́ли её, така́я э́то зара́зная боле́знь.

Level 3

1. I пла́стырь (m.)   II ска́льпель (m.)
2. 1 парали́ча   2 перело́ма   3 прыща́   4 столбняка́
3. I 1 ампути́руют   2 ды́шит   3 че́шутся   II 1 возвращу́   2 задохнётся
    3 подцеплю́   4 свернётся   5 сни́мет
4. (1) та́з, моча́, стре́сс, шра́м, до́нор, запо́р   (2) парали́ч, рециди́в, массажи́ст, носи́лки, ска́льпель, пе́ревязь, обоня́ние, слепота́
5. 1 окули́ст   2 педиа́тр   3 гинеко́лог   4 онко́лог   5 логопе́д   6 акуше́р
    7 дерматолог

7. 2 очки́ / конта́ктные ли́нзы   3 све́чи   4 слаби́тельное   5 инвали́дная коля́ска   6 химотерапи́я   7 пе́ревязь   8 пла́стырь   9 интенси́вная терапи́я

10. I 2 ко́стный мозг   3 жёлчный пузы́рь   4 кровено́сный сосу́д   5 пищевари́тельный тракт   6 спинно́й хребе́т

   II 2 варико́зная ве́на   3 конта́ктная ли́нза   4 интенси́вная терапи́я

    (a) 1 го́рло   2 сре́дство   (b) 1 вставны́е   2 родовы́е

11.   1. Only 6 per cent of the British population have enrolled to be blood donors.
    2. Suspecting a cataract in the patient's left eye, the doctor has made an appointment for him with the consultant oculist.
    3. Absenteeism is absence from work, but without a medical certificate.
    4. The famous runner was disqualified because traces of steroids were revealed by the urine test.
    5. The puck knocked out the goalkeeper's front teeth and he was fitted with a denture.
    6. Standing on the top floor of a high-rise building, he felt dizzy.
    7. He stumbled against a stool and dislocated his ankle.
    8. A suitable donor is being looked for in the hope of giving the patient a bone marrow transplant.
    9. Do the victims of Alzheimer's disease realise that they have lost their reason?
   10. More and more patients have become disillusioned with the NHS and resort to alternative medicine.
   11. He learnt sign language and resigned himself to being mute.
   12. According to a newspaper article, a woman had frozen her ill husband's sperm and was allowed to use it after his death.
   13. He caught a sexually transmitted disease while on holiday.
   14. Many middle-aged women resort to hormone replacement therapy.
   15. The life support system has saved the life of an accident victim.
   16. Having spent many years in Africa he is immune to tropical diseases.

12.   1. Он заболе́л сви́нкой, всле́дствие чего́ его́ же́лезы припу́хли, причиня́я ему́ невыноси́мую бо́ль.
    2. Близору́кость мо́жно вы́лечить ла́зерной хирурги́ей, что свя́зано с не́которым ри́ском.
    3. На ве́рхних скло́нах горы́ альпини́сты ды́шат кислоро́дом.
    4. На сле́дующий де́нь по́сле опера́ции варико́зных ве́н больно́го заста́вили ходи́ть по коридо́рам больни́цы.
    5. Оди́н из на́ших са́мых блестя́щих фи́зиков прико́ван к инвали́дной коля́ске.
    6. Безде́тной па́ре прописа́ли препара́т от беспло́дия, и че́рез полго́да же́нщина забере́менела.
    7. Акупунктура́ – дре́внее кита́йское сре́дство от це́лого ря́да боле́зней.
    8. Он роди́лся слепы́м, но слепота́ не меша́ла ему́ ста́ть мини́стром.
    9. С то́чки зре́ния ме́стных власте́й бы́ло бы разу́мно сконцентри́ровать всё специа́льности в одно́й больни́це.
   10. Он слома́л ключи́цу, и ему́ пришло́сь ходи́ть с одно́й руко́й на пе́ревязи.
   11. Удиви́тельно, что да́же по́сле ампута́ции его́ нога́ не переста́ла чеса́ться.
   12. Ра́ньше удаля́ли минда́лины дете́й, у кото́рых боле́ло го́рло, а тепе́рь по́няли, что минда́лины исполня́ют ва́жную защи́тную фу́нкцию.

13. 2 жёлтый   3 зе́ркало   4 колесо́   5 лягу́шка   6 минда́ль   7 мо́крый   8 сы́пать

14. коклю́ш
15. I 2 жёлтый   3 кра́сный   II 2 French   3 Latin
16. (2) глухота́, немота́, слепота́

Additional excercises

Level 1

1. (a) кише́чник   (b) (i) рак   (ii) I ло́коть   II пузы́рь
2. 1 бёдра   2 бока́   3 ве́ки   4 глаза́   5 коле́ни   6 пле́чи   7 рёбра   8 у́ши
3. 1 вы́зову   2 ка́шлянет   3 пропи́шет   4 просвечу́   5 простужу́сь   6 чихнёт
4. 1 апте́карь   2 хиру́рг   3 участко́вый врач / врач-терапе́вт   4 медбра́т / медсестра́   5 зубно́й врач   6 участко́вый врач / врач-терапе́вт   7 рентгено́лог   8 медбра́т / медсестра́
5. 1 глаза́ми   2 стетоско́пом   3 но́сом   4 гра́дусником /термо́метром   5 зуба́ми   6 уша́ми
7. 1d   2a   3b   4c

   1b   2d   3a   4c
8. 1f   2j   3d   4i   5b   6g   7c   8a   9e   10h
9. Ча́сти ноги́: бедро́, икра́, коле́но, ля́жка, пятка. Ча́сти те́ла: грудь, спина́, та́лия, торс, ло́коть. Ча́сти руки́: запя́стье, кисть, ладо́нь, мизи́нец, но́готь. Ча́сти головы́: лицо́, лоб, нос, подборо́док, рот.
   Боле́зни: воспале́ние лёгких, диабе́т, поро́к се́рдца, рак кро́ви, СПИД. Вну́тренние о́рганы: кише́чник, лёгкие, по́чка, пе́чень, се́рдце. Диа́гноз и лече́ние: перелива́ние кро́ви, приви́вка, реце́пт, стерилиза́ция, уко́л.
10. I 1d   2a   3e   4c   5b   II 1e   2a   3b   4c   5d
12. 1 запи́сан   2 приви́ли   3 заболе́ла   4 сде́лали   5 щу́пает   6 зуб
13. 1. Зубно́й врач вы́дернул оди́н из мои́х за́дних зубо́в.
    2. Он у́мер от серде́чного при́ступа.
    3. Они́ вы́лечили её от туберкулёза.
    4. До́ктор прописа́л сиро́п от ка́шля.
    5. У меня́ ужа́сная головна́я боль.
    6. Его́ участко́вый врач посади́л его́ на дие́ту.
    7. Я страда́ю от бессо́нницы.
    8. Я при́нял табле́тки, пропи́санные врачо́м.

Level 2

1. (a) носи́тель (m.)   (b) педиа́тр   (c) вазекто́мия
3. I 1e   2a   3b   4c   5d   II 1d   2c   3a   4b
4. 1 дальнозо́ркий   2 доброка́чественный
5. 1 дермато́лог   2 глазно́й врач   3 педиа́тр   4 гинеко́лог   5 невро́лог   6 психо́лог / психиа́тр
6. 1 Ста́лин   2 Че́хов   3 Короле́нко

9. Ча́сти те́ла: ключи́ца, позвоно́чник, предпле́чье, спинно́й хребе́т, сухожи́лие, суста́в. Ча́сти головы́: весну́шки, перено́сица, скула́, че́люсть. Ча́сти гла́за: зрачо́к, рогова́я оболо́чка. Боле́зни: гастри́т, желту́ха, инфа́ркт, корь, парали́ч, сви́нка. Сре́дства лече́ния: витами́н, мазь, стеро́ид, пеницилли́н, ритмиза́тор се́рдца, транквилиза́тор.

10. 1 от　2 Под　3 Под　4 на　5 на　6 от　7 от　8 в　9 в　10 в

11. I 1 кровяно́е　2 вставны́е　3 ко́стный　4 рогова́я　5 серде́чный　6 голосовы́е　7 кровено́сный　8 спинно́й　　II 1 чрезме́рное　2 до́норский　3 интенси́вная　4 со́лнечный

12. 1c　2a　3d　4b

13. 1b　2d　3f　4h　5g　6a　7j　8c　9e　10i

15. 1. О́рганы те́ла включа́ют се́рдце, пе́чень, по́чки и лёгкие.
　　2. У меня́ так кру́жится голова́, что я бою́сь, что упаду́.
　　3. Её ру́ки дрожа́т от хо́лода. Она́ забы́ла наде́ть своё зи́мнее пальто́.
　　4. Я нева́жно себя́ чу́вствую: у меня́ боли́т голова́ и живо́т.
　　5. Она́ потеря́ла перча́тки, и её па́льцы онеме́ли от хо́лода.
　　6. Он при́нял табле́тки, пропи́санные врачо́м, и ско́ро опра́вился от просту́ды.
　　7. Он уже́ не́сколько лет страда́ет от ста́рческого слабоу́мия.
　　8. Он лёг в больни́цу и ле́чится в психиатри́ческой пала́те.
　　9. Медсёстры заво́зят больно́го в операцио́нную.
　　10. У него́ рука́ на пе́ревязи. Он слома́л её, когда́ упа́л с ле́стницы.
　　11. Хиру́рг наде́л свои́ рези́новые перча́тки и на́чал опера́цию на о́пухоли.
　　12. Медбра́т наложи́л повя́зку на ра́ну больно́го.
　　13. Её нога́ бу́дет в ги́псе два ме́сяца.
　　14. Часы́ посеще́ния бы́ли изменены́ вследствие жа́лоб больны́х.
　　15. Зубно́й врач вы́рвал оди́н из её пере́дних зубо́в под ме́стным нарко́зом.
　　16. Дежу́рный врач привёл больно́го в созна́ние.

Level 3

3. (a) I зонд　II ка́мень　　(b) сыпь (f.)　　(c) беднота́　　(d) I сфи́нктер II ше́йка ма́тки

5. 1 давлю́сь　2 дышу́　3 кошу́　4 полощу́　5 стимули́рую　6 чешу́сь

6. I 1 слухово́й　2 температу́рный　3 спинно́й　4 смещённый　5 жёлчный　6 пищевари́тельный　　II 1 варико́зная　2 за́ячья　3 инвали́дная　4 конта́ктная　5 серде́чно-сосу́дистая　6 пласти́ческая　　III 1 дыха́тельное　2 имму́нная　3 паллиати́вное　4 родовы́е

7. 1c　2d　3a　4b

8. 1f　2d　3e　4a　5b　6c

9. 1c　2d　3f　4h　5j　6k　7i　8a　9b　10e　11g

11. 1d　2f　3e　4a　5h　6b　7c　8g

12. 1c　2e　3a　4g　5b　6d　7f

13. 1. Хиру́рг наложи́л швы, а санита́рка сняла́ их неде́лю спустя́.
　　2. Она́ посиде́ла на сквозняке́, и на сле́дующий день у неё свело́ ше́ю.
　　3. До́ктор попроси́л больну́ю вдохну́ть и приложи́л стетоско́п к её груди́.
　　4. В тече́ние ме́сяца по́сле ма́тча моя́ рука́ была́ в лубка́х.

5. Президе́нту сде́лали обходно́е шунти́рование, по́сле чего́ он почу́вствовал себя́ гора́здо лу́чше.

6. По́сле забе́га мочу́ бегуно́в прове́рили на нали́чие стеро́идов.

7. Мне поста́вили две коро́нки, что обошло́сь мне дово́льно до́рого.

8. Она́ потеря́ла созна́ние во вре́мя демонстра́ции, но медрабо́тник привёл её в созна́ние.

9. На ве́рхних скло́нах горы́ мы дыша́ли кислоро́дом.

10. Чемода́н был сли́шком тяжёлый, поэ́тому он вы́вихнул плечо́.

11. Она́ провела́ мно́го лет на Да́льнем Восто́ке и невосприи́мчива к большинству́ боле́зней.

12. Он подхвати́л како́й-то неду́г и прико́ван к инвали́дной коля́ске.

13. Кровь не сверну́лась, и поэ́тому ра́на не зажила́.

14. Он подави́лся ко́стью, когда́ ел ры́бу.

15. Для лече́ния беспло́дия назнача́ют лека́рство от беспло́дия.

16. Пацие́нт поло́щет рот по про́сьбе зубно́го врача́.

17. Он был в я́рости, когда́ узна́л, что его́ опера́ция была́ отло́жена.

18. Санита́ры-носи́льщики положи́ли больно́го на носи́лки.

19. Она́ вы́жила благодаря́ систе́ме жизнеобеспе́чения.

20. Уко́л эпидура́ла облегчи́л боль.

UNIT 4

Level 1

1. (1) 2 красне́ет 3 мо́ет 4 путеше́ствует 5 сле́дует
   (2) 2 поле́зет 3 постриже́тся 4 упадёт
   (3) (a) 2 обхожу́ 3 отхожу́ 4 перехожу́ 5 подхожу́ 6 прохожу́
       (b) (i) 2 ве́шу 3 кра́шу 4 тороплю́сь (ii) спущу́сь
2. 1 до конца́ у́лицы 2 пала́ты 3 от окна́ 4 че́рез мост 5 к окну́ 6 ми́мо по́чты
3. 2 за во́ром 3 в бе́лый цвет 4 от стыда́ 5 на отца́ 6 за ги́дом
4. 2 телеви́зор 3 голово́й 4 голово́й 5 плеча́ми
5. 1 го́нится 2 мчи́тся
8. 1c 2d 3a 4e 5f 6g 7b
9. 1d 2a 3e 4b 5c
10. 1 симпати́чный 2 торопи́ться
11. помы́ла, стри́глась, покра́сила
12. 2 поста́вила 3 пове́сила 4 посади́ла
13. 1c 2a 3b; 1c 2a 3b
15. толка́ть/толкну́ть
17. (a) 1. She turned the key in the lock and entered the house.
        2. The captain turned the rudder 30 degrees.
        3. He turned the boat to go back.
        4. The expedition turned to the east.
        5. She turned her back to me.

   (b) 1. Она́ поверну́лась к отцу́ лицо́м.

         2. Медбра́т поверну́л больно́го на друго́й бок.

         3. Солда́ты поверну́ли нале́во.

         4. Иди́те пря́мо, пото́м поверни́те напра́во.

18. 1. ро́ста: Short men can sometimes be aggressive, as if to compensate for their short height.

    2. кре́пкий: One should not drink strong coffee before going to sleep.

    3. движе́ние: The policeman is controlling the traffic at the crossroads.

    4. дошли́: Demonstrators reached the square and then turned back.

    5. разверну́лся: The lorry turned around and raced in the opposite direction.

    6. отошёл: The train moved away from the platform and set out for the south.

    7. взад и вперёд: The soldiers were marching backwards and forwards in front of the President's residence.

    8. потяну́ла: She pulled my sleeve and, when I did not react, she pushed me with her elbow.

    9. пры́гнула: A Russian athlete has jumped 2 metres in height and won the gold medal.

   10. торопи́сь: Don't rush or you will fall.

   11. ве́сом: The airline employee weighed the suitcase: it was 16 kilos in weight.

   12. встать: Today I will go to bed earlier than usual as I need to rise with the lark tomorrow.

19. 1. Она́ ни то́лстая, ни худа́я, а стро́йная как то́поль.

    2. У неё гру́стный вид: её де́ти заболе́ли гри́ппом.

    3. Он покрасне́л от стыда́, когда́ по́нял, что сел не на тот по́езд.

    4. Она́ похо́жа на отца́, с той ра́зницей, что у него́ ры́жие во́лосы, а у неё – кашта́новые.

    5. Перед вечери́нкой она́ помы́ла го́лову и постри́глась у Петра́ Па́вловича.

    6. Врач реши́л, что больна́я умерла́, но вдруг она́ дви́нула ного́й.

    7. Он перешёл у́лицу, что́бы не встреча́ться с бы́вшей жено́й.

    8. Ба́ржи бесшу́мно дви́гались по реке́ Неве́.

    9. Я подошёл к милиционе́ру и спроси́л его́, кото́рый час.

   10. Ка́ждый день по пути́ на рабо́ту я прохожу́ ми́мо гла́вного почта́мта.

   11. Спусти́тесь на пе́рвый эта́ж и сади́тесь на авто́бус № 6.

Level 2

1. (a) 1 киши́т   2 лысе́ет   3 реде́ет   4 худе́ет

2. 2 наберу́ наберёт   3 обниму́ обни́мет   4 подниму́ подни́мет   5 причешу́сь причёшется   6 ста́ну ста́нет   7 стучу́ стучи́т   8 щиплю́ щи́плет

3. 2 слежу́   3 напра́влюсь   4 оступлю́сь   5 скрещу́

4. 2 о   3 под   4 за́   5 на

5. 2 к стене́   3 с гла́вной доро́ги   4 с маши́ной

6. 2 кише́ть   3 бараба́нить   4 щёлкать

7. **Human figure:** груда́стый, по́лный, суту́лый, то́щий, ту́чный, хи́лый. **Face:** гла́дко вы́бритый, загоре́лый, курно́сый, морщи́нистый, румя́ный, скула́стый. **Hair:** волоса́тый, взъеро́шенный, волни́стый, коса́, лы́сый, седо́й.

10. (1) груда́стая, загоре́лый, кише́ть, ку́дри, ласка́ть, левша́, лы́сый, причёска, черты́ лица́

    (2) бле́дный, пробо́р, ско́льзкий, сморка́ться, уско́риться, хи́лый, хрома́ть, шага́ть

11. броса́ться, кише́ть, хму́риться, споткну́ться, ту́чный, то́щий
12.   1. Та́ня помеша́лась на то́м, что́бы похуде́ть.
      2. Она́ причёсывается у Петра́ Па́вловича ра́з в неде́лю.
      3. На пира́тском фла́ге изображены́ че́реп и скрещённые ко́сти.
      4. Роди́тели ста́ли на коле́ни и на́чали моли́ться о жи́зни своего́ сы́на.
      5. Маши́на сверну́ла с гла́вной доро́ги, но сра́зу же наткну́лась на сто́лб.
      6. Клю́ч поверну́лся в замке́, и они́ вошли́ в до́м.

      1. Tania has gone crazy about losing weight.
      2. She has her hair done once a week at Petr Pavlovich's.
      3. The pirate flag shows a skull and crossbones.
      4. The parents knelt down and started to pray for their son's life.
      5. The car turned off the main road, but immediately ran into a post.
      6. The key turned in the lock and they entered the house.

13.   1. ско́рость: The rocket picked up speed and the spaceship set out for outer spacc.
      2. обня́ли́сь: The veterans of the Great Patriotic War have embraced each other at the front-line soldiers' get-together.
      3. кула́к: She clenched her fist so the doctor could measure her blood pressure.
      4. тро́нута: The teacher was moved by the attention of her pupils after her husband's death.
      5. чу́вствую: He seized me by the sleeve and asked how I was feeling.
      6. щёлкнула: She snapped her fingers and the dog ran to her.
      7. по́лзает: The little one is one and a half years old, but he is still crawling, he hasn't learnt to walk.
      8. ко́рточки: She squatted down to caress a stray dog.
      9. столкну́лись: The cars collided and overturned; the collision took place in the centre of the city.
      10. шага́ли: The soldiers were striding on their way to the barracks.
      11. прислони́лась: Feeling dizzy, she leaned against the door.
      12. облокоти́вшись: The neighbours were talking leaning on the fence.
14.   1. Несмотря́ на сво́й прекло́нный во́зраст, она́ следи́т за свое́й фигу́рой.
      2. Призывнико́в подстри́гли под ёжик, как то́лько они́ прие́хали в гарнизо́н.
      3. На ста́рости ле́т у него́ пореде́ли во́лосы, и о́н облысе́л.
      4. Я лови́л ры́бу с утра́ до ве́чера, но ничего́ не пойма́л.
      5. Она́ урони́ла свой носово́й плато́к, и о́н нагну́лся, что́бы подня́ть его́.
      6. Ли́фт подня́лся на ве́рхний эта́ж зда́ния.
      7. Но́чью уда́рил моро́з, и о́н поскользну́лся на льду́ и упа́л.
      8. Студе́нты толпи́лись о́коло доски́, жела́я узна́ть расписа́ние на ле́тний семе́стр.
      9. По воскресе́ньям моско́вские у́лицы киша́т наро́дом.
      10. Бо́мба упа́ла на мост, и о́н ру́хнул.
      11. Медсестра́ склони́лась над больны́м, что́бы изме́рить его́ температу́ру.
      12. О́н чу́ть не упа́л, но сохрани́л равнове́сие.
15. (a) (1) волни́стый, плечи́стый – abounding in   (2) груда́стый – with prominent feature, (3) волоса́тый – endowed with   (b) (1) взъеро́шенный – upwards   (2) обнима́ть – around   (3) передвига́ть – transfer   (4) прислони́ться – contact
16. ло́коть

Level 3

1. 2 набро́ситься   3 уберётся   4 удерёт
2. 1 коле́блются   2 ры́щет   3 ска́чет   4 скреже́щут; колеба́ться has stem stress in the first-person singular: коле́блюсь
3. 1 кручу́   2 набро́шусь   3 отступлю́   4 приба́влю   5 пущу́сь   6 суечу́сь
4. 1 за   2 по́д   3 на   4 на   5 на   6 сквозь   7 за
5.

Build	Face	Hair
1. долговя́зый	1. безобра́зный	1. белоку́рый
2. дря́блый	2. вырази́тельный	2. лы́сина
3. корена́стый	3. зага́дочный	3. прили́занный
4. костля́вый	4. косо́й	4. растрёпанный
5. призе́мистый	5. милови́дный	5. расчёсывать
6. тщеду́шный	6. невзра́чный	6. ру́сый

6. (in no particular order) сде́лать химзави́вку, покра́ситься, причеса́ться, уложи́ть во́лосы, заплести́ во́лосы   (1) блонди́нку   (2) брюне́тку
7. 1 швыря́ть   2 прова́ливаться   3 проти́скиваться   4 уро́дливый   5 хрома́ть   6 изможденный   7 шлёпаться
8. 8a 1 сфи́нкс   2 змея́   3 мы́ло
9. I 1 безобра́зный   2 весну́шчатый   3 льняно́й   4 кривоно́гий   5 мускули́стый
   II 1 зави́вка   2 лы́сина   3 косме́тичка   III 1 масси́ровать   2 скака́ть
   3 безде́льничать   4 копа́ться   5 кра́сться   6 наступа́ть
10. 1g   2a   3f   4b   5d   6c   7e
12.   1. She screwed up her eyes when looking at the sun with the naked eye.
     2. He forced his way through the crowd by elbowing energetically.
     3. In the central episode of *Battleship Potemkin*, the pram is rolling down the steps that lead to the embankment.
     4. He stumbled against the edge of the pavement and plopped down into the puddle.
     5. The demonstrators were walking along the street arm in arm chanting anti-globalist slogans.
     6. Advancing across a broad front, the Soviet troops broke down the fascists' resistance.
     7. Having heard the hurried steps of unknown people behind her, she has herself quickened her step.
     8. снуют: Minibuses are dashing about the streets of Indian cities.
     9. цепля́ются: Despite their parents' warnings, lads still hang onto the tramcars.
    10. коле́блясь: Not hesitating for even a second, he jumped into the swimming pool and saved the life of a drowning child.
    11. предше́ствует: Presidential elections are preceded by a lengthy election campaign.
    12. поклони́лся: The Nobel prize winner bowed to the chairman of the committee who had presented him with the prize for Physics.
    13. вздро́гнул: At the sound of the factory siren, father gave a start and woke up immediately.
    14. массажи́стки: Some of the masseuses offer other services apart from massage.

13. 1. Во вре́мя нового́дних пра́здников она́ попра́вилась на три́ килогра́мма.

2. Пе́ред сва́дьбой она́ сде́лала химзави́вку у Па́вла Петро́вича.

3. Кни́жные по́лки прогну́лись под тя́жестью словаре́й и энциклопе́дий.

4. Террори́ст нажа́л на детона́тор, и мо́ст провали́лся.

5. Па́дая на зе́млю, снег заде́л за ве́тки дере́вьев.

6. Велосипеди́сты мча́лись по у́лице, крутя́ педа́лями с бе́шеной ско́ростью.

7. Ко́шка набро́силась на мы́шь, но та́ исче́зла под дива́ном.

8. Же́нщины, стоя́щие в о́череди за биле́тами, нетерпели́во то́пали нога́ми.

9. Во́р вы́рвал су́мочку из ру́к тури́стки и пусти́лся наутёк.

10. Когда́-то в э́том лесу́ ры́скали во́лки.

11. По́сле столкнове́ния маши́н он не́сколько неде́ль прихра́мывал на ле́вую но́гу.

12. Верху́шки дере́вьев кача́ются на ветру́.

14. 1 стра́сть   2 весну́шка   3 зага́дка   4 ко́рень   5 ко́сть   6 пре́лесть   7 лён   8 уро́д

15. 1 безобра́зный   2 истощённый   3 бесстра́стным   4 вырази́тельные   5 всклоко́ченные   6 отврати́тельном

Additional exercises

Additional exercises, verbs of motion

1. 1 идёт   2 е́дет   3 лети́т   4 бежи́т   5 плывёт   6 несёт   7 ведёт   8 везёт

2. 1 лета́ть   2 бе́гать   3 пла́вать   4 вози́ть   5 ходи́ть   6 е́здить   7 води́ть   8 носи́ть

3. 1 к дру́гу   2 на ми́тинг   3 к столу́   4 из гаража́   5 от тротуа́ра   6 из о́блака   7 в цирк   8 ми́мо до́ма   9 до угла́   10 из Росси́и   11 с де́рева   12 в магази́н

4. 1b   2a   3e   4c   5d

5. 1. Он вы́шел из до́ма, перешёл че́рез доро́гу, прошёл ми́мо по́чты, подошёл к зда́нию и вошёл в зда́ние.

2. Она́ отъе́хала от поре́брика и подъе́хала к светофо́ру.

3. Он уе́хал из Росси́и. Сейча́с он прие́хал в А́нглию.

4. Они́ собрали́сь в 5 часо́в и разошли́сь в 9 часо́в.

Level 1

3. 1b   2c   3e   4a   5d

4. 1 от я́рости   2 за мячо́м   3 руко́й   4 от стыда́   5 на столб   6 на де́рево   7 на мать   8 к стене́   9 за свое́й фигу́рой   10 за жено́й

5. 1c   2f   3b   4g   5e   6a   7d

6. 1 встаёт   2 вста́нет   3 мчи́тся   4 пожмёт   5 путеше́ствует   6 ста́нет

7. 1 кладу́   2 кра́шу   3 ля́гу   4 ловлю́   5 подниму́сь   6 ся́ду

8. 1 весну́шчатый   2 скула́стый   3 загоре́лый   4 кудря́вый   5 белоку́рый   6 брюне́т

9. во́лосы, го́лову

11. 1c   2f   3g   4e   5d   6b   7h   8a

13. 1. Он положи́л газе́ту на сто́л.
    2. Он поста́вил кни́гу на по́лку.
    3. Он посади́л ко́шку к себе́ на коле́но.
    4. Он пове́сил своё пальто́ в шкаф.
14. I 1d 2a 3b 4c   II 1c 2d 3a 4b
15. 1 лечь 2 оберну́ться 3 подня́ться 4 спусти́ться
16. 1 положи́ть 2 покра́сить 3 пойма́ть 4 упа́сть 5 пры́гнуть 6 се́сть
    7 постри́чь 8 толкну́ть
17. 1. Его́ спроси́ли, како́го он ро́ста, и он отве́тил, что сре́днего ро́ста.
    2. Всё должны́ следи́ть за свое́й фигу́рой и не толсте́ть.
    3. У него́ о́чень пра́вильные черты́ лица́, как у его́ отца́.
    4. До́ктор мо́жет суди́ть о состоя́нии здоро́вья больно́го по цве́ту его́ лица́.
    5. Он регуля́рно хо́дит в парикма́херскую, чтобы стричь и мыть во́лосы.
    6. По́сле несча́стного слу́чая она́ поняла́, что не мо́жет дви́гать пра́вой руко́й.
    7. Он рыба́чил весь день, но не пойма́л ни одно́й ры́бы.
    8. Он подви́нул стол бли́же к окну́.
    9. Она́ пожа́ла плеча́ми и вы́сморкалась.
    10. Он подня́лся вверх на ли́фте, но спусти́лся вниз по ле́стнице.
    11. Мы ся́дем в авто́бус, кото́рый прие́дет пе́рвым.
    12. Боксёр гна́лся за свои́м оппоне́нтом.
    13. Маши́на набрала́ ско́рость и отпра́вилась в го́род.
    14. Не пресле́дуй меня́. Я хочу́ побы́ть оди́н.
    15. Ло́дка вре́залась в буй, столкну́лась с други́м корабле́м и переверну́лась.
18. 1 поверну́лся 2 разверну́лась 3 оберну́лся 4 поверну́ла 5 сверну́ли

Level 2

1. (a) по́лный (b) ласка́ть
2. 1 марширу́ю 2 обниму́ 3 сожму́ 4 скрещу́ 5 стучу́ 6 худе́ю
3. Стиль/состоя́ние: взъеро́шенный, волни́стый, всклоко́ченный, ёжик, неопря́тный,
   растрёпанный, хво́стик. Цвет: льняно́й, ру́сый, рыжева́тый, седо́й, тёмно-ры́жий.
5. 1c 2a 3d 4e 5i 6g 7h 8j 9b 10f
6. 1 наро́дом 2 места́ми 3 на подоко́нник 4 с детьми́ 5 ша́гу 6 на ко́рточки
   7 над посте́лью больно́го 8 о поро́г 9 на четвере́ньках 10 под ёжик
   11 за ше́ю ма́тери 12 па́льцами
7. I 1e 2a 3b 4c 5d   II 1e 2a 3b 4c 5d
8. 1e 2a 3b 4c 5d
10. 1 мост/кры́ша провали́лась 2 потоло́к обвали́лся 3 кры́ша ру́хнула 4 стена́
    развали́лась 5 потоло́к прови́с/прогну́лся
12. 1 кладёт 2 ле́зет 3 встал 4 посади́ли 5 поста́вила 6 встал
13. 1. Она́ зачёсывает во́лосы наза́д и́ли заплета́ет ко́су.
    2. Похо́же, он постри́гся под ёжик.
    3. Она́ нагну́лась, чтобы подня́ть була́вку.
    4. Он стоя́л, облокотя́сь о подоко́нник, продолжа́я смотре́ть, как прохо́дит пара́д.
    5. Он вы́тянулся на дива́не и закры́л глаза́.
    6. Мяч скати́лся с холма́ вниз и свали́лся в ре́ку.

7. Медсестра́ склони́лась над крова́тью больно́го и взби́ла поду́шки.

8. Он споткну́лся и упа́л плашмя́ на лицо́.

9. Мы подня́лись на шесто́й эта́ж на ли́фте, а спусти́лись обра́тно вниз по ле́стнице.

10. Я прислони́лся к стене́ и сел на авто́бус но́мер 6, когда́ тот прие́хал.

11. Она́ посади́ла ко́шку к себе́ на коле́ни и та́ начала́ мурлы́кать.

12. Он скользи́л по льду́ на свои́х лы́жах.

13. Они́ все вста́ли на коле́ни для моли́твы.

14. Он не смог удержа́ть равнове́сие и шлёпнулся в грязь.

15. Она незаме́тно ускользну́ла, когда́ ей показа́лось, что никто́ не смо́трит.

16. Фана́ты столпи́лись у вхо́да на стадио́н.

17. Они́ обняли́сь со слеза́ми на глаза́х.

18. Она́ учи́тель и зна́ет, как обраща́ться с детьми́.

19. Председа́тель постуча́л по́ столу и все замо́лкли.

20. Он сжал па́льцы в кула́к и до́ктор изме́рил его́ кровяно́е давле́ние.

21. Она́ ущипну́ла меня́ и я сра́зу просну́лся.

22. А́нна Никола́евна ласка́ла пла́чущего ребёнка.

23. Он оступи́лся и упа́л на́ спину.

24. Они́ поменя́лись места́ми, поско́льку Ва́ня сиде́л за высо́ким мужчи́ной.

25. Ребёнок по́лзал по́ полу.

Level 3

1. 1 в   2 в   3 за   4 по́д   5 во   6 на   7 сквозь

2. 1 сме́рти   2 зуба́ми   3 нога́ми   4 снежка́ми

3. 1b   2a   3c   4f   5d   6e

4. 1 высо́кого ро́ста   2 загоре́лым   3 мускули́стым   4 плечи́стым

   1 беззу́бым   2 дря́блым   3 косогла́зым   4 пуза́тым

5. 1b   2a   3d   4c   5h   6e   7g   8f

6. 1c   2b   3e   4a   5f   6d

7. I ме́шкать   II 1 вы́щиплю   2 коле́блются   3 ме́шкает   4 ска́чет   5 скреже́щет

8. I 1c   2e   3a   4b   5f   6d   II 1e   2a   3b   4c   5d   6f

10. 1. Он набра́л за ле́то три килогра́мма, но собира́ется о́сенью похуде́ть.

    2. Ей сде́лали хи́мию, а космети́чка вы́щипала ей бро́ви.

    3. Сло́жно одновреме́нно поджима́ть гу́бы и скрежета́ть зуба́ми.

    4. Пья́ный зигзагообра́зно дви́гался по пло́щади.

    5. Пожа́рные проти́снулись сквозь толпу́.

    6. Они́ шли по́д руку по на́бережной.

    7. Он поста́вил мне подно́жку, и я упа́л голово́й вперёд.

    8. Она́ стоя́ла в снегу́, то́пая нога́ми.

    9. На́ша а́рмия наступа́ла широ́ким фро́нтом.

    10. Ма́льчик пусти́лся наутёк, когда́ показа́лся полице́йский.

    11. Он бы́стро просмотре́л текст и написа́л кра́ткое содержа́ние.

    12. Его́ ре́чи предше́ствовали шу́мные аплодисме́нты.

    13. Перед тем, как сде́лать мне укла́дку, парикма́хер спроси́л, расчёсываю ли я во́лосы на пробо́р.

    14. Он заде́л стол, и ча́шка свали́лась на́ пол.

15. Он втёрся в нашу компанию.
16. Дере́вья кача́лись на ветру́.

12. Быстрота́: ворва́ться, снова́ть, суети́ться, удра́ть. Ме́дленность: безде́льничать, волочи́ть но́ги, копа́ться, прогу́ливаться.

UNIT 5

Level 1

1. I 1 я горжу́сь и́ми (the others take с ни́ми) II 1 о́н дово́лен на́ми (the others take с на́ми)
2. о́н нагруби́л гостя́м and я ра́д гостя́м (the others take к гостя́м)
3. 1 горжу́сь 2 грублю́ 3 знако́млюсь 4 люблю́
4. 2 бои́шься 3 бои́тся 4 боя́лся 5 бои́тесь 6 боя́тся
6. 1 гру́бый 2 гру́стный 3 у́мный 4 зло́й 5 вра́г 6 усе́рдный 7 споко́йный 8 несча́стный
7. I 1 ве́рная 2 засте́нчивая 3 суро́вая 4 гру́бая   II 1 молодо́й челове́к 2 анекдо́т 3 учени́к 4 солда́т
8. I 1 дру́жба 2 стре́сс 3 зло́ 4 недоста́ток 5 любо́вь   II 1 лга́ть 2 боя́ться 3 груби́ть 4 дружи́ть 5 обща́ться   III 1e 2c 3d 4b 5a
9. 1 гу́сь 2 осёл 3 ле́в
10. 1. The minister has many defects: he is dishonest, selfish, and crafty.
    2. They became acquainted at a dance evening, and recently got married.
    3. 'You get to know your friends when you are in trouble,' the Russians say. And what is its English equivalent?
    4. 'Would you kindly pass me the salt, please,' said the guest.
    5. 'I will trouble you a little, I need to get to the window,' said the journalist.
    6. She is satisfied with her students. All of them passed the exam with the top mark.
    7. 'Come in, take your coat off, come into the living room. I am always glad to welcome guests.'
    8. Be careful! The clock in our office does not always show the correct time.
    9. The whole country is afraid for the lives of the hostages.
    10. Stress is one of the necessary evils of the modern world.
    11. She was so afraid of conflict that she fainted when she heard the news that war was not far off.
    12. The referee has sent the player off the field for uncouth play.
    13. A terrible storm broke out and we ran home.
    14. To be honest, he is not as intelligent as he seems.
11. 1. Моя́ сестра́ о́чень добра́ к мои́м де́тям. Все лю́бят её за её доброту́.
    2. Зима́ 1963 го́да была́ суро́вой на ю́ге А́нглии.
    3. Мы дру́жим уже́ 20 ле́т. Мы́ подружи́лись в Ки́еве в 1980 году́.
    4. О́н не лю́бит люде́й, не обща́ется ни с колле́гами, ни со знако́мыми. О́н ни общи́телен, ни приве́тлив.
    5. Ра́ньше мы́ с ним бы́ли хоро́шими друзья́ми, но не разгова́риваем уже́ де́сять ле́т.
    6. Оте́ц о́чень серди́т на Ва́ню за то́, что о́н нагруби́л учи́телю.
    7. В не́которых восто́чных стра́нах уважа́ют старико́в бо́льше, чем молоды́х люде́й.
    8. В конце́ своего́ письма́ ре́ктору она́ написа́ла слова́ «С глубо́ким уваже́нием».

9. Он скро́мен и засте́нчив, но о́чень горди́тся те́м, что о́н ру́сский.

10. На плака́те я прочита́л слова́: «Не лги никогда́!»

11. Офице́ры вста́ли из уваже́ния к президе́нту.

12. Все́ уважа́ют его́ за его́ гума́нное отноше́ние к бе́дным.

12. I до́брый/доброта́   II упря́мый/упря́мство   III споко́йный/споко́йствие

Level 2

1. all feminine

2. 1 забо́чусь   2 оби́жусь   3 отношу́сь   4 проявлю́   5 приспосо́блюсь
   6 прощу́сь

3. 1 зави́дую, зави́дует   2 здоро́ваюсь   здоро́вается. -ов- in зави́довать is part of the
   ending, -ов- in здоро́ваться is part of the root (здоро́в-) and is therefore retained in
   conjugation.

4. I к in 1, 3 and 4   II к in 1, 2 and 4

5. 1 в э́том   2 с подру́гой   3 на мои́ слова́   4 с колле́гой   5 забо́тится о де́тях
   6 с враго́м

6. 1 предприи́мчивым   2 тре́звым   3 че́стным   4 терпели́вым   5 хра́брым
   6 справедли́вым

7. I 1 на́божный   2 милосе́рдный   3 наха́льный   4 му́дрый   5 делови́тый
   6 вя́лый   7 разу́мный   II 1 зави́довать   2 мири́ть   3 сойти́ с ума́
   4 притворя́ться   5 ненави́деть   6 жале́ть   III 1b   2d   3f   4a   5c   6e

8. I 1c   2d   3b   4a   II 1 хладнокро́вный   2 зна́ющий   3 безнра́вственный
   4 споко́йный   III 1 печа́льный or гру́стный   2 тща́тельный   3 приле́жный
   4 сме́лый   5 скупо́й

9. 1 по́рох   2 Соломо́н   3 младе́нец   4 обезья́на   5 мураве́й   6 Коще́й

10. 1. Everyone envies him – he was offered a place to study at Moscow State University.
    2. He feels hatred for all of his political opponents.
    3. Out of envy for her sister, she sat the entrance exams to the Theatrical Institute herself.
    4. Showing unprecedented heroism, he has carried the girl out of the burning house.
    5. He went mad and ended up in the mental hospital.
    6. He left in bad mood without saying goodbye to his colleagues.
    7. The politicians reacted differently to the government's decision to declare war.

11. 1. жа́лости: Out of pity for the widows of the deceased sailors, the government has paid
       them monetary compensation.
    2. совмести́мы: For the publication of the book the author's software must be compatible
       with the publisher's software.
    3. нахо́дчивых: The TV programme 'The Club for the Cheerful and the Resourceful' was
       popular in Soviet times.
    4. трус: He is not a coward: he showed exemplary courage during the fire.
    5. притворя́лся: The soldier was lying motionless, pretending to be dead.
    6. бессты́дные: The shameless gestures and indecent behaviour of the actors made her
       blush.
    7. сде́ржанный: Englishmen have reserved characters, but some Brits can be quite
       temperamental.

12. 1. Я не хоте́л её оби́деть, но она́ всё-таки оби́делась на мои́ слова́.
    2. Он до́лго приспоса́бливался к вое́нной жи́зни.

3. Медсёстры-специали́сты забо́тятся о больны́х в пала́те № 6.

4. Придя́ на рабо́ту, нача́льник поздоро́вался с сотру́дниками.

5. Уходя́ с заседа́ния Сена́та, рассе́янный профе́ссор вы́ключил свет.

6. Э́тот одарённый ребёнок научи́лся по́льзоваться компью́тером, и сейча́с у́чится программи́рованию/программи́ровать.

7. Она́ отнесла́сь с презре́нием к проте́стам высокоме́рного и тщесла́вного актёра.

8. Он доверя́л отцу́ во всём, пита́л по́лное дове́рие к его́ о́пыту.

9. Ка́к вам не сты́дно! Поря́дочный челове́к та́к не поступа́ет.

10. Он до́лго не сме́л откры́ть конве́рт с результа́тами кардиогра́ммы.

13. 1 бережли́вый 2 вспы́льчивый 3 дове́рчивый 4 забо́тливый 5 насме́шливый 6 нахо́дчивый 7 неря́шливый 8 оби́дчивый 9 предприи́мчивый 10 стыдли́вый 11 терпели́вый

14. I (a) бессты́дный/бессты́дство (b) безразли́чный/безразли́чие, гостеприи́мный/гостеприи́мство (c) хладнокро́вный/хладнокро́вие (d) лицеме́рный/лицеме́рие (e) упо́рный/упо́рство – all the rest have nouns in -(н)ость   II кова́рный/кова́рство

Level 3

1. I 1 влюблю́сь 2 искажу́ 3 ла́жу 4 отомщу́ 5 поступлю́ 6 скверносло́влю 7 соглашу́сь 8 уступлю́   II 1 де́йствует 2 ревну́ет 3 суёт   III 1 надое́л 2 надое́ла 3 надое́ло 4 надое́ло 5 надое́ли

2. I 2 3 and 4 take к, 1 does not   II 1 на 2 за 3 на 4 на   III 1 в Ма́шу 2 в её дела́ 3 в её че́стности   IV 1 издева́лись над оде́ждой 2 хва́сталась женихо́м

3. 1 самоотве́рженный 2 развра́тный 3 наха́льный 4 изобрета́тельный 5 а́лчный 6 му́жественный 7 пренебрежи́тельный 8 драчли́вый

4. 1 красноречи́вым 2 великоду́шным 3 послу́шным 4 му́жественным 5 бди́тельным 6 тво́рческим

5. 1 коррумпи́рованным 2 надме́нным 3 ревни́вым 4 легкове́рным 5 лжи́вым

6. I 1 уны́лый 2 миролюби́вый 3 трусли́вый 4 скро́мный   II 1c 2d 3a 4b

7. I 1 влюби́ться 2 зли́ться 3 ла́дить 4 скверносло́вить 5 спо́рить 6 уступи́ть   II 1e 2a 3f 4b 5c 6d   III 1 восто́рг 2 красноре́чие 3 обая́ние 4 обжо́ра 5 сумасше́ствие

8. (1) 1 волк 2 пау́к 3 инде́йский пету́х 4 шака́л 5 соба́ка   (2) тростни́к is the only inanimate simile

9. 2 5 6 9 10 11 12 are positive, 1 3 4 7 8 negative

10. (a) Murphy's law (b) optical illusion (c) vicious circle (d) to pillory.

12. 1. Reckless car hooligans exceed the speed limits, speeding along the streets in stolen vehicles.

2. However well staged the new play may be, its success depends on the responsiveness of the theatre critics.

3. What a prude! He pretends to be so pious and yet he reports his colleagues to the boss.

4. We decided not to agree to the new operating schedule suggested by the bosses.

5. The daring yachtswoman completed circumnavigation round the world in seventy-two days.

6. Swindlers count on the credulity of their victims.

13. 1. коррумпи́рованных: The first thing undertaken after the coup d'état was the replacement of corrupt officials with incorruptible administrators.
    2. жа́дны: I am fed up with trying to break the children's habit of gluttony. They are not eating but devouring, so greedy are they for food!
    3. ревни́вые: His jealous reproaches were getting on her nerves. She could not understand why he always picked on her.
    4. привы́кла: She got used to the fact that she was constantly turned to for advice and help.
    5. бди́тельности: Owing to the vigilance of the police, the demonstrators were not able to get into the grounds of the royal palace.
    6. неполноце́нности: That he is constantly blushing without the slightest reason is explained by his inferiority complex.

14. 1. Она́ мсти́ла террори́стам, кото́рые уби́ли её му́жа.
    2. В полице́йском госуда́рстве поли́ция бесчу́вственна, неумоли́ма, равноду́шна к страда́ниям населе́ния.
    3. Он влюби́лся в Ма́шу, но её бра́тья издева́лись над его́ любо́вью к и́х сестре́.
    4. Она́ так покла́диста, что ла́дит да́же со свои́ми сварли́выми сосе́дями.
    5. Скверносло́вит то́лько то́т, кто не владе́ет свои́м родны́м языко́м.
    6. Он по́нял, что постаре́л, когда́ молода́я же́нщина уступи́ла ему́ своё ме́сто в метро́.
    7. Презира́ют его́ за то́, что постоя́нно су́ёт нос в чужи́е дела́.
    8. Он бы́л в восто́рге от успе́ха прое́кта реконстру́кции моста́.
    9. Он хва́стается свое́й реши́тельностью и свои́м красноре́чием.
    10. Сомнева́юсь в и́скренности его́ раска́яния, та́к как он не переста́л греши́ть.
    11. Журнали́сты табло́идных газе́т регуля́рно искажа́ют и́стину, преувели́чивают серьёзность междунаро́дного кри́зиса.
    12. Ему́ пришло́сь отказа́ться от биле́та на о́перу, та́к как у него́ не оста́лось ни копе́йки.

15. I 4 тво́рческий/тво́рчество   II 2 великоду́шный/великоду́шие
16. красноречи́вый/красноре́чие
17. I лжи́вый назо́йливый пода́тливый   II изме́нчивый правди́вый ужи́вчивый
    III драчли́вый ревни́вый сварли́вый
18. (a) from obsolete мошна́ 'bag, purse', thus literally 'pickpocket'
    (b) from Ham, son of Noah who was disgraced by his own son
    (c) from Turkic/Arabic *hadji*, originally 'Muslim who has been on a pilgrimage to Mecca, pilgrim', later 'prude, prig'

Additional exercises

Level 1

1. (a) 1 аккура́тность   2 гума́нность   3 досту́пность   4 и́скренность   5 любе́зность   6 не́жность   7 осторо́жность   8 скро́мность   9 то́чность   10 че́стность
   (b) 1 бережли́вый   2 му́дрый   3 сме́лый   4 справедли́вый   5 суро́вый   6 хи́трый   7 хра́брый   8 ще́дрый
   (c) на -ие: 1 великоду́шие   2 дове́рие   3 остроу́мие   4 споко́йствие   5 сумасше́ствие   6 усе́рдие   7 хладнокро́вие
       на -ье: 1 весе́лье   2 несча́стье   3 сча́стье
   (d) 1 гостеприи́мство   2 му́жество   3 наха́льство   4 самодово́льство   5 упо́рство   6 упря́мство
2. ве́рен (+ dat.) – the rest take 'к + dat.'

3. I 1d 2c 3a 4b   II 1d 2a 3b 4c
4. I 1c 2a 3f 4b 5d 6e   II 1d 2a 3f 4b 5c 6e
5. 1 в 2 с 3 на 4 на 5 к 6 перед 7 к 8 в
6. 1 темноты́ 2 жене́ 3 до́черью 4 результа́том 5 гостя́м
7. Положи́тельные: аккура́тный, герои́ческий, гостеприи́мный, доброде́тельный, дружелю́бный, и́скренний, предусмотри́тельный, приве́тливый, справедли́вый, услу́жливый, че́стный, ще́дрый.

    Отрица́тельные: безнра́вственный, бессерде́чный, гру́бый, злой, капри́зный, на́глый, наха́льный, недобросо́вестный, необщи́тельный, превра́тный, скупо́й, угрю́мый.
8. Литерату́ра: 1 Грибое́дов 2 Че́хов
    Цита́ты: 1 – «Го́ре от ума́» 2, 3 – «Евге́ний Оне́гин»
9. II 1 осёл 2 Соломо́н 3 обезья́на 4 младе́нец 5 за́яц 6 Коще́й Бессме́ртный 7 лиса́ 8 бо́жий день
10. 1 предприи́мчивым 2 на́божным 3 ве́рным 4 смешны́м 5 споко́йным 6 послу́шным 7 хра́брым 8 справедли́вым 9 приле́жным 10 гостеприи́мным

    1 нече́стным 2 наха́льным 3 неве́рным 4 лицеме́рным 5 рассе́янным 6 капри́зным 7 трусли́вым 8 невнима́тельным
11. I 1c 2g 3b 4a 5e 6d 7h 8f   II 1e 2g 3h 4a 5b 6c 7f 8d
12. 1. Вели́кий генера́л великоду́шен по отноше́нию к свои́м врага́м.
    2. Возмо́жно, компроми́сс – ме́ньшее из двух зол.
    3. XX век запо́мнился чередо́й неумоли́мых дикта́торов.
    4. Настоя́щие друзья́ всегда́ гото́вы помо́чь колле́ге.
    5. Отноше́ния ме́жду э́тими двумя́ стра́нами уху́дшились.
    6. Мы с не́й уже́ мно́го лет не разгова́риваем.
    7. Она́ изве́стна свое́й стра́стью к класси́ческой му́зыке XVIII ве́ка.
    8. Воспи́танный молодо́й челове́к всегда́ ве́жлив с друзья́ми свои́х роди́телей.
    9. По́сле сме́рти свое́й жены́, он заболе́л с го́ря.
    10. По́сле череды́ неуда́ч он отча́ялся.
    11. Она́ всегда́ ра́да ви́деть свои́х ро́дственников.
    12. Она́ зли́тся на него́ за то́, что о́н забы́л оплати́ть счёт.
    13. Невозмо́жно не жале́ть бездо́мных.
    14. Он вста́л из уваже́ния к президе́нту.
    15. Она́ спосо́бна к языка́м, но не о́чень спосо́бна к матема́тике.
    16. Ра́ньше я боя́лся темноты́, а тепе́рь я бою́сь одино́чества.
    17. Он не смо́г сохрани́ть самооблада́ние и задрожа́л от стра́ха.
    18. Во вре́мя I мирово́й войны́ мно́го молоды́х солда́т бы́ло расстре́ляно за тру́сость.
    19. Он покля́лся всю свою́ жи́знь быть ей ве́рным.
    20. Я горжу́сь тем, что служи́л в а́рмии.

Level 2

1. Положи́тельные: забо́тливый, милосе́рдный, поко́рный, похва́льный, пре́данный, привлека́тельный, самоотве́рженный, скрупулёзный, сострада́тельный, терпели́вый, уравнове́шенный, услу́жливый.

    Отрица́тельные: беспринци́пный, бессты́дный, жа́лкий, коррумпи́рованный, непристо́йный, отврати́тельный, позо́рный, поро́чный, посты́дный, развра́тный, жа́дный, ха́нжеский.

2. 1 от   2 на   3 к   4 на   5 к   6 в

    1 хозя́ину   2 сла́вы   3 похвалы́

3. Существи́тельные   1d   2a   3b   4c
   Прилага́тельные   I 1b   2e   3d   4a   5c   II 1f   2a   3e   4b   5d   6c

4. I 1b   2c   3e   4a   5d   II 1c   2a   3d   4e   5b

5. До́лжен быть: забо́тливым, милосе́рдным, нахо́дчивым, осмотри́тельным,
   самоотве́рженным, сострада́тельным, терпели́вым.
   Не до́лжен быть: ворчли́вым, жа́дным, мсти́тельным, оби́дчивым, распу́щенным,
   сварли́вым, ха́нжеским.

6. II 1b   2a   3d   4c

7. I 1c   2d   3e   4f   5b   6a   II 1b   2f   3a   4e   5c   6d

8. 1. Хиру́рг, опери́ровавший её отца́, досто́ин похвалы́.
   2. Их критику́ют за бессты́дное поведе́ние.
   3. Судья́ не бесстра́стен, а предвзя́то настро́ен про́тив нас.
   4. Он жа́ден как до еды́, так и до де́нег.
   5. Она́ ки́нула на него́ безразли́чный взгляд.
   6. Я чу́вствовал безотчётную неприя́знь к своему́ но́вому сосе́ду.
   7. Э́ти активи́сты пре́даны своему́ де́лу.
   8. У неё не́ было вре́мени приспосо́биться к но́вым усло́виям.
   9. Э́тот стари́к ворчи́т на всех.
   10. Я был вне себя́ от я́рости.
   11. По́сле побе́ды а́рмия была́ в хоро́шем расположе́нии ду́ха.
   12. Учи́тель потеря́л самооблада́ние и́з-за свои́х ученико́в.

9. I 2 да́льний 'far' + ви́деть 'to see'   3 кровь 'blood' + жа́дный 'greedy'   4 пред 'before,
   pre-' + убеждённый 'convinced'   5 сам 'self' + уве́ренный 'confident'
   II 2 месть 'revenge'   3 находи́ть 'to find'   4 дар 'gift'   5 смотре́ть 'to look'
   6 сострада́ние 'compassion'

Level 3

1. До́лжен быть: бди́тельным, ги́бким, неподку́пным, непоколеби́мым, отзы́вчивым,
   примири́тельным, сгово́рчивым, сме́лым, сто́йким, ужи́вчивым.
   Не до́лжен быть: а́лчным, бесчу́вственным, брюзгли́вым, драчли́вым, зави́стливым,
   лжи́вым, похотли́вым, приве́редливым, приди́рчивым, раздражи́тельным.

3. Существи́тельные: 1b   2c   3a
   Прилага́тельные: I 1c   2a   3b   II 1c   2a   3b
   Глаго́лы: 1b   2a

4. 1e   2a   3b   4c   5d
   1d   2a   3b   4e   5c

5. I 1 бди́телен   2 безжа́лостен   3 легкове́рен   4 любопы́тен   5 надме́нен   6 наи́вен
   II ги́бок, де́рзок, сто́ек
   III 1 беспе́чен   2 впечатли́телен   3 изобрета́телен   4 подл   5 расточи́телен
      6 снисходи́телен

6. 1 у   2 на   3 над   4 на   5 к   6 к   7 с   8 на

7. 1 деру́тся   2 зави́дует   3 клеве́щет   4 лжёт   5 подде́нет   6 придерётся
   7 ревну́ет   8 рису́ются

8. 2 лёгкая 'easy' ве́ра 'faith'   3 ма́лая 'small' душа́ 'soul'   4 непо́лная 'incomplete'
   це́нность 'value'   5 проста́я 'simple' душа́ 'soul'   6 пуста́я 'empty' голова́ 'head'
   7 скве́рное 'foul' сло́во 'word'

9. 2 моли́ть 'to implore'   3 дура́к 'fool'   4 плен 'captivity'   5 купи́ть 'to buy'
   6 говори́ть 'to talk'

10. 2 зави́стлив   3 приди́рчив   4 лжи́вый   5 ревни́в   6 усту́пчив   7 хвастли́в

11.   1. Он страда́ет ко́мплексом неполноце́нности.
      2. Он скупи́тся на ка́ждую копе́йку.
      3. Он вы́просил у меня́ пода́рок.
      4. Её проте́сты де́йствуют нам на не́рвы.
      5. Она́ осмея́ла мой акце́нт.
      6. Нехорошо́ клевета́ть на сосе́дей.
      7. Она́ оби́делась на мои́ слова́.
      8. Он зави́дует студе́нтам, кото́рые сда́ли экза́мен.
      9. Он лжёт, что́бы спасти́ свою́ шку́ру.
      10. Не то́лько ма́льчики деру́тся. Де́вочки деру́тся то́же.
      11. Нача́льник придира́ется ко мне́ при любо́й возмо́жности.
      12. Одна́жды твои́ вопро́сы сведу́т меня́ с ума́.
      13. Она́ всегда́ суёт нос в чужи́е дела́.
      14. Мы ра́довались его́ успе́ху.
      15. Он всегда́ хва́стается свои́м зна́нием языко́в.

12. Существи́тельные: 1c   2e   3d   4a   5b
    Прилага́тельные: 1e   2a   3b   4c   5d

UNIT 6

Level 1

1. 2 завя́жет   3 наде́нет   4 накормлю́   5 расчё́шется   6 сни́мет   7 съест
2. 1d   2c   3a   4b
3. 2 гриба́   3 каблука́   4 макия́жа   5 пиджака́   6 пирога́
5. 1 бри́твой   2 губно́й пома́дой   3 маникю́рными но́жницами   4 расчёской
   5 ножо́м
6. odd one out: горо́шина
8. Female garments: бюстга́льтер, блу́зка, тру́сики, ю́бка. Male garments: га́лстук, пиджа́к,
   трусы́.
9. 1d   4g   6a   8c   9b   10f   11h   12e
10. 1c   2f   3h   4a   5d   6e   7i   8g   9j   10b
11. 2 горо́шина   3 карто́фелина   4 я́года клубни́ки   5 лу́ковица
12. Masculine: карто́фель. Feminine: о́бувь, фасо́ль. Odd one out: карто́фель
13. 1 побри́ться   2 свари́ть   3 поджа́рить   4 завяза́ть   5 застегну́ть   6 накорми́ть
    7 нама́заться   8 наде́ть   9 расчеса́ться   10 очи́стить
14. a) чулки́   b) 1 брюк   2 колго́ток   3 тру́сиков   4 трусо́в   5 чи́псов   6 чуло́к
15.   1. Он завяза́л га́лстук пе́ред зе́ркалом.
      2. Она́ наде́ла свои́ но́вые перча́тки.
      3. Она́ сни́мет свою́ шу́бу.

4. Óн дóлго расчёсывал вóлосы.

5. Óн брéется кáждое ýтро пéред зáвтраком.

6. Онá крáсится, прéжде чем пойтú на вечерúнку.

7. Óн съéст послéднее яблоко.

8. Онá отрéзала свинúны и сдéлала бутербрóды.

9. Я всегдá пью чáй с лимóном.

10. Бы́ло хóлодно, и óн застегнýл пальтó.

16. 1e 2a 3b 4c 5d

17. Headgear: кéпка, шáпка, шля́па. Footwear: башмáк, ботúнок, кроссóвки, тáпочки, тýфли. Jewellery: браслéт, кольцó, серьгá.

18. виногрáд

19. I брю́ки II перчáтка III Turkic

20. 1 щёткой 2 носкú 3 закусúл 4 сы́ру 5 яйцó 6 квáсу 7 пýговицы

21. 1 минерáльная 2 цветнáя 3 обручáльное 4 маникю́рные 5 зубнáя 6 губнáя 7 чёрная 8 апельсúновый

Level 2

2. I 1 драгоцéнный 2 тренирóвочный 3 растворúмый 4 кокóсовый 5 ржанóй II 1 питьевáя 2 свáдебное, декольтé 3 картóфельное

3. I 1 бáбочка II 4 кóсточка

5. Fruit: абрикóс, ананáс, арбýз, ды́ня, инжúр, малúна. Vegetables: бóб, огурéц, редúска, рéпа, свёкла, спáржа.

6. 1 шáпку-ушáнку, шáрф, шýбу 2 плáтье декольтé 3 футбóлку, бермýды, плáвки 4 плáвки, купáльный костю́м (купáльник) 5 плáтье декольтé 6 ночнýю рубáшку 7 кéды

7. бульóн; кед

8. 1 fem. 2 masc. 3 fem. 4 masc.

9. I 1e 2a 3b 4c 5d II 1f 2a 3e 4c 5b 6d

10. крéм для рýк, лáк для волóс, тéни для вéк, тýшь для реснúц

13. Fruit: 2 арбýзами 3 ананáсами 4 грýшами 5 ды́нями. Vegetables: 1 бобáми 2 огурцáми 3 редúсками 4 свёклой 5 спáржей

14. 1 драг 'dear' + цéнный 'valuable' 2 from гóрло 'throat' 3 from пéред 'before, front' 4 from футбóльная мáйка

15. 1. Хотя́ ды́ни растýт на ю́ге, úх мóжно купúть в сéверных городáх.

2. Тáк как онá вегетариáнка, онá откáзывается éсть мя́со, обходя́сь фрýктами и овощáми.

3. Несмотря́ на тó, что мы́шка былá такáя мáленькая, онá помоглá другúм вы́тянуть рéпку.

4. У негó бы́л тяжёлый шóк, но óн пришёл в себя́, вы́пив стакáн коньякá.

5. Óн обратúл внимáние на тó, что вóдка дéлается из картóфеля.

6. Óн съéл стóлько шоколáда и чúпсов, что егó посадúли на диéту.

7. Дáже éсли ты надéнешь спортúвный костю́м, кроссóвки и футбóлку, ты́ всё равнó не бýдешь похóж на атлéта.

8. По путú домóй зайдú в магазúн за бýлочками, хлéбом, тóртом и пирóжными.

9. Онá ýчит ребёнка завя́зывать шнуркú.

10. Хозя́йка попросúла гостéй сня́ть пальтó и шля́пы и сéсть за стóл.

Level 3

1. имби́рь (masc.)
3. I 2 кипячу́ 3 мешу́ 4 накручу́ 5 окаймлю́ 6 посы́плю 7 пропущу́
   8 укорочу́   II 2 натри́! 3 пришей! 4 сшей!
4. I 1 нагру́дный 2 брю́чный 3 безалкого́льный 4 са́харный   II 1 стёганое
   2 свино́е   III 1 пищевы́е 2 взби́тые
5. 2 крючка́ 3 напи́тка 4 чеснока́ 5 шва
6. 1 для 2 для 3 из 4 для 5 от
8. I 1e 2d 3f 4a 5g 6b 7c   II 1e 2g 3b 4c 5d 6a 7f
9. Clothing/headgear: капюшо́н, косы́нка, фура́жка, ша́ль, шине́ль. Vegetables: брю́ква,
   лук-поре́й, сельдере́й, ты́ква, шпина́т.
10. бахрома́
11. 2 Polish 3 German 4 Turkic 5 Dutch
12. 2 на + груди́ 3 лы́сина 4 ли́ть 5 вла́жный 6 чи́стый
13. 1 приши́ла 2 порва́л 3 сши́ла 4 удлини́ть 5 укороти́ть 6 зашто́пала
    7 накрути́ла 8 свобо́дна 9 сре́дство 10 вуа́ль 11 тесны́ 12 нагру́дный карма́н
14.   1. Она́ настоя́ла, что́бы они́ положи́ли скоропо́ртящиеся проду́кты в холоди́льник.
       2. Она́ потуши́ла мя́со и о́вощи, наде́ясь стимули́ровать его́ аппети́т.
       3. Е́сли вы хоти́те сде́лать ко́фе с молоко́м, вам ну́жно снача́ла вскипяти́ть молоко́.
       4. Она́ испекла́ ему́ то́рт/пиро́г на де́нь рожде́ния.
       5. Она́ пропусти́ла мя́со че́рез мясору́бку и начини́ла им пирожки́.
       6. Она́ реши́ла не посыпа́ть те́сто са́харом, так как оно́ уже́ бы́ло сла́дкое.
       7. Вы́лущив горо́х, она́ положи́ла его́ в кипято́к и накры́ла кастрю́лю кры́шкой.
       8. О́чень ва́жно вы́месить те́сто и́ли оно́ ока́жется сли́шком чёрствым.
       9. По́вар натёр морко́вку и помы́л её холо́дной водо́й и́з-под кра́на.
      10. Они́ доба́вили в блю́до пика́нтных спе́ций.
      11. Го́сть отказа́лся от безалкого́льного напи́тка и ра́зом опроки́нул сто́пку во́дки.
      12. На́с пригласи́ли на шашлы́к.

UNIT 7

Level 1

1. 2 masc. 3 fem. 4 fem. 5 fem. 6 fem. 7 fem.
2. 2 заме́чу 3 про́бую 4 свищу́ 5 слежу́ 6 стучу́ 7 чу́вствую
3. 2 на 3 у 4 за 5 за 6 на 7 в
4. 1 блести́т 2 свисти́т 3 скрипи́т 4 смо́трит 5 темне́ет
5. 1 чесноко́м 2 глаза́ми 3 све́жим хле́бом 4 две́рью
7. 2 бро́нзовая 3 пластма́ссовая 4 хло́пковое 5 шёлковый
8. 2 гли́няная 3 кирпи́чный 4 кружевно́й 5 стально́й 6 стекля́нный
   7 шерстяна́я
9. 2 желе́зная 3 карто́нная 4 ме́дная 5 мра́морная 6 рези́новый 7 соло́менная
10. Cloths: лён, тка́нь, флане́ль, хло́пок, шёлк, ше́рсть. Metals and building materials: бето́н,
    бро́нза, желе́зо, кирпи́ч, ме́дь, ста́ль

11. I 1 осмотре́ться, осма́триваться   2 рассмотре́ть, рассма́тривать
    II 1 темнота́   2 темне́ть   III 1 воню́чий   2 воня́ть   IV 1 вку́сный
    2 невку́сный/безвку́сный
12. 1c   2a   3b   4g   5h   6e   7e   8f
13. 2 зелёный   3 ора́нжевый   4 кори́чневый
14. аквамари́новый
17. 2 лоск
18. French: асфа́льт, бето́н, трикота́ж; German: ва́та, про́ба/про́бовать, сталь
19. (а) воск (b) вкус
20. I 1 индю́к   2 бирюза́   3 лимо́н   4 трава́   5 рак   6 мышь   7 грач
21. 1. Он огляде́лся, постуча́л в дверь, пото́м позвони́л в звоно́к.
     2. Ле́стница скрипи́т под на́шими нога́ми.
     3. Когда́ я выходи́ла из ко́мнаты, я хло́пнула две́рью.
     4. Она́ приню́халась. В ку́хне па́хло проту́хшей ры́бой.
     5. Толпа́ подняла́сь ра́но, чтобы посмотре́ть на восхо́д со́лнца.
     6. На́ши офице́ры следя́т за пози́циями врага́.
     7. Снег сверка́л так я́рко, что я зажму́рился.
     8. Темне́ло ра́но. Стемне́ло к пяти́ часа́м.
     9. Я попро́бовал грузи́нского вина́. Оно́ оказа́лось сла́дким, сла́ще, чем я ожида́л.
    10. Он сра́зу заме́тил оши́бку и уста́вился на́ своего́ колле́гу.
    11. До́ктор осмотре́л пацие́нта и вы́писал ему́ реце́пт.
    12. Звёзды сия́ли так я́рко, бы́ло тру́дно пове́рить, что они́ так далеко́.

Level 2

 1. 1 fem.   2 masc.
 2. Cloths: атла́с, во́йлок, газ. Woods: бамбу́к, про́бка, фане́ра. Metals: лату́нь, о́лово,
    свине́ц
 5. 2 ключа́ми   3 моне́тами   4 зуба́ми   5 глаза́ми   6 де́тскими голоса́ми
 7. 1c   2e   3i   4b   5f   6g   7h   8a   9d
 8. I 1c   2a   3b   4f   5d   6e   II 1c   2a   3b   III 1b   2a
 9. 2 восова́я   3 перлама́утровая   4 про́бковый   5 фарфо́ровая   6 фе́тровая
10. I 1 лату́нный   2 оловя́нный   3 свинцо́вый   II 1 атла́сный
    2 мусли́новый   3 попли́новый
11. 2 грохо́чут   3 гуди́т   4 звени́т   5 отдаётся   6 шелестя́т   7 щеко́чет   8 щи́плет
13. French: газ, лату́нь, пика́нтный, тюль (also a place name Tulle), фетр. German: воск,
    гля́нец/глянцеви́тый, перлама́утр, фане́ра. Во́йлок is of Turkic origin.
14. 1 на   2 в   3 с
15. 1. Сия́ние со́лнца ослепи́ло его́, и он вы́нул со́лнечные очки́ из карма́на.
     2. Война́ разгоре́лась на грани́це ме́жду двумя́ европе́йскими стра́нами.
     3. Вме́сто того́, чтобы глазе́ть на прохо́жих, помоги́ мне в магази́не.
     4. Узна́в о том, что по́езд опа́здывает на 10 мину́т, она́ и её муж посмотре́ли друг на
        дру́га.
     5. Лучи́ со́лнца игра́ли на шпи́лях городски́х церкве́й.
     6. Сверкну́ла мо́лния, когда́ мы ожида́ли раска́та гро́ма.

7. Она́ звя́кнула моне́тами в су́мке, намерева́ясь заплати́ть ещё.

8. Е́сли ты стучи́шь зуба́ми, ты до́лжен наде́ть пальто́ потепле́е.

9. Я хоте́л бы, что́бы до́м опя́ть огласи́лся де́тскими голоса́ми.

10. Разда́лся вы́стрел и э́хо прокати́лось по́ лесу.

11. Мы́ шли осторо́жно, что́бы ли́стья не шурша́ли под на́шими нога́ми.

12. Проту́хшая ры́ба издава́ла тако́й отврати́тельный за́пах, что мы́ реши́ли изба́вится от неё.

13. Чем бли́же мы подходи́ли к костру́, тем бо́льше у на́с щипа́ло глаза́ от ды́ма.

14. Она́ косну́лась моего́ плеча́, бу́дто хоте́ла, что́бы я зажёг другу́ю ла́мпу.

15. Тру́дно сориенти́роваться в темноте́, не упа́в.

16. Всю́ но́чь шёл сне́г и к утру́ доро́ги ста́ли о́чень ско́льзкими.

17. Несмотря́ на мои́ предупрежде́ния, оди́н грузови́к прогрохота́л по мосту́.

18. Е́сли ты́ пое́дешь на кра́сный све́т, ты попадёшь в ава́рию.

19. Про́бка – э́то тако́й ре́дкий и дорого́й материа́л, что "про́бки" ча́сто де́лают из пла́стика.

20. Кле́й на конве́ртах ча́сто тако́го ни́зкого ка́чества, что лю́ди закле́ивают и́х ли́пкой ле́нтой/ско́тчем.

Level 3

1. 5 смерде́ть

2. 2 пле́щутся   3 скреже́щет   4 че́шется

7. I 1c 2e 3g 4f 5a 6h 7d 8i 9b   II 1c 2f 3a 4e 5d 6b

6. I гарь   II янта́рь

8. 2 в две́рь   3 по стене́   4 о ри́фы

9. I 2 птене́ц 3 дальто́ник 4 соба́ка 5 змея́ 6 штукату́р   II 2 во́лны 3 ту́хлое яйцо́ 4 лёд 5 копы́та

10. 2 кулака́ми 3 кра́ской 4 языко́м

11. 1b 2a 3d 4c 5f 6e

12. 2 бараба́н 3 бры́зги 4 ка́мень 5 мета́лл 6 мешо́к 7 глуши́ть 8 па́рус 9 пятно́ 10 зво́н 11 че́рвь 12 шёлк

13. Cloths: ба́рхат, брезе́нт, вельве́т, кашеми́р, мешкови́на, овчи́на, паруси́на, хо́лст.
    Metals: броня́, металлоло́м, ни́кель, про́волока, рифлёное желе́зо, чугу́н, шла́к, эма́ль

14. I 2 брезе́нтовый 3 вельве́товый 4 кашеми́ровый
    II 2 ни́келевая 3 про́волочное 4 эма́левая

15. 2 дальто́ник 3 газ 4 ни́кель

16. янта́рь; эма́ль

17. 1. Че́м бо́льше мы́ приближа́лись к Ло́ндону, те́м я́рче сверка́ли огни́ го́рода.

    2. На рассве́те звёзды пога́сли задо́лго до восхо́да со́лнца.

    3. Я попроси́л её переста́ть бараба́нить па́льцами по столу́.

    4. Мы́ бараба́нили кулака́ми по две́ри, тре́буя, что́бы на́с впусти́ли.

    5. Де́ти так галде́ли на площа́дке, что мы́ не услы́шали звонка́.

    6. Заключённые устро́или в зо́не тако́й гва́лт, что охра́на перепуга́лась.

    7. Не успе́л о́н добежа́ть до две́ри, как разда́лся оглуши́тельный вы́стрел.

    8. Не успе́л коро́ль взойти́ на помо́ст, как гря́нул госуда́рственный ги́мн.

    9. Весна́ в во́здухе, жужжа́т насеко́мые и журча́т ручьи́.

    10. Его́ отруга́ли за то́, что о́н заля́пал по́л кра́ской.

11. Тишина́ была́ нару́шена зво́ном колоколо́в с дереве́нской це́ркви.
12. Во́лны разбива́лись о на́шу ло́дку, кото́рая уже́ начала́ тону́ть.
13. Как то́лько машини́ст на́чал тормози́ть, колёса заскрежета́ли о ре́льсы.
14. Спустя́ полчаса́ по́сле того́, как мы зашли́ в хи́жину, в печи́ потре́скивали дрова́.
15. Охо́тники хлю́пали по боло́ту в по́исках ди́чи.
16. Мы зна́ли, что де́ти бы́ли где́-то ря́дом, услы́шав скрип сне́га под их нога́ми.
17. Прочита́в докуме́нт, он щёлкнул языко́м в знак неудово́льствия.
18. Услы́шав шипе́ние змей побли́зости, он поверну́лся и побежа́л.
19. Дальто́ник не различа́ет цвета́, осо́бенно зелёный и кра́сный.
20. В Гда́ньске есть це́лые у́лицы магази́нов, в кото́рых продаю́т янта́рные ко́льца и ожере́лья.
21. Кашеми́ровые ша́рфы о́чень популя́рны у тури́стов.
22. Как то́лько до́ждь прекрати́тся, на стро́йке начну́т рабо́тать бетономеша́лки.
23. Самолёт потерпе́л ава́рию в результа́те уста́лости мета́лла.
24. Ка́ждый пассажи́р в аэропорту́ до́лжен пройти́ че́рез металлоиска́тель.

UNIT 8

Level 1

1. I 1 квадра́тный   2 паралле́льный   3 пове́рхностный   4 сфери́ческий
   II 1 лине́йный   2 пропорциона́льный   3 просто́рный   4 цилиндри́ческий
2. 1 горшка́   2 значка́   3 кошелька́   4 куска́   5 мешка́
3. 1 fem.   2 fem.   3 masc.   4 fem.
4. 1 ба́нок   2 бо́чек   3 буты́лок   4 коро́бок   5 кру́жек   6 па́чек   7 по́лок
   8 су́мок   9 су́мочек   10 ча́шек   вёдер
5. I 1c   2a   3b,   II 1b   2c   3a
6. I a герба́   b кра́я   c креста́   d ряда́   II 1 краю́   2 кресте́   3 кру́ге   4 ряду́
   5 тазу́
8. I 1g   2a   3f   4j   5b   6c   7h   8d   9e   10i   II 1c   2a   3g   4b   5e   6d   7f
9. 1 a) гнёт   б) гну́тся   2 a) продолжа́ет   b) продолжа́ется   c) продолжа́ет
   3 a) сокраща́ются   b) сокраща́ет   4 a) уменьша́ется   b) уменьша́ет
10. 1 ве́шу   2 гнёт   3 расту́т   4 соде́ржит
12. 2 длино́й   3 пло́щадью   4 ро́стом   5 толщино́й   6 ширино́й
13. Dishes, pans and pots: ба́нка, горшо́к, кастрю́ля, кру́жка, стака́н, та́з. Bags, carriers: бума́жник, кошелёк, мешо́к, портфе́ль, су́мка, су́мочка
14. 1 гербе́   2 ряду́   3 ряде́   4 вы́росли   5 То́лстый   6 высото́й, пло́щадью
   7 длино́й, ширино́й   8 толщино́й   9 взве́сился, веса́х, ве́шу   10 ширино́й
   11 Большинство́, Меньшинство́   12 недоста́точно   13 соберём   14 раздели́л,
   ча́сти   15 продо́лжил
15.   1. Дире́ктор фа́брики сократи́л рабо́чий де́нь.
      2. Дни стано́вятся коро́че.
      3. Прави́тельство сни́зило це́ну на бензи́н.
      4. Я сел, и боль осла́бла.
      5. Они́ вы́рыли кана́ву ря́дом с до́мом и в отдале́нии от сосе́днего до́ма.
      6. Он ро́стом метр во́семьдесят. Он тако́го же ро́ста, как и его́ брат.

7. В его́ перево́де сли́шком мно́го оши́бок.
8. Молоко́ пьют из стака́на, а чай из кру́жки или ча́шки.
9. Она́ упако́вывала чемода́н пе́ред отъе́здом.
10. Продаве́ц дал ему́ су́мку, но он положи́л буты́лку в карма́н.
11. Я соверше́нно с тобо́й согла́сен.
12. Коли́чество де́тских теа́тров растёт.
13. Дире́ктор теа́тра устро́ил дополни́тельное представле́ние для шко́льников.
14. Он вы́мыл ру́ки и лицо́ в ра́ковине.
15. Она́ положи́ла все поку́пки в корзи́ну.

Level 2

1. рюкза́к – рюкзака́
2. шта́бель = masculine; the other nouns are feminine
3. 1 вина́ 2 посу́ды 3 цвето́в 4 воды́ 5 бума́г 6 молока́ 7 мы́ла 8 очко́в
4. разви́тие, расшире́ние, сокраще́ние, увеличе́ние, уменьше́ние
5. (2) clipped compound   (4) прямоуго́льник – прямо́й у́гол, огро́мный – гром
6. 1 разме́ром 2 объёмом 3 величино́й
7. 2 мешо́к 3 коро́бка 4 я́щик
8. I 1f 2a 3d 4h 5g 6e 7c 8b   II 1g 2e 3f 4a 5i 6h 7b 8c 9d
11. I масшта́б II рюкза́к
12. 1 лабири́нте 2 извива́лась 3 отноше́нию 4 соблюда́ла 5 оби́льна 6 удлини́ть
     7 величине́ 8 простра́нство 9 обло́мков 10 масшта́бе 11 шта́белем
     12 мы́льницы 13 шко́льные ра́нцы 14 те́рмос 15 части́чную 16 дополни́тельную
13.   1. Произведе́ния Пу́шкина изоби́луют ска́зочными моти́вами.
     2. Мно́го оши́бок бы́ло заме́чено на поля́х ру́кописи.
     3. Поло́ски на америка́нском фла́ге име́ют ме́ньшее значе́ние, чем звёзды.
     4. Крива́я на гра́фике добы́чи не́фти пока́зывает, что це́ны упаду́т.
     5. Тру́дно определи́ть объём их де́ятельности.
     6. Сви́тер был для него́ сли́шком дли́нный, и она́ согласи́лась укороти́ть его́.
     7. Промы́шленность развива́ется в черепа́шьем те́мпе.
     8. Авиаконстру́кторы спасли́ страну́, разрабо́тав реакти́вный дви́гатель.
     9. Он повы́сил свои́ вложе́ния, и его́ дохо́ды то́же возросли́.
     10. Она́ напо́лнила их бока́лы, и они́ вы́пили за её успе́х.
     11. Занеси́ горшки́ в дом, что́бы мы могли́ поли́ть цветы́.
     12. Лю́ди броди́ли о́коло теа́тра, продава́я ли́шние биле́ты.
     13. Они́ раздели́ли иму́щество на ра́вные до́ли.
     14. На стадио́не помеща́лось 60,000 боле́льщиков.
     Tailpiece: the lion's share, the largest part of something.

Level 3

1. стелла́ж – стеллажа́
2. (1) слабе́ть   (2) копи́ть, крути́ть, черти́ть   (3) крути́ть-кручу́, черти́ть-черчу́;
     (a) киша́т, киши́т   (b) коплю́   (c) крути́л   (d) слабе́л   (e) черти́л

3. (a) волни́стые   (b) объёмистый   (c) ру́бчатая   (d) ру́бчатый   (e) сво́дчатым
4. I 2 се́ток   3 фля́жек   4 шкату́лок   II 1 бочо́нка   2 обры́вка   3 ку́бка
   4 пузырька́
6. I 1e   2a   3b   4c   5d,   II 1c   2d   3a   4b
8. (1) potential   (2) area, container   (3) fragment of something   (4) independent meaning
   created with the aid of a diminutive suffix   (5) diminutive suffix
9. (1) ширь   (2) ре́зать   (3) густо́й   (4) песо́к
10. I портсига́р is of French origin   II Бидо́н is of French origin, the other ones are of Turkic
    origin
11. I 1f   2a   3g   4e   5h   6b   7d   8c   II 1d   2c   3a   4b   5f   6e
    III 1c   2a   3b   4e   5d
13. разграни́чить, отграни́чили; отдели́л, разделён; разби́л, отби́ла
14. 1 продли́ть   2 распространи́лась   3 удлинённый   4 растяну́ть   5 попо́лнить
    6 сёл   7 избира́тельную у́рну   8 шкату́лки   9 футля́ры   10 коро́бка скоросте́й
    11 бага́жная по́лка   12 умно́жить   13 фо́рму   14 туале́тную су́мочку
15.   1. Еги́петские пирами́ды бы́ли постро́ены бо́льшей ча́стью раба́ми.
      2. Она́ погла́дила сы́на по его́ волни́стым волоса́м.
      3. Готи́ческие собо́ры изве́стны свои́ми сво́дчатыми потолка́ми.
      4. По́сле экза́меноъ студе́нтов раздели́ли на семина́рские гру́ппы.
      5. Гла́вному констру́ктору поручи́ли начерти́ть пла́н олимпи́йского стадио́на.
      6. Вмести́тельность бидо́на для молока́ была́ 4 ли́тра.
      7. Они́ поста́вили охра́ну по всему́ пери́метру аэропо́рта.
      8. Ве́тер улёгся, ста́ло темно́ и сгусти́лся тума́н.
      9. Кры́сы продолжа́ли размножа́ться несмотря́ на попы́тки уничто́жить их.
     10. Жа́лование футболи́стов удво́или, но они́ хоте́ли, что́бы его́ утро́или.
     11. Поду́шки безопа́сности спасли́ жи́знь води́теля и пассажи́ров.
     12. Ба́к с водо́й да́л те́чь, и мы́ должны́ бы́ли вы́звать санте́хника.

UNIT 9

Level 1

1. I 3   II 2 (a) They are animate agent nouns in -тель. Other example: телезри́тель
   (b) (a) deaffixed verb form   (b) inanimate noun in -сть
2. I 1 аккомпани́рует   2 дирижи́рует   3 реклами́руют   4 танцу́ет   II 1 проявлю́
   2 ста́влю   3 спущу́   III 1 запишу́   2 пи́шет   IV 1 подни́мется   2 при́мет
   3 сни́мет
3. I на 1 3 в 2 4 5   II в 1 3 6 на 2 4 5   III 1 по пе́рвой програ́мме   2 по
   ра́дио   3 по ка́бельному телеви́дению
4. III 1 to write   2 to take (measures)   3 to show (qualities)   4 to take off
5. 1 парте́р   2 бельэта́ж   3 балко́н   4 галёрка
6. ballets 5 6 7 films 1 2 4 plays 3 8 9
7. I арфи́ст, гитари́ст, гобои́ст   II на орга́не, на пиани́но, на трубе́
8. a. кларнети́ст труба́ч флейти́ст;   b. гитари́ст тромбони́ст труба́ч;   c. арфи́ст
   бараба́нщик пиани́ст

9. strings 1 3 4 9 wind/brass 5 6 10–12 percussion 2 7 8

10. I 1 анте́нна 2 балери́на 3 дирижёр 4 кри́тик 5 ма́сс-ме́диа
    II 1 мультфи́льм 2 но́вости 3 орга́н 4 орке́стр 5 пейза́ж III 1b 2d 3e
    4c 5a

11. 1 фото́граф 2 дирижёр 3 арфи́ст 4 худо́жник 5 кри́тик 6 журнали́ст
    7 компози́тор

12. 1 игра́ет на сце́не 2 пи́шет пейза́жи 3 пи́шет портре́ты 4 ста́вит спекта́кли
    5 пи́шет репорта́жи

14. 1. худо́жники: Russian artists of the 19th century usually painted in oils.
    2. плёнку: The orchestra accompanied a well-known violinist in Beethoven's violin
       concerto. The concert was recorded on tape.
    3. мультфи́льм: The cartoon about a wolf and a hare called 'Nu, pogodi!' (Just wait!) was
       extremely popular.
    4. реце́нзию: The editor has published in the magazine an interesting review of a new novel
       by Kopylev.
    5. балери́на: A well-known ballet dancer was dancing in the ballet *Swan Lake* at the
       Mariinsky theatre.
    6. пласти́нок: Nobody listens to records any more. They have been replaced by CDs and
       DVDs.

15. 'Art for art's sake'

16. 1. Орке́стр состои́т из скрипаче́й, трубаче́й, виолончели́стов и други́х музыка́нтов.
    2. Орке́стром дирижи́рует тала́нтливый молодо́й дирижёр из Эсто́нии.
    3. За́навес спуска́ется в пе́рвом антра́кте и поднима́ется в нача́ле второ́го а́кта.
    4. Мы́ посмотре́ли фи́льм о Варша́ве во вре́мя Второ́й мирово́й войны́. Ве́сь фи́льм
       сня́ли в По́льше.
    5. Профессиона́льный фото́граф де́лает фотогра́фии, а пото́м сам проявля́ет плёнки.
    6. Режиссёр Вячесла́в Ивано́в ста́вил но́вый спекта́кль, и мы́ купи́ли места́ в парте́ре.
    7. Програ́ммы новосте́й передаю́т че́рез ка́ждые два часа́ на кана́ле ТВ-2.
    8. Е́сли не хо́чешь, что́бы Ми́ша смотре́л таки́е фи́льмы, мо́жно в любо́е вре́мя
       вы́ключить телеви́зор.
    9. В э́том году́ англича́не купи́ли бо́льше това́ров в Интерне́те, чем в магази́нах.
    10. Мо́й вну́к показа́л мне́ мою́ фотогра́фию на университе́тском вебса́йте.

17. I 1 2 are from French, 3 is from Polish II 1 is from German, 2 3 from French
    III 1 2 are from Italian, 3 from German IV 1 журнали́ст 2 пейзажи́ст
    3 портрети́ст V акте́р/актри́са режиссёр репортёр/репортёрша

18. a) сре́дства ма́ссовой информа́ции b) мультфи́льм

Level 2

1. 1 лиди́рует 2 аплоди́руют 3 цензуру́ют 4 дубли́руют 5 гастроли́рует
2. 1 кладёт 2 леплю́ 3 пою́т
3. тира́ж (gen.) тиража́
4. 1 на 2 на 3 на 4 в
5. 1 гримёр 2 обозрева́тель 3 костюме́р 4 веду́щий/-ая
7. (1) 2 (2) 3

8. I 1 центра́льная газе́та   2 карти́нная галере́я   3 пряма́я переда́ча   4 наро́дная
   пе́сня   5 а́вторская рема́рка   II 1 стру́нный орке́стр   2 дневно́й
   сеа́нс   3 преде́льный срок   4 худо́жественный фильм   III 1 абстра́ктное
   иску́сство   2 звуково́е сопровожде́ние   3 эстра́дное представле́ние

9. I 2 гримёр   3 ди́ктор   4 каскадёр   5 нату́рщик/-щица   6 соли́ст/-ка   7 суфлёр
   II 2 вальс   3 дуэ́т   4 сериа́л   5 тира́ж   6 хор   7 шеде́вр   III 1 реда́кция
   2 экраниза́ция   3 виктори́на   4 га́мма

11. 1. иску́сстве: Many young artists have gone crazy over abstract art, others prefer the
    representational art of the 19th century.
    2. субти́тры: It is much cheaper to subtitle a foreign film than it is to dub it.
    3. тиражо́м: At the beginning of the third millennium, the newspaper *Arguments and Facts*
    was being published with a circulation of nearly three million.
    4. суфлёр: However much the prompter prompted the actors, however much the director
    gesticulated in the wings, the actors experienced such a strong fear of the audience that
    the performance had to be cancelled.
    5. акко́рдов: Having glanced at the conductor, the pianist struck a few chords in a major
    key.
    6. нату́рщика: At the drawing lesson, the students sketched the model posing on the dais.

12. I 1. I only had enough time to look through the headlines.
    2. She has given the journalist an exclusive interview.
    3. Many theatres nowadays get by with minimal scenery.
    4. This station can only be received at high frequencies.
    II 1. Young people were dancing the twist to the sounds of a jazz band.
    2. In Krylov's fable, the musicians are playing out of tune, and the nightingale is
    explaining that it is not about swapping the positions of the musicians, but about
    having a talent for music.
    3. The eyesight is tested for free, the frames are inexpensive, it is the lenses that cost a lot.
    4. As soon as the solo violinist had tuned his instrument and had run the bow across the
    strings, I was all ears.
    5. There is nothing more beautiful and more sorrowful than Russian folk songs. These
    old tunes reflect the soul of the Russian nation.
    6. Letters to the editor make up the most interesting part of any newspaper, but for some
    reason they appear less frequently in the Russian press than in the British.

13. 1. Ску́льптор ле́пит из бро́нзы го́лову и ру́ки изве́стного дирижёра.
    2. Интере́сно, ско́лько компози́торов – от Гли́нки до Чайко́вского – положи́ли на
    му́зыку произведе́ния А. С. Пу́шкина.
    3. Он давно́ подпи́сывается на «Ру́сскую речь», са́мый интере́сный из популя́рных
    журна́лов Росси́йской акаде́мии нау́к.
    4. Англи́йские кроссво́рды осно́ваны на игре́ слов, а континента́льные – на
    географи́ческих и истори́ческих фа́ктах.
    5. Ещё бу́дучи в эфи́ре, ди́ктор получи́л сообще́ние о том, что взо́рван террори́стами
    теа́тр в це́нтре Москвы́.
    6. Худо́жник поста́вил холст на мольбе́рт и стал писа́ть сад с нату́ры.
    7. Тру́дно объясни́ть, почему́ компа́кт-ди́ски сто́ят доро́же в Великобрита́нии, чем в
    други́х стра́нах.
    8. Реда́ктор чита́ет (прочи́тывает) ка́ждый но́мер свое́й газе́ты с са́мого нача́ла до
    са́мого конца́.

9. Есть писа́тели, ка́к, наприме́р, Грибое́дов, а́втор пье́сы «Го́ре от ума́», кото́рые сочини́ли то́лько оди́н шеде́вр.

10. Са́мая ску́чная ча́сть уро́ков му́зыки, э́то га́ммы, но то́лько та́к мо́жно научи́ться игра́ть на пиани́но.

11. Ток-шо́у, пресс-рели́з, табло́ид – всё э́то но́вые явле́ния в росси́йских СМИ.

12. За оди́н эски́з Рембра́ндта америка́нский музе́й заплати́л бо́льше миллио́на до́лларов.

14. киноопера́тор ток-шо́у пресс-рели́з диск-жоке́й

15. 1 альти́ст   2 вальторни́ст   3 контрабаси́ст   4 саксофони́ст

16. I 1   II 3   III 2   IV 1

17. 1 билетёрша   2 веду́щая   3 костюме́рша   4 нату́рщица   5 соли́стка   6 суфлёр (no feminine)

Level 3

1. (1) 1 агити́рую   2 кальки́рует   3 репети́руют   4 пози́рует   5 трансли́руют
   (2) 1 клевета́ли   2 офо́рмили   3 подши́л

2. I про́филь   II роя́ль

3. I 1 за   2 на   3 в   4 в, в   5 на   II 1 на, на   2 в   3 в   4 на   5 в   6 в
   III 1 по   2 к   3 dat.   4 по

4. I 1 духово́й   2 за́дний   3 документа́льный   II 1 ка́мерная   2 дирижёрская
   3 насте́нная   4 обнажённая   III 1c   2a   3b   IV 1c   2a   3b   V 1 ти́тры
   2 исто́чники   3 эффе́кты   4 во́лны   5 моме́нты   6 инструме́нты

5. I 1 аншла́г   2 марини́ст   3 марке́тинг   4 некроло́г   5 стати́ст   6 тало́н
   7 чертёжник   II 1e   2c   3d   4a   5b   6g   7f   III 1 лежебо́ка   2 репети́ция
   3 ре́плика   4 я́рмарка

6. I 1c   2e   3d   4b   5a   II 4 is by Rimsky-Korsakov

7. 1 and 2

8. 1c   2a   3b

9. I 1. Audio-visual aids play a significant role in the teaching of foreign languages.
   2. Figure-skaters can't skate without background music.
   3. The editor has inserted a stop-press regarding a devastating tsunami.
   4. This collector has a remarkable collection of engravings.
   5. The spotlight is on the singer singing Lensky's aria, 'I love you, Olga'.
   6. The advertising campaign is aimed at a target audience in the United States.
   7. Parents have bought a camcorder in order to record the childhood years of their children.
   8. The demonstration on the central square of Kiev was shown in the newsreel.

   II 1. One of the novels by Andrey Kurkov tells the story of one Kiev newspaper that composes obituaries of living people.
   2. My son graduated as a draughtsman and then started his own electrical company.
   3. Examples of cave art and murals in Cro-Magnon made the ethnographers believe that a long time ago primitive people used to live there.
   4. Instead of referring to reliable sources, the journalist believed the canards spread by politicians.

5. George Orwell's prediction that all citizens of modern society will be followed by CCTV has come true.

6. During commercial breaks, the volume of transmission automatically increases, as a result of which viewers either turn down the volume or go to the kitchen to make tea.

7. The scene of the victory of the Russian army over the Teutonic knights in the film *Alexander Nevsky* is quite probably the most popular film clip among Russian cinema-lovers.

8. TV programmes in which professional dancers dance with celebrities who are amateurs in dance, have provoked unprecedented interest in ballroom dancing.

9. In Soviet times radio programmes broadcast from Western countries were often jammed.

10. 1. Этот ди́лер торгу́ет портре́тами, напи́санными в анфа́с, в про́филь и́ли в натура́льную величину́.

2. Благодаря́ автосуфлёру, ора́торам уже́ не прихо́дится всё вре́мя смотре́ть вниз на свои́ запи́ски, а они́ мо́гут смотре́ть слу́шателям в глаза́.

3. Футбо́льные ма́тчи бу́дут передава́ться то́лько по пла́тным телевизио́нным кана́лам, други́е боле́льщики смо́гут смотре́ть то́лько кульминацио́нные моме́нты.

4. В фоноте́ке Институ́та лингви́стики храня́тся таки́е класси́ческие шеде́вры киноиску́сства, как «Броненосец Потёмкин» Эйзенште́йна и «Соля́рис» Тарко́вского.

5. На дома́х выдаю́щегося архитекту́рного значе́ния нельзя́ ста́вить спу́тниковые анте́нны («таре́лки»).

6. По́сле несча́стного слу́чая, происше́дшего со звездо́й спекта́кля, его́ замести́телю пришло́сь репети́ровать всё воскресе́нье.

7. Дирижёр по́днял свою́ дирижёрскую па́лочку, и орке́стр заигра́л увертю́ру к «Пи́ковой да́ме».

8. Когда́ немы́е фи́льмы замени́лись звуковы́ми в конце́ 20-х годо́в XX ве́ка, мно́гие киноактёры и музыка́нты оста́лись без рабо́ты.

12. I 2 is of Italian origin   II 4 is of German origin

13. внешта́тный = вне (outside) + штат (staff) + н (suffix) + ый (ending); опеча́тка = о (prefix) + печат (root, from печа́тать 'to print') + ка (ending)

UNIT 10

Level 1

1. 1 is masculine

2. I 1 запи́шет 2 пи́шет 3 скажу́ 4 ше́пчутся   II 1 изобрази́л 2 обсуди́л 3 отве́тил 4 проси́л 5 спроси́л 6 шути́л   III 1 жа́луетесь 2 критику́ет 3 протесту́ют 4 цити́рует   IV крича́ть is a second-conjugation verb.

3. жа́нр

4. 1 на 2 в 3 на 4 в 5 на 6 на́

5. 1 ему́ 2 ей 3 мне 4 тебе́ 5 нам 6 вам 7 им

7. 2 глава́

8. I 1b 2a 3c   II 1a 2b 3c   III 1b 2c 3a

9. I 1 сце́на   2 разгово́рчивый   3 спо́р   4 блокно́т   5 ли́ст   II 1 объясни́ть
   2 литерату́ра   3 обло́жка   4 алфави́т   5 бу́ква   III 1d   2a   3e   4b   5c

10. 1 novel by Dostoevsky   2 play by Chekhov   3 novel by Tolstoy   4 play by Griboedov
    5 novel by Pasternak   6 play by Gogol

11. 1 био́граф   2 проза́ик   3 драмату́рг   4 романи́ст   5 поэ́т

13. 1. The Russian alphabet – Cyrillic – consists of 33 letters.
     2. During the 1920s campaign known as 'likbez' (elimination of illiteracy), hundreds of
        thousands of illiterate people were learning to read and write.
     3. Many believe that the golden age of Russian prose bagan with A. S. Pushkin's collection
        of short stories, published in 1830 under the title *The Tales of Belkin*.
     4. '. . . . If you want to leave a message, speak after the tone. If you want to fax, begin
        the transfer . . .' That is how the novel by Aleksandra Marinina *The Lucid Face of Death*
        begins.
     5. In his novels (*On the Eve*, *Fathers and Sons*, etc.) Ivan Turgenev depicts the life of
        Russian society in the mid-19th century and its ideological trends.
     6. The doctor asked the patient what the problem was.
     7. In Soviet times it was impossible to criticise the government.
     8. Note down my address and telephone number and keep me updated.
     9. It is difficult to understand why Russians make spelling mistakes as Russian words are
        spelt phonetically.
    10. The chapters of Pushkin's novel in verse *Eugene Onegin* consist of 40 stanzas of
        14 lines each. The contents of the novel are known to every schoolchild.
    11. 'The happy do not watch the clock' – this quotation from Griboedov's *Woe from Wit* is
        known to every literate Russian.
    12. The girls spend hours talking on mobile phones, but it is said that mobiles are harmful
        to the health of children under the age of 8.
    13. The operas *The Golden Cockerel* and *Ruslan and Ludmila* are based on motifs from
        Russian fairy-tales.

14. 1. Ру́сская литерату́ра начала́ развива́ться то́лько в XVIII-XIX века́х.
     2. По́сле распа́да коммуни́зма в Сове́тском Сою́зе не́которые бы́вшие юри́сты, са́мый
        изве́стный из кото́рых Алекса́ндра Бори́совна Мари́нина, ста́ли писа́ть детекти́вные
        рома́ны.
     3. Чле́ны Сою́за писа́телей – драмату́рги, проза́ики, поэ́ты, романи́сты – писа́ли о
        положи́тельных аспе́ктах жи́зни в СССР.
     4. В своём рома́не «Кра́сный Октя́брь» То́м Кла́нси упомина́ет об Оле́ге
        Пенько́вском, кото́рый про́дал сове́тские вое́нные секре́ты брита́нской разве́дке.
     5. Никто́ не мо́г объясни́ть уме́ния э́того негра́мотного молодо́го челове́ка
        цити́ровать ру́сских кла́ссиков.
     6. В переда́че «Поли́тика сего́дня» журнали́сты и поли́тики обсужда́ют ва́жные
        вопро́сы на́шего вре́мени.
     7. Мини́стр не отве́тил ни на оди́н из вопро́сов, за́данных ему́ журнали́стами.
     8. Она́ сказа́ла, что не по́льзуется электро́нной по́чтой, а отвеча́ет то́лько на пи́сьма,
        но, коне́чно, она́ шути́ла.
     9. Кни́жные магази́ны полны́ книг из се́рии «Ру́сский детекти́в», в твёрдых переплётах
        и в обло́жках.

15. 1 гра́мотность   2 разгово́рчивость   3 сло́жность   4 я́сность

16. 1 обсужде́ние   2 объясне́ние   3 сообще́ние   4 упомина́ние

17. I бу́ква   II абза́ц
18. 1 о́браз 'image'   2 Кири́лл   3 ясн- 'clear'   4 общ- 'general, common'.
19. They are non-pleophonic (-ла-/-ра-) and cognate with pleophonic голова́ (-оло-) and
сторона́ (-оро-) 'side'.

Level 2

1. I all four have perfectives   II 4
2. I 3 takes the dative   II 2 takes the instrumental
3. I 1 на 2 в 3 в   II 1 на 2 за 3 на   III 1 перед(о) 2 с 3 с
IV 2 takes к + dative
4. I 1 обращу́ 2 отме́чу   II 1 бро́шу 2 соглашу́сь   III 1 вы́ступлю 2 объявлю́
3 оскорблю́ 4 спра́влюсь 5 шепеля́влю   IV 1 вы́ражу 2 наво́жу
3 предупрежу́
5. 1 бесе́дуют 2 сове́туются 3 анализи́рует 4 рифму́ются
6. 1 бормота́ть 2 ворча́ть 3 изда́ть 4 навести́ 5 ныть 6 сосла́ться 7 стере́ть
8 переби́ть
7. 1 то́чка 2 запята́я 3 двоето́чие 4 то́чка с запято́й 5 вопроси́тельный
зна́к 6 восклица́тельный зна́к 7 кавы́чки 8 дефи́с 9 тире́ 10 ско́бки
9. I 1 бе́лые стихи́ 2 хрестома́тия 3 лейтмоти́в 4 разногла́сие 5 ссо́ра
6 спле́тня 7 переплёт   II 1 кра́сочный 2 сжа́тый 3 косноязы́чный 4 извини́ться
5 перезвони́ть 6 черни́ть 7 противоре́чить   III 1d 2a 3b 4c
10. 1. структу́ру: The critic is analysing the structure of the novel.
2. дозвони́пся: I had been ringing her for a while, but did not manage to get through to her.
3. обеща́л: He promised to help me with my homework.
4. умоля́л: He implored me to forgive him.
5. подчеркну́л: The politician emphasised the importance of the issue.
11. 1. In the second half of the 19th century the setting of the Russian novel started to move
from the village to the city.
2. Detective novels about Sherlock Holmes are rich in the 'local colour' of London: the
mist, the rain, the dirt . . .
3. The sub-plot of the novel *Anna Karenina* is connected with the name of Konstantin
Levin.
4. By analysing the remains of fossil animals the zoologists have shed light on the history of
our planet.
5. Unwillingness to turn other people's grief to one's advantage is the underlying theme of
19th-century Russian literature.
6. During the literary 'thaw' of the 1950s, themes were broached that had previously been
banned for Soviet authors, such as the purges of the 1930s, exile, the nature of Soviet art.
7. Boris Pasternak is often compared to the great novelists of the 19th century.
8. There was a sudden twist of the novel's plot: Eugene found out that Tatiana had married
his friend, General Gremin.
12. 1. Истори́ческая дра́ма «Бори́с Годуно́в» напи́сана в бе́лых стиха́х (стиха́х, кото́рые не
рифму́ются).
2. База́ров, оди́н из гла́вных персона́жей турге́невского рома́на «Отцы́ и де́ти», пре́дан
де́лу «нигили́зма».

3. Необходи́мость физи́ческого труда́ – оди́н из лейтмоти́вов произведе́ний Толсто́го.

4. Великобрита́ния объяви́ла войну́ Герма́нии 3 сентября́ 1939 го́да.

5. Анато́ль Кура́гин угова́ривал Ната́шу Росто́ву уе́хать с ни́м, и наконе́ц уговори́л.

6. Данте́с очерни́л репута́цию Пу́шкина, оскорби́л его́ и уби́л его́ на дуэ́ли.

7. О́н извини́лся пе́ред роди́телями за то́, что ходи́л на бал в фо́рме наци́ста.

8. Интере́сно, что, говоря́ на иностра́нном языке́, она́ ни заика́ется, ни шепеля́вит.

9. Учи́тельница вы́черкнула оши́бки ученика́ и стёрла с доски́.

Level 3

1. 3 сы́пать + instrumental

2. I 2 насмеха́ться над + instrumental   II 1 вме́шиваться в + accusative
   III 2 переводи́ть с одного́ языка́ на друго́й

3. I 1 возражу́   2 грожу́   3 перевожу́   4 твержу́   5 ула́жу   II 1 взве́шу   2 воплю́
   3 поздра́влю   4 плачу́   5 разношу́

4. 1 вы́скажется   2 лепе́чет   3 опи́шет   4 сы́плет   5 тре́плет   6 ука́жет

5. Attractive: бо́йкий лакони́чный просто́й. Unattractive: бессвя́зный витиева́тый
   высокопа́рный напы́щенный

7. I 1c   2e   3g   4f   5d   6a   7b   II 1 пили́ть   2 свиде́тельствовать   3 тарато́рить
   4 взве́сить   5 насмеха́ться   6 отчита́ть   7 зубри́ть   III 1 сварли́вый   2 бо́йкий
   3 замыслова́тый   4 однообра́зный   5 разбо́рчивый   6 шабло́нный
   7 многосло́вный

9. I 1c   2a   3b   II 1e   2a   3c   4b   5d

10. 1 not to beat about the bush   2 to keep informed   3 to hold one's tongue   4 to distract
    with smooth talk   5 has the gift of the gab   6 to give as good as one gets   7 to rant and
    rave   8 to put someone in their place   9 to lecture someone

11.   I   1. The girls are exchanging text messages.
          2. The mechanic has faxed me the results of the car service.
          3. We contracted for delivery of raw materials.
          4. The Minister of Finance summarised the economic achievements of the EU.
          5. The patients were leafing through the old magazines at the doctor's waiting room.
          6. He cancelled his ticket.
          7. She was refused a visa.
      II   1. *The Ballad about a Soldier* is not a ballad, but a film about a young soldier who blew up
          a German tank during WWII and was given a 2–3 day leave. The film recounts the
          adventures that happen to him while he is making his way across Russia to his native
          village.
          2. Pushkin's laconic style set the stylistic tone for such 19th-century prose-writers as
          Lermontov, Turgenev, Goncharov, and Tolstoy, but as a poet Pushkin is unique.
          3. She spun a yarn about her husband not having left her anything in his will.
          4. Everyone is praising her for having settled this vexed question so quickly.
          5. 'Are you getting off at the next stop?' a young passenger asked in Moscow patter.
          6. I was sure that we had confidence in each other and could not believe that he was
          going to split on me as one of the accessories.
          7. I warned him against interfering in other people's business.
          8. He swotted all the formulas for the exam, but forgot everything the next day.

9. She is constantly quibbling with her neighbours, mainly about trifling things.

10. Children babble at that age, trying to imitate their parents' speech.

11. All of my family's material needs are provided for.

12. 1. Сварли́вая ста́рая ба́ба постоя́нно пили́ла сы́на, придира́ясь к нему́, упрека́я его́ в том, что не почини́л забо́р, не покра́сил сте́ны . . .

2. Ци́фры, опублико́ванные прави́тельством, свиде́тельствуют о том, что инфля́ция понижа́ется.

3. Он весь ве́чер заи́грывал с же́нщиной, кото́рую встре́тил в ба́ре, но в конце́ концо́в она́ ско́ро попроща́лась с ним и се́ла в такси́.

4. Я оста́вил сообще́ние на её автоотве́тчике.

5. Почти́ все кварти́ры в высо́тных дома́х снабжены́ домофо́нами.

6. Невозмо́жно расшифрова́ть её по́черк: она́ пи́шет неразбо́рчивыми кара́кулями.

7. Зри́тели ста́ли насмеха́ться над нео́пытными актёрами.

8. Он в прекра́сном настрое́нии, сы́плет анекдо́тами и о́стрыми шу́тками.

9. Она́ поздра́вила меня́ с тем, что я вы́сказался про́тив но́вого зако́на.

10. Я обзвони́л всех свои́х друзе́й, приглаша́я их на ве́чер.

13. (1) связь 'connection'   (2) ито́г 'sum, total'   (3) одн- 'one, same', о́браз 'image, way'   (4) здрав- 'health, healthy' (cf. pleophonic здоро́в id.)   (5) лад 'harmony'. The force of раз- is to reverse, negate. Зубри́ть and шабло́н both seemingly derive from German.

UNIT 11

Level 1

1. 1 feminine   2 masculine
2. гол
3. очко́
4. I 1 Я ловлю́ ры́бу   2 Я охо́чусь на медве́дя   3 Я хорошо́ провожу́ вре́мя   4 Я ста́влю де́ньги на ло́шадь   II 1 забьёт   2 побьёт   3 шьёт   III (1) бегу́ бежи́шь бежи́т бежи́м бежи́те бегу́т   (2) плыву́ плывёшь плывёт плывём плывёте плыву́т. No other verb conjugates like бежа́ть. Жить conjugates like плыть. The multi-directionals are, respectively, бе́гать and пла́вать.
5. 1 на   2 за   3 в   4 на
7. I 1 игру́шка   2 карусе́ль   3 каче́ли   4 мяч   5 о́тдых   6 охо́та   7 рыболо́в
   II 1 акроба́т   2 боле́льщик   3 жонглёр   4 кло́ун   5 кома́нда   6 ку́кла   7 цирк
   III 1c   2g   3d   4f   5a   6b   7e
8. 1 в баскетбо́л   2 в волейбо́л   3 в те́ннис   4 в футбо́л   5 в хокке́й   6 в ша́хматы
9. I 1c   2a   3b   4f   5d   6e   II 1c   2a   3b   III 1b   2a
10. 1c   2a   3b
11. 1 на бегово́й доро́жке   2 на велотре́ке   3 в гимнасти́ческом за́ле   4 в пла́вательном бассе́йне   5 на те́ннисном ко́рте   6 на футбо́льном по́ле
12. 1 бе́гает   2 бокси́рует   3 боле́ет   4 ката́ется на конька́х   5 ката́ется на лы́жах   6 пла́вает   7 ло́вит ры́бу   8 игра́ет в те́ннис
14. 1. Employees of Moscow Zoo hunted for penguins, seals, and walruses in Antarctica for the capital's 'menagerie'.

2. Instead of playing outside, modern kids have gone mad about videogames and can spend hours indulging in them, although some of them abound in scenes of violence and, perhaps, are very harmful for children's minds.
3. DIY is the favourite pastime of many men, but household repairs can be dangerous in the hands of an unqualified amateur.
4. Blokhin has scored by heading the ball into the top corner of the net.
5. Sergey Bubke from Donetsk has broken the world record in the pole vault.
6. At the skiing tournaments our skiers win few medals as we have little snow as it is, and under the influence of global warming there is even less; however, at the skating tournaments our skaters achieve decent results, as they train and perform at skating rinks covered with sliding roofs.
7. The cycle track is situated one hour's walk from the centre of the city, or about 10 minutes' ride by public transport.
8. Bingo is predominantly played by elderly widows who are seeking the company and friendship of their fellow-players.

15. 1. В выходны́е дни́ мы́ обы́чно отдыха́ем за́ городом.
    2. Охо́та на лису́ запрещена́ в Великобрита́нии, но е́сть лю́ди, кото́рые продолжа́ют охо́титься.
    3. По мне́нию Баро́на Пье́ра де Куберте́на, основа́теля совреме́нных Олимпи́йских игр, уча́ствовать в Игра́х важне́е, чем вы́играть и́ли проигра́ть, но никто́ не ве́рит э́тому в наш скепти́ческий ве́к.
    4. Де́ти хорошо́ провели́ вре́мя в увесели́тельном па́рке: ката́лись на карусе́ли, кача́лись на каче́лях, игра́ли в лото́ – и вы́играли ку́клу.
    5. Тру́дно предста́вить себе́ ци́рк без жонглёров, акроба́тов и кло́унов, но живо́тных тепе́рь ме́ньше – по гуманита́рным соображе́ниям.
    6. Рыболо́в лови́л ры́бу ве́сь де́нь, но не пойма́л ни одно́й ры́бы.
    7. Уйдя́ на пе́нсию, о́н ста́л интересова́ться садово́дством.
    8. Ба́бушка связа́ла всем свои́м вну́чкам по фуфа́йке и́ли по ко́фточке.
    9. Вра́ч посове́товал мне́ занима́ться спо́ртом: игра́ть в го́льф, пла́вать ка́ждый де́нь.
16. I боле́льщица II бегу́нья III пловчи́ха
17. (1) German (2) French (3) English (4) Persian/Arabic.

Level 2

1. 3 пе́шки (the rest are plural-only nouns)
2. I 1 для 2 из II 1 по 2 по III 1 в IV с V 1 на 2 на
3. I 3 пена́льти (m. or n.; the others are neuter only) II 1 ми́шка
4. I 1 дрессиру́ет 2 фехту́ет 3 отсе́ют II 1 боро́лись 2 гребли́ III 1 пода́ст 2 переда́ст
6. I 1c 2a 3b II 1b 2c 3a III 1b 2a IV 1b 2a
7. I 1 книголю́б 2 коллекционе́р 3 орнито́лог 4 филатели́я 5 ми́шка 6 песо́чница 7 кроссво́рд II 1 защи́тник 2 самока́т 3 пря́тки 4 моро́женщик 5 раздева́лка 6 финали́ст 7 пе́шка III 1c 2a 3d 4b 5e 6g 7f
8. 1 врата́рь 2 защи́тники 3 полузащи́тники 4 напада́ющие
10. 1 to do aerobics 2 kick-off 3 diving 4 to make a move 5 shooting at a target 6 to draw

11.   1. An ornithologist goes to the forest to observe the forest birds through his binoculars.
      2. The boys were trying to fly a kite, but it kept coming down.
      3. Sokolov passed the ball right to the head of the centre forward, who then scored.
      4. The right-back has touched the ball with his hand and the referee has awarded a penalty kick.
      5. Our marksmen were shooting so well that they won the tournament.
      6. The Chinese have long been considered the world champions in table tennis.
      7. He won the race, but he was disqualified for using stimulants.
      8. English crosswords differ from continental ones in the use of puns and riddles.
      9. The first twelve games of the first set ended in a draw and the referee declared a tiebreak. The champion was two points behind, but managed to pull himself together and won with the score of 7 – 6.
     10. Father bought a fishing-rod for his son's birthday.

12.   1. Бе́лые взя́ли чёрного слона́, ферзя́ и обо́их чёрных коне́й, и объяви́ли «Ма́т в три хо́да!»
      2. Вра́ч-ортопе́д шути́л, что ра́дуется, когда́ ви́дит бегуна́, бе́гающего трусцо́й на асфа́льте, та́к как таки́е лю́ди ча́сто попада́ют к нему́ в кли́нику.
      3. Финали́ст получи́л хоро́шие результа́ты, но по́мнят то́лько чемпио́нов, проигра́вших в фина́ле – никогда́.
      4. Тру́дно объясни́ть обая́ние аре́ны ци́рка. Оно́ состои́т из дресси́ро́вщиков, канатохо́дцев, жонглёров, да́же моро́женщиков и продавцо́в са́харной ва́ты.
      5. Геро́й э́того рома́на страда́л туберкулёзом, но заня́лся альпини́змом и попра́вился.
      6. В городки́ мо́жно игра́ть о́коло сте́н Петропа́вловки в Са́нкт Петербу́рге.
      7. Интере́сно, что коро́ль А́нглии Гео́рг IV игра́л, пре́жде чем взойти́ на престо́л, в сме́шанных па́рах на Уимблдо́нском те́ннисном турни́ре.
      8. Чемпио́н так си́льно пода́л мяч, что его́ проти́вник не смог отби́ть его́.

13.   2 защи́тник
15.   I 4 ша́шки   II 2 фе́рзь

Level 3

1. I 1 ко́зырь   II 1 вмести́мость
2. I ко́зырь   II 3 ту́з   III 2 прыгу́н
3. I 1 вы́шьет   2 подошьёт   II 1 тусу́ется   2 блоки́рует   3 кайфу́ем   4 нокаути́рует   III 1 стасу́ет, сдаст   2 сплетёт   3 соткёт   4 пока́жет
4. I 1 из   2 вне   3 с   II 1 на   2 в   3 на   III 3 на (1 and 2 take в)
5. I 1g   2c   3d   4f   5a   6b   7e   II 1 бра́сс   2 дельтапланери́зм   3 ипподро́м   4 спелиоло́гия   5 клю́шка   6 чревовеща́ние   7 ре́гби   III 1 коло́да   2 ласт   3 шлем   4 тусова́ться   5 трампли́н   6 седло́   7 се́тка
7. I 1d   2a   3b   4c   II 1d   2a   3c   4b
9. 1. The centre forward equalised the score but turned out to be off-side and the goal was not given.
    2. The local team normally loses when playing away but wins or draws at home.
    3. The swimmer pushed off the diving board at a run and dived into the water.

4. The referee has shown a red card to the goalkeeper who picked up the ball outside the penalty area.

5. World record holders: Galina Chistiakova produced a long jump of 7 m 52 cm, Natalia Lisovskaia did a shot put of 22 m 63 cm, and Sergei Bubke pole-vaulted 613 cm.

6. She put her feet in the stirrups and raced after the other riders.

10. 1. пры́гнул: At the Moscow Olympics of 1980 the German G. Wessig did a high jump of 2.36 m, and a Cuban female athlete threw the javelin 68.4 m.

2. ска́чут: At training the boxers regularly use a skipping rope.

3. нарко́тикам: He went on drugs when he was still in high school, but no one could have predicted that he would get addicted to drugs and would go to the addiction clinic.

4. нару́шил: He was sent off because he had fouled by tripping up the opponent.

5. мат: White checkmated Black, and the Black King was defeated at the 25th move.

6. вёсел, го́нках: The rower has one of the oars that secured his and his team's victory in the university boat race hanging on the wall of his living room.

11. 1. На террито́рии университе́та воздви́гли гига́нтскую англи́йскую була́вку, чтобы напо́мнить прохо́жим, что ра́ньше здесь стоя́л роддо́м.

2. Мно́гие де́ти увлека́ются ролево́й игро́й, де́вочки в осо́бенности представля́ют себе́, что они́ ма́тери, мо́ют и одева́ют свои́х ку́кол, укла́дывают их спа́ть.

3. Прыжки́ с парашю́том мо́гут оказа́ться опа́сным ви́дом спо́рта, осо́бенно когда́ парашюти́сты спуска́ются на ты́сячи ме́тров, не раскрыва́я свои́х парашю́тов.

4. Секундоме́р помога́ет тре́неру оцени́ть и улу́чшить ско́рость и потенциа́л спортсме́на.

5. Тури́сты развели́ костёр, кото́рый пото́м не могли́ потуши́ть и кото́рый наконе́ц спали́л 1.500 гекта́ров ле́са.

6. Когда́ он был моло́же он специализи́ровался по бра́ссу, а та́кже пла́вал кро́лем, но сейча́с он перешёл на спо́соб баттерфля́й.

7. Дельтапланери́зм стал ме́нее популя́рным, когда́ чемпио́н ми́ра разби́лся во вре́мя полёта и поги́б.

8. Наде́в шипо́вки, он улу́чшил свой результа́т и пробежа́л 100 ме́тров за 9,95 секу́нды.

12. I 2 ипподро́м (Greek)   II 3 шле́м (Germanic)   III 2 ко́зырь (Turkic via Polish)
IV 1 ла́ст (Finnic)

13. I 3 бра́сс (French)   II 2 фи́шка (French)

14. (a) ката́ть/кати́ть сиде́ть   (b) пе́рст чре́во веща́ть

UNIT 12

Level 1

1. 5 достопримеча́тельность   8 реме́нь (gen. ремня́)

2. I 3 суда́ (pl. of су́дно with loss of н in pl.)   II 2 права́ (plural-only noun in this meaning)

3. I 1 ста́влю   2 вожу́   3 лечу́   II 1 аннули́руют   2 голосу́ет

4. I 1 на   II 1 в

5. I экипа́ж (gen. экипа́жа)   II 3 на я́коре

6. I (a) е́здили   (b) е́здим   (c) е́здили   (d) е́дем   II (a) води́ть   (b) вёл   (c) води́ть
   III (a) лета́л   (b) лета́ть   (c) лете́ли   (d) лета́ли

7. I 1 бага́ж   2 чемода́н   3 валю́та   4 ка́рта   5 контролёр   6 па́спорт
   7 пассажи́р   II 1 аннули́ровать   2 кани́кулы   3 куро́рт   4 сувени́р   5 гости́ница
   6 го́рничная   7 экскурсово́д   III 1 конве́йер   2 дискоте́ка   3 гость   4 кора́бль
   5 па́рус   6 ваго́н-рестора́н   7 биле́т   IV 1f   2d   3a   4g   5e   6b   7c

8. I 1c   2a   3b   II 1b   2c   3a

9. 1c   2a   3b

10. I 1c   2a   3b   II 1c   2a   3b   III 1 спаса́тельная   2 па́русная   3 желе́зная
    IV a ку́рс   b реме́нь с жиле́т   V (a) бюро́   (b) права́

13. 1. Unlike at many other airports, at Sheremetevo-2 one must pay for using the luggage
       trolleys.
    2. The speed limit in built-up areas is 60 kph, in other areas and out of town –
       90 kph.
    3. In the Moscow metro one can contact the engine driver directly via an intercom.
    4. In 1936 the Soviet aviator Valeri Pavlovich Chkalov made a non-stop flight from Moscow
       to the Far East. The year after he took off again and completed a second non-stop flight,
       this time over the North Pole, and landed in the Canadian city of Vancouver.
    5. In order to obtain an entry visa to the Russian Federation, one is required to enclose an
       invitation from the Ministry for Foreign Affairs of the Russian Federation and to
       indicate one's citizenship, date of birth, passport number and date of issue, flight number
       and one's route.
    6. The passenger liner *Titanic* hit an iceberg during its maiden voyage in April 1912 and
       sank, and as there were not enough lifeboats on board the liner only 700 of the 2,200
       passengers survived (however, every passenger had a life jacket).
    7. Passengers travelling in the sleeping cars can order hot tea from the guard.

14. 1. В после́дние го́ды ку́рс е́вро повы́сился по отноше́нию к рублю́.
    2. Опа́сно де́лать поку́пки за грани́цей по креди́тной ка́рточке.
    3. Держа́ па́спорт в одно́й руке́ и поса́дочный тало́н в друго́й, я прошёл па́спортный
       контро́ль и тамо́женный досмо́тр и напра́вился к вы́ходу но́мер шесть.
    4. Мы́ разби́ли пала́тку бли́з реки́, но по́сле дождли́вой и бессо́нной но́чи реши́ли
       перейти́ в гости́ницу, одна́ко администра́тор отказа́лся на́с зарегистри́ровать и на́м
       пришло́сь остановиться в пансио́не.
    5. При по́мощи перево́дчика/экскурсово́да и путеводи́теля мы осмотре́ли гла́вные
       достопримеча́тельности Та́ллинна за оди́н де́нь.
    6. Как то́лько я остановился, чтобы поменя́ть колесо́, подъе́хал гаи́шник, сошёл с
       мотоци́кла и попроси́л меня́ показа́ть ему́ свои́ води́тельские права́.
    7. Согла́сно пра́вилам доро́жного движе́ния обяза́тельно застёгивать привязны́е ремни́
       на пере́дних сиде́ньях автомоби́лей, одна́ко мно́гие росси́йские води́тели и и́х
       пассажи́ры э́того не де́лают.
    8. Я обеща́л ей, что закажу́ у́жин на четы́ре челове́ка на во́семь часо́в, но всё сто́лики
       бы́ли за́няты в э́то вре́мя и поэ́тому на́м пришло́сь перенести́ на́шу встре́чу на
       полдевя́того.

15. I A 2   B 1   II 2 (cf. машини́стка 'typist')

16. I A 1 (from Italian)   B 3 чемода́н (Turkic/Persian)   II 3 (Turkic)   4 (Old
    Swedish)   III See *General, Word origins* (3), p. 368

Level 2

1. 1 (бу́фер, gen. бу́фера)
2. 3 при́стань
3. I ключ   II ярлы́к   III ру́ль
4. 2 ко́мпас
5. I 1 брожу́   2 закушу́   3 запра́влюсь   4 отпущу́   5 торможу́
   II 1 регистри́руюсь   2 страху́ет   3 швартуется   III 1 подлежи́т   2 те́рпит
   IV наберёт   2 разго́нится   3 упадёт   V сда́м сда́шь сда́ст сдади́м сдади́те сдаду́т
6. I 1 для   2 от   3 с   II на   2 на   3 за́   III 1 в   2 на   3 на
7. 1b   2d   3c   4a
8. I 1c   2a   3b   II 1c   2a   3b
10. 1 авиадиспе́тчер   2 автостоя́нка   3 бензоба́к   4 техобслу́живание
11. Railway terms: бу́фер, парово́з, ре́льс, шпа́ла. Car: капо́т, радиа́тор, сцепле́ние, ши́на.
    Shipping: ба́ржа, ко́мпас, ма́чта, мо́стик
12. I 1 закуси́ть   2 командиро́вка   3 пое́здка   4 посо́льство   5 носи́льщик
    6 зада́ток   7 ке́мпинг   8 шпа́ла   II чаевы́е   2 то́рмоз   3 беспо́шлинный
    4 тропи́нка   5 шезло́нг   6 домкра́т   7 а-ля фурше́т   III 1 объе́зд   2 фа́ра
    3 ава́рия   4 локомоти́в   5 диспе́тчер   6 ши́на   7 нало́г
13. I 1d   2a   3b   4c   II 1d   2a   3b   4c   III а подъёмник   b пра́здник
    с тури́зм   d аге́нт   IV а ключ   b знак   с биле́т   d стол   V А ло́дка
    В часы́
14. 1. Before leaving on a trip abroad, it is necessary to insure your life and baggage for a
       significant sum against a terrorist attack or other catastrophe.
    2. The following announcements can be heard on the metro: 'Attention, the doors are
       closing!', 'Vasileostrovskaia station, the next station is Gostiny Dvor'.
    3. At first it seemed that the millionaire publisher had fallen overboard and drowned, but
       then it became clear that he had committed suicide fearing that he would be charged
       with using the pension fund of the publishing company's employees in his private
       interests.
    4. The Americans have shot a film called *Red October* based on the novel of the same name
       by the American author Tom Clancy, about a Soviet submarine captain who 'presents'
       his submarine to the American navy. As a matter of fact, such a case really took place, its
       main hero was Lieutenant Commander Viktor Sablin, political officer of the
       anti-submarine ship *Storozhevoi* ('Duty ship'), that headed towards the open sea from
       Riga on 8 November 1975 in the direction of Leningrad, in the hope of speaking on TV
       and bringing to the attention of his compatriots the serious drawbacks of Brezhnev's
       regime. However, Military Airforce planes caught up with him and pierced the ship's
       deck with rockets. Sablin changed course towards Sweden but was intercepted, arrested,
       and shot for betraying his country.
15. 1. За́л прилёта по́лон пассажи́ров, заполня́ющих свои́ тамо́женные деклара́ции, пре́жде
       чем вста́ть в о́чередь к пограни́чному контро́лю.
    2. Те́, у кого́ не́ было предме́тов, подлежа́щих опла́те по́шлиной, прошли́ по зелёному
       кана́лу, други́е прошли́ по кра́сному.
    3. Мо́жно купи́ть беспо́шлинные това́ры до и́ли во вре́мя полётов в стра́ны,
       располо́женные за преде́лами Европе́йского сою́за.

4. Во́р вломи́лся в автомоби́ль, се́л за ру́ль, поверну́л клю́ч зажига́ния, отпусти́л сцепле́ние, включи́л пе́рвую ско́рость и помча́лся по доро́ге, но маши́ну занесло́ на льду́ и ему́ пришло́сь затормози́ть. Прохо́жий милиционе́р записа́л но́мер на номерно́м зна́ке.

5. Она́ отдала́ свою́ маши́ну на техобслу́живание и попроси́ла меха́ника прове́рить тормоза́, фа́ры, указа́тели поворо́та, ру́ль и давле́ние в ши́нах.

16. I 3 то́рмоз (probably of Greek origin)   II ярлы́к (probably of Turkic origin)

Level 3

1. I 2 на́сыпь is feminine   II 3 о́сь is feminine.
2. 1 букси́р
3. 3 ремо́нт
4. 4 тра́п
5. I 1 за   2 на   3 на   4 за   5 за   II 1 от   2 на   3 с
6. I 1 брони́рует   2 ремонти́рую   II 1 доплачу́   2 сажу́сь   III проко́лет   2 ся́дет
8. I 1c   2a   3b   II 1c   2a   3b
9. I 1 мая́к   2 отмы́чка   3 допла́та   4 моте́ль   5 отмени́ть   6 трю́м   7 за́мок   8 насле́дие   II 1e   2f   3g   4b   5d   6c   7a   III 1 ба́мпер   2 иллюмина́тор   3 каби́на   4 спидо́метр   5 ста́ртер   6 угна́ть   7 электри́чка
11. I 1d   2c   3a   4b   II 1 ви́да   2 хо́да   3 ри́тма   4 сле́дования
12. I 1c   2a   3b   II 1 персона́л   2 напи́ток   3 то́рмоз   4 досмо́тр   III 1 ва́хтенный журна́л   2 доро́жные че́ки   3 часовы́х поясо́в   4 ручно́й бага́ж   5 грузово́й отсе́к   6 звуково́й сигна́л   7 спаса́тельные жиле́ты
13. I 1b   2c   3a   II 1 вы́нужденную поса́дку   2 авари́йную слу́жбу   3 иммиграцио́нная слу́жба   4 беска́мерную ши́ну   Neuter nouns I 1d   2a   3b   4c   II боково́е зе́ркало
14. 1. О́н заброни́ровал ме́сто в тури́стском кла́ссе, но реши́л перейти́ в би́знес-кла́сс и заплати́л доро́жными че́ками, так как у него́ не оста́лось нали́чных де́нег.
    2. При взлёте и приземле́нии необходи́мо убра́ть откидно́й сто́лик и застегну́ть ремни́ безопа́сности.
    3. Техосмо́тр распростаня́ется на выхлопну́ю трубу́, звуково́й сигна́л, о́си, све́чи и стеклоочисти́тели.
    4. Террори́сты угна́ли аэро́бус с не́сколькими со́тнями пассажи́ров на борту́ и приказа́ли пило́ту измени́ть ку́рс и полете́ть в Афганиста́н.
    5. Мно́гие ещё по́мнят норве́жца Ту́ра Хейерда́ла, антропо́лога, кото́рый в 1947 году́ плы́л на плоту́ «Кон Ти́ки» от Перу́ до о́строва Туамо́ту в Ти́хом океа́не, чтобы доказа́ть, что инде́йцы- перуа́нцы могли́ посели́ться в Полине́зии.
    6. Сове́тская авиали́ния «Аэрофло́т» была́ са́мой большо́й в ми́ре, но её самолёты лета́ли в основно́м в преде́лах сове́тского «бло́ка». По́сле распа́да СССР «Аэрофло́т» бы́л подразделён на ря́д авиали́ний ме́ньшего разме́ра, и он ста́л конкури́ровать на мирово́м ры́нке.
    7. Предупреди́тельный води́тель всегда́ следи́т за прибо́рами на пане́ли и де́ржит в автомоби́ле компле́кт запчасте́й.

8. Зажёгся стоп-сигнал, но на несколько секунд слишком поздно, и машины столкнулись.

9. Ручной багаж нужно поместить или в багажный шкафчик, или под сиденье, расположенное перед каждым пассажиром.

10. Москва так изменилась, что искусствоведы задаются вопросом, что останется от архитектурного наследия столицы.

15. I замок   II авария   III трюм

UNIT 13

Level 1

1. 1 брак

2. I 2 свидетель   II монастырь

3. I 1 влюблюсь   2 выхожу   II родился, умер; родилась, умерла

4. I 1 на   2 в   3 в   4 за   5 на   II 1 о   2 на   3 на   4 на   III 1 за Петром
   2 с Машей   3 от старости

5. I 1 сестра   2 бабушка   3 тётя   4 невеста   5 жена   6 мать   7 дочь
   II 1 дедушки   2 сыновья   3 мужья   4 отцы   5 женихи   6 братья   7 дяди

6. 1 синагогу   2 храм   3 мечеть   4 церковь

7. I 1 беременная   2 брак   3 невеста   4 развод   5 свадьба   6 библия
   II 1 икона   2 христианин   3 мусульманин   4 молиться   5 богослужение
   6 набожный   III 1c   2f   3b   4a   5d   6e

8. 1d   2a   3b   4c

9. I 1b   2a   II 1c   2a   3b   III обручальное

10. II 1 смерть   2 душа   3 жених   4 в церкви

11. 1. Even the Russian press covered the marriage of the Prince of Wales to his lover several years after his divorce from the Princess of Wales and her death in an accident in Paris. His new wife was also getting married for the second time, to a person she had fallen in love with more than 30 years ago.

    2. In AD 988, Kievan Russia adopted the Orthodox religion. It is said that at the time representatives of a number of world religions visited Kiev: of Islam, Judaism, Catholicism, and Orthodoxy. The Grand Prince of Kiev did not like the Jews' abstention from pork and the abstention of Muslims from alcohol. In any case, economic and other links between Russia and Byzantium were so strong that the Grand Prince could not avoid adopting Orthodoxy.

    3. Easter is the most popular festival of the religious year. Believers fast, pray all night long, and after the Easter service say 'Christ has risen! – Risen indeed!' to each other. For Easter people eat eggs, normally painted red, and also 'paskha' (a sweet dish in the shape of a pyramid) and 'kulich' (sweet white bread). Easter in Russia is not always celebrated on the same Sunday as in the West.

    4. Christmas in Russia is celebrated not on 25 December, as in the majority of Western countries, but on 7 January, the reason for which is the switch from the Julian calendar to the Gregorian one in the time of Peter the Great.

    5. In the 1920s children's religious education in Russia was considered to be anti-communist propaganda. Churches were destroyed, many believers were subjected to repression.

12. 1. Жена́ ли́дера брита́нских либера́лов родила́ сы́на во вре́мя предвы́борной кампа́нии, но э́то не помогло́ ему́ на вы́борах.

    2. И́х ста́рший сы́н жени́лся на бортпроводни́це, а и́х мла́дшая до́чь вы́шла за́муж за пило́та.

    3. Она́ развела́сь с му́жем за то́, что у него́ бы́л рома́н с её подру́гой.

    4. По́сле сме́рти Иоа́нна Па́вла II кардина́лы опла́кивали его́ в тече́ние девяти́ дней, а пото́м приступи́ли к избра́нию его́ прее́мника.

    5. Мона́хи живу́т в мужско́м монастыре́, а мона́хини – в же́нском монастыре́.

    6. Когда́ де́ти веду́т себя́ пло́хо, э́то вина́ роди́телей.

    7. В сове́тские времена́ Каза́нский собо́р в Ленингра́де бы́л музе́ем атеи́зма, но сейча́с э́то де́йствующий собо́р.

13. I 1 би́блия is from Latin   II 1 бра́к comes from бра́ть

14. 1 бре́мя   2 молодо́й   3 пле́мя

15. 1 католи́чка (odd one out)   2 племя́нница   3 ро́дственница

16. I 1 евре́й (odd one out)   2 мусульма́нин   3 христиани́н   II мона́хиня has a different suffix

Level 2

1. I 2 и́споведь   II 1 госпо́дь   III I 1 and 3   II 1 and 2

2. They have no singular forms in these meanings.

3. I 1 вдова́   2 насле́дница   3 сва́ха   4 свекро́вь   5 тёща   II невéстка   2 ма́чеха   3 де́вушка

4. 4 тру́п

5. 3 гро́б

6. I 1 в   2 в   3 за   4 на   II 1 у   2 от   III с неве́стой   2 по роди́телям   3 в свои́х греха́х

7. I 1 испове́дуется   2 насле́дуют   II 1 благословлю́   2 вступлю́   3 крещу́сь   4 становлю́сь   5 пощу́сь   III 1 отда́м   2 отда́ст   3 отдади́м   4 отдаду́т

8. I 1 гро́б   2 до́гма   3 зя́ть   4 ме́трика   5 пото́мство   6 тру́п   7 холостя́к
   II 1 близнецы́   2 вдова́   3 вече́рня   4 за́гс   5 молодожёны   6 сирота́   7 свекро́вь
   III 1 крести́ться   2 насле́довать   3 новорождённый   4 обручи́ться   5 прихожа́нин   6 расто́ргнуть   7 хорони́ть

9. 1c   2a   3b

10. I 1c   2a   3b   II 1b   2a   III А Пя́тница   В Па́па

11. Acronym. За́пись а́ктов гражда́нского состоя́ния

12. 1b   2c   3a

13. I аятолла́ има́м мулла́   II равви́н   III кардина́л па́па ри́мский   IV архимандри́т иере́й/поп митрополи́т патриа́рх

14. 1 7 November   2 1 May   3 12 June   4 14 February   5 9 May   6 8 March   7 1/2 January

15. II 1 холостяко́м   2 ма́чеха   3 сирота́

16. A 1. A former monk atoned for his sins by working with the poor.

    2. In Medieval Ages people were put to death for blasphemy.

    3. The church was filled with the aroma of incense.

    4. He spoilt my whole mass (= ruined what I was doing).

B 1. No wonder her labour was so difficult – she gave birth to triplets.
   2. In modern Russia, church weddings have come back into fashion (but it is obligatory to get married in the registry office as well). After the wedding, the newly-weds are driven round the main sights of the city in a car. A trip round Moscow ends by the Kremlin walls, where the bride lays her flowers on the Tomb of the Unknown Soldier, while in St Petersburg it finishes by the Bronze Horseman, the monument to Peter the Great erected on the bank of the Neva river during the time of Catherine the Great.
   3. New Year in Russia is celebrated over two days, 1 and 2 January, and those who wish to can repeat the ceremony of seeing in the New Year on 14 January (the so-called 'Old New Year') according to the old Julian calendar that was replaced by the Gregorian one after the October Revolution.
   4. In some areas of Russian cities, local registry offices are called the Wedding Palace; here it is possible to get married standing on a red carpet under chandeliers. The bride normally wears white and the newly-weds exchange rings.

17. 1. Насле́днику престо́ла испо́лнилось 60 ле́т, и о́н жда́л, когда́ его́ 90-ле́тний оте́ц умрёт.
    2. Сою́з матере́й солда́т, воева́вших и поги́бших в Афганиста́не и в Чечне́, обрати́лись к президе́нту с про́сьбой положи́ть коне́ц чече́нской войне́.
    3. Молодожёны провели́ сво́й медо́вый ме́сяц на моторо́ллере в Кавка́зских гора́х.
    4. В тече́ние церко́вной сва́дьбы свиде́тели (ша́фер и подру́жка неве́сты) де́ржат венцы́ над голова́ми жениха́ с неве́стой.
    5. Согла́сно Конститу́ции Росси́йской Федера́ции всем гра́жданам РФ гаранти́руется свобо́да вероиспове́дания.
    6. Традицио́нная рели́гия ру́сских люде́й – правосла́вие.
    7. В не́которых стра́нах або́рт разреша́ется до 24-й неде́ли бере́менности.
    8. Татья́на сде́лала предложе́ние Евге́нию, но о́н не при́нял его́.
    9. По усло́виям завеща́ния дом принадлежи́т ста́ршему сы́ну.

Level 3

1. 3 шпи́ль
2. 2 са́ван
3. They are all plural-only nouns.
4. I алта́рь (m.) II шпи́ль (m.) III 2 про́поведь (f.)
5. I 1 на 2 в   II 1 под 2 при 3 по 4 на
6. I кормлю́   II 1 пропове́дует 2 сожи́тельствует
7. 1d 2a 3b 4c
8. 1e 2a 3b 4c 5d
9. Architecture: алта́рь амво́н анало́й ку́пол па́перть шпи́ль. Apparel: ермо́лка капюшо́н ми́тра ря́са стиха́рь чётки. Holy objects/processes: кади́ло купе́ль пома́зание поти́р просвира́ церко́вный ги́мн.
10. I 1 пелёнка 2 младе́нец 3 иску́сственник 4 вы́кидыш 5 коля́ска
    6 корми́лец 7 иждиве́нец II 1g 2c 3d 4e 5f 6a 7b   III 1 епа́рхия
    2 колоко́льня 3 кремато́рий 4 анало́й 5 му́ченик 6 пало́мник 7 моги́ла.
11. I 1c 2a 3b 4e 5d   II 1c 2a 3b

12. 1 суда́   2 сме́рти   3 зача́тый

14. 1. During the Second World War, constant bombardments and continuous air-raids persuaded local governments in many cities that it was necessary to evacuate children to the countryside to live with foster parents until the end of the war. For young townspeople, the rural customs marked the beginning of a new life.

2. Doctors say that breast-fed babies are less susceptible to such childhood diseases as smallpox, measles, and mumps, than formula-fed babies.

3. The second largest religion in Russia by the number of its followers is Islam (which is professed by Tatars, Bashkirs, Chechens, and others). Muslims constitute about 10 per cent of the population of the Russian Federation. There are also Catholics (they are predominantly Poles, Lithuanians, Germans, and Latvians), Protestants (among which Baptists are especially numerous) and about three-quarters of a million Jews – despite the desire of many Jews to move to Israel during Soviet times.

4. The wake (the custom of providing food after the funeral in memory of the deceased) takes place either immediately after the burial, or later (up to 40 days after the death of the deceased).

5. Some members of the British Communist Party became disenchanted with communism after the invasion of Budapest by Warsaw pact soldiers in 1956. A great number of former communists then converted to Catholicism with its disciplined ideology (like Communism!) and a rigid set of rules.

15. 1. Плани́ро́вщики утвержда́ют, что чем бо́льше матере́й-одино́чек, тем бо́льше ну́жно жилья́.

2. Не́которые молоды́е ма́тери предпочита́ют ке́сарево сече́ние есте́ственным ро́дам, так как э́то ме́нее бо́льно, чем родовы́е схва́тки.

3. В после́дние го́ды крема́ция ста́ла популя́рнее погребе́ния, тем бо́лее, что она́ деше́вле, доставля́ет ме́ньше хлопо́т, чем погребе́ние, занима́ет ме́ньше ме́ста и предпочти́тельна и по экологи́ческим соображе́ниям.

4. Интере́сно, что во вре́мя Вели́кой Оте́чественной войны́ (1941–1945 гг.) Ста́лин обрати́лся к Правосла́вной це́ркви за её подде́ржкой в борьбе́ с фаши́стским враго́м. Он наде́ялся, что э́то вы́зовет положи́тельную реа́кцию за́падных сою́зников, в по́мощи кото́рых он нужда́лся.

5. В мавзоле́е на Кра́сной пло́щади поко́ится бальзами́рованное те́ло Влади́мира Ильича́ Ле́нина (1870–1924).

16. 1 иждиве́нка (the rest have feminine suffix -(н)ица)

17. I life-style/religious belief   II location

18. I 3 ермо́лка   II 1 капюшо́н is from French, the others from German

UNIT 14

Level 1

1. 1 вахтёр

2. 3 тетра́дь (f.)

3. 3 учени́к

4. I 1 преподаёт   2 сдаёт   3 сдаст   II скопи́рует   III 1 поступлю́   IV сотрёт

5. I 1 на четвёрку   2 на экза́мене   II 1 за   2 по   3 по   4 о

6. I 1c   2a   3b   II 1b   2a

7. I 1 вахтёр   2 профе́ссор   3 экза́мен   4 ко́нкурс   5 ме́л   6 словáрь   7 су́мка
   II 1 бáлл   2 образовáние   3 предме́т   4 уро́к   5 геогрáфия   6 исто́рия
   7 лаборато́рия   III 1f   2d   3g   4e   5b   6c   7a

8. I 1d   2a   3b   4c   II 1d   2a   3c   4e   5b   III домáшнее

9. I Maths: áлгебра, арифме́тика, геоме́трия, логари́фмы. Physical: аэродинáмика,
   механ́ика, о́птика, фи́зика. Others: биоло́гия, геогрáфия, информáтика, исто́рия
   II 1 биоло́гию   2 геогрáфию   3 исто́рию   4 инострáнные языки́
   5 математ́ику   6 фи́зику   7 хи́мию

12. I. I went to the fifth form in 1948. To be precise – I was driven there. Our village only had a primary school, so to continue my education I needed to get 50 kilometres from home to the regional centre.

13. 1. At the beginning of the school year, the teacher gave us a homework essay on the topic 'Is it useful to know foreign languages?'.
   2. The five-point marking scale uses the following marks: one (very bad), two (bad), three (satisfactory), four (good), five (excellent), for example: she gets straight fives.
   3. After the October Revolution of 1917, V. I. Lenin, under the slogan of 'To learn, to learn and to learn', wanted illiterate people to learn how to write and read, so that all Soviet citizens would get a decent education. The 'Likbez' (elimination of illiteracy, 1920–35) campaign was initiated and by 1939 over 80 per cent of the population was literate.
   4. Having finished a 4–6-year course at one of the university faculties, students are awarded a university degree. They can continue studying for the degree of 'kandidat nauk' and for a doctorate.
   5. Having learnt one of the Slavic languages, it is not difficult to learn another, as the Slavic languages have only existed as separate languages for just over 1,000 years and so they still maintain many similarities (for example, in vocabulary and grammar).

14. 1. В англи́йских спецшко́лах Росси́йской Федерáции всё преподавáние ведётся на англи́йском языке́.
   2. Онá сдалá все экзáмены на «отли́чно» кро́ме одного́: онá провали́лась на экзáмене по информáтике.
   3. Геро́я но́вого фи́льма о Сталингрáдском сражéнии научи́ли стреля́ть из ружья́ в во́зрасте шести́ ле́т. Во врéмя ВОВ (Вели́кой Оте́чественной войны́) о́н стáл снáйпером.
   4. В Сове́тском Сою́зе образовáние бы́ло в основно́м бесплáтным, но в постсове́тский перио́д мно́гие роди́тели плáтят за учёбу.
   5. В хоро́шую пого́ду дире́ктор шко́лы разрешáет ученикáм обе́дать и́ли в столо́вой, и́ли на де́тской площáдке.
   6. Онá сиде́ла вéсь вéчер, проверя́я учени́ческие тетрáди.

15. 1 у́чится   2 научи́лся   3 у́чится   4 вы́учил   5 у́чит   6 у́чит   7 учи́ли   8 научи́ть
   9 у́чит   10 изучáет   11 у́чится

16. вахтёр/вахтёрша (colloquial)

17. тетрáдь is of Greek origin

Level 2

1. 1 корáбль is masculine.
2. I вы́ступлю   II репети́рует; состыку́ются

3. Maths: квадра́т, ку́б, прямоуго́льник, у́гол. Minerals/elements: азо́т, асбе́ст, рту́ть, се́ра. Instruments: весы́, ли́нза, микроско́п, термо́метр

4. 1d 2a 3b 4c

5. I 1b 2a 3d 4c   II то́чка замерза́ния; то́чка кипе́ния

6. I 1 ка́федра 2 семина́р 3 гло́бус 4 факультати́вный 5 диапозити́в
   6 калькуля́тор 7 экра́н   II докла́дчик 2 ле́кция 3 космона́вт 4 скафа́ндр
   5 квадра́т 6 ку́б 7 треуго́льник   III 1b 2d 3f 4e 5a 6c

7. I 1c 2a 3b   II 1c 2a 3b   III 1 кора́бль 2 институ́т 3 экза́мен
   IV 1c 2a 3b V 1 излуче́ние 2 воспита́ние 3 образова́ние
   VI гуманита́рные, есте́ственные

8. 1 четы́ре 2 де́вять 3 шестна́дцать 4 два́дцать пять 5 три́дцать шесть
   6 со́рок де́вять

9. I   1. He got qualifications as an engineer at evening classes.
        2. All young people should have the right to higher education.
        3. Children between the ages of 3 and 6 go to pre-school.
        4. The student teacher was present at all the lessons given by the senior teacher.
        5. Vera Pavlovna, the main character of N. G. Chernyshevsky's novel *What Is to be Done?* (1863), was an educated woman.
        6. The calculator, globe, screen are teaching aids.
        7. The electrician charged up the accumulator battery.
        8. We were following the schedule strictly.
        9. He was expelled from the institute because he failed all the exams.

   II   1. Some experts give preference to co-education as boys and girls will be living together on our planet for their whole adult life, others prefer single-sex schooling, especially as the boys don't give girls a chance to speak at joint lessons.
        2. According to classical Euclidean geometry, parallel lines never converge, but mathematicians such as N. I. Lobachevsky (1792–1856), professor of Mathematics and rector of Kazan University, proved the opposite. Only after Lobachevsky's death was the real importance of his work appreciated. It is interesting to note that Ivan Karamazov in Dostoevsky's last novel *The Brothers Karamazov* accepts the possibility that parallel lines will converge in eternity (*The Brothers Karamazov* 2:3 'The brothers get acquainted').
        3. Finally, the technical supervisor of the flight, Sergei Pavlovich Koroliov, ordered 'Launch!' 'Off we go!' – replied Gagarin. The space ship went into orbit. The state of weightlessness had occurred – the same state that he had read about in the books of K. E. Tsiolkovsky when he was a child.
        4. On 25 July, the hatch of the orbital station Saliut 7 was opened. Men had left it five times, but now it opened for Svetlana Savitskaia. For the first time in the history of space travel a woman had entered outer space.
        5. Some experts consider that the conquest of space started with the firing of ballistic missiles at London from the Baltic coast towards the end of the Second World War.

10. 1. Преподава́тели мо́гут подзараба́тывать, репети́руя ученико́в, кото́рые отста́ли от други́х.
    2. По сравне́нию с пи́сьменными экза́менами, у́стные экза́мены даю́т экзамена́торам возмо́жность точне́е оцени́ть у́ровень зна́ний кандида́та.
    3. Выступа́я на нау́чной конфере́нции, молодо́й специали́ст доказа́л, что тео́рия его́ ста́ршего колле́ги оши́бочна.

4. В конце́ ле́кции преподава́тель разда́л студе́нтам ко́пии свои́х запи́сок, кото́рые секрета́рша размно́жила на ксе́роксе.

5. Мно́гие реме́сленники, кото́рые в мо́лодости рабо́тали с асбе́стом, поги́бли в ста́рости от боле́зней, вы́званных э́тим вре́дным минера́лом.

6. Когда́ косми́ческие корабли́ состыкова́лись, астрона́вты и космона́вты, уча́стники прое́кта ЭПАС (Эксперимента́льный полёт Аполло́н-Сою́з) обра́довались, обменя́лись шу́тками, поздра́вили друг дру́га с успе́хом прое́кта.

11. I 1 о́ко 2 уста́   II учи́ть привы́кнуть обы́чный

12. 1 Еди́ный госуда́рственный экза́мен 2 заве́дующий уче́бной ча́стью

13. 2 гло́бус is of Latin origin

14. 2 ли́нза

Level 3

1. 2 сте́пень is feminine.

2. I 1 по 2 к 3 по 4 по   II 1 от 2 по́сле   III 1 с отста́ющими 2 с трудо́м

3. I 1 бро́шу 2 возгла́влю 3 освобожу́ 4 оста́влю 5 провожу́   II 1 отсу́тствую 2 переквалифици́руются 3 соверше́нствуют

4. 1 заземлена́ 2 освобождена́ 3 оста́влен 4 проведён 5 сдан 6 усоверше́нствован; The die is cast.

5. I University: прикладны́е иссле́дования, то́чные нау́ки, университе́тский городо́к, учёная сте́пень. Environment, space, radiation: тепли́чный (парнико́вый) эффе́кт, лучева́я боле́знь, глоба́льное потепле́ние, чёрная дыра́   II School realia: бу́нзеновская горе́лка, кла́ссный журна́л, ла́кмусовая бума́га, сексуа́льное воспита́ние, техни́ческие сре́дства обуче́ния. Examinations: про́бный экза́мен, проходно́й балл, экзаменацио́нная се́ссия   III 1c 2a 3b

7. 1 стипендиа́т 2 аспира́нт/ка 3 стажёр/ка.

8. 1 астроно́мией 2 биоло́гией 3 бота́никой 4 социоло́гией 5 электро́никой

10. I 1 бюллете́нь 2 ла́зер 3 у́гольник 4 тест 5 стипе́ндия 6 домово́дство 7 нова́тор   II 1d 2f 3g 4e 5b 6a 7c   III 1 зубри́ть 2 недоу́чка 3 возгла́вить 4 соверше́нствовать 5 углеро́д 6 спе́ктр 7 хлор IV 1 биоло́гия 2 бота́ника 3 астроно́мия 4 социоло́гия 5 электро́ника.

11. 1. Boarding-schools are very popular in the Russian Federation.

2. Businessmen were working on the train, each with a laptop on his knee.

3. The lab assistant checked all the equipment: pumps, filtres, test-tubes, tripods, and overhead projectors.

4. Every night the students hang out on campus.

5. He is a paediatrician and works with retarded children.

6. The changes that took place in Russian society in the late 1980s went hand in hand with similar changes in the Russian educational system. Instead of learning masses of indigestible information, the students had to learn how to develop as individuals, capable of approaching social and historical events critically. Reforms, undertaken by government officials, were focused on the decentralisation of the educational system and elimination of the remnants of the Soviet system. For example, history was taught and studied from different points of view.

7. In surveys carried out under the aegis of the All-Russian Central Institute of Public Opinion, Russians invariably claim that their educational level is high. And indeed, out of every thousand people aged 15 and over, 133 have higher education. Comparing this figure to the situation at the beginning of the 20th century, it turns out that for every literate person at the age of nine there were three illiterate.

8. Why aren't there enough school teachers in the Russian Federation? First of all, this is explained by the low level of salaries: many teachers retrained as translators or accountants. However, the situation has improved compared the 1980s, when 21% of schools did not have central heating and 30% did not have running water.

9. Out of 6 and a half million students, more than half are paying for their education, and in the state universities the fees are higher than in private educational establishments. Out of 18 million pupils, 69,000 attend fee-paying teaching establishments. State schools also collect money: for presents for teachers, for security guards and repairs, for graduation parties (a school-leaving party costs 1,000 roubles on average).

12. 1. Для соискáния стéпени кандидáта наýк россѝйские аспирáнты прохóдят ряд кýрсов и пѝшут диссертáцию.
2. Бѝзнес-шкóлы вы́росли по всемý свéту как грибы́ пóсле дождя́.
3. Родѝтели старáются переéхать в микрорайóн, обслýживаемый хорóшей шкóлой.
4. Спецшкóлы специализѝруются по языкáм, математике, информáтике и другѝм предмéтам.
5. В картотéке госбиблиотéки хранѝтся нéсколько миллиóнов кáрточек.
6. Чем нѝже чѝсленное отношéние учáщихся к преподавáтелям, тем лýчше экзаменациóнные результáты.
7. Числó детéй в англѝйской семьé составля́ет в срéднем 1,6.
8. Егó остáвили пóсле урóков за то, что мешáл другѝм учѝться.
9. На пéрвом годý обучéния онá так чáсто болéла, что ей пришлóсь остáться на вторóй год.
10. Прогýл заня́тий в нáших шкóлах достѝг беспрецедéнтых масштáбов.
11. Экóлоги предскáзывают, что парникóвый эффéкт приведёт к глобáльному потеплéнию.
12. К 2100 гóду Земля́ потеплéет на одѝн грáдус, а ýровень мóря поднѝмется на три сантимéтра.

13. I 4 стаж   II ци́ркуль   III light amplification by stimulated emission of radiation
IV тре- 'three' + -нога 'foot, leg'

UNIT 15

Level 1

1. цех
2. I ячмéнь   II it is retained in the instrumental рóжью
3. I гýсь   II ячмéнь   III рожь (all nouns in -жь are feminine) and промы́шленность (all abstract nouns in -сть are feminine).
4. I 1 индустриализи́руем   2 национализи́руют   II 1 вспа́шет   2 уберём
3 разведёт   III 1 изгото́влю   2 развожý

5. I 1c 2a 3b   II 1c 2a 3c   III (a) электроста́нция (b) си́ла (c) ша́хта
   IV 1 ма́ссовое 2 се́льское

6. 1 коро́ву 2 урожа́й 3 яйцо́ 4 кни́гу 5 дома́шний скот 6 зе́млю

7. 1 телёнок 2 цыплёнок 3 ягнёнок 4 утёнок

8. I 1 овцево́д 2 огоро́дник 3 рост 4 коро́вник 5 комба́йн 6 плуг 7 тра́ктор
   II 1f 2c 3d 4g 5a 6e 7b   III 1f 2d 3a 4g 5b 6c 7e

9. I 1 овцево́д 2 пчелово́д 3 рыбово́д 4 свинаво́д 5 скотово́д 6 собакаво́д
   II овощево́д

11. II 1 пету́х 2 осёл 3 у́тка 4 ло́шадь

12. Animal shelters: коню́шня, коро́вник, пти́чник, свина́рник. Cereals: кукуру́за, овёс,
    пшени́ца, рожь, ячме́нь. Work places: заво́д, огоро́д, фе́рма, ша́хта, электроста́нция

13. 1 автомоби́льная 2 нефтяна́я 3 пищева́я 4 тексти́льная 5 хими́ческая

14. 1. The most disastrous accident in the history of atomic power took place on 26 April 1986
       at Chernobyl's atomic power station when one of the reactors exploded during unofficial
       testing procedures. Radioactive particles from the fire polluted the area surrounding the
       Ukrainian city of Chernobyl and subsequently half of Europe. 31 people died almost
       immediately and hundreds of people were treated for radiation sickness.
    2. The President of the Russian Federation V. V. Putin said that computers as well as
       Internet access should be available at every rural school. However, the programme has its
       limits: at one school children have to wait to take their turn at the computer, but it
       amounts to three minutes per pupil per week. It means that the goals set by the President
       have not been achieved fully. Computerisation of Russian schools cost 6 billion roubles.

15. 1. Свине́й разво́дят на свинофе́рме, кур на птицефе́рме, а коро́в на моло́чной фе́рме.
    2. Доя́рки доя́т коро́в на рассве́те, ча́сто с по́мощью дои́льного аппара́та, а молоко́
       гру́зят на грузовики́ и развозя́т по города́м и сёлам.
    3. В Шотла́ндии убира́ют урожа́й по́зже, чем в други́х райо́нах Великобрита́нии, что
       объясня́ется пого́дными усло́виями.
    4. По́сле Второ́й мирово́й войны́ брита́нское прави́тельство национализи́ровало мно́го
       промы́шленных предприя́тий, а та́кже систе́му здравоохране́ния, систе́му
       образова́ния и желе́зные доро́ги.
    5. До Револю́ции 1917 го́да Росси́я была́ отста́лой страно́й, но ей удало́сь
       индустриализи́ровать эконо́мику и победи́ть фаши́стов.

16. I 1 а́томная электроста́нция 2 гидроэлектроста́нция 3 производи́тель рабо́т
    II It denotes the young of animals/birds, e.g. телёнок pl. теля́та   III 1 петь 2 swine
    3 semen 4 *agneau*   IV ло́шадь and нефть

Level 2

1. у́лей
2. ка́бель
3. верфь
4. I сма́жет   II се́ет   III 1 произвожу́ 2 кормлю́   IV 1 пасётся
   2 произведёт   V разберёт
5. 1 овца́ 2 свинья́ 3 кобы́ла 4 индю́шка 5 пасту́шка 6 слу́жащая
6. 1d 2a 3b 4c
7. 1e 2a 3b 4c 5d

8. I 1 ви́лы 2 моты́жить 3 заго́н 4 ко́рм 5 лу́г 6 шну́р 7 штéпсель
  8 корму́шка II 1 пои́ть 2 у́лей 3 пасту́х 4 виногра́дарство 5 сéять
  6 чу́чело 7 овча́рка III 1c 2a 3f 4d 5e 6b
9. I 1b 2c 3a II 1d 2a 3b 4c III 1c 2a 3d 4b
10. заво́д: 1 3 4 6 цех: 2 5
11. II 1 жеребéц 2 индю́к 3 хлéб
12. 1. Sheep feed on such root vegetables as swede, turnip, and beetroot.
  2. Not so long ago it was considered that the use of pesticides would solve all agricultural problems by killing vast numbers of pests. Later it turned out that some of the species of birds that feed on these pests are dying out and disappearing from our fields.
  3. Turkey and cranberry sauce became a traditional dish for Thanksgiving: it was the first food that English settlers had found in the New World.
  4. Goods manufacturing is playing a less and less significant role in the economics of many countries, where preference is given to the service industry.
  5. Heated debates arise over whether it is advisable to use nuclear power as the primary source of light and heat, or, with ecological considerations in mind, it is better to resort to the power of wind and waves.
  6. Agriculture was considered the weakest side of the Soviet economy. From 1929 economic planners started to join individual peasant holdings together into collective farms (kolkhoz). By 1934, 71% of peasant holdings had been collectivized, and by 1937, 235,000 collective farms had replaced 26 million individual holdings. Those who did not want to join the 'collective' were repressed.
  7. The tourist industry is flourishing: Soviet citizens spent their holidays predominantly within the Soviet Union, but at the feet of the 'New Russians' is the whole world.
13. 1. Коро́вы ча́сто до́ятся с по́мощью дои́льной устано́вки.
  2. Фéрмер вы́рыл глубо́кий ро́в.
  3. В Баку́ пробу́рена но́вая нефтяна́я сква́жина.
  4. Во врéмя кани́кул я рабо́тал, снача́ла на скла́де, пото́м на стро́йке.
  5. Обраба́тывающая промы́шленность обраба́тывает сельскохозя́йственное сырьё для э́кспорта в стра́ны Европéйского сою́за.
  6. На бума́жной фа́брике рабо́чие и слу́жащие обéдают в одно́й столо́вой, но за ра́зными стола́ми.
  7. Пасту́х ко́рмит и по́ит дома́шний ско́т, пасу́щийся на лугу́.
  8. Бу́дучи в Та́ллинне, столи́це Эсто́нии, я имéл возмо́жность убеди́ться, что судострое́ние процветáет в Финля́ндии, та́к как всё суда́, стоя́щие на я́коре в та́ллиннском порту́, постро́ены на фи́нских вéрфях.
  9. Студéнтов, жела́ющих изуча́ть би́знес или маркéтинг, о́чень мно́го, а мéжду тéм инженéров-строи́телей и хи́миков не хвата́ет.
14. 2 индю́к
15. place
16. 1 плодово́дство

Level 3

1. I ча́н II кра́н
2. I 1 and 2 m., 3–5 f. II 1 and 2 (deverbal agent nouns in -тель/-итель are masculine)
3. I They are plural-only nouns II Коло́сья

4. 3 монтёр

5. I 1 осла́блю 2 вы́плавлю 3 кошу́ 4 молочу́ 5 отвинчу́ 6 привинчу́
   II 1 забью́т 2 стрижёт 3 жнут   III 1 изоли́рует 2 шлифу́ет

7. IA 1d 2a 3b 4c   IB 1 ба́шня 2 промы́шленность 3 индустри́я
   II 1d 2e 3a 4b 5c   III 1 зубча́тое 2 техни́ческое   IV 1 проду́кты
   2 расхо́ды

8. I 1 ко́нный 2 консе́рвный 3 цеме́нтный 4 лесопи́льный 5 пивова́ренный
   6 чугунолите́йный   II 1 передова́я 2 са́мая совреме́нная

9. I 1b 2a 3h 4c 5d 6e 7f 8g   II 1 скотобо́йня 2 я́щур 3 бочо́нок
   4 вреди́тель 5 металлурги́я 6 серп 7 сноп   III 1 вентиля́ция 2 лесово́дство
   3 монтёр 4 электро́нщик 5 верста́к 6 кран 7 выключа́тель 8 отвёртка
   9 компоне́нт

11. 1 Make hay while the sun shines.   2 He has met his match.

12. 1. Chemicals are being used to fertilise agricultural fields, but there are also organic foods that are grown without the use of chemicals, which is more acceptable from the ecological point of view: by spraying chemicals onto the plants it is possible to destroy not only the weeds and pests but also good plants.

    2. Russia inherited from the Soviet Union an enormous but highly inefficient industrial potential. Russia had to carry out a whole range of fundamental economic reforms, to reorientate towards the needs of the consumer and to take into consideration the competition on the world market. The majority of the companies were privatised and became joint-stock companies, but the resources were limited and expensive, especially as in the 1990s, after the collapse of the Soviet Union, so called 'oligarchs' were allowed to buy energy and other resources cheaply. Meantime, GDP and industrial production are growing very slowly, at a snail's pace. The crisis could not be avoided as neither the prices nor the organisation of production were adapted to market requirements.

    3. A lathe is electrically operated and a loom is battery-operated.

    4. All mechanisms are prone to wear and tear, but regular maintenance keeps the machinery totally intact.

    5. Power lines experienced breakdown.

    6. Vineyards stretch along the banks of the Rhine.

    7. Riveters are ranked among the shipbuilders' elite.

    8. Due to the absence of a pump, the wheel had to be changed.

    9. Most importantly, a PC should be user-friendly.

13. 1. Насе́дка вы́сидела восьмеры́х цыпля́т, из кото́рых то́лько ше́стеро вы́жили.

    2. Полови́на его́ ста́да зарази́лась я́щуром и сдо́хла. Остальны́х коро́в пришло́сь забить на бо́йне, что́бы боле́знь не распространи́лась на други́е стада́.

    3. Ра́ньше жа́ли зерновы́е культу́ры серпо́м, но уже́ давно́ их жнут маши́нами.

    4. Промы́шленное произво́дство автоматизи́ровано во всех ра́звитых стра́нах, это то́лько в стра́нах тре́тьего ми́ра ещё существу́ют трудоёмкие произво́дственные проце́ссы.

    5. Промы́шленный диза́йн прово́дится на компью́терных экра́нах. Таки́м о́бразом диза́йнер мо́жет без вся́кого ри́ска для своего́ прое́кта эксперименти́ровать, добива́ясь максима́льной экономи́чности и красоты́.

    6. Она́ отвинти́ла телефо́нный аппара́т от стены́ и привинти́ла его́ к перегоро́дке.

    7. В Институ́те киберне́тики создана́ це́лая «семья́» радиоуправля́емых ро́ботов.

14. See *Word origins (machinery and tools)* (1) and (2), p. 470.
15. 1 севооборо́т 2 сеноко́с 3 скотобо́йня 4 трудоёмкий 5 плоскогу́бцы
    6 бетономеша́лка. Common structural feature: link vowel -o-.

UNIT 16

Level 1

1. I Приватизи́руют   II 1 вступлю́ 2 объявлю́ 3 терплю́   III и́щет
   IV 1 ведёт 2 подаёт 3 найму́т
2. I 1 на 2 на 3 в 4 на   II 1 о 2 по
3. 1 3 при́быль is feminine.   II себесто́имость is feminine
4. 1d 2a 3b 4e 5c
5. I 1b 2c 3a   II 1c 2a 3b   III 1 фо́ндовая 2 по́лная 3 ры́ночная
   IV 1b 2a   V делово́е
6. I 1b 2c 3a   II 1c 2a 3b
7. I 1 апте́карь 2 вра́ч 3 маля́р 4 водопрово́дчик   II 1 милиционе́р
   2 официа́нт 3 парикма́хер 4 пе́карь 5 почтальо́н
8. I 1 ремонти́рует о́бувь 2 специализи́руется по тока́рному де́лу 3 убира́ет
   помеще́ния 4 владе́ет а́кциями   II 1 специализи́руется по юриди́ческим
   вопро́сам 2 занима́ется би́знесом 3 во́дит маши́ну 4 прохо́дит ста́ж
9. I 1 1 о́фис 2 торго́вля 3 шофёр 4 инвести́ции 5 распрода́жа 6 кандида́т
   7 стажёр   II 1b 2e 3g 4c 5a 6d 7f   III 1 профсою́з 2 маля́р
   3 пе́карь 4 официа́нт 5 работода́тель 6 фи́рма 7 тре́ст
11. 1. свида́ние: The Trust's director made a business appointment with the American
    businessmen for 2 p.m.
    2. би́рже: The price of shares on the stock exchange depends on the price of a barrel of oil
    on the world market.
    3. при́быль: In the first year after the opening of the new company, its gross profit
    amounted to more than a million roubles, however in the second year it incurred a
    loss.
    4. заявле́ние: He applied for a job in a branch of a multinational corporation, but he was
    refused due to the lack of necessary qualifications.
    5. профсою́з: Workers boycotted their new colleague because he had refused to join the
    union.
    6. апте́ку: The doctor prescribed me a cough medicine and I popped into a chemist's on
    the way home.
    7. подгото́вка: Applicants for a job in this company face lengthy and thorough training.
12. 1. Междунаро́дная корпора́ция «Интерфа́кс» откры́ла филиа́лы во мно́гих европе́йских
    стра́нах.
    2. Не сто́ит приватизи́ровать промы́шленность, не внедри́в в неё нове́йшей техноло́гии
    и не вложи́в капита́ла.
    3. По́сле распа́да СССР Росси́йская Федера́ция перешла́ на ры́ночную эконо́мику.
    4. Рабо́чие бы́ли недово́льны усло́виями труда́ и объяви́ли забасто́вку, несмотря́ на
    угро́зу, что они́ бу́дут уво́лены.

5. Но́вое поня́тие «по́льский водопрово́дчик» возни́кло во Фра́нции и символизи́рует ситуа́цию в не́которых западноевропе́йских стра́нах, где безрабо́тным специали́стам нетру́дно найти́ рабо́ту.

6. В 16 лет ему́ надое́ла шко́ла. Он реши́л, что пора́ зараба́тывать на жи́знь, и стал иска́ть рабо́ту.

13. 1 зарпла́та   2 медсестра́   3 профсою́з

14. I 1 би́ржа is purportedly from Dutch   II 1 апте́ка is from Polish   III забасто́вка is from Italian *basta!*   IV 4 забасто́вка

Level 2

1. 4 це́ны (the rest are plural-only)

2. 2 тамо́женник

3. I в 3 4 5 на 1 2   II 4 takes в   III 1 с 2 у 3 о 4 за

4. I 1 доста́влю 2 повы́шу 3 пони́жу 4 размещу́ 5 провожу́ 6 пущу́ 7 ухожу́
   II 1 закажу́ 2 наберёт 3 проведёт 4 упаку́ем

5. I 1c 2a 3b   II 1d 2a 3b 4e 5c   III 1 ги́бкий 2 декре́тный
   3 пенсио́нный   IV 1b 2a   V 1 ры́ночные си́лы 2 покупо́чные це́ны

6. I 1c 2a 3d 4b   II 1c 2a 3b   III гара́нтия рабо́ты

7. I 1 партнёр 2 слия́ние 3 ассортиме́нт 4 председа́тель 5 пробе́л
   6 прейскура́нт 7 при́быль 8 отпра́вка   II 1 счёт 2 конкуре́нт 3 монопо́лия
   4 бухгалте́рия 5 беспо́шлинный 6 колле́га 7 нагру́зкка   III 1e 2a 3b
   4c 5f 6g 7d

9. 1 бро́кер/ма́клер 2 доста́вщик 3 коммивояжёр 4 оптови́к 5 бухга́лтер
   6 продаве́ц/продавщи́ца 7 риэ́лтор 8 тамо́женник 9 касси́р 10 ро́зничный
   торго́вец

10. 1. The company director arranged a meeting with the striking workers, but could not meet their demands, negotiations reached a deadlock, the strike went on, the company could not recoup its losses and went bankrupt.

   2. Following the merger of the two largest computer companies some of the employees of one of the companies had to resign.

   3. In order not to fall behind our competitors, our company launched a new range of products: combs, perfume, and brushes.

   4. In one of London's credit companies an original way of encouraging the colleagues working in the sales department was devised: a cabbage or some other vegetable was left on the desk of a colleague who had not achieved the desired results until he had sold an insurance policy or a credit card to a client. It is said that these draconian measures were a success.

   5. In the 1940s, a Hungarian called Ladislao Biro discovered a gap in the market and launched the first ballpoint pen. The market was soon flooded with new pens and traditional pens were pushed aside to the periphery by market forces.

   6. Many bridegrooms in Scotland order a kilt together with the traditional sporran and dagger for their wedding.

   7. Not having received a reference from the boss following the sack for truancy, Sergey sought career advice. He was advised to go to an employment agency and fill in an application form.

8. A new contract concluded with the government allowed the Novostroi construction firm to recruit masons, plasterers, and other qualified workers.

11. 1. Ежедне́вно на рассве́те моло́чник доставля́ет на́ дом шесть ли́тров молока́.

2. Бы́вшие жи́тели Га́зы упакова́ли свои́ пожи́тки и поки́нули навсегда́ зе́млю, «пода́ренную им Бо́гом».

3. Автовладе́лец предпочита́ет фи́рму, кото́рая гаранти́рует техобслу́живание.

4. Перево́зка беспо́шлинных това́ров ограни́чена коли́чеством и ве́сом.

5. По прилёте в са́нкт-петербу́ргский аэропо́рт «Пу́лково» пассажи́ры заполня́ют тамо́женную деклара́цию.

6. Председа́тель фи́рмы уме́ньшил свою́ нагру́зку, назнача́я дву́х помо́щников.

7. Дире́ктор-распоряди́тель сни́зил зарпла́ту ка́дров, но сохрани́л свою́ со́бственную пре́мию.

8. Мно́гие рабо́чие предпочита́ют рабо́тать по ги́бкому гра́фику и́ли посме́нно, что даёт им возмо́жность проводи́ть бо́льше вре́мени со свои́ми се́мьями.

12. 2 валю́та

13. 3 тамо́жня

Footnote: they are in reverse order.

Level 3

1. I (a) c (b) 3 с рабо́ты (the other two take the instrumental)   II на   III по
   IV 1 по 2 об

2. I 1 аттесту́ют 2 командиру́ют 3 скопи́рует 4 переквалифици́руется
   5 ревизу́ет 6 спекули́рует II вы́пишет III 1 запасёмся 2 при́мут IV сокращу́

3. I 1 производи́тель 2 администра́тор 3 ски́дка 4 копи́ровать 5 образе́ц
   6 сме́та 7 ауди́тор   II 1g 2a 3f 4e 5b 6c 7d   III 1 сократи́ть
   2 налогови́к 3 дире́кция 4 аттестова́ть 5 командирова́ть 6 пике́т
   7 штрейкбре́хер

4. I 1e 2a 3d 4b 5c   II 1b 2a

5. I 1c 2a 3b   II риск   III 1c 2a 3b   IV компа́ния

6. A See word lists.
   B 1. Auditing the tills of a local bank, the auditor spotted some inaccuracies, which he brought to the attention of the bank manager.

   2. Following the repair of the photocopier, those wishing to copy materials queued outside the supplies office.

   3. Some companies prefer to employ freelancers rather than employ staff that need regular wages for many years and then pensions following retirement.

   4. The parent company faxed the affiliated one the shipping advice.

   5. Towards the end of a financial year, accountants are required to assess the overheads and travelling expenses for the following year as well as the running costs.

   6. Due to the labour shortage it was decided to employ qualified workers from abroad.

   7. Industrial relations got worse after a demonstration took place, the participants of which criticised the company's directorate for racial and sexual discrimination.

   8. The work of an engineer is linked with certain occupational hazards, which are compensated for, however, by advantageous fringe benefits.

7. A See word lists.
    B 1. Фи́рмы, кото́рые принима́ют руково́дство други́ми предприя́тиями, обы́чно и́щут возмо́жности ликвиди́ровать опа́сных конкуре́нтов.
       2. Сро́к го́дности э́тих фру́ктов давно́ прошёл, зна́чит, нельзя́ их продава́ть.
       3. По́сле пра́здников магази́ны сра́зу же начина́ют продава́ть свои́ това́ры со ски́дкой, то́ есть по сни́женной цене́, иногда́ вдво́е сокраща́я ро́зничные це́ны. Нельзя́ не согласи́ться с утвержде́нием, бу́дто це́ны и та́к завы́шены.
       4. Предусмотри́тельные хозя́йки запаса́ются дрова́ми ле́том, а прохлади́тельными напи́тками зимо́й.
       5. Предприи́мчивый бро́кер спекули́ровал це́нными бума́гами на фо́ндовой би́рже, но сде́лал ря́д до того́ серьёзных оши́бок, что обанкро́тился.
       6. По́сле закры́тия вое́нных ку́рсов ру́сского языка́ в 1960 году́ министе́рство сократи́ло почти́ всех инстру́кторов.
8. 1 –ник   2 –и́к   3 –чик   4 –щик
9. classical 3 4   Germanic 1 2
10. штрих-ко́д

UNIT 17

Level 1

1. I 1 ско́тч   II 1 ди́ск
2. 1 кладёт   2 наберёт   3 подпи́шет   4 стенографи́рует
3. They are adjectival nouns.
4. 3 паке́т
5. 1 календа́рь
6. I 1 на   2 на   3 с   II 1 жене́   2 в шко́лу   3 на по́чту
7. телефо́нная
8. 1c 2a 3b
9. 1c 2a 3d 4b
10. 2 4 1 6 5 3
11. I ка́ртридж   II тру́бка
12. 1 калькули́руют   2 скле́ивают листы́ бума́ги   3 ре́жут   4 распеча́тывают   5 стира́ют напи́санное   6 то́чат карандаши́
13. 1 попа́ли   2 клади́те
14. I 1. о́фис   2 программи́ст   3 помеще́ние   4 приёмная   5 календа́рь   6 кле́й   7 но́жницы   II 1 размножа́ть/размно́жить   2 рези́нка   3 точи́лка   4 штри́х   5 калькуля́тор   6 па́мять   7 ка́ртридж   III 1b 2c 3f 4g 5a 6e 7d
15. 1 секрета́рь   2 стенографи́стка   3 телефони́ст(ка)   4 программи́ст
16. I 1c 2a 3b   II 1c 2a 3b   III 1 ма́рка   2 ста́нция   3 ко́пия   4 по́чта   IV 1 насто́льное   2 аппара́тное
18. I 1 to correspond   2 to crash   3 public telephone, call box   4 felt–tip pen
     II 1. Ludmila Petrovna, our secretary, took down in shorthand a business letter to the Rosmash company from the agency head's dictation, typed it in on a desktop computer, and printed out three copies for directors' signatures.

2. The days when scholars had to type up their own material and publishers turned the manuscripts into books are gone. Nowadays, the procedures are totally different: the author not only types his manuscript as before, but also creates a floppy disc with the manuscript, and the publishers just need to print out the text of the book and launch it. The author, of course, still gets the royalties (usually 5–10% of the book's cost).

3. As the parcel contained jewellery, she sent it by registered airmail. At the post office she bought stamps for 100 roubles and put the envelope in the postbox.

19. 1. Устро́ившись в но́вом о́фисе, дире́ктор компа́нии сказа́л секретарю́, что́бы неме́для обзавёлся необходи́мой оргте́хникой, а та́кже калькуля́торами и канцеля́рскими принадле́жностями.

2. Она́ позвони́ла му́жу по моби́льному, но не получи́ла отве́та и оста́вила те́кстовое сообще́ние на автоотве́тчике, с про́сьбой перезвони́ть как мо́жно скоре́е.

3. Не удиви́тельно, что страно́й с са́мым больши́м проце́нтом владе́льцев моби́льных телефо́нов на ду́шу населе́ния явля́ется Финля́ндия, ведь э́та се́верная страна́ – ро́дина «Но́киа», одно́й из са́мых прести́жных ма́рок в ми́ре.

20. 1 оргте́хника   2 авиапо́чта

21. See under *Office equipment and materials*, p. 508.

22. рас- before unvoiced consonant (п).

Level 2

1. 1 мышь is feminine, like all nouns in -шь (and in -жь -чь or -щь)

2. 1 на   2 для   3 к   4 для

3. I 1 отформати́рует   2 подпи́шет   3 сотру́   II 1 загружу́   2 скреплю́

4. I 1b   2c   3a   II 1b   2a   3d   4c

5. почто́вый

6. обёрточная and пи́счая

7. I 1c   2a   3b.   II 1b   2a   III 1 изда́тельская   2 посы́лочная
   IV 1 компью́терная   2 визи́тная   3 биле́тная   4 расхо́дная

8. Office equipment: 2 3 4 8 10 11 computer words: 1 5 6 7 9 12

9. 2 доба́вочный

10. I загружа́ть/загрузи́ть   2 клавиату́ра   3 компьютериза́ция   4 сохраня́ть/сохрани́ть
    5 стира́ть/стере́ть   6 адреса́т   7 паро́ль   II картоте́ка   2 па́пка   3 скре́пка
    4 копи́рка   5 чернови́к   6 селе́ктор   7 дыроко́л   III 1c   2g   3e   4a   5d
    6b   7f

13. 1. The solicitor assured the clients that the letters proving their right to the property of the deceased were filed away and that the hopes of those disputing this right would not be realised.

2. The parents of teenagers who mistakenly believe that they have a right to download the 'intellectual property' of other people in the form of popular hits, received a bill for several thousand dollars – an amount that the teenagers will have to return to their parents when they start working.

3. According to the opinion of many users of computers, there is no such notion as a user-friendly computer, quite the opposite, computers are merciless to those who don't know how to use them properly or disrupt their procedures.

4. A paedophile deleted from the screen all the material that could compromise him, not understanding that even deleted material is stored in the memory of the computer and it is impossible to get rid of it.

5. The bank employee added a postscript to the letter in which he confirmed that the money was being transferred to him by postal order.

6. It is possible to call any member of a company's staff either via the switchboard, or directly by dialling the appropriate extension. It is also possible to dial a long-distance call (previously it was only possible to call your friend via a telephone operator).

7. Computerisation of Russian schools was not a complete success due to the shortage of workstations and technicians able to deal with computers.

14. 1. К билéтной кáссе былá огрóмная óчередь подрóстков, желáющих попáсть на концéрт своúх поп-кумúров, «Поюющих гитáр».

2. Мы посещáли Госудáрственный архúв нéсколько рáз, рылись в миллиóнах кáрточек, хранúмых в егó картотéках в надéжде узнáть, что úменно произошлó с нáшим дéдом, убúтым снáйперской пýлей под Сталингрáдом в 1942 годý.

3. До публикáции такúх спрáвочников, как телефóнная кнúга, нáдо былó справлáться в спрáвочном бюрó.

4. У вхóда в зáл Петрóв предъявúл своюю визúтную кáрточку и попросúл секретáршу предстáвить егó дирéктору.

5. Селéктор, котóрый соединáет нéсколько пýнктов с цéнтром, даёт партнёрам возмóжность обсуждáть óбщие проблéмы, не выходá из своúх кабинéтов.

6. Начáльник отдéла отвéтил обрáтной пóчтой, что не имéется струййных пузырькóвых прúнтеров, имéются тóлько лáзерные.

15. A 'univerb'. Копúрка and открытка.

16. дыр- + o + кол- (cf. дырá 'hole', колóть 'to puncture')

17. парóль.

Level 3

1. 1 в   2 для   3 в   4 с   5 на

2. I 1 ввожý   2 заряжý   3 прокручý   4 отмéчу   II 1 введены   2 запúсан
   3 заряжен   4 разрýшены   5 отмéчено   6 прокрýчен   III 1 нажмúте
   2 запишúте

3. наýшники (the other two are plural only)

4. Hard pronunciation of д н т [дэ нэ тэ]

5. 1c   2a   3b

6. I 1c   2a   3b   4d   II 1c   2a   3b

7. 1 встáвка   2 оплáченный   3 гербóм

8. 1d   2a   3b   4c

10. 6 мышь and 8 пóиск (probable calques of 'mouse' and 'search'). The rest are loans from English.

11. I 1 стопá   2 ноутбýк   3 прокрутúть   4 софтвéр   5 прописнóй   6 менюю
    7 стрóчный   II 1f   2a   3b   4c   5g   6d   7e   III 1 протокóл   2 запóлнить
    3 скоросшивáтель   4 СМИ   5 УКВ   6 пиктогрáмма   7 декóдер

12. I 1c   2d   3a   4b   II 1c   2a   3b   III 1 óптика   2 волнá   3 таблúца
    IV 1 кнúги   2 прогрáммы   3 дáнные.

13. 1. Internet access. Login. To connect to the Internet. Internet users. Internet address.
   2. Data input with the aid of a mouse.
   3. To put a disk into the disk drive.
   4. To load data onto the computer.
   5. Ink-jet printer.
   6. Word processing terminal.
14. I 1 компью́тер 2 дисково́д 3 Интерне́т 4 калькуля́тор 5 ви́рус   II 1 моде́м
   2 мы́шь 3 при́нтер 4 се́рвер 5 термина́л.
15. 1. Тури́ст запо́лнил бла́нк и получи́л ключи́ от но́мера.
   2. Адвока́т вложи́л докуме́нты в конве́рт и запеча́тал его́.
   3. Председа́тель отказа́лся подписа́ть протоко́л заседа́ния.
   4. Секрета́рша броди́ла по фа́йлу в по́исках отсу́тствующей информа́ции.
   5. По́льзователи ввели́ сто́лько да́нных, что объём па́мяти компью́теров находи́лся
      под угро́зой.
   6. Секрета́рь щёлкнул на ну́жную ико́нку и ста́л печа́тать докуме́нт курси́вом.
   7. Она́ ста́ла прокру́чивать те́кст на экра́не дисплея́ в по́исках орфографи́ческих
      оши́бок, не зна́я, что в компью́тер зало́жен орфографи́ческий корре́ктор.
   8. По́сле ря́да угрожа́ющих звонко́в, актри́са проси́ла не включа́ть её но́мер в
      телефо́нный спра́вочник.
   9. Гра́ждане тоталита́рных режи́мов настра́ивали свои́ радиоприёмники на
      ультракоро́ткую волну́ и слу́шали переда́чи из за́падных стра́н.
   10. Подслу́шивая телефо́нные разгово́ры иностра́нных госте́й, аге́нты госуда́рственной
       безопа́сности заво́дят досье́ на ря́д знамени́тостей.
   11. На́м пришло́сь исключи́ть из на́шего спи́ска адреса́тов назва́ния не́скольких фи́рм,
       кото́рые обанкро́тились.
   12. При по́мощи пе́йджеров мо́жно следи́ть за те́м, что́бы все чле́ны па́ртии
       приде́рживались парти́йной ли́нии.
16. пиа́р (PR).
17. ге́рб is a loan, скоросшива́тель a possible calque.
18. Электро́нная вычисли́тельная маши́на, сре́дства ма́ссовой информа́ции,
    ультракоро́ткая волна́.

UNIT 18

Level 1

1. 3 че́к
2. 2 исте́ц
3. I 1 в 2 в 3 за 4 на, за 5 за 6 на 7 в 8 в 9 за   II 1 о 2 в 3 в 4 в
   III 1 по 2 к   IV 1 от 2 со 3 у   V над
4. (1) is plural only and an adjectival noun   (2) is plural only   (3) is an adjectival noun
5. I 1 апелли́рует 2 аресту́ет 3 наси́лует 4 рассле́дует 5 оштрафу́ют
   6 застраху́ет   II 1 гра́блю 2 терплю́ 3 допрошу́ 4 наношу́ 5 вношу́
   6 превы́шу 7 обанкро́чусь 8 похи́щу   III 1 украдёт 2 нанесёт 3 убьёт
   4 сбережёт 5 сни́мет

7. I 1 красть/у- 2 преступле́ние 3 уби́йство 4 штрафова́ть/о- 5 гаи́шник
   6 тюрьма́ 7 адвока́т   II 1 зако́н 2 исте́ц 3 опра́вдывать/оправда́ть
   4 свиде́тель 5 ме́лочь 6 моне́та 7 банки́р   III 1f 2d 3a 4c 5g 6b 7e

8. I 1d 2a 3e 4b 5c   II 1 ка́рточка 2 компа́ния 3 кни́жка
   III заключе́ние

9. 1c 2a 3b

10. Court personnel: 3 7 8 9 10. Financial personnel: 1 2 4 5 6

11. 1. He was fined a significant sum of money for driving through a red light.
    2. The defendant was charged with robbery, but the witnesses when giving evidence proved that he could not have committed such a crime. The judge declared him not guilty and he was acquitted.
    3. When using a credit card and borrowing from a bank, it is necessary to pay off the bill at the end of each month, otherwise it is possible to get into debt.
    4. It is said that only a small percentage of potential taxpayers are paying their taxes, but tax inspectors are rectifying the situation.
    5. By buying an insurance policy I was hoping to insure my life and property for a significant sum, but when the burglar broke into our house, the representatives of the insurance company argued that the stolen property was not insured.

12. 1. Оди́н из «олига́рхов» отсиде́л 8–9 лет в одно́й из моско́вских тю́рем.
    2. Прокуро́р обвини́л подсуди́мого в кра́же, его́ призна́ли вино́вным и судья́ приговори́л его́ к пяти́ года́м тюре́много заключе́ния.
    3. Он отказа́лся взять мой чек и хоте́л, что́бы я заплати́л нали́чными деньга́ми.
    4. Зна́юшие финанси́сты вложи́ли капита́л в компью́терную техноло́гию.
    5. Отка́зываясь вы́дать де́ньги по моему́ че́ку, банки́р сказа́л, что я превы́сил свой креди́т.

13. 1 appeal 2 arrest 3 bankruptcy 4 legal 5 theft 6 accusation 7 acquittal
    8 sentence 9 to bear witness 10 murderer 11 fine

14. 1 -ник 2 -щик 3 -щик 4 -чик 5 -ник 6 -щик

15. 2 and 4 do not, 1 and 3 do

16. сберка́сса, сберба́нк, сберкни́жка

17. Госуда́рственная автомоби́льная инспе́кция/Госуда́рственная инспе́кция безопа́сности доро́жного движе́ния.

Level 2

1. 2 свиде́тель is masculine, the rest feminine

2. 3 должни́к gen. должника́

3. I 1 бежи́т 2 сда́ются 3 зако́лет 4 предста́нет   II 1 вломлю́сь 2 возбужу́
   3 освобожу́ 4 оста́влю 5 подкуплю́ 6 предъявлю́ 7 расплачу́сь
   III 1 баланси́руем 2 девальви́руют 3 ликвиди́руют

4. I 1 в 2 в 3 на 4 на 5 на 6 в   II 1 за 2 под 3 за   III 1 из 2 про́тив
   3 без 4 от   IV 1 под 2 перед 3 с   V 1 к 2 в 3 на 4 о

5. I 1b 2a 3d 4c   II 1c 2a 3b   III 1c 2a 3d 4b   IV 1 вор
   2 престу́пник 3 нало́г 4 пригово́р

6. 1c 2a 3b

8. 1e 2a 3f 4b 5d 6c

9. I 1 вы́куп   2 зало́жник   3 лжесвиде́тельство   4 поджо́г   5 ули́ка   6 заключённый
    7 шантажи́ст   II 1 контраба́нда   2 ипоте́ка   3 инве́стор   4 банкома́т
    5 перерасхо́д   6 а́кция   7 при́быльный   III 1f 2a 3b 4c 5d 6e
11. • Every person accused of committing a crime is considered innocent until proven guilty.
    • The accused is not obliged to prove his innocence.
    • No one can be charged a second time for the same crime.
    • No one is obliged to testify against himself, his spouse or close relatives.
12. 1. Пя́теро заключённых бежа́ли из зо́ны, но тро́е бы́ли по́йманы на сле́дующий
       де́нь.
    2. Всё э́то начало́сь с грабежа́, но ко́нчилось те́м, что милиционе́р бы́л зако́лот
       малоле́тними престу́пниками.
    3. Взло́мщик призна́лся в то́м, что вломи́лся в на́ш до́м с це́лью похи́тить
       компью́терную те́хнику.
    4. Они́ стара́лись подкупи́ть одного́ из свиде́телей на проце́ссе карма́нного во́ра, но
       свиде́тель отказа́лся лжесвиде́тельствовать.
    5. Его́ оштрафова́ли за превы́шение ско́рости, несмотря́ на его́ утвержде́ние, бу́дто
       маши́ну вёл оди́н из его́ рабо́тников.
    6. Но́вый инве́стор избежа́л угро́зы банкро́тства, расплати́вшись со свои́ми
       кредито́рами, та́к что его́ фи́рма оста́лась платёжеспосо́бной.
    7. Благодаря́ ДНК раскры́то мно́го преступле́ний, совершённых до войны́.
    8. Пла́та за ба́нковские услу́ги увели́чилась на 20 проце́нтов в результа́те спа́да.
    9. Це́ны на не́фть па́ли, в результа́те чего́ на́ша фи́рма ликвиди́ровалась.
13. 1 inflationary   2 to execute   3 smuggler   4 to give false evidence   5 discharge
    6 abolition, disaffirmation   7 to set fire to   8 to hijack   9 to blackmail
14. (1) DNA   (2) VAT
15. (1) заключённый   (2) ба́нковский автома́т
16. 1 должни́к   2 зало́жник   3 соуча́стник   4 фальшивомоне́тчик   5 шантажи́ст
17. (1) Romance 2 4 6   (2) Dutch 1   (3) Slavonic 3 5

Level 3

1. 2 страхо́вщик (does not have end stress in declension)
2. 2 престу́пность is feminine, the other two are masculine
3. I 1 под   2 в   3 на   II 1 при   2 без   3 по
4. I 1 девальви́рует   2 финанси́руют   II 1 подста́влю   2 разгра́блю   3 растра́чу
   III 1 вы́чтет   2 завладе́ет   3 клеве́щет   4 пришьёт   IV 1 вы́чтена
   2 разгра́блено   3 растра́чены
5. 1e 2a 3d 4c 5f 6b
6. 1d 2f 3g 4i 5a 6h 7c 8b 9e
8. I 1 жу́льничество   2 перестре́лка   3 бронежиле́т   4 дуби́нка   5 нару́чники
   6 ро́зыски   7 телохрани́тель   II 1 клевета́ть   2 подде́лать   3 разгра́бить
   4 растра́тить   5 подста́вить   6 изобличи́ть
9. I 1e 2a 3g 4b 5c 6d 7f   II 1 ски́дка   2 махина́тор   3 облига́ция
   4 страхо́вщик   5 ростовщи́к   6 проце́нты   7 невменя́емый
10. I 1c 2a 3b   II 1 че́к   2 ба́нк   3 надзо́р   4 сро́к   III 1c 2a 3d 4b
    IV 1 доро́жное   2 пожи́зненное   3 заказно́е   V заморо́женные акти́вы

11. I 1 to extradite   2 to strike off   3 outlay   4 on probation   5 photo fit
    II 1. Having performed asset stripping, the shareholder concluded the deal without
          incurring any losses.
       2. Traveller's cheques are handy because in case of their loss, you can immediately get a
          replacement.
       3. The court decided that by cornering such a lucrative market the company had
          violated the monopoly law.
       4. Moneymakers avoided the need to pay government taxes by putting their money into
          banks that have branches in tax havens.
       5. Following an accident, the insured made an insurance claim, demanding 10,000
          roubles in damages.
   III • In the course of the administration of justice it is not permitted to use evidence
          obtained in breach of federal law.
       • Every person convicted of a crime has the right to a review of the sentence by a higher
          court, as well as the right to appeal for pardon or commutation.
       • Trials in all the courts are public. Hearing of a case in closed session is allowed in
          some instances stipulated by the federal law.
12.   1. Взло́мщик вломи́лся в наш до́м, взлома́л сейф и вы́нул отту́да конве́рты, по́лные
          а́кций и облига́ций.
       2. Постоя́нно клевета́ли на него́, утвержда́я, бу́дто о́н доно́счик.
       3. Гла́вный персона́ж го́голевской пье́сы «Ревизо́р» наду́л все́х чино́вников, мо́жет
          быть, ненаме́ренно.
       4. Пограни́чники и и́х соба́ки следя́т за те́м, что́бы престу́пники не наруша́ли грани́цу.
       5. Росси́йской мили́ции тру́дно справля́ться с организо́ванной престу́пностью.
       6. Престу́пники научи́лись подде́лывать по́дписи мно́гих абоне́нтов.
       7. По́сле свое́й побе́ды над ме́стными крестья́нами, солда́ты разгра́били селе́ние.
       8. Мили́ция арестова́ла рабо́тника ба́нка, кото́рый растра́тил прави́тельственное
          иму́щество, и наде́ли ему́ нару́чники.
       9. Омо́новцы наде́ли шле́мы и бронежиле́ты и разогна́ли глобали́стов с по́мощью
          дуби́нок и слезоточи́вого га́за.
      10. Подде́лыватель стара́лся приши́ть подде́лку паспорто́в невино́вному челове́ку, но
          мили́ции удало́сь изобличи́ть его́ во лжи́.
13. 1 доно́счик   2 ростовщи́к   3 сво́дник   4 страхо́вщик
14. 1 reciprocal action   2 distancing   3 furtive, underhand action   4 attachment
15. 1 браконье́р is from French, the others are of Germanic origin.
16. 1 Междунаро́дный валю́тный фо́нд   2 Отде́л мили́ции осо́бого назначе́ния
    3 Федера́льная слу́жба безопа́сности